W0367745

039kr Foto: dz

**Artur Grossman**
**Die Krim**
**mit Lemberg, Kiew und Odessa**

*„Dass Tal und Fels und Wald in Windesschnelle*
*Vorübergleiten wie im Strom die Welle,*
*Bis ich berauscht im Wirbel mich verloren.“*

Adam Mickiewicz, Krimsonette

## Impressum

Artur Grossman
**Die Krim – mit Lemberg, Kiew und Odessa**

erschienen im
Reise Know-How Verlag Peter Rump GmbH
Osnabrücker Str. 79
33649 Bielefeld


**2., neu bearbeitete, komplett aktualisierte Auflage 2009**

**Polnische Originalausgabe:**
„Krym – Półwysep rozmaitości, oraz Lwów, Kijów, Odessa"


**Gestaltung**
Umschlag: G. Pawlak, P. Rump (Layout)
André Pentzien (Realisierung)
Inhalt: Günter Pawlak (Layout)
Caroline Tiemann (Realisierung)
Fotos: Dominika Zaręba (dz), Tomasz Ostrowski (to),
Peter Koller (pk), www.fotolia.de ©Evgeni Sontdov, S. 291
Titelfoto: www.fotolia.de ©Matthias Kruettgen
Karten: Maja Białkowska, Bartłomiej Cisowski,
Anna Styrska, Marcin Wieczorkowski

**Übersetzung aus dem Polnischen:** Angela Nowicki

**Druck und Bindung:**
Fuldaer Verlagsanstalt GmbH und Co. KG

**ISBN 978-3-8317-1779-8**
Printed in Germany

Dieses Buch ist erhältlich in jeder Buchhandlung Deutschlands, der Schweiz, Österreichs, Belgiens und der Niederlande.
Bitte informieren Sie Ihren Buchhändler über folgende Bezugsadressen:
**Deutschland**
Prolit GmbH, Postfach 9,
D-35461 Fernwald (Annerod)
sowie alle Barsortimente
**Schweiz**
AVA-buch 2000
Postfach, CH-8910 Affoltern
**Österreich**
Mohr Morawa Buchvertrieb GmbH
Sulzengasse 2, A-1230 Wien
**Niederlande, Belgien**
Willems Adventure
www.willemsadventure.nl

**Internet: www.reise-know-how.de**

Die deutsche Ausgabe erscheint unter Mitarbeit von E. H. M. Gilissen (Informationen für deutschsprachige Leser im Kapitel „Reisetipps A–Z") und Peter Koller (Informationen für deutschsprachige Leser im Kapitel „Reisetipps A–Z" sowie gekennzeichnete Texte).

***Wir freuen uns über Kritik, Kommentare und Verbesserungsvorschläge.***

*Alle Informationen in diesem Buch sind von den Autoren mit größter Sorgfalt gesammelt und vom Lektorat des Verlages gewissenhaft bearbeitet und überprüft worden.*

*Da inhaltliche und sachliche Fehler nicht ausgeschlossen werden können, erklärt der Verlag, dass alle Angaben im Sinne der Produkthaftung ohne Garantie erfolgen und dass Verlag wie Autoren keinerlei Verantwortung und Haftung für inhaltliche und sachliche Fehler übernehmen.*

*Die Nennung von Firmen und ihren Produkten und ihre Reihenfolge sind als Beispiel ohne Wertung gegenüber anderen anzusehen.*
*Qualitäts- und Quantitätsangaben sind rein subjektive Einschätzungen der Autoren und dienen keinesfalls der Bewerbung von Firmen oder Produkten.*

Artur Grossman

# Die Krim

## mit Lemberg, Kiew und Odessa

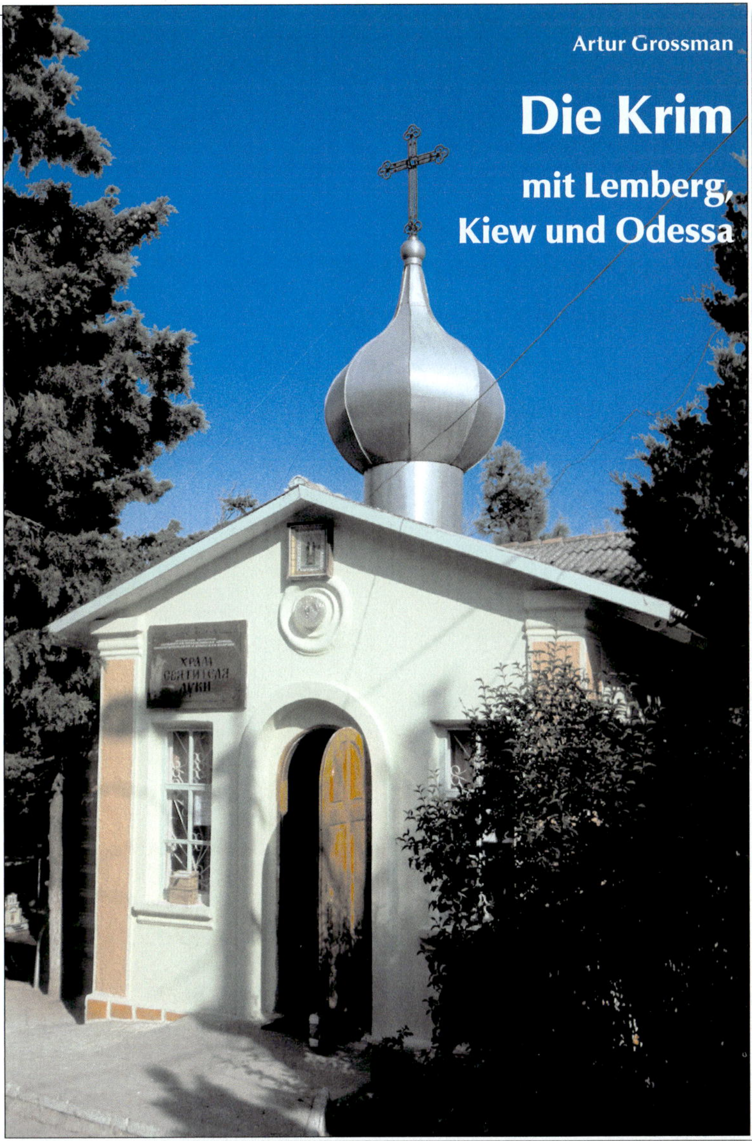

100kr Foto: pk

## Reise Know-How im Internet

Aktuelle Reisetipps und Neuigkeiten
Ergänzungen nach Redaktionsschluss
Büchershop und Sonderangebote

**www.reise-know-how.de**
**info@reise-know-how.de**

Wir freuen uns über Anregung und Kritik.

Reise Know-How

# Vorwort

Das vorliegende Buch ist die Übersetzung eines polnischen Reiseführers, der sich auf dem polnischen Markt etabliert hat und bereits in der dritten aktualisierten Auflage erschienen ist. Es wurde für deutschsprachige Leser umfassend überarbeitet, sodass alle reisepraktischen Informationen auf Reisende aus dem deutschsprachigen Raum zugeschnitten und bei Drucklegung auf aktuellem Stand sind.

Die Krim, eine Halbinsel im Süden der Ukraine, umschlossen vom Schwarzen Meer, überrascht durch ihre landschaftliche und kulturelle Vielfalt. Neben Stränden, malerischen Felsbuchten, Bergen und Schluchten findet man weite Steppen und Salzseen. Die Krim ist eine Schatzkammer vieler Kulturen: Sie beherbergt Überreste griechischer Städte, Felsenwohnungen der Karäer und tatarische Paläste. Unzugängliche Festungen und Schlösser bewachen die Küsten. Es ist eine Region, in der jeder etwas findet: Wanderer und Höhlenkletterer, Naturliebhaber und historisch Interessierte, aber auch Sonnenanbeter und Erholungsuchende.

Die Städte und Sehenswürdigkeiten der Halbinsel werden in diesem Buch auf sie verbindenden Reiserouten beschrieben, die es vor allem Individualreisenden ermöglichen, die Krim auf eigene Faust mit öffentlichen Verkehrsmitteln oder auch per Mietwagen oder eigenem Fahrzeug zu entdecken. Zahlreiche praktische Tipps zu Unterkünften, Verpflegung, Einkauf und nützlichen Einrichtungen ergänzen die Ortsbeschreibungen.

Ein eigenes Kapitel ist den Wanderungen im Krimgebirge gewidmet („Bergtouren"). Sie sind als Ein-Tages-Routen ausführlich beschrieben, wobei sich zu den hier vorgestellten Sehenswürdigkeiten - den zahlreichen Felsenstädten, Klöstern und Höhlen - auch Anfahrtsrouten finden.

Ein umfassendes landeskundliches Kapitel liefert eine Fülle von Informationen über Gesellschaft, Kultur und Natur der Ukraine und der Krim im Besonderen. Es illustriert die wechselvolle Geschichte der Region und gibt Auskunft über den Naturschutz und die Pflege des kulturellen Erbes und macht mit der regionalen Folklore bekannt (z.B. Märchen und Sagen).

Alle notwendigen Informationen für das Reisen in diesem für Westeuropäer doch recht unbekannten Land sowie für die Planung der Reise finden sich im Kapitel „Praktische Reisetipps A–Z".

Das letzte Kapitel beschreibt sehenswerte ukrainische Städte, die den Besuch auf der Hin- oder Rückreise als Zwischenstation lohnen: das in Galizien nahe der polnischen Grenze gelegene Lemberg, die Hauptstadt Kiew und Odessa, die „Schwarzmeerperle", etwas westlich der Krim gelegen.

Im Anhang finden sich ein kleiner russischer Sprachführer mit Aussprachehilfe und kyrillischem Alphabet sowie „Reise-Gesundheits-Informationen Ukraine" für die medizinische Vorsorge.

Wir wünschen eine gute Reise!

# Inhalt

## Zu Sprache und Schrift

Die Frage der **Ortsnamen** auf der Krim ist einigermaßen verwickelt, da auf der Halbinsel **russische, ukrainische und tatarische Namen** gleichzeitig in Gebrauch sind. Zudem kommt es vor, dass ein Ortsname auf der Karte auf Ukrainisch verzeichnet (Ukrainisch ist die offizielle Amtssprache), auf dem Ortsschild in der Realität jedoch auf Russisch angegeben ist (Russisch ist auf der Krim und in Odessa die dominierende Sprache). Diese Situation erfordert vom Verlag eines Reiseführers, sich für eine möglichst sinnvolle und gleichzeitig konsistente Vorgehensweise bei der Verwendung der Namen zu entscheiden. Für das vorliegende Buch haben wir folgende Variante gewählt:

**Geografische Namen** (Ortsnamen, Bezeichnungen von Gewässern, Regionen u.Ä.) werden in ukrainischer Sprache aufgeführt, wobei für die Wiedergabe in lateinischer Schrift die **offizielle Transliteration** „National system for romanizing Ukrainian" verwendet wird. Diese ist von der **Aussprache** her eher ans Englische angelehnt (zur Aussprache siehe Anhang: „Kleine Sprachhilfe Russisch"). Dabei spricht man z.B. die Buchstabenfolge „ch" englisch aus, also „tsch", während „kh" dem deutschen „Ach-Laut" entspricht.

Den ukrainischen Ortsnamen wird neben der kyrillischen Schreibweise

## Exkurse

## Kartenverzeichnis

### Regionalkarten



### Stadt- und Lagepläne



der russische Name in Klammern hinzugefügt, ebenfalls in kyrillischer Schrift, ergänzt durch die lateinische Umschrift in eckigen Klammern.

**Straßennamen, Sehenswürdigkeiten, Hotels** u.Ä. werden nach Möglichkeit in der Sprache genannt, in der sie an Ort und Stelle bezeichnet sind, d.h. überwiegend auf Russisch (teilweise aber auch in ukrainischer – beispielsweise in Kiew – oder tatarischer Sprache). Auch hierbei wird die offizielle Transliteration „BGN/PCGN system for romanizing Russian" verwendet.

Bei Orten, für die ein **deutscher Name** existiert (z.B. Lemberg), wird dieser verwendet. Auch bei Namen bekannter Persönlichkeiten (z.B. „Puschkin") wird die in Deutschland gängige Schreibweise beibehalten.

Bei vielen Namen ist in der lateinischen Umschrift die Akzentuierung mit Hilfe des **Betonungszeichens** ´ vermerkt. Im Russischen kann eine fehlerhafte Betonung ein Wort unverständlich machen oder seinen Sinn verändern. Da diese Betonungsakzente nicht zum üblichen Schriftbild gehören und eine reine **Aussprachehilfe** für den Reisenden sein sollen, werden sie nicht durchweg gesetzt, sondern innerhalb eines Abschnitts nur einmal.

Wir empfehlen jedem Reisenden, sich vor Reiseantritt nicht nur mit den Gepflogenheiten des Ziellandes, sondern auch mit dessen Sprache und Schrift bekannt zu machen, in diesem Fall also mit dem **kyrillischen Alphabet** (siehe Anhang).

Da Ukrainischkenntnisse bei einem Besuch der Krim nur von geringem Nutzen sind, wird die **„Kleine Sprachhilfe Russisch"** am Ende des Buches dem Reisenden beim Besuch der Halbinsel gute Dienste leisten.

042kr Foto: to

# Praktische Reisetipps A–Z

Orientalische Teestube am Schwarzen Meer

# Anreise

## Flug

Eine Flugreise ist natürlich die schnellste und bequemste Art der Anreise in die Ukraine. **Nonstop-Verbindungen** aus dem deutschsprachigen Raum nach Simferopol bestehen mit Ukraine International Airlines im Sommerhalbjahr von Frankfurt (zweimal wöchentlich) und von München (einmal wöchentlich). Daneben gibt es einige **Umsteigeverbindungen** nach Simferopol mit Aeroflot über Moskau von Berlin, Hamburg, Düsseldorf, Frankfurt, München, Zürich und Wien, mit Aerosvit von Hamburg und Düsseldorf über Kiew, mit Rossiya über St. Petersburg (nur im Sommerhalbjahr) von Berlin, Hamburg, Hannover, Düsseldorf, Frankfurt, München, Zürich und Wien, mit Turkish Airlines über Istanbul von vielen Flughäfen in Deutschland, Österreich und der Schweiz sowie mit Ukraine International Airlines über Kiew von Berlin, Zürich und Wien.

Man kann auch einen Zwischenstopp in **Kiew** einlegen oder nach Kiew fliegen und mit dem Zug weiter auf die Krim fahren. Die wichtigsten Verbindungen nach Kiew bestehen mit Aerosvit (nonstop ab Hamburg und Düsseldorf), mit Lufthansa (nonstop von Düsseldorf, Frankfurt und München), mit Ukraine International Airlines (nonstop von Berlin, Frankfurt, Zürich und Wien) mit Air France (über Paris), mit Austrian Airlines (über Wien), mit Czech Airlines (über Prag), mit Finnair (über Helsinki), mit KLM (über Amsterdam), mit LOT (über Warschau), mit Malev (über Budapest), mit Rossiya (über St. Petersburg) und mit Turkish Airlines (über Istanbul).

Die wichtigsten Verbindungen nach **Odessa** mit Austrian Airlines (über Wien), Czech Airlines (über Prag), LOT (über Warschau), Malev (über Budapest), Rossiya (über St. Petersburg), Turkish Airlines (über Istanbul) und Ukraine International Airlines (über Kiew).

Die **Dauer eines Nonstop-Fluges** von Deutschland, Österreich und der Schweiz nach Simferopol liegt bei etwa drei Stunden, mit Zwischenlandung oder Umsteigen bei etwa zwei bis drei Stunden mehr.

### Flugpreise

Je nach Fluggesellschaft, Jahreszeit und Aufenthaltsdauer in der Ukraine bekommt man ein Economy-Ticket von Deutschland, Österreich und der Schweiz hin und zurück nach Simferopol **ab 300 €** und nach Kiew ab 250 € (einschl. aller Steuern, Gebühren und Entgelte). Am teuersten ist es in der Hauptsaison im Sommerhalbjahr, in der die Preise für Flüge in den Ferienmonaten Juli/August besonders hoch sind und über 500 € betragen können.

Preiswertere Flüge sind mit Jugend- und Studententickets (je nach Airline alle jungen Leute bis 29 Jahre und Studenten bis 34 Jahre) möglich. Außerhalb der Hauptsaison gibt es einen Hin- und Rückflug von Frankfurt nach Kiew ab etwa 220 €.

**Kinder** unter zwei Jahren fliegen ohne Sitzplatzanspruch für 10 % des Erwachsenenpreises, ansonsten werden für ältere Kinder die regulären Preise je nach Airline um 25–50 % ermäßigt. Ab dem 12. Lebensjahr gilt ein besonderer Jugend- und Studententarif (s.o.) oder der Erwachsenentarif.

In Deutschland gibt es von Frankfurt aus die häufigsten Verbindungen in die Ukraine. Tickets für Flüge von und zu anderen deutschen Flughäfen sind oft teurer. Da kann es für Deutsche attraktiver sein, mit einem **Rail-and-Fly-Ticket** per Bahn nach Frankfurt zu reisen (entweder bereits im Flugpreis enthalten oder nur 30 bis 60 € extra). Man kann je nach Fluglinie auch einen preiswerten Zubringerflug der gleichen Airline von einem kleineren Flughafen in Deutschland buchen. Außerdem gibt es **Fly&Drive-Angebote,** bei denen eine Fahrt vom und zum Flughafen mit einem Mietwagen im Ticketpreis inbegriffen ist.

Indirekt sparen kann man als Mitglied eines **Vielflieger-Programms** wie www.star-alliance.com (Mitglieder u.a. Austrian Airlines, LOT Polish Airlines, Lufthansa, Turkish Airlines), www. skyteam.com (Mitglieder u.a. Aeroflot, Air France, Czech Airlines, KLM) sowie www.oneworld.com (Mitglieder u.a. Malev). Die Mitgliedschaft ist kostenlos und mit den gesammelten Meilen von Flügen bei Fluggesellschaften innerhalb eines Verbundes reichen die gesammelten Flugmeilen dann vielleicht schon für einen Freiflug bei einer der Partnergesellschaften beim nächsten Flugurlaub. Bei Einlösung eines Gratisfluges ist langfristige Vorausplanung nötig.

## Buchung

Für die Tickets der Linienairlines kann man bei folgenden zuverlässigen Reisebüros meistens günstigere Preise als bei vielen anderen Reisebüros finden:

- **Jet-Travel,** Buchholzstr. 35, D-53127 Bonn, Tel. 0228-284315, Fax 284086, info@jet-travel.de, www.jet-travel.de. Auch für Jugend- und Studententickets. Sonderangebote auf der Website unter „Schnäppchenflüge".
- **Globetrotter Travel Service,** Löwenstr. 61, 8023 Zürich, Tel. 044 2286666, www.globetrotter.ch. Weitere Filialen, siehe Website.

Die vergünstigten Spezialtarife und befristeten Sonderangebote kann man nur bei wenigen Fluggesellschaften in ihren Büros oder direkt auf ihren Websites buchen; diese sind jedoch immer auch bei den o.g. Reisebüros erhältlich. Nicht immer sind die günstigsten Flüge online im Internet buchbar. Häufig haben Jet-Travel und der Globetrotter Travel Service auf Anfrage preiswertere Angebote.

## Billigfluglinie

Preiswerter geht es mit etwas Glück nur, wenn man bei einer Billigairline **sehr früh online bucht.** Es werden keine Tickets ausgestellt, sondern man bekommt nur eine Buchungsnummer per E-Mail. Zur Bezahlung wird in der Regel eine Kreditkarte verlangt.

Im Flugzeug gibt es oft **keine festen Sitzplätze,** sondern man wird meist schubweise zum Boarden aufgerufen, um Gedränge weitgehend zu vermeiden. **Verpflegung** wird extra berech-

# Kleines „Flug-Know-how“

## Check-in

Nicht vergessen: Ohne einen **gültigen Reisepass** kommt man nicht an Bord eines Flugzeuges in die Ukraine.

Bei den meisten internationalen Flügen muss man **zwei bis drei Stunden vor Abflug** am Schalter der Airline eingecheckt haben. Viele Airlines neigen zum Überbuchen, d. h., sie buchen mehr Passagiere ein, als Sitze im Flugzeug vorhanden sind, und wer zuletzt kommt, hat dann möglicherweise das Nachsehen.

Wenn ein **vorheriges Reservieren** der Sitzplätze nicht möglich war, hat man die Chance, einen Wunsch bezüglich des Sitzplatzes zu äußern.

## Das Gepäck

In der Economy-Class darf man in der Regel nur **Gepäck bis zu 20 kg pro Person** einchecken (steht auf dem Flugticket) und zusätzlich ein Handgepäck von 7 kg in die Kabine mitnehmen, welches eine bestimmte Größe von 55 x 40 x 23 cm nicht überschreiten darf. In der Business Class sind es meist 30 kg pro Person und zwei Handgepäckstücke, die insgesamt nicht mehr als 12 kg wiegen dürfen. Man sollte sich beim Kauf des Tickets über die Bestimmungen der Airline informieren.

Aus Sicherheitsgründen dürfen **Taschenmesser, Nagelfeilen, Nagelscheren,** sonstige Scheren und Ähnliches nicht mehr im Handgepäck untergebracht werden. Diese sollte man unbedingt im aufzugebenden Gepäck verstauen, sonst werden diese Gegenstände bei der Sicherheitskontrolle einfach weggeworfen. Darüber hinaus gilt, dass Feuerwerke, leicht entzündliche Gase (in Sprühdosen, Campinggas), entflammbare Stoffe (in Benzinfeuerzeugen, Feuerzeugfüllung) etc. nichts im Passagiergepäck zu suchen haben.

**Flüssigkeiten** oder vergleichbare Gegenstände in ähnlicher Konsistenz (z.B. Getränke, Gels, Sprays, Shampoos, Cremes, Zahnpasta, Suppen) dürfen nur in der Höchstmenge von jeweils 0,1 Liter als Handgepäck mit ins Flugzeug genommen werden. Die Flüssigkeiten müssen in einem durchsichtigen, wiederverschließbaren Plastikbeutel transportiert werden, der maximal einen Liter Fassungsvermögen hat.

## Rückbestätigung

Bei den meisten Airlines ist heutzutage die **Bestätigung des Rückfluges** nicht mehr notwendig. Allerdings empfehlen alle Airlines, sich dennoch telefonisch zu erkundigen, ob sich an der Flugzeit nichts geändert hat, denn kurzfristige Änderungen der genauen Abfluguhrzeit kommen beim zunehmenden Luftverkehr heute immer häufiger vor.

Wenn die Airline allerdings eine Rückbestätigung *(reconfirmation)* **bis 72 oder 48 Stunden vor dem Rückflug** verlangt, sollte man auf keinen Fall versäumen, die Airline kurz anzurufen, sonst kann es passieren, dass die Buchung im Computer der Airline gestrichen wird; der Flugtermin ist dahin. Das Ticket verfällt aber nicht dadurch, es sei denn, die Gültigkeitsdauer wird überschritten, aber unter Umständen ist in der Hochsaison nicht sofort ein Platz in einer anderen Maschine frei.

Die **Rufnummer** kann man von Mitarbeitern der Airline bei der Ankunft, im Hotel, dem Telefonbuch oder auf der Website der Airline erfahren.

net, bei einigen Fluggesellschaften auch aufgegebenes Gepäck. Für die Region interessant sind:

- **Air Baltic,** www.airbaltic.com. Von Berlin, Düsseldorf, Hamburg, Hannover, München, Zürich und Wien nach Riga und von dort nach Kiew, Odessa und Simferopol. Achtung: Es gibt Berichte bezüglich mangelhafter Zuverlässigkeit dieser Linie, insbesondere im Hinblick auf ausfallende oder verspätete Flüge. Will man am Zielort noch mit der Bahn weiterreisen, kann es also sein, dass man dem Zug hinterherschaut.
- **Germanwings,** www.germanwings.com. Von Köln/Bonn nach Kiew.
- **Wizzair,** http://wizzair.com. Von Dortmund und Köln/Bonn nach Kiew, von dort auch nach Simferopol.

## Anreise mit der Bahn

Eine Anreise mit der Bahn hat ihren Reiz und ist besonders interessant, wenn man mehr von der Ukraine sehen möchte als nur die Krim und vielleicht ohnehin nahe der polnischen Grenze wohnt. Will man die sehenswerten Städte Kiew und Lemberg besuchen, ist eine Bahnreise in mehreren Abschnitten durchaus eine Überlegung wert. Bei der Fahrt durch die Ukraine erwartet einen die Konfrontation mit dem diskreten Charme des ukrainischen Bahnalltags bzw. mit dem Bahnsystem der ehemaligen UdSSR.

### Durchgehende Verbindung ab Berlin

Die Deutsche Bahn bietet eine bequeme **Nachtzugverbindung** von Berlin nach Simferopol an. In der Wintersaison 2009 fährt der D-Zug 441 um 15.15 Uhr (Di auf Do und Sa auf Mo) von Berlin-Lichtenberg über Dnipropetrovsk nach Simferopol, wo man zwei Tage später um 8.45 Uhr ankommt. Für die anderen Tage gibt es eine brauchbare Umsteigeverbindung über Kiew. Für die Rückfahrt mit D-Zug 40 DJ verlässt man Simferopol um 15.43 Uhr und kommt zwei Tage später um 9.00 Uhr wieder in Berlin an (So auf Di und Do auf Sa). Ansonsten ebenfalls mit Umstieg in Kiew.

Die bisherige Direktverbindung von Deutschland in die Ukraine um 21.39 Uhr gibt es ab 2009 nur noch in der Sommersaison. Was die durchgehenden Züge auf die Krim betrifft, lagen hierfür noch keine Daten vor. Es ist aber davon auszugehen, dass es bei dem Angebot, wie man es bis 2008 kannte – also: Di und Fr 21.39 Uhr und zurück: So und Mi 15.34 Uhr ab Simferopol – bleiben wird.

Die Preise für eine solche **Fahrkarte** variieren sehr. Die günstigste Variante, der **Sparpreis Ukraine,** liegt bei 135 € für die Rückfahrkarte im 3er-Abteil ab Berlin. Dabei muss man sich für den deutschen Teil auf einen bestimmten Zug festlegen. Für den polnischen wie auch den ukrainischen Teil entfällt die Zugbindung. Zu dem Preis hinzu kommt ein Bettplatz für 30 €. Der Bettplatz für die Rückfahrt ist von Deutschland aus nicht ganz leicht zu bekommen, es gibt aber einige Bahnagenturen, die diese Plätze per Faxanfrage bestellen können.

Was die Anerkennung von in Deutschland gebuchten Tickets betrifft, gibt es mittlerweile keine größeren Probleme mehr.

045kr Foto: dz

Im Zug von Simferopol nach Bakhchysarai

Entscheidet man sich für einen Fahrkartenkauf in Deutschland, so sind die Bahntickets theoretisch an jedem größeren Bahnhof zu erhalten. Gerade für solche Reisen empfiehlt sich die Buchung jedoch über eine spezialisierte Bahnagentur, z.B. Gleisnost in Freiburg (www.gleisnost.de), die Bahnagentur Spindlersfeld (bahnagentur.spindlersfeld@t-online.de) in Berlin, Kopfbahnhof (www.kopfbahnhof.info) in Berlin oder die Bahnagentur Schöneberg (www.bahnagentur-schoene berg.de) ebenfalls in Berlin. Tickets werden per Post zugeschickt.

**Preisbeispiele für den Sparpreis Ukraine (Stand: Januar 2009):**

- **Berlin – Simferopol:** Sparpreis für 1 Person: 135 € (Rückfahrt inklusive), für 2 Personen: 202 €
- **Köln – Simferopol:** Sparpreis für 1 Person: 256 €, für 2 Personen: 384 €
- **München – Simferopol:** Sparpreis für 1 Person: 265 €, für 2 Personen: 397,50 €

Auf diese Preise kann eine Bahncard 25 angerechnet werden. Diese gewährt noch einen zusätzlichen Preisnachlass für das deutsche Teilstück.

Außerdem gibt es von München, Basel oder Amsterdam aus Nachtzüge nach Warszawa, für die bei rechtzeitiger Buchung Sparnight-Tickets ab 29 € zu bekommen sind.

Hinzu kommen noch 30 € pro Person und Richtung für den **Bettplatz** von Berlin nach Simferopol. Nach Kiew sind es 24 €.

### Verbindungen in Polen

Die Durchquerung von Polen im Schnellzug im Sitzwagen *(Pociąg Pospieśni)* kostet etwa 70 PLN (ca. 20 €). Gute Verbindungen nach Przemyśl an der ukrainischen Grenze gibt es von Breslau (Wrocław) oder Krakau (Kraków) aus. Auch von Posen (Poznań) ist Przemyśl gut zu erreichen. Eine mehrere Jahre bestehende Lücke ist jetzt durch die Wiedereinführung von täglich drei neuen Direktverbindungen von Dresden nach Wrocław wieder geschlossen worden.

Für Reisende aus Berlin und Umgebung empfiehlt sich unter Umständen auch die Benutzung der Berlin–Warszawa-Expresses mit drei Verbindungen täglich. Sonderangebote in die polnische Hauptstadt sind ab 29 € erhältlich. Auch für Polen stellt die Bahn Sparpreistickets für Hin- und Rückfahrt aus. Der Kauf eines Tickets für den polnischen Teil im Land selbst ist aber zur Zeit noch geringfügig preisgünstiger, wobei dieser Vorteil aber immer geringer wird.

Durch Polens Beitritt zum Schengenraum wurde der Grenzübertritt von Westen dorthin erheblich erleichtert – die Ukraine auf der anderen Seite aber noch mehr abgeschottet. Dies wirkt sich leider auch auf den grenzüberschreitenden Bahnverkehr aus, der in den letzten Jahren noch schlechter geworden ist, als er es schon war.

Mit Blick auf die Fußball-EM 2012, die von Polen und der Ukraine gemeinsam ausgerichtet wird, gibt es aber neue Hoffnung, da inzwischen der **Bau eines Normalspurgleises** von Przemyśl nach Lemberg ernsthaft diskutiert wird. Dadurch könnte die westukrainische Metropole an das polnische Intercitynetz angebunden werden. Sollte dies nicht realisiert werden können, so ist zumindest eine Ausweitung des grenzüberschreitenden Verkehres durch neue Verbindungen zu erwarten.

### Grenzüberquerung zur Ukraine

Die Überquerung der ukrainischen Grenze per Bahn ist langwierig, und es verkehren nur wenige Züge pro Tag. Von **Przemyśl** aus geht es nur in den Abendstunden über die Grenze (die Verbindung von Hrebenne nach Rava Ruska wurde eingestellt). Im Winterhalbjahr 2009 gibt es nur ein Zugpaar von Przemyśl aus über die Grenze (Abfahrt ab Przemyśl um 19.36 Uhr). Ab Mai ist aber mit der Zulassung einer neuen automatischen Umspurtechnologie durch die ukrainische Bahnverwaltung zu rechnen, sodass es ab dem Sommerhalbjahr vermutlich eine weitere, alle zwei Tage verkehrende Nachtverbindung ab Krakau und Przemyśl geben wird. Da dieser Zug in Krakau Anschluss an den Tageszug (EC Wawel) aus Berlin haben wird, dürfte diese Verbindung gerade für Reisende aus Norddeutschland attraktiv sein. Die genauen Abfahrtzeiten dieser Verbindung sind noch nicht veröffentlicht, die Abfahrt in Krakau dürfte aber gegen 21.00 Uhr erfolgen, die in Przemyśl gegen 1.00 Uhr nachts.

Eine Zugfahrkarte von Przemyśl nach **Lemberg** (L'viv) kostet ca. 40 PLN (ca. 10 €).

## Die ukrainische Bahn

### Im Zug unterwegs

In den ukrainischen Fernzügen gibt es ausschließlich **Liegeplätze,** zur Auswahl stehen **vier Klassen:**

*Zahalnyi* (russ. *obshchiy*) – sehr billig, sieht meist aus wie *Platskartnyi*, aber ohne Platzkarte – wer zuerst kommt, mahlt zuerst, eingelassen wird, bis alles voll ist. Nur für erfahrene Extremisten. Auf die Krim fahren solche Züge nicht, aber Liebhaber der Atmosphäre von Selbstgebranntem im Einweckglas können mit so einem Wagen z.B. von Lemberg nach Kiew oder von Kiew nach Odessa fahren.

*Platskartnyi* (Platzkarte) – billige Wagen ohne Abteile, verbreitet in der gesamten ehemaligen Sowjetunion: 50 Personen in offenen Boxen, vertrauter Mief, volle Integration. Muss man erlebt haben, manchen reicht allerdings einmal. Für andere kann das Fahren im *Platskartnyi Vahon* zur Sucht werden, da es kaum eine bessere Möglichkeit gibt, mit Einheimischen in Kontakt zu kommen, als dort. Dass der menschlichen Leber mitunter bei solchen Zugfahrten einiges zugemutet wird, sollte jedoch nicht unerwähnt bleiben. Bevorzugt werden die unteren Plätze *(nizhne),* weil man dort sein Gepäck im sicheren Kasten unter dem Bett verstauen kann (ungerade Nummern bis 29). Plätze mit einer Nummer ab 30 aufwärts sind die Seitenplätze *(bokovi / bokoviye)* entlang des Durchgangs – sollte man tunlichst meiden.

*Kupeynyi* (Coupé) – geschlossene Viererabteile. Optimale Wahl, besonders für Familien mit Kindern.

*Spalnyi* (*Lyuks*) – Zweierabteile, unseren Liegewagen vergleichbar.

**Waggonchef** ist der *Pravodnik* / die *Pravodnitsa* (ukr. eigtl. *providnyk / provídnytsia*), der die Bettwäsche austeilt und „für den Komfort der Reisenden sorgt und die allgemeine Ordnung gewährleistet". Er beheizt auch den **Kohleofen,** womit man kostenlos kochendes Wasser und billigen Tee oder Kaffee zur Verfügung hat, und verkauft auch kleinere Süßigkeiten. Die **Bettwäsche** ist kostenpflichtig (6/7 UAH), aber nicht vorgeschrieben, solange man Decke und Kissen nicht benutzt (der Chef ist häufig anderer Meinung, aber das Recht ist auf Ihrer Seite). Beim Einsteigen werden **Fahrkarte** (immer) und **Pass** (manchmal) kontrolliert. Somit ist auch im Falle ausverkaufter Züge der *Pravodnik* der richtige „Ansprechpartner". Nach dem Einsteigen wird die Fahrkarte einbehalten (daher wird man vor der Ankunft geweckt) und erst auf ausdrücklichen Wunsch wieder ausgehändigt.

Den offiziellen Regeln zufolge darf in den Abteilen alles getrunken werden außer Wodka. Dem Praxistest hält diese Regelung allerdings selten länger als fünf Minuten nach Abfahrt des Zuges stand.

Die Züge halten an manchen **Stationen** sehr lange (in jedem Wagen befindet sich ein Zugfahrplan). Bei diesen Aufenthalten füllen sich die Bahnsteige mit Passagieren, während Einheimische Früchte, Süßigkeiten und schmackhafte hausgemachte Imbisse anbieten. Es ist also nicht nötig, größere Vorräte mit auf Reisen zu nehmen, vom kohlensäurefreien Mineralwasser abgesehen.

Die **Toiletten** sind sehr unterschiedlich – von solchen, bei denen einem beim bloßen Gedanken daran der Appetit vergeht, bis hin zu durchaus anständigen für diese Verhältnisse. Dennoch ist die Mitnahme von **Pantoffeln** für nächtliche Zugfahrten im Hinblick auf evtl. nötige Toilettengänge wärmstens zu empfehlen. Auch das Mitbringen von eigenem Toilettenpapier kann notwendig werden, da dieses längst nicht in allen Zügen vorhanden ist. Die Toiletten werden immer vor dem nächsten Halt geschlossen und erst nach Verlassen des Ortes wieder geöffnet.

## Fahrkartenkauf

Der Ticketkauf ist auch lange nach der ukrainischen Unabhängigkeit noch immer kein Zuckerschlecken. Lange **Warteschlangen** vor den Schaltern, übellauniges Verkaufspersonal und gerade in den Sommermonaten chronisch **ausverkaufte Züge** sorgen dafür, dass der Fahrkartenkauf ein äußerst zweifelhaftes Vergnügen darstellt. Nur in Verbindung mit einer **Bettkarte** werden Tickets ausgegeben. Sind alle Plätze ausverkauft, so ist auch keine Fahrkarte mehr zu erhalten.

**Rückfahrkarten** müssen gleich nach Einreise in die Ukraine gekauft werden! Man kann versuchen, sie in Lemberg zu kaufen oder später auf der Krim. Die bisherige Regelung, wonach Fahrkarten generell namensgebunden sind, wurde zwischenzeitlich abgeschafft. Kaufen Sie eine gesonderte Fahrkarte für jeden Streckenabschnitt. Am besten schreiben Sie folgende Daten auf einen Zettel und geben Sie ihn der Kassiererin: Strecke, Nummer (Nummern) des Zuges (der Züge), Datum (Daten) der Ausreise, Anzahl der Personen. Noch schneller werden Sie bedient, wenn Sie alle Namen in kyrillischer Schrift aufschreiben (muss nicht perfekt sein). Vorverkaufskassen in Lemberg: Vul. Hnatiuka 20/22. Das *Servis-Tsentr*, ein spezielles Büro für zusätzliche Dienste, befindet sich auf Bahnsteig 1 im 1. Stock, an der Rezeption nach rechts, Kasse 20. Die Warteschlangen sind hier deutlich kürzer, dafür kostet jede Fahrkarte 10 UAH mehr.

Man kann versuchen, die Fahrkarten telefonisch reservieren zu lassen, doch müssen sie dann auch früher abgeholt werden.

Fahrkarten für Fernzüge können bis zu 45 Tage früher gekauft werden, oft jedoch gibt es schon 44 Tage vor dem Reisedatum keine mehr. Sollten Sie von einer Kassiererin diese Auskunft vernehmen, heißt das nicht, dass nicht noch an einer anderen Kasse welche zu haben sind. Manchmal kann man auch eine Fahrkarte vom Schwarzhändler bekommen, aber hier sollten Sie größte Vorsicht walten lassen. Sie können auch immer mit Rückgaben rechnen (kommt sehr häufig vor) oder im äußersten Fall zum Zugführer *(Nachálnik)* gehen und ihn nach einer Mitfahrgelegenheit fragen (der Preis auf der Strecke Lemberg – Simferopol beträgt 50–90 UAH, je nachdem, ob man im Gepäckfach im *Platskartnyi* schläft oder im Dienstabteil des Waggonchefs).

- **Reiseauskunft Lemberg,**
Tel.: 32-7482068, 7485276,
Reservierungen Tel.: 322-390051, -52, -53

056krFoto: dz

Ebenfalls nicht besser ist die Situation am weiter nördlich gelegenen Grenzübergang **Jagodin** nahe Chelm: Auch hier verkehren im Winter nur noch zwei Züge täglich: einer davon mitten in der Nacht (3.46 Uhr ab Chelm), der andere um 20.31 Uhr. Ab Juni wird die Nachtverbindung durch eine Frühverbindung (8.19 Uhr ab Chelm) ersetzt.

Einen nicht zu unterschätzenden Zeitverlust bringt das Umspuren der Züge von der europäischen Normalspur auf die russische Breitspur im Bahnhof von Jagodin mit sich. Insofern stellen die zahlreichen Busverbindungen sowie der Fußgängergrenzübergang bei Przemyśl eine echte Alternative dar.

## Beispiel-Verbindungen (Stand: Winter 2008/2009)

Achtung: einige Züge verkehren nicht täglich! Die Fahrtdauer beträgt jeweils gut 50 Stunden.

**Ab Berlin (im Winter):**

| | |
|---|---|
| Berlin-Lichtenberg | ab 15.15 Uhr |
| Kiew | an 16.50 Uhr |
| | ab 17.51 Uhr |
| Simferopol | an 08.45 Uhr |

**Ab München (im Winter):**

| | |
|---|---|
| München | ab 09.21 Uhr |
| Berlin | an 15.00 Uhr |
| Kiew | an 16.50 Uhr |
| | ab 17.51 Uhr |
| Simferopol | an 08.45 Uhr |

Im **Sommerhalbjahr,** also ab dem 1. Juni, hat der Fahrplan von 2008 wieder Gültigkeit.

**Direktzug von Berlin-Lichtenberg nach Simferopol (Di und Fr):**

| | |
|---|---|
| Berlin-Lichtenberg | ab 21.38 Uhr |
| Simferopol (2 Tage später) | an 16.50 Uhr |

**Alle anderen Tage mit Umsteigen in Kiew:**

| | |
|---|---|
| Kiew | an 22.51 Uhr |
| | ab 00.38 Uhr |
| Simferopol | an 16.50 Uhr |

## Verbindungen in der Ukraine

Bahninformationen erhält man auf der Webseite www.uz.gov.ua. Im Juni erfolgt ein Fahrplanwechsel, was eine kleine Änderung in den Verkehrszeiten der Züge nach sich ziehen kann.

### Lemberg – Simferopol:

Von Lemberg (L'viv) fahren zwei Züge auf die Krim: einer das ganze Jahr über (Abfahrt: 09.46 Uhr, Ankunft: 09.50 Uhr, Zugnr. 86Л). In der Sommersaison gibt es noch einen zusätzlichen Nachtmittagszug. Fahrkarte: 80–90 UAH für die Platzkarte, 110–120 UAH fürs Coupé.

Von Simferopol nach Lemberg fährt das ganze Jahr über ein Zug um 13.12 Uhr ab (Ankunft um 14.07 Uhr, Zugnr. 86Л), in der Saison gibt es noch einen zusätzlichen Abendzug.

### Lemberg – Odessa – Simferopol:

Zwischen Lemberg und Odessa verkehren sechs Züge, aber nicht jeder fährt täglich. Die Reise dauert zwölf Stunden, Probleme mit den Fahrkarten sind hier häufig, doch ist die Situation mit Sicherheit nicht so katastrophal wie bei Fahrkarten auf die Krim (siehe Kasten „Die ukrainische Bahn"). Die Platzkarte kostet etwa 50 UAH, das Coupé ca. 80 UAH.

Von Odessa nach Simferopol fahren im Sommer drei Züge: das ganze Jahr über um 19.25 Uhr (Ankunft 08.10 Uhr, Zugnr. 650Ш), der an geraden Tagen verkehrende Zug von Kischinau (Republik Moldau) um 2.45 Uhr (Ankunft 14.32 Uhr, Zugnr. 410) und der Zug Nr. 564Ш – letztgenannter verkehrt nur an bestimmten Tagen im Sommer. Fahrpreis ähnlich wie von Lemberg nach Odessa.

**Lemberg – Kiew – Simferopol:**
Von Lemberg nach Kiew fahren viele Züge, dennoch können auch hier kurz vor der Abfahrt die Fahrkarten ausverkauft sein (besonders an Freitagen und Sonntagen). Eine Sehenswürdigkeit auf dieser Strecke ist das rote „Grand Hotel" – ein Waggon der Klasse *Lyuks*, der dem gleichnamigen Hotel in Lemberg gehört und im Express Nr. 92Л verkehrt (Abfahrt 22.55 Uhr, in Kiew 7.33 Uhr). Die schnellste Möglichkeit bietet der Zug 170до, der früh morgens um 6.45 Uhr die galizische Metropole verlässt, um gegen 13.00 Uhr die ukranische Hauptstadt zu erreichen.

Trotz vieler Züge nach Simferopol ist es in Kiew sehr schwer, in der Saison eine Fahrkarte für den gleichen Tag zu ergattern. Wenn man sich jedoch schon in Lemberg darum kümmert, stehen die Chancen gut. Der Fahrpreis hängt von den Zügen und den Klassen ab, in denen man reist – eine Platzkarte für die ganze Strecke kostet ca. 90 UAH, das Coupé ca. 120 UAH.

Von Kiew aus kann man auch einen der zahlreichen, aber für die dortigen Verhältnisse komfortablen **Busse** nehmen: Die Fahrt von Kiew nach Simferopol kostet 130 UAH, von Kiew nach Odessa 90 UAH. Preise und Fahrpläne findet man unter www.autolux.com.ua, www.gunsel.com.ua und www.bus.com.ua.

## Anreise mit dem Bus

Eine internationale Busverbindung auf die Krim gibt es nicht. Somit muss man in der Ukraine auf ein anderes Verkehrsmittel umsteigen und vermutlich eine Zwischenübernachtung einlegen. Das ist preislich insgesamt kaum billiger, als wenn man ein Flugzeug oder die Bahn nimmt. Aber für Abenteuerlustige kann es interessant sein.

Man kann von vielen Städten in Süd- und Ostdeutschland direkt nach **Lemberg** (von Stuttgart beispielsweise für 65 €) oder aus fast ganz Deutschland nach **Kiew** (von Düsseldorf z.B. für 85 €) mit dem Bus fahren. Man darf zwei Gepäckstücke in Koffermaßen mitnehmen (nicht mehr als insgesamt 40 kg), wovon ein Gepäckstück bis 25 kg kostenlos befördert wird (sonst 5 € Gebühr). Rauchen und Alkholkonsum sind in den Bussen nicht gestattet.

Wenn man mit dem Bus in die Ukraine fährt, dürfte man die **Grenze** ohne Probleme passieren, dafür kann man bei der Rückeinreise nach Polen mitansehen, wie der Bus in seine Einzelteile zerlegt wird. Dies sieht zwar recht eindrucksvoll aus, verschlingt aber auch eine Menge Zeit.

Aktuelle Informationen über Verbindungen erhält man bei der **Deutschen**

**Touring GmbH,** Tel.: 069-790350, www.deutsche-touring.com. Ticketkauf und Reservierungen kann man in DTG-Ticket-Centern in 14 deutschen Städten sowie in DER-Reisebüros und den Reisezentren der Deutsche Bahn vornehmen.

Von Lemberg oder Kiew kann man dann mit der ukrainischen Bahn weiterreisen. Der Stryiskyi-Bahnhof (der zentrale Busbahnhof) in Lemberg, wo die Busse aus Polen und Deutschland ankommen, befindet sich vom Bahnhof aus auf der anderen Seite der Stadt. Beide sind durch die Buslinie 18 miteinander verbunden.

## Anreise mit eigenem Fahrzeug

Eine Anreise per Pkw ist sicherlich abenteuerlich und auch besonders langwierig. Der Straßenzustand in der Ukraine ist mit dem mitteleuropäischen nicht zu vergleichen (dies gilt auch für Polen) und auch in punkto Sicherheit bleiben viele Fragen offen. Daher kann die Anreise mit dem eigenen Fahrzeug **nicht empfohlen werden.**

Wen das nicht abschreckt, der sollte einen **internationalen Führerschein** und die **Grüne Versicherungskarte** mitführen. Kurz hinter dem polnisch-ukrainischen Grenzübergang muss eine „ökologische Gebühr" gezahlt werden (mehrere USD, Quittung aufheben!) – das ist im Grunde die einzige offizielle Gebühr. Autofahrer, die nicht mit dem eigenen Pkw in die Ukraine einreisen, müssen eine notariell beglaubigte Erklärung des Fahrzeugeigentümers in ukrainischer Sprache vorweisen, aus der hervorgeht, dass sie zu dessen Nutzung berechtigt sind.

### Polnisch-ukrainische Grenzübergänge

Bei der Ausreise dürften offiziell keine Gebühren erhoben werden, doch kommt es häufig vor, dass man in der dem Anschein nach gar nicht so langen **Warteschlange** stundenlang stehen muss. Am Grenzübergang lungern seltsame Gestalten herum, die einen Grenzübertritt innerhalb weniger Minuten für 20–50 USD anbieten. Am besten überquert man die Grenze gegen 2–3 Uhr nachts, wenn das Verkehrsaufkommen am geringsten ist. Zu empfehlen sind die Grenzübergänge Krościenko – Smolnitsa und Korczowa – Krakovets. Man sollte lieber nicht über Medyka – Shegini zurückreisen.

Der wichtigste Grenzübergang zwischen Polen und der Ukraine ist der Übergang in **Medyka.** Es ist ein Pkw-, Bahn- und Fußgängerübergang, wobei letztgenannter rund um die Uhr geöffnet ist. Vor allem für Rucksacktouristen kann dieser Übergang wärmstens empfohlen werden, da man hier mit Abstand am schnellsten abgefertigt wird.

Die Rückkehr über den Fußgängerübergang kann einem lange in Erinnerung bleiben – viele Einheimische verdienen ihr Geld als „Ameisen", indem sie Zigaretten und Alkohol nach Polen bringen. Es herrscht, insbesondere nachmittags, ein Riesenandrang am Grenzübergang, dann kann man leicht für mehrere Stunden steckenbleiben oder aber im Gedränge arg gequetscht werden. Die Grenzbeamten teilen die Wartenden in Gruppen auf, dann sollte man sie um Durchlass bitten (als Passierschein eignen sich ein großer Rucksack und die Geschichte vom wartenden Zug). Trotz aller Unannehmlichkeiten, mit denen die Rückkehr verbunden ist, bleibt der Fußgängerübergang die billigste und schnellste Variante, die Grenze zu passieren, zumal mit dem Beitritt Polens zum Schengenraum der kleine Grenzverkehr stark abgenommen hat.

Beim Grenzübertritt von Polen in die Ukraine darf man die **Zeitumstellung** nicht vergessen – zur mitteleuropäischen Zeit wird innerhalb der Ukraine eine Stunde hinzugerechnet.

Die folgenden polnisch-ukrainischen Straßen-Grenzübergänge (v. Nord nach Süd) sind für den internationalen Personenverkehr geöffnet: Dorohusk – Jahodyn, Zosin – Ustyluh, Hrebenne – Rava-Ruska, Korczowa – Krakovets, Medyka – Shegini, Krościenko – Smolnitsa.

## Sicherheit

Die Geschichten von katastrophalen Straßen und plündernden Banditen kann man getrost ins Reich der Märchen verbannen. Das Verkehrsaufkommen ist geringer als bei uns, dafür haben die Fahrer mehr Fantasie (nicht im positiven Sinne), sie schalten auch nicht gern Licht ein (evtl. das Standlicht, wenn es schon völlig dunkel ist), und die Tiefe der Reifenprofile bewegt sich auf dem Niveau des in der Formel 1 üblichen. Seit 2005 gilt in der Ukraine die zivile Haftpflicht, sollte es also ein Einheimischer zu Ihrem Schaden übertreiben, fragen Sie ihn nach seiner Versicherung. Die meisten Fahrer dort werden sich jedoch an Ort und Stelle einig.

Trotz der großen Armut der einheimischen Bevölkerung ist die Zahl der **Autodiebstähle und -einbrüche** erstaunlich gering und in jedem Fall deutlich niedriger als etwa in den Mittelmeerländern. Trotzdem empfiehlt es sich, nichts offen im Wagen herumliegen zu lassen und das Fahrzeug auf bewachten Parkplätzen abzustellen, die nicht allzu viel kosten.

## Polizei

Die **Milizionäre** (ukr. DAÍ, russ. GAÍ; umgangsprachlich: „Gayíshniki") sind gewöhnlich freundlich, wenngleich sehr gewissenhaft. Wer auf die durchgehende Linie fährt, wird von den wachsamen Ordnungshütern sogar in völligen Einöden per Fernglas herausgefischt und angehalten. Ebenso häufig werden Geschwindigkeitsüberschreitungen geahndet. Meist trifft man die Miliz an den Stadträndern an, wo sie feste Wachposten hat. Sollten Sie zu Recht angehalten werden, dann zahlen Sie an Ort und Stelle und nicht mehr als 20 UAH, unabhängig von Vergehen und Summe, die der Milizionär Ihnen als erstes verkündet. Eine Rechnung gibt es nicht, dafür nicht selten Ratschläge für die Weiterreise. Der offizielle Zahlungsweg beinhaltet eine Fahrt zur Bank und zurück, die Gebühren laut Tarif wiederum übersteigen nicht 40 UAH.

Es ist nicht ausgeschlossen, dass Sie einer „Umweltkontrolle" begegnen, die mit Hilfe einer interessanten Apparatur in den Abgasen Ihres modernen Pkw mit Katalysator mehr schädliche Substanzen ausfindig macht als in all den qualmenden Wagen, die nebenan vorbeirauschen, zusammengenommen. Kaufen Sie ein *Talonchik* für ca. 30 UAH, befestigen Sie es an der Scheibe und vergessen Sie die Sache.

### Straßenzustand

Die Qualität der Straßen ist **deutlich schlechter** als in Mitteleuropa. Die Markierungen sind eher schwach, vor allem deshalb ist es besser, Nachtfahrten zu vermeiden. Nachts sieht man auch die Löcher in der Fahrbahn nicht so gut, und es ist schwerer, im Notfall Hilfe zu bekommen. Tanken Sie nur an großen Tankstellen, nicht aus dem Kanister!

### Route durch die Ukraine

Hier die optimale Route durch die Ukraine: **Lemberg** (Львів [L'viv]) – Ternopil (Тернопіль) – Khmelnytskyi (Хмельницький) – Vinnytsia (Вінниця) – Uman (Умань) – Pervomaisk (Первомайськ) – Mykolaiv (Миколаїв) – Kherson (Херсон) – Krasnoperekopsk (Красноперекопськ) – **Simferopol** (Сімферополь). Auf einem Teil der Wegweiser werden die Ortsnamen auch in der offiziellen Transkription angegeben.

Wer nach **Odessa** möchte, fährt in Uman auf die neue Autobahn und ist im Handumdrehen direkt in der Stadt (vorläufig noch gebührenfrei).

Für die Fahrt durch die Ukraine benötigt man mindestens 18 Stunden. Da es besser ist, nicht nachts zu fahren, braucht man eine Übernachtung – unterwegs gibt es einige Motels an der Straße. Bei der **Anfahrt auf die Krim** erwartet Sie eine **Gebühr** in Höhe von 10–15 UAH für den Pkw. Dort steht ein Stoppschild, vor dem Sie unbedingt anhalten müssen (Sie werden durchs Fernglas beobachtet).

### Autopanne / -unfall

Die Straßenwacht des Automobilclubs 112 UA erreicht man unter Tel. 32-2978112 oder 32-2976550. Laut ADAC vermitteln auf den Hauptverkehrsstraßen auch motorisierte Polizeistreifen Hilfe.

ADACPlus-, ÖAMTC- oder TCS-Mitglieder können sich auch direkt an ihren Automobilclub wenden:

- **ADAC,** (D)-Tel. 089-222222, unter (D)-Tel. 089-767676 gibt es Adressen von deutschsprachigen Ärzten in der Nähe des Urlaubsortes (Liste auch vorab anforderbar).
- **ÖAMTC,** (A)-Tel. 01-2512000 oder (A)-Tel. 01-2512020 für medizinische Notfälle.
- **TCS,** (CH)-Tel. 022-4172220.

## Ausrüstung und Reisegepäck

### Kleidung

Aufgrund des sehr warmen Klimas und der geringen Niederschlagsmenge auf der Krim ist es nicht notwendig, auf eine Sommerreise übermäßig viel Kleidung mitzunehmen. Einzig auf den flachen Gipfeln der höchsten Bergmassive kann die Temperatur im Sommer nachts bis auf wenige Grad Celsius fallen, und wenn man dann keinen **warmen Pullover** mithat, kann es kühl werden.

Vor allen Dingen sollte man eine **Kopfbedeckung** einpacken, die vor der stechenden Sonne schützt, des Weiteren **Sonnenbrille, Sandalen** und **Sonnencremes** mit UV-Filter. Ratsam ist es auch, wenigstens eine **lange Hose** und **feste Schuhe** mitzunehmen, denn bei Gebirgswanderungen wird man sich häufig durch Dornengestrüpp kämpfen müssen.

Man sollte auch daran denken, dass man in manche **Kirchen, Klöster und Moscheen** nicht mit entblößten Armen und in kurzen Hosen eingelassen wird, Frauen müssen Kopfbedeckung tragen. Was man eventuell vergessen hat, kann problemlos an Ort und Stelle gekauft werden.

## Outdoor-Ausrüstung

Man sollte, wenn man Touren in die Berge vorhat, ein leichtes **Zelt** und einen **Gaskocher** mitnehmen. Obligatorisch fürs Gebirge ist ein **Kompass.** Offenes Feuer kann aufgrund der Brandgefahr während der sommerlichen Dürre gefährlich werden, deshalb ist es in den Wäldern und auf den Plateaus verboten, außerhalb der gekennzeichneten Plätze Feuer zu entzünden. Der Rauch eines Lagerfeuers kann einen erbosten Förster herbeirufen und Probleme nach sich ziehen.

**Brennerkartuschen, Brennspiritus** und andere Ausrüstungsgegenstände sind auf der Krim schwer zu bekommen, aber nicht unerreichbar – im Zentrum vom Simferopol, auf der Ul. Karla Marksa 6, gibt es das Touristengeschäft Ex-Treme (im Hof – auf dem Fußweg vor dem Hauseingang steht ein Schild). Kartuschen mit einem Fassungsvermögen von 220 g oder 440 g kosten jeweils 25 bzw. 38 UAH.

## Spezielle Lebensmittel

**Streng vegetarische Produkte** sind auf der Krim kaum erhältlich. Vegetarier sollten diese also mitbringen. Sojaprodukte bekommt man allenfalls in den Supermärkten von Simferopol. Es ist immer gut, **Müsli** oder andere Getreideprodukte einzupacken. Andererseits gibt es auf allen Märkten ein überaus reichhaltiges Angebot an frischem Gemüse. Auch Milch- und Käseprodukte sind mittlerweile problemlos erhältlich. Somit muss man auch als Vegetarier keinen Hunger leiden.

## Fotoausrüstung

Aufgrund der starken Sonneneinstrahlung empfehlen sich zum Fotografieren **UV-Filter** und **Polarisationsfilter** sowie Negativfilme mit geringer Lichtempfindlichkeit. Die Auswahl an **Negativfilmen** ist auf der Krim recht groß – in größeren Städten oder Küstenorten sind sie problemlos zu bekommen (zu ähnlichen Preisen wie zu Hause). Schwierig zu beschaffen sind allerdings **Diafilme. Digitalfotos** können in jedem größeren Ort entwickelt und auf CD überspielt werden. **Gebrauchte Spiegelreflexkameras** der Marke Zenit aus sowjetischer Zeit sind auf zahlreichen Märkten im Land für 10–20 € erhältlich.

### Landkarten

Eine gute **Krim-Karte** im Maßstab 1:340.000 ist bei Reise Know-How im world mapping project erschienen. Sie ist GPS-tauglich, hat farbige Höhenlinien und -schichten sowie einen Ortsindex; Sehenswürdigkeiten sind eingezeichnet. Aus der gleiche Reihe gibt es eine **Karte der gesamten Ukraine** im Maßstab 1:1 Mio.

Um die **in der Ukraine herausgegebenen Landkarten** benutzen zu können, muss man natürlich die kyrillische Schrift lesen können. Die Genauigkeit und Solidität dieser Karten ist allerdings mit großer Vorsicht zu genießen und zwar deshalb, weil sie häufig nach Vorlage ukrainischer Militärkarten gezeichnet wurden (in welche wiederum die Fehler aus den russischen Karten der UdSSR kopiert wurden). Man sollte sich also nicht wundern, wenn man im Gebirge anstatt auf den in der Karte harmlos als z.B. „Kinderkurort" beschriebenen Ort auf eine reguläre Militärbasis stößt.

Für **Wanderer** halbwegs geeignet ist der überall vor Ort erhältliche Atlas „Po gornomu Krimu". Hier sind zwar einige Wanderwege eingezeichnet, die Genauigkeit der Karten lässt aber zu wünschen übrig. Eine Alternative gibt es leider nicht.

Vor allem für Touristen, die **Radtouren** unternehmen wollen, dürften die topografischen Karten im Maßstab 1:200.000 von Interesse sein, die für alle ukrainischen Oblasty erhältlich sind. Diese Karten sind in der jeweiligen Region in Buchläden und Kiosken zu bekommen.

## Ein- und Ausreisebestimmungen

**Achtung:** Da sich die Einreisebedingungen kurzfristig ändern können, wird empfohlen, sich kurz vor Abreise beim **Auswärtigen Amt** (www.auswaertiges-amt.de bzw. www.bmaa.gv.at oder www.dfae.admin.ch) oder der jeweiligen Botschaft über den aktuellen Stand zu informieren!

Aktuelle Reisehinweise zu allen Transitländern neben Hinweisen zur allgemeinen Sicherheitslage erteilen:

- **Deutschland:** www.auswaertiges-amt.de und www.diplo.de/sicherreisen (Länder- und Reiseinformationen), Tel. 030-5000-0, Fax 5000-3402
- **Österreich:** www.bmeia.gv.at (Bürgerservice), Tel. 05-01150-4411, Fax 05-01159-0 (05 muss immer vorgewählt werden)
- **Schweiz:** www.dfae.admin.ch (Reisehinweise), Tel. 031-3238484

Für EU-Bürger und Schweizer ist die Einreise in die Ukraine für einen Aufenthalt von **maximal 90 Tagen visafrei.** Man benötigt einen **Reisepass,** der mindestens einen Monat über das Ende des geplanten Aufenthalts in der Ukraine hinaus gültig ist. Ein Personalausweises genügt zur Einreise nicht. Für Kinder und Jugendliche bis zum vollendeten 16. Lebensjahr genügt ein Kinderausweis oder alternativ ein Kinderreisepass, in jedem Fall jedoch mit Lichtbild. Wenn man länger als 90 Tage bleiben möchte, muss man sich bei der zuständigen **Botschaft** ein Visum beschaffen.

- **Ukrainische Botschaft,** Albrechtstraße 26, 10117 Berlin, Tel. 030-28887220, Fax 2888 7163, www.botschaft-ukraine.de.

- **Ukrainische Botschaft,** Naaffgasse 23, 1180 Wien, Tel. 01-4797172, Fax 479717247, www.ukremb.at.
- **Ukrainische Botschaft,** Feldeggweg 5, 3005 Bern, Tel. 031-3522316, Fax 3516416, www.ukremb.ch.

Die Adressen der diplomatischen Vertretungen in der Ukraine finden sich unter „Notfall“.

## Grenzformalitäten

Bei der Einreise ist die **Migrationskarte** auszufüllen, ein Registrierungsformular in ukrainischer, russischer und englischer Sprache. Man sollte es gleich nach Ankunft an der Grenze zum Ausfüllen mitnehmen, um später nicht ans Ende der Warteschlange zurückgeschickt zu werden. Bei der Einreise mit dem Flugzeug erhält man die Formulare häufig bereits vom Flugzeugpersonal. In der Rubrik „Reisezweck“ kreuzen Sie „Tourismus“ an, als „Adresse“ schreiben Sie „Ukraine“, einen beliebigen Städtenamen oder lassen Ihrer Fantasie freien Lauf, da das sowieso niemand nachprüft. Kinder tragen Sie nur ein, wenn sie mit Ihnen reisen. Es müssen zwei Abschnitte der Karte ausgefüllt werden. Den zweiten Abschnitt heben Sie bis zum Moment der Ausreise auf (Sie werden danach gefragt, aber es gibt keine Sanktionen bei Verlust).

Die polizeiliche Meldepflicht wurde bereits 2001 abgeschafft, man sollte sich also von übereifrigen Beamten, die etwas anderes behaupten, nicht ins Bockshorn jagen lassen. Eine andere Sache hingegen sind die **örtlichen Gebühren** zur Entwicklung des Tourismus auf der Krim, deren Einzug von Kiosken übernommen wurde, die überall in den Zentren verschiedener Orte verteilt sind. Die Gebühr beträgt ca. 5 UAH und ist einmalig zu zahlen, wenn man die Quittung aufhebt. Wer ein Privatquartier mietet, dürfte von dieser Ausgabe verschont bleiben.

Das Ausfüllen einer **Zollerklärung** war bis vor wenigen Jahren bei jeder Ein- und Ausreise nötig. Mittlerweile wird dies jedoch kaum noch praktiziert. Falls es dennoch vorkommen sollte, tragen Sie in die Erklärung Ihre persönlichen Daten ein: Vor- und Familienname, Staatsbürgerschaft, Herkunfts- und Zielland, Passnummer und -serie sowie die Anzahl der Gepäckstücke. Außerdem müssen Sie vermerken, ob Sie zollpflichtige Waren mit sich führen oder solche, die eine Sondergenehmigung erfordern, d.h. Antiquitäten, Waffen, Edelmetalle oder -steine u.Ä. Wertvollere Gegenstände wie Videokamera oder Fotoapparat müssen Sie deklarieren und bewerten (was vor potenziellen Unannehmlichkeiten bei der Ausreise schützt) und die Summe der mitgeführten Geldmittel (genau!) angeben. Um das Ausfüllen einer ähnlichen Erklärung können Sie ebenfalls bei Verlassen der Ukraine gebeten werden.

## Transit durch Polen

Seit Ende 2007 gibt es an der deutsch-polnischen Grenze keine Grenzkontrollen mehr. Hier reicht der Personalausweis. Ein Reisepass ist aber für die Ukraine mitzuführen.

### Zollbestimmungen

Bei der Rückeinreise gibt es auch auf europäischer Seite Freigrenzen, Verbote und Einschränkungen. Folgende **Freimengen** darf man in die EU und die Schweiz zollfrei einführen:

- **Tabakwaren** (für Personen ab 17 Jahren): 200 Zigaretten oder 100 Zigarillos oder 50 Zigarren oder 250 g Tabak oder eine anteilige Zusammenstellung dieser Waren.
- **Alkohol** (für Personen ab 17 Jahren) **in die EU:** 1 l Spirituosen (über 22 Vol.-%) oder 2 l Spirituosen (unter 22 Vol.-%) oder eine anteilige Zusammenstellung dieser Waren, und 4 l nicht-schäumende Weine, und 16 l Bier; **in die Schweiz:** 2 l bis 15 Vol.-% und 1 l über 15 Vol.-%.
- **Andere Waren** (in die EU): 10 Liter Kraftstoff im Benzinkanister; für See- und Flugreisende bis zu einem Warenwert von insgesamt 430 €, über Land Reisende 300 €, alle Reisende unter 15 Jahren 175 € (bzw. 150 € in Österreich); (in die Schweiz): neuangeschaffte Waren für den Privatgebrauch bis zu einem Gesamtwert von 300 SFr. Bei Nahrungsmitteln gibt es innerhalb dieser Wertfreigrenze auch Mengenbeschränkungen.

Wird die Wertfreigrenze überschritten, sind **Einfuhrabgaben** auf den Gesamtwert der Ware zu zahlen und nicht nur auf den die Freigrenze übersteigenden Anteil. Die Berechnung erfolgt entweder pauschal oder nach dem Tarif jeder einzelnen Ware zuzüglich sonstiger Steuern.

**Einfuhrbeschränkungen** bestehen u.a. für Tiere, Pflanzen, Arzneimittel, Betäubungsmittel, Feuerwerkskörper, Lebensmittel, Raubkopien, verfassungswidrige Schriften, Pornografie, Waffen und Munition; in Österreich auch für Rohgold und in der Schweiz auch für CB-Funkgeräte.

### Nähere Informationen

- **Deutschland:** www.zoll.de oder beim Zoll-Infocenter, Tel. 069-46997600
- **Österreich:** www.bmf.gv.at oder beim Zollamt Klagenfurt Villach, Tel. 01-51433-564053
- **Schweiz:** www.ezv.admin.ch oder bei der Zollkreisdirektion in Basel, Tel. 061-2871111

## Einkaufen

### Preisniveau

Die Lebensmittelpreise sind an der Krim-Riviera und in den anderen Touristenorten am höchsten. Eine Ausnahme bilden die Regionen, in denen die jeweilige Ware hergestellt wird und wo man sie in Firmengeschäften kaufen kann. Dabei handelt es sich hauptsächlich um Wein, z.B. in Koktebel. Im Allgemeinen liegen die **Lebensmittelpreise** bei 30–50 % der mitteleuropäischen, noch weniger kosten Saisonprodukte wie Obst und Gemüse.

Relativ teuer sind vor allem **importierte Waren** sowie Haushaltsartikel und Radio- und Fernsehgeräte. Äußerst günstig sind hingegen **CDs** (Audio und MP3) mit einheimischer wie auch westlicher Musik. Da es sich hierbei jedoch häufig um Raubkopien handelt, ist deren Einfuhr in die EU verboten.

### Läden

In jedem Dorf oder Städtchen gibt es ein **Lebensmittelgeschäft.** Diese Verkaufsstellen zeichnen sich für gewöhnlich durch die typische kommunistische Optik aus, wenngleich sie inzwischen natürlich viel mehr Waren anbieten als zu jenen Zeiten. In grö-

046kr Foto: pk



ßeren Orten findet man mehr und mehr auch **Supermärkte** westlichen Stils (obschon man noch allerlei Befremdliches dort entdecken mag, z.B. riesige hölzerne Rechenbretter). Die Läden sind normalerweise von 8 bis 20 Uhr geöffnet. Einige machen in der Zeit zwischen 13/14 und 14/15 Uhr Mittagspause. In größeren Städten findet man immer ein Geschäft, das rund um die Uhr geöffnet ist.

### Märkte

In jeder Stadt gibt es wenigstens einen Basar, auf dem man die billigsten Lebensmittel erhält. Auch wenn die hygienische Verhältnisse nicht immer die besten sind, sind die Märkte hochromantisch und somit unbedingt einen Besuch wert. Aufgrund des starken Gedränges ist dies freilich nichts für Menschen mit Platzangst. Es empfiehlt sich beim Kauf von Lebensmitteln, auf das Verfallsdatum zu achten – solche Kleinigkeiten „übersieht" auch das Ladenpersonal gern, und auf den Basaren geschieht das noch häufiger. Nichtsdestotrotz sind Märkte die besten Einkaufsmöglichkeiten der Region.

### Souvenirs

Auf der Krim werden viele speziell für Touristen hergestellte Souvenirs angeboten, in der Mehrzahl handelt es sich dabei um reinen Nippes. Die Preise sind der Qualität der Erzeugnisse in keiner Weise angemessen. Dennoch gibt es einige empfehlenswerte Mitbringsel wie z.B. die traditionelle **tatarische Kopfbedeckung.** Man kann sie in Bakhchysarai und Umgebung für ca. 15–30 UAH erstehen. Beliebt sind auch **ätherische Öle** - ein durch und durch lokales Produkt. Sogar einige Ortsnamen (z.B. Aromátne) künden von der Anwesenheit der Pflanzenölindustrie in der Region. Die Öle sind deutlich billiger als bei uns und es gibt eine viel größere Auswahl. Weiterhin ist eine Menge verschiedenartiger interessanter **Keramik** erhältlich und eine große Auswahl an **Gemälden,** meist Landschaften.

Charakteristisch für die Halbinsel sind Produkte aus dem hier natürlich vorkommenden **Grünstein.** Die aus ihm hergestellten Becher oder Figuren sehen nach der Politur wie Alabaster aus. Ein häufig verkauftes Andenken sind auch Erzeugnisse aus **Duftholz** – Kämme, Kerzenständer oder Geschirruntersetzer.

Das wohl bekannteste Andenken aus den Ländern des Ostens sind die **Matrjoschkas** - aus Holz gefertigte, ineinander schachtelbare Puppen. Neben den traditionellen russischen, die als *Babushki* mit bunt geblümten Kopftüchern bemalt sind, findet man auch typisch ukrainische, die eine ganze Familie wie aus einem Zeichentrickfilm darstellen. Ukrainische Matrjoschkas sind in der Regel billiger als die russischen. Die kleinsten, aus fünf Puppen bestehend, kosten 20 UAH, die größten aus fünfzehn Puppen 200 UAH. Generell muss jedoch gesagt werden, dass Matrjoschkas eine typisch russische Tradition sind und mit ukrainischer Kultur wenig gemein haben.

## Essen und Trinken

Die **Küche der Krim** vereint verschiedene kulturelle Traditionen, die auf der Halbinsel anzutreffen sind – in erster Linie **tatarische, karäische, ukrainische und russische.** Leider bekommt man die guten Sachen nicht in Gaststätten, denn die erlesene Gastronomie hat auf der Krim keine Tradition. In die **Kneipe** geht man üblicherweise, um Bier, Wodka oder Wein zu trinken und einen Happen dazu zu essen. In den Touristen- bzw. Kurorten findet man **teure Restaurants,** doch selbst dort stellen Geschmack und Qualität der Speisen den Küchenchefs und Köchen kein gutes Zeugnis aus. Die größte kulinarische Enttäuschung erwartet auf der Krim die Vegetarier.

Echte und schmackhafte lokale Küche kann man in den **Häusern der Einwohner** probieren. Findet man ein gemütliches Quartier mit netten und aufgeschlossenen Gastgebern, lohnt es sich, bei ihnen Mahlzeiten zu bestellen. Für ein paar Hryvnia kann man gelegentlich vorzüglich schmausen und z.B. ukrainischen Gemüseborschtsch, Pfannkuchen, Piroggen und andere Leckereien kosten. Dazu eine Flasche Krimwein und das Festmahl ist perfekt!

In den Großstädten und an den Stränden gibt es **Restaurants, Cafés**

# Tatarische Küche und Esskultur

„Wann immer eine lebendige Kreatur stirbt, wenn sie ihren Geist aushaucht und wenn ihr Blut ausrinnt, so werden sie sie zweifellos essen, und vermengt mit Hirsegrütze trinken sie das Blut jeglichen Tieres gleich wie Suppe."

*Evliya Chelabski*

„Ihre Kost besteht aus allem, was essbar ist. So essen sie denn auch Hunde, Wölfe, Füchse und Pferde, und wenn es not ist, Menschenleiber. (...) Obendrein wurden wir gewahr, dass sie gleichwohl Läuse essen. Sie sprachen also: „Wie sollte ich sie nicht essen, essen sie doch den Leib meines Sohnes und trinken sein Blut?" Desgleichen sahen wir sie Mäuse essen (...)."

*Carpini*

Die **Beschreibungen der christlichen Gesandten und Reisenden** sind stark übertrieben. In ihnen spiegelt sich zweifellos die ungeheure Furcht wider, die das damalige Europa vor den **„barbarischen Nomaden"** empfand. Nichts dämonisiert den Feind schließlich wirksamer, als ihn grotesker und abscheulicher Ernährungsgewohnheiten oder Sexualpraktiken zu verdächtigen. In Wirklichkeit sah die Kost der Tataren gänzlich anders aus.

Die traditionelle tatarische Küche verwendet viele Milchprodukte, Fleisch und Gemüse. Man isst Hammel, Rind und Kamelfleisch. Auch Pferdefleisch wird gegessen, wenn auch nicht in allen sozialen Kreisen. Schweinefleisch hingegen wird gemieden. Häufige Nahrungsbestandteile sind Reis und Trockenfrüchte. Die Krimtataren stellten Wein her, aber ausschließlich für den Verkauf, selbst tranken sie Wodka. Die Küche der Küstenbewohner war reich an Fisch und viel abwechslungsreicher als der Speiseplan der Steppenhirten.

Das **Kaffee- und Teetrinken** ist ein wichtiger Bestandteil der kulinarischen Tradition. Das Servieren dieser Getränke stellt eine Art Ritual dar, und beim Empfang von Gästen oder bei wichtigen familiären Anlässen dürfen sie nicht fehlen.

In manchen Häusern haben die alten Traditionen überdauert, die bestimmen, wie die Speisen zubereitet und verzehrt werden. Der Sitte gemäß essen Männer und Frauen getrennt voneinander, und selbst heute noch werden bei wichtigen familiären Feierlichkeiten für beide Geschlechter getrennte Tische aufgestellt.

An verschiedenen Orten der Halbinsel kann man traditionelle tatarische Gerichte serviert bekommen: **Plov** (Reis in Fett mit Gemüse) und **tatarische Fleischklößchen** (kleine Piroggen aus geschabtem Fleisch mit Hammelfett). Dies sind heute einige der beliebtesten Imbisse auf der Krim.

An Süßwaren bieten sich an: **Pakhlavá** (mit Honig übergossenes Blätterteiggebäck oder mit getrocknetem Fruchtsirup umgebene Nüsse, die oft an Stränden angeboten werden – den Verkäufer erkennt man an der ihn umgebenden Wespenschar).

**und Bars** in Hülle und Fülle. Die Spanne der Dienstleistungen, die sie anbieten, ist sehr groß, dasselbe betrifft auch die Preise. Es lohnt sich, sich nach **Spezialitäten** der regionalen und orientalischen Küche umzusehen und solche Köstlichkeiten zu probieren wie *Khachapúri* (Pizza auf Georgisch), *Varéniki* (kleine Teigtaschen, gewöhnlich mit Quark gefüllt), *Lavásh* oder *Lepeshka* (rundes, ungesäuertes Brot), *Shalárma* (in Scheiben geschnittenes Fleisch, vorzugsweise Hühnerfleisch, vom vertikalen Drehgrill), *Plov*

# Typische Rezepte

## Kasik Borek oder Tabak Borek (Teigtaschen mit Fleischfüllung)

Dies ist eins der populärsten Gerichte, vergleichbar unseren Maultaschen mit Fleischfüllung, die in Brühe gekocht werden. Die Teigtaschen können separat gereicht werden (*Tabak Borek*) oder – häufiger – in Fleischbrühe (*Kasik Borek*).

**Zutaten:**

Für den Teig: 2 Gläser Mehl, 1 Ei, 1 Glas Wasser, 1 kl. Teelöffel Salz.

Für die Füllung: 300 g Fleisch vom Rind oder Hammel, 1 kl. Zwiebel, 1 kl. Teel. Salz, 1 kl. Teelöffel Pfeffer, Brühfleisch, Joghurt oder saure Sahne.

Mehl und Salz in eine Schüssel geben, das Ei mit dem Wasser verrühren, anschließend zum Mehl geben und den Teig so lange kneten, bis er weich ist. Teig in zwei Hälften teilen, in ein Tuch einschlagen und 30 Min. ruhen lassen. Die Zwiebel kleinhacken, das Fleisch durch den Fleischwolf drehen, Pfeffer und Salz hinzufügen und alles gründlich vermengen. Den Teig dünn ausrollen, mit einem Glas Kreise ausstechen, auf jeden einen halben Löffel Füllung geben und die Taschen an den Rändern zusammendrücken. Teigtaschen in der Fleischbrühe kochen. Normalerweise werden sie wie Suppe serviert, dazu reicht man Joghurt oder saure Sahne in gesonderten Schalen. Werden die Teigtaschen allein serviert, werden sie mit Joghurt, saurer Sahne oder zerlassener Butter begossen.

## Chebureki (ukr. Chii-Borek)

Auch das ist ein Fleischgericht, das bei den Tataren außerordentlich beliebt ist. Man kann sie in jedem größeren Ort der Krim an Kiosken kaufen. Sie werden immer frisch vor den Augen des Kunden zubereitet. Auch die vegetarische Variante ist anzutreffen.

**Zutaten:**

Für den Teig: 2 Gläser Milch, ½ kg Mehl, 1 Ei, 1 Teelöffel Salz.

Für die Füllung: 500 g Hackfleisch vom Rind, 1–2 gehackte Zwiebeln, ½ Glas Wasser, 2 Teelöffel Salz, ½ Teelöffel Pfeffer. Zur Zubereitung benötigt man noch 6 Gläser Öl.

Teig kneten, ausrollen und sehr dünne Kreise ausschneiden (Durchmesser 10–15 cm). Die Zutaten für die Füllung gründlich vermengen und je 1–2 Esslöffel auf den Teigringen verstreichen, dabei jeweils einen Rand von 2 cm frei lassen. Anschließend die Kreise zusammenklappen und an den Rändern zusammendrücken. In heißem Öl 2 Min. von jeder Seite braten, bis sie goldbraun und mürbe sind.

*Chii-Borek* werden sofort nach der Zubereitung heiß serviert. Sie können mit zerlassener Butter begossen oder mit Senf oder einer anderen scharfen Soße bestrichen werden. Die Tataren reichen dazu meist heißen Tee.

## Rosinengetränk

Die Tataren bereiten Erfrischungsgetränke aus frischen und getrockneten Früchten zu. In den sonnenverwöhnten Weinbergen der Krim reifen Trauben, die später getrocknet und zu vielen Gerichten verwendet werden.

**Zutaten:**

120 g Rosinen, 1 Glas Zucker, 3 Gläser Wasser, 3–4 Nelken.

Chebureki – die typischen Fladenbrote

Das Wasser mit dem Zucker aufkochen, Rosinen und Nelken ins kochende Wasser geben. Auf kleiner Flamme 30 Min. kochen, bis die Früchte aufquellen. Die Nelken herausnehmen. Das Getränk gekühlt oder in Zimmertemperatur servieren.

## Scharfe Möhren

Ein weiteres für die Krim sehr typisches Gericht sind scharfe Möhren, die auch als koreanische bezeichnet werden. Dies ist weder ein Nationalgericht der Tataren noch der Ukrainer oder Russen, doch kann man es auf jedem Basar kaufen. Es wird lose oder in speziellen Folientüten verkauft. Auf dieselbe Weise wie die Möhren kann man Auberginen oder anderes Gemüse zubereiten.

**Zutaten:**

½ kg Möhren, ½ Glas Sojaöl, 2 Esslöffel Essig, 5–7 Knoblauchzehen, Gewürze (Salz, Zucker, Pfeffer, Paprika, Koriander oder eine am Ort erhältliche fertige Gewürzmischung für koreanische Möhren)

Zu den grob gehobelten Möhren 3 Esslöffel Öl und 2 Esslöffel Essig hinzugeben, gut vermengen und 2 Std. stehenlassen. Anschließend würzen, mit dem kochendem Öl übergießen und den zerkleinerten Knoblauch hinzufügen. Einen Tag stehenlassen, damit das Gericht den richtigen Geschmack und gutes Aroma bekommt.

102krFoto: dz

## Auberginen in Tomate auf Krim-Art

Rezept: Dominika Zaręba

**Zutaten:**

2 kg frische Auberginen, 1 kg weiche, reife Tomaten, 2 mittelgroße Zwiebeln, ½ Knoblauchzwiebel (wer keinen Knoblauch mag, kann 1–2 Zehen fürs Aroma zugeben), ½ Bund Petersilie, 0,25 l Sonnenblumenöl, frischer scharfer Paprika (für die, die es pikant mögen), Salz und Pfeffer nach Geschmack.

Die Auberginen waschen und abbrühen – eine Hälfte schälen, die andere mit Schale belassen. In dicke Scheiben (1,5–2 cm) schneiden, salzen, mit Wasser übergießen und 10–15 Min. liegen lassen (in einem Sieb oder auf Küchenpapier), bis das Wasser völlig abgetropft ist. Die Tomaten abbrühen, schälen und in Würfel schneiden. Zwiebel und Knoblauch in Scheiben schneiden.

Die Zwiebel mit dem Knoblauch im tiefen Öl anbraten, Auberginen zufügen, umrühren und das restliche Öl zugeben. Salzen, die Hälfte der gehackten Petersilie zugeben und umrühren. Die Auberginen im tiefen Öl unter ständigem Umrühren ausbacken, bis sie weich und goldbraun sind. Die geschälten Tomaten zugeben, umrühren. Salzen, pfeffern, den klein geschnittenen scharfen Paprika zugeben (optional) und im offenen Topf ca. 15–20 Min. schmoren. Zum Schluss die restliche Petersilie hinzufügen. Mit Kartoffeln oder Reis servieren. Schmeckt vorzüglich zu einem trockenen oder halbtrockenen Rotwein.

048kr Foto: dz

(in Fett schwimmender Reis mit gehackten Möhren und Fleisch). Diverse selbstgemachte **Süßigkeiten** werden an den Stränden feilgeboten, z.B. *Pakhlavá* (mit Honig übergossenes Blätterteiggebäck) und *Pónchiki* (eine Art Berliner).

In Bars, an Verkaufsständen oder auf der Straße erwarten den Gast verschiedene kleine Mahlzeiten, die zwar wohlschmeckend sind, aber sehr fettig. Man kann sie schnell über haben, vor allem, wenn sie die Grundlage des täglichen Speiseplans bilden. Dazu gehören: **Chebureki** – Taschen, gefüllt mit Fleisch, Quark, Gemüse oder Kartoffeln und in Fett schwimmend gebraten (1–2 UAH pro Stück), **Piroggen** mit Fleisch, Kraut, Kartoffeln oder Bohnen gefüllt – typisch russische, gebratene Teigtaschen aus einer Art Krapfenteig (1–2 UAH pro Stück), **Bliny** oder *Blinchiki*, große dünne Pfannkuchen (der Teig wird allerdings anders zubereitet als bei uns – u.a. gibt man Wasser und Soda hinzu) – süß mit Marmelade oder Kondensmilch und deftig mit Fleisch, Quark oder Pilzen

Krimtatarische Delikatessen: Kaffee, im Tiegel aufgebrüht, und süße Pakhlavá

(2 UAH pro Stück). Weiterhin gibt es verschiedene Arten von **Schaschlik** aus Hammel-, Rind- oder Schweinefleisch, manchmal auch aus Fisch (10–15 UAH), **Shaorma** – ähnlich wie Kebab, nur in einen großen Fladen vom Typ Pitta gerollt und gegrillt, man kann auch eine vegetarische Variante bestellen (5–6 UAH pro Stück). **Grillgemüse** erwartet den Gast im östlichen Teil der Krim, von Sudak nach Osten. Man kann auch köstliche Grillkartoffeln mit scharfem Paprika, Auberginen, Tomaten oder Paprikafrüchten kaufen.

Urgemütlich sitzt es sich im **Teehaus,** dem *Chaikhaná,* bei einem guten Tee aus dem Samowar. Hier findet man offene Boxen mit Sitzen und Kissen anstatt der üblichen Tische und Stühle. Jede Herberge der Altkrim *(Karaván-Saráy)* betrat man von einer solchen Teestube aus. Heute, nach Jahrzehnten ihrer Abwesenheit, findet man die *Chaikhaná* von der Uferpromenade in Sudak bis zur Ai Petrynska Yaila.

Wenn man eine **Unterkunft mit Küche** mietet, kann man sich auch selbst kulinarisch „austoben", denn auf den lokalen Märkten gibt es Unmengen frischer Gemüsesorten, Früchte, Milchprodukte und Fleisch. Eine gute Idee ist z.B. ein Gericht mit Auberginen, sie kosten etwa 1 UAH pro Kilogramm!

## Die Speisekarte

Will man Essen gehen, wird man zwangsläufig mit Speisekarten vor Ort konfrontiert. Diese sind im Grunde immer gleich aufgebaut, daher im Folgenden einige Anmerkungen:

**Kalte Vorspeisen** (russ. *kholodnye Zakuski,* ukr. *kholodni Zakuski*): Oftmals einfach nur eine Scheibe Weißbrot (Buterbrod), mit irgendetwas belegt, kann man sich getrost schenken. Manchmal werden auch eingelegtes Gemüse oder Pilze angeboten; diese sind durchaus zu empfehlen.

**Warme Vorspeisen** (russ. *goriachye Zakuski,* ukr. *horiachi Zakuski*): Kleine Gerichte, gelegentlich auch Pelmeny, recht kleine Portionen, aber meist auch recht gut.

**Vorspeisen** (russ. *Piervye Blyuda,* ukr. *pershy stravy*): Vor allem die hervorragenden Suppen können nur empfohlen werden. Ganz besonders: *Borschtsch,* eine dunkelrote Suppe aus roten Beeten, oder *Soljanka,* eine Art Restesuppe mit Fleisch- und Wurststücken, einer Scheibe Zitrone sowie

### Piroggen

Auf der ganzen Krim, ähnlich übrigens wie in ganz Russland und der Ukraine, werden Piroggen verkauft. Sie werden aus einem Plinsenteig zubereitet und können mit allem Möglichen gefüllt werden, meistens ist es jedoch eine Füllung aus Kraut, Kartoffeln, Fleisch oder Mus. Piroggen kauft man am besten bei den Hausfrauen, dann geht man sicher, dass sie frisch zubereitet sind. Am schmackhaftesten sind sie noch warm. Mit ein wenig Glück findet man Frauen, die selbstgemachte Piroggen verkaufen, auf dem Basar, am Bahnhof und an belebten Straßen. Das gleichnamige polnische Nationalgericht hat mit den ukrainischen Piroggen nur wenig gemeinsam.

Oliven. Beide Suppen werden mit saurer Sahne gereicht.

**Hauptgerichte** (russ. *vtorye Blyuda*, ukr. *druhy stravy*): Hier finden sich die meisten Fleisch- sowie Fischgerichte. Selten zum Abnehmen geeignet, dafür aber schmackhaft und nicht selten mit viel Knoblauch zubereitet. Besonders zu empfehlen: *Plov* oder *Schaschlik*. Auch *Zharkoye*, eine Art Eintopf im Krug, sollte man unbedingt probieren. Vor allem in der Westukraine sind *Deruny*, eine Art Reibekuchen mit Gulasch, zu finden. Schnitzel hat leider wenig mit dem deutschen Original zu tun: Meist handelt es sich hierbei um einen mehr oder weniger ungenießbaren Hackbraten.

An Fischgerichten besonders zu empfehlen sind alle Arten von Forellen *(Forel)* oder Zander *(Sudak)*.

**Beilagen** *(Garniry)*: Diese sind im Preis üblicherweise nicht enthalten, sondern werden extra geordert. Der Klassiker sind *Kartoplya Fri* (Fritten in triefendem Fett und mit gefühlten 5 kg Knoblauch zubereitet). Auch Brot wird extra serviert. Man bezahlt jede Scheibe einzeln.

**Salat** *(Salat)*: Häufig im Angebot: Salat mit Tomaten, Gurken und Schafskäse *(Salat Shopska)* oder Krabbensalat *(Salat c krevetkami)*.

**Nachspeisen** *(Deserty)*: Zumeist gibt es hier Eis *(morozhnoye)* oder Obstsalat *(Fruktovyy Kokteyl')*.

## Bier und Kaffee

Ukrainische Biere sind von guter Qualität. Beliebt sind vor allem die Marken *Chernihivske, Obolon* und *Slavutych*. Bei Kaffee sollte man ausdrücklich *naturalnoye kofe* verlangen, sonst bekommt man womöglich eine Tasse Instantkaffee serviert.

## Krimwein und Krimsekt

### Sekt

Der Krimsekt hat bis zum heutigen Tag seinen Ruf als bester der ehemaligen Sowjetunion behalten, seine **Massenproduktion** allerdings garantiert keine ausgeglichene Qualität. Allgemein erhältlich sind recht mittelmäßige Sorten, die mit industriellen Methoden hergestellt werden.

Es lohnt sich jedoch, die Schaumweine aus der Kellerei Novyi Svit bei Sudak zu probieren, wo immer noch die traditionelle Methode zur Anwendung kommt. Die hiesigen Weine werden der Flaschen-Gärung ausgesetzt und lagern viele Monate lang in kühlen Kellern, bevor aus jeder Flasche in einem arbeitsaufwendigen Prozess in Handarbeit der Hefesatz entfernt wird. Hier werden mehrere Weinsorten hergestellt. Der weiße trockene trägt die Bezeichnung *brut*, die halbtrockene Version wird – trotz Protest der französischen Champagnerproduzenten – **Shampanskoye** genannt. Der **Krimskoye Igristoye** ist die halbsüße Rosé-Variante und **Krasnoye Igristoye** ein halbsüßer Roter mit Sauerkirscharoma. In Novyi Svit befindet sich auch ein kleines Museum, in dem sich Interessierte über die Geschichte der Krimweine informieren können (s. Reiseroute 6).

### Süßweine

Am beliebtesten sind auf der Krim süße Weine: **Dessertweine** (ukr. десертне [*desertne*], russ. десертное [*desertnoye*]) mit 20–24 % Zuckergehalt und mit Destillat verstärkte, sehr starke **Likörweine** (ukr. кріплене [*kriplene*], russ. креплённое [*kreplënnoye*]) mit 4 % Zucker und 20 % Alkohol.

Süßweine sind eine Spezialität der Krim. In der Vergangenheit wurden hier alle möglichen Fälschungen berühmter europäischer Süßweine produziert, und auch jetzt noch begegnet man diversen Krimschen Abwandlungen von Portwein, Sherry und Madeira. Unter ihnen sticht besonders der an Madeira erinnernde *Massandra* hervor, definitiv der beste Wein der Krim, wenn nicht der ganzen ehemaligen UdSSR. Er zeichnet sich durch eine wunderschöne goldene Farbe aus, ist stark und sehr aromatisch. Ähnlich wie die meisten Süßweine der Krim ist er normalerweise ein Jahrgangs-Verschnitt (eine Mischung von Weinen verschiedener Jahrgänge). 1999 gelangte der aus der Rebsorte Pinot Gris produzierte *Massandra* auf die angesehene Liste der 100 weltbesten Weine der Zeitschrift „Wine Spectator".

Ein anderer bemerkenswerter Süßwein ist der Roséwein *Alupka*. Es ist ein mit Destillat verstärkter Wein, also ein sehr starker Likörwein, hergestellt aus einer Mischung weißer und roter Rebsorten. Die Krim ist auch bekannt für ihre süßen, verstärkten Muskateller. Probieren Sie den *Muscat Livadia* – einen goldfarbenen, wärmenden Wein mit blumigem Aroma und dem Geschmack frischer Weintrauben.

### Weiß- und Rotwein

Trockene und halbtrockene Weißweine werden hauptsächlich aus den westeuropäischen Rebsorten **Aligoté** und **Riesling** hergestellt sowie aus der georgischen Sorte **Rkatsiteli.** Von ausgezeichneter Qualität ist der Wein *Oreanda,* extra trocken und sehr harmonisch. Unter den Rotweinen hat sich der *Yuzhnoberezhniy* einen guten Namen erworben; er wird aus der kaukasischen Rebsorte **Saperavi** hergestellt.

### Weinproben

Weinliebhabern sei unbedingt eine Weinverkostung in einer der **Kellereien** empfohlen (*Vin-Zavod* – nicht alle sind Besuchern zugänglich, daher sollte man vorher nachprüfen, ob die, die man besuchen möchte, Führungen anbietet). Während der Führung erfährt man ein wenig über die Geschichte des Weinbaus auf der Krim, hört Weinlegenden, nimmt zur Kenntnis, wie „hervorragend automatisiert die Weinfabriken auf der Krim sind", und lernt die populärsten Sorten des Krimweins kennen. Das erleichtert einem später die Verkostung und den Einkauf im Geschäft oder „na rozliv" (vom Fass).

### Preise

Für eine Flasche Wein zahlt man im Laden 10–40 UAH. In der Kneipe kostet das Glas (100 ml) von 4 UAH aufwärts, die Flasche ab 14 UAH. An den Stränden und auf den Promenaden wird der Wein für 15–30 UAH pro Liter „na rozliv" ausgeschenkt – vom

# Die Geschichte der Krimweine

Die Weinberge der Krim gehören zu den ältesten in Europa. Die Rebenpflanze gelangte mit den griechischen Kolonialherren bereits im 5. Jh. v.u.Z. hierher. Im großen Maßstab stellte man Wein im antiken Staat Khersonesos her, und in römischen Zeiten bedeckten Weinstöcke die ganze Südküste der Halbinsel. Die in Massen auf der Krim produzierten Weine waren hauptsächlich für den Export in die Länder der Barbaren bestimmt. Die in den Schwarzmeersteppen lebenden Skythen und Sarmaten liebten diesen Trank und waren bereit, dafür großzügig mit Gold und Sklaven zu zahlen. Die nächsten Wellen von Eindringlingen aus den Steppen, die die Krim im frühen Mittelalter heimsuchten, schränkten den Weinanbau auf die Gebiete der befestigten Städte an der Südküste ein. Unter der Obhut der byzantinischen und genuesischen Garnisonen überdauerten die Weinberge hier bis zur Mitte des 15. Jh., die Herrschaft der muslimischen Tataren und Türken jedoch ließ den Weinanbau auf der Krim für mehr als 300 Jahre verschwinden.

Die Geschichte der Krimweine hatte ihren eigentlichen Neubeginn Ende des 18. Jh., als Russland die Halbinsel einnahm. Die Zaren besiedelten die neu unterworfenen Gebiete mit Christen - neben den Russen waren das Griechen und Armenier, die damals vor der türkischen Belagerung flohen. Ihnen ist es zu verdanken, dass an den Südküsten der Krim bald wieder Weinberge grünten und Krimweine auf die Tafeln in Petersburg und Moskau gelangten. Die Qualität und der Ruhm der Weine stiegen im Laufe des 19. Jh. Dazu trugen die vielen russischen Aristokraten bei, die sich auf der Krim ansiedelten und ihre prachtvollen Residenzen mit ausgedehnten Weinbergen umgaben. Zu deren Bestellung und zur Weinherstellung ließen sie Spezialisten aus Frankreich und dem Rheinland kommen. Auch die Zaren legten große Weinberge in den Gegenden von Livadiya und Masandra an und sparten weder Mittel noch Mühe, die Güte der hiesigen Weine der der von ihnen geliebten französischen Tropfen anzugleichen. Schon 1829 stifteten sie in Yalta als eines der weltweit ersten das bis heute existierende Weininstitut Magarach.

Besondere Verdienste bei der Entwicklung des Weinbaus auf der Krim erwarb sich Fürst Lew Golizin. Dieser in der Nähe von Warschau geborene Sohn eines Russen und einer Polin war viele Jahre lang Verwalter der Weinberge des Zaren und ebenso Besitzer riesiger Güter in der Gegend von Sudak und Feodosiya. Dort pflanzte er mit Vorliebe Weinstöcke an und baute Weinfabriken. Er war besessen davon, einen Krimwein zu kreieren, der mit dem Lieblingsgetränk der russischen Oberschicht - dem Champagner - konkurrieren könnte. Durch die Einfuhr französischer Rebsorten sowie die Anstellung der besten Spezialisten aus der Champagne errangen die Perlweine des Fürsten Golizin - angefangen mit der Pariser Weltausstellung im Jahr 1900 - viele internationale Preise. Seitdem ist der sogenannte *Krimskoye Igristoye,* ein Schaumwein, der nach der originalen Champagnermethode hergestellt wird, das Aushängeprodukt des Weinbaus der Krim.

Nach der Revolution wurden die Weingüter der Krim verstaatlicht - von nun an sollten die hiesigen Weinfabriken anstelle des Geschmacks von Aristokraten und Intellektuellen die weniger wählerischen Gaumen der Werktätigen befriedigen. Die Produktion stieg, die Qualität der Krimweine freilich sank. Zu Breschnews und Gorbatschows Zeiten konnte man kaum noch von originalen Krimweinen sprechen, denn zur Produktion wurden ebenfalls aus Bulgarien, Ungarn und Algerien importierte Rohstoffe verwendet. Der berühmte Krimskoye Igristoye, der jetzt in Mengen von Millionen Hektoliter erzeugt wurde, erinnerte immer weniger an sein französisches Vorbild.

Die Wirtschaftskrise des letzten Jahrzehnts brachte die hiesige Weinindustrie an den Rand des völligen Ruins. Gegenwärtig versucht der Krimsche Weinbau, in der neuen Realität der freien Marktwirtschaft wieder auf die Beine zu kommen. Trotz mannigfaltiger Schwierigkeiten und recht unklarer Perspektiven bleibt die Krim die größte und interessanteste Weinregion der Ukraine und der ganzen ehemaligen UdSSR.

Die meisten Weinberge gibt es im Umkreis von Sevastopol und Simferopol. Hier erstrecken sich riesige Kulturen, die das Ausgangsprodukt für die großen Schaumweinkellereien liefern. Weniger Fläche nehmen die Weinberge an der Südküste ein, doch hier, an den Steilhängen des Krimgebirges zwischen Balaklava und Feodosiya, entstehen die besten Weine. In den Weinbergen der Krim entdeckt man sowohl orientalische Traditionen als auch westliche Einflüsse. Neben den lokalen Rebsorten mit exotischen Namen wie Sara Pandas und Ekim Kara werden hier auch die aus dem Kaukasus stammenden Sorten Rkatsiteli und Saperavi sowie die westeuropäischen Traubensorten Aligoté, Muscadelle, Pinot Gris, Riesling, Cabernet Sauvignon, Merlot und Pinot Noir angebaut.

049krFoto: dz

Fass. Man sollte ihn vorher probieren, um keinen verdorbenen zu kaufen, der zu lange in der Sonne gestanden hat.

## Geldfragen

Die nationale Währung der Ukraine ist die **Hryvnia** (UAH), die in 100 Kopeken unterteilt wird. Umgangssprachlich wird jedoch – auf der Krim und nicht nur dort – noch immer die Bezeichnung **„Rubel"** verwendet, wegen der Gewöhnung an die jahrelang gültige Währung des Sowjetimperiums.

Bis vor wenigen Jahren war es unbedingt erforderlich, **US-Dollars** dabeizuhaben, da bis Ende der 1990er Jahre der Dollar eine Art Zweitwährung war, die überall akzeptiert und teilweise sogar verlangt wurde. Da die Hryvnia sich aber als bemerkenswert stabil herausgestellt hat, hat sich diese Tendenz abgeschwächt. In jedem Fall aber sollte eine gewisse Menge **Bargeld in Euro** mitgebracht werden.

An **Wechselstuben** fehlt es auf den Straßen der Krimstädte nicht – auf Schritt und Tritt begegnet man den Schildern Обмен валют [*obmén valyút*].

Es sei dringend davon abgeraten, Geld bei **Schwarzhändlern** zu tauschen! Dies sind in der überwiegenden Mehrzahl gemeine Betrüger und Diebe, die Ausländer für eine leichte Einnahmequelle halten. Im Zentrum von Simferopol (Ul. Kirova in Richtung Zentralmarkt) beträgt die Differenz zwischen dem Kaufkurs und dem Verkaufskurs indes zu manchen Zeiten je 2 Kopeken, ähnlich sieht es in Lemberg und Kiew aus.

An **Geldautomaten,** die vor allem in Filialen des allgegenwärtigen ukrainischen Bankkonzerns „Privatbank" zu finden sind, mangelt es nicht mehr. Die preiswerteste Art der Geldbeschaffung ist die Barabhebung vom Automaten unter Angabe der PIN mit der **Maestro-(EC-)Karte.** Je nach Hausbank wird dieser Service nicht zusätzlich in Rechnung gestellt, sondern ist im Grundpreis der Kontoführung enthalten. Manche Banken berechnen jedoch eine Gebühr von bis zu 1 % des Abhebungsbetrags.

Für Barabhebungen per **Kreditkarte** kann das Kreditkartenkonto je nach ausstellender Bank mit einer Gebühr von bis zu 5,5 % belastet werden, aber für das bargeldlose Zahlen werden nur ca. 1–2 % für den Auslandseinsatz berechnet. Kreditkarten werden bislang nur in einigen, meist recht teuren Geschäften und Hotels akzeptiert. In jedem Fall ist das gute alte Bündel ukrainischer Hryvnias das sinnvollere Zahlungsmittel.

Die Mitnahme von **Travellerschecks** ist nicht zu empfehlen, da es nur wenige Banken gibt, die diese eintauschen, und wenn, dann mit nicht unerheblichen Gebühren.

### Wechselkurse

1 Euro = 11,05 UAH, 1 UAH = 0,09 Euro
1 USD = 8,11 UAH, 1 UAH = 0,12 USD
1 SFr = 7,21 UAH, 1 UAH = 0,14 SFr
(Stand Ende März 2009)

### Preisentwicklung

Trotz aller Reformanstrengungen liegt die jährliche **Inflationsrate** in der Ukraine bei rund 10 %, im Jahr 2008 waren es sogar bis zu 30 %. Insbesondere die **Energiepreise** steigen unaufhörlich. Beispielsweise haben sich die Kosten für Taxifahrten binnen weniger Jahre verdoppelt. Auch für Bahn- und Bustickets sind Preissteigerungen von bis zu 50 % erfolgt. Dennoch ist davon auszugehen, dass die Ukraine noch viele Jahre lang für westliche Touristen ein äußerst günstiges Reiseland bleibt. Infolge der auf die Ukraine übergreifende Finanzkrise kam es gegen Ende 2008 zu einem massiven Verfall der Hryvnia gegenüber dem Euro von rd. 1:7 auf derzeit (Ende März 2009) rd. 1:11. Bezüglich der Preisentwicklung ist mittelfristig eher mit einem Sinken der Preise für ausländische Touristen zu rechnen.

Die in diesem Reiseführer angebenen Preise können lediglich als **Richtwerte** verstanden werden, da exakte Preisangaben derzeit schlichtweg unmöglich sind.

## Gesundheit

Siehe auch das Kapitel „Reise-Gesundheits-Informationen Ukraine" im Anhang.

### Gesundheitsvorsorge

Zur Einreise in die Ukraine sind **keine Impfungen vorgeschrieben.** Obwohl es keine größeren Gesundheitsgefährdungen gibt, ist es jedoch vernünftig, sich gegen **FSME** (Frühsommer-Meningoenzephalitis), eine durch **Zecken** übertragene Hirnhautentzündung, impfen zu lassen. Zecken vermehren sich gut im warmen Klima der Krim. Die Gefahr steigt beim Aufenthalt im Freien, vor allem auf Wiesen und in Wäldern. Vom Ausmaß der Gefährdung zeugen die in den Wäldern verteilten Zeckenwarnschilder.

Zur Erzielung einer langfristigen Immunität müssen mehrere Impfungen in verschiedenen Zeitabständen (von einigen Wochen bis zu 1–3 Jahren) durchgeführt werden. Die Injektionen werden üblicherweise in den Wintermonaten verabreicht. Falls bis zur Reise zu wenig Zeit bleibt, um einen ganzen Zyklus durchführen zu lassen, sollte man sich wenigstens zweimal impfen lassen, denn das erhöht die Abwehrkraft schon erheblich. Wer ganz ungeimpft ins Gebirge reist, sollte sich unterwegs unbedingt täglich und systematisch auf Zeckenbisse untersuchen. Die schnelle Entfernung des Parasiten schützt vor der Erkrankung, da die infektiösen Bakterien erst abgegeben werden, wenn die Zecke bereits ca. 36–48 Stunden in der Haut steckt.

Ursache der **Borreliose,** einer ebenfalls von Zecken übertragenen Krankheit, ist die Spirochäte (ein Bakterientyp) *Borrelia burgdorferi*. Während die Zecke frisst, vermehren sich diese Mikroorganismen in deren Dünndarm, gehen anschließend ins Blut über und gelangen auf diesem Weg in die Speicheldrüsen. Von dort werden sie mit dem Speichel der Zecke in die Haut des Wirtes (z.B. einer Maus, eines Hirsches oder auch eines Menschen) übertragen.

Charakteristische Symptome einer Infektion: Rötung mit bleicher Mitte um die Bissstelle herum, idiopathische Lähmung der Gesichtsnerven, Gelenkschwellung, vorzugsweise der Kniegelenke (gewöhnlich asymmetrisch), sowie grippetypische Symptome: Schüttelfrost, Fieber, Muskel- und Gelenkschmerzen und Appetitlosigkeit.

Eine vorbeugende Impfung gegen Borreliose gibt es nicht. Das regelmäßige gründliche Absuchen des Körpers und das frühzeitge Entfernen von Zecken sind die einzigen Möglichkeiten, eine Infektion zu verhindern.

Es empfiehlt sich ebenfalls, sich gegen **Typhus** sowie **Hepatitis A und B** impfen zu lassen, was im Hinblick auf das niedrige hygienische Niveau in vielen gastronomischen Einrichtungen der Krim verständlich ist.

## Hygiene

Die hygienischen Verhältnisse sind von westeuropäischem Standard weit entfernt. Dies gilt sowohl für Hotels und Zugtoiletten wie auch für Lebensmittel: Wer einmal die Fleischhalle eines einheimischen Marktes besucht hat, wird dies unschwer bestätigen können. Unbedingt zu empfehlen ist daher, sich schon zu Hause mit **Medikamenten gegen Durchfallerkrankungen** einzudecken.

Ein besonders kritisches Kapitel sind die **öffentlichen Toiletten.** Sofern diese überhaupt vorhanden sind, handelt es sich hierbei zumeist um Stehtoiletten, wie man sie auch aus Frankreich oder Italien kennt. Sind sie gebührenpflichtig, so ist ihre Hygiene noch einigermaßen erträglich. Die Plumpsklos, wie man sie an manchen Busbahnhöfen, speziell in kleineren Orten, vorfindet, spotten aber jeder Beschreibung.

Ferner zu beachten ist, dass gerade einfache **Hotels** nicht immer über Duschen verfügen. In solch einem Fall ist das Waschen in einem See oder Fluss die einzige sinnvolle Alternative. Auch ist zu beachten, dass in einigen Gegenden der Ukraine zu bestimmten Tages- oder Nachtzeiten die **Wasserversorgung abgestellt** wird. Dies gilt auch für Hotels. Insbesondere für nächtliche Toilettengänge sollte also der im Allgemeinen bereitstehende Wassereimer vorsorglich gefüllt sein.

## Medizinische Versorgung

Der Standard der ärztlichen Versorgung ist nicht sonderlich hoch, zudem lässt der Zustand der medizinischen Geräte viel zu wünschen übrig. Zu einer Zahnbehandlung in einer staatlichen Ambulanz sollte man sich nur im äußersten Notfall entschließen. Die Preise für die medizinische Versorgung auf der Krim sind sehr differenziert: Für einen Arztbesuch zahlen Ausländer durchschnittlich 50 UAH, ein Tag im Krankenhaus kostet etwa 100 UAH. Alle Medikamente, Verbandsmaterialien, Nadeln und Spritzen kosten extra.

### Krankenversicherung

Durch die Verordnung des Ministerrates der Ukraine vom 21.06.2001 wurde die Pflicht zur Überprüfung der Versicherungspolice für in die Ukraine einreisende Ausländer an der Grenze aufgehoben. Dennoch müssen alle ausländischen Gäste weiterhin eine Versicherung abschließen, obgleich das hinter der Grenze niemand mehr kontrolliert.

Die Kosten für eine Behandlung in der Ukraine werden von den gesetzlichen Krankenversicherungen in Deutschland und Österreich nicht übernommen, daher ist der Abschluss einer **privaten Auslandskrankenversicherung** unverzichtbar. Bei Abschluss der Versicherung – die es mit bis zu einem Jahr Gültigkeit gibt – sollte auf einige Punkte geachtet werden. Zunächst sollte ein **Vollschutz ohne Summenbeschränkung** bestehen, im Falle einer schweren Krankheit oder eines Unfalls sollte auch der **Rücktransport** übernommen werden. Diese Zusatzversicherung bietet sich auch über einen **Automobilclub** an, insbesondere wenn man bereits Mitglied ist. Diese Versicherung bietet den Vorteil billiger Rückholleistungen (Helikopter, Flugzeug) in extremen Notfällen.

Wichtig ist auch, dass im Krankheitsfall der **Versicherungsschutz über die vorher festgelegte Zeit hinaus** automatisch verlängert wird, wenn die Rückreise nicht möglich ist.

Schweizer sollten bei ihrer Krankenversicherungsgesellschaft nachfragen, ob die Auslandsdeckung auch für die Ukraine gilt. Sollte man keine Krankenversicherung mit Auslandsdeckung haben, kann man sich kostenlos bei Soliswiss (Gutenbergstr. 6, 3011 Bern, Tel.: 031-3810494, www.soliswiss.ch) nach einem attraktiven Krankenversicherer erkundigen.

Zur Erstattung der Kosten benötigt man grundsätzlich ausführliche **Quittungen** (mit Datum, Namen, Bericht über Art und Umfang der Behandlung, Kosten der Behandlung und Medikamente).

## Informationsstellen

### Vor der Reise

Die Ukraine unterhält bislang **kein Fremdenverkehrsbüro** in Deutschland, Österreich oder der Schweiz, sodass es nicht ganz einfach ist, sich im Vorhinein zu informieren. Brauchbares Informationsmaterial wurde aber von der ukrainischen Organisation Ukrajina vidoma (www.ukrcognita.com.ua/eng/) auch in deutscher Übersetzung herausgegeben. Es wird auch von den diplomatischen Vertretungen zur Verfügung gestellt (s. „Ein- und Ausreisebestimmungen").

Nur wenige **Reiseveranstalter** bieten bislang Reisen in die Ukraine an. Erwähnt seien die beiden Berliner Veranstalter Stattreisen (http://stattreisen

berlin.de/studienreisen/) und Ex Oriente Lux Reisen (www.eol-reisen.de), beide mit eher kulturgeschichtlicher Ausrichtung. Reisen auf die Krim mit Schwerpunkt Aktivtourismus bieten auch Bissreisen in Berlin (www.biss-rei sen.de) und Wikinger-Reisen (www. wikinger.de) an.

Was die Organisation von Individualreisen in die Ukraine betrifft, ist der Berliner Veranstalter **Dreizackreisen** (www.dreizackreisen.de) ein guter Ansprechpartner.

Als Partnerschaftsorganisation sei auf das **Forum Net Ukraine** verwiesen (www.forumnetukraine.org). Für den Interessenten an Kontakten mit der jüngeren Generation ist die **Union der ukrainischen Studenten in Deutschland** ein interessanter Ansprechpartner (www.sus-n.org).

Ein unverzichtbares Netzwerk für alle Osteuropainteressierten ist die **Joe List** (www.joe-list.de), ein E-mail-Newsletter. Die Abkürzung Joe steht für „Junge Osteuropa Experten".

Wer an wissenschaftlichen Themen interessiert ist, sollte sich an das **Osteuropainstitut** der Freien Universität Berlin werden (www.oei.fu-berlin.de), für Interessenten der **Ukrainischen Sprache** ist das Ukrainikum der Uni Greifswald (www.uni-greifswald.de/~ slawist/germ/aktuell.html) eine Anlaufstelle.

### Informationen vor Ort

Touristische Informationsstellen innerhalb der Ukraine sind immer noch selten und somit nur in wenigen Städten vorhanden. Auch Ausschilderungen, Wegmarkierungen und aushängende Stadtpläne sind Mangelware. Dies hängt damit zusammen, dass Tourismus in der Sowjetunion fast ausschließlich Pauschaltourismus bedeutete, Individualtourismus spielte faktisch keine Rolle. Allerdings wurde die Bedeutung des Tourismus als Wirtschaftsfaktor zwischenzeitlich auch in der Ukraine erkannt, sodass davon auszugehen ist, dass sich dies bald ändert. Bis dahin kann der orientierungslose Besucher aber in den immer zahlreicher werdenden **Reisebüros** nachfragen.

## Internet

Viele Informationen über die Ukraine und die Krim lassen sich im Internet finden. Die folgende **Linksammlung** ukrainischer Städte ist besonders empfehlenswert:

- **www.geocities.com/prysjan/in_61.html**

### Interessante Webseiten

- **www.unian.net:** ukrainische Nachrichtenagentur
- **www.pravda.com.ua:** Internetzeitung des ermordeten Journalisten *Gongadze*
- **www.n-ost.de:** aktuelle deutschsprachige Presseartikel aus ganz Osteuropa
- **www.forumnetukraine.org:** deutschsprachige Linksammlung
- **www.kyivpost.com:** englischsprachige Zeitung
- **http://travel.kyiv.org:** Reiseseite
- **www.brama.com:** aktuelle Informationen aus der Ukraine
- **www.uz.gov.ua:** die ukrainische Bahn
- **www.hostels.org.ua:** Jugendherbergen in der Ukraine
- **www.hostelworld.com/countries/ukraine hostels.html:** internationale Hostelseite

- **www.krim-reise.de:** Informationen über die Krim
- **www.photoukraine.com/english/photos:** Fotos aus der gesamten Ukraine, nach Regionen gegliedert
- **www.castles.com.ua:** die detaillierteste Seite über historische Sehenswürdigkeiten (leider bislang nur auf Ukrainisch), überwiegend in der Westukraine, mit zahlreichen hervorragenden Fotos
- **www.sus-n.org:** Union der ukrainischen Studenten in Deutschland

### Internet-Cafés

Internet-Cafés sind mittlerweile überall, selbst in kleineren Orten zu finden, sie sind auch sehr günstig. Die dort zumeist äußerst zahlreich anwesenden acht- bis zehnjährigen Counterstrike-Spieler sind jedoch eher gewöhnungsbedürftig.

## Nachtleben

Das ukrainische Nachtleben ist bisher eher dürftig und findet, wenn überhaupt, in einigen wenigen überteuerten, ungemütlichen **Clubs** statt. Auch **Discos** mit ansprechender Musik sind nur in wenigen größeren Studentenstädten wie etwa Kiew und Lemberg und in den Touristenzentren der Krim zu finden. Eine wohltuende Ausnahme ist Simferopol, wo sich in den letzten Jahren eine interessante Kneipenszene entwickelt hat. Für die meisten Orte gilt jedoch weiterhin: Gibt es nicht zufällig irgendwo ein Open-Air-Konzert, bleiben zumeist nur die zahlreichen **Biergärten und Straßencafés,** um den Abend vor Ort zu verbringen.

## Notfall

### Notrufnummern

- **Feuerwehr:** 01
- **Miliz:** 02
- **Rettungsdienst:** 03

### Diplomatische Vertretungen

Wird der **Reisepass oder Personalausweis gestohlen,** muss man dies bei der örtlichen Polizei melden. Darüber hinaus sollte man sich an die diplomatische Vertretung seines Landes wenden, damit man einen Ersatz-Reiseausweis zur Rückkehr ausgestellt bekommt (ohne kommt man nicht an Bord eines Flugzeuges oder über die Grenze!). Auch in dringenden Notfällen, z.B. medizinischer oder rechtlicher Art, sind die Auslandsvertretungen bemüht, vermittelnd zu helfen. Auf der Krim gibt es keine Vertretungen.

**In Kiew:**

- **Deutsche Botschaft,** Vul. Bohdana Khmelnyzkoho 25, Tel.: 44-2476800.
- **Österreichische Botschaft,** Ivana Franka 33, Tel.: 44-2772790.
- **Schweizerische Botschaft,** Vul. Kozyatynska 12, Tel. 44-2816128.

**In Lemberg:**

- **Deutsches Honorarkonsulat,** Vul. Vynnychenka 6, Tel. 322-757102, 753314 oder 753324.
- **Österreichisches Honorarkonsulat,** Schewtschenko Prospekt 26, Tel. 322-612014.

### Verlust der Geldkarte

Bei Verlust oder Diebstahl der Kredit- oder Maestro-(EC-)Karte sollte man diese umgehend sperren lassen. Für deutsche Maestro- und Kreditkarten gibt es die einheitliche **Sperrnummer 0049-116116** und im Ausland zusätzlich 0049-30-40504050. Für österreichische und schweizerische Karten gelten:

- **Maestro-(EC-)Karte,** (A)-Tel. 0043-1-204 8800; (CH)-Tel. 0041-44-2712230, UBS: 0041-848 888601, Credit Suisse: 0041-800 800488.
- **MasterCard,** internationale Tel. 001-636 7227111
- **VISA,** Tel. 0043-1-71111770; (CH)-Tel. 0041-58-9588383.
- **American Express,** (A)-Tel. 0049-69-9797 1000; (CH)-Tel. 0041-44-6596333.
- **Diners Club,** (A)-Tel. 0043-1-501350; (CH)-Tel. 0041-58-7508080.

## Post

Postämter haben meist angenehm lange Öffnungszeiten, oftmals bis 22 Uhr. Hier kann man **telefonieren** (Ortsgespräche sind kostenlos!) und alle wichtigen Postdienstleistungen in Anspruch nehmen. Die Beförderungsdauer von **Briefen** kann immer noch eine Woche und länger dauern.

## Reisezeit

Die beste Zeit für einen Besuch der Krim ist der **Sommer.** Dann herrschen die günstigsten Wetterbedingungen (die höchsten Temperaturen und die niedrigsten Niederschlagsmengen). Leider ist dies aber auch die Zeit des **stärksten Touristenverkehrs.**

Wer weder Menschenmassen noch Sommerhitze mag, sollte seine Krimreise ins Frühjahr oder in den Herbst legen. Das Frühjahr ist die Zeit der prächtigsten Vegetation – die im Sommer ausgedörrten Hügel sind mit blühenden Wiesen überzogen. Während es in den Bergen noch schneit, blühen in den Tälern bereits die Obstbäume. Der Herbst ist auf der Krim die Zeit der großen Obst- und Gemüseernte, in der all diese Früchte zum Spottpreis angeboten werden. **Außerhalb der Saison** sinken die Übernachtungspreise um ein Vielfaches. Man sollte jedoch bedenken, dass dann der Besuch der Sehenswürdigkeiten erschwert wird, weil die Beförderungsmittel viel seltener verkehren, um schließlich im Winter den Betrieb fast ganz einzustellen. Die optimale Reisezeit dürfte der Juni sowie die **erste Septemberhälfte** sein – alles ist dann etwas billiger und entspannter, und die Temperaturen – auch die des Wassers – sind zu dieser Zeit durchaus angenehm. Nach Möglichkeit meiden sollte man die Monate Juli und August.

## Sport und Aktivitäten

Aufgrund der bislang weithin unterentwickelten touristischen Infrastruktur ist das Angebot an Sportmöglichkeiten recht überschaubar. **Schwimmbäder** gibt es kaum, denn der Einheimische badet zumeist in natürlichen Gewässern. Lediglich an der Südküste der Krim gibt es zahlreiche gepflegte **Strandbäder,** deren Infrastruktur als gut bezeichnet werden kann. Hier findet man diverse Angebote für **Wassersport** jeder Art.

**Saunas** gibt es zahlreich. Besonders der Besuch einer russischen Banja kann als urige und landestypische

Form des kollektiven Schwitzens empfohlen werden, auch wenn die hygienischen Voraussetzungen eher gewöhnungsbedürftig sind.

**Bekletterbare Felsen** – zumeist aus festem, kompaktem Kalkgestein – gibt es auf der Krim in großer Zahl. Felshaken sind jedoch nur an wenigen Stellen vorhanden. Kletterausrüstung sollte mitgebracht werden, da sie vor Ort nur schwer zu bekommen ist.

Auch für **Höhlenforscher** ist die Krim ein wahres Eldorado, die meisten Höhlen sind unerschlossen.

**Fahrradfahren** als Reise-Fortbewegungsmöglichkeit ist in der Ukraine bislang wenig verbreitet. Dennoch gibt es mehr und mehr Möglichkeiten, Fahrräder zu leihen. Die Preise hierfür liegen aber nur wenig unter Westniveau. Pro Tag sind etwa 60 UAH zu veranschlagen. Radwege sind praktisch nicht existent, dasselbe gilt für ausgeschilderte Fahrradrouten. Der Verkehr, speziell auf kleineren Straßen, ist jedoch noch erfreulich gering, die Qualität dieser Straßen ist es ebenfalls. Dennoch kann man vielerorts gut Touren unternehmen. Wagt sich der Radfahrer auf die größeren Straßen, wird er alsbald die Fahrweise der einheimischen Autofahrer kennenlernen. Vor allem vor dem überholenden Gegenverkehr sollte man sich in Acht nehmen.

# Sprache

Obwohl die **Krim** zur Ukraine gehört, ist sie stark russisch geprägt. Ihre Autonomie garantiert **Russisch als Amts- und Unterrichtssprache.** Auf Russisch werden auch die meisten Zeitungen, Zeitschriften und Bücher verlegt. Die ukrainische Sprache ist auf der Krim nicht wahrnehmbar, sie ruft sogar eher Unwillen hervor, und ihre Verwendung kann gelegentlich als Taktlosigkeit empfunden werden. Das Sprachproblem ist umso verwickelter, als der Großteil der ukrainischen Bevölkerung auf der Krim russischsprachig ist.

Nichtsdestotrotz bemerkt man, dass sich Regierung und Behörden um eine teilweise **Ukrainisierung** der Region bemühen. Das für Touristen auffälligste Beispiel sind die ukrainischen Namen auf den neuesten Karten der Region und bei der Bahn.

## Die ukrainische Sprache

In der Westukraine – so auch in **Kiew und Lemberg** – wird vorwiegend Ukrainisch gesprochen. Ukrainisch zählt wie Russisch und Weißrussisch zu den **ostslawischen Sprachen,** es sind auch starke Ähnlichkeiten mit dem Polnischen zu erkennen. Die Aussprache ist im Allgemeinen wie geschrieben wird. Die aus dem russischen bekannte Abwandlung unbetonter o's zu a's existiert in der ukrainischen Sprache nicht. Auffallend sind ferner die große Zahl von i's und h's, die der Sprache einen angenehmen, weichen Charakter geben. Das y wird ähnlich wie ä gesprochen.

Viele Ukrainer mussten nach dem Ende der Sowjetunion ihre Sprache nahezu neu lernen, inzwischen ist das Ukrainische aber klar auf dem Vormarsch.

### Verständigung

Nach jahrelanger Abgeschiedenheit des Landes, die leider bis heute andauert, sind gerade in der mittleren Generation die **Fremdsprachenkenntnisse gering.** Für individuelle Reisen sind somit zumindest geringe Sprachkenntnisse der russischen Sprache sowie das **Erlernen des kyrillischen Alphabets** zwingend notwendig.

Im **Anhang** dieses Buches findet sich ein kleiner russischer Sprachführer, der die nötigsten Wendungen enthält. Russisch-deutsche und deutsch-russische Wörterbücher gibt es auf dem deutschsprachigen Markt recht viele.

Um sich mit der russischen Sprache vertraut zu machen, empfiehlt sich das Büchlein **Russisch – Wort für Wort** aus der Reihe Kauderwelsch. In der gleichen Reihe erscheint der Band **Ukrainisch – Wort für Wort.** Die handlichen Sprechführer bieten eine auf das Wesentliche reduzierte Grammatik und viele Beispielsätze für den Reisealltag. Als „Kauderwelsch digital" sind beide Bücher auch auf CD-ROM erhältlich, ebenso gibt es **Aussprache-Trainer** auf Audio-CD.

### In diesem Buch

Wegen der zwei Sprachen, die in der Ukraine gesprochen werden, ist auch der Umgang mit geografischen

051kr Foto: pk

**Namen** und Bezeichnungen für Sehenswürdigkeiten nicht unkompliziert. So gibt es immer **eine russische und eine ukrainische Variante.** Die Handhabung der Namen in diesem Reiseführer wird vorn im Buch unter „Zu Sprache und Schrift" erläutert.

## Telefonieren

Das Telefonnetz auf der Krim ist mittlerweile sehr gut ausgebaut. Auf dem Markt sind mehrere Telefongesellschaften, wenn auch die Ukrtelekom eindeutig dominiert. **Telefonkarten** gibt es bei der Post und in den Fernmeldeämtern. An **öffentlichen Fernsprechern** fehlt es in den größeren Städten nicht. Auch wenn die meisten Kartentelefone schlimmer aussehen als unsere alten Münzfernsprecher, so funktionieren sie doch zumeist bestens. Aus einer Telefonzelle zu Hause anzurufen, lohnt sich jedoch nicht – die Karte für mehr als 10 UAH reicht gerade für einige Minuten. Besser kauft man sich am Kiosk oder an einem GSM-Stand spezielle Rubbelkarten (Scratch-Cards), mit denen man länger telefonieren kann.

Man kann ein Gespräch auch auf der **Post** oder im **Fernmeldeamt** anmelden. Abgerechnet wird im Sekundentakt. Zweigstellen der Ukrtelekom findet man unter www.ukrtelecom.ua/ua/offers/holiday/krym/.

Wer hier sein Ziel finden will, sollte sich mit dem kyrillischen Alphabet auskennen

### Wichtige Telefonnummern

| | |
|---|---|
| **Feuerwehr** | 01 |
| **Miliz** | 02 |
| **Rettungsdienst** | 03 |
| **Telefonauskunft** | 09 |
| **Apotheken** | 067 |
| **Gesprächsanmeldung** | 077 |
| **Bahnauskunft** | 005 |
| **Bahnreservierung** | 055 |
| **Flugauskunft** | 006 |

### Vorwahlen

| | |
|---|---|
| **Ukraine** (aus dem Ausland) | 380 |
| **Ukraine** (innerhalb) | 8 |
| **Krim** | 65 |
| **Krim** (innerhalb) | 2 |
| **Deutschland** | 81049 |
| **Österreich** | 81043 |
| **Schweiz** | 81041 |
| **Handy** | 8 |
| **Kiew** | 44 |
| **Lemberg** | 32 |
| (6-stellige Telefonnummern 322) | |
| **Odessa** | 482 |

**Auf der Krim:**

| | |
|---|---|
| Alushta (Großraum) | 60 |
| Bakhchysarai | 54 |
| Bilohirsk | 59 |
| Dzhankoi | 64 |
| Feodosiya, Koktebel | 62 |
| Kerch | 61 |
| Krasnoperekopsk | 65 |
| Lenine, Shcholkine | 57 |
| Sevastopol | 692 (ohne 65) |
| Simferopol | 2 |
| Staryi Krym | 55 |
| Sudak | 66 |
| Yalta (Großraum) | 4 |
| Yevpatoriya | 69 |

Die Krim hat die **Vorwahl** „65". Bei Ferngesprächen innerhalb der Krim wählt man anstatt der „65" vor der Ortsvorwahl nur die „2" (s. Kasten). So gilt z.B. von Sudak nach Alushta die Vorwahl 260, während von Odessa nach Alushta die 6560 gewählt werden muss. Die Vorwahl aus dem Ausland wiederum ist 00 380 6560 + Nummer des Teilnehmers: „00" ist die Auslandsfreischaltung, „380" die Vorwahl der Ukraine, „65" die Vorwahl der Krim und „60" die Ortsvorwahl. Bitte beachten Sie, dass Sevastopol nicht den Behörden der Krim untersteht, was sich auch in der Vorwahl niederschlägt: 692 - ohne „65" vornweg.

Spezifische Regeln gelten für Telefonate ins Ausland oder in eine andere Stadt. Wenn Sie eine **andere Stadt in der Ukraine** oder ein **Handy** anrufen wollen, müssen Sie zuerst die „8" wählen, anschließend die Ortsvorwahl und erst dann die Teilnehmernummer. Bei einem Ferngespräch **ins Ausland** wählen Sie auch die „8", zusätzlich die „10", anschließend die Landesvorwahl (nach Deutschland 49, Österreich 43, in die Schweiz 41), dann die Ortsvorwahl und zum Schluss die Teilnehmernummer.

## Handy

Am allergünstigsten ist es, sich auf dem **mitgebrachten Handy** anrufen zu lassen. Zu diesem Zweck kauft man in der Ukraine ein **Prepaid-Paket,** wobei das mitgebrachte Handy jedoch keine SIM-Lock-Sperre haben darf und im Idealfall sowohl mit GSM 900 als auch GSM 1800 funktioniert. Der billigste Anbieter ist *Dzhyns* (Джинс, www.jeans.com.ua).

Eine SIM-Karte im Tarif *Superdzhyns* kostet 40 UAH und ist ohne Aufladen bis 2030 gültig. Die Tarife ändern sich oft, daher lohnt es sich, auch bei der Konkurrenz vorbeizuschauen: www.kyivstar.net, www.sim-sim.com, www.umc.ua, www.life.com.ua.

Beim Preisvergleich zwischen den beiden gesamtukrainischen Netzbetreibern Kyivstar und UMC (lies: [*yu-em-si*]) ist Kyivstar eher billiger und hat zudem die bessere Netzdeckung, insbesondere im Gebirge. In der Gegend von Odessa und Kiew ist ebenfalls der Netzbetreiber Golden-Telekom tätig (www.goldentele.com), dessen Netz mit der Betriebsfrequenz 1800 MHz arbeitet.

Unbedingt vermieden werden sollte das Telefonieren mit einem Handy mit z.B. deutscher SIM-Karte. Minutenpreise von 2,50 € sind keine Seltenheit, und selbst für eingehende Gespräche sind Preise von 1,50 € und mehr an der Tagesordnung.

Wesentlich preiswerter ist es, sich von vornherein auf **SMS** zu beschränken, der Empfang ist dabei in der Regel kostenfrei. Tipp: Man lasse sich von allen wichtigen Personen eine

### Buchtipp

- *Volker Heinrich:* **Handy global – mit dem Handy im Ausland,** Praxis-Reihe, Reise Know-How Verlag

SMS schreiben, sodass man im Ausland nicht zu wählen braucht, sondern nur auf „Antworten" drücken muss.

# Unterkunft

## Hotels und Pensionen

Generell ist das Hotelnetz der Ukraine auf der Krim am höchsten entwickelt. Die teuersten Hotels stehen an der Krim-Riviera, obwohl es auch hier Ausnahmen gibt. Die Kategorisierung erfasst nicht alle Unterkünfte – manche Hotels haben eine klar festgelegte Kategorie, andere nicht. Manche der alten sozialistischen Hotels, oftmals in städtischem Besitz, sind ihren Preis nicht wert – es kann dort Probleme mit dem Wasser geben und kaputte Fernseher, ja sogar Ungeziefer. Neue Luxushotels schießen jedoch überall wie Pilze aus dem Boden, sodass man schon heute die Wahl hat, vorausgesetzt, man verfügt über genügend Kleingeld. Den Anhängern des Low-Budget-Travelling bleiben nach wie vor die Privatquartiere.

Die Preise ändern sich mit der **Jahreszeit** – am höchsten sind sie im Juli und August, dann findet man häufig in den billigeren Hotels keinen freien Platz mehr. Außerhalb der Saison sind die meisten Hotels geschlossen oder werden renoviert und auf die Ankunft der Sommergäste vorbereitet. Der **Durchschnittspreis** für eine Übernachtung beträgt 100–150 UAH in eher bescheidenen Verhältnissen. Der Hoteltag dauert meistens von 12 Uhr bis 12 Uhr des Folgetages.

## Jugendherbergen

Es gibt u.a. in Kiew, Lemberg und Odessa einige Jugendherbergen, die dem internationalen Jugendherbergsverband (www.hihostels.com) angeschlossen sind. Verfügt man über einen **internationalen Jugendherbergsausweis** aus dem Heimatland, schläft man auch bei diesen Jugendherbergen zum günstigeren Tarif, sonst muss man eine Tagesmitgliedschaft erwerben. Hat man noch keine Jahresmitgliedschaft bei den Jugendherbergsverbänden daheim, kostet diese 12–20 € in Deutschland (www.jugendherberge. de), 10–20 € in Österreich (www.oejhv.or.at) und 22–55 SFr in der Schweiz (www.youthostel.ch). Tipp: kann man auch als Familie beantragen.

## Privatquartiere

Privatquartiere sind normalerweise billiger als Hotels, obgleich es auch vorkommen kann, dass der Preis eines Privatquartiers, zum Beispiel in Hurzuf, höher ist als eine Übernachtung in einem Hotel in Feodosiya. Angebote findet man in jeder größeren Stadt problemlos. Ist man in der Gruppe unterwegs, bleibt am besten ein Teil der Gruppe beim Gepäck, während ein anderer mit den *Babushki* die Quartiere besichtigt. Es lohnt sich, zunächst dem *Kvartbyuro*, dem Vermittlungsbüro für Privatquartiere, einen Besuch abzustatten, um in Erfahrung zu bringen, ob die Preisdifferenz zwischen „legalen" und „illegalen" Unterkünften wirklich so himmelhoch ist, wie einem manche weismachen wollen.

Vergessen Sie nie zu **feilschen,** denn die ersten Preisangebote von Privatleuten sind nicht selten völlig überhöht. Schlucken Sie Ihren Ärger hinunter, auch wenn Ihnen die ersten Angebote absurd erscheinen. Feilschen ist Spiel, Spaß und ein fester Bestandteil der östlichen Kultur. Die Preise für Privatunterkünfte schwanken im Laufe der Saison erheblich – am wenigsten bemerkt man davon in den Großstädten: In Simferopol findet man ein annehmbares Privatquartier für etwa 25 UAH, in Sevastopol für ca. 15 UAH, ähnlich sieht es am östlichen und westlichen Rand der Halbinsel aus. Es hängt auch viel vom Wohnungsstandard und von der Nähe zum Meer ab. Die teuerste Variante ist eine Übernachtung in der ersten Augusthälfte in Hurzuf, Foros, Alupka oder Alushta, wo man nicht unter 10 USD pro Person wegkommt.

## Übernachtung in Bahnhöfen

Eine bislang wenig bekannte Übernachtungsmöglichkeit bietet sich Rucksacktouristen in zahlreichen, vor allem größeren Bahnhöfen. Man folge den Hinweisschildern: Кімната відпочинку [Kimnata Vidpochynku], auf Deutsch etwa „Erholungszimmer“. Der Standard dieser Räume liegt freilich bestenfalls auf Jugendherbergsniveau: Zumeist gibt es nur Mehrbettzimmer, die Toiletten liegen auf dem Flur und Duschen fehlen manchmal völlig. Andererseits sind derartige „Missstände“ bei Übernachtungspreisen zwischen 3 und 10 € auch vielleicht mal zu verschmerzen.

## Zelten

Im Sommer findet man im Gebirge und an von Touristen besonders gut besuchten Orten sogenannte **Stayanki** – kleine, saisonabhängige Lagerplätze, die man zur Not als Zeltplatz bezeichnen kann. Sie kosten 1–2 UAH pro Person. Plant man jedoch eine Gebirgswanderung, dann spricht im Hinblick auf die günstigen klimatischen Bedingungen nichts dagegen, **unter freiem Himmel** zu übernachten.

Im Zelt kann man auch an der Küste schlafen, außer auf dem Abschnitt zwischen Alushta und Foros, wo sich nicht einmal mehr eine halbe Isomatte unterkriegen lässt – und Felsboden ist auch kein allzu bequemer Untergrund. In der Praxis kann man überall zelten, außer auf Privatgrundstücken und in Schutzgebieten (unter diese Definition fallen im Sommer wegen der Waldbrandgefahr viele Waldgebiete), doch nicht überall ist es ungefährlich. Die postsowjetischen Campingplätze nehmen nach altem Brauch keine Touristen mit Zelten auf, sondern bieten ausschließlich Hütten an. Doch sowohl im Gebirge als auch an der Küste entstehen immer mehr **Campingplätze,** wo man sein Zelt legal aufschlagen und gleichzeitig gewisse zivilisatorische Bequemlichkeiten in Anspruch nehmen kann. Die Übernachtung dort kostet ca. 5–7 UAH pro Person.

## Verhaltenstipps

Die Ukraine ist auch nach der orangenen Revolution ein sehr **armes Land.** Führt man sich vor Augen, dass Rentner beispielsweis mit nur 50 € pro Monat auszukommen haben, so wird klar, dass einiges an Sensiblität im Umgang mit den Einheimischen erforderlich ist. Stolzes Vorführen der persönlichen Reichtümer sollte also vermieden werden. Dasselbe gilt für Bemerkungen wie: „Ist das aber billig ...".

Auch sollte bei Kritik an den bestehenden Verhältnissen nicht unberücksichtigt bleiben, dass nach dem Totalzusammenbruch des sowjetischen Wirtschaftssystems der Wandel nun mal nicht von heute auf morgen zu bewerkstelligen ist und westeuropäische Verhältnisse auf dieses Land nicht eins zu eins übertragbar sind.

Dass gerade **Deutschland** wegen seiner wenig ruhmreichen Geschichte zu Beginn des 20. Jh. einen nicht unbedeutenden Anteil an der Misere hat, ist ein weiterer Punkt, den man nicht aus den Augen verlieren sollte. Umso überraschender ist es, dass Deutschland bei den meisten Ukrainern ein sehr positives Image hat und Anfeindungen aufgrund des 2. Weltkrieges praktisch nicht vorkommen.

Wird man von Privatleuten **eingeladen,** so wird regelrecht erwartet, dass man sich satt isst. Eine zu große Bescheidenheit kann als Unhöflichkeit ausgelegt werden. Dasselbe gilt für das Ablehnen von Wodka.

Wenn **Frauen** bei der Begrüßung **nicht die Hand geben,** so ist dies nicht als Unfreundlichkeit zu werten. Es ist schlicht und einfach nicht üblich.

Beim **Besuch orthodoxer Kirchen** besteht häufig eine Kleiderordnung: Kurze Hosen bei Männern sind im Allgemeinen nicht zulässig, während Frauen Kopftücher zu tragen haben. Beim Besuch von **Moscheen** sind die Schuhe auszuziehen und Arme und Beine an einem Brunnen im Eingangsbereich des Gebäudes zu waschen.

## Verkehrsmittel auf der Krim

Für eine Reise über die Krim hat man einige Verkehrsmittel zur Verfügung. Die öffentlichen Transportmittel (Bahn und Bus) sind auf der Krim wie auch in der ganzen Ukraine **sehr billig.** Das öffentliche Verkehrsnetz in den Touristengebieten ist groß genug, um ohne Nachteile auf einen Mietwagen verzichten zu können.

Wie im ganzen ehemaligen Ostblock sind auch auf der Krim die öffentlichen Verkehrsmittel oft **überfüllt.** In der Sommersaison steigert sich der Andrang noch. Der technische Zustand der Fahrzeuge ist schlecht, bessert sich allerdings nach und nach. Außerdem kann einem bei dem bravourösen Fahrstil mancher Fahrer schwindlig werden (von wesentlich schlimmeren Konsequenzen ganz zu schweigen).

Der Besuch des **östlichen Teils der Halbinsel** wird deutlich erschwert durch das dort recht schwach entwickelte Fernverkehrsnetz. Einzig von **Simferopol** aus gibt es viele bequeme Verbindungen, weshalb man die Hauptstadt der Krim zuweilen als Umsteigeort behandeln und damit kilometerlange Umwege auf sich nehmen muss. Falls Sie also Simferopol besuchen wollen, sollten Sie das nicht gleich zu Beginn der Reise tun, da Sie später höchstwahrscheinlich sowieso mehrmals auf der Durchreise dort sein werden.

Alle **Fahrkarten** sollten so zeitig wie nur möglich gekauft werden - im Vorverkauf kosten sie nur 1 UAH mehr. In die Touristenorte fahren natürlich viele *Marshrutki* (s.u.) - die Schwierigkeiten fangen erst auf den längeren Strecken an. Was die Preise betrifft, so ist mit ca. 10 UAH pro 30 km zu rechnen.

053kr Foto: pk

## Bahn

Die Halbinsel ist mit dem Festland durch **zwei Bahnlinien** verbunden. Die westliche verläuft über die Landenge von Perekop in Richtung Kherson (Херсон), Mykolaiv (ukr. Миколаїв, russ. Николаев) und Odessa (ukr. Одеса, russ. Одесса), die andere führt nach Norden und überquert das „Faule Meer" in Richtung Melitopol (Мелітополь) und Saporoshje (ukr. Запоріжжя, russ. Запорожье).

Die Hauptbahnlinie **auf der Krim** verläuft durch Simferopol und Bakhchysarai nach Sevastopol. In Hvardiiske (ca. 20 km nördlich von Simferopol) zweigt ein Gleis an die Westküste nach Yevpatoriya und Saky ab, und in Dzhankoi (Джанкой) ein weiteres nach Feodosiya und Kerch im Osten.

### Nahverkehrszüge

Der touristisch attraktivste südliche Teil der Halbinsel verfügt praktisch über gar keine Bahnlinien, wenn man die Strecke nach Sevastopol nicht mitrechnet. Die Städte der Krim sind

Im Schlafwagenabteil

Manche Strecken dauern etwas länger

mit Simferopol, dem Verkehrsknotenpunkt der Region, durch lokale Züge, sogenannte **Elektrichki,** verbunden. Damit kann man auch nach Yevpatoriya, Saky, Sevastopol, Bakhchysarai und die Orte nördlich der Hauptstadt der Halbinsel gelangen. Dies ist eine sehr billige, aber auch recht langsame Art zu reisen. Nach Yevpatoriya beispielsweise fährt man mit der *Elektrichka* über eine Stunde länger als mit dem Bus. Die Fahrt mit der *Elektrichka* nach Sevastopol ist nicht nur wegen des niedrigen Preises attraktiv, sondern auch wegen der zahlreichen Tunnel auf dieser Strecke. Zudem kann man aus dem Zugfenster die Festung von Inkerman bewundern. Durch den Zug laufen Händler mit Süßigkeiten, Zeitungen usw.

## Busse

### Straßennetz

Sehr gut ausgebaut ist das Straßennetz der Halbinsel. Der Zustand der meisten Asphaltbeläge ist zufriedenstellend, zumindest im Vergleich mit anderen Regionen der Ukraine. Am besten ausgebaut ist die **Küstenhauptstraße** (M-18) von Sevastopol über Yalta und Alushta (und weiter nach Simferopol). Das ist nicht verwunderlich, denn die Regionen, durch die die Straße verläuft, sind die am höchsten entwickelten auf der Halbinsel. Die hiesigen Behörden können es sich also leisten, ihre Straßen sanieren zu lassen und hochqualitativen Asphalt zu verwenden, der selbst bei Temperaturen über 40 °C nicht schmilzt.

052kr Foto: pk

103kr Foto: pk

Die beiden **Hauptringstraßen** der Krim umschließen den nördlichen und den südlichen Teil der Halbinsel. Der nördliche Ring, mit einer Länge von 470 km, verläuft von Simferopol über Saky, Tarkhankut, Krasnoperekopsk, die Landenge von Perekopsk und Dzhankoi zurück nach Simferopol. Der südliche Ring, mit einer Länge von 450 km, führt von Simferopol über Bakhchysarai nach Sevastopol, weiter nach Yalta, Alushta, Sudak und Feodosiya, um anschließend nach Norden abzubiegen und über Staryi Krym und Bilohirsk zur Hauptstadt der Krim zurückzukehren.

Busbahnhof

### Trolleybusse

Die Strecke der Trolleybusse – dies sind elektrisch betriebene **Omnibusse mit Oberleitung** – führt von Simferopol über Alushta nach Yalta und ist fast 90 km lang. Sie ist damit die längste Trolleybuslinie in Europa und dabei auch noch mit Sicherheit die einzige, die durchs Gebirge verläuft. Durch die oben genannten Orte reist man damit bequem und billig, wenn auch ziemlich langsam.

Gelangen Sie irgendwo auf dem mittleren Streckenabschnitt in den Trolleybus, und der Fahrer verkauft Ihnen **Fahrscheine,** die an Steuerbanderolen erinnern, dann kann es vorkommen, dass er sie nicht entwertet (was in diesem Fall bedeuten würde, dass er den Fahrschein einfach durchreißt). Auf diese Weise sichert er sich einen Zuverdienst. Ähnlich handhabt er das mit den Einheimischen, die ihm beim Aussteigen gewöhnlich die nicht entwerteten Fahrscheine zurückgeben. Wenn Sie so einen nicht entwerteten Fahrschein erhalten und unterwegs steigt ein Kontrolleur zu, dann reißen sie ihn lieber am Ende durch, um Scherereien zu vermeiden.

### Auto- und Minibusse

Eine weiteres mögliches Transportmittel sind die mit Erdgas betriebenen **Autobusse** mit den charakteristischen Flaschen auf den Dächern. Solche Busse fahren durch die umliegenden Dörfer und kleineren Ortschaften. Ein alltägliches Verkehrsmittel sind die Minibusse, die *Marshrútnoye Taksi*, kurz **Marshrutki** (in Sevastopol: *Topikí*), die von den wichtigsten Städten aus ein Verkehrsnetz durch die umliegenden Dörfer und Kleinstädte knüpfen, in dem man schnell und preiswert vorankommt.

Zu den stadtnah gelegenen touristischen Anziehungspunkten gelangt man manchmal auch mit **Vorortbussen.** Auf langen Strecken verkehren normale Busse, je länger die Strecke jedoch ist, desto kleiner die Anzahl der täglichen Verbindungen.

Auf den Websites www.all-transport.info sowie www.bus.com.ua findet man viele Informationen rund um das Reisen mit dem Bus (nur auf Russisch/Ukrainisch).

## Privatautos

Man kann auf der Krim auch ein Privatauto **mieten.** Die Besitzer dieser *Mashýny* warten immer auf Reisende (in Simferopol kann man sogar mitten in der Nacht solch ein „Taxi“ mieten). Sobald sie Touristen aus dem westlichen Ausland sehen, verlangen die Fahrer leider einen für ukrainische Verhältnisse sehr hohen Preis, und man ist gezwungen zu feilschen. Die Preise werden in Dollar angegeben, man sollte also sofort klarstellen, dass man sich nur über Hryvnia zu unterhalten gedenkt (der Preis sinkt dann für gewöhnlich). Trotzdem bleibt der Preis, den man auf diese Weise aushandeln kann, immer noch hoch im Vergleich zu den öffentlichen Verkehrsmitteln. Als unerlässlich kann sich ein privates Verkehrsmittel erweisen, wenn man in selten besuchte und fern der Verkehrswege gelegene Orte gelangen will.

In der Ukraine wird im Allgemeinen auch für die Fahrt **per Anhalter** bezahlt, deshalb halten Privatautos häufig auf Handzeichen an. Vergleichsweise leicht kommt man von den Ausfallstraßen der Städte weg, gewöhnlich trifft man dort auch viele Einheimische an, die auf eine Mitfahrgelegenheit warten. Fürs Mitnehmen sollte man mindestens die Hälfte des normalen Buspreises zahlen.

## Schiffsverkehr

An den Küsten der Krim entlang kann man auch mit Schiffen reisen, sie verkehren jedoch ausschließlich in der Saison. Das ganze Jahr über gibt es Hochseereisen zu entfernten Häfen, z.B. nach Istanbul. In der Saison ist der Schiffsverkehr zwischen den Städten an der Südküste von Sevastopol bis Feodosiya eine große Touristenattraktion. Es sind **Linienfahrten** (sie werden nicht von Agenturen organisiert). Die Preise sind nicht übertrieben (z.B. kostet die Fahrt vom Schwalbennest nach Hurzuf gerade einmal 25–30 UAH). Eine Ausnahme bilden mehrtägige Reisen mit Übernachtung auf See – in solch einem Fall liegt der Preis wesentlich höher. Die Preislisten ändern sich von Jahr zu Jahr deutlich.

Es gibt auch viele Reiseagenturen, die Schiffsreisen organisieren, natürlich gegen ein entsprechendes Entgeld. Auf den Schiffen werden Discos veranstaltet.

In Kerch, am äußersten östlichen Zipfel der Halbinsel, befindet sich ein **Fährübergang** zum Hafen Kavkaz, der schon in **Russland** liegt. Neben Passagier- und Warentransporten werden auf dieser Strecke auch Reisebusse aus Russland befördert. (Da man für Russland ein Visum benötigt, kann man nicht einfach einen Ausflug dorthin unternehmen.)

054kr Foto: pk

### Boote

Man kann auch versuchen, selbst ein Boot zu mieten und damit zum Beispiel das geologische Reservat Karadahskyi Zapovidnyk zu umfahren, natürlich durch das Goldene Tor hindurch - das soll Glück bringen.

Des Weiteren kann man die See mit **Scootern** und **Wasserfahrrädern** bezwingen. Diese Geräte sind an sehr vielen Orten auszuleihen - überall, wo es Touristen gibt. Es soll jedoch nicht verschwiegen werden, dass eine Scooterfahrt recht teuer ist - 10 Min. kosten gewöhnlich 50 UAH oder mehr.

## Versicherungen

Egal welche Versicherungen man abschließt, hier ein Tipp: Für alle abgeschlossenen Versicherungen sollte man die **Notfallnummern** notieren und mit der **Policenummer** gut aufheben! Bei Eintreten eines Notfalles sollte die Versicherungsgesellschaft sofort telefonisch verständigt werden!

Der Abschluss einer **Jahresversicherung** ist in der Regel kostengünstiger als mehrere Einzelversicherungen. Günstiger ist auch die **Versicherung als Familie** statt als Einzelpersonen. Hier sollte man nur die Definition von „Familie" genau prüfen.

Zum Thema Auslandskrankenversicherung, siehe Kapitel „Gesundheit".

Ob es sich lohnt, eine Reiserücktrittsversicherung, Reisegepäckversicherung, Reisehaftpflichtversicherung oder Reiseunfallversicherung, ist individuell abzuklären. Gerade diese Versicherungen enthalten viele **Ausschlussklauseln,** sodass sie nicht immer Sinn machen.

Durch manche (Gold-)**Kreditkarten** oder eine **Automobilclubmitgliedschaft** ist man für bestimmte Fälle schon versichert. Die Versicherung über die Kreditkarte gilt jedoch meist nur für den Karteninhaber!

## Zeitungen

Deutschsprachige Zeitungen sind praktisch nicht erhältlich. Allenfalls in einigen Hotels sind sie für vergleichsweise hohe Preise zu bekommen, nicht jedoch an den Zeitungskiosken. In Kiew ist die englischsprachige Zeitung „Kyiv Post" überall zu kaufen.

## Zeitverschiebung

In der Ukraine gilt die **Osteuropäische Zeit,** die der Mitteleuropäischen Zeit um **eine Stunde voraus** ist. Um 12 Uhr MEZ ist es auf der Krim also bereits 13 Uhr. Die Sommerzeit ist analog zu unserer.

Ausflugsschiff im Hafen von Yevpatoriya

041kr Foto: dz

# Land und Leute

Chebureki-Bäckerin

# Geografie

Die Halbinsel Krim liegt im südlichen Teil der Ukraine zwischen 44°23′ und 46°21′ nördlicher Breite und 32°32′ und 36°35′ östlicher Länge – es ist die **größte Halbinsel des Schwarzen Meeres.** Im Süden und Westen wird sie vom Schwarzen Meer umschlossen, im Nordosten grenzt sie an das **Asowsche Meer.** Beide Meere sind durch die Straße von Kerch miteinander verbunden, die die Halbinsel Kerch (den am weitesten nach Osten vorgeschobenen Teil der Krim) von der schon zu Russland gehörenden Halbinsel Taman trennt.

Mit dem Festland ist die Halbinsel Krim durch die 8 km breite **Landenge von Perekop** verbunden sowie durch künstlich aufgeschüttete Dämme, über die eine Straße und eine Bahnlinie verlaufen. Diese Aufschüttungen überqueren das **Faule Meer** (den sogenannten *Sivash*). Der Sivash ist ein flaches Meeresbecken, abgeschnitten vom Asowschen Meer durch die Nehrung von Arabat (Arabatska Strilka, Länge ca. 115 km). Beide Gewässer verbindet nur eine schmale Meerenge im Norden der Halbinsel in der Nähe von Henichesk. Der Sivash zergliedert den nördlichen Küstenstreifen der Krim in viele malerische kleine Buchten, Halbinseln und Inselchen.

Von Süden nach Norden (vom Kap Sarych bis zur Landenge von Perekop) erstreckt sich die Halbinsel über ca. 207 km, von Osten nach Westen (von der Meerenge von Kerch bis zum Kap Tarkhankut) über ca. 324 km. Die Krim nimmt eine Fläche von mehr als 26.000 km² ein. Die größten Buchten der Halbinsel, die zum Schwarzen Meer gehören, sind im Westen die Bucht von Karkinit und die Bucht von Kalamita und im Osten die Bucht von Feodosiya. Die wichtigsten Buchten der Halbinsel, die zum Asowschen Meer gehören, sind die Bucht von Arabat und die Bucht von Kazantyp.

### Berge und Steppen

Im südlichen Teil der Krim zieht sich auf einer Fläche von 7000 km² entlang der Küste ein Gebirge hin. Die übrige Halbinsel (19.000 km²) ist von Tieflandsteppen bedeckt. Die größten Halbinseln der Krim (Kerch und Tarkhankut) sind leicht hügelig, mit Erhebungen nicht höher als 200 m.

Wenn man von Norden nach Süden durch die flachen, eintönigen Steppen reist, bemerkt man einen stufenweisen Höhenanstieg bis hin zur Küste, an der sich die höchsten Gebirgsmassive (über 1000 m) befinden, gekrönt von **flachen Gipfelplateaus** (sogenannten **Yailas,** was in der Tatarensprache einfach Sommerweide bedeutet).

Die **Steppen** nehmen fast 75 % der Oberfläche der Krim ein. Es sind flache, trockene Gebiete, deren einzige Abwechslung Bodensenken, flache Schluchten, Quellen und periodisch austrocknende Flussbetten sind. In den Steppenregionen finden sich, besonders in Küstennähe, auch viele Salzseen und -sümpfe. Touristisch ist dieses Gebiet, das faktisch den gesamten Norden der Halbinsel umfasst, von geringer Bedeutung und wird daher in diesem Reiseführer nicht näher beschrieben.

Das **Krimgebirge** erstreckt sich über eine Länge von 150 km von Balaklava im Südwesten bis nach Feodosiya im Nordosten. Es zeichnet sich durch einen spezifischen morphologischen Aufbau aus. Im Bergvorland lassen sich der sogenannte äußere und innere Gebirgszug unterscheiden, und der höchste Hauptgebirgszug, der direkt an der Küste liegt, fällt entweder unmittelbar ins Meer ab oder bildet mehrere hundert Meter hohe Steilhänge über der Küstenebene.

Der niedrigste äußere Gebirgszug verläuft von Sevastopol bis Staryi Krym. Er erreicht eine maximale Höhe von 342 m und bildet eine Art „Vorhang", der direkt aus der Steppe emporwächst. Der nächste (innere) Gebirgszug beginnt am Kap Fiolent und endet ebenfalls in Staryi Krym. Seine maximale Höhe beträgt 723 m, und er krümmt sich, ähnlich wie die gesamte Gebirgskette, in Richtung Norden. Der äußere und der innere Gebirgszug wurden nicht gefaltet, sondern nur um wenige Grad zur Steppe hin geneigt. Sie bilden so etwas wie eine zerbrochene Tafel (daher auch der Fachbegriff *Tafelberg*), die von Verwerfungen und Erosion verformt wurde. Im Ergebnis sind die Nordhänge dieser Gebirgsketten ganz leicht geneigt, während die Südhänge oftmals senkrecht abfallen und dabei Steilhänge und Felsabrisse bilden, die für das Geländerelief dieser Region so charakteristisch sind.

Der höchste Hauptgebirgszug, der aus hohen und flachen Massiven (Yailas) besteht, erstreckt sich von der Region Balaklava im Westen bis zum Kap Illi bei Feodosiya im Osten. Die Massive haben meist mehrere Höhepunkte, was es zuweilen schwierig macht, die höchste Kuppe zu bestimmen. Der höchste Berg der Krim ist der **Roman-Kosh** (1545 m), der bekannteste jedoch der **Chatyrdah** mit dem höchsten Gipfel Eklizí-Burún in 1527 m Höhe. Dieser Gebirgszug ist vom Meer durch eine schmale Küstenniederung getrennt, doch an vielen Orten (Sudak, Karadah, Ayudah) fallen die Berge direkt ins Schwarze Meer ab.

Außer an der Küste treten Felsabrisse (Kliffe) auch im Südteil der Halbinsel Tarkhankut auf, in der Gegend von Sevastopol und an den östlichen Rändern der Buchten von Feodosiya und Arabat.

### Die Yailas (Plateaus) und ihre höchsten Gipfel

| Yaila | Gipfel | Höhe |
|---|---|---|
| Babuhanska | Roman-Kosh | 1545 m |
| Nikitska | Demir-Kapu | 1539 m |
| Chatyrdah | Eklizi-Burun | 1527 m |
| Yaltynska | Lopata | 1406 m |
| Demerdzhinska | Demerdzhi Nord | 1356 m |
| Ai Petrynska | Bebene-Kyr | 1301 m |
| Tyrkenska | Tyrke | 1283 m |
| Karabianska | Tai-Koba | 1259 m |
| Dolgorukovska | – | 1003 m |
| Baydarska | Lysa | 738 m |

## Höhlen und Kessel

Die Krim ist reich an Höhlen, Grotten und anderen **Karstformen,** die sich in den verwitterungsanfälligen

Karbonatgesteinen ausbilden. Auf der Halbinsel wurden ca. 870 natürliche Höhlen gezählt, und die Mehrzahl davon befindet sich in den Gebirgsmassiven. Am bekanntesten für die große Anzahl von Höhlen sind die Massive des Karadah, des Ai-Petri und des Chatyrdah.

Das Massiv Karabi-Yaila (nordöstlich von Yalta) ist berühmt für seine **Shakhti** – fast senkrecht verlaufende **Felsenschächte.** Die tiefsten davon sind: Soldatska szakhta – 500 m – und Molodezhna szakhta – 260 m tief.

Auf der Dolgorukovska-Yaila (siehe Bergtour 8) ist die „Rote Höhle" (Krasna Pechera) mit einer Länge von 17 km die berühmteste. Auf dem Chatyrdah (s. Bergtour 6) finden sich Höhlen sowohl in den niedriger als auch in den höher gelegenen Teilen des Plateaus. Leicht zugänglich im niedrigeren Teil sind die „Kühle Höhle" (Suuk-Koba) und die „Tausendköpfige Höhle" (Binbash-Koba). Die bekanntesten sind die 161 m tiefe „Bodenlose Höhle" und die 220 m tiefe Höhle „Khod Konem". Auf dem unteren Plateau wurden die „Marmorhöhle" (Mrámorna) und die Höhle Emine-Bair-Khosar dem Touristenverkehr zugänglich gemacht.

Auf dem Ai-Petri ist der Kaskadenschacht (Kaskadna shakhta) mit einer Tiefe von 400 m der bekannteste. Leicht zugänglich sind ebenfalls die Höhlen Skelska, Siundurliu, Danilcha, Partizanska und Dubova.

Von Yevpatoriya aus gelangt man nach Olenivka, und einige Kilometer weiter liegen zwei Felsenerhebungen: der Große und der Kleine Atlesh (siehe Reiseroute 1), in denen es viele Höhlen gibt, die bis zu 12 m Tiefe erreichen. Ein Teil der an der Küste gelegenen Höhlen ist halb überflutet. Ihre Länge reicht von 35 bis zu 150 m, die Breite von 7 bis 35 m, und das Wasser ist bis zu 4 m tief. Das macht es möglich, sie mit dem Boot oder Motorboot zu befahren.

Ein Beispiel für andere Erosionsformen sind die Kessel in der Großen Schlucht. Der berühmteste ist die sogenannte „Wanne der Jugend", in der nur die Mutigsten baden, denn die Wassertemperatur beträgt das ganze Jahr über 9–11 °C. Im ganzen **„Grand Canyon der Krim"** gibt es eine Menge malerischer Senken, die unermüdlich vom kalten Wasser des Gebirgsbachs geformt werden. Der Felsen wird vom Wasser jedoch nicht immer still und stetig ausgehöhlt. Nach der Schneeschmelze im Frühling verwandeln sich viele Bäche in **reißende Flüsse,** die mit dem Ungestüm eines Hurrikans das Bachbett zerstören. Dann befindet man sich besser nicht auf ihrem Weg.

Der wohl wichtigste Faktor, der die Morphologie des Gebirges verändert, ist die Insolation, die Sonneneinstrahlung auf das Gestein. Während eines heißen Tages erhitzt sich der Fels und erreicht dabei sehr hohe Temperaturen, die in der Nacht wieder rapide fallen. Solch ein großer Temperaturunterschied, wie er vor allem in den höchsten Gebirgslagen verzeichnet wird, führt zur allmählichen Zerstörung des Felsens.

# Die Krim-Meere: Schwarzes und Asowsches Meer

Das Schwarze Meer ist ein Binnenmeer zwischen Südosteuropa und Kleinasien. Es ist durchschnittlich 1315 m tief mit einer maximalen Tiefe von 2258 m. Das 1150 km lange (Breitenausdehnung) und 580 km breite (Längenausdehnung) Gewässer mit einer Fläche von ca. 422.000 km² enthält mehr als 555.000 km³ Meerwasser. Das Schwarze Meer ist mit dem Mittelmeer durch die Meerengen des Bosporus und der Dardanellen sowie durch das Marmarameer verbunden. Die Küstenlinie ist hier wenig abwechslungsreich; einzig im Nordwesten haben „etrunkene" Flusstäler viele Limane gebildet.

Da das Schwarze Meer von allen Seiten von großen Landflächen umgeben ist, hat das hier vorherrschende Klima eher kontinentalen als maritimen Charakter. In den Wintermonaten herrschen böige Südostwinde, die die Temperatur sogar bis auf -25°C abfallen lassen, wohingegen sie sich im Sommer zwischen 22 und 23°C einpendelt. Die Temperatur der oberen Wasserschichten beträgt im Winter 3–7°C, im Sommer dagegen steigt sie bis 22, ja sogar bis auf 25°C an. Zuweilen fallen die Temperaturen im nordwestlichen Teil im Winter unter Null, sodass Limane und kleinere Flächen in dieser Region zufrieren.

Die größten Flüsse, die ins Schwarze Meer münden, sind Donau, Dnister, Bug und Dnepr. Mit ihrer Hilfe gleicht das Meer seine Wasserbilanz aus: Die ungeheuren Verdunstungsmengen des Sommers werden mit dem Wasser kompensiert, das die riesigen Flüsse liefern.

Ein interessantes Phänomen, verursacht durch die Vermischung von Fluss- und Meerwasser, ist die Verringerung des Salzgehaltes des Wassers an den Flussmündungen. Die oberen Wasserschichten mit einem mittleren Salzgehalt von 18,2 Promille vermischen sich im nordwestlichen Teil des Gewässers (Region der Flussdeltas) mit Süßwasser, und der Salzgehalt sinkt auf 14 Promille, in der Küstenzone dieser Region sogar bis auf 5 Promille.

Im Schwarzen Meer leben etwa 180 Fischarten, diese Ressourcen werden jedoch wirtschaftlich nur wenig genutzt. Insgesamt werden jährlich über 100.000 t Fisch gefangen, hauptsächlich Sardellen, Makrelen und Störfische.

Das Schwarze Meer ist ein Becken, in dem das Wasser stagniert. Das bedeutet, dass die tieferen Wasserschichten unter den oberen, in denen normale Organismen leben, einen höheren Salzgehalt haben und es dort an Sauerstoff mangelt. Dies ist sogenanntes anoxisches (sauerstofffreies) Wasser, in dem nichts lebt außer Bakterien. Die Reste von Organismen, die auf den Meeresboden sinken, zersetzen sich in geringem Grad. Während dieses Prozesses wird Schwefelwasserstoff freigesetzt, der die Wasserschichten am Boden vergiftet.

Das Schwarze Meer stellt man sich immer als ein ruhiges, durch nichts getrübtes, warmes Gewässer vor, auf dem Schiffe und Boote idyllisch dahintreiben, doch es hat auch ein anderes, dunkleres Antlitz. Dieses Meer wird nämlich zeitweise von mächtigen Stürmen heimgesucht, wovon die riesigen dreibeinigen Wellenbrecher aus Beton, die die Küste vor den Sturmwellen schützen sollen, beredtes Zeugnis ablegen. Der bekannte Marinemaler Iwan Aiwasowski hat auf seinen Bildern die zerstörerische Kraft dieses ruhigen Meeres dargestellt.

Das zweite große Gewässer der Region ist das Asowsche Meer. Es zeichnet sich durch eine geringe Tiefe aus – durchschnittlich 7 m, die maximale Tiefe beträgt gerade einmal 13,50 m. Es hat eine Fläche von 38.000 km². Die Temperatur der oberen Wasserschichten liegt im Winter bei ca. -1°C, im Sommer hingegen erreicht sie 25–27°C. Der durchschnittliche Salzgehalt beträgt ca. 13 Promille. Entwickelt ist hier der Fang von Sardellen, Zander und Heringsfischen.

## Geologischer Aufbau

Auf der Halbinsel haben wir es mit zwei Regionen von unterschiedlichem geologischem Aufbau zu tun. Im Süden liegt das Krimgebirge, dessen Geschichte bis zur Entstehung der Alpen zurückreicht, und im Norden die Steppen der Krim, die mit der Schwarzmeersenke verbunden sind.

An der Oberfläche findet man Gesteinsaufschlüsse aus dem Perm, dem Mesozoikum und dem Känozoikum. Genaue Analysen der Zusammensetzung des Gerölls in den mesozoischen Konglomeraten und Agglomeraten haben ergeben, dass sich unter den mesozoischen Schichten des Gebirges Permkarbon-Formationen befinden, die sich zu Kalkstein, Granit, Diorit, Phylit und Quarzit ausgebildet haben.

Im Krimgebirge und in dessen Vorgebirge gibt es ebenfalls zahlreiche Aufschlüsse an **Eruptivgestein** unterschiedlicher Zusammensetzung und Form (Lakkolithe, kleine Intrusionen, Eruptivgänge, Bäche und Decken). Auf der Strecke von Alushta nach Yalta begegnet man lakkolithähnlichen Massiven wie z.B. dem Kastel, dem Ai-Toba, dem Chumni-Burun, dem Uraha, dem Sharka und dem am leichtesten erkennbaren Ayudah-Berg (siehe Reiseroute 5). Eine große Menge kleiner Intrusionen aus dem Mittleren Jura findet sich zwischen Alupka und Hurzuf. Obwohl das Eruptivgestein einen recht deutlichen Kontrast zum Sedimentgestein bildet, fehlt es praktisch an den Grenzen zwischen beiden an metamorphen Gesteinen (Umwandlungsgestein).

Im südwestlichen Teil der Krim haben wir es mit **Block- und Verwerfungstektonik** zu tun. Von der Größe her sticht deutlich der ca. 100 km lange und 45 km breite Block des Krimgebirges hervor. Umgeben ist er von zahlreichen viel kleineren Blöcken. Die Region ist von einem Netz diagonaler und orthogonaler Verwerfungen durchschnitten, wobei letztere überwiegen (die Verwerfungsebenen laufen mehr oder weniger rechtwinklig zusammen). Die größten Verwerfungen sind die Bruchzonen der Krim, der Südküste, die von Odessa-Sinopsk und die der Zentralkrim.

Am südwestlichen Rand der Halbinsel überschneiden sich die Bruchzonen der Krim und die von Kherson. An dieser Stelle findet sich eine Struktur aus dem Mittleren Jura vulkanisch-tektonischer Abstammung. Der Krim-Bruch ist auch die Stelle, an der sich die Skythische Platte senkt, was bewirkt, dass sich das Krimgebirge mit einer Geschwindigkeit von 5–7 mm pro Jahr hebt. Alle diese Brüche „leben", was zur **seismischen Aktivität** der Region beiträgt.

Auf die Morphologie des Steppenteils der Krim hat das Flussnetz keinen Einfluss, da es hier so gut wie keine Flüsse gibt. Ein sehr schönes Beispiel für die Erosion des Gebirges ist der Demerdzhi, ein herrliches Werk der Natur. Hier sieht man, welch großen Einfluss sie – langfristig (über Millionen Jahre) und langsam, vom Menschen unbemerkt, wirkend – auf die Landschaftsgestaltung ausübt (s. Bergtour 7).

057kr Foto: to

Geologieinteressierte sollten auf die Fußböden achten, z.B. in Bakhchysarai oder in Sudak. Sie sind mit **Sandstein** ausgelegt, der eine Reihe von **Sedimentstrukturen** enthält, also solcher, die während der Gesteinsbildung entstanden sind. Eine weitere Besonderheit sind spezifische **Kalksteine,** die aus einer großen Anzahl Schalen verschiedenster Organismen aufgebaut sind. Sie sehen aus wie poröse, vergilbte Hohlziegel und werden interessanterweise auch als **Bausteine** verwendet. Bauten aus solchen „natürlichen Hohlziegeln" begegnet man auf der ganzen Krim sehr häufig.

Felsige Südküste: Blick von der Festung in Sudak auf Novyi Svit

Ebenfalls interessant ist, dass die **Halbinsel Kerch** einer gewissen Substanz ihren Namen verliehen hat, die Anfang des 20. Jh. **Kertschenit** genannt wurde. Es handelt sich um ein kolloides Verwitterungsprodukt des Minerals Vivianit (Blaueisenerz, hydrogenes Eisen(II)phosphat). Der Name Kertschenit wurde jedoch später aufgrund der Vereinheitlichung der Mineralnamen diskreditiert.

## Binnengewässer

Auf der Krim gibt es immer zu wenig Wasser. Aufgrund der sehr großen Hitze und der geringen Niederschläge herrscht daran ein permanenter Mangel. Im Sommer sind die meisten **Flüsse und Bäche** in den Steppen sehr flach oder trocknen gar ganz aus, sodass man sie als periodische Flüsse bezeichnen kann. Die meisten der 150 Flüsse auf der Krim sind wenig beeindruckende Rinnsale. Am besten mit Wasser versorgt ist der Bereich des Krimgebirges, das gewissermaßen ein Speicher für diese auf der Krim wertvolle Substanz ist. Ein Beispiel mag der Chatyrdah sein, ein gewaltiges Bergmassiv, das manchmal aus diesem Grund „Wasserturm" genannt wird. Aufgebaut aus durchlässigem, rissigem Kalkstein speichert er das Wasser, um damit die Bäche zu speisen, die sich später zu den Hauptflüssen der Krimsteppen verbinden.

Selbst der größte Fluss der Halbinsel, der Salhyr, ändert sein Aussehen in Abhängigkeit von der Jahreszeit radikal. Er entspringt am Fuße des Chatyrdah und fließt durch die trockenen Steppen in nördlicher Richtung, um nach 232 km in die salzigen Gewässer des Sivash zu münden. Unterwegs sammelt er das Wasser solch großer Flüsse wie des Biiuk-Karasu, des Malyi Salhyr oder des Burulcha, die das größte Zuflussgebiet auf der Halbinsel bilden. Alle diese Flüsse haben ihre Quellen im mittleren Teil des Krimgebirges. Im östlichen Teil der Gebirgsketten wiederum nehmen die Flüsse ihren Ausgang, die die küstennahen Salzseen des Sivash speisen. Dies sind unter anderem der Bulhanak, der Indol und der Churiuk-Su. Die Flüsse, die im westlichen Teil des Gebirges entspringen, münden ins Schwarze Meer. In die Bucht von Sevastopol mündet die Chorna, und nördlich der Stadt der Schwarzmeerflotte beschließen die Kacha und der Belbek ihren Lauf. Noch weiter nördlich, in der Bucht von Kalamita, haben die Alma und der Bulhanak ihre Mündungen (mit dem Bulhanak, der in den Sivash mündet, hat letzterer nur den Namen gemein). Aus dem Gebirge nach Süden zur Küste fließen kleine Flüsschen und Bäche, von denen es unzählige gibt.

Dieses spezifische Flussnetz der Krim hängt mit ihrem morphologischem Aufbau zusammen. Dessen wichtigster Bestandteil ist das Gebirge, das dem Flussnetz durch seine Geologie und die damit zusammenhängende Morphologie Gestalt gibt. An beiden Seiten der höchsten Bergkette fließen Bäche herunter. Diejenigen, die nach Norden fließen, sammeln das Wasser anderer Flüsschen, die durch den inneren und den äußeren Gebirgszug und durch den Rest des Vorgebirges fließen, und bilden mit ihnen zusammen die größten Flüsse der Halbinsel. Die Wasserläufe, die über die Südhänge der höchsten Bergmassive abfließen, bilden eine Reihe kleinerer, bereits erwähnter Flüsse, die direkt ins Schwarze Meer münden.

Die größten **Wasserfälle** auf der Halbinsel sind der 98 m hohe Uchansu nördlich von Yalta (s. Reiseroute 5), der Dzhurdzhur mit einer Höhe von 15 m in der Nähe von Heneralske und der 12 m hohe Golovkinsky-Wasserfall unweit von Izobilne.

Strand bei Yevpatoriya

Im Gebirge hat man viele künstliche Seen aus dem durch **Staudämme** angestauten Wasser der Gebirgsflüsse (manchmal sogar mehrerer auf einmal) angelegt. Dies sind Becken mit Süßwasservorräten, die Wasserreservoire Symferopolske, Taihonske (bei Bilohirsk), Starokrymske u.a.

Im gesamten Küstenbereich treten in den flachen Gebieten der Steppenebenen, außerhalb des gebirgigen Südteils, **Salzseen und Salzsümpfe** auf. Besonders viele davon gibt es an der Küste des Sivash und auf den Halbinseln Kerch und Tarkhankut. Die größten Salzseen im nördlichen Teil der Krim (Sivash) sind: oz. Stare, oz. Krasne, oz. Kyiatske, oz. Kyrleutske, oz. Ayhulske; im westlichen Teil: oz. Donuzlav, oz. Sasyk, oz. Bakalske, oz. Lyman; im östlichen Teil (Halbinsel Kerch): oz. Aktaske, oz. Chokratske, oz. Uzunlarske, oz. Tobechytske und oz. Kachyk.

Interessant ist der **Donuzlav-See,** der sich ca. 28 km weit in gerader Linie in die Halbinsel einschneidet. Er wurde durch eine Sandnehrung von der Meeresbucht abgeschnitten, in die Süßwasser floss, und aus eben diesem Grund schwankt sein Salzgehalt. Im Inneren der Halbinsel ist das Wasser süß – je näher man dem Meer kommt, desto salziger wird es.

Mit dem Salzwasser der Küstenseen hängt auch das Auftreten hochmineralisierten Wassers und salzigen Schlamms zusammen. Gemeinsam mit dem herrlichen Klima sind sie der größte Trumpf der **Kurbäder** auf der Krim.



058kr Foto: pk

Ein charakteristisches Element der Halbinsel sind die **Irrigationskanäle.** Sie wurden vorrangig in den Steppengebieten angelegt und liefern der trockenen Erde die lebensspendende Substanz, ohne die in diesen Gebieten keine Landwirtschaft möglich wäre.

## Klima

Das Klima der Halbinsel Krim ist untrennbar mit der Wechselwirkung von Meer und Land verbunden. Auch das Krimgebirge darf hierbei nicht vergessen werden, denn es ist die Ursache für die Klimaschwankungen in dieser Region.

Das hiesige Klima ist gewissermaßen von zweierlei Art. Der größere Teil der Halbinsel, genau gesagt ihre **inneren Gebiete** (die Steppen), befindet sich unter dem Einfluss trockener kontinentaler Luftmassen. Hier bildet sich im Sommer ein **trockenes und heißes Kontinentalklima** heraus, das durch die Gebirgsbarriere im Süden noch verstärkt wird. Der Winter ist in diesen Regionen kühler (die mittlere Temperatur im Januar beträgt ca. 1 °C), und die Niederschlagsmengen in den Winter- und Sommermonaten sind sehr ausgeglichen.

115kr Foto: pk

### Klimadaten auf der Krim

| Ort | Lufttemperatur Januar | Lufttemperatur Juli | Niederschl. |
|---|---|---|---|
| Ai-Petri | -3,7°C | 15,5°C | 1030 mm |
| Feodosiya | 1°C | 22°C | 360 mm |
| Kerch | -0,5°C | 23°C | 410 mm |
| Simferopol | -0,5°C | 22°C | 460 mm |
| Yalta | 3,5°C | 22,5°C | 520 mm |
| Yevpatoriya | 0°C | 23°C | 370 mm |

An der **Südküste** hingegen sorgt dieselbe Gebirgsbarriere für ein warmes, durch den maritimen Einfluss milderes **Mittelmeerklima** (die mittlere Temperatur im Januar beträgt satte 4°C). Die feuchten Luftmassen vom Schwarzen Meer geben beim Übergang über die Gebirgskette fast ihre gesamte Feuchtigkeit ab und den Rest davon an der Küste.

Die **Niederschlagsmenge** erhöht sich in diesen Regionen besonders in den Winter- und Frühlingsmonaten, obschon sie an sich verhältnismäßig gering ist - einzig in den Gebirgsregionen übersteigt sie gelegentlich 1000 mm pro Jahr. Die Gebiete der **höchsten Massive** (Hauptgebirgszug) sind im Winter lawinengefährdet.

Mit den Niederschlägen hängt die Bewaldung zusammen, die sich in der Hauptsache auf das Gebiet des Krimgebirges beschränkt. Das Fehlen von Waldgebieten in anderen Regionen ist auf den Mangel an ausreichenden Wassermengen zurückzuführen.

### Winde

Die Winde erreichen auf der Halbinsel ihre höchsten Geschwindigkeiten in den Gebirgsregionen. Auf dem Gipfel Ai-Petri wurden **gefährliche Windgeschwindigkeiten** von bis zu 20 m/s (72 km/h) gemessen, in Böen sogar bis zu 40 m/s (144 km/h). Die durchschnittliche jährliche Windgeschwindkeit in den Gebirgsregionen beträgt 6–7 m/s (21,6–25,2 km/h). In den Steppen und im Vorgebirge wehen schon wesentlich gemäßigtere Winde - ca. 3 m/s (10,8 km/h).

An der Meeresküste wehen **Brisen.** Dies sind periodische Winde, die infolge der uneinheitlichen Erwärmung und Abkühlung von Wasser und Festland entstehen, was für die Bildung lokaler Hoch- und Tiefdruckgebiete sorgt. Tagsüber wehen sie vom Meer zum Festland (Seebrise), nachts dagegen in entgegengesetzter Richtung (Landbrisen). Abends, während des Wechsels von der See- zur

### Badetage

| Ort | Anzahl/Jahr | Zeitraum |
|---|---|---|
| Alushta | 117 | 13.06.–8.10. |
| Chornomorske | 116 | 4.06.–28.09. |
| Feodosiya | 104 | 17.06.–29.09. |
| Kerch | 128 | 23.05.–28.09. |
| Mysove | 124 | 26.05.–27.09. |
| Sevastopol | 128 | 2.06.–8.10. |
| Yalta | 114 | 16.06.–8.10. |
| Yevpatoriya | 119 | 4.06.–1.10. |

### Meerwassertemperaturen

| Ort | durchschn. Wassertemperatur Januar | durchschn. Wassertemperatur Juli |
|---|---|---|
| Feodosiya | 6°C | 20,5°C |
| Kerch | 1,5°C | 22°C |
| Sevastopol | 5,5°C | 21,5°C |
| Yalta | 7,5°C | 20,5°C |
| Yevpatoriya | 2°C | 19°C |

Landbrise, entsteht eine **Windstille,** die zwei bis drei Stunden anhält. An heißen Tagen tragen die Seebrisen kühlere Luftmassen ans Land.

Im Gebirge wehen **Talwinde.** Ähnlich wie die Brisen wechseln sie im Laufe des Tages ihre Richtung. Tagsüber wehen sie nach oben, während sich nachts die Luftmassen nach unten verlagern. Diese Winde tragen kühle Luft aus den Bergen in die Täler, weshalb die Südküste und das Vorgebirge gut durchlüftet und die Nächte dort nicht so schwül wie im Inneren der Halbinsel sind.

### Lufttemperaturen

Die höchsten mittleren Lufttemperaturen treten im Sommer (Juli) in Yevpatoriya und Simferopol auf und erreichen bis zu 40°C. In Yevpatoriya (einer Küstenstadt) hängt das mit der stärksten Sonneneinstrahlung an der Westküste zusammen. Im Sommer sind die mittleren Temperaturen relativ ausgeglichen – außer im Gebirge, wo sie aus den genannten Gründen niedriger sind.

Im Winter dagegen ist der Einfluss des Krimgebirges auf die Südküste am deutlichsten zu sehen. Es mildert das Klima und sorgt hier für höhere Temperaturen.

### Meerwassertemperaturen

Die Wassertemperatur des Meeres schwankt im Sommer kaum, große Temperaturdifferenzen kann man hingegen im Winter feststellen. Historische Schriften verzeichnen ein Einfrieren des Schwarzen Meeres von Odessa bis ans Westufer der Krim, ja sogar bis Sevastopol, doch muss hinzugefügt werden, dass dies selten vorgekommen ist.

An der Krim-Riviera ist das Meer im Winter wärmer durch den mildernden Einfluss der Berge, die die kalten Luftmassen aus den Steppen zurückhalten. Der Einfluss der Kaltluft im Winter ist dafür in anderen Regionen sichtbar, die nicht durch die Gebirgskette geschützt werden, was dort einen erheblichen Abfall der Wassertemperatur verursacht.

Die Tabelle zeigt, an welchen Tagen im Jahr die Wasser- und Lufttemperatur ein Bad in den Meeresfluten gestattet. Ihr kann man beispielsweise entnehmen, dass Yevpatoriya trotz seiner Lage im Streifen mit der größten Sonneneinstrahlung (Westküste) und einer der höchsten gemessenen Temperaturen eine kürzere Zeit optimale Bedingungen zum Baden bietet als andere Regionen. Dies wird durch die kühleren kontinentalen Luftmassen verursacht, die aus dem Inneren der Halbinsel kommen. Die kürzeren Badezeiten an der Krim-Riviera hingegen sind durch die Einwirkung des höchsten Gebirgszugs bedingt, der zwar das Klima in dieser Region mildert, gleichzeitig jedoch die für Sonnenbäder geeignete Zeit verkürzt. Die Dauer der Badesaison differiert um drei Wochen (am längsten ist sie in Sevastopol und Kerch, am kürzesten in Feodosiya).

Im Botanischen Reservat Karadah

# Flora

Die Krim liegt in der **submediterranen Vegetationszone.** Der nördliche und der mittlere Teil der Halbinsel gehören zum pontischen, der südliche Teil zum ostsubmediterranen phytogeografischen Territorium. Die Flora der höheren Pflanzen ist hier sehr reich – sie zählt ca. 2269 Arten (105 Familien, 701 Gattungen). Zum Vergleich: Die Flora in Deutschland zählt ca. 3300 Arten an Gefäßpflanzen.

Bekanntermaßen hängt die Vegetation von drei Hauptfaktoren ab: dem Geländerelief, dem geologischen Aufbau und dem Klima. Im nordwestlichen Teil der Krim liegt die Halbinsel Tarkhankut, die ausgedehnte Ebenen umfasst. Im östlichen Teil liegt die Halbinsel Kerch, und den südlichen Teil nimmt das Krimgebirge ein. Der nördliche Teil besteht aus Beifuß-Halbwüste und Trockensteppe. Den mittleren Teil der Krim bedecken verschiedene Steppenformen: Federgrassteppe, Wiesen- und Federgrassteppe, Wiesensteppe mit Federgras. Die Küste der zentralen und nördlichen Krim ist reich an **Salzseen** von der Art der Limane und den zu ihnen gehörigen spezifischen Gemeinschaften von Halophyten und **Salzwiesen.**

## Halophyten

Halophyten sind **Salzpflanzen.** Sie wachsen auf Böden mit einem hohen Gehalt an Chlorid, hauptsächlich Natriumchlorid, an Natriumsulfat und Natriumkarbonat. Aufgrund der ho-

Land und Leute

059kr Foto: dz

## Pflanzenarten der Waldsteppe

### Waldinseln

Traubeneiche, *Quercus petraea*
Flaumeiche, *Quercus pubescens*
Orientalische Hainbuche,
*Carpinus orientalis*
Ahorn, *Acer stevenii*
Krim-Pfingstrose, *Paeonia triternata*
Platterbse, *Lathyrus roseus*
Fingerkraut, *Potentilla umbrosa*
Krautiger Backenklee,
*Dorycnium herbaceum*
Tauben-Storchschnabel,
*Geranium columbinum*

### Wiesensteppe

Österreichischer Lein, *Linum austriacum*
Ohrlöffel-Leimkraut, *Silene otites*
Ungarische Platterbse,
*Lathyrus pannonicus*
Reiherfedergras, *Stipa pulcherrima*
Graues Sonnenröschen,
*Helianthemum canum*
Thymian, *Thymus callieri*
Scharlachsalbei, *Salvia horminum*

hen Salzkonzentration in den Böden auf der Krim entsteht das Phänomen der physiologischen Trockenheit – trotz des Vorhandenseins von Wasser im Boden sind die meisten Pflanzen nicht in der Lage, es aufzunehmen. Nur wenige haben sich diesen spezifischen Bedingungen angepasst, z.B. der Seespargel *(Salicornia)*. Viele Halophyten neigen zur Sukkulenz, indem sie Wasser speichern und die Verdunstung reduzieren. Einige scheiden über spezielle Drüsen den Überschuss an Natriumchlorid aus.

### Steppenflora

Die Steppe ist eine Graslandschaft, die dem trockenen Kontinentalklima der gemäßigten Zone angepasst ist. Es überwiegen **Gräser,** doch eine große Rolle spielen auch zweikeimblättrige **Stauden.** Im Frühling, wenn der schmelzende Schnee die Steppe bewässert, beginnen zahlreiche frühblühende Theophyten und Geophyten zu sprießen. Das Vegetationsende fällt mit dem Beginn des trockenen Sommers zusammen, und dann folgt die Kalzifikation, die Anreicherung der oberen Bodenschichten mit Kalziumsalzen. Die Böden, auf denen sich Steppen herausgebildet haben, sind vor allem Schwarzerde (Chernozem) und kastanienfarbige Böden (Kastanozem).

An feuchteren Stellen findet man die floristisch sehr reichhaltige **Wiesensteppe.** Sie besitzt einen dichten Wurzelfilz und erinnert in voller Blüte an eine bunte Wiese. Auf trockenerem Gelände haben sich **Federgrassteppen** herausgebildet. Federgras sind büschelige Gräser, von deren Samen jeder mit einer langen federartigen Granne ausgestattet ist, was die Verbreitung durch den Wind erleichtert. Diese Pflanzen bieten während ihrer Fruchtzeit einen unvergesslichen Anblick. Wenn ein kräftiger Wind weht, wogt die Steppe silbern, und anstelle der trockenen Ebene präsentiert sich dem Betrachter dann ein „Wiesenmeer“, das auch von dem polnischen Nationaldichter und Krim-Kenner Adam Mickiewicz in seinen Krimsonetten erwähnt wird.

### Trockenwiesenpflanzen

Rauhblatt-Schwingel, *Festuca sulcata*
Erd-Segge, *Carex humilis*
Glanz-Segge, *Carex nitida*
Frühlings-Adonisröschen, *Adonis vernalis*
Gelber Lein, *Linum flavum*
Nelke, *Dianthus capitatus*
Frühlings-Greiskraut, *Senecio vernalis*
Rispen-Lauch, *Allium paniculatum*
Traubenhyazinthe, *Muscari racemosum*
Silberschale, *Cerastium bibersteinii*

### Gebirgsflora

Das Gebiet der Halbinsel, das sich am meisten durch seinen Aufbau, sein geologisches Relief und seinen Pflanzenbewuchs von den anderen abhebt, ist das **Krimgebirge.** Unter geomorphologischem Gesichtspunkt teilt es sich in drei Zonen auf: den äußeren, den inneren und den höchsten Hauptgebirgszug. Dank der differenzierten Umweltbedingungen wachsen hier 2100 Gefäßpflanzenarten. Der äußere Gebirgszug wird von Steppe bedeckt und der innere von Waldsteppe, also einer Wiesensteppe mit Waldinseln.

Der Hauptgebirgszug besteht aus etlichen Tafelbergmassiven. Die Vegetation ist hier in vier Höhenstufen gegliedert. Die untere (250–300 m) ist von lichten **Wacholder-Eichen-Wäldern** bewachsen. Weiter oben finden sich die ausgedehnten Wälder der **Krimkiefer.** Die dritte Höhenstufe (ab ca. 500 bis 1300 m) wird von **Buchenwäldern** gebildet, an den Südhängen hingegen wächst die **Hakenkiefer** (*Pinus hamata*). Die kahlen Gipfel wurden von den Tataren als Sommerweiden, den Yailas, genutzt. Sie sind mit trockenem Grasland, Wiesen sowie Felsenpflanzen und Gesteinsschuttpflanzen bewachsen.

In voller Blüte erfreuen die Wiesen das Auge mit einem Mosaik von Farben. Mit dem Weiß ihrer Blüten prunkt die Silberschale (*Cerastium bibersteinii*), auch „Krimbraut" genannt. Gelb blüht der Blassgelbe Eisenhut (*Aconitum anthora*). Die meisten Eisenhutarten sind aufgrund ihres Gehalts an Alkaloiden hoch giftig. Sie wurden zur Herstellung von Medikamenten verwendet sowie als Gift gegen Füchse, Wölfe und Bären. Sehr charakteristisch sind Gruppen von Kriechwacholder – *Juniperus depressa* und *Juniperus sabina* (Sadebaum). Der Sadebaum kommt ebenfalls in den polnischen Pieninen (einem Kalksteinmassiv nordöstlich der Hohen Tatra) vor und ist dort stark vom Aussterben bedroht. An windgeschützteren Stellen begegnet man der Taurischen Eberesche, *Sorbus taurica*, und in Felsspalten, verborgen vor den brennenden Sonnenstrahlen, einigen Farnarten.

Eine große Fläche des Krimgebirges ist mit Wald bedeckt. Vorherrschend sind Eichen-Hainbuchen-Wälder (24 %) und Traubeneichenwälder (40 %). Buchenwälder bilden ca. 14,7 % des Waldbestandes. Exotisch sind für uns solche Baumarten wie die Orientalische Buche (*Fagus orientalis*), die Orientalische Hainbuche (*Carpinus orientalis*) oder der Tatarische Ahorn (*Acer tatarica*). Eine wahre Rarität sind die Kiefernwälder aus *Pinus pityusa* und der Krimkiefer (*Pinus pallasiana*), interessant auch die für die Krim endemi-

## Mediterrane Pflanzenarten

Östlicher Erdbeerbaum, *Arbutus andrachne*
Strauch-Jasmin, *Jasminum fruticans*
Pistazie, *Pistacia mutica*
Kapernstrauch, *Capparis herbacea*
Venezianisches Hundsgift, *Apocynum venetum*
Viermännige Tamariske, *Tamarix tetrandra T. hohenackeri*
Spritzgurke, *Ecbalium elaterium*
Judasbaum, *Cercis siliquastrum*
Starre Wolfsmilch, *Euphorbia rigida*
Europäische Sonnenwende, *Heliotropium europaeum*

## Einige Endemiten der Krim

Weißdorn, *Crataegus pojarkoviae*
Alpenveilchen, *Cyclamen kuznetzovii*
Kresse, *Lepidium turczaninovii*
Kuhschelle, *Pulsatilla taurica*
Seidelbast, *Daphne taurica*
Silberschale, *Cerastium bibersteinii*
Stankiewicz-Kiefer, *Pinus stankiewiczii*

sche Stankiewicz-Kiefer (*Pinus stankiewiczii*), die im Reservat in Novyi Svit wächst. Eine ebenfalls sehr interessante Art ist die Flaumeiche (*Quercus pubescens*), die bei uns nur noch vereinzelt in Süddeutschland, Thüringen und Brandenburg auftritt, z.B. im deutsch-polnischen Nationalpark Unteres Odertal, wohin sie aus Südeuropa vermutlich durch Mönche eingeführt wurde. Auf der Krim hat sie einen bedeutenden Anteil an den Wäldern. Wer von der Mittagshitze geschwächt ist, dem helfen die Früchte des Gelben Hartriegels, auch Kornelkirsche genannt (*Cornus mas*), wieder auf die Beine, der die sonnigen Berghänge bedeckt. Die roten Früchte schmecken sehr sauer und können roh verzehrt werden. Sie werden hier *Kizíl* genannt und für ca. 4 UAH das Kilo auf den Basaren verkauft.

## Mittelmeerflora

Diese Art des Pflanzenverbandes tritt im Küstengebiet der Südkrim in kleineren Streifen auf. Sie wurde zum großen Teil durch den Menschen zerstört (Bau von Ferienzentren, Anlage von Weinbergen u.ä.). Vom Charakter her erinnern die Pflanzen an **Hartblattgewächse.** Erwähnenswert unter ihnen sind der Perückenstrauch (*Cotinus coggygria*), der das sogenannte Ungarische Gelbholz liefert, das zum Färben von Leder verwendet wird, oder der Gewürzsumach (auch Färberbaum oder Essigbaum genannt) (*Rhus coriaria*), aus dem Gerbstoffe gewonnen werden. Eine sehr charakteristische Art ist der Westliche Erdbeerbaum (*Arbutus unedo*) – ein Baum mit abblätternder Rinde, der hier „Schamloses Weib" genannt wird. Interessant ist auch das Bohnenähnliche Jochblatt (*Zygophyllum fabago*), das u.a. in den Ruinen der Festung in Sudak wächst. Entsprechend zubereitet sind seine Früchte essbar.

## Anpassung der Pflanzen an Klima und Region

Das **sonnige Klima** der Krim hat der Flora deutlich seinen Stempel aufgedrückt. Die Pflanzen wehren sich gegen jeden Wasserverlust und zeigen xerothermische Tendenzen. Einige, zum Beispiel die Strohblumen (*Helichrysum*), sind stark behaart, andere wiederum, wie das Haar-Pfriemengras (*Stipa capillata*), rollen ihre Blätter ein, um die Transpiration zu verringern. Die Pistazie (*Pistacia mutica*) hat eine andere Schutzstrategie ausgebildet: Ihre Blätter glänzen, als seien sie lackiert, womit sie die überschüssigen Sonnenstrahlen reflektieren. Die Tulpen (*Tulipa biflora, T. schrenkii, T. Bibersteiniana*) „übersommern" als Zwiebeln. Manche Pflanzen haben ihre Blätter stark reduziert. Die Assimilationsfunktion übernehmen abgeflachte Seitenachsen von eingeschränktem Wachstum, sogenannten Phyllokladien. Dieses Phänomen trifft man u.a. beim Mäusedorn an (*Ruscus hypoglossum, R. ponticus*). Der Zierspargel (*Asparagus*), der auf der Krim in einigen Arten vorkommt, hat eine Modifikation der Phyllokladien hervorgebracht: Sie sind klein und nadelförmig.

Viele Pflanzen sind mit scharfen Stacheln oder Dornen ausgestattet. Rosen, Weißdorn, Wacholder und Christdorn bilden häufig **dichte Gestrüppe** (weshalb man auf die Krim lange Hosen mitnehmen sollte). Der Christdorn (*Paliurus spinachristi*) ist ein gelb blühender Dornstrauch, dem zu begegnen nicht angenehm ist. Seine Früchte haben geflügelte Ränder und werden „Judassilberlinge" genannt.

Wenn schon die Rede von Stechpflanzen ist, sollte man die **Kakteen** der Krim nicht vergessen. Die beiden eingeführten Opuntien-Arten (*Opuntia humifusa, O. camanchica*) gedeihen hier hervorragend. Sie haben feine, leicht abbrechende Stacheln, deshalb sollte man sie nie mit der Hand berühren!

### Wissenswertes

Der **Speierling** (*Sorbus domestica*) ist ein niedriger Baum, der bis zu 13 m Höhe erreicht und unserer Eberesche ähnelt. Seine Früchte sind größer, birnenförmig und im rohen Zustand sauer. Während der Lagerung nehmen sie jedoch einen süßen Geschmack an und werden manchmal zu Alkohol verarbeitet. Der Speierling wurde schon in der Antike wegen seines Holzes angebaut, das zur Herstellung von Weinpressen diente.

Auf der Krim kommen drei Arten der **Ragwurz** (*Ophrys*) vor. Die Blüten dieser Orchideengewächse sehen aus wie die Weibchen kleiner Hautflügler, zudem scheiden sie Substanzen aus, die an die Pheromone erinnern, die das paarungsbereite Bienenweibchen erzeugt. Die Männchen werden davon angelockt und versuchen, sich mit den Blüten zu paaren, wobei sie gleichzeitig den Blütenstaub verteilen.

### Gift- und Heilpflanzen

Blassgelber Eisenhut, *Aconitum anthora*
Diptam, *Dictamnus gymnostylis Stev.*
Echte Tollkirsche, *Atropa belladonna*
Schwarzes Bilsenkraut, *Hyoscyamus niger*
Weißer Stechapfel, *Datura stramonium*
Gemeine Eibe, *Taxus baccata*
Meerträubel, *Ephedra sp.*
Steppenraute, *Peganum harmala*
Orchideen, *Orchis sp.*
Violetter Dingel, *Limodorum abortivum*

Der Diptam, der auch **Brennender Busch** genannt wird, produziert große Mengen ätherischer Öle, die sich an heißen Tagen selbst entzünden können. Diese Pflanze sollte man weder berühren noch daran riechen – die Öle reizen Haut und Schleimhäute! Nach der Verbrennung bilden sich auf der Haut rote Flecken, aus denen nach drei Tagen serumgefüllte Blasen entstehen.

**Tollkirsche, Bilsenkraut** und **Stechapfel** sind Stauden, die zu den Nachtschattengewächsen gehören, zu denen ebenfalls unsere Kartoffel gezählt wird. Sie enthalten allerlei Alkaloide, unter anderem Atropin, Hyoscyamin und Skopolamin. Heutzutage werden sie medizinisch genutzt, aber in vergangenen Jahrhunderten fanden sie vielfältige Verwendung. Im alten Rom benutzten die Frauen die Tollkirsche, um die Schönheit ihrer Augen hervorzuheben (Atropin wirkt pupillenerweiternd). Die Anwendung über einen längeren Zeitraum verursachte Blindheit. Das Bilsenkraut wurde in magischen Ritualen verwendet, der Stechapfel hingegen, um Halluzinationen hervorzurufen. Alle drei genannten Pflanzen sind hochgradig giftig, ihr Verzehr kann zu schweren Vergiftungen führen.

In der Großen Schlucht der Krim hat die gemeine **Eibe** ihren natürlichen Standort. Sie wächst an Steilhängen und Felsen und nimmt dabei häufig Baumform an. Die ganze Pflanze ist giftig – mit Ausnahme der roten Samenhülse, die einen fadsüßen Geschmack hat. Wein, der in Bechern aus Eibenholz gereicht wurde, war vergiftet. Im Mittelalter war das Holz dieser Pflanze ein begehrter Rohstoff zur Bogenherstellung.

In Chufut-Kale (siehe Reiseroute 2) wächst an den Felsenhängen die **Steppenraute.** Aus der Samenhülle dieser Pflanze werden Alkaloide – Harmin und Harmalin – gewonnen, die in der Medizin genutzt werden. Gelegentlich werden die Samen als Rauschmittel und Halluzinogen konsumiert.

**Orchideengewächse** haben Knollen, die an männliche Hoden erinnern. Bis heute wird aus ihnen im Osten eine Substanz hergestellt, die Salep genannt und als Aphrodisiakum verwendet wird. Ein anderer Vertreter der Orchideengewächse, der Violette Dingel, *Limodorum abortivum*, wurde als Abtreibungsmittel benutzt.

**Meerträubel** sind kleine Sträucher mit winzigen, schuppigen Blättern. Sie gehören zu den Nacktsamern. Aus einigen Arten wird das Alkaloid Ephedrin gewonnen. Zwei Arten des Meerträubels wachsen im Reservat Karadah (s. Reiseroute 6).

Eine äußerst interessante Gruppe sind die Phytoparasiten, die Schmarotzerpflanzen. **Nesselseide** hat die Form von Schlingtrieben, die an den Trieben des Wirtes Haustorien bilden. Sie besitzt keine Wurzeln und hat stark reduzierte Blätter. Sie erzeugt eine so geringe Menge an Chlorophyll, dass sie als Vollschmarotzer gilt. Die häufig anzutreffende **Thymianseide** (*Cuscuta epithymum*), die auch bei uns vorkommt, bildet viele rötlich gefärbte, fadenartige Triebe, die manchmal die

Wirtspflanze vollständig bedecken. Sie ist nicht wählerisch bei der Art ihres Opfers und schmarotzt an verschiedenen Grünpflanzen. Eine für uns exotische Art der Nesselseide ist *Cuscuta monogyna*, die an der Südküste der Krim verbreitet ist. Sie befällt Pflanzen mit verholzten Trieben, u.a. Perückenstrauch, Sumach und Pistazie. Unter heimischen Bedingungen lässt sich diese Art an Efeu und Pelargonien züchten.

Unter den Schmarotzern soll noch ein Verwandter der Mistel hervorgehoben werden, die **Wacholder-Zwergmistel,** *Arceuthobium oxycedri,* die den Stechwacholder (*Juniperus oxycedrus*) befällt, sowie zwei Arten der Gattung *Phelypaea*, deren Wirt die Flockenblume (*Centaurea declinata*) ist. *Phelypaea helenae* ist ein Endemit der Krim.

060kr Foto: dz

Im Reservat Novyi Svit

# Fauna

Auf der Halbinsel Krim kommen 53 Säugetierarten, ca. 300 Vogelarten, 14 Kriechtierarten, sechs Lurcharten und mehr als zehntausend Wirbellosenarten vor. Die Tiere der Krim kann man in drei Gruppen einteilen, je nachdem, ob sie hauptsächlich in den Steppen, im südlichen Teil oder auf der ganzen Halbinsel auftreten.

## Steppenfauna

Das Steppenmilieu stellt für die Tiere eine Herausforderung dar. Das Gelände ist offen, man kann sich schlecht vor Raubtieren verstecken, dafür gibt es eine zeitweise Überfülle an Nahrung. Viele Tiere graben Erdlöcher, was durch die dicke Humusschicht erleichtert wird. Der Mull-Lemming, ein Nagetier der Gattung *Ellobius*, verbringt den größten Teil seines Lebens unter der Erde, während der Zwergziesel den größten Teil seines Lebens verschläft. Das große zahlenmäßige Vorkommen an Nagetieren, u.a. an Mäusen, Rötelmäusen und Hamstern, sowie an kleinen Vögeln ermöglicht die Existenz vieler Raubtiere, z.B. Rotfüchse, Steppeniltisse, Dachse oder (akklimatisierter) Marderhunde. Sehr zahlreich sind auch Raubvögel, die auf der Erde nisten. Erwähnenswert unter ihnen sind Steppenadler, Würgfalke, Mäusebussard und Steppenweihe. Charakteristisch ist die Anwesenheit von Vögeln, die überwiegend laufen.

Dabei handelt es sich um Rebhühner, Großtrappen und Zwergtrappen.

Die **Großtrappe** ist ein Steppenlaufvogel mit kräftigen schuppenbesetzten Beinen. Kennzeichnend für sie ist das Fehlen des hinteren Zehs. Das Männchen kann bis zu 16 kg schwer werden. Zu beiden Seiten des Schnabels hängen ihm verlängerte Federn herunter, die Federbart genannt werden. Bei der Großtrappe liegt das Phänomen des Geschlechtsdimorphismus vor, da das Weibchen um das Dreifache kleiner ist als das Männchen. In der Balzzeit duellieren sich die Männchen um die Weibchen. Die balzenden Vögel sind ein unvergesslicher Anblick. Sie sträuben die Federn und verdrehen ihre Flügel – von Weitem erinnern sie dann an riesige flaumige Schneebälle. Die Großtrappen ernähren sich gemischt, sie fressen Grassamen, Blätter, Insekten und kleine Wirbeltiere. Seit Jahrhunderten werden sie gejagt. Die Jäger wendeten vielerlei Listen an, um sie zu fangen: Sie legten Netze aus oder jagten zu Pferde. Gelegentlich wurden domestizierte Großtrappen zum Vergnügen oder als Fleischlieferant gehalten. Wegen des eigentümlichen Geruchs wurde das Fleisch mehrere Tage in Milch eingelegt.

Die **Zwergtrappe** ist kleiner als die Großtrappe, und die Männchen haben auch keinen Federbart. Beide Vögel stehen im Roten Buch der Ukraine. Weil ihre Lebensräume immer mehr schrumpfen, sind sie in ganz Europa vom Aussterben bedroht.

Der **Jungfernkranich** taucht gegen Ende März in der Steppe auf, wenn er aus seinem Winterquartier am oberen Nil zurückkehrt. Er hat ein wunderschönes graues Gefieder mit schwarzen Federn am Hals. Diese Vögel versammeln sich am frühen Morgen und in der Abenddämmerung, um eine Art Tanz aufzuführen, was ihnen ihren Namen eingebracht hat.

## Einige Steppentiere

### Kriechtiere

Kaspische Pfeilnatter, *Coluber jugularis*
Glatt- oder Schlingnatter,
*Coronella austriaca*
Wiesenotter, *Vipera ursinii*
Vierstreifennatter, *Elaphe quatuorlineata*
Steppenrenner, *Eremias arguta*

### Vögel

Großtrappe, *Otis tarda*
Zwergtrappe, *Otis tetrax*
Wachtel, *Coturnix coturnix*
Rebhuhn, *Perdix perdix*
Jungfernkranich, *Anthropoides virgo*
Steppenadler, *Aquila rapax*
Steppenweihe, *Circus macrourus*
Würgfalke, *Falco cherrug*
Mäusebussard, *Buteo buteo*
Rotkappenlerche, *Calandrella cinerea*
Stummellerche, *Calandrella rufescens*
Kalanderlerche, *Melanocorypha calandra*

### Säugetiere

Grauer Zwerghamster,
*Cricetulus migratorius*
Feldhamster, *Cricetus cricetus*
Zwergziesel, *Citellus pygmaeus*
Mull-Lemming, *Ellobius talpinus*
Hausmaus, *Mus musculus*
Rotfuchs, *Vulpes vulpes*
Dachs, *Meles meles*
Steppeniltis, *Mustela eversmanii*

## Gebirgsfauna

Die Südkrim bietet den Tieren vielfältige Lebensräume: Gebirgssteppen, Wiesen, trockenes Grasland, Felsspalten und Wälder. Akklimatisiert haben sich hier das Wildschwein, der Rothirsch und das Mufflon. In den Felsen leben Vögel wie Alpensegler, Steinrötel oder Steinhuhn. Von den großen Raubvögeln seien Steinadler, Kaiseradler und Geier genannt.

Zu den interessanten Kriechtieren gehört die Leopardnatter, die im Roten Buch der Ukraine steht. Diese Schlange wird etwa einen Meter lang, ist ungiftig und ernährt sich von Nagetieren und Kleinvögeln. Zu den für uns exotischen Wirbellosen gehören die **Gottesanbeterinnen** und zwei sympathische Spinnen: die **Tarantel** und die **Schwarze Witwe.** Der Biss einer Tarantel ist für den Menschen ungefährlich, der Biss der Schwarzen Witwe (Karakurta) freilich löst einen leichten Krankheitszustand aus, der nach einigen Tagen wieder vergeht. Nur für Allergiker kann die Begegnung mit der Schwarzen Witwe tödlich enden. Tödlich ist der Biss dieser Spinne jedoch fast immer für Horntiere. Die Schwarze Witwe kommt u.a. im Reservat Karadah vor (s. Reiseroute 6).

## Einige Tiere des Krimgebirges

### Kriechtiere

Nacktfingergecko, *Cyrtodactylus kotschyi*
Scheltopusik, *Ophisaurus apodus*
Leopardnatter, *Elaphe situla*
Taurische Eidechse, *Podarcis taurica*
Felseneidechse, *Lacerta saxicola*

### Vögel

Steinrötel, *Monticola saxatilis*
Alpensegler, *Apus melba*
Steinhuhn, *Alectoris graeca*
Steinadler, *Aquila chrysaetos*
Kaiseradler, *Aquila helica*
Schmutzgeier, *Neophron percnopterus*
Gänsegeier, *Gyps fulvus*
Mönchsgeier, *Aegypius monachus*

### Säugetiere

Sumpfspitzmaus, *Neomys anomalus*
Breitflügelfledermaus, *Eptesicus serotinus*
Fransenfledermaus, *Myosotis nattereri*
Mufflon, *Ovis musimon*
Rothirsch, *Cervus elaphus*
Wildschwein, *Sus scrofa*
Reh, *Capreolus capreolus*

## Die Schwarzmeerfauna

Im Schwarzen Meer leben etwa 600 Pflanzen- und 1520 Tierarten. Obwohl die durchschnittliche Meerestiefe über 1600 m beträgt, sind die Regionen unterhalb von 200 m vollständig leblos. Schuld daran sind die in Meeresbodennähe lagernden Massen von Schwefelwasserstoff, denn im Schwarzen Meer, einem typischen Binnenmeer, treten keine sogenannten vertikalen Meeresströmungen auf.

Die hier lebenden **Fische** können in mehrere Gruppen eingeteilt werden. Zu den wichtigsten davon gehören: pelagische (Sardinen, Sprotten, Makrelen, Blauflossenthune und Sardellen), litorale (Flundern, Steinbutte) und Uferfische (Störe, Meerwelse). Auch Haie leben hier, aber nur kleinere Dornhaie (Squalus acanthias), die für den Menschen völlig ungefährlich sind.

Bei Ihrem Aufenthalt auf der Krim können Sie eins der vielen Delfinarien besuchen, um die Säugetiere des Schwarzen Meeres von Nahem zu betrachten: **Delfine, Schweinswale, Seehunde.** Mit ein bisschen Glück können Sie ihnen aber auch in ihrer natürlichen Umgebung begegnen.

## Naturschutz

Mit der Verwaltung der Ressourcen des Naturerbes beschäftigt sich in der Ukraine das Ministerium für Umweltschutz und Nukleare Sicherheit, der juristische Akt hingegen, der den Naturschutz regelt, ist das „Gesetz zum Schutz der natürlichen Umwelt" von 1991. Es werden sechs Grundformen des Naturschutzes unterschieden: Zapovídnyky (russ. *Zapovédniki*), Nationalparks, Zakáznyky (russ. *Zakázniki*), regionale Landschaftsparks und Naturdenkmäler.

Die Gesamtzahl der **geschützten Objekte** auf der Krim beträgt 182, wovon 69 auf die Südküste entfallen und 51 aufs Gebirge. Auf der Halbinsel gibt es 33 Zakaznyky, 6 Zapovidnyky, 87 Naturdenkmäler, 10 geschützte Kultstätten und 24 denkmalgeschützte Parks (Denkmäler der Garten- und Landschaftsbaukunst). Die geschützten Areale nehmen 2,3 % der Fläche der Halbinsel ein, zusammen mit den Gewässern 3,6 %.

Neben solchen Formen des Naturschutzes versucht man auch, wertvolle Naturobjekte sowie bedrohte und interessante Arten zu popularisieren (u.a. durch Broschüren, Plakate, Bücher). Seit Jahrhunderten hat der Mensch auf die Natur der Krim eingewirkt; er rodete Wälder, mähte Wiesen, schuf Weiden für Pferde und Schafe. Gegenwärtig haben wir es nicht mehr mit einer ursprünglichen Natur, sondern vor allem mit einer **vom Menschen geschaffenen Kulturlandschaft** zu tun. Deshalb ist die Idee des aktiven Naturschutzes wichtig, die auf einer wenigstens teilweisen Erhaltung der traditionellen Wirtschaft in diesem Gebiet beruht, z.B. der Mahd, der Beweidung oder der Brandrodung der Yailas.

### Zapovidnyky

In den Zapovidnyky („strictly protected areas") steht die Gesamtheit der natürlichen Umwelt unter Schutz – der menschliche Eingriff ist auf ein Minimum begrenzt, es gelten **strenge Schutzvorschriften.** Von dieser Form des Naturschutzes werden besonders wertvolle Gebiete, auch über den regionalen Maßstab hinaus, erfasst. Auf der Krim gibt es sechs Zapovidnyky – Krymskyi, Yaltynskyi Hirsko-Lisovyi, Karadahskyi, Mys-Martian, Kazantypskyi und Opukskyi. Neben ihrer Funktion als strenge Reservate werden sie auch als wissenschaftliche Forschungsstationen genutzt.

Die beschriebene Reglementierung des Zugangs ist dabei angesichts der allenthalben zu beobachtenden „Vermüllung" der Landschaft eine zwar unangenehme, aber mitunter notwendige Maßnahme. Kritisch anzumerken ist jedoch, dass durch einen derart rigoros praktizierten Naturschutz und der damit verbundenen totalen Ausgrenzung des Menschen im Hinblick auf eine effektive und in der Ukraine bitter notwendige Umweltbildung weniger erreicht werden kann, als durch einen geregelten, kostenfreien Zugang zu den Gebieten. Ein besonders prägnantes Beispiel für einen solchen nach Meinung der Autoren übertriebenen Naturschutz ist der **Karadah** nahe Koktebel (siehe dort).

### Krymskyi Zapovidnyk

Der Krymskyi Zapovidnyk umfasst insgesamt eine Fläche von 44.175 ha. Zu ihm gehören die schönsten Regionen des Krimgebirges einschließlich des höchsten Berges der Krim, des Roman-Kosh. Zum Reservat gehören auch die Schwaneninseln (Sary-Bulat oder Lebiazhi Ostrova, ukr. Lebedyni Ostrovy), die sich an der Nordwestküste der Krim befinden.

Die Geschichte des Reservats beginnt im Jahr 1913, als der Zar einen Wildpark anlegen ließ, in dem man Jagdwild aussetzte: Hirsche, Rehe, Mufflons und Wisente aus dem polnischen Urwald Puszcza Białowieska. Kein Mitleid hatte man jedoch mit dem Wolf – das letzte Exemplar verendete hier 1914. Während der Kriege wurde das Wild stark dezimiert (die Wisente wurden vollständig ausgerottet). Dank der Intervention hervorragender russischer Gelehrter (G. F. Morosow, I. I. Pusanow, N. I. Kusnezow) gründete man 1923 den Krymskyi Zapovidnyk.

In diesem Zapovidnyk werden vor allem gut erhaltene Waldgemeinschaften geschützt, von denen **Buchenwälder** die wichtigsten sind. Die hier dominierende Art ist jene Buche, die von manchen Systematikern als *Fagus taurica* bezeichnet wird. Es ist eine Zwischenform zwischen unserer Weißbuche *Fagus sylvatica* und der orientalischen Buche *Fagus orientalis*. Typisch für das Unterholz ist die Fünfblättrige Zahnwurz. Neben Buchenwäldern kommen **Eichenwälder** mit Traubeneiche und Stieleiche vor sowie niederstämmige **Eichen-Hainbuchen-Wälder** mit zahlreichen Steppenpflanzenarten, aber auch **Kiefernwälder** mit der Krimkiefer. Sehenswert sind die Wälder aus **Stinkwacholder** *Juniperus foetidissima* an den Hängen des Karadah-Bergs (1100–1200 m). Manche Bäume sind über 500 Jahre alt.

In diesem Reservat wachsen viele Endemiten, u.a. der Ahorn *Acer stevenii*, die Silberschale *Cerastium bibersteinii*, die taurische Junkerlilie *Asphodeline taurica*, der Steinbrech *Saxifraga irrigua* und eine Menge anderer Pflanzen, z.B. Diptam, Pfingstrose oder die gelbe Junkerlilie *Asphodeline lutea*. Im Zapovidnyk begegnet man auch vielen seltenen Vogelarten wie Kaiseradler, Seeadler, Schlangenadler und Zwergadler. Hier nisten zwei Geierarten: der Mönchsgeier und der Gänsegeier. Es gibt auch Hirsche, Rehe, Wildschweine (vom Ussuri eingeführt) und eine Krimsche Unterart des Fuchses – *Vulpes vulpes krimeamontana*.

### Zapovidnyk „Schwaneninseln“

Der Zapovidnyk „Schwaneninseln“ (*Lebedyni Ostrovy filial Krymskoho Zapovidnyka*) besteht aus **sechs kleinen Inselchen,** die mit Schilf und halophilen Pflanzen bewachsen sind. Sie dienen als Rastplatz für viele **Zugvögel** und sind darüber hinaus Nistplatz für 25 **Wasservogelarten.** Hier begegnet man u.a. der Schnatterente, der Brandgans, dem Säbelschnäbler, dem Austernfischer, der Raubseeschwalbe und der Lachseeschwalbe. Im Zapovidnyk sind vor allem die großen Kolonien der Silbermöwe, des Höckerschwans und des Singschwans unter Schutz gestellt.

### Zapovidnyk Mys-Martian

Der Zapovidnyk Mys-Martian ist seit 1947 Schutzgebiet und seit 1973 Zapovidnyk. Er umfasst 240 ha und liegt unweit von Yalta. Hier werden Überreste **mediterraner Flora** geschützt, u.a. Pistazie, Erdbeerbaum, Flaumeiche, Zungen-Mäusedorn, Krimkiefer und vor allem der Hohe Sadebaum *Juniperus excelsa*. Er wird bis zu 10 m hoch und 200–300 Jahre alt, einzelne Exemplare erreichen sogar ein Alter von 500–600 Jahren.

### Yaltynskyi Hirsko-Lisovyi Zapovidnyk

Der Yaltynskyi Hirsko-Lisovyi Zapovidnyk entstand 1973 und umfasst 14.523 ha im südwestlichen Teil des Krimgebirges und an der Südküste. Unter Schutz stehen die Gebirgsökosysteme, vor allem die **Krimkiefernwälder.**

### Karadahskyi Zapovidnyk

(s. Reiseroute 6)

## Zakaznyky

In den Zakaznyky (im Englischen oft mit „wildlife refuges“ übersetzt) ist eine **wirtschaftliche Nutzung erlaubt,** die die natürliche Umwelt nicht gefährdet. Sie umfassen kleinere Flächen als die Zapovidnyky. Zu den wichtigsten Zakaznyky der Krim gehören:

**Zakaznyk Arabatskyi** – Schutzgebiet sei 1964, 1974 als Zakaznyk bestimmt. Er umfasst den Beginn und den südlichen Teil der Nehrung von Arabat. Unter Schutz steht hier die gut erhaltene Steppenflora. Typisch für den Frühling in diesem Zakaznyk sind die massenhaft blühenden Tulpen.

**Zwei Zakaznyky zum Schutz der Kiefer** – zum Schutz der endemischen Kiefer *Pinus stankiewiczii* wurde auf der Landzunge Aiya ein Zakaznyk angelegt (ca. 10.000 Exemplare). Diese Kiefer wächst an den Südhängen von Kalkfelsen. Im Zakaznyk Novyi Svit stehen die Krimkiefer und die Sudakkiefer unter Schutz (s. Reiseroute 6).

**Kap Fiolent** – gegründet 1996, umfasst 31,7 ha. Er liegt am westlichen Rand der Südküste der Krim. Auf einer Länge von 2 km besteht das Ufer aus vulkanischen Gebilden, man begegnet dort Miniaturinseln, zahlreichen Nischen u.Ä. Einen besonderen Eindruck hinterlassen die große Dianagrotte und das Kap selbst. Zu den zusätzlichen Attraktionen gehört, dass das Meerwasser in diesem Zakaznyk das sauberste auf der ganzen Krim ist (siehe Reiseroute 2).

**Zakaznyk Aiudah** – allen, die Mickiewicz kennen, ist der Name Ayudah geläufig – der Bärenberg. Er wurde 1947 unter Schutz gestellt und 1974 als Landschafts-Zakaznyk festgelegt. Zurzeit umfasst er ein Gebiet von 527 ha. Auf dem Gipfel wächst Eichenwald mit einem Anteil von Hainbuche und Elsbeerbaum *Sorbus torminalis*. An den Steilhängen wächst Buschwerk aus thermophilen Pflanzen mit einem Anteil an mediterranen Arten. Insgesamt beherbergt der Zakaznyk 523 Pflanzenarten, von denen 21 im Roten Buch der Ukraine stehen (siehe Reiseroute 5).

**Zakaznyk Große Schlucht der Krim** – unter Schutz seit 1947 und seit 1974 Landschafts-Zakaznyk mit einer Fläche von 300 ha. Es handelt sich um eine riesige erosiv und tektonisch entstandene Schlucht mit Wänden bis zu einer Höhe von 300 m. Der Grund der Schlucht, durch den das Flüsschen Auzun-Uzen fließt, erreicht eine Breite von max. 3 m. Ungewöhnlich charakteristisch sind die Erosionskessel und Wasserfälle. Hier wachsen u.a. Frauenschuh, Eibe und Mäusedorn *Ruscus hypoglossum*. Auf umgestürzten Stämmen findet man zentimetergroße gelbe Sporangien eines Schleimpilzes – der gelben Lohblüte *Fuligo septica var. septica*.

**Kultstätte Kubalach** – ein landschaftlich-floristischer Zakaznyk, der zum Schutz des endemischen Alpenveilchens *Cyclamen kuznetzovii* angelegt wurde.

## Ausgewählte Naturdenkmäler

Naturdenkmäler sind aus wissenschaftlichen oder kulturellen Gründen wertvoll. In einem Umkreis von 200 m vom Denkmal ist jegliche Tätigkeit untersagt, die dessen Zerstörung verursachen könnte.

**Kultstätte Demerdzhi** – beherbergt eine spezifische Trümmerflora, u.a.: *Matthiola odoratissima-taurica, Cephalaria coriacea, Gypsophila glomerata* (siehe Bergtour 7).

**Soldatska shakhta** – ein landschaftlich-geologisches Denkmal, unter Schutz seit 1972 – der tiefste Karstschacht auf der Krim (500 m) in der Region Karabi-Yaila.

**Berg Ak-Kaia** – ein landschaftlich einzigartiges archäologisches Denkmal der Krim. Sein zweiter Name ist Weißer Felsen. Es ist eine 325 m große Verwerfung über der Meeresoberfläche. Der Berg ist durch Erosion und Verwitterung entstanden. Hier wurden mehr als 20 Aufenthaltsorte des Urmenschen entdeckt. An diesem Berg kommen über 400 Pflanzenarten vor.

**Berg Mangup-Kale** – ein Berg mit Überresten einer Felsenstadt (581 m). Hier befinden sich mehr als 80 Grotten und Felsüberhänge sowie einige Höhlen. Im 10.–15. Jh. existierte hier die größte Stadt jener Zeit, die Hauptstadt des Fürstentums Theodoro, die 1475 von den Türken zerstört wurde (s. Bergtour 3).

**Belbetskyi-Schlucht** – ein Landschaftsdenkmal, geschützt seit 1969. Die Schlucht (160 m tief, 300 m breit) des Flusses Belbek an einem Durchbruch durch den äußeren Zug des Krimgebirges, interessante Verwitterungsformen.

# Die Geschichte der Krim

## Prähistorische Zeit

### Nomadenstämme

Dank ihrer geografischen Lage und der günstigen klimatischen Bedingungen war die Halbinsel Krim schon seit ältesten Zeiten bewohnt. Die bekannteste archäologische Ausgrabungsstätte befindet sich in der **Höhle Kiik-Koba** am Fluss Zuia (30 km östlich von Simferopol). Eben dort fand man 1924 die Skelettreste eines Neandertalers und Werkzeuge, die von der Anwesenheit des *Homo sapiens* auf der Krim schon in der Steinzeit zeugen. An der Wende vom 5. zum 4. Jahrtausend v.u.Z. stieg der Mensch aus dem Gebirge herab und begann, die Ebenen und die Steppe zu besiedeln – es brach die Zeit der **Bodenbearbeitung** und der Zähmung von **Tieren** an: Ziegen, Schafen und den Nachkommen der damals schon ausgestorbenen Auerochsen. Die Lebensweise dieser Menschen war nomadisch.

Im 3. Jahrtausend v.u.Z. verwendeten die Bewohner der Halbinsel Kupfer- und Bronzewerkzeuge. Die Archäologen fanden ebenfalls aus dieser Zeit stammende Tongefäße sowie viele Schmuckstücke und Amulette aus Knochen. Es wurden auch **Hügelgräber (Kurgane)** aus dem 3. und 2. Jahrtausend v.u.Z. entdeckt. Sie enthielten bemalte Grabkisten, die bereits zu den bedeutenden Kunstwerken gezählt werden.

Auf den Beginn des 1. Jahrtausends v.u.Z. fällt im Gebiet der heutigen Ukraine die **Eisenzeit.** Einige Gegenden des Krimgebirges wurden damals von taurischen, kimmerischen und frühskythischen Stämmen bewohnt, und ebendiese Nomadenvölker gelten als die ältesten organisierten Stammesverbände, die dieses Territorium bewohnten.

### Taurer und Kimmerier

Die Taurer waren die **Ureinwohner** der Krim, über ihre Herkunft ist nichts Näheres bekannt. Nach ihrem Stamm wurde die Halbinsel von den Griechen einst Taurika oder Taurida genannt (das griechische Taur hieß soviel wie „Bergmassiv"). Es wird vermutet, dass die Kimmerier, die die Taurer ablösten, einer indoeuropäischen Gruppe entstammten, die die ukrainischen Gebiete in der Bronzezeit besiedelte (zwischen 1150 und 950 v.u.Z.). Der Großteil unserer Informationen über dieses geheimnisvolle Volk stammt aus archäologischen Ausgrabungen, bei denen **Geräte aus Bronze** gefunden wurden sowie die Reste von **Öfen,** die zum Bronzegießen dienten.

Die kimmerische Periode dauerte in der Kubanebene und auf der Krim ca. vier Jahrhunderte lang an, doch die Bronzen, die entlang der Schwarzmeerküste gefunden wurden, stammen aus den Jahren 900–750 v.u.Z. Man nimmt an, dass es die Kimmerier waren, die die Nutzung von **Pferden** in diesem Gebiet verbreiteten. Zweifellos gebührt ihnen auch das Verdienst, die Technik der Bronzeherstellung entwickelt zu haben – die Zentren dieser Metallurgie auf der Krim ähneln denen im Kaukasus und in den Ostkarpaten.

## Skythen

Gegen Mitte des 8. Jh. v.u.Z. mussten die Kimmerier vor dem Ansturm eines neuen Kriegernomadenvolks iranischer Abstammung – der Skythen – nach Westen fliehen. Diese gründeten einen Staat, den sie **Großskythien** nannten und den im 5. Jh. v.u.Z. der griechische Historiker Herodot beschrieb. Er nannte skythische Stammesorganisation auf der Krim und am Asowschen Meer „königliche Skythen" – im Unterschied z.B. zu den „nomadischen Skythen", die die nördlichen Territorien bewohnten. Großskythien reichte im Süden vom Unterlauf der Donau bis ans Asowsche Meer und den Don, im Norden wiederum bis zum Mittellauf des Dnepr. Ihre Blütezeit erlebte diese Zivilisation zwischen 350 und 250 v.u.Z. Die aus der Zeit der Skythen stammenden Gegenstände zeugen von einer hohen Kunstfertigkeit dieses Stammes – es wurden nämlich wunderbar verzierte **Skulpturen** ausgegraben und auch herrlicher **Gold- und Silberschmuck.**

Die skythische Elite verbrachte den Großteil ihrer Zeit zu Pferde. Sie ritten kreuz und quer durch die Schwarzmeersteppen, um Nahrung zu erbeuten oder die Nachbarstämme zu plündern. Eng damit verbunden ist die Mobilität der skythischen Siedlungen – riesiger **Stammeskarawanen,** die von einer Stelle zur anderen zogen. Daneben gab es natürlich feste **Städte** oder eher befestigte Zentren. Gebaut waren sie im sogenannten orientalischen Stil, und bewohnt wurden sie von Herrschern, Aristokratie und unfreiem Volk (vorwiegend Nachkommen der Kimmerier), das seinen skythischen Oberhäuptern Tribut zahlte. Eine Hinterlassenschaft der königlichen Skythen auf der Krim sind eine Gruppe von **Kurganen** in der Gegend von Kerch (s. Reiseroute 7) und lange **Erdwälle,** die in drei Linien vom Asowschen Meer zum Schwarzen Meer verlaufen (ca. 15 km östlich von Feodosiya).

### Neapolis

Das wichtigste Zentrum war in jener Zeit das Skythische Neapolis, das in einem Vorort des **heutigen Simferopol** liegt (s. Reiseroute 1). Es war die Hauptstadt von **Kleinskythien,** dem Staat der Krimskythen. Die Bräuche dieses Volks waren laut Herodot überaus kontrovers. Seine Vertreter sollen fleißig, gastfreundlich und mannhaft gewesen sein, aber auch grausam in ihren Kriegspraktiken. Ihre Gefangenen töteten sie bei Festgelagen zu Ehren des Kriegsgottes oder blendeten sie und zwangen sie zur Sklavenarbeit.

## Die Entstehung griechischer Kolonien

Nicht lange, nachdem sich die Skythen die Krim unterworfen hatten (ca.

8. Jh. v.u.Z.), zogen von Süden her griechische Kolonisten heran, die gezwungen waren, aus den übervölkerten Metropolen zu emigrieren. In der Folge entstanden an der Schwarzmeerküste zwischen dem 8. und dem 5. Jh. v.u.Z. viele griechische **Handelskolonien.** Die griechischen Hauptzentren in dieser Region waren Tyras an der Mündung des Dnister, Olbia („Wohlstand"), dessen Ruinen sich an der Mündung des Bug befinden, Khersonesos („Stadt auf der Halbinsel"), noch nicht einmal 3 km vom Zentrum des heutigen Sevastopol gelegen, und, weiter nach Osten, Feodosiya.

Die älteste und gleichzeitig wichtigste Kolonie am Kimmerischen Bosporus (griechischer Name der Straße von Kerch) war **Pantikapaion** (Bospor), das heute innerhalb der Stadtgrenzen von Kerch liegt. Die Gründung der Stadt Khersonesos (422–421 v.u.Z.) fiel zeitlich mit dem Besuch des oben erwähnten Herodot in Olbia zusammen, der als erster die Stämme der Taurer und Skythen beschrieb, die diese Gebiete bewohnten.

Die Städte lebten vom Handel mit den Stämmen im Landesinneren (Skythen) und vom Seehandel, sie kauften Weizen, Wein, Leder und Fisch. In den Kolonien auf der Krim wurden Ackerbau und Viehzucht betrieben (damit beschäftigten sich die Sklaven, die von den Steppennachbarn geliefert wurden) und Wein hergestellt.

### Bosporanisches Reich

Jede Kolonie bildete eine getrennte staatliche Einheit mit eigenen Gesetzen, häufig schlossen sie sich jedoch zu Föderationen zusammen. Die größte davon entstand ca. 480 v.u.Z., als die Städte an der Straße von Kerch mit Pantikapaion an der Spitze das sogenannte Bosporanische Reich gründeten. Dieser Kleinstaat machte sich vollständig vom griechischen Heimatland abhängig. Unter der Herrschaft von König Leukon I. (ca. 389–348 v.u.Z.) herrschte der Staat über die ganze Halbinsel Kerch, die Halbinsel Taman und die Ostküste des Asowschen Meeres. Dieses Reich kontrollierte nicht nur die griechischen Kolonien, sondern auch die von den Skythen und den einheimischen Stämmen bewohnten Gebiete. Noch bis ins 2. Jh. v.u.Z. hinein blühte das Bosporanische Reich als Zentrum des Getreidehandels, des Fischfangs, der Weinherstellung und des Kleinkunsthandwerks, insbesondere aber der Metallbearbeitung.

### Republik Khersonesos

Mit diesem griechisch-skythischen Königreich rivalisierte die Republik Khersonesos, die Anfang des 3. Jh. v.u.Z. zum größten **Sklavenstaat** der Halbinsel geworden war. Die Denkmäler der materiellen Kultur von Khersonesos zeugen von der hohen Zivilisation der Kolonie. Man fand dort viele Inschriften, die Auskunft über das Alltagsleben der Stadt geben, und die in jener Zeit angelegten **Brunnen** wurden noch von den Klöstern im 19. Jh. genutzt (siehe Reiseroute 2).

Nach und nach unterwarf das Bosporanische Reich die von der Republik Khersonesos abhängigen Städte, und schließlich wurde im 2. Jh. v.u.Z. Khersonesos selbst von diesem sich dynamisch entwickelnden Staat geschluckt.

Gegen Ende des 2. Jh. v.u.Z. verschärften sich auf der Krim die politischen und gesellschaftlichen Konflikte und führten zur Intervention der pontischen Heere unter König Mithridates VI. Eupator. Im Jahre 107 v.u.Z. brach in Pantikapaion ein Aufstand der skythischen Sklaven unter der Führung eines gewissen Saumakos aus, der sogar zum König ausgerufen wurde, und Khersonesos wurde vom skythischen Anführer Skiluros überfallen. Die bedrohten Städte riefen Mithridates zu Hilfe. Das Bosporanische Reich und die Republik Khersonesos konnten schließlich gerettet werden, natürlich zum Preis der Unterwerfung unter ihren Befreier.

### Kriege gegen Rom

Die Träume des Königs von der Gründung eines großen Imperiums brachten ihn mit dem damaligen Rom in Konflikt, das plötzlich auf die ihm bislang unbekannte Halbinsel Taurida aufmerksam wurde. Dies führte zu drei aufeinanderfolgenden Kriegen Roms gegen Pontus und schließlich zum Tod des Königs. Mithridates VI. Eupator beging im Jahr 63 v.u.Z. in Pantikapaion Selbstmord (oder wurde ermordert). Die Akropolis in Kerch trägt immer noch den Namen Mithridatesberg (s. Reiseroute 7).

Von da an unterwarf sich Rom nach und nach die Krim, und das Bosporanische Reich wurde zusammen mit Khersonesos gleich nach dem Tod des glücklosen Königs Pontus dem **Römischen Reich angegliedert.** Khersonesos erlebte eine erneute Blütezeit, Bospor genoss eine beschränkte Autonomie und hielt unter den Fittichen des Imperiums den Überfällen der aggressiven Steppennachbarn stand.

## Völkerwanderungen

Das Territorium der heutigen Ukraine lag auf dem Weg der asiatischen und europäischen Völker in Länder, die schließlich zu ihrer Heimat werden sollten. Die Schwarzmeersteppen waren zu Beginn unseres Zeitalters Schauplatz gewaltiger Migrationsbewegungen von Völkern aus der Tiefe Asiens und aus Nordeuropa. Die friedlich mit den griechischen Kolonien (unter römischer Oberherrschaft) koexistierenden skythischen Stämme wurden im 1. Jh. u.Z. nach und nach vom Stamm der **Sarmaten** verdrängt, die von der Wolga und vom Don her in die Steppen eingedrungen waren. An der Wende vom 2. zum 3. Jh. u.Z. drangen die **Alanen,** ein sarmatisches Volk, bis zur Südküste der Krim vor, wo sie den Hafen Sudak anlegten (siehe Reiseroute 6). Zur selben Zeit zogen von Norden her die **Goten** auf die Halbinsel, die im 4. Jh. in den Steppengebieten am Schwarzen Meer einen eigenen Staat gründeten. Kurz darauf brachen die **Hunnen** zu Raubzügen aus dem Inneren Asiens heraus auf. An der Wolga zerschlugen sie die Alanen und Goten und drangen bis auf die Krim vor.

In der Folge dieser Überfälle wurden die Schwarzmeergebiete geplündert und gebrandschatzt und in ihrer Entwicklung beträchtlich zurückgeworfen. Unter den Schlägen der Goten und Hunnen zerfielen die spätskythischen Staaten, das Bosporanische Reich und die römischen Kolonien, es überdauerte nur Khersonesos.

### Byzantinischer Einfluss

Nach dem Untergang Roms geriet die Krim – mit ihrem Zentrum eben in Khersonesos – in den Einflussbereich von Byzanz, und dabei handelte es sich nicht nur um politische Einflüsse. Als viel dauerhafter als die politischen Bündnisse mit dem Kaiserreich erwiesen sich die Einflüsse der byzantinischen **Kunst.** Von der starken Präsenz des **Christentums** wiederum zeugen zahlreiche Grabsteine, Basiliken und Klöster im byzantinischen Stil. Bemerkenswert ist, dass noch im 16. Jh. in einigen Teilen der Krim kleinere Volksgruppen wohnten, die die Sprache der Goten sprachen, während in Europa zu jener Zeit schon seit Jahrhunderten keine Spur von ihnen mehr übrig war.

### Khasaren

Im 6. Jh. besetzten die Khasaren den größten Teil der Halbinsel. Zum Herz des Staates dieses aus den Tiefen Asiens stammenden Volks wurden die Flusstäler des Dnister, des Dnepr und des Don sowie Taurida. Der khasarische Kagan, der Khan, herrschte über drei Hauptprovinzen, sieben abhängige Königreiche und sieben Lehnsvölker. Das bei Weitem wichtigste der vom Khan abhängigen Königreiche war das auf der Krim gelegene **Akatzir.** Das khasarische Khanat war bekannt für seinen Handel und seine religiöse Toleranz. Traditionsgemäß war dieses Land auch Lieferant slawischer Sklaven für den Mittelmeermarkt.

### Russischer Einfluss

Die Macht der Khasaren konnte den Aufständen der unterjochten Völker, dynastischen Streitigkeiten, Überfällen von Nomaden und Kriegen mit der Rus jedoch nicht dauerhaft standhalten. Gegen 970 wurde ein Teil des Khasarenstaates durch den Kiewer Fürsten Swjatoslaw unterworfen, und auf den Halbinseln Kerch und Taman entstand das **russische Fürstentum Tmutarakan.** 988 nahm der Kiewer Großfürst Wladimir in Khersonesos aus den Händen eines Priesters die Taufe entgegen, bevor er Anna, die Schwester des byzantinischen Kaisers Basilius II., heiratete. Seitdem war die Rus neben den Khasaren aktiver an den Ereignissen auf der Krim beteiligt.

Endgültig geschwächt wurde die khasarische Oberhoheit in diesen Gebieten im 9. Jh. durch das Eindringen der **Petschenegen,** welche wiederum den **Polowezern** (Kypchaken) unterlagen – einem Volk turanischer Abstammung. Die Polowezer unterwarfen sogar Sudak, eine Stadt, die Khersonesos und Tmutarakan im Handel erfolgreich Konkurrenz bot. Auf die kühnen Unternehmungen dieser halbwilden Nomaden musste die Rus reagieren. Ihre Einflüsse auf der Krim festigten sich im 10.–12. Jh. infolge der gewonnenen Kriege gegen die Petschenegen und Polowezer.

## Mongolische Herrschaft

Die Situation auf der Taurischen Halbinsel stabilisierte sich für einige Zeit (12. Jh.), doch der Frieden währte nicht lange, denn schon 1223 überfielen seldschukische Herrscher aus Anatolien die Krim, worauf sich eine beträchtliche Anzahl **Türken** auf der Halbinsel niederließ.

Des Weiteren unternahm **Batu Khan,** der Enkel von Dschingis Khan (Herrscher des Mongolischen Reiches), einen Feldzug nach Westen. Er unterwarf die Krim, besiegte die Polowezer, eroberte die Kiewer Rus und verwüstete Polen. Im Ergebnis dieser Eroberungen wurde die sogenannte **Goldene Horde** gegründet – ein neuer mongolischer Staat, der das Wolgagebiet, einen Teil des Kaukasus, die Krim, die Steppen am Schwarzen Meer, den Ural, Westsibirien und einen Teil Mittelasiens umfasste. Die Goldene Horde dehnte ihre Regierungsgewalt auch auf die Rus aus. Hauptstadt der Horde wurde die Stadt Saray an der Wolga.

Nach dem Tod von Batu Khan (ca. 1255) trennte sich die Kypchak-Horde – bislang ein Teil der Goldenen Horde, der neben den Gebieten am Asowschen und Schwarzen Meer ebenfalls die Halbinsel Krim gehörte – vorübergehend von ihrer Obrigkeit und schuf ein eigenständiges Staatsgebilde mit der **Hauptstadt Krym** (heute Staryi Krym). Die Stadt wurde von Oran Timur, dem Sohn des Herrschers der Kypchak-Horde (Mengli), gegründet und entwickelte sich rasch zum Zentrum von Politik und Handel auf Taurida. Trotz dieser Ereignisse kontrollierte die Goldene Horde weiterhin die Hauptstädte und die meisten Gebiete unter der Herrschaft Oran Timurs.

### Italienische Kaufleute

Gegen Ende des 13. Jh. erhielten genuesische und venezianische Kaufleute vom Khan der Goldenen Horde die Erlaubnis, Handelsfaktoreien auf der Halbinsel zu gründen. An den Küsten der Krim entstanden auf diese Weise **Kolonien der italienischen Stadtrepubliken.** Eine der größten genuesischen Kolonien war **Kaffa** an der Stelle der ehemaligen griechischen Kolonie Feodosiya (s. Reiseroute 4).

Die **Venezianer** hingegen ließen sich in Sudak nieder. Nicht lange danach entbrannte ein Kampf zwischen diesen beiden Zentren um die Vorherrschaft im Schwarzmeerhandel. Diesen Streit entschieden die **Genuesen** für sich, nachdem sie 1365 Sudak erorbert und andere Städte der südlichen Krimküste unterworfen hatten. Kaffa errichtete seine Macht allmählich auf dem Sklavenhandel – man kaufte sie von den Tataren und verkaufte sie weiter nach Kleinasien und Ägypten.

Zu dieser Zeit erlangte Emir Nogai, der Statthalter der Krim, große Bedeutung in der Goldenen Horde. Er erlegte Kaffa und anderen Städten Tribut auf, wurde bald zum unumschränkten Herrscher und leitete von Neuem separatistische Tendenzen auf der Krim ein.

### Litauer

In der zweiten Hälfte des 14. Jh. kamen die Litauer ans Schwarze Meer. Sie drangen ins Gebiet der Krim ein und zerstörten Khersonesos vollständig. Damals brach in der Goldenen Horde eine Zeit großer Tumulte an, während der nach und nach verschiedene Länder von ihr abfielen. Khan Mamai bemühte sich, die Ordnung im Staat aufrechtzuerhalten, doch wurde er vom Herrscher der **Weißen Horde,** Toqtamis, seiner Macht beraubt. Mamai versteckte sich vor seinem Verfolger in Kaffa, die Genuesen jedoch, aus Furcht vor dem gefährlichen Khan der Weißen Horde, ermordeten ihn heimtückisch. Die Herrschaft über die Goldene Horde übernahm nun Toqtamis, der ihr für einige Zeit ihre alte Bedeutung zurückgab, ja sogar die russischen Fürstentümer zur Ergebenheit zwang (1382).

Bald jedoch (1395) bezwangen ihn die aus dem Inneren Asiens vordringenden Heere Tamerlans. Toqtamis teilte Mamais Schicksal, als er sich vor **Tamerlan** auf der Krim versteckte. Timur der Lahme (Tamerlan) war der letzte große mongolische Herrscher, der zum Ende des 14. Jh. einen **mächtigen Staat** gründete, dem Turkestan, Afghanistan, Iran, Mesopotamien und Transkaukasien angehörten.

## Krimkhanat

### Aufstieg der Tataren

Der Beginn des 15. Jh. war eine Zeit großer Verwirrung in Mittelasien und im Schwarzmeerbecken, ausgelöst durch die Krise und schließlich den Untergang der bereits geschwächten Goldenen Horde. Auf ihren Trümmern entstanden mehrere unabhängige Tatarenkhanate. Im Hinblick auf ihre günstige Lage – Zugang zum Meer, Kreuzung von Handels- und Kriegsstraßen, natürliche Wehrhaftigkeit der Halbinsel – waren die Krim und die anliegenden Steppen ein Leckerbissen. Das stärkste Staatsgebilde, das die Nordküste des Schwarzen Meeres beherrschte, war die **Große Wolgahorde,** auch Kypchak-Horde genannt (Kypchak hießen die weiten Steppen zwischen der Donaumündung und Kasachstan). Unter ihrer Herrschaft verblieb die **tatarische Statthalterschaft** mit ihrem Hauptstützpunkt in Solkhat (heute Staryi Krym – siehe Reiseroute 4). Die Statthalter der Krim hatten seit mehr als 100 Jahren Einfluss auf die Geschichte der Goldenen Horde ausgeübt. Sie waren es, die nach der Unabhängigkeit griffen, sobald sich ihnen die Möglichkeit dazu bot.

Der erste unabhängige **Khan** der Krim war **Haci Giray.** Dieser entfernte Nachkomme von Dschingis Khan stammte aus einer Familie, die seit drei Generationen versuchte, der Kuratel der Khane von Saray (der Hauptstadt der Goldenen Horde) zu entkommen. Das Krimkhanat bildete sich vor 1430 zum Staat heraus. Haci Giray (gest. 1466) kämpfte die meiste Zeit seines Lebens **mit Hilfe Polens und Litauens** gegen die Goldene und später die Große Horde um die Oberherrschaft über die ganze Halbinsel und die ita-

## Die tatarische Armee

Das **Krimkhanat** schöpfte die Mittel zur Unterhaltung seines Staates aus mehreren Quellen. Nebensächliche Einnahmequellen waren Zölle, Salzmonopol und niedrige Steuern, die wichtigsten aber waren der **Sklavenhandel** und die Geschenke, die dem Staat überreichlich aus den Nachbarländern zuflossen – als Gegenleistung für das Versprechen, sie mit lästigen Überfällen zu verschonen. Der wichtigste Garant für die Aufrechterhaltung des Zustroms an *Jasyr* (Gefangenen) und *Harac* (Geschenken und Abgaben) war die Armee. Bewaffnete Tatarenscharen überfielen Polen, Litauen, Russland, Moldawien, Siebenbürgen und Transkaukasien und entführten von dort ihre Gefangenen. Die auf diese Weise errungene „Sklavenware" wurde auf dem Hauptbasar der Krim – *Karsu Bazar* (heute Bilohirsk) – oder in Kaffa an den türkischen Markt weiterverkauft.

Das Lebenselixier der Tataren war der **Krieg,** daher besaß ihr Staat eine funktionstüchtige und starke Armee. Kampfstrategie und -taktik, die gesamte Kriegskunst, rührten noch aus den Zeiten von Dschingis Khan her. Die Armee bestand aus stehenden Heeren und einem Landsturm. Bis zum Ende ihres Staates hielten die Tataren eine **halbnomadische Lebensweise** aufrecht, weshalb sie in kurzer Zeit eine Armee zusammenstellen konnten, deren Stärke von Historikern auf **20.000 bis 100.000 Soldaten** geschätzt wird. Bewaffnet war die Krimarmee eher schwach, diese Mängel wurden jedoch durch die Eigenschaften der Soldaten wettgemacht, die von Kind auf an die Mühen eines Lebens im ständigen Kampf, an Disziplin und Ausdauer gewöhnt wurden. Der künftige Soldat verbrachte den größten Teil seiner Zeit mit **Reiten und Bogenschießen.**

Ein großer Vorteil dieser Armee war ihre Mobilität. Sie bewegte sich sehr schnell vorwärts, manchmal bis zu 100 km am Tag, wodurch sie einen Kampf mit feindlichen Übermächten vermied. Bei Beutezügen gegen ein Land legten die Tataren einige Kilometer vor dessen Grenzen eine mehrtägige Rast ein. Wenn sie ihre Kräfte gesammelt hatten, marschierte der sogenannte *Kos*, der den Kern der Armee und gleichzeitig ihr Lager bildete, rasch ins Landesinnere, wo er anhielt, um die *Cambul*, die bewaffneten Scharen, herauszulassen, die auseinandersprengten, um Beute und Gefangene zu machen. Wenn alles ausgeraubt und niedergebrannt war, kehrte der ganze Zug in die Heimat zurück und ging dabei allen Kämpfen mit dem Gegner aus dem Weg.

Die einzige Schwäche der Tatarenarmee war ihre **geringe Abwehrkraft gegen Feuerwaffen,** gegen die sie keine Chance hatte. Manchmal schafften es sechzig Kosaken, die auf polnischer Seite dienten, einen ganzen Cambul von mehr als vierhundert Tataren auseinanderzutreiben. Erwähnenswert ist die Tatsache, dass auch Frauen gelegentlich ihre Männer auf den Kriegszügen begleiteten.

lienischen Städte, denn er wollte den einträglichen Sklavenhandel übernehmen. Als ausgesprochen widerspenstig erwies sich Kaffa, das sich schließlich 1475 Mengli Giray, dem Sohn von Haci Giray, unterwarf – er hatte nämlich die Türken zu Hilfe gerufen.

### Abhängigkeit vom Osmanischen Reich

Mehmed II. der Eroberer (der Sultan des Osmanischen Reiches) half Mengli nicht nur, Kaffa zu besiegen, sondern auch seine Brüder, mit denen er um die Macht kämpfte. Als Preis für die

Hilfe musste sich Mengli Giray unter die Oberhoheit des Sultans stellen und dessen Staat den südlichen Teil der Halbinsel einschließlich Kaffa überlassen. Das 1478 geschlossene **Abkommen** zwischen der Türkei und dem Krimkhanat war der Beginn der **Vasallenabhängigkeit** des Khanats vom Osmanischen Reich. Gemäß diesem Abkommen sollte die gesamte innere Macht im Staat in der Hand des Khans liegen, während es dem Sultan die Oberhoheit über die Auslandspolitik gewährleistete. Die Tataren wurden zur Teilnahme an allen Kriegszügen des Reiches verpflichtet.

Im 16. Jh. war das Krimkhanat ein **wichtiger Staat in Osteuropa,** der die imperiale Politik der Türkei durchsetzte. Die Khane besaßen allerdings eine große Eigenständigkeit und waren imstande, auch für ihre eigenen Interessen zu sorgen. Dieser Staat hatte eine sehr **starke und gut organisierte Armee.** Das hing mit seiner Funktion zusammen – von hier aus wurden nämlich Überfälle auf die Nachbarländer im Norden organisiert. Die Dynastie der Giray entstammte dem Herrschergeschlecht der Goldenen Horde und ihrer unmittelbaren Nachfolgerin, der Großen Horde, was seinen Ausdruck im Titel jedes Herrschers fand: „Der Großen Horde, der Großen Jurte, der Steppen des Kypchak, des Staates der Krim, ungezählter Tataren und Nogaier Großer Monarch".

### Blütezeit der Tatarenherrschaft

1502 kam es zur großen Schlacht am Fluss Vorskla, die den **Untergang der Großen Horde** besiegelte. Mengli Giray eilte dem Moskauer Fürsten Iwan III. dem Großen zu Hilfe und besiegte in dieser Schlacht Scheich Ahmed, den letzten Khan der Horde. Von diesem Zeitpunkt an wurde das Krimkhanat zu einem geachteten Partner in Mittelosteuropa. Mengli Giray festigte den Staat von innen, indem er alle Machtkämpfe beendete. Er verhalf Wirtschaft und Kultur zur Blüte und begann mit dem Bau der neuen **Hauptstadt Bakhchysarai.** Der Grundstein für das neue Zentrum wurde in den Jahren 1502–19 gelegt (s. Reiseroute 2).

Aus dem Bericht des türkischen Reisenden Evliya Celebi aus dem 17. Jh. geht hervor, dass Bakhchysarai eine belebte und pulsierende Stadt war. Es war voll von Geschäften, Herbergen für Reisende, Moscheen, Brunnen mit kristallklarem Wasser, Mühlen, Werkstätten, steinernen und hölzernen Brücken über den Fluss Ashlam (heute Churiuk-Su), Palästen, Speisehäusern, öffentlichen und privaten Bädern. Bakhchysarai lag im Inneren der Halbinsel, daher konnten sich die Herrscher der Krim-Horde in ihrem prächtigen **Palast** sicher fühlen. Erbaut wurde er 1533–51 von iranischen und usbekischen Handwerkern, die sich am byzantinischen Stil orientierten.

Unweit von Bakhchysarai befand sich die **Festungsstadt Chufut-Kale** (s. Reiseroute 2), die um das 6. Jh. herum gebaut worden war. Sie ist ein typisches Beispiel für eine der damals entstehenden **Höhlenstädte,** denen man im Gebiet der mittleren Bergkette des Krimgebirges an vielen Stellen begegnet. Diese Wohnstätten entstanden an schwer zugänglichen Stellen, auf Felsen, deren verschiedenartige Formen Wohnzwecken angepasst wurden. Bis heute gut erhaltene Ruinen sind außer Chufut-Kale auch Eski Kermen, Kachy-Kalon und die größte von ihnen – Mangup-Kale (siehe Bergtour 3).

### Kämpfe mit Moskau

Der Untergang der Großen Horde leitete eine Zeit der Kämpfe um das Erbe des Staates von Batu-Khan ein, die zwischen dem Großfürstentum Moskau und dem Krimkhanat entbrannten. Mengli Giray träumte von der Vereinigung aller Tataren unter seiner Herrschaft, Moskau hingegen wollte freien Zugang zum Schwarzen Meer haben und den Handel in dieser Region übernehmen. Anfangs trug Moskau den Sieg davon und verleibte seinem Staat weitere Khanate ein. 1555 erfolgte der Anschluss des Khanats der Nogaier Horde sowie zahlreicher Khanate der Tataren an der Wolga. Auf diese Weise gewann Moskau die Herrschaft über die wichtige Handelsstraße nach Osten.

Mengli Girays Nachfolger Devlet I. Giray gelang es trotz seines Sieges über das Moskauer Heer bei Tula 1555 nicht, sich die vormals durch Russland eroberten Länder unterzuordnen. Eine große Rolle in diesem Kampf spielte die **Polnisch-Litauische Union,** die sich mal mit dem Staat der Girays, mal mit den Russen verbündete. Nach einigen erfolglosen Versuchen, mit Zar Iwan IV. dem Schrecklichen ein Übereinkommen zu erzielen, stürzte sich Devlet I. Giray in einen erbitterten Kampf gegen ihn und schloss 1560 ein gegen Moskau gerichtetes Bündnis mit der „Republik beider Völker" (Polen-Litauen).

Kurz nachdem es einen Teil der Länder der ehemaligen Großen Horde unterworfen hatte, errichtete Russland eine **Verteidigungslinie** zum Krimkhanat hin, die aus vielen Türmen, Feldbefestigungen, Verhauen, Gräben, Mulden und Palisaden bestand. Diese Linie erschwerte den Tataren ihre Feldzüge ins Innere des russischen Staates sehr. Die ersten Angriffe der Krim-Horde nach dem Abschluss des Bündnisses erfolgten 1564 und endeten mit einer Niederlage.

In die Beziehungen zwischen der Krim und Russland mischte sich die **Türkei** ein, die mit Russland um das Kaspische Meer und den Osthandel rivalisierte. Ein gemeinsamer Feldzug mit Devlet I. Giray im Jahr 1569 blieb ebenfalls erfolglos (man hatte versucht, die Festung Astrachan zu erobern). Devlet zog erneut 1571 gegen Russland ins Feld. Dieses Mal gelang es ihm, bis nach **Moskau** vorzudringen und die Stadt zu zerstören. Er verschleppte damals ungeheuer viele Gefangene und Reichtümer. Im darauf folgenden Jahr wehrte Russland einen weiteren Angriff der Horde ab und konnte Kazan und Astrakhan (die Städte, um die die Krim kämpfte) behalten.

Die Tataren überfielen die Länder des Großfürstentums Moskau noch viele Male, plünderten und zerstörten sie bis aufs Letzte. Ernsthaftere politische Folgen hatte das aber nicht, denn keinem der Khane gelang es, dem zaristischen Russland irgendwelche Gebiete zu entreißen. 1577 starb Khan Devlet I. Giray in Bakhchysarai als Opfer der dort wütenden Pest. Die Herrschaft übernahm Mehmed II. Giray Semiz (der Fette). Traditionsgemäß schickte auch er Tataren gegen Russland, doch hatte er mit diesen Überfällen wesentlich weniger Erfolg als sein Vorgänger. Begründet waren die Misserfolge unter anderem im weiteren Ausbau der russischen Befestigungen entlang der südlichen Grenzlinie. Mehmed II. Giray war ein verwegener Khan – er schlug die Hilfe der Türkei bei den Kämpfen im Kaukasus 1583 aus. Der Sultan konnte ihn nicht zur Unterwerfung zwingen, und der Angriff der Osmanen auf die Krim wurde zurückgeworfen. Nicht lange jedoch konnte sich die Halbinsel den Türken widersetzen. Schon 1584 sandte Sultan Murad III. eine weitere Expedition aus, bei der Mehmed der Fette vom Thron geworfen und anschließend ermordert wurde.

Der nächste Khan, Islam II. Giray, war ein loyaler Vasall der Türkei. Er herrschte jedoch nur kurze Zeit. 1588 wurde Gazi II. Giray Bora (der Sturm) Khan der Krim. Er schuf wieder Ordnung im Staat und stärkte seine Macht. Gazi Bora führte zahlreiche Kriege mit Russland und Polen, wobei er zwischen beiden Staaten lavierte und es damit keinem von ihnen ermöglichte, die Hegemonie in Mittelosteuropa zu erringen. Der tatarische Feldzug von 1591 endete mit der Niederlage von Gazi II. Giray. Dieser Sieg Moskaus bestätigte die nächsten Zaren in ihrer Überzeugung, die Erben der ganzen Goldenen Horde zu sein und ein Recht auf die Unterwerfung des Krimkhanats zu haben. 1593 kam es zum Vertrag zwischen beiden Staaten, in dem die Girays auf alle weiteren Versuche verzichteten, die Khanate von Kazan und Astrakhan zu erobern.

### Abhängigkeit vom Osmanischen Reich

Im 17. Jh. führte die Krim unablässig Kriege, die den Staat schwächten und im Resultat zum vollständigen Verlust der Unabhängigkeit zugunsten der Türkei führten. Für das Osmanische Reich waren die Krimtataren der bewaffnete Arm, der weit ins Innere Europas reichte. Sie spielten auch eine wichtige Rolle in der Wirtschaft der Türkei, da sie ihr Fleisch, Fische, Salz, Olivenöl und eine enorme Menge an Sklaven lieferten. Das Reich musste also ernsthaft mit seinem Vasallen rechnen. Zwar hatte Russland sich aufgrund innerer Probleme für ein halbes Jahrhundert vom Streit ums Schwarze Meer zurückgezogen, doch die Krim-Horde musste sich mit neuen gefährlichen Ankömmlingen herumschlagen.

Der nächste Gegner – die **Kalmücken-Horde** – tauchte 1606 in Sibirien auf, von wo er, auf dem Weg nach Westen, bis an die untere Wolga vordrang. Eine große Bedeutung erlangten im 17. Jh. auch die **Saporoscher Kosaken,** die zu einer großen, für die

Krim gefährlichen Militärkraft geworden waren. Die Saporoscher waren polnische Untertanen, und ihre Überfälle auf türkische und tatarische Städte führten zu zahlreichen Konflikten zwischen der Polnischen Republik auf der einen Seite und der Krim und der Türkei auf der anderen. 1616 drangen die Kosaken sogar bis an die Südküste der Krim vor, wo sie Kaffa eroberten und plünderten.

1623 bestieg Mehmed III. Giray den Thron der Krim. Unter Ausnutzung der inneren Krise im Osmanischen Reich brach er die Beziehungen zu diesem ab. Eigenmächtig drang er fast ununterbrochen in polnisches Gebiet ein. Diese Überfälle wurden nur vorübergehend eingestellt, als die Nogaier Horden unter der Führung von Kantymir auf die Krim vordrangen. Die feindlichen Heere besetzten Bakhchysarai, und die türkischen Streitkräfte kamen ihnen zu Hilfe. Mehmed III., der sich zuvor mit den Kosaken gegen die Türkei verbündet hatte, floh anschließend nach Saporoshje. Den Thron der Krim bestieg, unterstützt vom Osmanischen Reich, Canibek II. (er hatte früher schon kurze Zeit über die Krim geherrscht, bevor er von Mehmed III. vertrieben wurde). Der erste Versuch im 17. Jh., die Krim aus der Oberherrschaft der Türkei zu befreien, endete also in einem Misserfolg.

1641 wurde Mehmed IV. Giray Khan. Anfangs war er Polen freundlich gesinnt, und trotz des Friedensabkommens zwischen der Türkei und Russland überfiel er letzteres während seiner Herrschaft mehrfach. Weil Mehmed IV. nach Meinung der Türken zu eigenwillig vorging, wurde er abgesetzt, und seine Stelle nahm Islam III. Giray ein.

### Bündnis zwischen Tataren und Kosaken

1648 brach in der Ukraine der Chmelnizki-Aufstand aus, der vom Krimkhanat unterstützt wurde. Der Khan schickte den Kosaken sechstausend Reiter unter der Führung von Tuhay Bey zur Verstärkung. Das ohne Einverständnis mit den Türken geschlossene Bündnis zwischen Tataren und Kosaken verärgerte die Herrscher des Osmanischen Reiches unübersehbar. Die Türkei wollte nämlich gute Beziehungen zur Adelsrepublik aufrechterhalten, damit diese sich nicht etwa in den Krieg der Türkei gegen Venedig einmischte. Zur bewaffneten Intervention auf der Halbinsel Krim kam es jedoch nicht, da Sultan Ibrahim I. verstarb, was in der Türkei kurzzeitige Wirrnisse auslöste.

Der **Frieden zwischen Tataren, Kosaken und Polen** wurde 1649 geschlossen, und weil die Republik den Krieg verloren hatte, war er für sie von Nachteil. Dank der Erfolge im Krieg gegen Polen wuchs das Prestige des Krimkhanats. Es begann nun, Krieg gegen Moskau zu führen, und versuchte erneut, sich von den Osmanen unabhängig zu machen. Es gelang Islam III. Giray jedoch nicht, eine Koalition gegen Moskau, und noch weniger, eine antitürkische Liga zu schaffen, weshalb er sich inneren Angelegenheiten zuwandte. Unweit der Festung Perekop, die den Zugang zur Halbinsel Krim bewachte, errichtete er einen Verteidigungswall, der jeden möglichen Versuch des Feindes, auf die Krim vorzudringen, erschweren sollte. Islam III. Giray sorgte auch für den Wohlstand der Bevölkerung, verschönerte Bakhchysarai und ließ in den Städten viele Wohlfahrtsgebäude errichten.

1651 brach der Konflikt zwischen Polen und den Kosaken in der Ukraine mit neuer Gewalt aus. Die Tataren beteiligten sich ein weiteres Mal auf der Seite der Kosaken daran. Nach dem **Perejaslavler Übereinkommen** von 1654 (Union Russlands und der Ukraine gegen Polen) wechselte Islam III. jedoch vollständig die Fronten und wurde für die Adelsrepublik zum wertvollen Partner. Dies geschah deshalb, weil dem Krimkhanat immer viel daran lag, dass keine der Seiten – ob nun Russland, Polen oder auch die Ukraine (die Kosaken) – ein wesentliches Übergewicht über die anderen erhielt.

Nach vielen Schlachten, in denen Polen Kosaken und Kosaken Polen niedergemetzelt hatten, war Islam III. Giray zur Ansicht gelangt, dass – solange er mit den Saporoschern verbündet war – ganz gleich, ob Polen oder Kosaken umkamen, dies immer von Vorteil für das Khanat sei. Im Jahr der Unterzeichnung der Perejaslavler Union starb Islam III. Giray, und auf den Thron wurde erneut Mehmed IV. Giray gewählt.

### Bündnis mit Polen gegen Schweden

In den Jahren der „Schwedischen Sintflut" (Schwedisch-Polnischer Krieg 1655–60) stand die Krim treu an Polens Seite, weshalb die Anhänger Johanns II. Kasimir Lemberg und Kamianets Podolskyi halten konnten, die beide die Hauptstützpunkte der Verteidigung gegen König Karl Gustav bildeten. Mehmed IV. starb 1666, und mit seinem Tod erlosch die Hauptlinie der Giray-Dynastie. Die Macht übernahm ein jüngerer Zweig des Geschlechts – die Caban. Der erste der neuen Dynastie, Adil Giray, brach das Bündnis mit Polen und zerstörte dessen grenznahe Gebiete.

### Russische Angriffe

Sein Nachfolger, Selim I. Giray, führte einen Verteidigungskrieg gegen Russland, das sich Polen gegenüber (zum Preis territorialer Zugeständnisse des letzteren) verpflichtet hatte, die Krim anzugreifen. Im Mai 1687 versammelte sich unweit von Kiew die große Moskauer Armee unter der Führung von Fürst Wassili Golizin. Dieser Feldzug endete in einem Fiasko, ähnlich wie der nächste im Jahr 1689. Beide Niederlagen waren in der mangelhaften Vorbereitung der Russen begründet: Es fehlte ihnen an Lebensmitteln, Wasser und Futter, und die große Hitze setzte Menschen und Pferden zu. Schon 1695 jedoch mussten die Tataren ein weiteres Mal gegen die Russen kämpfen, als diese in die osmanischen Gebiete am Schwarzen Meer eindrangen. Schließlich gelang es den Russen, die türkische Festung Azov zu erobern.

Obwohl Azov vorübergehend zurückerobert werden konnte und die

Krimkhane noch viele Schlachten gewannen, kündigte sich das 18. Jh. für das Khanat nicht sonderlich erfreulich an. Die Verschiebung der Machtverhältnisse in Osteuropa zugunsten Russlands verringerte die Bedeutung des Krimstaates. Es begann auch ein **wirtschaftlicher Rückschritt,** verursacht durch die geringer werdenden Sklavenlieferungen, denn Russland und Polen wurden immer besser mit den Raubüberfälle der Tataren fertig. Selim I. Giray verstarb 1704, und weil es viele Thronanwärter gab, entbrannte ein **Bürgerkrieg,** der bis 1707 dauerte, wonach Devlet II. Giray Khan wurde.

Dank Devlets II. Sieg am Prut im Jahre 1711 über Zar Peter I., der gegen türkische Besitzungen ins Feld gezogen war, konnte die Selbständigkeit des Khanats wesentlich verlängert werden. Devlet II. wurde bald darauf von Qaplan I. Giray, seinem Nachfolger, gestürzt. Qaplan war der letzte große Herrscher der Halbinsel Krim. Während seiner Herrschaft und der des nach ihm regierenden Fetih II. Giray drangen die Russen ständig in das Gebiet der Krim ein. Diese beiden Khane waren die letzten Herrscher, die einigermaßen erfolgreich gegen den russischen Ansturm auf das Schwarze Meer kämpften. Trotzdem wurden unter Fetih II. Giray die Gebiete der Krim einschließlich der Hauptstadt zerstört. Die folgenden Khane machten sich an den **Wiederaufbau** des zerstörten Landes. Sie belebten Bakhchysarai wieder, restaurierten die Bibliothek und gaben dem Palast und der Moschee ihren alten Glanz zurück.

Von 1758–64 herrschte Khan Qirim Giray. Mit ihm ist die Legende von der unglücklichen Liebe und der Entstehung des berühmten **Tränenbrunnens in Bakhchysarai** verbunden, die später Mickiewicz und Puschkin inspirierte. Jene Legende besagt, Qirim Giray habe den Brunnen nach dem Tod seiner geliebten Gattin Diliara Bikech bauen lassen, in der manche die polnische Adlige Maria Potocka sehen wollen, die einst von ihrem Besitztum entführt und vor das Antlitz des Khans geführt wurde (s. Reiseroute 2).

## Unter der Herrschaft Russlands (1783–1917)

Obwohl Qirim Giray eine recht flexible Politik betrieb, wurde er von den Türken abgesetzt. 1769 gewann er vorübergehend die Macht zurück und unternahm den in der Geschichte des Krimkhanats letzten Überfall auf russische Gebiete. Im Laufe der nächsten Jahre drangen die Russen auf das Territorium der Krim vor und unterwarfen Perekop, Bakhchysarai und Kaffa. Kurz darauf eroberten sie alle übrigen Städte und Festungen der Krim.

Nach mehrjährigen kriegerischen Auseinandersetzungen unterzeichneten Russland und die Ottomanische Pforte 1774 in Kuchuk Kaynardzhi einen Friedensvertrag. Die Türkei verzichtete damals auf ihre Oberhoheit über die Krim, und die **russische Handelsflotte** erhielt freie Schifffahrt auf dem Schwarzen Meer. Russland bekam auch die **Häfen Yenikale und Kerch,** die es zu Militärstützpunkten umbaute. Trotz des offiziellen Standpunkts Zarin Katharinas II., der dem Krimkhanat die Unabhängigkeit zuerkannte, wurde Khan Selim III. von Russland abhängig gemacht.

Bald darauf entbrannte ein neuer Krieg, denn um die Macht über Bakhchysarai kämpften Sahin Giray (ein Anhänger Russlands) und Devlet IV. Giray (der von der Türkei zwar unterstützt wurde, aber nach der Unabhängigkeit des Khanats strebte). Zwei Jahre nach dem Frieden von Kuchuk Kaynardzhi eroberte das russische Heer Perekop und marschierte auf die Krim ein. Devlet IV. floh nach Istanbul, und Khan von Katharinas II. Gnaden wurde Sahin Giray. Nach seiner Machtergreifung begann der Khan mit der Umsetzung von wirtschaftlichen, politischen und militärischen Reformen, die seine Macht stärken sollten, doch **Katharina II.** plante bald die völlige **Annexion der Krim.**

## Zaristische Machtübernahme

Auf der Halbinsel brach ein Aufstand der Gegner der russischen Vorherrschaft aus und ein neuer Krieg gegen die Türkei. Der Krieg dauerte mit kurzen Unterbrechungen bis 1783, als die zaristischen Armeen auf der Krim und der Halbinsel Taman einmarschierten, um sie nicht mehr zu verlassen. Das Krimkhanat wurde annektiert, Sahin Giray verzichtete auf den Thron und legte gegenüber der Zarin den Treueschwur ab. Sofort nach der Annexion wurde auf der Krim eine **russische Verwaltung** eingerichtet mit der Hauptstadt im wiederaufgebauten **Simferopol** unweit des antiken Skythischen Neapolis (an der Stelle der Stadt Ak-Mechet). Zur selben Zeit begann man auch mit dem Bau der mächtigen Festung und des Hauptstützpunktes der Schwarzmeer-Kriegsflotte – **Sevastopol.**

## Russifizierung der Krim

Der taurische Gouverneur, Fürst **Grigori Potjomkin** (Potemkin), der zuvor an der Spitze der auf der Krim kämpfenden Heere gestanden hatte, führte eine **Kolonisierungsaktion** durch, indem er Tausende Fronbauern aus Russland und **deutsche Kolonisten** kommen ließ. Der Anteil der tatarischen Bevölkerung auf Taurida (die Russen waren zum alten Namen der Krim zurückgekehrt) sank systematisch, sodass sich die Nationalitätenstruktur der Einwohner der Halbinsel schnell veränderte. Es begann eine systematische Russifizierung der Krim – man gründete **russische Schulen** und wandelte die Moscheen in **orthodoxe Kirchen** um. Viele Tataren emigrierten in die Türkei.

Der Anschluss der Halbinsel an Russland hatte **positive wirtschaftliche Folgen.** Die landwirtschaftliche Kultur entwickelte sich, es kamen viele russische Ingenieure, Techniker und Ärzte, und die hygienischen Bedingungen wurden verbessert. Die russische Aristokratie entdeckte den Zauber der **Krim-Riviera** und begann, hier ihre Paläste zu bauen.

Seit Anfang des 19. Jh. besuchten die Krim immer häufiger **Reisende, Naturkundler und Künstler** aus aller

## Potjomkinsche Dörfer

Als **Katharina II.** zu ihrer Reise auf die Krim aufbrach, auf die sie auch ausländische Würdenträger mitnahm, um ihnen die Macht und den Aufschwung der Zivilisation in ihrem Reich zu zeigen, errichtete **Gouverneur Potjomkin** entlang der Reiseroute die inzwischen sprichwörtlich gewordenen Potjomkinschen Dörfer. Dabei handelte es sich um eilig aufgebaute **transportable Atrappen** von Dörfern, deren Einwohner – **verkleidete Soldaten** – beim Anblick der vorbeifahrenden Kutschen aus ihren Hütten traten und Freudenrufe zu Ehren der Zarin ausstießen. Wären die Gäste der Zarin etwas aufmerksamer gewesen, hätten sie bemerkt, dass die Hütten und auch die Gesichter der sie begrüßenden Dorfbewohner immer die gleichen waren und sich gemeinsam mit den Reisenden vorwärts bewegten. Die Dörfer sollten ein Beweis für den Erfolg der Kolonisierungsaktion und den Wohlstand sein und zeigen, wie sehr die Bevölkerung hinter dem Zarentum stand.

Welt. 1820 traf Alexander Puschkin auf Taurida ein, und diese Reise hatte große Bedeutung für sein späteres Schaffen. Einen starken Eindruck hinterließ bei ihm der Tränenbrunnen, der fünf Jahre später auch Adam Mickiewicz inspirierte (Krimsonette).

### Krimkrieg

1853–56 tobte auf der Halbinsel der sogenannte Krimkrieg zwischen Russland und einer Koalition aus **England, Frankreich, der Türkei und Sardinien.** England und Frankreich unterstützten die Türkei (die die Krim und die Nordküste des Schwarzen Meeres zurückerobern wollte), weil sie eine übermäßige Erstarkung des Russischen Reiches fürchteten. Russland wiederum kämpfte gegen die Türkei um den **Zugang zum Mittelmeer.** 1854 setzte die Koalition Landungstrupps in der Gegend von Saky aus, und nach einer ein Jahr dauernden Belagerung eroberte sie **Sevastopol.** Zwei Jahre später unterzeichnete man einen Waffenstillstand (den Frieden von Paris), kraft dessen Russland seinen Kriegsstützpunkt in Sevastopol nicht wieder aufbauen durfte und auf die Unterhaltung einer Schwarzmeerflotte verzichten musste. Selbstverständlich waren diese Bestimmungen schon bald von allen wieder vergessen.

1905 brach – als Folge der revolutionären Ereignisse in ganz Russland – in Sevastopol der berühmte **Matrosenaufstand** auf dem **„Panzerkreuzer Potjomkin"** aus. Er wurde blutig niedergeschlagen.

## Die Krim im 20. Jahrhundert

### Revolution

Die Revolution von 1917 erschütterte ganz Russland. Die **Bolschewiken** brauchten mehrere Jahre für die Eroberung und Unterwerfung des Zarenreichs. Die Krim spielte in jener Zeit keine geringe Rolle. Hier hielten sich die antirevolutionären Kräfte am längsten. Auf der Krim kämpften Abteilungen der **Weißgardisten** unter General Denikin und später General Wrangel, der im Juni 1920 von hier aus eine erfolglose Offensive gegen das Kubangebiet und das Donetsk-Becken führte. Seine Armeen wurden von der neu entstandenen **Roten Armee** zerschlagen und die Krim Ende November 1920 besetzt. Ein Jahr später wurde die **Autonome Sowjetrepublik Krim** ausgerufen. Die Tataren stellten hier 1923 einen Bevölkerungsanteil von nicht ganz 25 %, der Bevölkerungsanteil der Russen hingegen betrug 49 %. Zahlreich waren **Juden und Deutsche,** und es gab auch einige Armenier und Bulgaren.

### Zweiter Weltkrieg

Im Laufe des Zweiten Weltkriegs wurde die Krim von der **deutschen Armee** erst 1942 besetzt, obwohl Perekop bereits im Herbst 1941 erstürmt worden war. Sevastopol konnte sich acht Monate lang verteidigte. Während der Zeit der Okkupation entschloss sich ein Teil der Tataren zur Zusammenarbeit mit den Deutschen. Stalin nutzte dies aus, als er nach der Vertreibung des Feindes im Mai 1944 die **tatarische Bevölkerung** innerhalb weniger Tage ins Innere der UdSSR umsiedelte. Die Autonome Sowjetrepublik Krim wurde damals in den **Oblast Krim** umgewandelt und dem **sowjetischen Staat** einverleibt.

Im Februar 1945 fand in Livadiya bei **Yalta** die Konferenz der drei alliierten Regierungschefs – der UdSSR, der USA und Großbritanniens – statt, die Europa nach dem Niedergang Nazi-Deutschlands neu aufteilten.

### Anschluss an die Ukraine

Neun Jahre später, im Jahr 1954, ging aus Anlass des 300. Jahrestages des ukrainisch-russischen Zusammenschlusses die Krim als autonomer Bezirk an die **Ukrainische Sozialistische Sowjetrepublik** über. Von da an bis 1991, als die Ukraine den Status einer **unabhängigen Republik** errang, spielte die Halbinsel die Rolle einer Kur- und Erholungsregion für die sowjetische Nomenklatura und die werktätige Bevölkerung aus Stadt und Land (nicht nur der UdSSR, sondern des ganzen kommunistischen Blocks).

061kr Foto: to

Der ehemalige sowjetische U-Boot-Stützpunkt in der Bucht von Balaklava – Blick auf einen Ausfahrttunnel

## Die Krim als Teil der Ukraine

Das Problem der modernen Krim als **autonome Region innerhalb der Ukraine** ist das Resultat aus einer bewegten Geschichte, der postsowjetischen Politik und dem nationalen Mythos der Krimtataren. Aufgrund seiner ethnischen und sozioökonomischen Struktur sowie der geopolitischen Lage im Dreieck Russland – Ukraine – Türkei bildet dieses Gebiet einen spezifischen Mikrokosmos. Gleichzeitig ist die Krim seit 1991 eins der wichtigsten Probleme der Ukraine im Rahmen des sogenannten *State and Nation Building*.

Die Übergabe der Halbinsel durch Chruschtschow im Jahre 1954 an die Ukrainische Sozialistische Sowjetrepublik hatte wenig praktische Bedeutung sowohl für die Krim als auch für die Ukraine selbst. Erst als die Ukraine die **Unabhängigkeit** wiedergewann, begannen sich die Komplikationen bemerkbar zu machen, die mit jenem Geschenk verbunden waren. Noch vor dem Zerfall der UdSSR nämlich war dort ein Referendum durchgeführt worden (notabene das erste Referendum zum territorialen Status einer Sowjetrepublik), das die Bildung einer Autonomen Republik Krim betraf. Die Beteiligung betrug 80 %, und davon sprachen sich 93 % der Abstimmenden für die Einsetzung der Autonomie aus.

Mit der Absicht, die **separatistischen Bestrebungen** der Krimbevölkerung zu stoppen, beschloss das ukrainische Parlament im April 1992 ein Gesetz, das der Halbinsel Krim die Autonomie zuerkannte sowie das Recht auf Selbstbestimmung im Bereich von Sozial- und Kulturpolitik, der Gewinnung natürlicher Rohstoffe und in Fragen der internationalen Wirtschaftsbeziehungen.

Infolge dieses Beschlusses annullierte der Oberste Rat Russlands im Mai 1992 die Entscheidung Nikita Chruschtschows aus dem Jahr 1954 über den Zuschlag der Krim zur Ukraine. Das rief Proteste auf Kiewer Seite hervor und verstärkte die ablehnende Haltung der ukrainischen Regierung gegenüber der Gemeinschaft Unabhängiger Staaten. Das Parlament der Krim wiederum definierte die Region in seinem Grundgesetz vom Mai 1992 als eigenständigen Staat *(Hosudarstvo),* jedoch unter dem Protektorat der Ukraine als Teil derselben (Art. IX). Nach mehrmonatigen politischen Auseinandersetzungen kam es zum Kompromiss: Die neue Konstitution der **Autonomen Republik Krim,** die im September 1992 angenommen wurde, enthielt die kontroverse Festlegung über den Staat Krim nicht mehr, und die Abhängigkeit von der Ukraine wurde bekräftigt.

Mitte Januar 1994 verschärfte sich die Lage nochmals infolge der auf der Krim durchgeführten Präsidentschaftswahlen. Der überwiegende Teil der russischen Bevölkerung hatte nämlich einen russischen Nationalisten zum Präsidenten gewählt – den Vorsitzenden der Republikanischen Partei, Jurij Meschkow, der in seinem Programm die Pläne zur Trennung der Krim von der Ukraine betonte. Er errang ca. 73 % der Stimmen, wohingegen für den zweiten Kandidaten, den Chef der kommunistischen Partei und bisherigen Parlamentsvorsitzenden Nikolai Bagrow, gerade einmal ca. 23 % der Wähler stimmten. Bagrow trat für den Verbleib der Krim in der Ukraine ein. Die Präsidentschaftswahlen selbst und umso mehr die Wahl Meschkows schwächten die Bindungen an den ukrainischen Staat und stärkten die ohnehin schon starke Autonomie der Krim. Da in der Konstitution der Krim kein Präsidentenamt vorgesehen war, stellten die Wahlen eine klare Rechtsumgehung dar (in Bezug auf das als Kompromiss angenommene Grundgesetz vom September 1992). Die Ukraine hatte die usurpierten Wahlen in der Überzeugung akzeptiert, dass Bagrow sie gewinnen und kraft seines neuen Amtes das bisherige Gleichgewicht zwischen Kiew und Simferopol aufrechterhalten würde.

Am 20. Mai 1994 setzte das Parlament der Krim die Konstitution der Republik vom Mai 1992 wieder ein, was zur Verschärfung der ohnehin schon angespannten Beziehungen mit Kiew führte, das die Unabhängigkeit der Krim nicht anerkannte. Moskau wiederum drohte der Ukraine mit Gewaltanwendung, falls diese versuchen sollte, auf anderem als diplomatischem Weg auf der Halbinsel zu intervenieren. Nach Meschkows Sieg befürchteten die Krimtataren (ca. 10 % der Bevölkerung der Halbinsel im Jahr 1993), diskriminiert zu werden, und lehnten einen Anschluss an Russland ab, indem sie zahlreiche Demonstrationen und Manifestationen organisierten. Die tatarischen Aktivisten waren auch gegen die wieder eingesetzte Konstitution gewesen, weil diese die Rechte der Minderheiten nicht befriedigend schützte.

Im Juli 1994 gewann **Leonid Kutschma,** der gegen den bisherigen Präsidenten Leonid Krawtschuk angetreten war, die Präsidentschaftswahlen in der Ukraine. Kutschma, der die russische Sprache spricht und aus der Ostukraine stammt, erhielt auf der Krim sogar 96 % der Stimmen. In seinem Programm sprach er unter anderem davon, dass die russische Sprache den Status einer Amtssprache erhalten und die Rolle der einzelnen Verwaltungsbezirke *(Oblasty)* gestärkt werden solle. Aus diesem Grund verband die Bevölkerung der Krim große Hoffnungen mit diesem Kandidaten.

Als Meschkow und das Parlament der Krim ein Referendum zur völligen Unabhängigkeit der Krim vorschlugen, hielt das die Ukraine für eine grobe Übertreibung und schaffte im März 1995 das Amt des Präsidenten der Krim ab. Damit holte sich Kiew die volle Kontrolle über die selbsternannten Machthaber der Krim zurück.

Bald darauf erlosch die Liebe der Einwohner der Krim, wie übrigens der ganzen übrigen Ukraine, zu Kutschma. Die am 17. März 1995 gegründete Autonome Republik Krim bemüht sich gegenwärtig auf dem Weg der Legislative, ihrer Konstitution gemäß eine größtmögliche Freiheit zu erringen. Gespielt wird um Geld – genauer ge-

062kr Foto: to



sagt, um den Haushalt der Krim. Die Steuern, die die Bewohner der Halbinsel an Kiew abführen und die hauptsächlich aus dem einträglichen Tourismus kommen, fließen nur in rudimentärer Form wieder als Zuwendungen zurück, daher sind neue Investitionen auf der Krim eine Seltenheit.

Andenken an sowjetische Zeiten

## Symbole der Krim

Die Autonome Republik Krim hat ihre **Hymne,** ihr **Wappen** und ihre **Flagge.** Das Emblem der Krim ist der Greif – ein Wappentier, das in der Antike Schutzfunktionen innehatte. Dieses Symbol wurde bereits im 4. Jh. v.u.Z. verwendet. Die Flaggenfarben der Krim, die sonderbar an die russischen erinnern, symbolisieren: blau – die Zukunft, weiß (breiter Streifen) – die Gegenwart und rot – die heldenhafte Vergangenheit.

## Politik und Verwaltung

An der Spitze der Republik steht der **Oberste Rat** (ukr. *Verhovna Rada*), dessen Vorsitzender die Funktionen des ehemaligen Präsidenten ausübt und über die Autonomie wacht. Dank einer starken Lobby in Kiew wurde die Autonomie der Krim in der ukrainischen Konstitution festgeschrieben, gleich neben dem Artikel, der besagt, dass der homogene Staat der Ukraine eine Republik ist. Auch der besondere **Schutz der russischen Sprache** wurde in der Konstitution der Ukraine festgeschrieben, und auf der Krim hat die russische Sprache den Status einer zweiten Amtssprache.

**Kommunistische Gruppierungen** haben auf der Krim nach wie vor eine starke Position. Rote Fahnen tauchen häufig vor den beiden Lenindenkmälern auf, die immer noch im Zentrum von Simferopol stehen. Kommunistisch orientierte Zeitungen sind weiterhin die bestverkauften Blätter. Der oben erwähnte Nikolai Bagrow wurde zum Rektor der Taurischen Nationaluniversität in Simferopol ernannt.

## Orangene Revolution

Während der sogenannten „Orangen Revolution" im Jahr 2004 übten sich die Machthaber auf der Krim weitgehend in Zurückhaltung, die Einwohner der Krim wiederum stimmten in überwiegender Mehrheit für den damaligen Premier **Wiktor Janukowitsch,** der in seiner Wahlkampagne die Verbindungen mit Russland betonte, der russischen Sprache den Status einer zweiten Amtssprache auf dem Gebiet der gesamten Ukraine zu geben versprach und sich für die Legalisierung der doppelten Staatsbürgerschaft aussprach. Besonders das letzt-

111kr Foto: pk

genannte Argument war geeignet, die Fantasie der Einwohner der Krim anzuregen – viele von ihnen, vor allem in Sevastopol, besitzen bereits zwei Pässe, einen ukrainischen und einen russischen, obgleich das illegal ist, ja einige verwenden sogar immer noch ihren Personalausweis mit Hammer und Sichel auf dem Einband.

Zusätzlich kompliziert wurde das Ganze durch die offene Unterstützung für **Wiktor Juschtschenko** durch die tatarische Bevölkerung, die aus der Verbannung in die Häuser ihrer Vorfahren zurückkehrt. Juschtschenko hatte während seiner Kampagne mehrmals erklärt, er sei gegen jegliche Autonomien auf dem Gebiet der Ukraine, aber auch, dass „niemand auch nur eine russische Schule schließen" werde. Trotz vieler versöhnlicher Gesten wird er auf der Krim nach wie vor für einen Faschisten und ukrainischen Nationalisten gehalten, der „die Krim den Tataren" geben wolle und die „vollständige Ukrainisierung" der Halbinsel anstrebe. In Sevastopol wurden während der Wahlen und danach fast täglich Proteste gegen „die orange Pest, die das Land überschwemmt" abgehalten.

Diese Stimmungen brauchen jedoch niemanden von einem Besuch der Halbinsel abzuhalten. Die Einwohner der Krim sind nette und gastfreundliche Menschen, die nur ihre Rechte zu verteidigen versuchen, indem sie die Machthaber in Kiew daran erinnern, dass sie mit der Krim rechnen müssen.

Ein gewisser Unsicherheitsfaktor bleibt die Außenpolitik Russlands, das – zu neuem Selbstbewusstsein erwacht – sich nicht wirklich mit dem Westkurs der derzeitigen ukrainischen Regierung anfreunden kann und deren Destabilisierungspolitik und offene Unterstützung separatistischer Bewegungen auch anderen ehemaligen Sowjetrepubliken zu schaffen machen.

## Wirtschaft

In kommunistischen Zeiten war die Wirtschaft sowohl auf der Krim als auch in der gesamten UdSSR streng den Entscheidungen aus Moskau untergeordnet. Vor der Oktoberrevolution hatte es auf der Halbinsel keinerlei Fabriken gegeben, nur vereinzelte kleine Unternehmen, die sich hauptsächlich mit der Herstellung von Gütern des täglichen Bedarfs beschäftigten. Die ersten Fabriken entstanden schon in den 20er Jahren des 20. Jh., und gegen Ende dieses wie auch im darauf folgenden Jahrzehnt führte man erfolgreich die in der ganzen Sowjetunion eingeführten **Fünfjahrespläne** durch – Pläne zur wirtschaft-

## Die weltweite Finanz- und Wirtschaftskrise und ihre Auswirkungen auf die Ukraine

(von Peter Koller)

Nachdem sich die ukrainische Wirtschaft in den letzten Jahren bei Wachstrumsraten von ca. 6 % jährlich recht dynamisch entwickelt hatte, zogen ab dem Frühjahr 2008 die ersten bedrohlichen Wolken auf. Der Anteil der ausländischen Direktinvestitionen war hoch und somit auch die Abhängigkeit vom internationalen Kapitalmarkt. Durch die recht massive Erhöhung von Sozialausgaben und Gehältern im Frühjahr 2008 erhöhte sich zugleich die Kaufkraft der Bevölkerung, weshalb es zu einer steigenden Nachfrage nach Importartikeln kam. Dadurch verstärkte sich die ohnehin schon negative Handelsbilanz (Import größer als Export) der Ukraine. Zeitgleich, etwa ab Herbst 2008, wurden Investitionen in der Ukraine durch internationale Ratingagenturen zunehmend als risikoreich bewertet, was zu einer Erhöhung der Kreditzinsen führte. Somit waren Kredite ab dieser Zeit schlichtweg nicht mehr finanzierbar. Dies wirkte sich auf nahezu alle Bereiche der Wirtschaft, also von der Produktion über die Landwirtschaft bis hin zum Pressewesen aus.

Erschwerend hinzu kam der Verfall des Weltmarktpreises für Stahl, immerhin der größte Exportartikel der Ukraine. Diese Faktoren führten dazu, dass das Land im Herbst 2008 am **Rand des Staasbankrotts** stand. Dieser konnte nur durch einen Notkredit in Höhe von 16 Mrd. Dollar durch den IWF verhindert werden.

Aus Angst um ihre Ersparnisse tauschten in der Folge zahlreiche Bürger Ihre Vermögen von Hryvnia in Dollar oder Euro um, weshalb die **ukrainische Währung massiv an Wert verlor.** Wie dramatisch dieser Wertverlust ist, zeigt ein Vergleich der Wechselkurse vom Frühjahr 2008 (etwa 1:7) mit dem Kurs vom Januar 2009 (etwa 1:12), jeweils gegenüber dem Euro.

Die **russisch-ukrainische Gaskrise** vom Januar 2009, bei der Russland die Gasversorgung des Landes zeitweise völlig einstellte, zeigt einmal mehr die Abhängigkeit des Landes vom russischen Wohlwollen und offenbart die Machtlosigkeit der Ukraine gegenüber dem großen Bruder im Norden.

Noch ist die weitere Entwicklung nicht vorhersehbar, es deutet aber alles darauf hin, dass der Ukraine harte Zeiten bevorstehen.

lichen Entwicklung für die nächsten fünf Jahre.

Natürlich sorgte man sich in diesen Plänen am wenigsten um den Wohlstand der Bevölkerung. Es ging in erster Linie um die vollständige **Kollektivierung der Landwirtschaft,** um mit den so erwirtschafteten Mitteln Schwerindustriebetriebe zur Produktion von Waffen und Kriegsmaschinen bauen zu können. Die Propaganda bezeichnete die Fünfjahrespläne hochtönend als Pläne großer neuer Investitionen, die durch die gemeinsame Anstrengung aller Völker der UdSSR durchgeführt werden. Dabei verschwieg man geflissentlich, dass diese Anstrengung nicht freiwillig geleistet wurde – außer in den ersten Nachkriegsjahren, als „Väterchen" Stalin zum Wiederaufbau des Landes aufrief und die Leute diesem Aufruf massenhaft Folge leisteten, weil sie schließlich irgendwo wohnen mussten.

### Industrielle Entwicklung

Mit dem Anschluss der Krim an die Ukraine (1954) endete die Phase des Neuaufbaus in der Region, und man begann mit dem Bau einer Infrastruktur, die Städte und landwirtschaftliche Gebiete mit Strom versorgte und gleichzeitig die Entwicklung verschiedener Industriezweige ermöglichte. Dieser Bau wurde in den 1960er Jahren abgeschlossen.

Dank der vielfältigen mineralischen Bodenschätze entwickelten sich auf der Krim **die Schwer- und die Chemieindustrie.** Die Hütte in Kerch (die bis heute existiert) war der zweitgrößte Betrieb dieser Art in der Ukraine, und aus dem Sivash-Becken wurden und werden immer noch Magnesium-, Kalium- und Bromsalze gewonnen. Die Konzentration der Salzsole in den dortigen Ablagerungen beträgt 25 %.

Wenn man heute über die Halbinsel fährt, sieht man gelegentlich noch Steppen (besonders im Norden). Wer ihre einzigartige Schönheit bewundert, sollte allerdings nicht vergessen, dass es einst auf der Krim viel mehr davon gab. Die intensive Bodenbewirtschaftung in den 1960er und 1970er Jahren, die Bodenbewässerung (die eine Zunahme des Weinanbaus ermöglichte) sowie der Bau unzähliger Kolchosen und Sowchosen haben das ursprüngliche Aussehen der Krim leider verändert. Die Kommunisten wollten hier in den 1980ern sogar ein Atomkraftwerk bauen (siehe Reiseroute 7).

Das uralte Problem der Krim, der **Wassermangel,** wurde z.T. durch den Ende der 1970er Jahre abgeschlossenen Bau des **Nordkrimkanals** gelöst. Der von Perekop nach Kerch verlaufende Kanal bewässert über 600.000 ha Land mit Wasser aus dem Dnepr. Trotzdem ist bis heute die Wasserknappheit in den Städten der Krim ein ernstes Problem, und der Kanal selbst muss dringend überholt werden.

### Land- und Forstwirtschaft

In den südlichen Regionen der Krim ist der **Gartenbau** entwickelt; dort wird Wein angebaut, und es gibt Rosen-, Lavendel-, Salbei- und Tabakplantagen. Im nördlichen Teil hingegen, wo die Steppen überwiegen, gedeihen hauptsächlich Weizen, Lein und Sonnenblumen. Von den 2,6 Mio. ha Land auf der Krim werden 1,6 Mio. ha kultiviert. Die **Lebensmittelindustrie** macht die Hälfte des globalen Produktionswertes der Halbinsel aus.

Die **Krimweine** repräsentieren die Schönheit dieses Landes in überzeugender Weise. Besonders beliebt sind die Weine aus dem Sonnigen Tal (Soniachna Dolyna) nahe Sudak. Die Wein- produktion erobert sich einen immer größeren Markt im Ausland – Jahr für Jahr werden mehr Flaschen des vorzüglichen Tropfens exportiert (s. dazu auch Kapitel „Reisetipps A–Z: Essen und Trinken").

Im 19. Jh. nahm der **Wald** auf der Krim eine Fläche von 361.000 ha ein, gegenwärtig hat sich diese Zahl auf 290.000 ha verringert. Die Hauptursachen dafür sind der Waldraubbau sowie die **Waldbrände,** von denen jährlich bis zu 250 verzeichnet werden! Jedes Jahr werden ca. 300 ha Land aufgeforstet.

### Tourismus

Eine der Haupteinnahmequellen der Krim ist der Tourismus. Die Halbinsel am Schwarzen Meer war zu Zeiten der Sowjetunion ein beliebtes Ziel für Urlauber aus dem Sowjetreich und dessen Satellitenstaaten. **Über 600 Sanatorien, Pensionen und Kinderferienlager** (z.B. das berühmte „Artek“, siehe Reiseroute 5) zogen Jahr für Jahr noch bis Anfang der 1990er 6–8 Mio. Touristen auf die Krim (1929 besuchten die Krim 100.000 Urlauber, in den 1970er Jahren 14 Mio.). Etwa ein Viertel davon waren Urlauber, deren Erholungsreisen von Betrieben organisiert wurden. Mit dem Untergang der Sowjetunion sanken die Touristenzahlen drastisch.

Heute werden die Erholungsobjekte immer intensiver genutzt, und die große Nachfrage nach touristischen Dienstleistungen lässt die Preise jedes Jahr um etwa 30 % nach oben schnellen. Leider hinken der Standard der Leistungen und die Bedingungen in den Touristenzentren dieser Inflation oft hinterher.

Erst in den letzten Jahren ist eine **Verbesserung der Qualität** durch neu errichtete Hotels und ein sich verbesserndes touristisches Angebot sowie ein **Anwachsen touristischer Infrastruktur** zu beobachten.

Dennoch muss kritisch angemerkt werden, dass vielerorts der Gast mit einer Melkkuh verwechselt wird, die

063kr Foto: to

064kr Foto: dz

man schamlos abkassieren darf – um so mehr bei fehlenden Sprachkenntnissen. Da es nicht wenigen Menschen in der Ukraine bis heute an nachhaltig-strategischem Denken fehlt und daher oftmals Ziele wie eine langfristige Kundenbindung vernachlässigt werden, ist dieses Phänomen bisher – ohne generell über einen Kamm zu scheren – viel zu häufig an der Tagesordnung. Eine mögliche Erklärung könnte die Tatsache sein, dass der Sowjetmensch über Jahre hinweg eine goldene Zukunft vorgegaukelt bekam, von der jeder wusste, dass diese nie kommen wird. Schon damals ging der Glauben an die Zukunft bei vielen Menschen gegen Null. Als dann infolge der Wirtschaftskrise der 1990er Jahre die Mehrzahl der Menschen ihre gesamten Ersparnisse verlor, schwand jede nachhaltige, planbare Zukunftsperspektive. Daher wird versucht, wo Geld zu bekommen ist, dieses auch tatsächlich zu holen. Und dies so schnell wie möglich und immer im Bewusstsein: Morgen kann alles wieder weg sein. Im Übrigen ist dies ein Phänomen, das auch in vielen anderen instabilen Volkswirtschaften und Umbruchstaaten ähnlich zu beobachten ist.

In der Sommersaison hat Yevpatoriya über 90.000 Besucher

Krimwein ist ein wichtiges Exportgut

065kr Foto: pk

## Gas und Öl

Die wirtschaftliche Abhängigkeit der Krim von den ukrainischen Gas- und Erdöllieferungen hat auch politische Folgen. Kiew setzte gegen die Krim dieselbe Waffe ein, die Moskau gegen die Ukraine verwendet hatte. Unterbrochene Energielieferungen zwingen die Region zur Kooperation. Allein kann die Krim nur 40 % ihres Gasbedarfs decken. Die Lage ist also äußerst kompliziert, und niemand weiß, ob die neu erschlossenen Erdöl- und Gasvorkommen im Schwarzen Meer die Verringerung der wirtschaftlichen und damit auch **politischen Abhängigkeit** der Halbinsel von Kiew erlauben.

# Bevölkerung

2001 wurde in der Ukraine eine Volkszählung durchgeführt (www.ukrcen sus.gov.ua). Danach wird die Halbinsel Krim von **2 Mio. Menschen** bewohnt, was etwas über 4 % aller Einwohner der Ukraine ausmacht. Die durchschnittliche Lebensdauer beträgt bei Frauen 73 Jahre und bei Männern 62 Jahre. Das natürliche Bevölkerungswachstum ist negativ.

Die durchschnittliche Bevölkerungsdichte beträgt **94 Einwohner pro km$^2$.** Der größte Teil der Bevölkerung (63 %) lebt in den Städten. Am dichtesten bevölkert ist die Schwarzmeerküste von Sevastopol bis Feodosiya, relativ schwach besiedelt sind hingegen die Halbinsel Kerch und die Ebenen im mittleren Teil der Krim.

Im Laufe des letzten Jahrhunderts haben sich auf der Halbinsel drastische Änderungen in der Bevölkerungs- und Nationalitätenstruktur vollzogen. Grund dafür waren die oben beschriebenen politischen Ereignisse (s. „Politik"). Es fanden Massenemigrationen von Tataren (1930er Jahre) und eine Ausrottung der Juden und Roma (während des 2. Weltkriegs) statt sowie eine Aussiedlung der nichtslawischen Minderheiten in den Nachkriegsjahren. Die massenhafte **Rückkehr der Tataren** aus Sibirien und Zentralasien in den letzten Jahren hatte ebenfalls Einfluss auf die Bevölkerungsstruktur der Krim.

Obwohl die Krim zur Ukraine gehört, sind der überwiegende Teil ihrer Einwohner **Russen** (mehr als 1,2 Mio., das sind ca. 59 %). Sie waren in dieser Region schon seit dem 10. Jh. anwesend, doch in größerer Zahl siedelten sie sich hier erst **seit Mitte des 18. Jh.** an. Seit dieser Zeit dominieren die Russen im politischen, wirtschaftlichen und kulturellen Leben der Halbinsel. Von Zeit zu Zeit tauchen Postulate für einen erneuten Anschluss der Krim an Russland auf.

Die **Ukrainer** bilden die zweitgrößte Nationalitätengruppe. Ihre Anzahl beträgt nicht ganz 500.000, was 25 % der Gesamtbevölkerung ausmacht. Obwohl Ukrainer in dieser Region schon sehr früh aufgetaucht waren (Kosakenfeldzüge im 17. Jh.), begannen sie sich jedoch wesentlich später auf der Krim anzusiedeln als die Russen. Die größte Einwanderungswelle kam hier nach dem 2. Weltkrieg an und nochmals nach dem Anschluss der Krim an die Ukrainische ASSR.

Die ersten Ukrainer auf der Krim, die **Kosaken,** waren eine Bevölkerungsgruppe, die die Ukraine und Südostrussland bewohnte. Sie bildete sich im 15. und 16. Jh. aus verschiedenen gesellschaftlichen Klassen, überwiegend aus **geflohenen Bauern.** Die Kosaken

### Der Name „Tataren"

Er stammt vom antiken *Tartarus* ab, das vom Christentum in der Bedeutung „Ende der Welt, Hölle" übernommen wurde. Im Mittelalter bezeichnete man als „Tartaren" die Heere Dschingis Khans, die den Menschen jener Zeit als Reiter aus der Hölle erschienen. Im 13. Jh. beschrieb Matthäus von Paris in seiner „Chronica maiora" „diese Tartaren, Abkömmlinge des Tartarus, welche das Leben nicht achten", wie folgt:

„Es ist nämlich schon vor langer Zeit von den entlegensten südöstlichen Ländern der Erde ein Volk barbarischer Abkunft und Lebensweise, dessen Ursprung und erste Wohnsitze wir nicht kennen und das man Tartaren nennt, ausgezogen, nachdem es lange unter einer brennenden Sonne verborgen gelebt und sich dann gegen Norden gewendet hat, indem es das Land gewaltsam in Besitz nahm, wo es, lange verweilend, wie die Heuschrecken sich vermehrte und nicht ohne die gerechte Vorsehung Gottes, zur Strafe und Besserung seines Volkes bis in die neueste Zeit aufbehalten ist; möchte es doch nicht zum Untergange der ganzen Christenheit sein!"

Mit der Zeit wurden alle Turkvölker, die die Goldene Horde bildeten, von diesem Namen erfasst. Heute bezeichnet man damit mehrere miteinander verwandte Volksgruppen in Sibirien und auf der Krim und ihre in ganz Mittelosteuropa verstreuten Nachkommen.

waren in der Polnischen Republik und in Russland ein eigener **freier Kriegerstand,** der sich mit Viehzucht und Jagd beschäftigte. Sie schlossen sich zu bewaffneten Gruppen *(Watahen)* zusammen zur Verteidigung gegen die Tataren, aber auch für Überfälle und Beutezüge. Während eines Kriegszugs übte der Ataman die absolute Macht aus, in Friedenszeiten wurden seine Kompetenzen vom Schwarzen Rat (der Versammlung aller Kosaken) und dem Rat der Obersten eingeschränkt. Als Katharina II. 1775 das Saporoscher Kosakenland erorberte, flohen viele von ihnen, und einige gelangten auf die Krim.

Die nächstgrößte Gruppe sind die **Krimtataren** (243.000), gefolgt von den **Weißrussen** (29.000). Interessant ist, dass sich fast 3900 Einwohner der Krim für **Polen** halten, obwohl die ausgemachte Mehrheit von ihnen russischsprachig ist. Dieselbe Sprache spricht die Mehrheit der 2500 **Deutschen,** 2900 Koreaner und 3800 Moldawier – im Gegensatz zu den 3000 Usbeken, von denen die meisten Usbekisch für ihre Hauptsprache halten. Ähnlich denkt die Mehrheit der 3850 Aserbaidschaner. Laut Volkszählung wohnen auf der Krim auch 1900 Roma, 1870 Bulgaren und 900 Türken.

## Nationale und ethnische Minderheiten

Aufgrund ihrer überaus bewegten Geschichte bildet die Bevölkerung der Krim eine ganz eigene Mischung aus Nationalitäten, ethnischen Gruppen und Religionen. Davon zeugt bereits die Tatsache, dass in der Zeit zwischen den beiden Weltkriegen elf von den insgesamt 20 Bezirken, in die die Krim damals eingeteilt war, nationale Bezirke waren (sechs tatarische, zwei deutsche, zwei jüdische, ein ukrainischer).

### Krimtataren

Die zahlenmäßig größte Minderheit stellen die Krimtataren. Das aus **Mittelasien und Sibirien** stammende **Turkvolk** zog zu Zeiten Dschingis Khans nach Westen aus. Zu Anfang waren die Tataren eine Mischung aus verschiedenen Stämmen, zur einheitlichen Volksgruppe wurden sie erst um die Wende vom 13. zum 14. Jh. Auf der Krim ließen sie sich Ende des 13. Jh. nieder und herrschten hier bis zum 18. Jh. Sie hatten um das 12. Jh. herum den **sunnitischen Islam** angenommen. Nach dem Sturz des Krimkhanats wanderte ein Großteil von ihnen in die Türkei aus, wo sie im Laufe der Zeit vollständig assimiliert wurden.

Viele Tataren blieben jedoch auf der Krim. Bis zum Ausbruch des 2. Weltkriegs bildeten sie etwa 24 % der Gesamtbevölkerung. Zur großen Tragödie kam es nach dem Krieg, als Stalin alle nichtslawischen ethnischen Gruppen von der Krim **umsiedeln** ließ. Unter dem Vorwurf des Vaterlandsverrats wurden auch die Tataren ausgesiedelt, hauptsächlich in die Usbekische ASSR. Auf den Deportationen und unter den schweren Bedingungen in der Verbannung starben viele von ihnen. Obwohl 1967 der

Vorwurf des Vaterlandsverrats gegenüber den Tataren zurückgenommen wurde, durften sie erst 1989 auf die Krim zurückkehren.

Gegenwärtig leben auf der Halbinsel mehr als 243.000 Tataren, was etwa **13 % der Gesamtbevölkerung** ausmacht. In den Städten der Krim ist die tatarische Bevölkerung sehr ungleichmäßig verteilt und schwankt zwischen 0,6 % in Yalta und 29,4 % in Bilohirsk.

In jeder tatarischen Siedlung gibt es einen *Medzhlis* - eine **lokale Selbstverwaltung.** In Wahlen auf drei Ebenen werden die Mitglieder der Nationalen Volksversammlung *(Kurultai)* gewählt. Ihre Exekutive ist der *Milli Medzhlis* - das höchste Machtorgan der Tataren. Diese Struktur wird trotz der ausbleibenden Anerkennung durch den ukrainischen Staat aufrechterhalten. In der Praxis konsultieren die lokalen Behörden den Medzhlis nämlich durchaus. 1991 versammelte sich der Kurultai zum ersten Mal seit 1917. Er nahm eine tatarische Flagge und ein tatarisches Wappen an. Vier Jahre später zogen die tatarischen Kandidaten ins Parlament der Krim ein.

Die Tataren bemühen sich, ihre **Kultur** auf der Krim zu erneuern; sie wollen auch am sozialen und politischen Leben der Region teilhaben. Es entstehen zahlreiche **Stiftungen und Organisationen,** die den auf die Halbinsel zurückkehrenden Tataren helfen und die Einhaltung der Minderheitenrechte überwachen, aber auch Kultur- und Bildungsvereine. Es werden **Schulen** geschaffen, in denen Tatarisch Unterrichtssprache ist, dazu tatarische Kindergärten und Kinderhorte. Der Islam erlebt eine Wiedergeburt. Vielfältige Aktivitäten sollen der örtlichen Bevölkerung die Kultur der Tataren nahe bringen, um Missverständnissen mit ethnischen Hintergründen, die aus Vorurteilen und Ignoranz entstehen, entgegenzuwirken.

Die **tatarische Sprache** hat ihre Wurzeln in der Kypchak-Gruppe innerhalb der **Turksprachen.** Auf der Krim entstand eine eigenständige krimtatarische Sprache mit Elementen des Kypchak-Oghusischen. Sie zerfiel in drei Dialekte: Kypchak-Nogaisch in den nördlichen Steppengebieten, Kypchak-Tatarisch im Zentrum der Krim und Krim-Osmanisch im Süden. Der nördliche Dialekt beinhaltet viele Elemente des Nogaischen, der südliche ist von der türkischen Sprache geprägt.

Die Schriftsprache stützte sich auf den Kazaner Dialekt und verwendete das arabische Alphabet. 1929 wurde das arabische Alphabet durch das lateinische ersetzt und die Sprache der Tataren, neben Russisch, zur Amtssprache auf der Krim erhoben. Ein weiterer Wechsel des Alphabets, dieses Mal zur *Grashdanka* (einer modernen Version des kyrillischen), fand 1938 statt. Damals wurde auch eine „neue" Grammatik des Krimtatarischen erarbeitet, in der viele türkische, arabische oder persische Begriffe durch russische ersetzt wurden. Angemerkt sei noch, dass tatarische Begriffe auch in andere europäische Sprachen eingingen; das Wort *Basar* z.B. ist tatarischer Herkunft.

# Verbannung und Rückkehr der Krimtataren

Die Repressionen gegen die Tataren auf der Krim begannen schon in den 1930er Jahren. Tatarischsprachige Presseerzeugnisse und Schulen wurden abgeschafft, die Religionsfreiheit wurde eingeschränkt. Kurz vor dem Kriegsausbruch ließ Stalin viele Intellektuelle umbringen, kein Wunder also, dass die hitlerdeutsche Okkupation von den Tataren mit Erleichterung aufgenommen wurde. Die Deutschen verboten ihnen wenigstens nicht ihre Muttersprache und ihre Gebete. Die tatarische Bevölkerung befand sich auf beiden Seiten der Barrikade. Einige akzeptierten die deutsche Besatzung, aber es gab auch andere, die ihr Schicksal in die Rote Armee führte.

Nach dem Krieg begann Stalin mit der Aussiedlung der nichtslawischen Minderheiten der Krim. Dieser Beschluss hatte strategische Gründe. Die betroffenen Volksgruppen wurden unter dem Vorwurf der Kollaboration mit den Besatzungsmächten ausgesiedelt. Die Tataren wurden des Vaterlandsverrats, massenhafter Desertionen aus der Roten Armee und Eintritte in die deutsche Armee angeklagt, aber auch der Bildung freiwilliger Kampfgruppen gegen die Armee der Befreier und des Handelns zum Schaden des sowjetischen Volks. Diese Anklagepunkte waren überwiegend haltlos und die Strafe ungerecht, denn die Tataren, die tatsächlich mit den Besatzungsmächten kollaboriert hatten, hatten sich zusammen mit den Deutschen zurückgezogen. Auf der Krim blieben hauptsächlich Frauen und Kinder sowie Soldaten der Befreiungsarmee zurück. Ironischerweise kämpften viele tatarische Männer immer noch in der Roten Armee, als ihre Familien in Viehwaggons nach Sibirien fuhren.

Am 2. Mai 1944 erschien dieser Beschluss Stalins: „Alle Tataren sind vom Territorium der Krim auszuweisen und dauerhaft als Sondersiedler in der Usbekischen SSR anzusiedeln. Die Ausweisung übernimmt das NKWD der USSR. Der Volkskommissar für innere Angelegenheiten der USSR (Genosse Beria) hat die Umsiedlung bis zum 1. Juni 1944 abzuschließen."

Die Aktion dauerte drei Tage. Zwischen dem 18. und dem 21. Mai wurden über 180.000 Krimtataren in Viehwaggons nach Osten transportiert. Es waren in der Mehrzahl (über 80%) Frauen und Kinder. Der größte Teil gelangte nach Usbekistan und in andere östliche Republiken. Viele Männer landeten als Zwangsarbeiter in Bergwerken und Arbeitslagern. Man schätzt, dass infolge der Strapazen auf dem Transport sowie durch Hunger, Krankheiten und die schweren Bedingungen an den neuen Orten innerhalb der ersten Jahre 20–46% der Tataren ums Leben kamen. Jedes Jahr am 18. Mai begehen die Tataren den Jahrestag dieser Ereignisse.

Viele Jahre mussten vergehen, bevor die sowjetischen Machthaber dies als Fehler eingestanden. 1954 entband die Regierung alle Kinder unter 16 Jahren vom Status der Sondersiedler und zwei Jahre später alle Tataren. Dieser Status hatte freie Reisen und freie Arbeitswahl praktisch unmöglich gemacht, den Zugang zur Bildung beschränkt und auf verschiedene andere Arten ein normales Leben erschwert. Dasselbe Gesetz verbot den Tataren jedoch, auf die Krim zurückzukehren, und verweigerte ihnen jegliche Entschädigungen für die erlittenen Verluste. 1967 wurden die Tataren vom Vorwurf des Vaterlandsverrats rehabilitiert, durften aber immer noch nicht zurückkehren. Dennoch begannen ab diesem Zeitpunkt immer mehr von ihnen, illegal auf die Krim zurückzukehren, es häuften sich Petitionen an die Regierung und Demonstrationen. 1987 fand auf dem Roten Platz eine Massendemonstration statt, doch erst zwei Jahre später durften die Tataren legal in ihre Heimat zurückkehren.

Dort erwarteten sie neue Probleme. Die ukrainischen Behörden waren auf den Zustrom von 270.000 Menschen nicht vorbereitet und empfingen sie eher unwillig. Die Rückkehrer hatten keine Mittel zum Leben. Es entstanden Probleme mit der Staatsbürgerschaft, denn die Ukraine erkennt keine doppelte Staatsbürgerschaft an. Fast die Hälfte der Neuankömmlinge hielt sich auf der Krim de facto illegal auf. Dazu kamen noch Streitigkeiten über die Entfaltungsmöglichkeiten der tatarischen Kultur und die Religionsfreiheit. Mit friedlichen Demonstrationen versuchten die Tataren, das Entgegenkommen der Behörden zu erzwingen.

Erst seit einigen Jahren bemüht sich die Regierung der Ukraine, dieser nationalen Minderheit behilflich zu sein. Sie führte gewisse Erleichterungen bei der Erlangung der Staatsbürgerschaft ein, es gibt tatarische Schulen und Kulturzentren, und den Heimkehrern werden Grundstücke zugeteilt. Es gibt wieder Hoffnung, dass sich die Lage der Krimtataren verbessert, umso mehr, als sie eine gut organisierte und konfliktarme Gemeinschaft bilden.

Zur Wende von den 1980er zu den 1990er Jahren erwogen die Turkvölker der ehemaligen Sowjetunion, das kyrillische durch das lateinische Alphabet zu ersetzen. Darüber dachten auch die Krimtataren nach, für die das eine Rückkehr zum Stand der 1930er Jahre gewesen wäre, und 1993 wurde solch ein Beschluss gefasst. Bislang sind die Ergebnisse eher symbolischer Art. Die lateinischen Buchstaben erscheinen einzig in Überschriften, im allgemeinen Gebrauch ist aber nach wie vor die **kyrillische Schrift.** Man darf allerdings nicht übersehen, dass solch eine Reform nicht leicht durchzuführen ist. Sie erfordert eine Menge innerer Veränderungen, die Umstellung des Bildungssystems und einen großen finanziellen Aufwand. Die Entscheidung über den Wechsel des Alphabets hat viele Gegner. Es gibt auch solche, die die arabische Schrift zurückhaben wollen. Das erste literarische Buch, das in krimtatarischer Sprache in lateinischer Schrift herausgegeben wurde, waren die „Krimsonette" des polnischen Nationaldichters Adam Mickiewicz in einer Übersetzung von Shakir Salima.

### Karäer

Die Karäer (auch Karaim, Karaiten) sind eine sehr interessante **Religions- und Konfessionsgemeinschaft.** Ihr Name stammt vom hebräischen Wort *karai* – Bibellesen – ab. Das Karäertum entstand im 8. Jh., als sich **innerhalb des Judentums** Widerstand gegen die wachsende Bedeutung des Talmud auf Kosten der fünf Bücher Mose formierte.

Im Laufe der Zeit trennten sich beide Gruppen, und das Karäertum gewann Anhänger in Persien, den arabischen Staaten und im Khasarenstaat auf der Krim. Die Krimkaräer stammen also aus einer Vermischung von Khasaren mit der ursprünglichen Kypchak-Polowezer Bevölkerung. Im 14. Jh. wanderten mehrere Hundert karäischer Familien nach Trok aus, und sie sind die Ahnen der polnischen Karäer, die bis zum heutigen Tag die Erinnerungen an ihre Heimat auf der Krim bewahrt haben.

Kenesa im karäischen Viertel von Yevpatoriya

Das armenische Kloster Surb-Khach

Das Zentrum der Karäer befand sich in der **Felsenstadt Chufut-Kale** und später in **Yevpatoriya.** Sie betrieben hauptsächlich Landwirtschaft, bauten Tabak und Gurken an, waren Händler und Handwerker.

Diese Volksgruppe trug zur Entwicklung mehrerer Städte auf der Krim bei. Im 19. Jh. gab es auf der Krim mehr Karäer als irgendwo anders auf der Welt. Von den 30er Jahren des 20. Jh. an bis zum Sturz des Kommunismus wurden die Karäer als Religionsgemeinschaft mit Schikanen und Verfolgungen gequält. Eine gewisse Erleichterung verspürten sie in den Jahren der deutschen Besatzung, als niemand ihre Konfessionsfreiheit störte. Ihre religiös durchtränkte Kultur hat unter der Herrschaft atheistischer Machthaber sehr gelitten. Viele Bräuche und Traditionen sind verloren gegangen.

Seit vielen Jahren ist ein allmähliches Verschwinden dieser Minderheit zu beobachten. 1979 gab es auf der Krim mehr als 1500 Karäer, heute sind es laut Volkszählung nur noch 671. Auf der ganzen Welt leben kaum noch 5000 von ihnen.

Die **karäische Sprache** gehört zur Kypchak-Gruppe innerhalb der **Turksprachen.** Als eine der ältesten Sprachen dieser Gruppe hat sie zahlreiche Archaismen bewahrt. Auf der Krim hat sich ein eigener Dialekt herausgebildet. Man bediente sich des hebräischen Alphabets, manchmal auch der tatarischen Sprache, die in hebräischer Schrift festgehalten wurde, oder des lateinischen Alphabets. Heute ist diese Sprache allmählich im Verschwinden begriffen, da im Alltagsleben Russisch gesprochen wird.

### Armenier

Gegenwärtig ist von den Armeniern auf der Krim nur noch eine kleine Gruppe übrig. Im Hinblick auf ihre frühere Bedeutung und ihren Beitrag zur Entwicklung der hiesigen Kunst und Kultur sollen sie jedoch nicht unerwähnt bleiben. Sie waren schon im 11. Jh. auf die Halbinsel gekommen, doch die größte Einwanderungswelle fand zwischen dem 12. und 13. Jh. statt. Die Glanzperiode der Armenier begann 100 Jahre später und dauerte mindestens zwei Jahrhunderte lang. Im 14. und 15. Jh. gab es hier so viele Armenier, dass die Krim immer häufi-



067kr Foto: to

109kr Foto: pk

Süßwarenverkäuferinnen
in Bakhchysarai

ger „See-Armenien“ *(Armenia Maritima)* genannt wurde. Sie bildeten zwei Drittel der Bevölkerung von Kaffa. Die in den größten Städten konzentrierten Armenier waren Händler und Handwerker. Es entstanden viele **orthodoxe Kirchen und Klöster.** Ein italienischer Dominikaner, der 1634 Kaffa besuchte, erwähnt, dass es dort 70 Moscheen, 28 armenisch-orthodoxe Kirchen, 15 griechisch-orthodoxe Kirchen und zwei Synagogen gab.

Im Laufe der Zeit verminderte sich die zahlenmäßige Stärke der Armenier auf der Krim, es sank auch ihr sozialer Status. In der Zwischenkriegszeit waren es noch 15.000, was ca. 3 % der Bevölkerung auf der Halbinsel ausmachte, nach dem Krieg hingegen nur noch 9000. 1944 wurden sie unter dem Vorwurf, die Besatzungsmacht unterstützt, antisowjetische Aktionen durchgeführt und die Idee eines unabhängigen Armeniens propagiert zu haben, deportiert und zwar vorwiegend in die Bezirke Sverdlovsk und Molotovsk. Seit den 1960er Jahren kehrten

3000 Armenier auf die Krim zurück. Heute gibt es hier fast 8800.

Die Armenier sind eine Minderheit, die eng mit ihrer Kultur verbunden ist. Fast zwei Drittel dieser Bevölkerungsgruppe benutzen im Alltag die **armenische Sprache.** Das betrifft insbesondere die Menschen aus der letzten Einwanderungswelle.

Obgleich diese Minderheit vor dem Hintergrund der Gesamtbevölkerung der Krim kaum noch wahrnehmbar ist, hat sie ihre Spuren in Gestalt herrlicher **architektonischer Denkmäler** (z.B. das Kloster Surb-Khach bei Staryi Krym, s. Reiseroute 4) und Ortsnamen (z.B. Armiansk, Krasnoarmiansk) hinterlassen.

### Deutsche

Gegen Ende des 18. Jh. wanderten sehr viele Deutsche nach **Russland** aus. Es waren hauptsächlich Protestanten (Lutheraner und Mennoniten), die vor religiösen Verfolgungen flohen. Auf der Krim tauchten sie etwas später auf, nämlich erst Mitte des 19. Jh. 1926 wurde hier allein die Zahl der **Mennoniten** auf 5000 geschätzt. Das ganze 19. Jh. über hielt gleichzeitig eine ständige Auswanderungstendenz von der Krim an, besonders unter dieser religiösen Splittergruppe. Die Mennoniten emigrierten nach Amerika, weil sie den Wehrdienst in der russischen Armee ablehnten (religiöser Pazifismus). Dennoch gab es 1939 fast 51.500 Deutsche auf der Krim. Nach dem Krieg traf die, die sich nicht mit den Nazis zurückgezogen hatten, das gleiche Schicksal wie die anderen nichtslawischen Minderheiten: Unter dem Vorwurf der Kollaboration mit den Besatzern wurden sie **nach Sibirien verbannt.** Ein Teil von ihnen kehrte nie zurück, sondern nutzte die Möglichkeit, nach Deutschland zu ziehen. An ihre einstige Anwesenheit erinnern Friedhöfe und **deutsch klingende Ortsnamen** (z.B. Annivka – Annenfeld).

### Juden

Juden bildeten auf der Krim eine nicht sehr zahlreiche, dafür umso einflussreichere Minderheit. Sie waren schon in hellenistischen Zeiten auf der Halbinsel aufgetaucht, und zu Zeiten des Khanats leisteten sie, ähnlich wie die Armenier, ihren Beitrag zur wirtschaftlichen und kulturellen Entwicklung des Staates. Es waren Sephardim und Aschkenasim, die vor der Unterdrückung in West- und Osteuropa flohen. 1939 betrug ihre Anzahl 64.500. Die meisten kamen während der deutschen Besatzung ums Leben. 1959 lebten nur noch 26.000 Juden auf der Krim, heute sind es etwas mehr als 4500.

### Krimtschaken

Einige **jüdische Gruppen** ließen sich so weit assimilieren, dass sie die tatarische Sprache annahmen. Sie werden Krimtschaken (oder Krimjuden) genannt. Die Krimtschaken lebten hauptsächlich in Bilohirsk und Simferopol und seit den 1930er Jahren auch in Kerch. Im 2. Weltkrieg rotteten die Deutschen ca. 70 % der 8000 Menschen zählenden Bevölkerungsgruppe aus. Nach dem Krieg kamen Krimtschaken aus anderen Teilen der Welt auf die Krim, sodass ihre Zahl in den 1950er Jahren schon 1500 betrug. Heute befinden sich die größten Zentren dieser Minderheit in Sevastopol, Kerch und Feodosiya.

Laut der letzten Volkszählung halten sich lediglich 204 Personen für Krimtschaken. Die Krimtschaken benutzten die tatarische Sprache mit wenigen Modifikationen, ihre liturgische Sprache hingegen war das Hebräische. Derzeit spricht die Mehrheit der Krimtschaken russisch – tatarisch sprechen nur noch die älteren Leute. Die Jugend verfügt nicht einmal mehr über eine passive Kenntnis der Sprache ihrer Vorfahren. Das Krimtschakische unterscheidet sich vom Tatarischen in der Schrift: Bis in die 1920er Jahre benutzten sie das hebräische Alphabet. Die Kultur der Krimtschaken ist eine eigentümliche Verbindung des Judentums mit der tatarischen Lebensweise.

### Andere Minderheiten

Die **Roma** erschufen auf der Krim einen eigenen Dialekt der Roma-Sprache *(Kirimitika)*. Die meisten von ihnen kamen während der deutschen Besatzung ums Leben.

Die **Griechen** hatten die Halbinsel schon in der Antike besiedelt. Sie schufen hier eine eigene Abwandlung der griechischen Sprache, *Rumeka* genannt. Sie wohnten hauptsächlich in den Küstenstädten, wo sie Handel, Handwerk und Kleinindustrie betrieben. Vor 1939 gab es auf der Krim mehr als 20.000 Griechen. Nach dem Krieg wurden alle wegen angeblicher Unterstützung der Besatzer nach Sibirien ausgesiedelt. In letzter Zeit steigt ihre Zahl wieder. Heute gibt es etwa 2800.

Die **Bulgaren** lebten in zehn Dörfern zwischen Simferopol und Feodosiya sowie in der Region Dzhankoi. Sie bildeten eine typisch bäuerliche Bevölkerung. Vor dem Krieg schätzte man ihre Zahl auf über 15.000. Nach dem Krieg traf die Bulgaren das gleiche Schicksal wie die Tataren oder Armenier. Unter dem Vorwuf der Kollaboration bei der Bildung von Polizieabteilungen im besetzten Gebiet und der Anwerbung von Arbeitern fürs Deutsche Reich wurden sie umgesiedelt.

Die **Mordwinen** (Mordva) sind ein finno-ugrisches Volk, das vor allem auf der Wolgaplatte und in der Oka-Don-Niederung lebt. Seit dem 13. Jh. gehörten ihre Gebiete zur Goldenen Horde. Damals wanderte ein kleiner Teil dieses Volkes auf die Halbinsel Krim aus. Zur Zeit gibt es 2200 Mordwinen.

Die **Tschechen** auf der Krim werden bereits in Quellen aus dem Jahr 1863 erwähnt. Damals waren es 615. Heute gehören ihnen ein paar Dörfer im Steppengebiet der Halbinsel.

# Religionen

## Orthodoxie

Der Legende nach brachte Apostel Andreas das Christentum auf die Krim. Von hier aus machte er sich nach Norden auf, um den Slawen die Frohe Botschaft zu verkünden. Die ersten Christen kamen unfreiwillig auf die Halbinsel Krim, denn hierher wurden die Feinde des Römischen Reiches verbannt. Auf eben diese Weise gelangten Clemens, der dritte Bischof von Rom, und viele andere Christen auf die Krim.

Nach Erscheinen des Mailänder Edikts (im Jahre 313) verbesserte sich das Leben der Christen auf der Krim deutlich. Auf dem Konzil von Nicäa (325) wurde die Errichtung eines Bistums in Khersonesos beschlossen.

Im 6. Jh. war die Mehrheit der multinationalen Bevölkerung der Halbinsel bereits christlich, weshalb in den Zeiten des Ikonoklasmus (d.h. des Bildersturms, einer Bewegung, die die Abschaffung des Ikonenkults forderte) hier eine **Zuflucht für die orthodoxen Bilderverehrer** entstand. Viele Mönche gelangten auf der Flucht vor Verfolgungen auf die Krim, was wesentlich zur Entwicklung des Monastizismus beitrug. Die von allen Seiten von Heiden umgebene Krim bemühte sich, den Glauben an Christus zu verbreiten, indem sie zahlreiche Missionsaktionen durchführte. Die Missionare wurden in Khersonesos ausgebildet. Von hier aus brachen **Kyrill und Method** zu ihrer Mission auf, hier nahm auch der Kiewer Fürst Wladimir die Taufe entgegen.

Ein Großteil der bodenständigen Bevölkerung der Krim hielt das ganze Mittelalter hindurch am orthodoxen Glauben fest, trotz der Invasionen türkischer Nomaden und katholischer Missionen. Bis zum Ende des 15. Jh. existierte im Norden sogar ein kleines orthodoxes Fürstentum, das enge Beziehungen zur Rus unterhielt. Selbst als die Muslime die ganze Halbinsel besetzten, blieb die orthodoxe Bevölkerung bei ihrem Glauben. Die Felsenklöster und einige Gotteshäuser blieben weiterhin tätig. Das Zentrum befand sich damals in Bakhchysarai.

Nach dem Anschluss der Halbinsel an Russland brach für die Orthodoxie eine Zeit der Erneuerung an. Sie war besonders mit der Person des Innocent verbunden, der eine gigantische Aktion zum Bau von orthodoxen **Klöstern und Kirchen** ins Leben rief. Diese Blütezeit endete mit dem Ausbruch der Oktoberrevolution. Wie in ganz Russland gewann die Religion auch auf der Krim viele Märtyrer. Viele Mönche und Geistliche verloren ihr Leben in den Gefängnissen und in Sibirien. Die Kirchen wurden zerstört oder in Lagerhäuser umfunktioniert. Trotz allem starb der Glaube auch damals nicht, was besonders solchen Menschen wie Erzbischof Lukas oder Pater Sergej zu verdanken ist.

Heute bemüht sich die orthodoxe Kirche, ihre Position auf der Krim zurückzuerorbern. Das ist jedoch kein leichtes Unterfangen: Die Gesellschaft auf der Krim ist weitgehend laizisiert,

## Autokephalie

Autokephalie bezeichnet die vollständige **organisatorische Unabhängigkeit** einer lokalen orthodoxen Kirche. Die neue Kirche muss von allen anderen orthodoxen Kirchen **anerkannt** sein, vor allem von der Mutterkirche und dem Patriarchen von Konstantinopel, sonst gilt sie als nichtkanonisch. Die Ernennung nationaler Autokephalien wird in der Orthodoxie überlicherweise als unbegründet erachtet. Autokephalien haben in der Regel staatlichen Charakter.

sie hat seit Langem ihre Verbindung mit der Kirche und der christlichen Tradition verloren. Wie alle Bewohner der ehemaligen UdSSR hat auch die Bevölkerung der Halbinsel während der jahrzehntelangen atheistischen Indoktrination große moralische Verluste erlitten. Alexander Solschenizyn schrieb in der „Komsomolskaya Pravda“: „... innerhalb eines dreiviertel Jahrhunderts hat man unsere Seelen in den Ruin geführt.“ Nach Meinung vieler Menschen passt die orthodoxe Religion nicht mehr in unsere Zeit. Doch es gibt auch solche, die den Glauben eben in der orthodoxen Kirche suchen. Von Jahr zu Jahr werden die Gläubigen mehr, wenngleich die Gotteshäuser, außer an wichtigeren Feiertagen, leer stehen.

Kompliziert wird die Situation durch die Uneinheitlichkeit der orthodoxen Kirche. Sie ist in zahlreiche **Abspaltungen und Strömungen** zersplittert, die nicht selten im Streit miteinander liegen. Die Zwistigkeiten hängen vor allem mit der Rechtsprechung und dem Grad der Abhängigkeit von Moskau zusammen. Alle orthodoxen Kirchen in der Ukraine sind außerdem stark politisiert, wovon allein die Tatsache zeugt, dass jede von ihnen bei den Parlamentswahlen 1994 ihren Kandidaten gestellt hat.

### Ukrainisch-Orthodoxe Kirche

Die Ukrainisch-Orthodoxe Kirche (УПЦ), die die Oberhoheit des Moskauer Patriarchats anerkennt, hat auf der Krim die zahlreichsten Anhänger, besonders unter der hier überwiegenden russischen Bevölkerung. Der **Bischofssitz** befindet sich in **Simferopol.** Diese Kirche hat sich 1990 abgesondert. Sie ist unabhängig und selbstverwaltet, ihr Oberhaupt wird von der Synode gewählt, und der Moskauer Partriarch gibt zu dieser Wahl nur seinen Segen. 1991 wandte sich die Synode an Moskau mit der Bitte um Zuerkennung der höchsten Autonomie (Autokephalie), der Moskauer Partriarch widersetzte sich jedoch diesem Begehren. Nicht alle Bischöfe waren mit seiner Entscheidung einverstanden, was im Ergebnis zur Absonderung der beiden nachfolgend beschriebenen Kirchen führte. Die Bischöfe und Priester, die diese Trennung unterstützten, wurden vom Moskauer Patriarchen exkommuniziert.

### Ukrainisch-Orthodoxe Kirche Kiewer Patriarchats

Die Ukrainisch-Orthodoxe Kirche Kiewer Patriarchats (УПЦКП) ist eine Kirche von nationalem Charakter, die

## Das Schisma

Die endgültige **Trennung** zwischen der **orthodoxen** und der **katholischen Kirche** erfolgte im Jahr 1054, als Papst Leo IX. den Patriarchen von Konstantinopel wegen dessen Ablehnung der von den Katholiken auf dem Konzil von Nicäa (787) angenommenen **Dogmen** ausschloss. Die doktrinalen Differenzen erwiesen sich als unüberwindlich. Sie betreffen folgende Fragen:

- das Hervorgehen des Hl. Geistes aus Vater und Sohn (Filioque);
- den Vorrang des Hl. Petrus vor den anderen Aposteln;
- das Primat des Papstes als Statthalter Christi auf Erden (später auch die Unfehlbarkeit des Papstes);
- das Fegefeuer;
- die unbefleckte Empfängnis der Hl. Jungfrau Maria;
- die Auferstehung der Hl. Jungfrau Maria (1950 verkündetes Dogma).

von der Regierung der Ukraine und nationalen Organisationen unterstützt wird. Es ist die zweitstärkste Konfession auf der Krim, der vorwiegend Ukrainer angehören. In Simferopol auf der Ul. Gogolya steht die ukrainisch-orthodoxe Drei-Bischöfe-Kirche.

### Ukrainische Autokephale Orthodoxe Kirche

Die Ukrainische Autokephale Orthodoxe Kirche (УПАЦ) ist hauptsächlich im Bezirk **Lemberg** aktiv (83 % der Gemeinde). Auf der Krim spielt sie nur eine marginale Rolle und ausschließlich unter der Bevölkerung ukrainischer Abstammung.

## Katholizismus

Obwohl der Katholizismus in der Ukraine die zweitstärkste Religion ist, gibt es auf der Krim nur wenige Katholiken. Das hängt mit der spezifischen Struktur der Gesellschaft zusammen, in der die Russen überwiegen. Mit Sicherheit hatte darauf auch die sehr starke **antikatholische Propaganda** in den Jahren des Kommunismus, die bis heute ihren Widerhall findet, einen großen Einfluss. Zudem darf nicht vergessen werden, dass die katholischen Kirchen im Osten erst registriert wurden, als das Gesetz über die Gewissens- und Glaubensfreiheit verabschiedet wurde, also am 1. Oktober 1990.

Die katholische Konfession wird auf der Krim von der Ukrainischen Griechisch-Katholischen Kirche und der Römisch-Katholischen Kirche vertreten.

### Ukrainische Griechisch-Katholische Kirche

Die Ukrainische Griechisch-Katholische (Unierte) Kirche entstand 1596 auf der Synode in Brest. Damals erkannte ein Teil der kirchlichen Würdenträger die **Oberhoheit des Papstes** an und trennte sich damit von der orthodoxen Mutterkirche. Neben der Oberhoheit des Papstes erkannten die Uniten auch das katholische Dogma an, doch sie behielten die orthodoxe Liturgie und einige Bräuche bei. Auch das priesterliche Zölibat lehnten sie ab. Diese Kirche hat also viel mit der orthodoxen gemeinsam. Die meisten Anhänger des griechischen Katholizismus leben im westlichen Teil der

Ukraine. Unierte Gemeinden gibt es auf der Krim nur wenige, und ihnen gehören Ukrainer an, die aus der Gegend von Lemberg oder Ivano-Frankivsk stammen.

### Römisch-Katholische Kirche

Die Römisch-Katholische Kirche hat auf der Krim eine lange Geschichte, die mit dem **Einfluss Genuas** verbunden ist. Damals (15. Jh.) bemühte man sich, die einheimische Bevölkerung, insbesondere die Griechen und Armenier, für die Kirche zu gewinnen. Es kam sogar zu einer kurzzeitigen katholisch-armenischen Union. Als die Einflüsse aus Genua immer schwächer wurden, verschwand der Katholizismus von der Krim – abgesehen von der Zeit der Kreuzzüge. In den letzten Jahren ist er auf der Halbinsel in Form missionarischer und karitativer Tätigkeit erneut aufgetaucht. Die meisten Priester kommen aus dem Ausland, oft aus Polen. Die Zahl der Gläubigen ist gering.

## Protestantismus

Protestantische Konfessionen erschienen auf der Krim im 19. Jh. zusammen mit den **preußischen Emigranten** – Lutheranern und Mennoniten. 1939 gab es mehr als 50.000 deutsche Protestanten, doch nach dem Krieg wurden alle Deutschen nach Sibirien verbannt. Im Laufe der Zeit gelangten neue protestantische Konfessionen auf die Krim, dieses Mal hauptsächlich Baptisten, Pfingstler und Adventisten. Protestantische Gemeinden gibt es fast in jeder großen Stadt und in vielen kleineren Orten. In ihrer Tätigkeit konzentrieren sie sich vor allem auf missionarische Tätigkeit und karitative Hilfe für die einheimische Bevölkerung. Wegen ihrer Vielfältigkeit und ihres Charakters gewinnen sie immer mehr Anhänger unter der Bevölkerung der Krim.

## Die Armenische Kirche

Die Nationale Armenische Kirche hat eine jahrhundertealte Tradition, die bis zu den **Anfängen des Christentums** zurückreicht. Gegründet wurde sie von Gregor dem Erleuchter. Armenien war das erste Land, das das Christentum als Staatsreligion annahm (303). Das Urchristentum kannte keine Teilungen. Die einzelnen Kirchen sonderten sich erst einige Jahrhunderte später ab. Die Armenische Kirche tat das im Jahr 451, weil sie die Beschlüsse des Konzils von Chalcedon nicht anerkannte. Der Streit betraf die Natur des Christus. Während sich der Großteil der Christen für die reale und geteilte Existenz der göttlichen und menschlichen Natur in Jesus aussprach, wählte die Armenische Kirche die Lehre von der göttlichen und menschlichen Natur, die untrennbar in der Person des Christus vereint sind, wobei die Göttlichkeit das menschliche Element im Erlöser vollständig absorbiert. Die abgespaltene Armenische Kirche erkannte auch die Beschlüsse späterer Konzile nicht an. An ihrer Spitze steht der Katolikos (Patriarch), der seinen Sitz in Echmiadzin hat.

> **Blutopfer**
>
> In der **Armenischen Kirche** hat sich bis heute der uralte Brauch der Blutopfer erhalten. Aus Anlass besonders wichtiger freudiger Ereignisse schafft man ein **Lamm** oder eine **Taube** zur Kirche, um sie als Dankopfer darzubringen. Das Tier wird auf dem Seitenaltar geschlachtet, und mit seinem Blut zeichnet man das **Kreuz auf die Stirnen der Anwesenden,** vor allem der Jüngsten, denn das soll Segen und Schutz sichern. Das Tier wird mit nach Hause genommen und beim Festmahl verzehrt. Man kann es auch in der Nähe der Kirche zubereiten, um die Speise mit allen Gläubigen zu teilen. Zur Zeit versuchen die Kirchenoberen, von den Blutopfern abzurücken, doch dieser Brauch ist nach wie vor populär, besonders in Armenien.

Über Jahrhunderte hinweg hat sich das Christentum in Armenien auf seine eigene Weise entwickelt. Die auswandernden Armenier nahmen ihre Kultur und Religion mit. Ähnlich wie in ihrer Heimat bedienten sie sich auch auf der Krim des Altarmenischen als liturgischer Sprache und bauten ihre Kirchen mit der charakteristischen strengen Innenausstattung. Einige dieser Kirchen sind bis heute erhalten geblieben.

## Islam

Zum Islam bekennen sich auf der Krim die **Tataren,** obgleich gewisse Ansätze dieser Religion hier bereits vor dem Eindringen der Nomaden vorhanden waren. Die mongolisch-tatarischen Eroberer erlagen nach und nach der höheren Kultur und nahmen den Glauben Mohammeds an. Ein großer Verkünder des Islam war Berke Khan, und obwohl seine beiden Nachfolger zum Schamanismus, der ursprünglichen Religion der Tataren, zurückkehrten, erwies sich der nach ihnen herrschende Usbek Khan von Neuem als eifriger Muslim, der den Islam nicht selten mit dem Schwert verbreitete. Zwar breitete sich die neue Religion sehr schnell aus, doch hatte der Schamanismus noch im 15. Jh. an den Grenzen der Krim seine Anhänger.

Die Entstehung des Islam reicht ins 7. Jh. zurück, als **Mohammed** eine Reihe von Offenbarungen hatte, die ihn die Grundfesten für eine neue Religion schaffen ließen. Das heilige Buch des

> **Die fünf Grundpfeiler des Islam**
>
> **Das Glaubensbekenntnis:** Es gibt keinen Gott außer Allah, und Mohammed ist sein Prophet *(la ilaha illa-l-Lah wa Muhammad rasulu-l-Lah)*. Diese Worte werden als erste einem Neugeborenen ins Ohr gesprochen und als letzte am Grab. Das überzeugte Aussprechen dieser Formel macht einen Menschen zum Muslim.
>
> **Das Gebet**, das fünfmal täglich gesprochen wird, am besten auf Arabisch. Während des Betens muss der Muslim rein sein (Hände, Gesicht und Füße gewaschen haben), auf einer reinen Stelle stehen (am besten auf einem Teppich) und sich nach Mekka wenden.
>
> **Almosen** als freiwillige Gabe oder als Zehnter (in den islamischen Staaten).
>
> **Fasten** im Monat *Ramadan*. Es dauert den ganzen Monat und beruht darauf, sich von der Morgen- bis zur Abenddämmerung aller Speisen zu enthalten.
>
> **Die Pilgerfahrt** nach Mekka, die mindestens einmal im Leben stattfinden soll.

069kr Foto: to

Islam ist der **Koran;** er enthält nicht nur Dogmen, sondern auch Verhaltensnormen, Gesetze und sogar Bräuche. Kurz gesagt ist er der Leitfaden für das tägliche Leben eines jeden Muslims. Die Religion Mohammeds stützt sich auf fünf Prinzipien, die **fünf Grundpfeiler** des Islam.

Die Tataren bekennen sich zum **sunnitischen Islam,** der die Hauptströmung dieser Religion bildet. Der sunnitische Islam unterscheidet sich vom schiitischen, der zweitwichtigsten Richtung in dieser Religion, vorrangig durch das Verhältnis zum Herrscher und dessen Kompetenzen im muslimischen Staat.

Viele Bräuche und Glaubenssätze sind unter dem Druck der die Tataren umgebenden slawischen Kultur verloren gegangen. Schon im 19. Jh. schrieb man, sie tränken keinen Wein, dafür tränken sie Wodka, da der Koran das Wodkatrinken nicht verbiete. Viele essen auch Schweinefleisch, obgleich die Schweinezucht als unwürdige Beschäftigung für Tataren gilt. Die meisten können sich eine Pilgerfahrt nach Mekka nicht leisten. Die Einhaltung der fünf Grundpfeiler des Glaubens erweist sich also oft als eine schwierige Aufgabe.

Die Usbek-Khan-Moschee in Staryi Krym

## Karäertum

Die Religion der Karäer, die sich selbst *B'ne Mikra* („Söhne der Heiligen Schrift") nennen, ist dem **Judentum** entsprungen. Sie entstand im 8. Jh. und ist mit der Person von Anan ben David aus Basra verbunden. In jener Zeit gewann im Judentum der Talmud an Bedeutung, eine Sammlung von Grundsätzen, Lehren, Traditionen und Kommentaren zur Bibel. Er wurde für die Juden zu einem wichtigeren Wegweiser als das Pentateuch selbst. Dieser Situation stellte sich Anan entgegen und verkündete, nichts außer den **fünf Büchern Mose** dürfe die Grundlage des Glaubens bilden. Zur Devise seiner Lehre wurde der berühmte Ausspruch: „Forschet tüchtig in der Thora und verlasst euch nicht auf meine Meinung". Fast noch bis in unsere Zeiten hinein galt das Sprichwort: „Glaube alles, aber Gottes Wort prüfe".

Im Laufe der Zeit trennten sich die Wege des Judentums und des Karäertums. Auf die Entwicklung des letzteren hatten die Essener, die Nestorianer und auch der Islam einen großen Einfluss. Es gewann Anhänger in anderen Völkern, u.a. unter den Khasaren auf der Krim. Die Grundsätze dieser Religion und des kanonischen Rechts wurden von Jacob al-Kirkisani im 11. Jh. gesammelt und niedergeschrieben.

Die karäische Religion hat zwei Grundlagen – den **Dekalog** und die **zehn Glaubensartikel.** Der Gläubige soll sich ausschließlich an die Bibel halten, nur wenn er dort keine direkte Antwort auf seine Frage findet, darf er

### Karäische Feiertage

Die karäischen Feiertage und Feste stimmen weitgehend mit den jüdischen überein:

- **Schabbat** – der wichtigste Feiertag, an dem keinerlei Arbeit verrichtet werden darf;
- **Ostern** – der Gedenktag an den Auszug aus Ägypten und die Befreiung aus der Knechtschaft. Das Fest beginnt beim ersten Vollmond nach der Frühlings-Tag-und-Nacht-Gleiche und dauert sieben Tage (März–April);
- **Wochenfest** – 50 Tage nach dem Ostersonntag, Gedenkfest an den Erhalt der zehn Gebote auf dem Berg Sinai;
- **Neujahrsfest** (auch „Fest des Hörnerblasens") – ein fröhliches Fest der Bauern als Vorbereitung auf das Große Fasten (September–Oktober);
- **Versöhnungstag** – ein Tag der Buße, der Kasteiung und der kollektiven Beichte (September–Oktober);
- **Laubhüttenfest** – ein Relikt des Erntedankfestes, das acht Tage lang gefeiert wird (September–Oktober);
- **Neumondtag** – der erste Tag jedes Mondmonats.

Die Karäer haben auch ihre eigenen Traditionen bei Geburten, Verlobungen, Hochzeiten und Beerdigungen.

### Der karäische Mondkalender

Die Karäer richten sich nach dem Mondkalender. Das Mondjahr besteht aus 354 Tagen, 8 Stunden und 48 Minuten, es ist also 10 Tage, 21 Stunden und 12 Minuten kürzer als das Sonnenjahr. Um diese Differenz auszugleichen, wird alle drei Jahre ein Monat hinzugefügt (Schaltjahr). Die Zeit wird somit in 19-Jahres-Zyklen eingeteilt, Mondzirkel genannt, die zwölf gewöhnliche und sieben Schaltjahre enthalten.

Der erste Tag des Monats folgt der Nacht, in der die schmale Mondsichel nach dem Neumond zum ersten Mal mit bloßem Auge zu sehen ist. Der Monat besteht aus 29 (hohler Monat) oder 30 Tagen (voller Monat).

### Karäische Sprichwörter

*Die Seele des Menschen ist in diesem Sündenpfuhl wie Holz im Feuer: Sie sieht ihren Untergang und kann doch nicht fliehen.*

*Von der Erde zum Himmel ist es nur einen Seufzer weit.*

*Ein Glaube ohne gute Taten ist wie eine Krone ohne Kopf.*

*Die Propheten haben sich die Füße wund gelaufen und doch dem Menschen nicht den Weg gebahnt.*

sich auf eine Analogie zum biblischen Text berufen oder, im äußersten Fall, auf die Tradition. Die Karäer glauben, ähnlich wie die Juden, an den Tag des Jüngsten Gerichts und an das Kommen des Messias. Christus sehen sie als Menschen, dem Gott erschienen ist.

Charakteristisch für diese Religion sind zahlreiche **heidnische Relikte.** Die Karäer glauben an Naturgeister, deren wichtigster Tengri ist – eine alte türkische Gottheit. Für eine Verkörperung der höchsten Macht werden auch Bäume gehalten. Mit besonderer Verehrung werden alten Eichen bedacht.

Das karäische Gotteshaus heißt **Kenesa** (russ. Кенаса, [*kenasa*]). Weil es sich eingebürgert hat, sich während des Gebets nach Süden zu wenden (in Richtung Jerusalem), befindet sich der Altar an der Südwand. Gebetet wird in **karäischer und hebräischer Sprache.** Die einzige noch genutzte Kenesa auf der Krim steht in Yevpatoriya. Dort gibt es auch das einzige Museum der Karäer auf der Halbinsel (siehe Reiseroute 1). Die größten karäischen Friedhöfe befinden sich in Yevpatoriya und Bakhchysarai.

## Judentum

Die Anhänger des Judentums waren seit Jahrhunderten ein untrennbarer Teil der Gesellschaft auf der Krim. Dieser Glaube ist sehr alt. Er hat seinen Ursprung im Volksglauben der hebräischen Stämme und wandelte sich im Laufe der Zeit zum Glauben an den Einen **Gott Jahwe.** In den Strudeln ihrer

*„Siehe, ich will über euch vom Hause Israel ein Volk von ferne her bringen, spricht der Herr, ein Volk von unerschöpflicher Kraft, ein uraltes Volk, ein Volk, dessen Sprache du nicht verstehst, und was sie reden, kannst du nicht vernehmen.*

*Seine Köcher sind wie offene Gräber; es sind lauter Helden.*

*Sie werden deine Ernte und dein Brot verzehren, sie werden deine Söhne und Töchter fressen, sie werden deine Schafe und Rinder verschlingen, sie werden deine Weinstöcke und Feigenbäume verzehren; deine festen Städte, auf die du dich verlässt, werden sie mit dem Schwert einnehmen.*

*Doch will ich, spricht der Herr, auch zu jener Zeit mit euch nicht ganz ein Ende machen.*

*Und wenn sie sagen: Warum tut uns der Herr, unser Gott, dies alles?, sollst du ihnen antworten: Wie ihr mich verlasst und fremden Göttern dient in eurem eigenen Lande, so sollt ihr auch Fremden dienen in einem Lande, das nicht euer ist."*

Jeremia 5, 15–19

bewegten Geschichte wurden die Juden zerstreut, doch vergaßen sie weder ihren Gott noch ihre Tradition. Interessanterweise ist diese Religion ausschließlich die Religion des jüdischen Volkes; Konversionen traten, ähnlich wie missionarische Tätigkeit, immer nur sporadisch auf. Die heiligen Bücher des Judentums sind die **fünf Bücher Mose** und der **Talmud;** sie bilden die Grundlage des Glaubens und sind gleichzeitig Leitfaden für das Leben der Gläubigen.

Die Juden haben sich ihre Traditionen und Bräuche bewahrt. Die jüdischen Feste sind den karäischen sehr ähnlich. Der Sitz der jüdischen Gemeinschaft befindet sich in Simferopol auf der Ul. Krasnoznamennaya 78.

## Neue religiöse Bewegungen

In den letzten Jahren sind auf der Krim neue religiöse Bewegungen entstanden. Darunter befinden sich Gruppen, die aus dem Christentum kommen (Zeugen Jehovas), aber auch aus anderen Religionen und Strömungen vom Typ „New Age". Sie beschäftigen sich mit Missionierung, Aufklärung und karitativer Tätigkeit.

# Kunst und Kultur

Man kann schwerlich von einer homogenen Kultur der Krim sprechen, besonders bei der Analyse eines größeren Zeitraums. Viele Kulturen und Völker sind über die Halbinsel gezogen, und jeder der Neuankömmlinge hat eine andere Architektur und Kunst hinterlassen. Die Kultur der Krim ist somit ein Flechtwerk verschiedener Elemente, ein ganz eigenes Mosaik, bei dem natürlich die „sowjetische Kultur" im Vordergrund steht.

## Vorgeschichte

Menschen haben die Krim seit langem bewohnt; die ältesten Spuren des Menschen auf diesem Territorium sind über 100.000 Jahre alt. Dies war bereits ein Mensch, der sich deutlich von der Tierwelt abhob und der sich um das Schicksal seiner Nächsten nach deren Tod sorgte. Wie schon früher erwähnt (s. „Die Geschichte der Krim"), wurde in der **Höhle Kiik-Koba** in der Nähe von Simferopol das bekannteste **prähistorische Grab** der Gegend entdeckt. In einer Höhle im Felsen war eine Frau mit einem Säugling bestattet worden. Man kann sich nur schwer vorstellen, welch ungeheure Arbeit die Menschen jener Zeit leisten mussten, um ausschließlich mit Hilfe steinerner und knöcherner Werkzeuge im Felsen ein Grab auszuhöhlen. Wollten sie ihren Nächsten auf diese Weise ein besseres Dasein im Reich der Toten sichern, oder glaubten sie an deren Auferstehung? Wir wissen es nicht, hingegen gibt es keinen Zweifel darüber, dass schon damals ein entwickeltes Glaubenssystem in Bezug auf das Weiterleben nach dem Tod des Menschen vorhanden war.

Während der Eiszeit lebten auf der Halbinsel große Säugetiere – Mammute, Fellnashörner, Hirsche und Pferde –, was für die Urmenschen ausgezeichnete Existenzbedingungen schuf. Als das Klima sich erwärmte, bedeckten die Krim Tundren und Savannen, und die Großsäuger starben aus. Es wurde immer schwieriger, an Nahrung zu gelangen. Die menschliche Population unterlag einer deutlichen Dezimierung, aber sie verschwand nicht. Aus dieser Zeit stammt das **älteste Kunstwerk,** das auf der Krim gefunden wurde – ein Hirschgeweih mit einem eingeschnitzten Ornament.

Im Paläolithikum erfand der Mensch **Pfeil und Bogen** und domestizierte die ersten Tiere – Hund und Schwein. Schon damals musste er sich gegen aggressive Übergriffe anderer Menschen verteidigen. Vor ungefähr 7–8 Tsd. Jahren begann der Mensch, sich in unglaublichem Tempo zu entwickeln. Aus dieser Zeit stammen bereits Spuren von **Ackerbau, Hirtenleben und Handwerk.** Bald darauf entwickelten sich auf der Krim zwei Kulturen: die Steppenkultur und die Bergkultur. Laut einiger Forscher gingen daraus die beiden späteren Völker – Taurer und Kimmerier – hervor. Auf der Krim gibt es derzeit mehr als 150 Orte, an denen sich Spuren unserer Vorfahren erhalten haben. Hier die **wichtigsten Standorte** des prähistorischen Menschen:

- **Unteres Paläolithikum** (ca. 4 Mio. – ca. 120 Tsd. Jahre v.u.Z.) – Shari, Bodrak (bei Bakhchysarai), Tsvitochne, Karakush (Bilohirsk);
- **Mittleres Paläolithikum** (vor ca. 120–35 Tsd. Jahren) Neandertaler – Siedlungsplätze in Kiik-Koba, Zaskalna, Ak-Kaya, Volchyi Grot, Chokurcha u.a. (alle im inneren Bergzug des Krimgebirges); Saisonsiedlungen in Karakyhary, Okip, Pervomaiske, Rodnykove, Adzhi-Koba (auf der Karabi-Yaila) u.a.; handwerkliche Erzeugnisse in Skelyste, Bodrak; heilige Plätze in Chokurcha, Kholodna Balka;
- **Oberes Paläolithikum** (ca. 40.000–8000 v.u.Z.) – Adzhi-Koba, Buran-Kaya, Zaskalne, Shaytan-Koba (Bilohirsk) u.a.;
- **Mesolithikum** (ca. 8000–6000 v.u.Z.) – 15 Siedlungsplätze in Höhlen und 10 unter freiem Himmel, vorwiegend im Gebiet des Bakhchysarai-Tals;
- **Kupferzeit** (auch Äneolithikum oder Chalkolithikum, ca. 3000 v.u.Z.) – viele Denkmäler in den Steppen, insbesondere Hügelgräber (Kurgane) – Kemi-Oba (Bilohirsk), Kurbam-Bairam (Krasnoperekopsk), Goldener Kurgan (Simferopol) u.a.;
- **Bronzezeit** (ca. 2000–1000 v.u.Z.) – Relikte aus vier antiken Kulturen im Gebiet des Hauptgebirgszugs und des inneren Gebirgszugs des Krimgebirges.

## Die Kultur der Taurer

In den Gebirgsregionen der Krim und auf der Halbinsel Kerch hat man zahlreiche Relikte der Taurer entdeckt – befestigte Siedlungen und große Begräbnisstätten. Die ältesten davon stammen aus der Zeit der Wende vom 2. zum 1. Jahrtausend v.u.Z. Gegenstände, die den Taurern gehört hatten, wurden teilweise in den unteren Schichten unter späteren griechischen

Städten gefunden (z.B. in Nimfaion, Kharaks).

Charakteristisch für diese Kultur sind Gräber, die **Steinkästen** genannt werden (antike Begräbnisstätten an den Kaps Ziuk und Kazantyp und an der Küste des Asowschen Meeres). Spezifisch sind gleichfalls **Kollektivgräber** (in der Gegend des Dorfs Partyzanske und des Skythischen Neapolis). Taurische Siedlungen befanden sich in Mramorne, Tash-Dzhargan u.a. Die Griechen beschrieben die Taurer als gefährliche Krieger und Piraten, die archäologischen Quellen hingegen verweisen eher auf eine schwach entwickelte Kultur von Hirten und Bauern. Wie sie wirklich waren, weiß man nicht.

Die Taurer verehrten viele Götter, zu denen auch die **Schlangengöttin Iphigenie** gehörte. Nach Herodot wurden ihr Menschenopfer dargebracht. In späteren Zeiten übernahm dieses Volk verschiedene Elemente der dominierenden skythischen Kultur, einige Gruppen aber wurden vollständig assimiliert.

## Die Kultur der Kimmerier

Dieses Nomadenvolk war das Nachbarvolk der Taurer, das die Steppen bewohnte. Den Namen Kimmerier gaben ihnen die Griechen, und er bedeutet „Volk im Norden". Bislang weiß man nichts über die Sprache, derer sie sich bedienten, auch ihre Herkunft ist ungewiss. Höchstwahrscheinlich waren sie mit den Skythen verwandt und möglicherweise auch mit den Taurern. Die Kimmerier waren Krieger und Hirten. Sie hinterließen Spuren (8.–4. Jh. v.u.Z.) in Form von **Hügelgräbern** – den Kurgan in Zolne (bei Simferopol), den Goldenen Kurgan (Kerch) u.a. Viele dieser Plätze wurden später von anderen Kulturen genutzt. Die Wohnorte der Kimmerier lagen in Simferopol, Kholodna Balka, Druzhne, Kyzyl-Koba, der Schlangenhöhle u.a.

## Die griechische Kultur

Im 7.–6. Jh. v.u.Z. begann die Besiedlung der Krim mit griechischen Kolonisten. Sie gründeten auf der Halbinsel viele Städte (u.a. Feodosiya, Balaklava und Chornomorske) und erschufen zwei große Staaten: das **Bosporanische Reich** mit der Hauptstadt in Pantikapaion (heute Kerch) und das **Taurische Khersonesos** (heute Sevastopol). Die Kolonien lebten hauptsächlich von Handel und Handwerk. Die griechischen Künstler und Handwerker arbeiteten für die Bedürfnisse der skythischen Elite und wirkten auf diese Weise auf die Kultur der Skythen und der anderen Nomaden der Krim ein. Es entstand sogar ein **Kercher Stil in der Ornamentik,** der hellenisierte lokale Legenden verwendete. Die Griechen bauten auf kleinen Parzellen auch Wein an. Die Struktur dieser Parzellen kann man bis heute auf Fotos aus der Vogelperspektive erkennen. In der 2. Hälfte des 1. Jh. v.u.Z. gerieten die griechischen Kolonien in römische Abhängigkeit.

Die wichtigsten Denkmäler der griechischen Kultur auf der Krim wurden in Kerch und Khersonesos gefunden. In **Kerch** befand sich die alte Stadt Pantikapaion, umgeben von kleineren griechischen Siedlungen: Mirmekia, Parphenia, Porfmyi, Ilurat, Tiritaki, Nymphea, Kimmerik u.a. Die meisten Exponate befinden sich im dortigen Museum für Geschichte und Kultur. Sehenswert ist eine originalgetreue Rekonstruktion des Demeter-Tempels (s. Reiseroute 7).

**Khersonesos** (Sevastopol) ist die zweitwichtigste griechische Stadt. Ausgegraben wurden hier der Umriss von Straßen und der städtischen Bebauung, Fragmente von Inschriften (darunter eine ungewöhnlich wertvolle Gedenktafel aus dem 3. Jh.) und Mosaikfragmente. Es wurden auch mehr oder weniger gut erhaltene Gebäude entdeckt: eine Münzanstalt, ein antikes Theater, Reste von Wehrmauern, Basteien und Toren (s. Reiseroute 2).

## Die römische Kultur

In der zweiten Hälfte des 1. Jh. v.u.Z., unter der Herrschaft von Octavius Augustus, wurde das Bosporanische Reich von Rom abhängig. Die Römer unterwarfen die wichtigen Städte Khersonesos, Feodosiya und Pantikapaion, es entstanden auch neue Lager für die stationierten Legionen. Die Hauptaufgaben des Heeres bestanden in der Abwehr von Nomaden und dem Schutz der Handelsschiffe, die Piratenangriffen von der See und vom Land ausgesetzt waren. Die Römer besetzten die **Südküste** und die **Halbinsel Kerch,** der mittlere Teil der Krim hingegen befand sich unter der Kontrolle der Nomaden.

Auf der Krim sind nicht viele Denkmäler der römischen Kultur übrig geblieben. Hier die wichtigsten:

Die Überreste der **römischen Festung Kharaks** (1. Jh. v.u.Z. - 3. Jh. u.Z.), angelegt unter Kaiser Vespasian an der Stelle einer ehemaligen taurischen Siedlung auf der Landzunge Ai-Todor (s. Reiseroute 5).

Der 1997 von Archäologen aus Warschau und Sevastopol entdeckte **Jupitertempel in Balaklava.** Er wurde zwischen dem 1. und 2. Jh. u.Z. errichtet. In diesem Tempel wurde Jupiter Dolichenus verehrt, was zu der Annahme verleitet, dass die hier stationierten Legionäre thrakischer Abstammung waren (s. Reiseroute 2).

## Die Kultur der Skythen

Mit Skythen bezeichnet man ganz allgemein **Stämme iranischer Abkunft,** die vom 7. Jh. v.u.Z. bis in die ersten Jahrhunderte unserer Zeit die Steppen am Schwarzen Meer bevölkerten. Sie bestanden aus vielen Gruppen, von denen jede einen anderen Namen trug und einen anderen Lebensstil pflegte. Das skythische Königreich auf der Krim (2. Jh. v.u.Z. - 3. Jh. u.Z.) mit der Hauptstadt im **Skythischen Neapolis** in der Nähe des heutigen Simferopol bildete den letzten Abschnitt ihrer glanzvollen Geschichte. Nach dem Untergang dieses Staates verloren die Skythen an Bedeutung und verschwanden von der Landkarte Europas, indem sie in anderen Völkern aufgingen.

Sie waren ein ausgesprochen kriegerisches Nomadenvolk. Aus Zentralasien eingewandert, hatten sie unterwegs siegreiche Gefechte mit anderen Völkern geführt, u.a. den Juden.

Auf der Krim dominierte der Stamm der königlichen Skythen, die ein Nomadenleben führten, auf fruchtbareren Böden aber auch Landwirtschaft betrieben. Die Skythen entwickelten hier ihre Kultur und Kunst, wobei sie – besonders in den Küstenregionen – gewisse Elemente der griechischen Kultur übernahmen.

Die Religion der Skythen ist nicht genau bekannt, sie soll jedoch wenigstens andeutungsweise dargestellt werden, da sie einen starken Einfluss auf die Kunst ausübte. Die Skythen besaßen ein ganzes **Pantheon an Göttern,** unter denen die Götter des Himmels und der Erde und der Kriegsgott im Vordergrund standen. Letzterem wurden Menschenopfer dargebracht, sein Symbol war das Schwert. Es gab auch einen **Ahnenkult.** Man glaubte, der Verstorbene nehme in jene Welt sowohl seine Waffen als auch Gegenstände des täglichen Bedarfs mit sowie Pferde und Menschen, die ihm dort wie zu Lebzeiten dienen werden. Damit erklären sich die reich ausgestatteten Begräbnisse, insbesondere von Würdenträgern und Herrschern. Nach einer Beschreibung nahm der Herrscher fünfzig seiner Soldaten mit, ebenso viele Pferde, Pferdegeschirre und Rüstungen, dazu zahlreiche Ehefrauen, Konkubinen und Reichtümer. Einen wichtigen Platz in der Religion nahm der Kult der göttlichen Ahnen der Herrscher ein, der von großer politischer Bedeutung war. Nach ihrem Mythos stammten die Skythen von Targitoas (einer Entsprechung des griechischen Herakles) ab und einem Wesen, das halb Frau, halb Schlange ist. Dieses Motiv tauchte in der Kunst häufig auf. Ebenso häufig findet man Darstellungen einer schlangenfüßigen Göttin.

Die Skythen erschufen eine reiche und vielfältige Kunst. Besonders interessant ist ihr Kunsthandwerk. Im Umfeld ihrer Wohnstätten fand man ungewöhnlich **kostbare Erzeugnisse** aus Bronze, Kupfer und Gold, herrlichen Schmuck, reich verzierte Rüstungen und Pferdegeschirre.

Die Kunst der Skythen zeichnet sich durch zwei parallel existierende Verzierungsstile aus: einen ornamentalen und einen realistischen, mit denen Szenen aus dem täglichen Leben und Tiere dargestellt wurden. Der **realistische Stil** zeigt Tiere in Bewegung, er betont ihre physischen Eigenschaften, ihre Kraft und das Spiel ihrer Muskeln. Dieser Realismus wurde mit dekorativen Elementen angereichert. Ein hervorragendes Beispiel für diese Richtung ist der berühmte Hirsch, der im Kurgan Kul-Oba ausgegraben wurde und sehr natürliche Formen hat, während sein Geweih Haarlocken ähnelt. Der Hirsch ist ein dominierendes Motiv unter den zoomorphen Darstellungen.

Die **plastische Kunst** hat im Laufe der Jahrhunderte eine enorme Entwicklung erlebt. Anfangs zeichnete sie sich durch starke Vereinfachung aus, doch später, höchstwahrscheinlich unter dem Einfluss der antiken Kultur, begann man, immer mehr auf das **Detail** zu achten. Die Skythen errichteten sehr viele **Kurgane** - von den bereits freigelegten sind die wichtigsten u.a.: Temir-Ora, Kul-Oba, Tri Bratya - alle auf der Halbinsel Kerch - sowie der Goldene Kurgan und der Talayevski Kurgan in der Nähe von Simferopol. Wohnstätten der Skythen wurden in Marfivka, Zolote, Sliusarevo, Sokolyne, Mysove u.v.a. gefunden. Die meisten von ihnen liegen auf der Halbinsel Kerch. Denkmäler des spätskythischen Kaiserreiches sind vor allem das Skythische Neapolis, Kermen-Kyr, Zalesne, Dobre und Chaika.

## Die byzantinische Kultur

Die nächste Großmacht, die die Kontrolle über die Krim übernahm, war Byzanz. Unter seiner Herrschaft entwickelte sich der **Monumentalbaustil.** Diese Entwicklung hatte einen praktischen Anlass - die Überfälle von Nomadenvölkern vom Land und vom Meer erzwangen den Bau von **Festungen.** Zwischen dem mittleren und dem Hauptgebirgszug entstand ein **Verteidigungswall.** Entlang der Küste baute man eine Reihe von **Schlössern,** die die Siedlungen vor dem Angriff von Piraten schützten (Hurzuf, Balaklava, Alushta), und Küstenfestungen (Koniya-Isar auf der Landzunge Aiya oder Kuchuk-Isar).

Die an der Peripherie von Byzanz liegende Krim war der Zufluchtsort derer, die aus irgendeinem Grund im Reich nicht gern gesehen waren. Eine große Flüchtlingswelle traf hier während des Bilderstreits ein - es waren hauptsächlich Mönche, Freigeister und Gelehrte. Die geistige und materielle Kultur der Halbinsel gewann viel, indem sie diesen Menschen Zuflucht gewährte. Sie bauten u.a. die **Felsenstädte** Eski-Kermen, Chufut-Kale und Mangup-Tepe.

Auf ihre Initiative entstanden ebenfalls die **Felsenklöster,** u.a. das Georg-Kloster bei Balaklava, das Kloster von Aiudah, das Uspenskij-Kloster in Chufut-Kale und das Kloster in Inkerman. Jene Klöster wurden zu Zentren des religiösen und kulturellen Lebens auf der Halbinsel, hier wurden auch Ikonen geschrieben.

## Die genuesische Kultur

Dem geschwächten Byzantinischen Reich kaufte Genua die Krimküste zusammen mit dem Ausschließlichkeitsrecht am Seehandel ab. Dank seiner geschickten Politik vermied es unter der Herrschaft des Islam nicht nur den Verlust seiner Ländereien - im Gegenteil, die Krimkhane bedachten die Genuesen mit Schutz und Privilegien. Sie durften ein eigenes Heer besitzen und führten in dieser Zeit auch einen siegreichen Krieg gegen den anderen Handelsstaat Venedig. Die genuesischen Handelsfaktoreien lagen an vielen Punkten der Küste, die wichtigste unter ihnen war jedoch **Kaffa** (Feodosiya), der zu jener Zeit größte Hafen an der nördlichen Schwarzmeerküste (siehe Reiseroute 4). Die Genuesen besetzten auch Sudak, Yevpatoriya und Balaklava.

## Die armenische Kultur

Die Armenier stellten einst einen bedeutenden Teil der Bevölkerung der Halbinsel, und weil sie eine verhältnismäßig gut situierte und mit zahlreichen Privilegien ausgestattete Gruppe waren, trugen sie viel zur Kultur der Krim bei. Bis heute überdauert hat nur der unverwüstlichste Teil ihrer Kultur – die Architektur. Ein großer Teil der armenischen Bauwerke erlag dem Verfall, doch das, was übrig geblieben ist, vermittelt eine Vorstellung von den Glanzzeiten dieser Nation.

Ein Charakteristikum der armenischen Kultur ist eine gewisse Homogenität, die auch an den Baudenkmälern auf der Krim erkennbar ist. Es handelt sich fast ausschließlich um **Sakralbauten.** Kennzeichen dieser Gotteshäuser sind die Kuppel, die auf einer hohen Trommel sitzt, und das kegelförmige Dach. Die Kirchen besitzen einen rechteckigen Grundriss mit dem Altar auf der Ostseite. Über dem Altar ist eine Ikone angebracht, fast immer die Mutter Gottes mit dem Kind. Das Innere der Gotteshäuser ist streng und schmucklos.

Die Architektur der Krim hat natürlich ihre eigene Spezifik. Eigentümlich für die Krim sind **Bruchsteinbauten,** deren Fassaden mit behauenen Platten ausgekleidet sind. Typisch für die Provinz sind auch eine **vereinfachte Ornamentik** und Einflüsse kleinasiatischer dekorativer Kompositionen. All diese Elemente weisen auf die Existenz einer gesonderten, nur auf der Krim vorhandenen Schule der armenischen Architektur hin.

Auf der Krim haben sich einige armenische **Klöster** und viele **Kirchen** erhalten, der überwiegende Teil leider in fragmentarischer Form. Die wichtigsten und am besten erhaltenen sind das Kloster Surb-Khach in der Nähe von Staryi Krym und die Kirche St. Johannes der Täufer in Feodosiya (s. Reiseroute 4).

Ein charakteristisches Element der armenischen Kultur sind **Stelen mit Flachreliefs,** die *Khachkar* genannt werden. In die Mitte ist gewöhnlich ein reich verziertes Kreuz gemeißelt, und die restliche Oberfläche bedeckt ein geometrisches oder florales Muster,

*„Diese Göttliche ruhmreiche Kirche*
*Gleich dem armenischen Volk steht sie*
*Auferstanden aus den Grundfesten*
*Der Liebesgabe Krimschen Bodens*
*Im Namen der heiligen Muttergottes*
*Unter der Führung Akops, des weisen Lehrers*
*Und der Aufsicht Magdesi Hovannes*
*Und Magdesi Aityns aus Kaffa.*
*Durch die Hand der Steinmetze Grigor und Tonakan.*
*Im Jahre 1151 (1702)“*

Inschrift in armenischer Sprache an der Kirche in Topolivka
(Übers. a. d. Poln.: Angela Nowicki)

das ein wenig an Arabesken erinnert. Eine ähnliche Kompositon und Ornamentik wurde zur Verzierung der **Holztüren mit Flachreliefs** in den Kirchen verwendet. Im Museum für Landeskunde in Feodosiya kann man eine Tür sehen, die aus der Sarkis-Kirche stammt. Gut erhalten ist auch die Tür aus dem Kloster Surb-Khach.

Beispiele für die armenische Kunst sind die Quellwasserfassungen und die Überreste der Festung in Feodosiya. Die Armenier trugen ebenfalls zur Entwicklung der nichtmateriellen Kultur bei. Sie können auf bedeutende Errungenschaften im Bereich von Theater und Malerei verweisen (I. Aiwasowski).

## Die tatarische Kultur

### Literatur

Die tatarische Literatur hat ihre Wurzeln in der an den **Höfen der Khane** gepflegten Kunst, die sich an der **höfischen türkischen Literatur** orientierte. Es handelte sich vor allem um Poesie. Ein hervorragender Vertreter dieser Zeit war Khan Gazi Giray, genannt Bora. Gedichte schrieben auch die Khane Mengli, Mehmed IV. und viele andere. In der Zeit des Khanats entstanden sogenannte **Tezkirat** (eine Art Anthologie) und anonyme historische Werke, wie z.B. das Poem über den Chmelnizki-Aufstand. 1651 schrieb Haci Mahmed Senay die „Geschichte des Khans Islam III. Giray“ und Mahmed Riza im 18. Jh. „Sieben Planeten in der Kunde von den tatarischen Königen“ - die Geschichte der Krimkhane.

Parallel zur geschriebenen Literatur entwickelte sich die Volkskunst. Es entstanden **Heldenepen** (*Edige* 14.–15. Jh., *Chora Batyr* 16. Jh.) und Poesie. Eine sehr wichtige Informationsquelle zum künstlerischen Schaffen jener Zeit sind die karäischen Sammlungen Medzmua.

Nach dem Anschluss der Krim an Russland wurde die Emigration der Tataren in die Türkei zum Hauptthema der Gedichte.

1883 gründete Ismail Gaspirali, ein tatarischer sozialer und religiöser Aktivist und Schulreformator, in Bakhchysarai die erste Zeitschrift mit dem Titel „Terdzhiman“ („Übersetzer“). Etwas später folgten die Frauenzeitschrift „Alem-i Nisvan“ („Welt der Frauen“) und die Kinderzeitschrift „Alem-i Sibysn“ („Welt des Kindes“). In jener Zeit entstand auch das erste Drama, verfasst von Abdullah Ozenbashli.

Im 19. Jh. machten hervorragende Künstler von sich reden, darunter der Dichter Numan Celebicihan und die Prosaiker Abdulhakim Hilmi und Bekir Chobanzade.

Das 20. Jh. brachte eine Belebung der tatarischen Kultur durch die Ideen des Panislamismus und Panturkismus. Es entstanden an die 350 **Schulen** mit **Tatarisch als Unterrichtssprache.** Die Universität in Simferopol bildete in tatarischer Sprache und Literatur aus, und auch am Pädagogischen Institut gab es einen Studiengang für **tatarische Philologie.** Die Zwischenkriegsliteratur repräsentieren die Dichter

Omer Ipezi, Ziyaddin Dzhavtobeli, Eshef Shemizade und der Romanschriftsteller Cengiz Dagci.

In den 1930er Jahren begann eine intensive Russifizierung der Krim. Schulen wurden geschlossen, Zeitschriften aufgelöst. Selbst die Ortsnamen änderte man in russische um. Das kulturelle Leben der Tataren erstarb.

Nach dem Krieg entwickelte sich die tatarische Literatur im **Exil.** Dabei handelte es sich in erster Linie um wenig bekannte Lyrik, die für die Schublade geschrieben wurde; viele Gedichte erblickten das Tageslicht nie. Bekannt wurden die Romane und Erzählungen von Sh. Aladin, J. Bolat, T. Daghadzha und die Poesie von R. Kholile und S. Emin. Tatarische Geistesschaffende waren auch in der Emigration aktiv, hauptsächlich in der Türkei und in Deutschland.

### Kunst und Architektur

Die tatarische Kunst, die weitgehend mit der **türkischen Kunst** identisch ist, entwickelte sich unter dem Einfluss des **Islam.** Sie verbindet die künstlerische Tradition der türkischen Nomadenvölker (vor allem in der Ornamentik), bei denen jeder Lebensbereich vom islamischen Recht geregelt war, mit chinesischen, indischen und persischen und später auch byzantinischen Einflüssen.

Die charakteristischste Eigenschaft der islamischen Kunst ist wohl ihre **Dekorativität.** Die Künstler verschönerten jede Oberfläche. In der Architektur verwendete man Fresken, Stein-, Glas- und Keramikmosaiken, Flachreliefs in Stuck, Holz und Stein. Handwerkserzeugnisse wurden mit Malereien verziert oder inkrustiert. Die häufigste Form der Verzierung bildeten **florale und geometrische Motive,** die im Laufe der Zeit in **Arabesken** ausarteten. Das Koranverbot, das die bildliche Darstellung lebender Wesen untersagt, wurde vorwiegend in der sakralen Kunst eingehalten.

Die **Architektur** erreichte auf der Krim ein besonders hohes Niveau. Die islamischen Bauten waren zur Mitte hin ausgerichtet. Aufgrund des heißen Klimas spielten **Innenhöfe** eine wichtige Rolle. Sie waren oftmals von **Arkaden** umgeben, mit Grünpflanzen und Springbrunnen ausgeschmückt. Mit Ausnahme des nicht selten sehr prächtigen Portals blieb die Fassade gewöhnlich unscheinbar. Allgemein üblich waren Bögen, Gewölbe und Kuppeln, aber auch Säulen und Pfeiler. Das Baumaterial war abhängig von den im jeweiligen Land verfügbaren Baustoffen. Auf der Krim kamen meist Steine und Ziegel zum Einsatz. Zu den typischen Bauwerken gehören **Moscheen** (architektonischer Komplex in Bakhchysarai, Moscheen in Staryi Krym, Yevpatoriya, Feodosiya, Simferopol), **Medresen, Grabmausoleen** (Grabmal der Tochter des Khans Toqtamis in Chufut-Kale), aber auch Paläste (Bakhchysarai), Badeanstalten, Herbergen und überdachte Basare. Wahre Kunstwerke sind **Parks, Gärten und Springbrunnen.**

Die meisten islamischen Baudenkmäler auf der Krim tragen die Merkmale des Stils der osmanischen Türken

# Die größten tatarischen Schriftsteller und Dichter

**Bekir Sidki Chobanzade** (1893–1937) wurde auf der Krim geboren. Sein Vater war ein Hirte, wovon auch der Name zeugt (*Choban* heißt „Hirte", *Chobanzade* – „Sohn des Hirten"). Bekir lehrte tatarische Sprache am Pädagogischen Institut in Simferopol, leitete den Lehrstuhl für Turkologie an der Taurischen Universität und wurde später Professor für Turkologie an der Universität Baku. 1937 wurde er unter dem Vorwurf terroristischer und konspirativer Tätigkeit zum Schaden des sowjetischen Staates festgenommen. Unter Folter bekannte er sich zu den ihm vorgeworfenen Taten. Die Todesstrafe wurde im Oktober desselben Jahres vollstreckt.

Chobanzade schrieb hauptsächlich Gedichte, aber auch Erzählungen und Essays. Er veröffentlichte nur ein eigenes Gedichtbändchen, *Boran* (1928). Zeit seines Lebens trug er wesentlich zur Entwicklung der tatarischen Sprache und Kultur bei.

*Wenn meine Nachbarn emigrieren*
*Wenn sie ihre letzte Tasse Kaffee trinken*
*Möchte ich dort sein, um sagen zu können*
*„Bleibt"*
*Um sagen zu können „Daheim ist es am schönsten".*

B.S. Chobanzade, aus „Ah Tabilsam",
Budapest 1917
(Übers. a. d. Poln.: Angela Nowicki)

**Cengiz Dagci** ist als einer der besten Schriftsteller der Krim bekannt. In seinen Erzählungen beschrieb er das wahre Leben der Krimtataren in den Jahren 1932–45. Er publizierte in türkischer Sprache. Cengiz wurde in einem kleinen Dorf bei Yalta geboren. Er besuchte das Pädagogische Institut der Krim und die Militärschule in Odessa.

Während des Kriegs geriet er in deutsche Gefangenschaft. Als die Nazis sich zurückzogen, floh er aus dem Gefängnis und gelangte nach Großbritannien. Er heiratete eine Polin und ließ sich für immer in London nieder.

*Sind die Krimtataren nicht einem todgeweihten Baume gleich, der nicht grünen, der nicht neue Zweige treiben darf? Seit der Zeit, da sie ihre Unabhängigkeit verloren, verging kein Tag, an dem diesem Baum keine Zweige abgehauen wurden, und immerfort entsprossen dem Stamm neue, junge Zweige. Doch man erlaubte ihnen nicht zu wachsen und schnitt sie abermals ab. Die Zweige aber sprossen erneut. Schließlich fällte man den Baum an der Wurzel und warf ihn auf einsame, öde Erde. Doch siehe – wieder entwachsen dem Stamm neue, junge Zweige, sie werden länger und länger und reichen schon zur Erde, dorthin, wo der Baum vor tausend Jahren gepflanzt wurde.*

Cengiz Dagci
(Übers. a. d. Poln.: Angela Nowicki)

**Numan Celebicihan** (1885–1918) war nicht nur ein ausgezeichneter Dichter und Schriftsteller, sondern auch ein Mufti (ein islamischer geistlicher Führer) und der erste Präsident der Autonomen Republik Krim. Er wurde auf der Krim in einer namhaften tatarischen Familie geboren. Er studierte in Istanbul, und nach seiner Rückkehr engagierte er sich in der Unabhängigkeitsbewegung. 1917 wurde er, erst 32-jährig, zum ersten Präsidenten der Republik Krim gewählt. Die Unabhängigkeit währte gerade einmal drei Monate. Im Januar 1918 marschierten die Bolschewiken auf der Krim ein, und die Mitglieder der Regierung, darunter auch Celebicihan, wurden festgenommen. Kurz darauf wurde der Präsident erschossen, sein Leichnam zerstückelt und ins Schwarze Meer geworfen.

*Leb wohl, Tatarenvolk, in den Krieg*
*muss ich ziehen,*
*Schon richtet mein Pferd seine Augen*
*nach drüben.*
*Für dich lebt' ich, mein Volk, und sterb ich*
*nicht mit dir,*
*Erwartet mich ein Paradies leer und öde ...*
*Es wanken die Berge, und Ströme versiegen.*
*Was geschieht mit uns, dass selbst*
*die Engel erbeben?*
*Die Burschen erschaudern, die Mädchen*
*erstarren,*
*Ihre Kinder verstoßend fliehn Mütter*
*in Wüsten.*
*Hinter mir ein reines Leben, vor mir*
*nur noch Tod.*
*Doch endet mein dunkler Pfad hier,*
*so breit ich*
*Ohne Angst vor Gefahr, ohne Furcht*
*vor den Schatten*
*Weit die Arme, und „Tatar" haucht*
*mein letzter Atem.*

Numan Celebicihan, Salvikman Kal Tatarlik
(Übers. a. d. Poln.: Angela Nowicki)

mit erkennbaren Elementen der byzantinischen Kunst, doch tauchen hier und da auch seldschukische Einflüsse auf (Moschee in Staryi Krym). Auch Bauwerke in anderen Stilen kann man auf der Halbinsel finden, denn die kunstliebenden Khane holten viele berühmte Künstler und Architekten aus ganz Europa an ihren Hof. Am Hof von Mengli Giray waren genuesische Künstler zu Gast, z.B. Vincento da Zugulfi. 1503–04 errichtete Khan Mengli in Bakhchysarai einen Palast im mauretanischen Stil, der zerstört und Mitte des 18. Jh. wiederaufgebaut wurde.



Weniger hoch entwickelt war die **Malerei.** Hier dominierte die figurale Thematik. Am liebsten malte man Porträts und historische Szenen.

Ein Beweis für das hohe Niveau der **Handwerkskunst** sind bis heute erhaltene Juweliererzeugnisse, reich inkrustierte Waffen, Münzen, Ton- und Fayencegefäße, wunderschön gravierte Kupfergegenstände, reich illuminierte und vergoldete Bücher und vieles andere. Sehr hoch entwickelt waren auch **Weberei und Teppichknüpferei.**

Der Text des Koran wurde immer vor jeglichen Verunstaltungen geschützt, erst unlängst durfte er in andere Sprachen übersetzt werden. Allein die **Schrift** war ein Heiligtum und bildete die Grundlage der Kommunikation des Menschen mit Gott. Die **Kalligrafie** entwickelte sich in der islamischen Welt zur vollkommensten aller Künste, was u.a. mit dem magischen Zugang zu den Koranversen zusammenhing, die Schutz geben, näher zu Allah führen und sogar heilen sollen. Deshalb bedeckte man gern Gegenstände des täglichen Bedarfs, aber auch die Innenräume von Moscheen, Häusern und Palästen mit Schriftzügen. Aufgrund des Verbots, lebende Wesen darzustellen, war die Schrift, neben der Arabeske, das grundlegende Dekorationsmuster.

### Musik und Tanz

Musiziert wurde vor allem am **Hof des Khans,** und es war die gleiche Musik, die man in anderen Palästen des türkischen Reiches hörte. Sie hatte sich endgültig im späten Mittelalter herausgebildet und enthielt viele arabische und persische Elemente.

Die **tatarische Volksmusik** hat vieles mit der Musik anderer Turkvölker gemein. Ihr tonales System basiert auf der Pentatonik, einer Tonleiter mit fünf Tönen in der Oktave. Die Notenschrift war unbekannt, deshalb wurde die Musik mündlich überliefert, nicht selten über viele Jahre in unveränderter Form. Zu den beliebtesten Instrumenten gehörten Trommeln, Pfeifen und Geigen, aber auch eine Art Maultrommel, die Kobyz genannt wurde. Die wichtigste Musikgattung ist das Epos. Tatarische Lieder besingen gewöhnlich die Schönheit der Natur, die Grenzenlosigkeit der Steppe, die Tapferkeit und den Kampfgeist des die Halbinsel bewohnenden Volkes. Auch das Thema der unglücklichen Liebe fehlt nicht.

Die klassische europäische Musik drang erst in den Zwischenkriegsjahren in die tatarische Kultur ein.

070kr Foto: to

Der **tatarische Tanz** ähnelt ebenfalls den türkischen Volkstänzen. Er dient der Darstellung, nicht dem gemeinsamen Vergnügen. Frauen und Männer tanzen getrennt. Die schwebenden Bewegungen der Mädchen werden von sanfter Musik begleitet, während die schwungvollen Tänze der Männer lebhaftere Töne verlangen.

Da Musik und Tanz keine materielle Form besitzen, ließen sie sich von der sowjetischen Russifizierungspolitik nicht austilgen. Auch im Exil sang man in tatarischen Häusern die alten Lieder, und die Alten gaben ihr Wissen an die Jungen weiter. Derzeit versuchen die Tataren auf der Krim, die alten Melodien wiederzubeleben, sie lehren die Jungen Tanz und Gesang. In den **tatarischen Kulturzentren** entstehen Gesangs- und Tanzzirkel und Laienfolkloregruppen (z.B. Qaytanna, Qirim). Immer öfter verleihen sie tatarischen Festtagen und Feiern Glanz. In der Hauptstadt gibt es das **Krimtatarische Musik- und Dramentheater.**

Der Khanspalast in Bakhchysarai

**Tatarisches Volkslied**

*Kleiner Vogel Boztorgay*
*Hoch oben im Nestchen.*
*Wenn es regnet, rauscht die Flut,*
*Seine Mutter weint und weint.*

*Kleiner Sperling Boztorgay*
*Reckt sich, will Wasser trinken.*
*Mein Liebster ist fern von hier,*
*Ich weine und weine.*

*Kleiner Sperling Boztorgay*
*Frisst nicht die Körner, die ich streute.*
*Die Mädchen aus deiner Gegend*
*Seh'n nicht aus wie die hierzulande.*

(Übers. a. d. Poln.: Angela Nowicki)

## Trachten

Bis zum Ausbruch des 1. Weltkriegs trugen die Tataren ihre traditionelle Kleidung, doch auch später war sie unter der **Landbevölkerung** noch im allgemeinen Gebrauch. Im Laufe der Zeit wurden die tatarischen Trachten nur noch zu besonderen Anlässen und wichtigen Feierlichkeiten aus den Truhen geholt. Die sibirische Verbannung schnitt die Tataren von den Wurzeln ihrer Kultur ab. Viele wertvolle Kleidungsstücke wurden zerstört, viele Muster vergessen. Dazu behinderten Not und politische Restriktionen die Rekonstruktion solcher Kulturelemente, die – wie die Trachten – die ethnische Zugehörigkeit der Umsiedler markierten.

**Sticken** war eine der Hauptbeschäftigungen der tatarischen Frauen und Mädchen. Mit ihrem Können gewannen sie Anerkennung und sorgten für das gute Aussehen ihrer Männer und Kinder. Die Tataren nähten ihre Kleider selbst, daher war eine Frau eine umso bessere Hausfrau, je schöner sie sie zu verzieren vermochte. Die Mädchen erlernten die schwierige Stickkunst schon ab einem Alter von acht bis neun Jahren. Sie begannen, Kleidung und Bettzeug für ihre Aussteuer sowie Geschenke für den künftigen Verlobten und dessen Familie zu sticken. Auch ein Jüngling schenkte seiner künftigen Frau eine gestickte Tracht, die seine Schwester oder seine Mutter angefertigt hatte.

Die Frauen trugen weite **Pluderhosen,** lange, weite Kleider, die mit einem Gürtel zusammengehalten wurden, und kurzärmelige Jacken. Den Kopf bedeckten sie mit einem **samtenen Toque,** der häufig mit Silber- und Goldmünzen sowie Stickereien verziert war. An seiner Spitze befestigten sie einen langen **Schleier,** der ihnen auf die Schulter fiel und bisweilen sogar bis zu den Füßen reichte. Dieser Schleier war der Sitte nach weiß und bei älteren Frauen durchsichtig. An den Füßen trugen sie Pantoffeln mit Spitzen aus Tuch oder verzierte Absatzschuhe, die ein wenig an Cowboystiefel erinnern.

Die Kleider der Frauen waren bunt und mit Stickereien verziert. In der Ornamentik überwogen florale Motive. Ihre Pracht verliehen ihnen goldene und silberne Münzen, Schmuckstücke, Armreifen, Perlenhalsketten und teure Steine. Sie waren Ausdruck des Reichtums und sozialen Status der Eigentümerin.

Die Männer trugen weite Pluderhosen, **lange weiße Hemden** mit einem Stoffgürtel, darüber kurze Jacken und lange **Kaftane.** Ihr Schuhwerk bestand aus Pantoffeln oder Lederstiefeln. Im Winter zogen sie, wie auch die Frauen, **Schaffellmäntel** über. Auf dem Kopf trugen sie **hohe schwarze Mützen** aus Schaffell, die kirchlichen Würdenträger hingegen Turbane. Männern mit Fellmützen begegnet man auf der Krim bis heute.

Eine interessante Kollektion tatarischer Trachten – ein wahres Meisterstück traditioneller Schneider- und Zierkunst – besitzt das **Nationalmuseum** für Ornamentik und Gebrauchskunst der Krimtataren in Simferopol. Eine reichhaltige Ausstellung an Stickereien zeigt auch das **Tatarenmuseum** in Staryi Krym.

### Bräuche und Alltagsleben

Als die Tataren auf die Krim kamen, waren sie Nomaden, die von Hirtentum und Jagd lebten. Im Laufe der Zeit lernten sie, den Acker zu bestellen, Gärten anzulegen und Fischfang zu betreiben und trieben auch Handel. Im traditionellen Leben der Tataren gab es eine strikte Unterteilung in **männliche und weibliche Arbeiten.** Die Frauen versorgten das Haus und die zum Haus gehörende Wirtschaft, während die Männer für Viehzucht, Feldarbeit, Handwerk und Handel zuständig waren. Sogar das Haus war in separate Bereiche für Männer und Frauen unterteilt, und diese Grenzen durften gewöhnlich nicht überschritten werden.

Das heißt nicht, dass die **Frau** an den Rand des gesellschaftlichen Lebens gedrängt wurde. Anders als bei den arabischen Muslimen nahmen die Frauen bei den Tataren eine vergleichsweise hohe gesellschaftliche Position ein. Sie durften lernen, sich vor Gericht mit ihren Männern ums Vermögen streiten, und mitunter zogen sie sogar an der Seite ihrer Ehemänner in den Krieg. Marcin Bielawski schrieb: „Beim Schloss Pruchnik hat man sie niedergezwungen, man fand unter ihnen Weibsbilder, die, den Schädel rasiert, in Männerkleidung einhergingen." Es sind Fälle bekannt, in denen die Ehefrauen der Khane ausländische Gäste empfingen, Privatkorrespondenz und sogar eine eigene Politik führten. Frauen, inbesondere die älteren, trafen gemeinsam mit den Männern Entscheidungen über wichtige Angelegenheiten des Gruppenlebens.

Bis zum 20. Jh. praktizierten die Tataren die **Vielehe.** Die Anzahl der Ehefrauen zeugte von der Wohlhabenheit und Position des Mannes. Die erste Ehefrau war die wichtigste. Aus den Berichten von Augenzeugen: „So ein Tatar viele Frauen hat, hat jegliche ihre Jurte und ihre Familie für sich, und er trinkt, isst und schläft einen Tag bei der einen, den anderen Tag bei der anderen. Gleichwohl ist eine von ihnen die wichtigste, und mit ihr verbringt er mehr Zeit als mit den anderen. Ob es auch viele sind, geraten sie doch unter sich niemals leicht in Zank."

Als Russland sich der Krim bemächtigte, verschwand die Vielehe. Unter dem Einfluss des emanzipatorischen Gedankenguts verwischte sich auch die Trennung zwischen den Vertretern beiderlei Geschlechts. Im Vergleich mit anderen Slawen sind die tatarischen Familien jedoch immer noch sehr traditionsbewusst.

**Feiertage** sind für die Tataren eine Zeit, in der sie gemeinsam ihre Religion praktizieren und ihre Traditionen pflegen können. Das wichtigste ist das Neujahrsfest Nauroz, das im März begangen wird. Es ist von zahlreichen Zeremonien begleitet, z.B. geht man mit einem Ziegenbock ums Haus herum und bringt Tieropfer dar. Zum Sommerbegrüßungsfest – Kydyrlez (5. Mai) – finden Folklorefestivals statt. Ähnlich begeht man das Derviz-Fest zur Monatswende von August zu September.

Die Tataren feiern auch Feste, die mit der tragischen Geschichte ihres Volkes in Verbindung stehen. Die wichtigsten Daten sind der 18. Mai – der Gedenktag an ihre Vertreibung – und der 8. April – die Annexion der Krim durch Russland. Ein gutes Beispiel für die interkulturellen Einflüsse ist das Christbaumfest *(Bor Coqraq),* das im Januar gefeiert wird. Väterchen Frost heißt auf Tatarisch „Ayaz Dede".

Eine symbolische Bedeutung hat der **Tabakbeutel.** Jeder tatarische Mann trug ihn immer bei sich. Jedes junge Mädchen nähte solch einen Beutel für seinen künftigen Geliebten. Während sie von der großen Liebe träumte, bedeckte sie den Stoff mit wundervollen Stickereien, wobei wahre Kunstwerke entstanden. War die Zeit gekommen, da ein Mann um seine Hand bat, antwortete das Mädchen nicht. Stattdessen schenkte es seinem Verlobten als Zeichen seines Einverständnisses ebendiesen Tabakbeutel.

### Die tatarischen Krieger

Die Tataren verbreiteten in ganz Europa Schrecken. Im Umlauf waren Legenden über ihre Grausamkeit und ihre Macht. Ein Zeuge der Eroberung der Stadt Sandomierz schrieb: „Die aus der Stadt Vertriebenen setzten die Tataren in die Weichselaue, und zwei Tage lang saßen sie in der Aue. Dann machten sie sich daran, alle zu töten, Weiber wie Männer, es blieb kein einziger von ihnen am Leben."

Gewiss waren viele Erzählungen über die Bestialität der Tataren übertrieben, aber man muss zugeben, dass die **Grausamkeit** zu ihrer Kriegstaktik gehörte. Da die Nomadenheere relativ klein und schwach bewaffnet waren, erhöhte die Furcht der Gegner die Chancen auf einen Sieg. Die Goldene Horde aber benötigte ständige Siege, da diese eine ihrer wichtigsten Einnahmequellen waren. Nur der ununterbrochene Zustrom von Gütern konnte die Menschen vor dem Hunger und den Staat vor dem Zerfall bewahren. Khan Mengli Giray schrieb in einem Brief an Kazimierz Jagiellończyk: „Hungrige müssen ihre Pferde besteigen und sich dort nähren, wo sie Speise finden."

Im Staat der Tataren war praktisch jeder Mann ein Krieger. Für seine Teilnahme am Krieg stand ihm ein Teil der Beute zu. Der Kriegsdienst war somit nicht nur eine Beschäftigung, sondern eher eine Art zu überleben. Die Tataren waren **ungewöhnlich widerstandsfähig** gegen alle Mühen und Unbequemlichkeiten. Ebenso widerstandsfähig waren ihre **Pferde.** Diese Eigenschaft war es, die sie immer neue Siege erringen ließ. Da sie keine überflüssigen Lasten mit sich trugen (im Winter benutzten die meisten keine Zelte, man nahm auch selten Futter für die Pferde mit), waren die Heere viel mobiler als andere. Zudem hatte jeder Tatar zwei oder drei Pferde, was es ihm erlaubte, sich bis zu 100 km täglich vorwärts zu bewegen.

Diese Schnelligkeit nutzten sie auch im Nahkampf aus. Ataman Żółkiewski, der fast sein halbes Leben im Kampf gegen die Horde verbrachte, sagte einst: „Die Tataren zu schlagen, das ist gleich, als wollet ihr einen Vogel im Fluge bezwingen." In ihrer Kriegstaktik nutzten die Nomaden **Fallen und Überraschungsmomente,** vermieden jedoch direkte Gefechte. Dank dieser in Europa völlig unbekannten Kampftechnik blieben sie jahrhundertelang unbezwingbar.

### Die Renaissance der tatarischen Kultur

Die erzwungene Emigration nach Sibirien schnitt die Tataren von ihrer heimischen Kultur ab, und sehr viele Bräuche und Zeremonien gerieten in Vergessenheit. Auch die Lebensweise hat sich verändert. Unter den neuen Bedingungen mussten die Menschen mit neuen Problemen fertig werden. Die Erfahrung und die Verhaltensmuster, die sie mitgebracht hatten, erwiesen sich unter sibirischen Verhältnissen häufig als ungeeignet. Als den Tataren in den letzten Jahren die Rückkehr in die Heimat erlaubt wurde, lebte kaum noch jemand von denen, die sich an die Krim erinnerten. Zurück kamen die, die im Exil geboren wurden und die Krim lediglich aus Erzählungen kannten. Was sie vorfanden, war ein kulturelles Vakuum. Ihre tatarische Kultur war unvollständig und die Erfahrungen aus ihrem bisherigen Leben ungenügend. In dieser schwierigen Situation versuchen die Tataren heute, ihre **Wurzeln wiederzufinden,** sie bemühen sich, sich an Vergessenes zu erinnern und Verlorenes zu rekonstruieren.

Die Wiedergeburt der tatarischen Kultur schreitet trotz ungeheurer ökonomischer und rechtlicher Schwierigkeiten immer weiter voran. Regelmäßig erscheinen **Zeitungen und Zeitschriften** in krimtatarischer Sprache: „Kyrym", „Any Dionia", „Golos Kryma" und „Yildyz". Es wird auch eine historisch-literarische Publikation mit dem Titel „Kasever" herausgegeben. Außerdem existieren Stiftungen, die das literarische Schaffen von Tataren unterstützen, die in der Muttersprache schreiben.

Dank des Engagements von zahlreichen Institutionen und Privatpersonen entstand eine **Nationalbibliothek.** Immer häufiger werden auch kleinere und größere **Museen** für Kultur und Geschichte eröffnet, bilden sich **Folkloregruppen** und Klubs. Die krimtatarische Sprache ist ebenfalls in den Medien präsent, wenngleich auch nur gerade einmal 8 % der allgemein zugänglichen **Radio- und Fernsehprogramme** in dieser Sprache ausgestrahlt werden.

Ein weiterer wichtiger Schritt in der kulturellen Entwicklung ist die Investition ins **Schulwesen.** Obschon immer neue Schulen, Kindergärten und Kinderkrippen eingerichtet werden, gibt es nach wie vor zu wenige davon – momentan existieren nur sieben Nationalschulen.

## Die russische Kultur

### Entwicklung der Kunststile

Nach der Annexion der Halbinsel geriet die Krim in den Orbit der russischen Kultur. Zwar gibt es bereits Baudenkmäler aus früheren Zeiten, doch die russische Kultur begann erst im 18. Jh. zu dominieren. Unter der Herrschaft von **Zar Peter I.** erfolgte eine rasante Entwicklung der russischen Kunst (18. Jh.). Nach Russland kamen viele berühmte Architekten, Maler und Bildhauer, die westeuropäische Motive und Stilrichtungen mitbrachten. Bereits ab dem 17. Jh. ließ sich die Tendenz wahrnehmen, von den alten Prinzipien, den von der orthodoxen Kirche aufgezwungenen Motiven und der stilistischen Eintönigkeit abzurücken. Das Barock trat seinen Siegeszug an. Anfangs war es schlicht, sparsam, ja sogar streng, doch nach und nach wurde es immer dekorativer. Zur Mitte des Jahrhunderts kann man schon vom sogenannten **russischen Barock** sprechen.

Die Architektur erlebte in jener Zeit einen so gewaltigen Entwicklungssprung, dass einige Historiker geradezu von einer Explosion sprechen. Sie konzentrierte sich auf den Bau von Städten und Palästen. Die **Paläste** hatten häufig zwei Fassaden und waren von einem Garten umgeben, in dem Brunnen, Fontänen und Kaskaden eine große Rolle spielten.

Zur Zeit der Herrschaft Peters I. wurde ebenfalls die **Profanplastik** geboren. Vorher gab es ausschließlich Sakralplastik, doch diese war so wenig populär (hauptsächlich aufgrund des Verbots, Plastiken in den Kirchen aufzustellen), dass man schwerlich von irgendeinem Niveau dieser Kunst sprechen kann. Jetzt nahm die Zahl der Statuen rasch zu. Zunächst wurden sie von den Gästen – italienischen oder französischen Künstlern – geschaffen, später aber entstanden sie auch in den Werkstätten der russischen Bildhauer.

Ähnlich wie in der Plastik sah es in der **Malerei** aus, denn Russland war zwar berühmt für seine herrlichen Ikonen, doch es gab fast keine Profanmalerei. Auch in diesem Kunstzweig mussten die zukünftigen russischen Künstler bei den Meistern aus dem Westen in die Lehre gehen. Erst in der zweiten Hälfte des Jahrhunderts gelangten nach und nach Zöglinge der russischen Akademie der schönen Künste zu Ruhm.

Gegen Ende des 18. Jh. wurde das Barock vom **russischen Klassizismus** (auch Neoklassizismus genannt) abgelöst, der bis zur Mitte des 19. Jh. zum nationalen Stil geworden war. Die eng mit der Urbanistik verbundene Architektur wurde immer mehr von Dynamik und Monumentalität gekennzeichnet. Dieser Stil herrschte im soeben entstehenden Petersburg vor. Viele seiner Elemente kann man auch auf der Krim entdecken. Vorbild war die klassische Kunst, wobei sich der Neoklassizismus aber durch eine andere Darstellungsthematik auszeichnete. Die Architekten verwendeten mit Vorliebe Säulen, Arkaden und andere antike Elemente, die sie häufig im Einklang mit dem Charakter der Umgebung umgestalteten.

Für den größten Maler des Klassizismus wird Dmitri Lewizki gehalten, der an der Kiewer Geistlichen Akademie und der Malereischule von Antropow ausgebildet wurde. Jene Zeit brachte noch viele andere hevorragende Maler hervor. Besonderen Interesses erfreute sich die **Porträtmalerei;** die Landschaftsmalerei entwickelte sich erst im letzten Vierteljahrhundert. Die russischen Meister waren vor allem bei Italienern in die Lehre gegangen, doch auch der holländische Stil genoss Popularität. Unter dem Einfluss des westeuropäischen Sentimentalismus zog sich durch die meisten Bilder das Motiv der Ruinen, das für jene Zeit so charakteristisch war. Die Landschaften der Krim wurden damals von Michal Iwanow verewigt.

Die klassischen russischen **Bildhauer** erreichten die Meisterschaft. Viele Werke entstanden in einer Atmosphäre der Euphorie, des Patriotismus und des Siegesrausches, man war beseelt vom Wert und der Kraft des russi-

schen Staates. So bildete sich der **Historismus** heraus, der an die russische Kunst anknüpfte. Einer der hervorragenden klassischen Bildhauer war Iwan Martos. Er hinterließ unter anderem das Denkmal des Fürsten Richelieu in Odessa und das Potjomkin-Denkmal in Khersonesos.

Das Höhlenkloster Pecherska Lavra in Kiew

Gegen Ende des 19. Jh. gab es bereits Schulen und Akademien, die die jungen russischen Künstler ausbildeten. Die aufstrebende Kunst wurde von den verschiedensten Gesellschaften und Institutionen gefördert. Literarisch-künstlerische Klubs und Vereine wurden in allen größeren Städten gegründet, auch in Odessa.

Die Wende zum 20. Jahrhundert brachte nicht viel Interessantes im Bereich der Architektur. Es herrschte der Eklektizismus vor, Ideen und Stile waren nicht mehr so originell und ausgestaltet. Die klassische Schule verschwand, auch vom Monumentalismus rückte man ab. Diese Tendenz war eine Folge des Bedürfnisses nach Funktionalität und Komfort, das mehr und mehr in den Vordergrund rückte und auf Kosten von Dekorativität und Prunk befriedigt wurde. In den aufstrebenden Städten wuchs der Bedarf nach Gebäuden für die Mittel- und Unterklasse. So entstanden – als Antwort auf die Bedürfnisse jener Zeit – wenig ästhetische Viertel und Vorstädte.

Die Trends im Bauwesen spiegelten sich auch in der Plastik wider. Die Monumentalplastik verlor an Bedeutung, es häuften sich Versuche, von den Kanons, die die Petersburger Akademie der Schönen Künste auferlegte, abzurücken. In der Praxis endete das mit einer Wende hin zur **realistischen Kunst.**

Die gleiche Trennung zwischen der Akademie der schönen Künste und den jungen, suchenden Künstlern war in der Malerei zu erkennen. In den Künstlerkreisen herrschte Erregung, die Malerei entwickelte sich gleichzeitig in mehrere Richtungen. Die Landschaftsmaler führten eine gewisse Natürlichkeit ein, indem sie einfache und ruhige Motive so darstellten, dass sie einen tiefen und dauerhaften Eindruck hinterließen. Die maritimen **Landschaften der Krim** verewigte damals der in Feodosiya geborene Iwan Aiwasowski. Auch Konstantin Korowin und Wassili Surikow ließen sich von den Krimlandschaften inspirieren. In den 1920er Jahren wählte Bogajewski die antiken Denkmäler der Halbinsel zum Thema seiner Aquarelle.

Ein wichtiges künstlerisches Ereignis war die Enthüllung eines Panoramas von der Verteidigung der Stadt Sevastopol, geschaffen vom französischen Künstler Franz Roubaud. Für dieses riesige Werk (14x115 m) wurde eigens ein besonderer Raum gebaut.

Die Architektur auf der Krim ist aus zwei Gründen außergewöhnlich. Zum einen waren hier große ausländische Architekten tätig, die die westeuropäischen Stile verschiedener Jahrhunderte einbrachten, der zweite Grund sind die in der hiesigen Architektur beliebten orientalischen Motive.

Die Stilvielfalt ist am besten an den auf der Halbinsel zahlreichen **Schloss-Park-Ensembles** zu sehen. In Livadiya plante der Architekt ein Bauwerk im Stil der italienischen Renaissance, doch er rückte aus praktischen Gründen von dieser Idee ab. Dank der Bemühungen des englischen Architekten E. Blor entstand in Alupka ein Schlosskomplex, in dem jedes Gebäude in einem anderen der vielen englischen Stile gehalten ist. Neben dem Feudalschloss aus dem 14.–15. Jh. steht ein Gebäude, das an die Zeiten von Königin Elisabeth erinnert.

Das Woronzow-Haus in Simferopol ist eine Mischung aus gotischem Stil und tatarischer Bauweise. Orientalische Elemente kann man an beiden bereits beschriebenen Palästen erkennen wie auch an vielen anderen Gebäuden. Dabei handelt es sich vorwiegend um Springbrunnen (wie in Livadiya), Altanen und arabische Inschriften. In Alupka erinnert die Fassade des Palastes an den Eingang zu einer Moschee, und über dem Portal prangt die Inschrift „Es gibt keinen Gott außer Allah" (s. Reiseroute 5).

Große Errungenschaften der **vorrevolutionären Architektur** auf der Krim sind zahlreiche Schloss-Park-Ensembles, Theatergebäude und berühmte Pensionen. Der Großteil davon wurde zu Museen umgestaltet, andere dienen als Sanatorien, Kurbäder und Hotels. Zu den bekanntesten zählen: die Paläste in Livadiya und Alupka, das Schwalbennest (Yalta) und das Puschkintheater in Yevpatoriya. Die herrlichsten Beispiele der russischen Bildhauerei kann man in den Schlossparks und den Altstädten bewundern. Viele Gemäldegalerien besitzen umfangreiche Sammlungen von Bildern russischer und ausländischer Künstler. Die größten **Galerien** befinden sich in Sevastopol, Feodosiya und im Woronzowpalast in Alupka. Letzterer beherbergt auch eine reiche Kollektion an Plastiken.

Einen plötzlichen Wandel in allen Bereichen der Kunst brachte die Oktoberrevolution. Es handelte sich vor allem um einen veränderten Zugang zur Kunst, einen Wandel der Ziele und Mittel. Wie alle menschlichen Aktivitäten hatte von nun an auch die Kunst der Schaffung einer neuen Wirklichkeit zu dienen. Die ästhetischen Werte verloren ihre Bedeutung, und die Kunst sollte Funktionalität mit Bildung und Propaganda verbinden.

Die Nachkriegsjahre standen unter dem Zeichen des **sozialistischen Realismus.** Damals entstand vor allem eine städtische Bebauung (Großblockbauweise), die ein Ausdruck des Protestes gegen den unvernünftigen Abstraktionismus oder die bourgeoise Schwülstigkeit der Formen in der westlichen Architektur sein sollte. Sie sollte funktionell und modern sein, aber auch die Fortschrittlichkeit und Macht des Staates symbolisieren, daher ihr großzügiger Entwurf und ihre nicht selten überflüssige **Monumentalität.** Besonders in den 1940er Jahren berief man sich häufig auf die historischen Formen der Renaissance und des Neoklassizismus.

Doch selbst in jener Zeit fehlte es auf der Krim nicht an talentierten Künstlern. 30 Jahre lang wohnte in Alupka W. Nowikow, der auf seinen Bildern die Atmosphäre der Straßen, Gassen und Parks der Stadt wiedergab.

### Parks und Gärten

Die Gartenbaukunst hat auf der Krim eine jahrhundertealte Tradition. Sie wurde schon von den Khanen und den muslimischen Würdenträgern geschätzt, und nach der Annexion der Halbinsel wurde sie ebenso von den Russen kultiviert, wenn auch in anderem Stil. Dank des günstigen Klimas konnten es sich die Gartenkünstler erlauben, viele exotische Pflanzenarten einzuführen. Parks und Gärten entwickelten sich üppig und spendeten während des heißen südlichen Sommers Schatten. Anfangs legte man Gärten im **Barockstil** an mit der charakteristischen Achsensymmetrie und der kompositorischen Einheitlichkeit von Gebäuden und Natur. Bezeichnend war auch die Vorliebe für alle Arten von **Wasseranlagen** sowie das Streben nach **Pracht und Monumentalität.** Aus dem barocken Stil der

Gärten erwuchs schließlich der französische Stil.

Etwas später kam der **englische Landschaftsgarten** in Mode. Er widersetzte sich dem barocken Rigorismus, indem er die natürlichen Eigenschaften der Landschaft, Asymmetrien, unregelmäßige Formen und Linien in die Gestaltung einbezog. Obligatorische Elemente solch eines Parks oder Gartens waren Felsen, kleine Seen, Grotten und lauschige Lichtungen, wie zum Beispiel im Schlosspark Alupka.

Auf der Krim gibt es noch viele andere sehenwerte Beispiele der Gartenkunst, z.B. den Park in Livadiya, den Park in Kharaks, den Park „Untere Oreanda" oder auch die Parks in Utos, Sanatorne, Miskhor und den botanischen Garten in Nikita.

### Russische Sakralarchitektur

Auf der Krim gibt es nicht allzu viele Beispiele russischer Sakralarchitektur, doch die vorhandenen sind sehr interessant. Fast alle sind in der zweiten Hälfte des 19. Jh. entstanden. Natürlich findet man auf der Halbinsel viele ältere orthodoxe Kirchen und Klöster, sie wurden aber nicht von Russen erbaut. Vereinzelte Kirchen entstanden noch zu Beginn des 20. Jh., und eben zu jener Zeit wurde die berühmte **Alexander-Newski-Kathedrale** in Yalta gebaut, in der sich die Mitglieder der Zarenfamilie zum Gebet versammelten.

Während der Kriegswirren wurden viele wertvolle Baudenkmäler zerstört. In den schweren Jahren der kommunistischen Herrschaft missbrauchte man Kirchen als Archive, Konzertsäle oder schlicht als Gerümpellager. Die meisten haben das überstanden, doch ihre Innenräume waren vollständig zerstört. In den letzten Jahren wurden fast alle wichtigen Denkmäler der Sakralarchitektur restauriert und dienen von Neuem als Gotteshäuser. Ein großer Teil davon hat moderne Innenräume, die dennoch allen Kanons entsprechen, nur sind die modernen Ikonen und Fresken leider nicht immer von höchster Qualität. 1995 wurde eine ganz neue Kapelle in Simferopol eingeweiht.

Das **Innere einer orthodoxen Kirche** unterscheidet sich wesentlich von den Innenräumen einer katholischen Kirche. Es ist dreigeteilt in den Vorraum, den für die Gläubigen vorbehaltenen Mittelteil und den Altar (Presbyterium), den die Ikonostase vor dem Blick der Sünder verbirgt. Der Altar ist immer nach Osten ausgerichtet – nach Jerusalem. Die **Ikonostase** besteht aus vielen Ikonen, die eine Art Trennwand bilden. Dahinter ist der Altartisch – Gottes Thron (Prestol) – verborgen und darunter die Reliquien, der Opfertisch (Zhertvennik) und die Ikone. Dort wird auch das Sakrament der Verwandlung vollzogen. Hinter die Ikonostase führen drei Türen: eine mittlere – die sogenannte Zarentür – und zwei Seitentüren. Eine davon führt zur Rüstkammer (Prothesis), in der die Opfergaben vorbereitet werden, die andere zum Diakonion, dem Aufbewahrungsort von Paramenten und Büchern. Den Teil der Kirche hinter der Ikonostase dürfen nur Priester und

**Die Ikonostase in orthodoxen Kirchen**

Zeichnung: W. Kwiecien-Janikowski

1 Reihe der Patriarchen mit der Hl. Dreifaltigkeit in der Mitte
2 Reihe der Propheten mit der Blacherniotissa in der Mitte
3 Reihe der Festtagsikonen
4 Reihe der Heiligen oder Apostel mit Christus Pantokrator in der Mitte
5 Ikone des letzten Abendmahls
6 Ikone Mariä Verkündigung
7 Ikonen der vier Evangelisten
8 Ikone des Kirchenpatrons
9 Türen zum Diakonion und zur Prothesis
10 Ikone des lehrenden Christus
11 Zarentür
12 Ikone der Muttergottes mit Kind
13 Ikonen lokaler Heiliger

Diakone betreten. Während der Messe steht der Priester dem Altar zugewandt. Den Gläubigen wendet er sich nur während der Predigt zu. Während des Sakraments der Verwandlung wird die Zarentür ein Stück geöffnet. Dies ist der einzige Moment, in dem die Gläubigen einen raschen Blick in den

072kr Foto: pk

göttlichen Teil der Kirche werfen dürfen.

Das zweite wichtige Element der orthodoxen Kirche außer dem Altartisch ist die **Festtagsikone,** die auf ein spezielles Pult (Analoi) gelegt wird. In den liturgischen Büchern ist genau festgelegt, welche Ikone sich an welchem Tag auf diesem bevorzugten Platz befinden muss. Jeder Gläubige verbeugt sich gleich nach seinem Eintritt in die Kirche vor dieser Ikone.

### Wissenschaft und Bildung

Zar Peter I. gebührt das Verdienst, geeignete Bedingungen für die Entwicklung des Schulwesens und der Wissenschaft in ganz Russland geschaffen zu haben. In der Zeit der Aufklärung wurde die Notwendigkeit der Volksbildung noch stärker betont. Dieser neue Geist gelangte auch auf die Krim. Als erstes richtete man Oberschulen ein, es entstanden Lyzeen und Gymnasien in Odessa und später auch in Yalta.

In der zweiten Hälfte des 19. Jh. zeichnete sich im ganzen Zarenreich eine Tendenz zur Umgestaltung der Lyzeen in Hochschulen ab. So geschah es 1865 in Odessa, wo das Richelieu-Lyzeum in die Neurussische Universität umgewandelt wurde. Dort eröffnete man auch eine Filiale der Russischen Musikgesellschaft, das spätere Konservatorium. In Odessa gab es ebenfalls eine Militärschule.

Eine intensive Entwicklung des Schulwesens fand auf der Halbinsel erst nach 1917 statt. In den 1930er Jahren waren in Simferopol schon eine Universität und ein Pädagogisches Institut tätig, und es gab sehr viele Oberschulen.

Nach dem 2. Weltkrieg entstanden viele neue Wissenschafts- und Bildungseinrichtungen. Auf der Halbinsel gründete man das **erste astronomische Observatorium** in Russland. Heute gibt es in Odessa 14 Höhere Schulen und etwa 30 wissenschaftliche Forschungseinrichtungen. Auf der Krim selbst befinden sich die meisten Schulen in der Hauptstadt. Dort gibt es **drei Hochschulen:** die Frunse-Universität, das Medizinische Institut und eine Zweigstelle des Dnipropetrovsker Instituts für Ingenieur- und Bauwesen. Auch die anderen Städte verfügen über Bildungseinrichtungen. In Sevastopol befinden sich das Institut für Anlagenbau und das Institut der Kriegsmarine. Außerdem sind in dieser Stadt zwei bekannte Forschungseinrichtungen tätig: das Kowalewski-Institut für die Biologie Südlicher Meere und das Meeresinstitut für Hydrophysik. In Kerch wiederum befindet sich eine Zweigstelle des Donetsker Handelsinstituts, das wissenschaftliche Forschungsinstitut für Ozeanografie und Fischerei und das Experimentelle Zentrum für Seefischerei.

## Die ukrainische Kultur

Die ukrainische Kultur ist auf der Krim kaum sichtbar. Sie wird von der ukrainischen Minderheit gepflegt oder von der ukrainischen Regierung, die die Abhängigkeit der Halbinsel betonen will, gezielt aufrechterhalten und konzentriert sich hauptsächlich auf die Städte. In Simferopol gibt es das Ukrainische Musiktheater, von Zeit zu Zeit finden Ausstellungen, Vorträge oder andere Veranstaltungen statt, die Ukrainer anziehen. Er werden auch ukrainische Presseerzeugnisse verlegt und zwar sowohl in ukrainischer als auch in russischer Sprache. Obwohl die Regierung der Ukraine beschlossen hat, die ukrainische Kultur und Bildung auf der Krim zu fördern, und in Simferopol ein Denkmal von Bohdan Chmelnizki steht, treffen die Reformen auf großen Widerstand. Bislang gibt es auf der ganzen Halbinsel gerade einmal vier Schulen mit Ukrainisch als Unterrichtssprache, und die Kinder und Jugendlichen lernen in der Schule Russisch und Ukrainisch gleichzeitig.

## Berühmte Leute auf der Krim

Die Krim ist seit langem ein Ort, der mit der Schönheit und dem Reichtum seiner Natur und der aus früheren Kulturen stammenden Denkmäler die verschiedensten Gäste anzieht. Aufgrund ihres spezifischen Mikroklimas war sie auch schon immer ein Kurzentrum, wo insbesondere Lungenkrankheiten geheilt wurden. Auf die Krim kamen Menschen, um hier schöpferische Inspiration zu finden oder die zur Wende vom 19. zum 20. Jh. grassierende Schwindsucht auszukurieren.

In der zweiten Hälfte des 19. Jh. war die Halbinsel Reiseziel vieler **Künstler und Kulturschaffender** aus ganz Russland, ja sogar ganz Europa. In jenen Zeiten weilte hier der polnische Nationaldichter **Adam Mickiewicz** im Exil. Aus diesem Aufenthalt ging ein Gedichtzyklus hervor – die berühmten **„Krimsonette“.** Aus ihnen spricht die Faszination an der bereits im Niedergang begriffenen muslimischen Kultur und der landschaftlichen Schönheit der Krim. Der Dichter stellte die Krim als außergewöhnlich romantischen Ort dar.

In den Süden wurde auch **Alexander Puschkin** verbannt. Er kam 1901 auf die Krim, und eben hier entstand ein Zyklus von Gedichten, darunter auch das Gedicht „An die Fontäne im Schloss zu Bachtschissarai“. Eine kleine, dem Poeten gewidmete Ausstellung befindet sich heute noch in einem der Säle des Museums von Bakhchysarai, und zum Andenken an seinen Aufenthalt schmücken den Springbrunnen zwei Rosen. Auf der Krim begann Puschkin, seinen „Eugen Onegin“ zu schreiben. Motive der Krim durchziehen das ganze Schaffen des Dichters, denn die exotische Natur des Südens war für ihn die Verkörperung eines Ideals, das er der nördlichen Zivilisation, also Petersburg, scharf entgegenstellte.

**Tolstoi** besuchte die Krim mehrfach. 1854–55 nahm er am Krimkrieg teil. In Simferopol steht noch das Haus, in dem der Große Schriftsteller damals wohnte, sowie ein Haus, in dem er sich oft aufhielt.

Yalta kann sich solcher Gäste rühmen wie **Anton Tschechow,** weiterhin kamen der russische Dichter **Semion A. Nadson,** der 1887 in einem bis heute existierenden Haus wohnte, der Dichter **S. W. Rudanski,** der Komponist **Alexander A. Spendiarow** oder der berühmte Dramaturg und Begründer des Künstlertheaters **Konstantin Stanislawski.** In Yalta weilten auch **Leo Tolstoi** und **Maxim Gorki,** dem in der Stadt ein Denkmal gewidmet ist (siehe Reiseroute 5).

Hier lebte ebenfalls die tuberkulosekranke **Lesja Ukrainka,** Dichterin, Übersetzerin, Publizistin und Mitbegründerin des modernen ukrainischen Theaters. Man kann in der Stadt zwei Häuser besichtigen, in denen sie wohnte, ein Denkmal und eine Gedenktafel aus Anlass ihres 100. Geburtstags.

In Simferopol steht ein Haus, in dem 1837 der Dichter **Wasilij A. Sukowski** wohnte. Ebenfalls hier befindet sich das Haus von **Alexander S. Gribojedow,** eines bekannten russischen Dramaturgen. In Feodosiya lebte 1885–1914 die Bildhauerin **Wera I. Muchina.** In den Süden zog es auch **Michail Lermontow,** zwar nicht auf die Krim selbst, aber auf die Halbinsel Taman an der gegenüberliegenden Küste des Asowschen Meeres. Er verlegte jedoch die Handlung einer seiner Erzählungen auf die Krim.

Die Krim empfing nicht nur berühmte Gäste, sondern war auch die Heimat des bekannten Marinemalers **Iwan K. Aiwasowski** (1817–1900). Er wurde in Feodosiya geboren, hier leb-

## Anton Tschechow auf der Krim

Anton Tschechow wurde durch eine Krankheit zur Reise auf die Krim gezwungen. Er weilte ab 1898 in Yalta, und hier entstand ein Großteil seiner Werke. Der Schriftsteller hatte Moskau nur ungern verlassen, denn wenn ihm auch die Natur auf der Krim gefiel, so mochte er doch den Trubel, das Tempo und das kulturelle Leben der Großstadt mehr. In Yalta fehlten ihm die Freunde und die Orte, an denen er sich gern aufgehalten hatte, und obwohl Scharen von Verehrern sein Haus besuchten, fühlte er sich einsam. In einem Brief an Maxim Gorki schrieb er: „Mich befällt Langeweile, kein Weltschmerz, keine Lebensqual; ich langweile mich einfach deshalb, weil ich keine Menschen an meiner Seite habe, nicht die Musik, die ich liebe, und die Frauen, von denen es in Yalta überhaupt keine gibt. Ich langweile mich ebenso ohne Kaviar wie ohne Sauerkraut ..."

Die gleichförmigen und düsteren Monate wurden nur von jenen Tagen erhellt, an denen sich Tschechows Haus mit Gästen füllte. So war es u.a. beim Besuch der Truppe des Künstlertheaters in Yalta. Stanislawski beschreibt diese Stunden so: „In einer Ecke wurde ein literarischer Disput geführt, eine andere Gruppe spielte im Garten Steinewerfen, in der dritten erzählte Bunin etwas mit ungewöhnlichem Talent, und wo Bunin ist, dort steht ganz sicher Tschechow nebenan und stirbt vor Lachen."

Heute ist im Haus des Schrifstellers in Yalta ein Museum untergebracht, und in einem der Parks steht sein Denkmal.

## Dichter über die Krim

### Ansicht der Berge von den Keslow'schen Steppen

**Adam Mickiewicz**
**Übers.: Peter Cornelius**

Pilger

*Was wollte Allah mit dem Eisesmeere?*
*Hat Engeln er den Wolkenthron errichtet?*
*Ward von den bösen Genien aufgeschichtet*
*Der Damm, dass er die Fahrt den Sternen wehre?*

*Das glänzt, als ob Byzanz ein Brand verzehre!*
*Hat Allah, wenn die Nacht den Tag vernichtet,*
*Im Meer des Alls die Leuchte aufgerichtet,*
*Den Weg zu hellen vor dem Weltenheere?*

Mirza, sein Führer

*Dort? Ich war dort. In Winters Nest von Eise*
*Sah Bach und Strom ich gierig Atzung schlingen;*
*Schnee war mein Atem; hoch ging meine Reise,*
*Wie Wolk' und Adler selbst sie nicht vollbringen,*

*Wo in der Wiege summt der Donner leise*
*Und über mir nur noch die Sterne gingen!*
*Das ist der Chatyrdah!*

Pilger

*Ah! —*

### Weg über den Abgrund von Tschufut-Kale

**Adam Mickiewicz**
**Übers.: Peter Cornelius**

Mirza und der Pilger

Mirza

*Nun bete! Los den Zaum! Die Blicke wende!*
*Hier muss dem Pferd der Reiter sich vertrauen.*
*Das wackre Tier! Es misst der Tiefe Grauen,*
*Prüft mit dem Huf des Abgrunds Felsenrände.*

*Schau nicht hinab! Die Tiefe hat kein Ende,*
*Wie Kairos Brunnen, ohne Grund zu schauen;*
*Streck nicht die Hand aus, darfst dir's nicht getrauen,*
*Denn keine Flügel haben deine Hände.*

*Selbst die Gedanken musst du an dich halten!*
*Wirf nicht den Anker aus in solchen Schlünden,*
*Sonst mit dem Anker wird das Boot verschlungen.*

Pilger

*Und dennoch schaut' ich – durch des Weltalls Spalten;*
*Doch was ich schaut', im Tod nur kann ich's künden,*
*Denn unaussprechlich ist es irdschen Zungen.*

### An die Fontäne im Schloss zu Bachtschissarai

**Alexander Puschkin**
**Übers.: W. Groeger**

*Ich bring' die Rosen, Bronn der Fraun*
*Und Liebe, schönste der Fontänen!*
*Ich lieb' dein rieselndes Geraun*
*Und deine dichterischen Tränen.*

*Dein Silberstaub weht um mich her*
*Und hüllt mich ein in farbige Helle;*
*Ach, fließe, fließe, kühle Quelle!*
*Ach, flüstre, flüstre deine Mär! ...*

*O Bronn der Liebe, Bronn der Trauer!*
*Ich fragte deinen Marmor auch:*
*Sang fernem Lande Lob dein Schauer;*
*Doch von Maria sprach kein Hauch...*

*O blasser Haremsstern, im Leide*
*Vergaßest du ihr Augenlicht?*
*Maria und Sarema, beide,*
*Seid ihr nichts als ein Traumgesicht?*

*Hat nur aus traumhaftem Gefilde*
*Ein Traum in einem leeren Strahl*
*Gehaucht sein flüchtiges Gebilde,*
*Der Seele vages Ideal?*

te er, und hier befindet sich sein Grab. Aiwasowski baute selbst das Haus, das Galerie, künstlerischer Veranstaltungsort und Treffpunkt für viele Menschen jener Zeit war. Hier fanden Musikkonzerte und Auftritte berühmter Schauspieler statt. In der Stadt befindet sich ein Museum des Malers, in dem 417 Werke von ihm zu sehen sind sowie verschiedene Andenken an den Künstler. Es gibt auch einen von ihm entworfenen Springbrunnen (s. Reiseroute 4).

Im 20. Jh. riss der Zustrom auf die Krim nicht ab. Immer noch kamen Künstler hierher, um Inspiration zu suchen und ihren Krankheiten zu entfliehen. Seine letzten Lebensjahre verbrachte hier der russische Schriftsteller und Sohn eines polnischen Verbannten **Alexander S. Grin** (eigentlich Gryniewski). In seinem Haus in Feodosiya befindet sich jetzt ein Museum (s. Reiseroute 4). In derselben Stadt lebte und arbeitete über 20 Jahre lang der Maler **N. S. Samokisch.** Auf der Krim weilte der Dichter **Majakowski,** dessen Büste in Alushta steht. Hierher verlegte auch der Nobelpreisträger **Iwan Bunin** die Handlung der Erzählung „Mitjas Liebe". In Koktebel führte der Poet und Symbolist **Maximilian Woloschin** ein offenes Haus für befreundete Künstler. Abends las man sich hier die neu geschriebenen Werke vor. Auf einem dieser Abende las **Bulgakow** seine Erzählung „Hundeherz" (s. Reiseroute 6).

Der Ruhm der Krim als Kur- und Erholungsort drang bis weit nach Westen vor. Im Palast von Oreanda weilten u.a. **Mark Twain** und **Paul Robson.**

Nicht vergessen seien die Politiker. Viel Zeit verbrachte hier **Lenin** mit seiner Familie, wovon zahlreiche Gedenktafeln künden. Die wichtigsten Staatsführer trafen sich in einem Palast in der Nähe von Yalta, um die Nachkriegsgeschicke Europas zu bestimmen (s. Reiseroute 5). In der Zeit des Kommunismus kamen Parteimitglieder und Sportler auf die Krim. Für sie wurden die exklusiven Hotels, Pensionen und Sanatorien gebaut. Das förderte die kulturelle Entwicklung der Region, darum besuchten auch weiterhin Künstler die Halbinsel, u.a. der russische Liedermacher **Wladimir Wisotzki.**

## Die Pflege des Kulturerbes

Die Pflege des Kulturerbes hat auf der Krim eine lange Tradition. Ihre Anfänge sind mit der in der Mitte des 19. Jh. in Odessa tätigen „Gesellschaft der Liebhaber des Altertums" verbunden. Forschungen führte hier auch die „Moskauer Archäologische Gesellschaft" durch. Diese und andere Gesellschaften trugen zum Bekanntwerden der auf der Halbinsel existierenden Denkmäler bei. 1826 wurde in Kerch eins der ersten Museen in Russland eröffnet, das Museum für Altertum, und kurz darauf entstand ein weiteres in Khersonesos. 1917 wurde im Khanspalast in Bakhchysarai ein türkisch-tatarisches Museum eröffnet. In den Zwischenkriegsjahren wurden viele andere Objekte unter Schutz gestellt, u.a. die Felsenstädte bei Bakhchysarai. Die wissenschaftliche Expedition, die in jener Zeit Forschungen auf der Krim durchführte, bestimmte und untersuchte Hunderte von kulturellen und folkloristischen Denkmälern in dieser Region.

Die geschützten Orte und Gegenstände wurden in historisch-kulturelle oder historisch-archäologische **Parks** integriert. Ein Teil wurde in **Museen** ausgestellt oder zu **Architekturdenkmälern** ernannt. Das Kulturerbe kann in drei Kategorien unterteilt werden: Denkmäler aus alten Kulturen, Errungenschaften der letzten beiden Jahrhunderte (Malerei, Plastik, Architektur und Gartenbaukunst) und Denkmäler des Martyriums. Letztere sind hier sehr zahlreich. In fast jeder Ortschaft befindet sich ein Grab des unbekannten Soldaten, eine Gedenktafel oder wenigstens ein Denkmal für die Gefallenen. Das Panorama-Museum „Die Verteidigung Sevastopols 1854–55" ist eins der größten und meistbesuchten Museen der Ukraine.

### Bakhchysarai

1991 wurde bei Bakhchysarai der **Historisch-Kulturelle Park Bakhchysarai** angelegt. Er beherbergt rund 150 Denkmäler, darunter den Khanspalast, das Uspenskij-Kloster, das Museum der Archäologie und der Felsenstädte, ein Museum für Malerei und Literatur und außerdem eine Abteilung der Stiftung für Denkmalerfassung und -pflege. Innerhalb seiner Grenzen liegen die folgenden **Felsenstädte:**

- **Chufut-Kale,** in Bakhchysarai
- **Bakla** (4.-14. Jh.), 2,5 km nördlich von Skelyste
- **Kachy-Kalon,** am Rand von Bashtanivka
- **Tepe-Kermen** (6.-14. Jh.) und **Kyz-Kermen** (8.-9. Jh.), in der Nähe von Mashino
- **Eski-Kermen,** 6 km südwestlich von Krasnyi Mak
- **Mangup,** 2 km von Zalesne
- **Chelter-Marmara** und **Shuldan,** unweit von Ternivka
- **Festung Syuyrenska** und **Kloster Chelter-Koba,** am Rand von Male Sadove

### Kerch

1988 entstand in Kerch ein **Historisch-kultureller Park,** der sowohl eine Ausstellung von alten Kulturdenkmälern als auch Denkmäler der jüngsten Vergangenheit enthält (s. Reiseroute 7). Zum Park gehören: das historisch-archäologische Museum, das Museum für die Geschichte der Verteidigung der Steinbrüche von Adzhymushkai, eine Gemäldegalerie und das Museum für die Geschichte der Landung in Eltigen.

### Khersonesos

Der **Historisch-archäologische Park Khersonesos** befindet sich auf der Ul. Drevnyaya in Sevastopol (s. Reiseroute 2). Er entstand 1978, das Museum ist jedoch bereits seit 1817 tätig. Zu ihm gehören das historisch-archäologische Museum (es besitzt ca. 200.000 Exponate, darunter Fragmente von Fresken, Mosaiken und beschriftete Platten), aber auch eine Stadt mit den Umrissen von Straßen und den Überresten einiger Gebäude, z.B. den Säulen einer Basilika, einer Münzanstalt, einem antiken Theater und Überresten von Wehrmauern.

## Märchen und Sagen der Krim

### Warum das Schwarze Meer so stürmisch ist

In längst vergangenen Zeiten lebte einmal ein tapferer Mann, der einen wunderbaren Pfeil besaß. Das war eine schreckliche Waffe. Wo er entlang flog, brachen Stürme los, türmten sich die Wellen, bebte die Erde und ging alles Lebendige zugrunde. Zum Glück war der Besitzer des Pfeils ein kluger und besonnener Mann.

Die Jahre vergingen, der Held wurde älter und spürte, dass er bald sterben würde. Lange dachte er nach, wie er seine Waffe sichern solle, damit sie nicht in unbefugte Hände gerate. „Soll ich sie meinen Söhnen geben?" überlegte er. „Nein, sie sind zu jung, zu ungestüm." Schließlich beschloss er, den Pfeil im tiefsten der Meere zu versenken - im Schwarzen Meer. Alsbald rief er seine Söhne, gab ihnen den Pfeil und befahl ihnen, ihn bis auf den tiefsten Meeresgrund zu werfen. Die Söhne zogen von dannen, doch als sie bei den hohen Bergen angelangt waren und vom Gipfel herab das grenzenlose Meer erblickten, tat es ihnen leid um den Pfeil, und sie verbargen ihn im Gebirge. Sie beschlossen, den Vater zu belügen. Wie verwundert waren sie jedoch, als sie bei ihrer Heimkehr ihren Vater erzürnt vorfanden: „Ihr habt euer Versprechen gebrochen und gegen meinen letzten Willen gehandelt. Ich werde euch meinen Segen nicht geben, bevor der Pfeil nicht in den Fluten des Meeres versinkt." So zogen die Söhne noch einmal aus, suchten den Pfeil im Gebirge, trugen ihn ans Ufer und warfen ihn ins blaue Wasser.

Seit jener Zeit findet das Schwarze Meer keine Ruhe mehr. Immer bäumt es sich auf, tobt und braust. Die wunderbare Kraft des Pfeils hat es zum Leben erweckt.

### Das Meerherz

Einst badeten zwei Brüder im Meer. Der ältere hielt sich nahe am Ufer, während der jüngere immer weiter und weiter hinausschwamm. Eine Welle fand Gefallen am Mut des Jünglings, sie riss ihn in ihre Arme und zog ihn mit sich. Der Jüngling kämpfte gegen das Wasser, rief seinen Bruder zu Hilfe. Der jedoch eilte nicht zu Hilfe – er fürchtete selbst, sein Leben aufs Spiel zu setzen. Er schwamm zu einem hervorstehenden Felsen und kletterte hinauf.

„Bruder, rette mich!" rief der Jüngling. „Möge Gott dich retten", entgegnete jener. Die Welle erzürnte ob der Feigheit des älteren Bruders. Sie nahm Anlauf, bäumte sich auf, riss ihn vom Felsen und verschlang ihn. Den jüngeren Bruder indes nahm sie mit auf den Meeresgrund, wo ihm die Seekönigin einen Empfang bereitete. Seine Tränen verwandelte sie in glänzende Perlen und sein Haar in Korallen.

Den Leib des älteren Bruders rissen Fische und Krebse auseinander, nur das feige Herz wollte niemand anrühren. Es lag auf dem Meeresgrund, glatt und kalt. Vor brennender Scham wurde es bleicher und bleicher, bis es ganz durchsichtig war. Dort liegt es bis heute, nur von Zeit zu Zeit wirft das Meer es ans Ufer. Dort trocknet es aus und verschwindet spurlos.

### Die Nixe am Brunnen in Miskhor

Vor langer Zeit lebte im Dorf Miskhor ein bescheidener Mann, der hatte eine schöne Tochter mit Namen Arsa. Sie war von anmutiger, biegsamer Gestalt gleich einer Weinrebe, ihre Lippen glichen dunkelroten Kirschen, und ihre Wangen waren samten wie reife Pfirsiche. Allen Männern gingen beim Anblick des heranwachsenden Mädchens die Augen über, am meisten aber starrte ein bösäugiger Greis sie an – Ali Baba. Es ging das Gerücht, er raube Mädchen und verkaufe sie auf dem Sklavenmarkt.

Die Jahre vergingen, und Arsa wurde mit jedem Tag schöner. Sie liebte es, am Rand des Springbrunnens zu sitzen und an den Jüngling zu denken, dem sie einst begegnet war. Eines Tages schließlich schickte der Jüngling seine Brautwerber. Groß war das Glück des Mädchens, groß war das Glück des alten Vaters und des ganzen Dorfes über die Kunde von der bevorstehenden Hochzeit. Am letzten Tag, als alles schon zur Hochzeit fertig war,

Das Goldene Tor bei Koktebel

lief Arsa zum Springbrunnen, um ihr Glück mit ihrem vertrauten Freund zu teilen. Sie bemerkte nicht, dass ihr Augen folgten, böse Augen. Plötzlich wurde sie von einem Paar Armen geschnappt, die fesselten sie, warfen ihr einen Mantel über den Kopf und schleppten sie auf ein Boot.

Groß war die Verzweiflung des Bräutigams, groß war die Verzweiflung des Vaters und aller Dorfbewohner. Tränen vergoss der Springbrunnen, doch am bitterlichsten weinte Arsa selbst. Sie gelangte in den Harem des Sultans, aber das konnte sie nicht erfreuen. Und obgleich sie nach einem Jahr einen Sohn gebar, fand sie keinen Frieden. Eines Tages nahm sie das Kind auf ihren Arm, stieg auf einen hohen Turm und stürzte sich ins Meer.

Am gleichen Tag entstiegen am Ufer von Miskhor eine Nixe und ein Jüngling den Wellen. Sie gingen zum Springbrunnen und setzten sich auf seinen Rand. Niemand weiß, worüber sie flüsternd miteinander sprachen. Alsdann kehrten die beiden ins Meer zurück ... um im darauffolgenden Jahr wiederzukommen.

Nicht jeder kann die Nixe sehen. Arsa hingegen ist für alle sichtbar – verewigt in Bronze vom esthnischen Bildhauer A. Adamson. Ihr Denkmal steht nach wie vor am Brunnen in Miskhor.

### Gold am Fuße des Chatyrdah

Sein ganzes Leben verbrachte der Große Khan Giren im Sattel. Nie ermüdeten ihn die blutigen Kämpfe, unersättlich war er.



073kr Foto: to

Zwanzig Jahre seiner Herrschaft waren herum. Der Khan hatte alles, was ein Mensch sich nur wünschen konnte. Nur eines hatte er nicht – einen Nachkommen. Der Wunsch nach einem Sohn raubte dem Herrscher den Schlaf. Manches Mal sah man ihn sich seinen Bart raufen, dann wieder tötete er erbarmunglos jene seiner Untertanen, die mit Kindern gesegnet waren. Bisweilen ertränkte er seine Frauen in den Bassins seines Palastes oder warf sich vor Allah zu Boden. Ein Sohn aber wurde ihm nicht geschenkt.

Eines Tages, als der Khan aus der Moschee trat, näherte sich ihm ein Greis, der wie ein Derwisch aussah, und sprach: „Herr, ich will dir helfen, und ich glaube, ich kann es auch."

Der Khan erzürnte ob der Frechheit des Alten, doch der schrak vor dem Blick des Herrschers nicht zurück. Da befahl er dem Derwisch, zur Dämmerung in seinen Palast zu kommen. Niemand weiß, worüber Khan Giren mit dem Derwisch sprach, genug dass beide um Mitternacht ihre Pferde sattelten und zum Berg Chatyrdah ritten. Sie gelangten an die Schlucht, die die Dunkle genannt wird, und weiter gingen sie zu Fuß. Als die Finsternis sie verschlungen hatte, sprach der Derwisch: „Herr, noch ist Zeit, dich zu besinnen und umzukehren."

Giren aber kehrte nicht um. Niemand weiß, was in der Dunklen Schlucht geschah. Man weiß nur, dass der Khan nach einiger Zeit kreidebleich aus der Schlucht gerannt kam, aufs Pferd sprang und zur Stadt zurück jagte. Hinter ihm, aus der Schlucht, erhob sich ein scharfer Schwefelgestank. Nach neun Monaten wurde dem Khan ein Sohn geboren. Auf seiner Wange trug der Knabe ein rotes Mal, das einem Brandmal glich. Der Knabe wuchs zu einem kräftigen Jüngling heran, doch schon von frühesten Jahren an offenbarte er einen schlechten Charakter. Ihn schreckten nicht Martern noch Hinrichtungen, er erfreute sich am Schmerz und am Leiden anderer. Selbst auf der Jagd setzte er mit Vorliebe verwundetem Wild nach. Der Khan schaute seinen Sohn an und war voller Freude. Der Jüngling war schließlich genau so, wie sein Vater es erwartete: Er war ein Mensch ohne Herz.

Die Jahre vergingen, und der Khan spürte, dass seine Zeit gekommen war. Er rief seinen Sohn zu sich und sprach: „Nach meinem Tod wirst du mein Reich erben. Doch denke daran, du musst zur Dunklen Schlucht reiten, wo du den alten Derwisch triffst. Du wirst dich vor ihm verneigen und ihm für alles danken, was er für uns getan hat. Der Alte wird dir auch einen Wunsch erfüllen."

Nach dem Tod des Vaters zog der junge Herrscher aus, um dem Derwisch seinen Besuch abzustatten. Unterwegs begegnete ihm ein alter Mann, der Reisig aus dem Wald trug. „Geh mir aus dem Weg!" schrie der junge Khan und zog dem Alten die Peitsche über, dass ihm dessen Blut auf den Ärmel spritzte.

Als er beim Derwisch angelangt war, blickte dieser auf das eingetrocknete Blut an seinen Kleidern und sprach:

„Ich kenne deinen Wunsch. Du willst, dass alle Leute vor dir erzittern. Du willst Schrecken verbreiten, Verzweiflung und Feuersbrünste. Ich werde dir deinen Traum erfüllen. Ich gebe dir so viel Gold, dass du damit das größte Heer der Welt ausrüsten kannst. Dieses Heer wird die Völker zugrunde richten, und fruchtbare Böden werden sich in Wüsteneien verwandeln."

Wie es ihm der Derwisch beschrieben hatte, fand der Jüngling einen Spalt am Fuße des Chatyrdah und darin eine Goldader.

Ein großes Heer rüstete der Khan aus, viele Länder unterwarf er. Wo immer er erschien, vernahm man Schreien und Wehklagen. Wo immer er vorüber ritt, hinterließ er Tod und Ruinen. So zog der Khan auch einst nach Norden. Er raubte den Menschen ihren ganzen Besitz und trieb sie in die Sklaverei. Unter den Gefangenen befand sich ein unerschrockener Mann, der schrie: „Warte, Grausamer! Es kommt die Zeit, da die Schale des Blutes, das du vergossen, überlaufen wird."

Hart lachte der Khan auf und befahl, den Verwegenen zu töten. Er wusste nicht, dass der Fluch sich schon bald erfüllen sollte. Unter den vielen Gefangenen war auch eine Frau, die sich die ganze Zeit die Augen ausweinte. Beim Überfall der Tataren war ihre zwölfjährige Tochter in den Wald geflohen. Jetzt sorgte sich die Mutter, ob ihr Kind nicht hungere, ob es nicht von wilden Tieren zerrissen werde. Die Tochter aber lief die ganze Zeit hinter dem Zug der Gefangenen her. Sich von toten Pferden nährend folgte sie den Angreifern in der Hoffnung, ihre Mutter wiederzufinden. Als sie auf der Krim ankam, irrte sie durch die Wälder, bis sie in die Gegend des Chatyrdah gelangte.

Zur selben Zeit holte der Khan gerade wieder Gold aus seinem Gold spendenden Felsspalt. Das Mädchen verbarg sich im Gebüsch. Da sah es, wie ein Klumpen Gold herausfiel. Es dachte, solch ein vermögender Herr werde ihr wohl helfen können, ihre Mutter wiederzufinden. Also trat es aus seinem Versteck und reichte dem Khan den verlorenen Klumpen. Den Bösewicht erzürnte jedoch die Furchtlosigkeit des Kindes so, dass er es auspeitschte. Unschuldiges Blut floss auf das Gold. Ein Tropfen davon brachte die Schale zum Überlaufen.

Der Schrei des Mädchens hallte vom Himmel wider. Der Anblick der Tränen des Kindes ergriff den Berg Chatyrdah. Als er das unschuldige Blut sah, erbebte er. Er schleuderte Steine herab und begrub den grausamen Khan darunter.

Seit jener Zeit gibt es auf der Krim kein Gold mehr. Auch die schrecklichen Angreifer gibt es nicht mehr, und den Leib des Khans hat keiner je gefunden, und es wird ihn auch nie einer finden.

### Vom schlauen Kosaken und dem gierigen Türken auf der Zitadelle in Mangup

Es wird berichtet, dass in den Zeiten, als die Türken auf der Krim herrschten, in Mangup ein Pascha lebte, der der

Befehlshaber der Schlosswache war. Er war unglaublich habgierig. Nichts liebte er so sehr wie Gold. Seinen Untertanen erlegte er hohe Steuern auf und plünderte mit seinen Soldaten die umliegenden Dörfer. Wenn ihm Gefangene gebracht wurden, nahm ihnen der Pascha alles weg, was sie hatten.

Einst wurde ein schlauer Kosak in den Kerker des Schlosses gesperrt. Der Kosak erkannte rasch die Schwäche des Paschas und beschloss, sie auszunutzen. Viele Abende lang erzählte er ihm Geschichten von den Reichtümern der fernen Länder, die er auf seinen zahllosen Reisen gesehen hatte, und errang damit allmählich die Zuneigung des Paschas. Eines Tages, als dieser wie gewöhnlich zum Kosaken kam, um ihm zuzuhören, sprach dieser: „Ich werde dir ein Geheimnis enthüllen. Bislang zögerte ich, weil ich mich erst davon überzeugen musste, dass du ein guter Mensch bist."

Der Pascha führte den Kosaken in sein Gemach, und der hub an. Er sprach von einem großen Schatz, den die Kosaken einst auf die Krim gebracht und in einer Höhle in der Nähe ebendieser Burg Mangup versteckt hatten. Er fabulierte von Gold, Silber und teuren Steinen. Er beschrieb Perlen und Rubine an vom Gold schweren Halsketten, Diamanten an kostbaren Ringen. Der Pascha war ganz ins Zuhören vertieft, seine Augen verschleierten sich. Während er sich all diese Reichtümer ausmalte, fiel er in Schlaf.

Ihm träumte, er verbringe ganze Tage auf der Suche nach dem Schatz. Er durchstöbert die Gefilde, blickt in jedes Loch, unter jeden Strauch. Er ist schon der Verzweiflung nahe, da entdeckt er unverhofft etwas Glänzendes zwischen den Steinen. Er läuft hinzu, schiebt die Steine beiseite und erblickt goldene Münzen. Mit einem Mal erscheint ihm ein schönes Mädchen und spricht zu ihm: „Dieses Geld gehört mir. Ich erlaube dir nicht, mir meine Aussteuer wegzunehmen, es sei denn, du wirst mein Mann."

Als er eben „ja" sagen wollte, erwachte er. Sein Gemach war leer, und auf dem Boden lagen die Fesseln des Kosaken. Der Pascha hatte jedoch keine Zeit, dem Entlaufenen hinterherzujagen. Sogleich begab er sich auf die Suche nach dem Schatz. Er durchmaß alle Kerker und Keller des Schlosses, grub die ganze Gegend um, schaute in jede Höhle, jedes Loch. Er tauchte in die tiefsten Seen und erklomm die höchsten Berge. Am Ende beschloss er, den steilen Felsen Mangup-Kale zu erklimmen, doch der erwies sich als zu steil. Seine Gier hatte den Pascha ins Verderben gestürzt.

Man erzählt, die Seele des Paschas irre immer noch in der Nähe der Burg umher auf der Suche nach dem Eingang zur Höhle voller Gold. So wird sie umherziehen, bis die Zeit ihre Spuren verwischt. Man erzählt auch, zu manchen Zeiten sei aus dem Schloss ein Lachen zu hören. Das ist die Seele des schlauen Kosaken, der über die Einfalt des Paschas lacht.

## Kizil, die Frucht des Teufels

Als Allah sein Schöpfungswerk vollendet hatte, legte er sich auf eine

Wiese, um auszuruhen. Die Welt war schön. Es grünten die Bäume, es entfalteten sich Knospen und Blüten – der Frühling brach an. Doch siehe, Menschen und Tiere kamen in den Garten gelaufen, und jedes wollte so viele Pflanzen wie möglich haben. Sie rissen sie aus, sie rauften und rangen miteinander, bis solch ein Tumult entstand, dass Allah selbst ihn vernahm. Als er sah, was vor sich ging, sprach er: „Ich werde jedem von euch eine Pflanze geben. Überlegt gut und sagt, was ihr gewählt habt."

Menschen und Tiere traten nacheinander an Allah heran, und der gab dem den Kirschbaum, diesem den Apfelbaum, jenem den Pfirsichbaum. Zuletzt kam auch der Teufel. Er bat um Kizil, den Hartriegel, denn er dachte sich: Wenn diese Pflanze als erste blüht, wird sie auch als erste Früchte tragen. Die wollte er dann teuer auf dem Basar verkaufen.

Der Sommer verging, und die Kizil-Früchte waren immer noch hart und grün. Der Teufel tobte vor Zorn und Scham. Die Menschen kamen, ihn auszulachen, und der Teufel schrie: „So eine Pflanze will ich nicht! Ihr könnt sie haben!"

Als der Herbst kam und alle Früchte aus den Gärten schon geerntet waren, gingen die Menschen in den Wald, die schwarzen, süßen Kizil-Beeren zu sammeln. Als das der Teufel sah, wurde er noch zorniger. Er überlegte lange, wie er sich an den Menschen schadlos halten könne, und schließlich fiel ihm etwas ein. Er sorgte dafür, dass der Kizil-Strauch im nächsten Herbst zweimal so viele Früchte trug. Die Menschen waren erfreut, wussten aber nicht, dass so die Sonne zweimal mehr Wärme geben musste, damit die Früchte reifen. Bald nach der Ernte begann ein langer, bitterkalter Winter.

Seit jener Zeit müssen die Menschen immer, wenn der Kizil viele Früchte trägt, einen harten Winter erleiden.



## Moderne städtische Kultur

Eine moderne städtische Kultur begann mit der Annexion der Krim durch die Russen. Natürlich gab es auch vorher schon Städte, aber die hatten einen ganz anderen Charakter. Die Umgestaltung tatarischer in russische Städte verlief recht fließend: Die **russische Kultur** überlagerte nach und nach die islamische, die ohnehin schon im Schwinden begriffen war. Während der Kriege wurde die russische Architektur aus dem 17. bis 19. Jh. weitgehend zerstört.

Nach dem 2. Weltkrieg nahmen **Großblocksiedlungen** ihren Platz ein. Die monumentalen Bauten im sozialistisch-realistischen Stil breiteten sich in Windeseile über die ganze Halbinsel aus. Typisch für diese Zeit sind zahllose **Denkmäler** für die Helden und Verteidiger der Heimat, von denen nicht wenige in dieser unruhigen Region gefallen sind. In jeder Ortschaft entstanden gigantische Kulturhäuser, Bibliotheken, Bahnhöfe und Warenhäuser. Jetzt stehen sie leer und schrecken mit ausgeschlagenen Fensterscheiben.

075kr Foto: pk

Die meisten Städte und Dörfer der Krim machen keinen sympathischen Eindruck. Etwas besser sehen die Küstenorte aus, wo man aus Rücksicht auf die Touristen mehr auf einen ästhetischen Anblick achtet. In den Seebädern gibt es mehr Grün, weniger Großblöcke, das Ganze wird von Springbrunnen, Parks und Promenaden verschönert.

Heute gibt es in jeder größeren Stadt ein **Theater,** in der Hauptstadt der Krim, Simferopol, sogar vier: das Russische Dramatische Theater, das Ukrainische Musiktheater, das Kinderpuppentheater und das Krimtatarische Musikalisch-Dramatische Theater. Jedes Jahr findet in Kerch das Festival der Antiken Theater statt.

Nicht ganz so gut sieht es in der Musik aus. **Philharmonien** gibt es nur in Simferopol und Yalta. Die Hauptstadt besitzt auch eine Musikhochschule. Die einst zahlreichen **Tanzensembles** und -gruppen haben leider mit finanziellen Schwierigkeiten zu kämpfen.

Auf der Krim gab es früher sehr viele **Kinos,** doch nach dem Fall des letzten politischen Systems mussten die meisten schließen. Die überlebt haben, spielen amerikanische B-Movies, es werden wenige russische und noch weniger ukrainische Filme gezeigt. In kommunistischen Zeiten gab es in Yalta eine Zweigstelle des Moskauer Kinder- und Jugendfilmstudios Maxim Gorki. Ein Filmstudio befindet sich auch in Odessa. Aufgrund der außer-

074kr Foto: pk

gewöhnlichen Landschaft werden auf der Krim Szenen für viele russische und ausländische Produktionen gedreht. Der Lieblingsort der Regisseure ist Voyennyi Horodok an der Westküste.

Die jetzigen Städte der Krim bilden eine eigenartige Mischung aus sozialistischem Realismus, altertümlichen Baudenkmälern und **moderner Massenkultur.** Letztere erobert die Insel in schnellem Tempo; es entstehen Diskotheken, Clubs und Pizzerias. Auf den Straßen flackern Neonreklamen, und es sind amerikanische oder russische Popsongs zu hören. Nach und nach nisten sich auch westliche Firmen, Geschäfte und McDonald's-Filialen ein. Im Dorf Popivka bei Yevpatoriya sind im Sommer die berühmten **Discos** „Planet Z" und „Republik Kazantip" aktiv.

Kiewer Straßenbahn

Maidan Niezalezhnost in Kiew

## Musik

Bei einem Besuch auf der Krim empfiehlt es sich, einen Teil des Budgets für den Kauf von **CDs, Kassetten und Konzerteintrittskarten** zu reservieren – aber nicht für russischen Pop, der einen aus jeder Ecke anspringt, sondern für **Volksmusik und -tänze.** Hier ver-

dient eigentlich alles, was man zu hören bekommt, Aufmerksamkeit – die miteinander verflochtenen Kulturen der Krim sind interessant, und ihre Musik kann ein wertvolles Reiseandenken sein oder bei den häuslichen Präsentationen von Urlaubsdias oder -fotos als reizvolle Tonspur dienen. Neben den sorgfältig gemachten offiziellen Folklore-CDs empfehlen wir volkstümlichere Ausgaben, die man auf dem Basar oder bei Straßenverkäufern erstehen kann. In den Bergen von **Pop-Folk-Produktionen** lassen sich wahre Perlen finden. Jeder kann hier zum Entdecker neuer Klänge und zuweilen aufregender musikalischer Mariagen werden.

Die Musik der Krim ist ein Konglomerat aus unterschiedlichen Einflüssen, die heute eine eigene Qualität bilden. Ihre Hauptkomponenten sind die türkische Musik der Krimtataren, die Musik verschiedener jüdischer Gruppen, die sich auf der Krim niedergelassen haben, Einflüsse der khasarischen Kultur und moderne Elemente, die von den Russen mitgebracht wurden.

Ein spezifisches orientalisches Kolorit verleiht der Musik der Halbinsel die Kultur der **Krimtataren,** jenes Turkvolks, das hier seit dem 7. Jh. u.Z. lebt. Ihnen verdankt die Musik der Krim das **orientalische Instrumentarium** aus Rohrflöten (Ney), Hirtenflöten (Kaval) und türkischen Oboen (Zurna) sowie arabischen Lauten (Ud und Saz). Diese Einflüsse ähneln denen, die die **türkische Kultur** in Rumänien, Bulgarien und den Ländern des ehemaligen Jugoslawien hinterlassen hat.

Die Volksmusik der Krimtataren gilt heute als Verbindung der orientalischen Tradition mit der Kultur der Völker, die aus Zentraleuropa auf die Krim eingewandert sind. Zur derartig gestalteten Tradition der Krim gehören mannigfaltige vokale Formen und Tänze in Pentatonik und orientalischen Rhythmen im 7/8-, 5/8- und 9/8-Takt.

Straßenmusiker gehören zum Stadtbild

Die Einflüsse der **jüdischen Kultur** beschränkten sich nicht auf die religiöse Musik, sondern waren auch in weltlichen Kompositionen von Bedeutung: in der Unterhaltungsmusik, im Solomusizieren, in der Improvisation und der Begleitmusik für Theater und Aufführungen. Die Juden brachten die Traditionen der Länder, aus denen sie ausgewandert waren, mit auf die Krim. So bildeten z.B. die polnisch-litauischen Juden eine große Gruppe, eine jeweils andere die Karäer und die Krimtschaken.

Aus **Russland** gelangten neuere Instrumente auf die Krim, die im Laufe der Zeit viele traditionelle verdrängten. Zu den wichtigsten gehören **Akkordeon, Klarinette und Gitarre.** Am Wesen der Krim-Musik änderte das jedoch nichts, und in der neuen Ausgabe scheint sie ebenso interessant zu sein.

### Ensemble „Krym"

Das Ensemble „Krym" ist ein staatliches Ensemble mit 41 Mitgliedern, das die musikalische Kultur der Krim sowie Tänze und zeremonielle Aufführungen präsentiert. Von Zeit zu Zeit bereitet es ein neues musikalisches Spektakel vor. „Krym" kultiviert die ältesten musikalischen Traditionen der Krimtataren und bewahrt das allgemein in Vergessenheit geratene Instrumentarium türkischer Herkunft auf.

Die Tänzer und Musiker von „Krym" treten in herrlichen **Volkstrachten** auf, was ihre Auftritte noch anziehender macht.

112kr Foto: pk

## Enver Izmailov

Enver Izmailov ist ein ungewöhnlicher Musiker der Krim. Wer sich für die Gegenwartsmusik der Krim interessiert, dem sei der herausragende **Gitarrist** und Teilnehmer an vielen interessanten Musikprojekten empfohlen. Izmailov begann mit 15 Jahren (1973), Gitarre zu spielen, und nach Abschluss der Musikschule in Fergana sowie der Universität Taschkent (1990) startete er eine sehr aktive musikalische Karriere. Für seine Kompositionen und die einzigartige Gitarrenspieltechnik erhielt er den ersten Preis beim Schweizer First European International Guitarist Competition in Lausanne. Von den ukrainischen Musikkritikern wurde er zum Musiker des Jahres gewählt.

Das Ungewöhnliche an Izmailovs Spiel beruht auf der von ihm entwickelten Spieltechnik auf der E-Gitarre: Er spielt sie wie ein Klavier, indem er gleichzeitig mit den Fingern beider Hände auf die Saiten schlägt. Dabei spielt er die Basslinie mit der linken und parallel dazu die Melodielinie mit der rechten Hand. Diese Technik, die **Tapping** genannt wird, wird auf Stanley Jordan zurückgeführt, doch es scheint, als sei sie eher von Izmailov erfunden worden und zwar lange vor Jordan.

Wenn man bedenkt, dass Izmailovs Lieblingsrhythmen 9/8, 11/16 oder 13/16 sind, wundert man sich nicht, dass einem auf seinen Konzerten vom Zuhören (oder Zuschauen) schwindlig wird. Der Musiker bewegt sich mit der gleichen Leichtigkeit durch die orientalische Musik und die traditionellen Melodien der Krim wie durch Rock, Jazzimprovisationen oder Klassik. Um seine Arrangements noch mehr anzureichern, verwendet er manchmal Sampler, die die Gitarre wie eine türkische Saz oder gar wie orientalische Perkussionsinstrumente, z.B. Tabla, klingen lassen. Die Gitarrenfirma Blade von Gary Levinson hat einen Vertrag über die Produktion von Gitarren für den Bedarf von Izmailovs Technik und für ihn selbst abgeschlossen.

Izmailovs Spezialität, für die er das Diplom der Universität Taschkent erhalten hat, ist die **Leitung von Folkloreensembles.** Er beteiligt sich gewöhnlich an zwei oder drei Projekten gleichzeitig, die Folklore mit Rock oder Jazz verbinden. Auf Enver Izmailovs Internetseite (www.jazz.ru/pages/izmailov) werden zwei seiner wichtigsten Musikprojekte erwähnt: Crimea Art Trio und Enver Izmailov – Nedim Nalbantoglu Project. Im Herbst 2002 hatte der Autor Gelegenheit, beim Ethno Jazz Trio Festival in Kischinau (Moldawien) zwei weitere seiner musikalischen Projekte kennenzulernen: das „Tatar Trio“ und das „Black Sea Trio“.

• **Ausgewählte Diskografie von Enver Izmailov:** At A Fergana Bazzar, 1991, Solo, Live in Munster; The Eastern Legend, 1991, Solo, RDM; Kara Deniz / Black Sea, 1992, Unit Records; Dancing Over The Moon, 1997, RDM Minaret Crimea Art Trio, 1998, Symphocarre.

## Russische und ukrainische Rock- und Popmusik

(von Peter Koller)

Als Besucher der zahlreichen kleinen Restaurants und Cafés in der Ukraine wird man üblicherweise konfrontiert mit der meist viel zu lauten und einfach - um nicht zu sagen einfallslos - produzierten russischen Pop- und Dance-Musik. Die Tatsache, dass sich sowohl in Russland wie auch in der Ukraine inzwischen eine **äußerst kreative und vielseitige Rock- und Popszene** entwickelt hat, wird somit vielen Krim-Reisenden verborgen bleiben. Da **CDs** in der Ukraine für unglaublich günstige Preise erhältlich sind, soll hier auf einige besonders interessante und empfehlenswerte Gruppen aus beiden Ländern verwiesen werden.

Auch der eine oder andere Sampler von ukrainischer oder russischer Rockmusik ist auf dem Markt.

### Empfehlenswerte Bands

Gewissermaßen die drei „Mütter" der spätsowjetischen Rockmusik sind die Gruppen **Kino** (Viktor Zoj), **DDT** und **Aquarium.** Während erstere sich auszeichnen durch eher düstere Klänge und somit ein wenig an Nick Cave erinnern, handelt es sich bei den Werken von DDT und Aquarium um melodische Songs mit leichten Folkanklängen. Nahezu alle später entstandenen Bands sind zumindest teilweise von diesen beeinflusst.

Neuere Gruppen sind **Zemfira** und **Tschytscherina** aus Russland und **Krykhitka Tsakhes** aus der Ukraine mit modernem, britpop-ähnlichem Rock mit markanten Frauenstimmen.

Komplexe Harmonien und die sehr dominante Geige prägen die Musik der russischen Gruppe **Notschnyje Snaipery,** während **Splean** aus St. Petersburg auffällt durch eine unkonventionelle Mischung aus geradlinigem Rock, elektronischen Spielereien und - speziell bei den älteren CDs - schier endlosen Flötensoli. Ein echtes Highlight ist das Album „Novyye Lyudy" (Neue Menschen).

Aus der Westukraine stammen die Bands **Okean Elzy** und **Druha Rika,** beide mit überwiegend akustischem, melodiösem Rock. Härtere Klänge bieten die Crossover-Bands **Tartak** und **TNMK,** die sich ein wenig mit „Molotov" oder den „Beastie Boys" vergleichen lassen - das ganze aber in ukrainischer Sprache. Akkordeon-lastigen Folkrock, ebenfalls mit ukrainischem Gesang, spielen die Bands **Haydamaky** und **Mandry.**

Freunden des Ska ist die - durch reichlichen Wodkakonsum - schon etwas mitgenommene Stimme des Sängers von **Leningrad,** Sergej Shnurov, durch die legendären Russendisco-CDs inzwischen auch hierzulande ein Begriff. Die ungekrönten Könige des ukrainischen Ska-Punk jedoch sind sicherlich **WW** aus Kiew mit einer wilden Mischung aus Folk, Punk und Ska, die auch in Russland zu den erfolgreichsten Bands zählen.

001kr Foto: to

# Reiserouten

Blick auf Yalta an der Südküste

# Reiseroute 1 Überblick

**Simferopol – Saky – Yevpatoriya – Halbinsel Tarkhankut**

Die Fahrt von Simferopol in den **Westen der Halbinsel** ist eine Route für Liebhaber breiter **Sandstrände** und zuverlässigen sonnigen Wetters, aber auch für die, die gern direkt am Meer campen. Die Reise beginnt am Bahnhof in Simferopol. Von der Wahl des Verkehrsmittels hängen Fahrtdauer (die *Elektrichka* fährt auf einem Umweg über 2 Std., der Bus braucht ca. 1:30 Std.) und Fahrtkosten ab (Bahn: 3 UAH, Bus: 20 UAH). Landschaftlich unterscheiden sich beide Varianten nicht sonderlich. Bei der Busfahrt erblickt man einige Radioteleskope und die weißen Kuppeln der Observatorien, die man von der Bahn aus nicht sieht. Die erklärte Mehrheit der Touristen beendet ihre Fahrt in Yevpatoriya, doch auch die Halbinsel Tarkhankut hat Besuchern etwas zu bieten.

Die ganze Westkrim kann von Simferopol oder Sevastopol aus besucht werden. In der Hymne von Simferopol, die auf dem Bahnhof bei der Abfahrt wichtiger Züge gespielt wird, heißt es denn auch *„Mein Simferopol – du Tor zur Krim. / Meine weiße Stadt am Fuße der sonnigen Hügel"*.

## Simferopol

(ukr. Сімферополь,
russ. Симферополь)

Simferopol ist eine gute Übernachtungs- und Verpflegungsbasis und außerdem das Verkehrszentrum der Krim: Hier laufen alle Bahn-, Bus- und Fluglinien zusammen. Bis an die Schwarzmeerstrände gelangt man von Simferopol aus. Nicht einmal 40 km westlich der Stadt liegen die Strände von Mykoláivka (ukr. Миколаївка, russ. Николаевка [*nikoláyevka*]) an der Bucht von Kalamita - der beliebteste Badeort der Hauptstädter (Anreise mit der *Marshrutka* vom Bahnhof für 10–12 UAH).

Simferopol ist die **Hauptstadt der Autonomen Republik Krim.** Die Stadt, die zentral in einer Niederung zwischen dem inneren und dem äußeren Gebirgszug des Krimgebirges an der Grenze zwischen Gebirge und Steppe und am größten Fluss der Halbinsel, dem Salhyr, liegt, ist ein natürlicher Verkehrsknotenpunkt. An diese Funktion knüpft der aus dem Griechischen stammende Name an: Simferopol - „Sammelstadt" (griech. *symfero* - „ich sammle"), den sich Eugenios Bulgaris - ein Gelehrter, Geistlicher und Sozialaktivist - ausgedacht hat und der der neu entstehenden Stadt 1784 von Feldmarschall Grigori Potjomkin, dem Fürsten von Taurien, offiziell verliehen wurde. Von 1802 bis 1921 war die Stadt Sitz des Russischen Gouvernements, danach bis 1946 und 1991–92 Hauptstadt der Autonomen SSR Krim und in den Jahren 1946–91 Sitz des Oblast Krim der Ukrainischen SSR. 1992–95 war es Hauptstadt der Republik Krim, und seit dem 17. März 1995 ist Simferopol die Hauptstadt der Autonomen Republik Krim in der unabhängigen Ukraine.

Der Name Simferopol kann auch als „Stadt des Nutzens" übersetzt werden. Sichtbar ist das im alten Stadtwappen: ein Bienenstock mit Bienen vor dem Hintergrund des erhabenen Chatyrdah. Im neuen Wappen prangt über dem Chatyrdah ein orthodoxes Kreuz.

Das Gebiet, auf dem Simferopol liegt, war schon vor tausenden von Jahren besiedelt. In den östlichen Vororten - heute Luhove (ukr. Лугове, russ. Луговое [*lugóvoye*]), früher Chokurcha (Чокурча) - fand man in der Chokurcha-Höhle die Spuren eines Urmenschen aus der Mousterienkultur, der hier vor 40–50 Tsd. Jahren gelebt hatte. Vom 3. Jh. v.u.Z. bis zum 4. Jh. u.Z. lag auf dem Hügel südlich vom Zentrum das **Skythische Neapolis** - die Hauptstadt des spätskythischen Staates.

Die ersten Gebäude der 1784 von den Russen angelegten und zur **Hauptstadt des taurischen Gouvernements** bestimmten Stadt lagen in der Nachbarschaft der Anfang des 16. Jh. entstandenen Besitzung der Krimkhane Ak-Mechet (Weiße Moschee). Heute liegen deren Überreste innerhalb der Grenzen von Simferopol und zeugen von der ruhmreichen tatarischen Vergangenheit der Stadt. Die **schmalen, verwinkelten Gassen** (*stariy goród* - „Altstadt" - genannt) findet man südöstlich vom Supermarkt

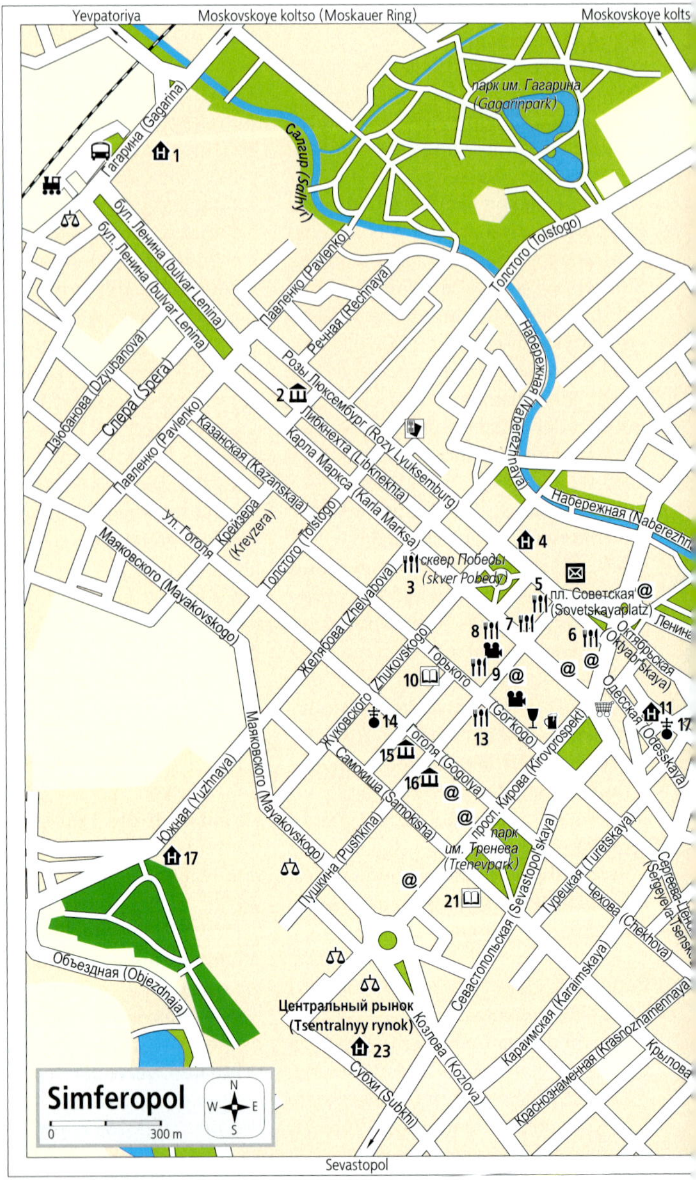
Yevpatoriya
Moskovskoye koltso (Moskauer Ring)
Moskovskoye kolts
парк им. Гагарина
(Gagarinpark)
Салгир (Salhyr)
Гагарина (Gagarina)
бул. Ленина (bulvar Lenina)
бул. Ленина (bulvar Lenina)
Павленко (Pavlenko)
Речная (Rechnaya)
Толстого (Tolstogo)
Набережная (Naberezhnaya)
Дзюбанова (Dzyubanova)
Спера (Spera)
Розы Люксембург (Rozy Lyuksemburg)
Либкнехта (Libknekhta)
Карла Маркса (Karla Marksa)
Павленко (Pavlenko)
Казанская (Kazanskaja)
Ул. Гоголя
Крейзера (Kreyzera)
Толстого (Tolstogo)
Набережная (Naberezhn
Маяковского (Mayakovskogo)
сквер Победы
(skver Pobedy)
пл. Советская
(Sovetskayaplatz)
Ленина
Октябрьская (Oktyabrskaya)
Желябова (Zhelyabova)
Жуковского (Zhukovskogo)
Горького (Gorkogo)
Одесская (Odesskaya)
Маяковского (Mayakovskogo)
Южная (Yuzhnaya)
Жуковского
Гоголя (Gogolya)
Самокиша (Samokisha)
просп. Кирова (Kirovprospekt)
парк им. Тренева (Trenevpark)
Севастопольская (Sevastopolskaya)
Турецкая (Turetskaya)
Чехова (Chekhova)
Сергеева-Ценс (Sergeyeva-Tsensk
Пушкина (Pushkina)
Объездная (Objezdnaja)
Центральный рынок
(Tsentralnyy rynok)
Козлова (Kozlova)
Караимская (Karaimskaya)
Краснознаменная (Krasnoznamennaya)
Крылова
Субхи (Subkhi)
Simferopol
N
W
E
S
0
300 m
Sevastopol
1
2
3
4
5
6
7
8
9
10
11
13
14
15
16
17
17
21
23

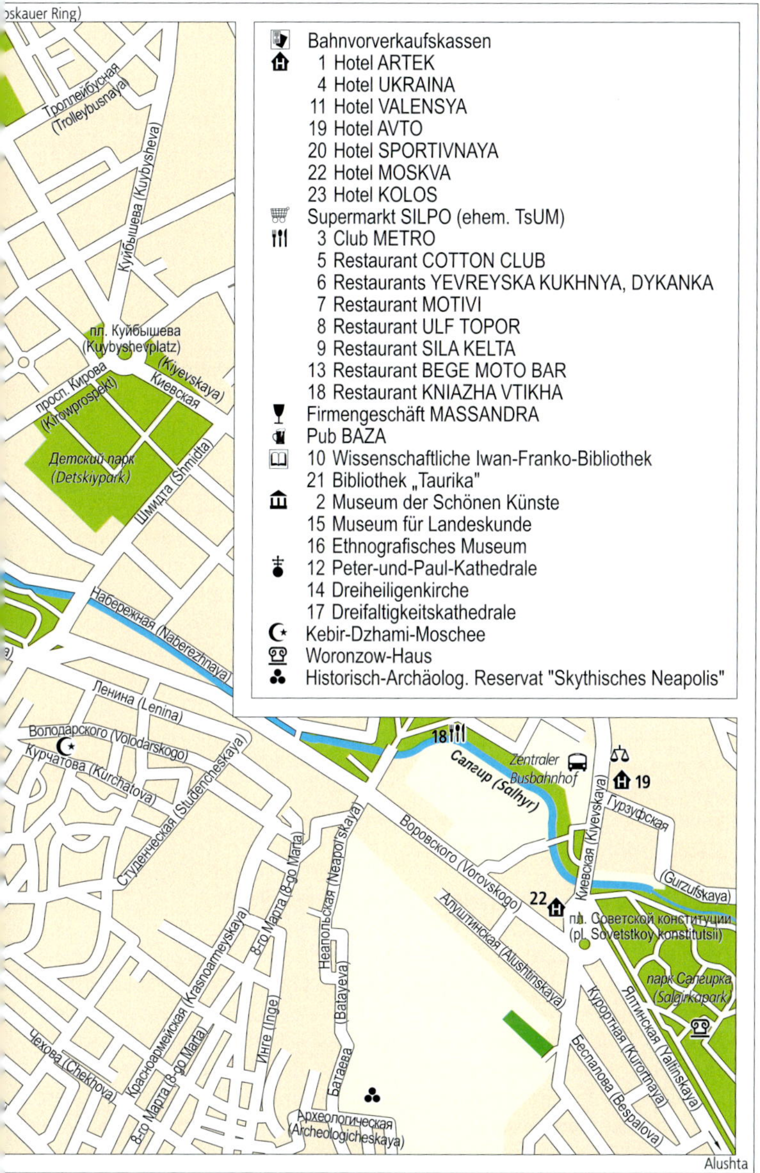
Bahnvorverkaufskassen
1 Hotel ARTEK
4 Hotel UKRAINA
11 Hotel VALENSYA
19 Hotel AVTO
20 Hotel SPORTIVNAYA
22 Hotel MOSKVA
23 Hotel KOLOS
Supermarkt SILPO (ehem. TsUM)
3 Club METRO
5 Restaurant COTTON CLUB
6 Restaurants YEVREYSKA KUKHNYA, DYKANKA
7 Restaurant MOTIVI
8 Restaurant ULF TOPOR
9 Restaurant SILA KELTA
13 Restaurant BEGE MOTO BAR
18 Restaurant KNIAZHA VTIKHA
Firmengeschäft MASSANDRA
Pub BAZA
10 Wissenschaftliche Iwan-Franko-Bibliothek
21 Bibliothek „Taurika"
2 Museum der Schönen Künste
15 Museum für Landeskunde
16 Ethnografisches Museum
12 Peter-und-Paul-Kathedrale
14 Dreiheiligenkirche
17 Dreifaltigkeitskathedrale
Kebir-Dzhami-Moschee
Woronzow-Haus
Historisch-Archäolog. Reservat "Skythisches Neapolis"
skauer Ring)
Троллейбусная (Trolleybusnaya)
Куйбышева (Kuybysheva)
пл. Куйбышева (Kuybyshevplatz)
просп. Кирова (Kirowprospekt)
Киевская (Kiyevskaya)
Детский парк (Detskiypark)
Шмидта (Shmidta)
Набережная (Naberezhnaya)
Ленина (Lenina)
Володарского (Volodarskogo)
Курчатова (Kurchatova)
Студенческая (Studencheskaya)
8-го Марта (8-go Marta)
Неапольская (Neapol'skaya)
Красноармейская (Krasnoarmeyskaya)
Инге (Inge)
Батаева (Batayeva)
Чехова (Chekhova)
Археологическая (Archeologicheskaya)
18
Салгир (Salhyr)
Zentraler Busbahnhof
19
Гурзуфская (Gurzufskaya)
Воровского (Vorovskogo)
Алуштинская (Alushtinskaya)
22
пл. Советской конституции (pl. Sovetstkoy konstitutsii)
парк Салгирка (Salgirkapark)
Курортная (Kurortnaya)
Ялтинская (Yaltinskaya)
Беспалова (Bespalova)
Alushta

Silpo (einst: **ЦУМ** – *Tsentrálnyy Univermág*). Laut dem türkischen Reisenden des 17. Jh., Evliya Celebi, dem Autor einer wertvollen Beschreibung der Krim, befanden sich hier 1800 Häuser, unter denen auch zwei- und dreistöckige Gebäude nicht fehlten, was in tatarischen Städten eine Seltenheit war. Heute meidet man das Viertel nach Einbruch der Dunkelheit besser, da es recht heruntergekommen ist.

Die Stadt wurde von den Russen zu Beginn des russisch-türkischen Kriegs 1771 eingenommen, unmittelbar nachdem die II. Russische Armee des Fürsten W. Dolgorukow in einem glanzvollen Sturm die Festung Perekop erobert hatte, die den Zugang ins Innere der Halbinsel abwehren sollte. An der Stelle des russischen Stabsquartiers – auf dem jetzigen **Siegesplatz** (площадь Победы [*plóshchad' pobédy*]) – steht heute ein über 20 m hoher Obelisk zu Ehren Dolgorukows (von 1842). 1984 wiederum wurde neben dem Hotel „Ukraina" das Denkmal eines anderen russischen Führers aufgestellt – A. Suworow, der an dieser Stelle 1777 sein Quartier hatte und Befestigungen für seine gegen die Türken kämpfenden Abteilungen errichtete.

Die Stadt wurde anfangs hauptsächlich von pensionierten Soldaten bewohnt und von Christen, die aus der Ukraine und den Zentralgouvernements Großrusslands vertrieben worden waren. Nach der Liquidation des Gouvernements Taurien durch Zar Peter I. stagnierte ihre Entwicklung. Nach dem Tod des Zaren wurde das Gouvernement jedoch wieder eingesetzt, und Simferopol begann, sich von Neuem auszudehnen.

Unter der Herrschaft von Nikolaus I. (1825–55) entstanden in Simferopol viele große öffentliche Gebäude: die Alexander-Newski-Kirche (1827), das Gouverneursgebäude (1853), der Woronzow-Palast (1824) und andere.

Im Krimkrieg war die Stadt ein riesiges Lazarett für die Verwundeten aus dem belagerten Sevastopol – es starben hier über 30.000 Menschen. Der Bauabschluss der **Bahnlinie** zwischen Simferopol und Charkow im Jahre 1874 stärkte die Bedeutung der Stadt, trotzdem behielt sie noch viele Jahre lang ihren provinziellen Charakter.

Heute hat Simferopol mehr als **400.000 Einwohner.** Hier befinden sich die **Universität** Simferopol, das Medizinische Institut, das Institut für Architektur und Kurbau, das Landwirtschaftliche Institut und an Kultureinrichtungen das Ukrainische Musiktheater, das Krimtatarische Musikalisch-Dramatische Theater, das Kinderpuppentheater und die Krim-Philharmonie.

## Sehenswertes

Die Stadt ist nicht reich an atemberaubenden Kulturdenkmälern – interessanter als das heutige Aussehen ist deren Geschichte. Außer den im Folgenden beschriebenen Objekten gibt es im Zentrum ein paar hübsche Straßen mit alten, schön renovierten Häusern. Vor allem die Ul. Karla Marksa und deren Querstraße Ul. Pushkina eignen sich ganz gut zum Bummeln, da diese zur Fußgängerzone umgestaltet worden sind. Hier befinden sich auch die wichtigsten Geschäfte und Cafés der Stadt.

An der Ploshchad Pobedy (Siegesplatz) wird derzeit die mächtige **Aleksander-Nevskij-Kathedrale** von 1823 wieder aufgebaut. Der Zentralbau mit seiner markanten Kuppel ist bereits recht weit fortgeschritten, vom Glockenturm ist allerdings bislang noch nichts zu sehen. Nach deren kompletter Fertigstellung wird die Innenstadt jedenfalls um eine bedeutende Landmarke reicher sein.

Südlich des Pl. Sovetskaya – der Name trifft den optischen Eindruck, den dieser hinterlässt, ganz gut – findet man ein Viertel, das vom alten tatarischen **Ak Mechet** übrig geblieben ist. Dieses wird zumindest in den nahe dem Zentrum gelegen Teilen saniert, wobei allerdings viele der alten Gebäude nicht restauriert, sondern durch viel zu große Villen in postmodernem Stil ersetzt werden. Neben der unten beschriebenen Moschee sind hier zwei Kirchen aus dem 19. Jh. erhalten geblieben.

## Kebir-Dzhami-Moschee

Die Kebir-Dzhami-Moschee (1508), Ul. Kurchatova 4, ist das **älteste Gebäude der Stadt,** erbaut von Abdarakhman Bek. 1736 wurde die Moschee nach dem Durchzug von General Feldmarschall Minich zerstört. 1740 wurde sie wiederaufgebaut und anschließend viele Male zerstört und umgebaut. Vom ursprünglichen Gebäude ist vielleicht nur noch der an der Rückseite eingemauerte Stein übrig. Wenn man sich der Moschee nähert, kommt meist jemand heraus und erzählt etwas über sie. Ist man zudem entsprechend gekleidet (Schultern und Beine sollten bedeckt sein), und es ist nicht gerade Freitag, wird man sicher auch das Innere besichtigen dürfen.

Das die Moschee umgebende Stadtviertel ist von der Substanz her einigermaßen erhalten, aber in schlechtem Zustand. Dennoch lohnt sich ein kurzer Rundgang durch das Gassengewirr, das in völligem Gegensatz zu der herausgeputzten Innenstadt steht.

## Woronzow-Haus

Das Woronzow-Haus (1827), entworfen von F. Elson, liegt im **Park Salgirka,** Ul. Yaltinskaya 2. Gäste- und Wirtschaftsteil mit Fenstern und Kaminen im neogotischen Stil, eine Anlehnung an den Khanspalast in Bakhchysarai. Das Ganze wird von einem Säulengang im dorischen Stil und einer Terrasse ergänzt, von welcher eine Reihe mit Marmorlöwen bekränzter Treppen in den Park führt. Das Gebäude ist interessant, eigens dafür einen Ausflug aus dem Zentrum einzuplanen, lohnt allerdings weniger.

## Gouvernementsgymnasium

Das Gouvernementsgymnasium für Knaben aus dem 19. Jh., Ul. Karla Marksa 32, ist berühmt vor allem für seine Lehrer und Schüler, deren Namen man an den in die Gebäudemauer eingelassenen Platten studieren kann. Darunter befinden sich der Chemiker D. Mendelejew, der Physiker I. Kurtschatow, der Maler I. Aiwasowski, der armenische Komponist und Dirigent A. Spendiarow und der karäische Dichter Ilja Kasas.

### Iwan-Franko-Bibliothek

Die Wissenschaftliche Iwan-Franko-Bibliothek, Ul. Górkogo 10, wurde 1826 nach einem Entwurf von I. Goniajew erbaut. Während des Krimkriegs war hier das Lazarett für die verwundeten Verteidiger von Sevastopol untergebracht, hier arbeitete auch der bekannte Chirurg Nikolai Pirogow.

### Gorki-Theater

Das Russische Akademische Gorki-Theater für Drama, Ul. Púshkina 15 (Tel. 276702), entstand 1911, der Entwurf stammt von dem bekannten Architekten A. Beketow. 1996 wurde der fast 16 Jahre dauernde Wiederaufbau des Theaters fertiggestellt. Die ursprüngliche Außenansicht hat man erhalten, dafür aber das Innere vollständig umgebaut: Es entstand ein **Theaterkomplex mit sieben Bühnen,** von einer großen für 711 Plätze bis hin zur Kammerbühne. Die Spielzeit dauert im Sommer gewöhnlich noch bis zur ersten Augustwoche, gegeben werden überwiegend Freilichtaufführungen (Ul. Geróyev Adzhimushkaya, an der Rückseite des Gebäudes).

### Ukrainische Nationalbank

Die Simferopoler Zweigstelle der Ukrainischen Nationalbank, Ul. Górkogo 4, wurde 1913 nach einem Entwurf des Krimschen Architekten N. Krasnow erbaut, dem Projektanten des Palastes in Livadiya, für die Gesellschaft für Gegenseitige Kredite.

### Historisch-Archäologisches Reservat Skythisches Neapolis

Die ehemalige Stadt liegt zwischen den Straßen Ul. Voróvskogo, Neapólskaya und Arkheologícheskaya. Anfahrt mit der Buslinie 4 oder mit der *Marshrutka* Nr. 85 (Abfahrt von der Haltestelle an der Ul. Chekhova neben dem Park im. Treneva im Stadtzentrum) – Ausstieg an der Haltestelle „Konéchnaya". Zu Fuß gelangt man über den Weg hin, der vom Hotel Moskvá nach oben führt. Besser als auf „Skythisches Neapolis" (**Неаполь Скифский** [*neapól' skífskiy*]) reagieren die Einwohner auf die Bezeichnung „Skythische Ausgrabungen" [*skífskiye raskópki*] – was den Eindruck, den der Gipfel der höchsten Erhebung von Simferopol macht, gut illustriert: ein Gebäude, in dem Jugendliche Partys am Lagerfeuer veranstalten, und ein paar durcheinander gewürfelte Steinhaufen.

Der Ort an der Kreuzung zweier Straßen – der Nomadenstraße aus der

Simferopol ist meist die erste Begegnung mit der Krim

Steppe und der Handelsstraße aus dem Taurischen Khersonesos - zog die Aufmerksamkeit des skythischen Königs Skilur auf sich, der im 3. Jh. v.u.Z. hier seine **Hauptstadt** gründete - das Skythische Neapolis. Die mehrmals von den Nomaden zerstörte Stadt wurde im 4. Jh. endgültig **von den Hunnen vernichtet.** Mehrere Jahrhunderte lang existierte hier später eine griechisch-skythische Siedlung und dann Kermenchik - eine „Kleine Festung" der Tataren.

Die Ruinen der Stadt wurden zufällig 1827 bei der Gewinnung von Bausteinen durch die einheimische Bevölkerung entdeckt. Sie fanden ein Relief mit der Darstellung eines skythischen Reiters und drei beschriftete Marmorplatten. Wissenschaftliche Untersuchungen ergaben, dass die Inschrift den Namen des skythischen Königs Skilur enthielt und Zeus aus Athen gewidmet war, während das Relief den König selbst darstellte.

Die archäologischen Ausgrabungen begannen 1834 und dauern bis heute an. Das ganze Gelände ist archäologisches Reservat, das vom Museum für Landeskunde der Krim betreut wird. Es wurden Überreste von **Wehrmauern** freigelegt, ein Platz mit einem zentral angeordneten **städtischen Gebäude,** das von Säulen umgeben ist, und ein **Mausoleum** mit den Grabmälern des Königs Skilur, seiner Ehefrau und von mehr als 70 königlichen Würdenträgern. Außerhalb der Stadtmauern befindet sich eine Nekropole mit **Felsengräbern** der skythischen Aristokratie.



002kr Foto: dz

### Museum für Landeskunde der Krim

Das Museum präsentiert mehr als 60.000 Exponate. In sechs Dauerausstellungen findet man hier naturkundliche, paläontologische und geologische Sammlungen, aber auch Exponate, die die antike und jüngere Geschichte der Krim illustrieren. Darunter befinden sich zahlreiche Unikate, die u.a. aus den **Ausgrabungen** im Skythischen Neapolis stammen: Mühlsteine, Gefäße aus Rotlack und Glas, Fragmente von Amphoren mit den Wappen von Rhodos, Khersonesos, Chios und dem Bosporanischen Reich, handwerkliche Erzeugnisse, Schmuck aus Ägypten, Waffen. Hier stehen auch Grabsteine, Rekonstruktionen von Friedhöfen und Grabgemälde.

• **Museum für Landeskunde der Krim** [*krýmskiy respublikánskiy krayevédcheskiy muzéy*], Ul. Gogólya 14, Tel. 252511, 276347, www.ccssu.crimea.ua/crimea/etno/musofloc, täglich außer Di 9–17 Uhr, Eintritt: 4 UAH.

### Ethnografisches Museum

Die Ausstellung **Mosaik der Kulturen der Krim** stellt die Völkervielfalt der Halbinsel vor, ihre Kultur, Bräuche, Zeremonien, Traditionen und Feste.

• **Ethnografisches Museum der Krim** [*krýmskiy etnografícheskiy muzéy*], eine Filiale des Museums für Landeskunde, Ul. Púshkina 18, Tel. 255223, www.ccssu.crimea.ua/crimea/etno/museum/index.htm, täglich außer Di 9–17 Uhr.

### Krimtatarische Bibliothek

Die Bibliothek, deren Sammlungen über 300.000 Bände umfassen, bewahrt und erschließt **Siegel, Handschriften und Dokumente** in krimtatarischer Sprache sowie Literatur über die Krimtataren und andere Turkvölker. Einige Bücher stammen sogar noch aus dem 16. und 17. Jh.

• **Republikanische Krimtatarische Gasprinski-Bibliothek „Tavrika"**, Ul. Samokisha 8, www.library.crimea.ua.

### Museum für Schöne Künste

Die Museumsexpositionen präsentieren **russische und ukrainische Kunst** und die aus anderen ehemaligen Sowjetrepubliken vom Anfang des 16. Jh. bis in unsere Zeit sowie die **Kunst der Krim.** Zahlreiche Gemälde von I. Aiwasowski, W. Makowski, A. Kuindzhi, A. Wenezianow, M. Wrubel und vielen anderen. Im Sommer gibt es immer eine interessante Sonderausstellung.

• **Museum für Schöne Künste** [*khudózhestvennyy muzéy*], Ul. Libknekhta 35, Tel. 275 404, täglich außer Mo 10–16 Uhr.

## Praktische Tipps

### Flughafen

• **Zentralflughafen**, Tel. 006, 295545, Anfahrt mit dem Trolleybus Nr. 9 vom Bahnhof (30 Min. – oder etwas schneller mit den *Marshrutki* mit der Aufschrift Аэропорт *[aeropórt]*). Der Flughafen befindet sich in der Gemeinde Aeroflotskiy an der Straße nach Yevpatoriya und Armiansk (M-24).

Kassen der ukrainischen Fluglinie: Ul. Sevastopólskaya 22/2, Tel. 272116, Ul. Kiyevskaya 133, Tel. 272377, 266312. Internationale Auskunft, Tel. 212377.

### Bahn

• **Bahnhof,** Tel. 005, 243418. Früher oder später kommt jeder hierher – der Bahnhofsplatz [*privokzálnaya plóshchad'*] ist ein wahrer Kommunikationstiegel. Neben dem Bahnhof selbst (der 3000 Menschen Arbeit gibt) gibt es hier einen bewachten Parkplatz, einen Busbahnhof, einen Trolleybusbahnhof und ein McDonald's-Lokal, das schon fast zum städtischen Wahrzeichen geworden ist. Außerdem treiben sich hier diverse verdächtige Individuen herum, darunter Taschendiebe und Betrüger.

- **Fahrkarten für die Vorortzüge** gibt es nur an den Vorortkassen, die sich auf dem Bahnhof neben dem Eingang zur Unterführung befinden (wer das nicht schafft, kann beim Schaffner eine Fahrkarte ohne Aufschlag kaufen, es kann jedoch passieren, dass er nicht auf den Bahnsteig gelassen wird). Steht auf der Anzeigetafel am Zug der Zusatz „южн" [*yuzhn*], dann heißt das, dass auf dem Bahnsteig zwei Züge stehen; wenn man links aus der Unterführung herauskommt, muss man dann auf dem Bahnsteig weiter nach hinten laufen, um zum gewünschten Wagensatz zu gelangen (betrifft hauptsächlich Züge nach Sevastopol).
- Zu den **Vorverkaufskassen** (Tel. 055, 242 754) fährt man zwei Haltestellen vom Bahnhof in Richtung Zentrum auf dem Bulvar Lenina – dann nach links in die Ul. Tolstoya abbiegen, eine Seitenstraße überqueren (Ul. R. Lyuksemburg), und rechter Hand, in einem weißen Wohnblock mit der Aufschrift „Железнодорожные кассы" [*zheleznodorózhnye kássy*], befinden sich die Kassen. Sie sind täglich von 7 bis 19.45 Uhr geöffnet. Fahrkarten kann man bis zu 45 Tage im Voraus kaufen. Auf dem Bahnhof (beim kleinen Platz mit dem Springbrunnen) gibt es das Büro *„Servis-Tsentr"*, wo man ebenfalls Fahrkarten im Vorverkauf erhält, nur kostet das dort 10 UAH pro Fahrkarte extra.

## Busse

- **Zentraler Busbahnhof,** Ul. Kiyevskaya 4, Tel. 275211, 276495 – Anfahrt vom Bahnhof mit den Trolleybuslinien 1, 2 und 6 (oder den *Marshrutki* mit der Aufschrift Марьино / Автовокзал [*már'ino avtovoksál*]; Haltestelle an den Bars an der Ecke Bulvar Lenina / Ul. Gagarina, auf der gegenüberliegenden Straßenseite von den Bahnhöfen).

Außer Bussen fahren vom Busbahnhof auch viele Mikrobusse ab, die nicht im Fahrplan stehen, man sollte also immer an der Kasse nach den nächsten Verbindungen fragen. Busse fahren ebenfalls von folgenden Busbahnhöfen (*Avtostantsya*) ab:

- **Kurórtnaya,** gleich neben Bahnhof und Trolleybusbahnhof, Tel. 252560. Von hier aus gelangt man in der Saison in fast jeden Winkel der Krim (außer nach Kerch, wohin alle 40 Min. ein Bus vom Zentralbahnhof aus fährt). Von dieser Haltestelle fahren auch etliche *Marshrutki* ab (sie stehen an der Straße vom Bahnhof). An allen Bussen stecken hinter der Frontscheibe Schilder mit dem Namen des Zielorts und – noch wichtiger – der Abfahrtszeit. Vor den Kassen stehen normalerweise lange Schlangen, und für die nächsten Verbindungen in die gefragtesten Richtungen (Yevpatoriya, Alushta, Yalta, Saky, Mykolaivka, Sevastopol – alle 10–20 Min.; Sudak, Feodosiya, Simeiz, Rybache – alle 30–40 Min.) gibt es oft keine Fahrkarten mehr.
- **Západnaya,** Ul. Sevastopolskaya 5, Tel. 447834 (Anfahrt mit dem Trolleybus Nr. 5 und den *Marshrutki* mit der Aufschrift Новоромановка / Западная [*novoromanovka / zapadnaya*]). Von hier aus gelangt man u. a. nach Bakhchysarai (alle 20–30 Min.) und Pischane (alle 40 Min.).
- **Vostóchnaya,** Ul. Samokhvalova 19, Tel. 246438 (Anfahrt mit dem Trolleybus Nr. 3 und 7 oder den *Marshrutki* mit der Aufschrift Свобода [*svobóda*]). Lokale Verbindungen in Richtung Bilohirsk (alle 20 Min.) und nach etlichen anderen Orten im Umkreis von Simferopol.
- **Bahnhof der Überlandtrolleybusse,** am Bahnhof, Tel. 273430, Kassen geöffnet 4–22 Uhr. Wenn man sich auf die Reise mit einem Überlandtrolleybus begibt (die längste Trolleybuslinie Europas), sollte man seine Fahrkarte so zeitig wie möglich kaufen, um mehrere Stunden Wartezeit zu vermeiden – der relativ niedrige Fahrpreis zieht Legionen von Reisenden an, und es ist ausgeschlossen, dass der Trolleybus an der Ausgangsstation mehr Personen mitnimmt, als er Plätze hat.

## Stadtverkehr

- In der Stadt fahren **Stadt-Trolleybusse** und **Marshrutki.** Der Fahrschein im Trolleybus kostet 75 Kopeken, das Gepäck nochmals

50 Kopeken. Fahrscheine werden beim Fahrer gekauft – und aufgepasst, sie müssen noch extra entwertet werden! Eine Schwarzfahrt kostet 10 UAH. Die *Marshrutki* sind viel schneller, aber auch teurer – in den größeren zahlt man für eine Fahrt ca. 1,50 UAH, in den kleineren ohne Stehplätze – 80 Kop. (Gepäck kostet meist nichts – hängt alles vom Fahrer ab.)

- **Taxis** können unter den Nummern 063 bis 068 bestellt werden. Manchmal ist es jedoch am einfachsten, zu winken und sich so einen (kostenpflichtigen) Anhalter zu schnappen – der Preis für eine Fahrt durch die Stadt dürfte 15 UAH nicht überschreiten.

## Unterkunft

In der Stadt findet man viele **Privatquartiere.** Die Damen mit den Pappschildern: „Квартиры, Жильё“ [*kvartíry, zhil'yó*] um den Hals sitzen auf der Straße vom Bahnhof zum Bahnhofsbasar, auf dem Basar selbst hängen auch Zettel mit Mietangeboten. Ähnliche Inserate hängen samstags und sonntags auf dem Büchermarkt [*knízhnyy rynók*]. Preis pro Nacht ab 25 UAH pro Person und rd. 50 UAH für eine kleine Wohnung. Diese Wohnungen liegen gewöhnlich nicht weit vom Bahnhof entfernt [*ryádom z vokzálom*].

- **Hotel Ukraina,** Ul. R. Lyuksemburg 9, Tel. 275573, 510062. Direkt im Stadtzentrum gelegen. Anfahrt vom Bahnhof mit allen Verkehrsmitteln in Richtung Zentrum. 1- bis 3-Bett-Zimmer, mittlerweile komplett renoviert. In jedem Zimmer TV, Ventilator und Waschbecken, in höheren Kategorien auch Bad mit Warmwasser, Telefon und Kühlschrank. Preis pro Tag ab 340 UAH pro Person. Zwei Bars, Frisör, Wechselstube, Flugagentur, Telefon und Bankautomat im Haus, neben dem Hotel eine rund um die Uhr geöffnete Wechselstube, ein Postamt und die Ukrtelekom.
- **Hotel Moskvá,** Ul. Kiyevskaya 2, Tel. 237520. 1- und 2-Bett-Zimmer in drei Kategorien (Normal, *Polulyuks* und *Lyuks*), Preise für ein Einzelzimmer: ab 290 UAH, für ein Doppelzimmer: ab 435 UAH.
- **Hotel Tavriya,** Ul. Bespalova 21, Tel. 232024. Einzelzimmer ab 140 UAH, Doppelzimmer ab 175 UAH. Zu jedem Preis muss das obligatorische Frühstück hinzugerechnet werden. Das Hotel liegt jedoch weit außerhalb des Stadtkerns.
- **Hotel Valensya,** Ul. Odesskaya 8, Tel. 272780. Einzelzimmer rd. 300 UAH, Doppelzimmer 315–595 UAH.
- **Hotel Sportivnaja,** nahe dem Stadion, am Ende der Ul. Zheliabova (Hausnummer 50), Tel. 272311 oder 532256, fußläufig zur Innenstadt gelegen. Sowjetischer Zweckbau. Preise ab 70 UAH im Doppelzimmer.
- **Touristenbasis Hotel Artek,** Ul. Gagarina 5, Tel. 226403. Das Hotel befindet sich nicht weit vom Bahnhof im Gebäude gegenüber McDonald's (auf der anderen Straßenseite). Alles, was auf der Krim das Wort *Artek* im Namen hat, hat mit Kindern zu tun – hier ist es ähnlich, doch falls Plätze frei sind, wird jeder aufgenommen. Eine Übernachtung im 10-Bett-Zimmer kostet rd. 25 UAH, im 4-Bett-Zimmer ca. 74 UAH und im 2-Bett-Zimmer ca. 123 UAH.
- **Bahnhofszimmer,** auch im Hauptbahnhof von Simferopol findet man die berühmten Bahnhofszimmer. Sie sind ausgeschildert: Kimnata Vidpochynku, ca. 32 UAH.
- **Hotel Avto,** Ul. Kiyevskaya 5, Tel. 232291. Ein kleines Hotel gegenüber dem Zentralen Busbahnhof, gleich neben dem Basar [*kíyevskiy rynók*]. Ausländer werden theoretisch nicht aufgenommen, aber der Chef ist ein guter Mensch. Preise niedrig, der Standard ist es auch.
- **Hotel Kolos.** Nahe dem zentralen Markt gelegen. Auch hier werden nur Gäste aus der GUS aufgenommen, aber man kann ja sein Glück probieren. Preise ab 32 UAH.

## Essen und Trinken

Um den Bahnhof herum und auf dem Bahnhofsbasar stehen zahlreiche Stände mit den auf der Krim sehr beliebten *Chebureki* und Piroggen. Am Anfang des Bulvar Lenina (links vom Denkmal) gibt es Fastfood-Bars, wo man auf Plastikstühlen schnell etwas essen und einen Tee oder ein Bier trinken kann. Die besten Restaurants, Kneipen und Diskotheken befinden sich in der Gegend der Ul. Marksa, Kirova, Gogolya und Pushkina. Auf der Ul. Gorkogo findet man eine ganze Rei-

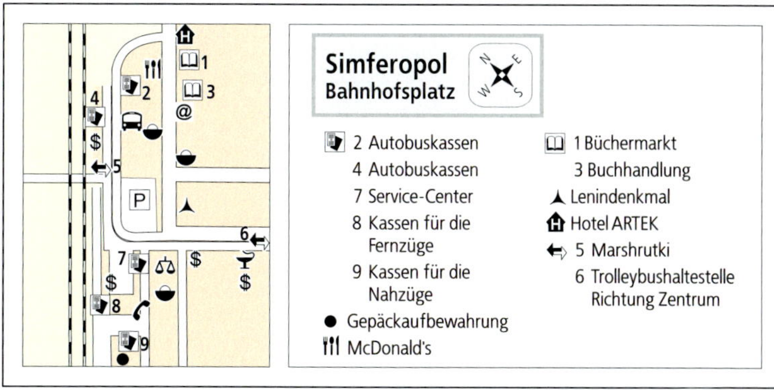




he geschmackvoller Biergärten und Drinkbars mit Sonnenschirmen. Auf der Ul. Kirova, gegenüber vom Lenindenkmal, befindet sich die Firmenschenke der Spirituosenfabrik Hetman. Vor dem Einkaufsmarkt Silpo ist in einem typischen Glasbau das Restaurant Piramida untergebracht, daneben gibt es einige andere Lokale mit guter Bedienung und nicht gerade niedrigen Preisen. Auf dem Zentralmarkt findet man links einige stimmungsvolle, preiswerte Bars für weniger Anspruchsvolle. Hier ein paar konkrete Vorschläge:

**Restaurants:**

- **Kniazha Vtikha,** Ul. Turgeneva 35. Ein zauberhaftes Lokal in der Mitte der Straße, die sich von der Rückseite des zentralen Busbahnhofs bis zu einem Spielplatz hinzieht. Ein kleines, aber feines Restaurant im Stil eines altukrainischen *Khutor* (ukrainisches Vorwerk) mit volkstümlicher Ausstattung und einer Speisekarte nach dem Motto „wie bei Muttern" ... Preise schon ab 15 UAH pro Gericht.
- **Yevreyska Kukhnya,** Ul. Ushinskogo 4. Exzellentes Restaurant, spezialisiert auf jüdische Küche, geöffnet von 12 bis 24 Uhr. Preise über 20 UAH pro Gericht.
- **Dykanka,** Ul. Ushinskogo 2. An der Ecke Prospekt Kirova / Ul. Ushinskogo – auf der Seite des Prospekt Kirova befindet sich ein rund um die Uhr geöffnetes Fenster. Geplant war das Lokal als ukrainisches Wirtshaus mit volkstümlicher Ausstattung. Nette Bedienung und erstaunlich niedrige Preise – Gerichte schon ab 6 UAH. Empfehlenswert, vor allem im Sommer, die *Okrashka* – eine Fleisch- oder Gemüsekaltschale (3 UAH).
- **Ulf Topor,** sympatisches Restaurant, sowohl im Erdgeschoss als auch im Kellergewölbe, in einem Hinterhof der Ul. Karla Marksa 14. Angenehme Musik, moderate Preise.

**Kneipen:**

Im Gegensatz zu vielen anderen Städten in der Ukraine hat Simferopol eine durchaus einladende Kneipenszene.

- **Sila Kelta,** Ul. Pushkina 11. Das Lokal gilt als eines der besten Pub-Restaurants der Stadt. Geöffnet hat es von 11 bis 22.45 Uhr. Eingang durch das Tor im Hof und nach links in den Keller. Konzipiert ist es als irische Kneipe – die Bedienung in karierten Röckchen serviert irische Gerichte zu irischer Musik. Wirkt aber mitunter etwas aufgesetzt. Preise: Mittagessen ab 15 UAH, Bier ab 4 UAH, Wein ab 3 UAH.
- **Baza,** Prospekt Kirova 34. Typischer Pub mit gutem Essen. Eingang durchs Tor und in das Kellergewölbe. Beliebter Treffpunkt der Simferopoler Studenten. Eine Kneipe, wie man sie auch in jeder deutschen Studentenstadt finden kann. Nicht ganz leise Rockmusik. Geöffnet von 10 bis 23 Uhr. Mittagessen ab 15 UAH, Bier ab 4 UAH.

● **Massandra,** Ul. Gorkogo 7. Laden und Verkostungsstube eines der bekanntesten Weingüter auf der Krim. Geöffnet 9 bis 20 Uhr. Hier kann man alle Weinsorten kaufen, die in Massandra hergestellt werden (ab 10 UAH), dazu Weinaccessoires, z.B. Firmengläser. Auch ältere Weinjahrgänge kann man hier erwerben – die Preise beginnen bei zig Dollar pro Flasche. Im Geschäft befindet sich ein Verkostungssaal (50 g des vortrefflichen Kagor kosten 3 UAH).

● **Bege Moto Bar,** gemütliches Kellerlokal, (Ul. Gorkogo ohne Hausnummer). Eine Art Motorradkneipe, mit allerlei Dekor rund um den Motorradsport und das Auto, darunter deutsche Nummernschilder. Nette Atmosphäre.

● **Café Motivy,** Ul. Karla Marksa 9. Das weitläufige Kellergewölbe ist von oben bis unten mit bunten Ornamenten ausgemalt. Im Hintergrund läuft elektronische Loungemusik. Da auch Wasserpfeifen gereicht werden, liegt ein süßlicher Geruch in der Luft. Sowohl Essen als auch Getränke zu vernünftigen Preisen.

● **Cotton Club,** Ul. Pushkina 3. Etwas verborgene Kellerkneipe. Vom Hof aus durch eine Metalltür, eine steile Treppe hinunter. Eine typische Hardrockkneipe mit eher improvisierter Ausstattung. Im Nebenraum proben Rockbands.

● **Club Metro,** Ul. Karla Marksa, Ecke Zheliabova, vom Zentrum etwa 300 m Richtung Bahnhof. Musikclub mit Freigelände. Gelegentlich Konzerte.

## Post, Telefon, Internet

● Die **Hauptpost** befindet sich auf der Ul. R. Lyuksemburg 1. **Telefone** findet man u.a. auf der Ul. R. Lyuksemburg 1, Ul. Gorkogo 5, Bulvar Lenina 2a.

● Der **Internetzugang** im Sitz der Ukrtelekom (im Obergeschoss der Hauptpost) kostet pro Stunde etwas mehr als 4 UAH an Werktagen, nicht ganz 3 UAH in der Nacht und 1,50 UAH an arbeitsfreien Tagen. Das ist die billigste Option in der Stadt, oft muss man lange warte, ehe man dran ist. Der normale Preis liegt in der ganzen Stadt bei 4–6 UAH pro Stunde.

In der Nähe des Bahnhofs findet man ein Internetcafé gegenüber von McDonald's (auf der anderen Seite der Ul. Gagarina). Ein schnelles Internetcafé mit LCD-Bildschirmen gibt es an der Ecke Prospekt Kirova und Sovetskaya Pl. (hinter dem Denkmal, Eingang auf der Gebäuderückseite, Club „Orbita"). Auf der anderen Seite des Pl. Sovetskaya befindet sich das nächste Internetcafé – im silbernen Geschäfts- und Handelszentrum (im Obergeschoss, für Liebhaber von Linux und einer intimen Atmosphäre, 4 UAH). Ein großes Café mit Netzzugang gibt es auch im Studentenstädtchen (Ul. Ryleyeva 2) – Anfahrt in Richtung Ul. Yaltinskaya und Siedlung Márino (ca. 20–30 Min. vom Bahnhof). Wenn man auf der Ul. Kirova von der Ul. K. Marksa (auf der es im Obergeschoss über dem Restaurant in der Fußgängerzone auch ein Café gibt) in Richtung Zentralmarkt läuft, stößt man auf der rechten Seite auf mehrere Internetcafés.

## Geld

Es ist kein Problem, in der Stadt **Wechselstuben** zu finden. Viele davon befinden sich in der Nähe des Bahnhofs (aber Vorsicht – auf dem Bahnhof gelten die ungünstigsten Kurse, im Zentrum hingegen die günstigsten auf der ganzen Krim). Neben dem Bahnhof (links vom Eingang zum Basar) hat eine Wechselstube rund um die Uhr geöffnet. Es gibt auch noch einige andere mit diesen Öffnungszeiten, ansonsten schließen die meisten spätestens 20 Uhr.

**Bankautomaten** sind ebenfalls leicht zu finden, wir führen hier daher nur einzelne auf, die am nützlichsten sein könnten: auf dem Bahnhof und dem Trolleybusbahnhof, auf der Ul. Kirova 22 und Ul. Marksa (an der Kreuzung mit der Ul. Kirova) sowie auf dem Bulvar Lenina (50 m vom Bahnhofsbasar Richtung Zentrum, an der Apotheke).

In der Stadt gibt es einige **Banken:**

● **Kredit Bank,** Ul. Dekabristov 21 (Tel. 254470) – Achtung: Gebühren am Bankautomat!

● **Privat Bank,** Ul. Pushkina 15 (Tel. 274340) und Filialen: Ul. Geroyev Adzhimushkaya 4 und Sevastopolskaya 43.

- **Bank Ukraina,** Ul. R. Lyuksemburg 1.
- **Bank Morski,** Ul. Kiyevskaya 57.

### Einkaufen

- In den hiesigen Läden kann man eigentlich alle nötigen Lebensmittel oder Haushaltartikel kaufen. Es gibt mehrere **Märkte,** d.h. Basare, wo die Preise am niedrigsten sind. Der größte (Центральный рынок [*tsentrál'nyy rynók*]) liegt am Ende des Prospekt Kirova (Endstation vieler Trolleybuslinien). Kurz bevor man Simferopol verlässt, kann man dem *Privokzálnyy Rynók* – dem Basar gleich neben dem Bahnhof – einen Besuch abstatten.
- **Supermärkte:** Silpo (Сильпо, früher: *Tsentrálnyy Univermág*; Ul. Kirova, am Ausgang der Ul. Karla Marksa; der Platz davor ist ein Treffpunkt und das genaue Zentrum der Stadt) und der viel größere Rainford (Ul. Sevastopolskaya 47, an der Straße nach Sevastopol, Anfahrt mit den Trolleybuslinien 5, 10, 11 – Haltestelle „Dmitríya Ulyánova").
- Die besten **Buchhandlungen** gibt es auf der Ul. Pushkina. Eine Gelegenheit, gute Bücher zu kaufen, ist der große Wochenend-Buchmarkt *(knízhnyy rynók)*, der 9–14 Uhr gegenüber vom Bahnhof veranstaltet wird (auf der anderen Seite der Ul. Gagarina).
- In den Läden findet man nur wenig originelle Souvenirs, man kann jedoch immer eine Flasche **Krimwein** kaufen. Einen guten Tropfen findet man zwar überall, aber es lohnt sich, dafür extra dem Firmengeschäft von Massandra (s. Essen und Trinken) und dem großen, gut sortierten Weinladen *„Sólntse v bokále"* auf dem Prospekt Kirova 40 einen Besuch abzustatten. Gegenüber liegt Silpo, der auch eine große Auswahl hat und – noch wichtiger – niedrige Preise.
- Das Firmengeschäft des Alkoholfreien Bierkombinats Krym (entgegen dem Namen wird hier kein alkoholfreies Bier hergestellt) befindet sich bei der **Brauerei** selbst – Anfahrt mit den *Marshrutki* Richtung Ul. Zhukova. Hier sind alle Sorten der am Ort hergestellten alkoholischen Getränke erhältlich (etwas preisgünstiger als in der Stadt). Empfohlen sei insbesondere das Bier Petrovich mit einem Abbild des Firmeneigentümers auf dem Etikett.

## Routenverlauf: Simferopol – Saky

Wir verlassen Simferopol in nordwestlicher Richtung. Die Straße führt geradeaus durch flaches, ebenes Gelände, anfangs entlang der Bahngleise, um sich dann in **Komsomolske** (ukr. Комсомольське, russ. Комсомольское [*komsomól'skoye*]) zu gabeln – linker Hand sind die Radarschirme des internationalen **Flughafens** zu sehen. Bis Saky ändert sich die Landschaft nicht merklich: Steppe ringsumher ... Das unbewaldete Gelände ist mit kleinen Senken, Schluchten, Obstplantagen, Weingütern, Weiden und Äckern durchsetzt. In **Novyi Myr** (Новий Мир) sind linker Hand Radioteleskope und die Kuppeln optischer **Teleskope** zu sehen. Der nächste Ort heißt **Shkilne** (ukr. Шкільне, russ. Школьное [*shkól'noye*]) – ein weiteres Weltraumforschungszentrum. Wir fahren durch Dörfer mit Häusern aus dem typischen gelblichen Kalkstein und an weidenden Rinder- und Schafherden vorbei. Hier und da sind Bewässerungssysteme zu sehen, die von der Form her an Windmühlen erinnern.

# Saky

(Саки)

Saky ist eine kleine Stadt mit 32.000 Einwohnern am **Saky-See** (ukr. Сакске озеро [*sákske ózero*], russ. Сакское озеро [*sákskoye ózero*]). Es ist berühmt für seinen Heilschlamm (грязелечение [*gryazelechéniye*]), seine Mineralquellen und sein mildes Klima, was zusammen die perfekten Bedingungen für die Entwicklung des bekannten klimatischen **Kurbads** an diesem Ort schuf.

Da es nicht viel zu besichtigen gibt, mag dieser Ort die Ansprüche postsowjetischer Kurgäste vielleicht noch einigermaßen befriedigen, auf westliche Gäste wirkt er jedoch wenig einladend, sodass man speziell bei kurzen Aufenthalten auf der Krim auf die Besichtigung von Saky am ehesten verzichten kann.

Die Geschichte der Stadt ist untrennbar mit dem heilenden **Saky-Schlamm** verbunden. Schon im Altertum wurde diese Gegend von Herodot (5. Jh. v.u.Z.), Plinius dem Älteren (1. Jh. u.Z.) und Claudius Ptolemäus (2. Jh. u.Z.) erwähnt.

Seit dem 17. Jh. verkauften die hier ansässigen Tataren das aus dem See gewonnene Salz an Kaufleute aus den fernsten Winkeln Russlands. 1827 entstand hier das erste Kurbad im zaristischen Russland, 1832 wurde das erste Hotel gebaut, und 1837 brachte man in Saky eine Abteilung des Simferopoler Lazaretts unter. Während des Krimkriegs wurde der Ort zerstört, und der Wiederaufbau schritt sehr langsam voran. 1858 wurden Ukrainer aus Poltava hierher umgesiedelt, später Griechen aus Konstantinopel, doch erst im 20. Jh. begann die Ortschaft, sich auszudehnen, baute man Sanatorien und Erholungsheime. 1917 wurde hier eine Bromfabrik eröffnet (die in etwas veränderter Form bis heute tätig ist [*khimzavód*]). 1952 erhielt Saky die Stadtrechte.

Der Name „Saky" wurde diesem Ort zu Zeiten Katharinas II. verliehen, als es modern war, Orte im antiken Stil zu benennen – als „Saky" bezeichneten die Perser die Skythen.

## Sehenswertes

Das Stadtzentrum ist der **Leninplatz** [*ploshchad' Lenina*], an dessen nördlichem Rand sich der Busbahnhof befindet. Die ältesten **Kurbäder** liegen in einem Park im Süden der Stadt, die neueren Einrichtungen auf einer Nehrung westlich vom Zentrum (Ul. Morskaya), die die Stadt und den See vom Meer trennt.

### Museum für Geschichte und Landeskunde

Das Museum stellt die Geschichte der Stadt und ihrer Umgebung vor mit Betonung auf der Entwicklung der Schlammbehandlung. Außerdem sind hier Werke örtlicher Künstler ausgestellt. Das Gebäude selbst stammt aus dem Jahr 1914 und wurde für Zarewitsch Alexej (den einzigen Sohn des Zaren Nikolaus II.) gebaut, der an Hämophilie litt. Die Ärzte der Zarenfamilie hofften, dass der hiesige Schlamm und das Klima den Thronfolger stärken würden. Leider brach schon bald der 1. Weltkrieg aus, sodass der Zarewitsch das Geschenk nicht lange in Anspruch nehmen konnte.

- **Museum für Geschichte und Landeskunde** [*istoríchesko-krayevédcheski muzéy*], Ul. Kurortnaya 29, geöffnet täglich außer Mo 10–17 Uhr.

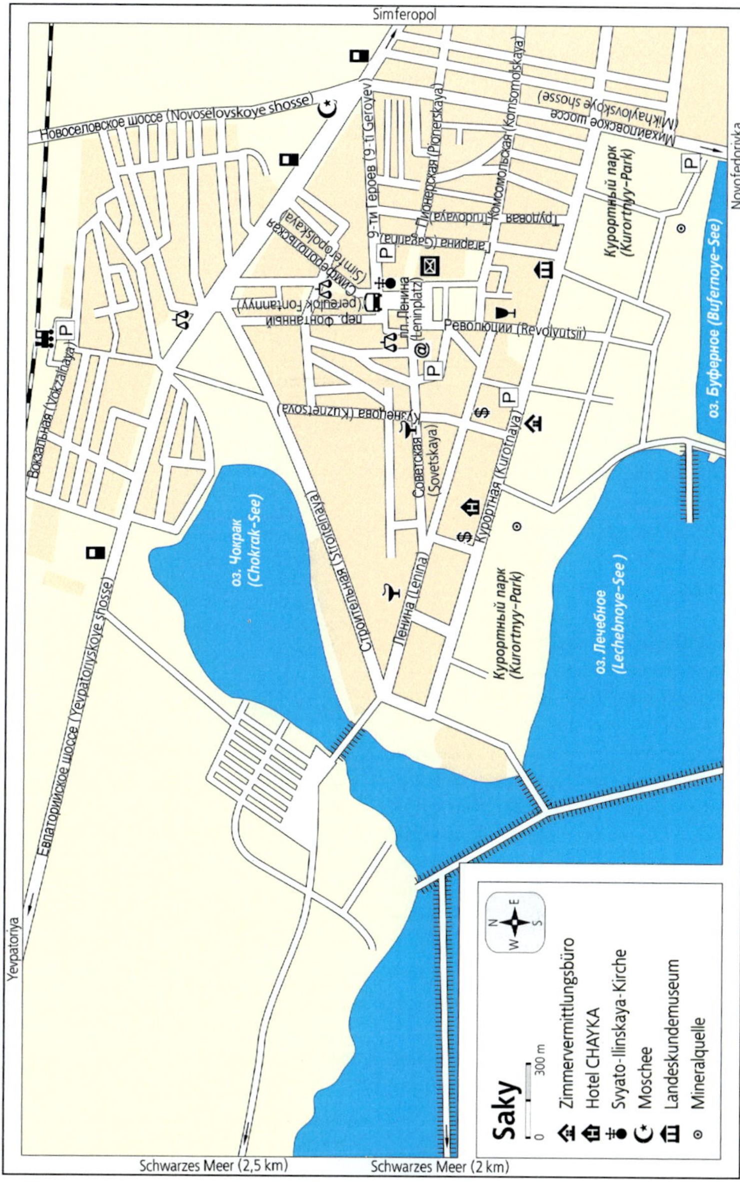
Saky
0 300 m
Zimmervermittlungsbüro
Hotel CHAYKA
Svyato-Ilinskaya-Kirche
Moschee
Landeskundemuseum
Mineralquelle
Simferopol
Yevpatoriya
Novofedorivka
Schwarzes Meer (2,5 km)
Schwarzes Meer (2 km)
Новоселовское шоссе (Novoselovskoye shosse)
Евпаторийское шоссе (Yevpatoriyskoye shosse)
Михайловское шоссе (Mikhaylovskoye shosse)
Вокзальная (Vokzalnaya)
Симферопольская (Simferopolskaya)
9-ти Героев (9-ti Geroyev)
Пионерская (Pionerskaya)
Комсомольская (Komsomolskaya)
Трудовая (Trudovaya)
Гагарина (Gagarina)
пер. Фонтанный (pereulok Fontanny)
пл. Ленина (Leninplatz)
Революции (Revolyutsii)
Кузнецова (Kuznetsova)
Советская (Sovetskaya)
Курортная (Kurortnaya)
Строительная (Stroitelnaya)
Ленина (Lenina)
Курортный парк (Kurortnyy-Park)
оз. Чокрак (Chokrak-See)
оз. Лечебное (Lechebnoye-See)
оз. Буферное (Bufernoye-See)

## Kurpark

Der Kurpark [*kurórtnyy park*] - auch *Dendropark* genannt - wurde 1890-1892 angelegt, die Bäume im neuen Teil wurden 1993 gepflanzt. Der Park hat eine Fläche von 60 ha. Hier wachsen 80 Baumarten aus dem ganzen Schwarzmeer- und Mittelmeerbecken, dazu einzelne Exemplare aus anderen Erdteilen. In diesem Park befinden sich auch die allgemein zugänglichen Mineralquellen. Leider muss gesagt werden, dass der Kurpark verwildert ist, die historischen Kurbäder vom Ende des 19. Jh. stehen leer und bröckeln vor sich hin, das Ufer des Sees ist ungepflegt, die Trinkhalle nur wenige Stunden pro Tag geöffnet und die sowjetische Sanatoriumsarchitektur muss auch nicht näher beschrieben werden.

## Griechisch-skythisches Museum

Das griechisch-skythische Museum der Stadt Kara-Tobe liegt westlich der Stadt, rechts von der Yevpatoríyskoye Shossé (wenn man vom Zentrum kommt) vor der Kreuzung mit der Ul. Morskaya. In der Nachbarschaft wurden Überreste einer **antiken Stadt** aus dem 4.-1. Jh. v.u.Z. entdeckt. Viele glauben, es seien Spuren der antiken Festung Eupatorion, die von Diophants Soldaten im 2. Jh. v.u.Z. gebaut und zu Ehren des pontischen Königs Mithridates VI. Eupator so genannt wurde. Heute hat man auf dem Hügel ein archäologisches Städtchen eingerichtet, das von Archäologen und zahlreichen Schulgruppen besucht wird.

# Praktische Tipps

## Verkehrsmittel

- **Bahnhof,** Ul. Vokzálnaya, Tel. 27679. Der Bahnhof liegt ziemlich weit vom Zentrum entfernt. Hier halten Fernzüge, die u.a. von Moskau und Kiew nach Yevpatoriya fahren, und vor allem die lokalen Züge der Strecke Simferopol - Yevpatoriya (acht Verbindungen täglich in jede Richtung, von 6 bis 21 Uhr). Ins Stadtzentrum fährt der Bus Nr. 2.
- **Busbahnhof**, Ul. Simferópolskaya 5, Tel. 26380. Der Busbahnhof liegt im Stadtzentrum. Saky liegt an der Hauptstraße von Simferopol nach Yevpatoriya (20 km vor Yevpatoriya). Theoretisch halten hier alle Busse, die zwischen beiden Städten kursieren, aber die Durchgangsbusse sind meist schon voll und fahren den Busbahnhof manchmal gar nicht erst an. In Yevpatoriya ist man von hier aus in einer halben Stunde - die Busse fahren durchschnittlich alle 15 Min. (6 bis 20 Uhr). Die Fahrt nach Simferopol dauert eine Stunde - Abfahrt alle 30 Min. (von 6 bis 20 Uhr). Alle 40 Min. fährt auch ein Bus zum Bahnhof *Sévernaya* in Sevastopol (1:45 Std., von 7 bis 19 Uhr).

## Unterkunft

Die meisten Touristen, die hierher kommen, haben einen Platz in einem der vielen **Sanatorien** reserviert, eine sogenannte *Putëvka* (путёвка - ca. 1000 UAH für 3 Wochen). Nach **Privatquartieren** (ab ca. 42 UAH pro Person und Tag) muss man sich im Umkreis der Bahnhöfe umschauen oder in eins der Zimmervermittlungsbüros gehen (Квартбюро [*kvartbyuró*], Ul. Lenina 12, Tel. 24290), eventuell bei der Firma Saki-Intur, Ul. Kurortnaya 4 (Tel. 25537, 22150, www.saki-intur.com.ua) nachfragen. Im Zelt übernachten kann man am Meer im Westen der Stadt oder auf einigen weiter entfernten, mehr oder weniger gut organisierten Zeltplätzen, die an der Straße nach Yevpatoriya liegen (s.u.).

- **Touristenbasis Priboy,** Ul. Morskaya 4. Das Objekt liegt am Meer, 15 Min. mit der *Marsh-*

*rutka* Richtung Yevpatoriya. Ausgelegt für 5000 Touristen, mit unterschiedlich großen Campinghäusern, einer Pension, einem Hotel, einem großen Sandstrand und allem, was man sich an solch einem Ort noch vorstellen kann. Eigentlich ist es ein eigenes Städtchen, das unter mehrere Firmen aufgeteilt ist. Preise von ca. 32 UAH für einen Platz im Campinghaus mit niedrigem Standard bis ca. 180 UAH für ein klimatisiertes Zimmer in einer Pension.

- **Touristenbasis Uyút,** Ul. Morskaya 9a. Ähnlich wie Priboy, nur kleiner und südlicher gelegen.
- **Hotel Chayka,** Ul. Kurórtnaya 71, Tel. 23369.

### Essen und Trinken, Einkaufen

Die **Basare** mit den billigsten Lebensmitteln befinden sich auf der Ul. Sovétskaya (*Tsentrálnyy Rynók*), Ul. Yevpatoríyskoye Shossé (an der Kreuzung mit der Ul. Franká) und auf der Ul. Simferopolskaya. Einen **Weinladen** mit Verkostungssaal [*degustatsënnyy zal*] findet man auf der Ul. Revolyutsii. Die verschiedensten **Cafés und Bars** gibt es vor allem in der Nähe der Ul. Kurortnaya und Ul. Revolyutsii und (billiger) am Zentralmarkt.

### Post, Telefon, Internet

Das Post-, Kommunikations- und Internetzentrum steht auf der Ul. Pionérskaya 1 und ist rund um die Uhr geöffnet. Internetzugang gibt es auch gegenüber dem Zentralmarkt auf der Ul. Sovétskaya. Vorwahl: 6563.

## Strände

In der Stadt selbst gibt es keine Strände. Aus dem von Deichen (дамба [*dámba*]) durchschnittenen Saky-See wird mit Baggern tonnenweise Schlamm gefördert, der trotzdem nie weniger wird – die durchschnittliche Wassertiefe beträgt 1 m, unter ihr lagert eine nahezu 3 m dicke Schlammschicht, auf die noch eine 1,5 m dicke Salzschicht folgt. Liebhaber von Schlammbädern kommen an die **Ostseite des Sees.**

Wer schwimmen und am Strand liegen will, fährt mit der *Marshrutka* (oder läuft 4 km zu Fuß über den Damm) in Richtung Ul. Morskaya auf die **Nehrung** zwischen dem Saky-See und dem Schwarzen Meer. Am nördlichen Ufer der Nehrung liegt der städtische Strand [*gorodskóy plyazh*], und am Südufer (Novofedorivka – s.u.) ein sehr beliebter wilder Strand. Dazwischen ziehen sich die Strände der Erholungszentren hin. Alle Strände sind Sandstrände.

## In der Umgebung

### Novofedorivka

Novofedorivka (ukr. Новофедорівка, russ. Новофёдоровка [*novofëdorovka*]) liegt südlich von Saky, hier fahren Vorstadtbusse und *Marshrutki* hin. Viele Jahre lang gehörte das Gelände den Luftstreitkräften und war für Unbefugte gesperrt, weshalb es heute noch „Garnison" genannt wird. Auf dem heute noch in Betrieb befindlichen *Aerodrom* landeten 1945 die Staatschefs der Großen Drei auf dem Weg zur Konferenz von Yalta. Hier befindet sich der beliebte **wilde Strand.**

### Solnyshko

Am Sandstrand von Solnyshko (Сольнышко) hat im Sommer ein großes **Freizeitzentrum** geöffnet. Hier gibt es einen **Aquapark,** es finden Konzerte für 3000 Besucher statt, internationale **Surfwettkämpfe** u.Ä. Die meisten Besucher kommen gezielt zu bestimmten Veranstaltungen, ein Teil davon fährt regelmäßig aus Saky und Yevpatoriya zur Diskothek hierher (gegenüber dem großen Zelt ist eine Bushaltestelle, etwas weiter eine Bahnstation). Übernachten kann man an Ort und Stelle im Zelt (gegen eine symbolische Gebühr) oder unter freiem Himmel am Strand.

### Routenverlauf: Saky – Yevpatoriya

Weiter verläuft die Straße wieder entlang der Bahnlinie. Jetzt beginnt der interessanteste Teil der Route – ein nicht ganz 13 km langer Streckenabschnitt über die **Nehrung,** die das Schwarze Meer vom Saky-See trennt. Aus dem Busfenster hat man einen etwas schlechteren Ausblick als aus dem Zug, und zwar wegen des hohen Bahndamms. Wir fahren am **Freizeitpark von Solnyshko** (s.o.) vorbei und nähern uns beim Weiterfahren dem Meer zeitweilig bis auf etwa fünfzig Meter. Bei Wellengang vermengt sich das Küstenwasser mit dem Sand aus der Bucht von Kalamita. So entsteht ein Streifen gelblichen Wassers, der sich von den blaugrünen Meerestiefen abhebt. Aus dem Bus heraus sieht der Saky-See lange nicht so gut aus wie aus dem Zugfenster, denn nur von dort können wir die **Salzberge** sehen mit einem Bagger neben jedem davon. Wenn wir mit dem Zug fahren, erblicken wir noch vor Yevpatoriya (Haltestelle „54 km“) auf der Meerseite eine schwarze Umzäunung – das ist Novyy Plyazh (s.u.). Zwischen den Salzlimanen hindurch fahren wir ins „Sonnenbad“ der Krim ein.

## Yevpatoriya

(ukr. Євпаторія, russ. Евпатория)

Die Stadt ist 78 km Bahnstrecke von Simferopol entfernt und liegt an der **Westküste** der Halbinsel Krim an der Bucht von Kalamita. Zur Zeit wohnen hier mehr als 90.000 Menschen, in der Sommersaison beherbergt die Stadt die dreifache Anzahl. Im Winter erstirbt das Leben in der Stadt nahezu, ähnlich wie auf der ganzen übrigen Westkrim.

Besonders trocken ist in Yevpatoriya der Sommer, und zwar aufgrund der stärksten Sonneneinstrahlung auf der Krim, die den ganzen westlichen Küstenstreifen erfasst (durchschnittlich 2500 Sonnenstunden im Jahr – in Yalta beispielsweise sind es nur 2200 Std.). Von Juni bis September regnet es nur an wenigen Tagen. Die geringe Niederschlagsmenge und die fehlende Luftfeuchtigkeit, dazu die Nähe der Salzseen schaffen an diesem Ort ein besonderes Mikroklima. Die Hitze des Tages mildert eine leichte Seebrise, in der Nacht hingegen spürt man durch die Landbrise den warmen Hauch der erhitzten Steppe. Im Unterschied zu den steinigen Stränden der Krim-

YEVPATORIYA
0 200 m
N W E S
Sasyk-See
Bucht von Kalamita
Neuer Strand
Zaozerne
See Moinatske
Дзержинского (Dzerzhinskogo)
Интернациональная ул. (Internatsionalnaya)
Татарская (Tatarskaya)
Перекопская
Эскадронная (Eskadronnaya)
Караимская (Karaimskaya)
Революции (Revolyutsii)
Симферопольская (Simferopolskaya)
Лиманная (Limannaya)
Тучина (Tuchina)
Сытникова (Sytnikova)
Фрунзе (Frunse)
Володарского (Volodarskogo)
Пролетарская (Proletarskaya)
Ульянова (Ulyanova)
Ул. Некрасова (Nekrasova)
Ул. Токарева (Tokareva)
Толстого (Tolstogo)
Демышева (Demysheva)
13 Ноября (13 Noyabrya)
просп. Ленина (Leninprospekt)
Дувановская (Duvanovskaya)
Пушкина (Pushkina)
Гоголя (Gogolya)
Кирова (Kirova)
Шевченка (Shevchenka)
Горького (Gorkogo)
1, 14 Straßenbahnlinie 3
5 Straßenbahnlinien 1 u. 4
17 Straßenbahnlinie 2
Zimmervermittlungsbüro
2 Pension DOLCE VITA
9 Hotel APOGEY
10 Hotel KRYM
16 Pension ALMAZNYY
Bar STOLOVAYA
11 Anlegestelle KARAYEVA
15 Seehafen
19 Anlegestelle FRUNZE
Mineralwassertrinkhalle
Aquarium und Delfinarium
Mauern von Kerkinitida
6 Apothekenmuseum
18 Landeskundemuseum
3 Armenische Nikolaikirche
7 Nikolai-Kathedrale
12 Tempel des Propheten Ilja
4 Shukulai-Efendi-Moschee
8 Dzhuma-Dzhami-Moschee
Egiya-Kapay-Synagoge
Karäische Kenassen
Türkisches Bad
Puschkin-Theater

Riviera gibt es hier **Sandstrände,** und der Meeresgrund ist glatt und fast ohne Steine und Algen.

Zusammen mit dem nahegelegenen Saky ist die Stadt in ganz Europa als **größter Kurort der Krim** bekannt. Es gibt hier heilkräftige Mineralwasserquellen und Heilschlamm. Die Stadt beherbergt über 70 Sanatorien, darunter fünf Spezialkurheime für Kinder. Gleichzeitig ist sie eine der ältesten Städte der Region. Yevpatoriya ist eine Verbindung aus Kur- und Erholungszentrum und **multikultureller Altstadt** (südöstlicher Teil der Stadt). Noch 2001 war es im Vergleich mit den Orten an der Südküste ein tristes Provinznest, doch seitdem wurden viele Sehenswürdigkeiten restauriert (oder wenigstens vom Schutt befreit), sodass Yevpatoriya jetzt ohne Einschränkungen mit Yalta oder Alushta konkurrieren kann. Viele (darunter auch der Autor) sind sogar der Meinung, dass es diesen Städten mancherlei voraus hat (zum Beispiel Preise und Strände).

Yevpatoriyas Geschichte als Kurort begann vor 100 Jahren. Die Anfänge der Stadt hingegen sind mit einer griechischen Burg in dieser Gegend verbunden - Kerkinitida (davon sind noch Mauerreste übrig), die von Mithridates VI. Eupator gestiftet wurde. Diese kleine Festung (Grundfläche 2 ha) entstand im 6.-5. Jh. v.u.Z. und wurde von 2000 Menschen bewohnt. Ihre Glanzzeit dauerte jedoch nicht lange - bald wurde sie von Goten und Hunnen zerstört, und anstelle der ursprünglichen Stadt entstand eine kleine landwirtschaftlich-industrielle Siedlung. Mit der Erstarkung des Byzantinischen Reichs im 6.-7. Jh. u.Z. wuchs auch die Bedeutung der wiedererbauten Stadt. Sie wurde zum Stützpunkt Konstantinopels am Schwarzen Meer, womit sie Khersonesos an Rang gleich kam. Das Leben in Kerkinitida war in jener Zeit dauernd von Überfällen aus dem Norden bedroht, was schließlich auch Wirklichkeit wurde.

Gegen 680 begannen die Khasaren, ein Steppenvolk, das die heutige Südukraine bewohnte, auf die Krim einzudringen. Sie rissen den größten Teil der Halbinsel an sich und waren eine ständige Bedrohung für die Orte, die sich unter byzantinischer Herrschaft befanden. Die Stadt konnte sich jedoch gegen den Ansturm der Steppennomaden zur Wehr setzen. Wichtige Beschäftigungszweige der Bevölkerung waren in jener Zeit Seeindustrie und Salzherstellung. Die Salzseen von Kerkinitida werden in den historischen Werken des byzantinischen Herrschers von Konstantinopel aus dem 10. Jh. erwähnt. Sie schätzen die Qualität des hiesigen Salzes im Vergleich mit dem mährischen oder dem Karpatensalz hoch ein.

Damals hielten sich auch noch andere Nomadenstämme auf der Krim auf. Im 10. Jh. wurden die Khasaren von den Petschenegen verdrängt und die wiederum im 11. Jh. von den Polowezern. Anfang des 11. Jh. versuchten Slawen aus der Kiewer Rus, sich in der Gegend von Kerkinitida anzusiedeln, doch sie wurden von den Polowezern verfolgt und waren gezwungen, in ihre Heimat zurückzukehren.

Anfang des 13. Jh. traf eine neue Welle von Nomaden auf der Krim ein. Es waren Mongolen aus Zentralasien und ihre Verbündeten. Sie bewohnten hauptsächlich die Steppen und das Vorgebirge, hielten sich jedoch vom Meer fern, vor dem sie sich fürchteten. Das hinderte sie allerdings nicht daran, die Küstenorte und ihre Einwohner, die aus Griechen, Armeniern, Alanen (den Nachfahren der Sarmaten), Slawen und Polowezern bestanden, zu besteuern. In der Zeit nach den Kreuzzügen und der Einnahme von Konstantinopel durch die Christen brach ein großes Chaos aus, infolge dessen die Städte der Krim sich selbst regierten. Kerkinitida blieb damals im Bund mit dem Fürstentum Theodoro im Südwesten, dessen Hauptstadt auf dem Berg Mangup lag. Die Verbündeten widersetzten sich der Expansion der Genuesen, die den Schwarzmeerhandel an sich zu reißen suchten. Im 14.–15. Jh. rivalisierte die Stadt mit dem damaligen Kaffa (dem heutigen Feodosiya) um den Sklavenhandel.

Nach dem Anschluss des Krimkhanats an das Osmanische Reich herrschten die Türken über Kerkinitida und errichteten hier das neue **Fort Gezlev** (von den Russen Гёзлёв [*gëzlëv*], von Adam Mickiewicz *Kozłow* genannt). Die Stadtbefestigungen wurden umgebaut, und die Stadt wurde von 8 m hohen und 5 m dicken Steinmauern umgeben, die fünf Tore hatten, durch die die Straße nach Bakhchysarai verlief. Das südöstliche war das Haupttor. Unter architektonischem Gesichtspunkt und von seiner Anlage her ähnelte Gezlev den meisten orientalischen Städten: Es war reich an verwinkelten Sträßchen, Sackgassen u.ä. Die Stadt bestand aus zwei Teilen. Im östlichen Teil befand sich das Handels- und Handwerkszentrum, im westlichen lagen die Wohnviertel. Zu jener Zeit wohnten in Gezlev Türken, Tataren, Karäer, Armenier, Griechen u.a. Die Stadt dehnte sich aus und beherbergte zu Beginn des 18. Jh. schon über 2500 Häuser. Nach der Eroberung der Halbinsel durch die Russen wurde es, veranlasst von Katharina II., in Yevpatoriya umbenannt, nach dem Gründer von Kerkinitida.



## Sehenswertes

Wer genug Zeit zur Besichtigung von Yevpatoriya übrig hat, wird einen Spaziergang durch die Gassen der **Altstadt** nicht bereuen. Die Altstadt ist in drei Viertel unterteilt: das karäische, das tatarische und das armenische Viertel. Die Häuser sind hier einstöckig, die Straßen nicht asphaltiert und nachts zum Teil nicht beleuchtet. Es gibt auch fast keine Läden. Die Straßenschilder im Zentrum geben neben dem derzeitigen Namen auch den alten Namen aus vorrevolutionären Zeiten an.

Wer jedoch nur einen Tag Zeit hat, wählt besser die optimale Strecke. Vom Bahnhof aus fahren Sie drei Haltestellen mit der Straßenbahn Nr. 3 die Ul. Frunze entlang bis zum Prospekt Lenina und überqueren diesen. Hier können Sie eine **Straßenbahnrundfahrt** buchen, die kostenlose **Mineral-**

**wassertrinkhalle** im verglasten Pavillon besuchen oder in die Straßenbahn Nr. 1 umsteigen, die Sie näher zur Altstadt bringt. Sie laufen die Ul. Frunze, die zur Promenade wird, in südlicher Richtung entlang. Linker Hand finden Sie nach wenigen Minuten das **Delfinarium** (45-minütige Vorstellungen 11 Uhr, 14 Uhr, 17 Uhr und 19.30 Uhr; Erwachsene 30 UAH, Kinder ab 5 Jahren 20 UAH, jüngere Kinder gratis) und die **Go-Cart-Bahn** (10–23 Uhr; 35 UAH für 10 Min., unweit des Bahnhofs ist eine weitere, etwas kleinere Bahn). Am Ende der Ul. Frunze liegt der städtische Strand.

Sie biegen nach links in die Ul. Gorkogo ab, die auf diesem Abschnitt Náberezhnaya Górkogo heißt. Links, im Hintergrund, befinden sich das **Aquarium** (9–22 Uhr) und das **Terrarium** (10–21 Uhr) – getrennte Eintrittspreise: 6 UAH für Erwachsene, 4 UAH für Kinder.

Ganz am Ende der Strandpromenade sehen Sie eine verrostete Altane, die die Mauerreste des antiken Kerkinitida umgibt. Hinzugehen lohnt nicht, ebensowenig wie der Versuch, das eingezäunte Gelände des Sanatoriums des ukrainischen Verteidigungsministeriums zu betreten, das fast das gesamte Gelände der antiken Stadt einnimmt – dessen Überreste befinden sich in einem noch schlimmeren Zustand, auch wenn das schwer vorstellbar ist.

Sie biegen nach links in die Ul. Dubanovskaya ab, an der das **Museum für Landeskunde** steht (Краеведческий музей [*krayevédcheskiy muzéy*], Ul. Duvanovskaya 11/2, 10–21 Uhr, Eintritt für Erwachsene: 6 UAH, Kinder: 4 UAH). Das Museum besitzt viele griechische und tatarische Exponate. Untergebracht ist es in einem Palast im orientalischen Stil von 1910, und vor dem Gebäude stehen zwei Kanonen und eine gläserne Pyramide, die Fundstücke aus dem antiken Kerkinitida enthält. Im Museum kann man auch das Diorama *Die Landung bei Yevpatoriya am 05.01.1942* anschauen (3 UAH). Im Sommer ist neben dem Museum normalerweise eine Wachsfigurenausstellung aus St. Petersburg zu sehen.

Sie laufen weiter auf der Ul. Duvanovskaya und biegen dann rechts in den Park auf der Ul. Belínskogo ab, passieren das Straßenbahndepot, ein nettes Café mit einem Minihotel und eine Go-Cart-Bahn und gelangen schließlich zum Seehafen. Von hier aus gehen Sie auf dem Kai Tereshkovoy entlang, bis Sie links den **Tempel des Propheten Ilja** aus dem Jahr 1918 erblicken (Греческая церковь [*grécheskaya tserkóv'*], Ul. Bratev Buslayevykh 1).

Am Anlegeplatz beim Schlösschen biegen Sie links ab und durchqueren den Karayev-Park [*sad karáyeva*] bis zur Ul. Revolyutsii (auf der linken Seite gibt es sehr billige Bars). Dann biegen Sie wieder nach rechts ab, gehen am Raketendenkmal vorbei und auf die **Dzhuma-Dzhami-Moschee** zu (Freitagsmoschee, Мечеть Джума-Джами, Ul. Revolyutsii 44), erbaut 1552 vom Architekten Sinani nach dem Vorbild der Haga Sofia in Istanbul. Das ist das

Der Laubengang einer Kenesa
im karäischen Viertel von Yevpatoriya

größte Denkmal von Yevpatoriya. Am Eingang wird man vermutlich versuchen, Sie zum Kauf einer organisierten Führung zu überreden, die jeden Nachmittag stattfindet und 5 UAH kostet. Ansonsten ist die Moschee von 10 bis 19 Uhr geöffnet, natürlich außer freitags. Wer Russisch kann und sich eine Stunde lang einen Vortrag über die Geschichte des Islams und der Tataren anhören möchte, sollte sich überreden lassen. Nach der Führung kann man traditionelle tatarische Trachten anprobieren. Der Muezzin singt vom Band.

Sie können Ihren Rundgang auch von diesem Punkt aus beginnen. Dazu fahren Sie einfach vom Bahnhof bis zur Endhaltestelle der Straßenbahnlinie 3 und noch 3 Haltestellen mit der Linie 1 bis zur Haltestelle „Sad Karayeva“.

Von der Moschee aus ist schon die **Nikolai-Kathedrale** (Собор св. Николая [*sobór sv. nikoláya*]) zu sehen – das größte russisch-orthodoxe Gotteshaus auf der Krim, erbaut 1893 als Weihgeschenk für den Erfolg im Krimkrieg. Sie laufen auf der Ul. Revolyutsii noch ein paar Meter weiter und biegen nach links in die Ul. Karayeva ab. Rechts (Ul. Karayeva 4) befindet sich die älteste Apotheke von Yevpatoriya, die seit 1823 in Betrieb ist. Seit 2004 ist hier ein **Apothekenmuseum** eingerichtet.

Wenn Sie dann auf der Ul. Karayeva weitergehen, finden Sie an der Kreuzung mit der Ul. Internatsionálnaya (links ein Platz mit Geschäften) hinter dem großen gelben Gebäude auf der rechten Seite die Überreste eines **Derwischklosters,** das vermutlich im 14. Jh. errichtet wurde (Текие дервишей [*tekiye dervishey*]). Um die **Moschee Shukulai-Efendi** aus dem16. Jh. zu sehen, die Teil eines größeren Klosterkomplexes ist, müssen Sie ein solides Holztor bezwingen.

Wenn Sie in die Ul. Internatsionálnaya einbiegen, sehen Sie rechts in der Tiefe eines Hofes die **armenische Nikolaikirche** von 1885 (Армянская церковь [*armyánskaya tserkóv'*], Ul. Internatsionálnaya 48; Gottesdienste Sa 10 Uhr und 18 Uhr und So 11 Uhr). Das Gebäude steht auf dem Gelände eines Altenheims, aber der Wachmann dürfte keine Schwierigkeiten machen.

An der Kreuzung von Ul. Internatsionalnaya und Karaimskaya wurde vor wenigen Jahren das **alte Stadttor,** das 1959 abgerissen wurde, wieder aufgebaut und stellt so einen markanten Eingang zur Altstadt dar. Im Inneren befindet sich eine urgemütliche tatarische Tee- und Kaffeestube mit traditioneller Folkmusik. Neben warmen Getränken gibt es hier auch schmackhafte Süßspeisen, sodass der Besuch wärmstens zu empfehlen ist.

Wir folgen der frisch renovierten Ul. Karaimskaya, vorbei an strahlend gelb gestrichenen Hausfassaden, und erreichen die erst kürzlich zum Besuch freigegebene **Egiya-Kapay-Synagoge** von 1912 (Egiq-Kapaj, täglich 10–21 Uhr). Den ganzen Sommer über von 12 bis 21 Uhr erzählt eine Lehrerin den Besuchern von der Synagoge und den Juden in Yevpatoriya (kostenlos, aber sie erwartet eine freiwillige Spende). Auf dem Weg dorthin passieren wir die traurigen Reste einer weiteren Synagoge, aber auch hier ist eine Renovierung geplant.

Bei einem Blick in die Gassen links und rechts der Karaimskaya kann man sich ein Bild machen, wie auch diese Straße noch vor einigen Jahren aussah. Auf der linken Seite haben wir immer wieder einen schönen Blick auf die Nikolai-Kathedrale und die Moschee.

Im Gassengewirr links der Karaimskaya, also ebenfalls Richtung Moschee, steht man bald vor dem Eingang zum **Türkischen Bad** aus dem 16. Jh., das als ältestes Gebäude der Stadt angepriesen wird (Турецкие бани [*turétskiye báni*], nur während der Hochsaison geöffnet 9–20 Uhr, Eintritt 2 UAH). Jahrelang gab das Bad einen traurigen Anblick ab, obwohl man zu Zeiten der UdSSR dort noch baden konnte. Erst 2003 wurden der Schutt geräumt und die Löcher in Dach und Fußboden geflickt, sodass man heute in beiden Teilen – bei den Damen und den Herren – die nackten Wände betrachten kann. Einen Badebetrieb gibt es aber nach wie vor nicht.

Sie laufen zur Ul. Karaimskaya zurück und biegen nach links ab, wo Sie nach ein paar Hundert Metern die **karäischen Kenassen** erreichen, die 1804–18 erbaut wurden (Караимские кенасы [*karaímskiye kenásy*], Ul. Karaimskaya 68, geöffnet 10–20 Uhr, 2 UAH, Fotogebühr 2 UAH, Videogebühr 4 UAH). Es sind zwei karäische Gebetshäuser: die Große Kenesa (wird immer noch überholt) und die Kleine Kenesa (die einzige noch tätige Kenesa auf der Krim). Zu Zeiten der UdSSR war hier ein Kindergarten. Nach Kauf einer Eintrittskarte können Sie durch den Laubengang unter hundertjährigen Weinranken wandeln, sich das Lapidarium, die Sonnenuhr und das Denkmal Zar Alexanders anschauen oder etwas über die Karäer lesen. Es lohnt sich, an einer einstündige Führung teilzunehmen (16, 17, 18 und 19 Uhr; 5 UAH), um auch das Museum und das interessante Innere der Kleinen Kenesa zu besichtigen. Nebenan gibt es ein karäisches Restaurant.

Auf derselben Straße steht auch das **Haus von Aga Babovich,** in dem sich 1826 der polnische Nationaldichter Adam Mickiewicz aufhielt (daran erinnert eine Gedenktafel, auch Alexander I. weilte hier; дом Аги Бабовича [*dom agi babovicha*], Ul. Karaimskaya 77).

Sie können die Ul. Karaimskaya etwas weiter entlang laufen, um dann nach links in nördlicher Richtung abzubiegen (Ul. Geroyev Desanta) und zum Zentralmarkt zu gelangen, von wo aus Sie mit der *Marshrutka* Nr. 6 zum Bahnhof (nach links in westlicher Richtung) oder zum *Novyy Plyazh* (nach rechts in östlicher Richtung – s.u.) fahren können. Sie können aber auch von derselbe Straße nach rechts in südlicher Richtung abbiegen (Ul. Proletarskaya), um zur Ul. Revolyutsii zu gelangen, von der Sie wieder nach

## Die Straßenbahnen in Yevpatoriya

Im Stadtgebiet fahren **vier Straßenbahnlinien,** es ist aber überall nur ein Gleis vorhanden. Einzig an den Haltestellen teilt sich das Gleis, um den Bahnen das Ausweichen zu ermöglichen. Der Wagenpark besteht aus **alten deutschen Schmalspurbahnen** mit geringen Abmessungen (auf der Linie 1 sind bereits neuere Wagensätze im Einsatz). Die Fahrt kostet 50 Kopeken.

**Linie 3** fährt vom Bahnhof die Ul. Frunze und den Prospekt Lenina entlang bis zum Theater [*gorteátr*] (an der Haltestelle am Theater hängt ein Liniennetzplan).

**Linie 2** verkehrt vom Sanatorium Moynaki [*gryazelechébnitsa*] durchs Kurgebiet bis zum Theater.

**Linie 1** fährt vom Kurbad Sputnik die Ul. 60-letya WLKSM (was auch immer das heißen mag) entlang, dann den Prospekt Lenina und die Ul. Revolyutsii bis zum Ende, wo auch die Fahrt endet.

An derselben Stelle beginnt die Strecke der **Linie 4** (Saisonbahn), die an der Küste auf der Ul. Simferopolskaya entlang fährt. An der Haltestelle „Park im. Frunze" (beim Hotel Ukraina) kann man eine einstündige Stadtrundfahrt mit der Bahn buchen.

Die **Saisonbahn,** von der kaum jemand weiß, verkehrt seit 1989 auch im Dorf Molochne im Westen von Yevpatoriya als Verkehrsverbindung zwischen dem dortigen Sanatorium mit der Küste. Eine Zeitlang war die Fahrt auf dieser Strecke kostenlos, weil sie vom Sanatorium getragen wurde, heute jedoch kostet auch sie die üblichen 50 Kopeken. Ansonsten fahren nirgendwo auf der Krim mehr Straßenbahnen.

rechts abbiegen und auf dem zentralen Platz der Stadt ankommen, auf dem das **Puschkin-Theater,** ein sehenswerter Jugendstilbau aus den Jahren 1908–1910, eine Bibliothek, das Kino Raketa und das Gebäude der Stadtverwaltung stehen. Von hier aus erreichen Sie, wenn Sie auf der Ul. Gogolya nach Süden laufen, den Kai Górkogo – steigen Sie hingegen in die Straßenbahn Nr. 3 ein, fährt diese Sie zum Bahnhof.

## Praktische Tipps

### Bahn

● **Bahnhof,** Bahnhofsplatz, neben der Ul. Internatsionálnaya, Tel. 055, 51411, 30778 „Servis-Tsentr" Tel. 58978.

In der Saison kommen hier **Fernzüge,** u.a. aus Kiew, Moskau, Minsk und Charkow an, außerhalb der Saison verkehrt allerdings keiner davon.

Uns interessieren jedoch die **Elektrichki** der Strecke Simferopol – Yevpatoriya am meisten, die achtmal täglich von 5 bis 20.15 Uhr verkehren. Der Zug schleicht zwei Stunden lang in die Hauptstadt. Im Hauptgebäude des Bahnhofs befinden sich die Vorverkaufskassen (und im Obergeschoss das Bahnhofshotel) und vor dem Gebäude die „Tageskassen". Weiter in Richtung Busbahnhof findet man die Gepäckaufbewahrung (die Treppe abwärts, geöffnet von 6 bis 20 Uhr. Für ein Gepäckstück zahlt man 3–4 UAH pro Kalendertag, an den Gepäckautomaten ca. 4 UAH für zwei Tage.). Noch ein Stück weiter steht eine Einrichtung der Ukrtelekom und hinter ihr das Gebäude des „Servis-Tsentr" und ein Häuschen mit den Kassen für die Vorortzüge (am Eingang zum Tunnel).

● **Busbahnhof,** Ul. Internatsionálnaya 124, Tel. 33224. Neben dem Bahnhof. Von 5 bis 21 Uhr verkehren durchschnittlich alle 15 Min. Busse nach Simferopol (1:30 Std.). Die meisten fahren zur *Avtostantsya Kurotnaya* (am Bahnhof in Simferopol – diese Busse sind im Fahrplan mit der Abkürzung ЖДВ [*zhedevokzál*] gekennzeichnet) und nur ein Teil zum Zentralen Busbahnhof (Ul. Kíyevskaya – die haben die Abkürzung АВ [*avtovokzál*]). Wer im jeweiligen Bus nach Simferopol eine Fahrkarte zum Flughafen hat, den fährt der Bus dorthin. Außerdem gibt es 25 Verbindungen nach Chornomorske (5.30 bis 21 Uhr, 1:30 Std. – Achtung: der Bus fährt um den See Donuzlav herum!), 20 Verbindungen zum Bahnhof *Severnaya* in Sevastopol (6 bis 20 Uhr, 2:15 Std.) und einige in fast jeden Winkel der Krim sowie in viele ukrainische Städte. Vorortbusse und *Marshrutki* nach Saky verkehren durchschnittlich alle 15 Min.

● **Flugagentur** [*avyakassy*], Prospekt Pobédy 23, Tel. 32169.

● **Seehafen,** Ploshchad Moryakov. Die Firma Ellada (Tel. 62496) bietet **sechstägige Reisen nach Istanbul** und zurück an mit den Schiffen Sudak (Abfahrt Di 18 Uhr) und Poisk (Abfahrt So 18 Uhr) – im Preis enthalten sind Hin- und Rückfahrt mit Vollverpflegung und dreitägigem Aufenthalt auf dem Schiff im Hafen von Instanbul.

● Außerdem fährt von der **Anlegestelle Karayeva** (причал Караева [*prichál karáyeva*], östlich vom Seehafen) täglich 6.30 Uhr (von der Anlegestelle Frunze an der Straßeneinmündung der Ul. Frunze – 7 Uhr) das **Ausflugsschiff Yanina nach Sevastopol** (Tickets werden an den Tischen auf der Promenade verkauft), das abends (21 Uhr, 23 Uhr) an der Anlegestelle Frunze als Diskothek dient.

Von der Anlegestelle Karayeva startet auch nachmittags das Schiff Tavrika zu **Ausflügen in die Umgebung,** und um 21 Uhr und 23 Uhr gibt es **„Videodiskotheken").**

● **Taxi,** Tel. 062. Eine Taxifahrt durch die Stadt sollte nicht mehr als 18 UAH kosten.

### Unterkunft

In Yevpatoriya ist es mitten in der Saison, ähnlich wie in vielen anderen Städten der Krim, schwer, ohne vorherige Reservierung eine gute Unterkunft zu bekommen. Personen, die **Zimmer** vermieten wollen, trifft man auf dem Bahnhof – die größte Auswahl gibt es kurz vor der Ankunft eines Zuges (egal ob

Vorort- oder Fernzug), wenn die *Bábushki* in Scharen auf die Bahnsteige strömen und laut rufen: „Kvartíra, zhylë u mórya!" Wie in jedem Seebad kann es problematisch werden, eine Unterkunft für eine bis zwei Nächte zu bekommen. Die Preise beginnen bei 5 USD pro Person, abhängig von den Bedingungen und der Personenzahl. Man kann auch ein sogenanntes Schlüsselquartier mieten. Alte Gasheizkörper können gefährlich werden, deshalb ist ein Zimmer mit kaltem Wasser bisweilen die sicherere Variante.

Wer bei den *Bábushki* nichts mieten will, dem können die **Vermittlungsbüros** weiterhelfen (квартбюро, d.h. квартирное бюро [*kvartbyuró, kvartírnoye byuró*]), die alle Arten von Unterkünften in der Gegend von Yevpatoriya im Angebot haben – von den Sanatorien, für die man eine *Putëvka* kaufen muss (die ist nicht immer ohne Therapie erhältlich – oder die Übernachtung allein kostet nicht viel weniger als das ganze Behandlungspaket), bis hin zu privaten Einzelzimmern. Ein Büro befindet sich gleich am Ausgang von den Bahnsteigen, außerdem eines gegenüber vom Busbahnhof, ein weiteres im Hotel Krim im Erdgeschoss. Fragen Sie nach der Wasserversorgung – kaltes Wasser gibt es in den Wohnblöcken von 6 bis 9 Uhr früh und abends, heißes nur einmal wöchentlich!

- **Hotel Apogey,** Ul. Frunze 28/41a; Tel. 33562, Tel./Fax: 61082; 1-, 2- und 3-Bett-Zimmer in verschiedenen Kategorien, Preise ab 90 UAH im Doppelzimmer.
- **Bahnhofshotel,** Tel. 13425. Im Obergeschoss des Bahnhofshauptgebäudes (Eingang auf der Seite der Gepäckaufbewahrung) folgen Sie den ukrainischen Ausschilderungen Кімната відпочинк ([*kimnata vidpochnyk*], aber fragen Sie nach [*kómnaty óddykha*]). Ein Platz im Doppelzimmer kostet rd. 35 UAH, in den Zimmern der Klasse *Lyuks* (Doppelzimmer mit TV und Sanitärzellen) deutlich mehr. Das Hotel ist teilrenoviert und einigermaßen sauber, aber ohne Dusche. Auch die Sanitäranlagen lassen zu wünschen übrig.
- **Hotel AKC,** Ul. Kiyevskaya 44a, Tel. 36405, 32057. 2- und 3-Bett-Zimmer für 65–90 UAH pro Person.
- **Hotel Krym,** Ul. Revolutsiyi 46. Tel. 60364. Altertümliches Gebäude nahe dem Hafen. Einige Zimmer sind renoviert und genügen ohne Weiteres westlichem Standard, ca. 210 UAH für das Doppelzimmer, unrenoviert und mit Etagendusche: ca. 105 UAH fürs Doppelzimmer. Ein Café befindet sich im Erdgeschoss, wo auch Frühstück geordert werden kann.
- **Hotel Kosmos,** im Busbahnhof. Sehr kleines Hotel mit nur 8 Plätzen, sauber, freundlich, renoviert, ca. 125 UAH.
- **Pension Almaznyy,** Ul. Lenina 29, 36441, 36451. Ein typischer sowjetischer Erholungskomplex, wie es in der ganzen Stadt viele gibt. Die Übernachtung kostet von 42 bis 105 UAH, je nach Zimmerstandard und Anzahl der Heilbehandlungen.
- **Hotel Solnechny Denek,** Ul. Pobedy 12, Tel. 44266, 44261, garant@evpatoria.com. Ein neu gebautes Hotel mit hohem Standard und ebensolchen Preisen.
- **Pension Planeta,** Ul. Kosytskogo 29/73, Tel. 60320, 28384. Ein exklusives, ziemlich großes Hotel mit einem herrlichen Swimmingpool im Freien. Qualität hat ihren Preis – ab rd. 300 UAH aufwärts.

## Camping

Zelt oder Campinganhänger kann man auf den **Campingplätzen** außerhalb der Stadt, neben dem Neuen Strand oder in Zaozerne (s.u.) aufstellen.

## Essen und Trinken, Einkaufen

Die meisten **Läden,** Apotheken, Wechselstuben und andere dem Touristen nützliche Einrichtungen konzentrieren sich auf den Straßen Ul. Frunze und Ul. Revolyutsii. Von der Anzahl der **Bars und Gaststätten** an den Strandpromenaden (Ul. Frunze südlich vom Prospekt Lenina; Ul. Gorkogo) kann einem schwindlig werden. Am billigsten kauft man auf den **Märkten,** von denen es viele in verschiedenen Winkeln der Stadt gibt. Der größte ist der *Tsentrálnyy Rynók* (Kreuzung Ul. Internatsionálnaya und Ul. Dmitríya Ulyánova).

Am preiswertesten essen kann man in den **Bars vom Typ Stolóvaya** (beispielsweise Ul. Revolyutsii 55 und ein paar andere in der Nähe).

- Sie sollten unbedingt die Spezialitäten der karäischen, tatarischen und ukrainischen Küche im Kultrestaurant **Karamán** kosten (Ul. Karaimskaya 68, neben den karäischen Kenassen, Tel. 33035, geöffnet 12–22 Uhr). Ohne vorherige Reservierung muss man gewöhnlich auf einen freien Tisch warten. Es gibt hier einen gemütlichen Hof mit Patio und einen Saal im Haus.

## Geld

**Wechselstuben** gibt es überall in Hülle und Fülle, aber die Kurse sind eher schwach. **Geldautomaten:** Ul. Internatsionálnaya 109 (Café Gëzlëv), Ul. Frunze 28/41a (beim Hotel Apogey), Ul. Frunze 12 (Geschäft Sasha). Beim Hotel Ukraina gibt es sogar zwei.

- **Privat Bank** – Ul. Frunze 28/41a, beim Hotel Apogey.
- **Bank Ukraina** – Prospekt Pobedy 36.

## Post, Telefon, Internet

- Das **Postamt** befindet sich in Yevpatoriya in der Nähe des Seehafens (Ul. Primorskaya 2), hier gibt es auch die Möglichkeit, **Telefon und Internet** zu nutzen (billig, aber lange Warteschlangen, besonders an freien Tagen, wenn es den Netzzugang fast umsonst gibt). Auskunft zur Apothekenbereitschaft: 42067.
- Weitere **Internetzugänge:** neben dem Postamt (im Klub Póle Chyudés, 11–23 Uhr), Ul. Bratev Buslayevykh 3 (1. Stock), Ul. Frunze 17 (Eingang durch den Laden Krymskiye Vina: Die Weinverkostung ist kostenlos, das Internet dafür teuer – 10 UAH/Std.), Ul. Frunze 8 (Sanatorium Oren-Krym, teuer), Ul. Pobedy 31 (Klub Lion, 9–20 Uhr, So geschlossen), Ul. Gorkogo (Klub Kentaur, im Aquariumsgebäude, 6 UAH/Std., nachts 3 UAH). Auf der Ul. Gorkogo und um sie herum gibt es ein paar „Saison-Cafés" – sie sind für gewöhnlich klein, teuer, mit langsamem Transfer und einer Schar spielender Kinder, deren Eltern währenddessen die Freuden des Strandlebens genießen.

## Strände

Im zentralen Teil von Yevpatoriya gibt es nur zwei kostenlose Strände: den **städtischen** an der Einmündung der Ul. Frunze (klein und überfüllt) sowie die Strand genannten **Betonstufen** dort, wo die Ul. Revolyutsii am nächsten zum Meer verläuft (Stadtzentrum, Náberezhnaya Tereshkovoy).

Alle anderen Strände sind Sandstrände und entweder für Außenstehende geschlossen (wenige) oder der zugang ist nicht umsonst. Die kostenpflichtigen Strände haben normalerweise Duschen und Umkleidekabinen und warten mit einer Menge Attraktionen auf, z.B. Rutschen, Bananenfahrten, Gleitschirmfahrten hinter einem Motorboot, Schiffsausflügen entlang der Küste usw. – mehr Angebote findet man wohl an keinem Strand der Krim sonst. Das Leben pulsiert hier von einem Morgen zum anderen, ein Teil der Läden am Ufer ist rund um die Uhr geöffnet.

Wer dem Rummel entfliehen möchte, fährt **aus der Stadt heraus** – schöne Strände gibt es ringsum eigentlich überall. Schlammliebhaber hingegen fahren an den **See Moinatske/Moynaki** [Мойнаки] (Ul. 60-letya WLKSM, Straßenbahn Nr. 1 und 2 bis zur Haltestelle „Gryazelechebnitsa Moynaki"). Auf der Höhe des Sees Moinatske – aber natürlich am Meer – gibt es ebenfalls einen kostenlosen Sandstrand.

### Neuer Strand

Der Neue Strand (Новый пляж [*nóvyy plyazh*]) befindet sich am östli-

## Festival Republik Kazantip

Der kleine Küstenort **Popivka** (ukr. Попівка, russ. Поповка [*pópovka*]), westlich von Yevpatoriya, ist berühmt für das hier seit Jahren stattfindende Festival Republik Kazantip (Республика Казантип [respúblika kazantíp]), das auch Orange Republik genannt wird und – für die, die sich nicht auskennen – **eine Art Love Parade** ist. Von Mitte Juli bis Ende August wird hier eigens ein kleines Städtchen aufgebaut, in dem sich mehrere Tausend Jugendliche treffen. Tag für Tag feiern sie dort vor der großen Bühne, auf der **DJs aus ganz Europa** auftreten. In der Republik Kazantip herrscht die sogenannte „Diktatur des Glücks", die sich – wie man unter www.kazantipa.net lesen kann – als „Paradies ohne moralische Grenzen" manifestiert.

Aufgrund der Drogenprobleme, des Lärms und im Zusammenhang mit der allgemeinen Entrüstung der örtlichen Bevölkerung musste das Festival innerhalb von mehr als zehn Jahren seiner Existenz schon mehrmals umziehen. Anfangs fand es bei der Bauruine des Atomkraftwerks zwischen Shcholkine und Lenine in der Nähe des Kaps Kazantyp statt (daher der Name). Zunächst war es ein recht unprofessionelles Projekt, doch schon bald wandelte es sich in ein durch und durch kommerzielles, hervorragend organisiertes Unternehmen. In Russland und der Ukraine heißt heute schon jede größere Diskothek Kazantipa.

chen Stadtrand von Yevpatoriya auf der Seite von Simferopol. Es ist ein eingezäunter **Erholungskomplex** mit zahlreichen Cafés, Rutschbahnen und anderen Strandattraktionen. In der Nähe des Eingangs befindet sich die Bahnstation „54 km" [*pyat'desyát' chetvërty kilométr*]. Um von Saky aus mit dem Auto hierher zu gelangen, muss man auf der Südseite der Bahngleise am Meer entlang fahren und wenn die Hauptstraße nach rechts abbiegt, geradeaus.

Zu den Bahnhöfen und in die Altstadt von Yevpatoriya gelangt man von hier aus mit der *Marshrutka* Nr. 6 über die Straßen Simferopolskaya, Internatsionálnaya, Pobedy, Moskovskaya und Kiyevskaya oder mit der in der Saison verkehrenden Straßenbahn Nr. 4 bis zur Endhaltestelle und weiter mit der Straßenbahn Nr. 1 oder oben genannter *Marshrutka*.

Dieser Ort ist besonders interessant für alle, die eine billige Unterkunft suchen: Nebenan kann man sein **Zelt** für 5 UAH aufschlagen, was gleichzeitig zum Betreten des Strandes berechtigt (normalerweise kostet der Eintritt 2 UAH). Östlich der Einzäunung kann man auch kostenlos zelten.

Außerdem gibt es **Campinghäuser** für 15–40 UAH pro Person (die Verwaltung befindet sich unweit vom Bahnhof in Yevpatoriya: Ul. Internatsionálnaya 99, Tel. 33386).

## In der Umgebung

### Zaozerne

Zaozerne (ukr. Заозерне, russ. Заозёрное [*zaozërnoye*]) ist eine Gemeinde von Yevpatoriya südwestlich vom Zentrum am **Salzsee Moinatske.** Hierher gelangt man vom Bahnhof in Yevpatoriya in 15 Min. mit den Buslinien 8 und 15 oder der *Marshrutka* Nr. 8. Zaozerne, auch „Chaika“ genannt, ist eine mehrere Kilometer lange Anreihung von **Sanatorien, Pensionen und Ferienhäusern** auf der einen Seite der Hauptstraße (hier gibt es auch zwei Campingplätze) und dem Salzsee und einem Wohngebiet auf der anderen Seite.

Auf dieser Seite der Straße befinden sich die **Ruinen der antiken Stadt Chaika,** die im 5.–6. Jh. v.u.Z. von den Griechen gegründet und im 2. Jh. v.u.Z. von den Skythen übernommen wurde, die sie, ihrer Gewohnheit gemäß, in eine Festung umbauten, die bis ins 1. Jh. v.u.Z. bewohnt wurde.

### Myrnyi und Shtormove

**Myrnyi** (Мирний) und **Shtormove** (ukr. Штормове, russ. Штормовое [*shtormóvoye*]) sind Dörfer westlich von Yevpatoriya auf der **Ostseite des Sees Donuzlav** (Донузлав) und voneinander getrennt durch den **Salzsee Oiburske.** Der Name Myrnyi/Mirniy weist in der ganzen ehemaligen UdSSR auf die Nähe des Militärs hin – seit den 1960er Jahren existierte am Donuzlav-See ein Stützpunkt der Schwarzmeerflotte (heute ein ukrainischer Stützpunkt). Beide Orte verfügen über Sandstrände und ein gutes Angebot an Unterkünften einschließlich der Campingplätze, auf denen man umsonst oder für wenig Geld seinen Campinganhänger aufstellen oder zelten kann. Nach Myrnyi fahren alle 30 Min. Busse aus Yevpatoriya ab, nach Shtormove verkehren sechs Busse pro Tag.

## Halbinsel Tarkhankut

(Тарханкут)

Die Halbinsel Tarkhankut ist die am weitesten nach Westen vorgeschobene Region der Krim, die vom Festland durch den 27 km langen **See Donuzlav** (Донузлав) getrennt ist. Ihr Name kommt vom türkischen *tarkhan,* das so viel heißt wie „steuerfreier Ort“ – im 15. Jh. hat man hier muslimischen Geistlichen Land zugewiesen, die keine Abgaben an den Staat zahlen mussten. Vorherrschend ist **Steppenflora,** und es gibt hier kein Oberflächenwasser mit Ausnahme der küstennahen **Salzseen.** Tarkhankut ist etwas hügeliger als der Rest der Nordkrim und somit auch abwechslungsreicher. Im Sommer regnet es praktisch überhaupt nicht, dafür weht häufig ein starker Wind. Charakteristisch sind die Seebrisen. Diese werden inzwischen auch mittels Windrädern zur Energieerzeugung genutzt, was hoffen lässt, dass auch in der Ukraine ein Umdenken hin zu umfreundlicher Energieerzeugung stattfindet. Tarkhankut ist besonders bei **Radtouristen und Campern** beliebt: Auf den Straßen ist wenig Verkehr, und man kann nahezu überall sein Zelt aufschlagen. Die Kapgegend ist noch nicht so sehr mit Touristenkitsch verseucht wie die größten Kurorte der Krim.

Die Küste von Tarkhankut besteht abwechselnd aus **Sandstränden** und bis zu 60 m hohen **Kliffen.** Die schönsten Strände gibt es in Chornomorske, Mizhvodne, Olenivka und in der Gegend der Kultstätte Morske (ukr.

> ### Meeresstille
> ### (Auf der Höhe von Tarkankut)
> **Adam Mickiewicz**
> **Übers.: Peter Cornelius**
>
> *Die Flagge regt sich spielend kaum*
> *im Winde;*
> *Die Woge sachte nur den Busen hebt,*
> *Wie eine Braut, die Wonnetraum umwebt,*
> *Erwacht und seufzt und weiter*
> *träumt gelinde.*
>
> *Am Mast erschlafft hängt Segel*
> *und Gewinde*
> *Wie Fahnen nach der Schlacht;*
> *nur leis erbebt*
> *Manchmal das Schiff; die Reisenden belebt*
> *Gespräch und Scherz; es ruht*
> *das Schiffsgesinde.*
>
> *O Meer, in Deines Schoßes tiefsten Innern*
> *Schläft der Polyp, wenn Sturm*
> *die Wogen türmt,*
> *Und reckt die Arme, wenn die*
> *Lüfte blauen;*
>
> *So hegst du, Seele, heimlichstes Erinnern*
> *Gleich Hydern, auch entschlummernd,*
> *wenn es stürmt,*
> *Tief schlagend nur ins frohe Herz*
> *die Klauen.*

Морске, russ. Морское [*mórskoye*]). In allen genannten Dörfern kann man übernachten und essen, die am höchsten entwickelte Infrastruktur jedoch haben Chornomorske und Mizhvodne.

Der zentrale Ort der Region ist **Chornomorske,** wohin von morgens bis abends Busse aus Yevpatoriya verkehren. Ebenfalls von Yevpatoriya aus kann man mehrmals täglich nach Olenivka fahren. Von Chornomorske fahren jeden Tag mehrere Busse nach Mizhvodne, Olenivka und Okunivka sowie nach Simferopol (zum Zentralen Busbahnhof, aber alle Busse halten auch am Bahnhof *Kurortnaya*). Der Busbahnhof befindet sich auf der Ul. Agafonova 96 (Tel. 92162), am Ende der Ul. Kirova.

### Der Weg über den Donuzlav-See

Obwohl auf vielen Karten die Straße von Yevpatoriya nach Chornomorske an der Südküste entlang verläuft, führt die Hauptstraße doch in Wirklichkeit auf einem Umweg über **Krasna Poliana** und **Veselivka** und über die **Abliamita-Brücke,** die so zu Ehren ihres Ideengebers und Spenders, des reichen Tataren Abliamita Bey, benannt und 1964 nach ihrer Zerstörung im Krieg wiederaufgebaut wurde. Über die **Landzunge** (200–600 m breit, 9 km lang) kann man schon seit den 1960er Jahren nicht mehr fahren, als sie durchbrochen wurde, um Kriegsschiffen die Durchfahrt bis zum 7 km im Inneren des Sees liegenden supergeheimen Militärstützpunkt zu ermöglichen, der zu jener Zeit gebaut wurde. Natürlich wurde der Durchbruch in sowjetischen Karten nicht eingezeichnet. Heute verkehrt dort jeweils um 8 Uhr und 19 Uhr ein kleines Boot, das sich **Fähre** nennt.

### Mizhvodne

Mizhvodne (ukr. Міжводне, russ. Межводное [*mezhvódnoye*]) liegt 18 km nördlich von Chornomorske zwischen der Bucht Yarylhátska bukhta und dem Salzsee Dzharylhách

Halbinsel Tarkhankut
0
10 km
N
E
S
W
Zacharias-und-Elisabeth-Kirche
W. S. Popow-Haus
Republikanisches Historisch-Archäologisches Reservat „Kalos-Limen"
Reservat
„Felsrutschküste Dzhanhul"
1 Seepark
2 Woronzowpark
Kliffe
Yevpatoriya
Далеке (Daleke)
Зоряне (Zoriane)
Кіровске (Kirovske)
Дозорне (Dozorne)
Новоіванівка (Novoivanivka)
Новоозерне (Novoozerne)
Приветне (Pryvitne)
Криловка (Krylovka)
Мирний (Myrnyi)
Попівка (Popivka)
оз. Донузлав (Donuzlav-See)
Озеровка (Oserovka)
Медведеве (Medvedeve)
Внукове (Vnukove)
Низівка (Nyzivka)
Новоульяновка (Novoulianovka)
Журавлівка (Zhuravlivka)
Володимирівка (Volodymyrivka)
Водопійне (Vodopiyne)
Джарылгач (Dzharlygach-See)
Зайцеве (Zaitseve)
Красна Поляна (Krasna Poliana)
Кузнецьке (Kuznetske)
Знамянське (Znam'ianske)
Ярылгач (Yarlygach-See)
Міжводне (Mizhvodne)
Сніжне (Snizhne)
Панское (Panskoje-See)
Новосільське (Novosilske)
Артемівка (Artemivka)
Громове (Hromove)
Красносільське (Krasnosilske)
Окунівка (Okunivka)
Маріне (Marine)
Чорноморське (Chornomorske)
1
2
Малий Атлеш (Kleiner Atlesh)
Великий Атлеш (Großer Atlesh)
Оленівка (Olenivka)
Джангуль (Dzhanhul)
Маяк (Maiak)
мыс Прибойный (Prybiinyi-Kap)
оз. Лиман (Liman-See)
мыс Тарханкут (Tarkhankut-Kap)

(Джарылгач). Das Dorf, das bis 1944 Yarylhách hieß, wird heute zu einem immer beliebteren Kurort, in dem man außer Meerbädern auch Schlammbäder genießen kann.

### Olenivka

Olenivka (ukr. Оленівка, russ. Оленёвка [*olenëvka*]) liegt rund 22 km von Chornomorske am Westende der Halbinsel. Bis 1945 hieß es Karadzhá. Außer an der Karadzhynska-Bucht am Strand zu liegen kann man im Dorf das Haus von W. S. Popow, des Sekretärs des Fürsten Potjomkin, besichtigen. Auch ein Ausflug in das sehr interessante Umland ist durchaus lohnenswert. Der Ort blieb im Gegensatz zu Chornomorske im Wesentlichen von sowjetischer Architektur verschont und ist allein schon deshalb nett. Durch eine sandige Nehrung ist ein unmittelbar am Ortsrand gelegener **Binnensee** mit schönen Sandstränden vom offenen Meer abgetrennt.

Von der einstigen Dorfkirche, der Pokrovskaja-Kirche von 1903, künden nur noch einige traurige Reste, aber auch hier ist ein Wiederaufbau in Planung.

Kurz vor dem westlichen Ende des Dorfes, Richtung Leuchtturm, gibt es zudem einen **Fahrradverleih.** Man achte auf das Schild: „Prokat Velosipedov"; 60 UAH pro Tag, 10 UAH pro Stunde. Um die reizvolle Umgebung zu erkunden, ist dies sicher die beste Möglichkeit.

**Übernachtungsmöglichkeiten** gibt es reichlich. Fast jedes Haus hat ein Schild an der Tür, wonach Zimmer zu vermieten sind.

### Leuchtturm

4 km südöstlich von Olenivka erhebt sich der Leuchtturm (Тарханкутский маяк [*tarkhankútskiy mayák*]). In vielen Orten der Halbinsel kann man eine Besichtigung buchen. Er wurde 1816 gebaut, und sein heutiges Aussehen ist das Ergebnis vieler Rekonstruktionen, deren letzte 1970 stattfand. Einen Signalpunkt gab es an dieser Stelle schon immer – bereits im Altertum baute man hier die verschiedenartigsten Konstruktionen, an deren Spitze man ein Feuer entzündete. Der ehemalige Name des Kaps ist Eski-Foros (Alter Leuchtturm). Leider ist der Turm nicht zu besichtigen.



### Atlesh

*Atlesh* ist persisch und heißt „Feuer". Der Höhenzug des **Großen Atlesh** (ukr. Великий Атлеш [*velýkyi átlesh*], russ. Большой Атлеш [*bol'shóy átlesh*]) beginnt 6 km südöstlich von Olenivka, der **Kleine Atlesh** noch1 km weiter. Hierher gelangt man innerhalb einer Stunde auf einem Feldweg (mit dem Pkw in 15 Min., ist aber nicht zu empfehlen) entlang der Küste. Vor unseren Augen erscheinen 50–60 m hohe **schneeweiße Kalkkliffe,** zauberhafte Buchten mit kleinen Stränden unterhalb, zahlreiche **Grotten und Höhlen** und auch ein einzigartiger 98 m langer Tunnel, den man durchschwimmen oder auf dem Schlauchboot durchqueren kann. Hierher kommen Natur- und Höhlenforscher, Bergsteiger und

078kr Foto: pk

Kartoffelernte

Taucher. An dieser Stelle wurden auch schon etliche Filme gedreht. Beide Atlesh-Gebiete stehen seit 1968 unter **Naturschutz.** Autoausflüge in den Atlesh werden u.a. im Touristenkomplex „Gavan" in Chornomorske organisiert (Tel. 91056).

## Dzhanhul

Dem Atlesh vom Charakter her ähnlich ist der Dzhanhul (Джангуль, türkisch: „See der Seele"), der 7 km nördlich von Olenivka beginnt, in der Nähe des am weitesten nach Westen vorgeschobenen Teils der Krim – des **Kaps Prybiinyi** (ukr. мис Прибійний, russ. мыс Прибойный [*mys pribóyny*]). Das Kalkgestein lagert hier auf Lehm, sodass das Wasser beim Unterspülen der hohen Kliffe mächtige Felsrutsche auslöst. Das größte Ereignis dieser Art fand 1933 statt und war noch in mehr als 50 km Entfernung zu hören. Damals rutschte ein Stück eines Kalkfelsens ins Meer, das 500 m lang, 200 m breit und 35 m hoch war. Infolge der Erosion hat sich hier so etwas wie ein maritimes Tal der Geister (*Dolyna Pryvydenii* – s. Bergtour 7) mit einsamen Felsen, Grotten und Höhlen herausgebildet, darunter die längste, zur Hälfte überflutete **Höhle Burun-Koba.** Es überrascht die für eine Steppe üppige Pflanzenwelt. 1968 wurde hier das 10 ha große Reservat „Felsrutschküste Dzhanhul" angelegt.

## Chornomorske

Chornomorske (ukr. Чорноморське, *russ.* Черноморское [*chernomórskoye*]) ist der **größte Ort der Region.** Sein Name wird oft „Chernomorsk" abgekürzt (bis 1944 hieß er Ak-Mechet). Chornomorske hat 13.000 Einwohner und kann sich besonders seines breiten Sandstrands in der Schmalen Bucht (ukr. Вузька бухта [*vúz'ka búkhta*], russ. бухта Узкая [*bukhtá úzkaya*]) rühmen. Das Zentrum rund um den Busbahnhof wurde allerdings mit allen nur erdenklichen architektonischen Scheußlichkeiten aus Sowjetzeiten bestückt, sodass man schon viel Durchhaltevermögen braucht, um nicht gleich wieder das Weite zu suchen.

Im Dorf (formell: „Stadt-Dorf") kann man den **Seepark** (Приморский парк [*primórskiy park*]) besichtigen sowie den kleinen und etwas vernachlässigten **Woronzow-Park** (Воронцовский парк [*vorontsóvskiy park*]). In der orthodoxen **Zacharias-und-Elisabeth-Kirche** (Церковь святых и праведных Захария и Елисаветы [*tserkóv' svyatýkh i právednykh zakharíya i yelisavéty*]) von 1838 waren nach ihrer Schließung im Jahr 1930 der Reihe nach ein Arbeiterklub, ein Lager und eine Turnhalle untergebracht. Heute ist sie keine Sehenswürdigkeit mehr, was sich vielleicht nach der geplanten Rekonstruktion ändern wird.

Das **Republikanische Historisch-Archäologische Reservat „Kalos-Limen"** (Республиканский историко-археологический заповедник „Калос-Лимен" [*respublikánskiy istoríko-arkheologícheskiy zapovédnik kálos-límen*]) ist 2,5 ha groß. Hier wurden die Ruinen einer Burg aus dem 4.–2. Jh. v.u.Z. entdeckt, die zuerst den Griechen gehört hatte und dann durch verschiedene Hände gegangen war. *Kalos Limen* heißt „schöner Hafen". Sie ist das wichtigste, wenn nicht gar das einzige sehenswerte Denkmal von Chornomorske und befindet sich östlich vom Ort in der Nähe des Meeres. Man gelangt dorthin, wenn am Strand entlang läuft (in der Nähe ist auch ein Campingplatz). Eine Führung durch die Ruinen kann unter Tel. 92076 bestellt werden (von 8 bis 17 Uhr). Man kann auch einen Blick ins Museum für Geschichte und Landeskunde werfen, das zum Reservat gehört (Ul. Revolyutsii 8, Tel. 92077, geöffnet täglich 9–18 Uhr).

# Reiseroute 2

**Simferopol – Bakhchysarai – Inkerman – Sevastopol**

## Überblick

Die über 80 km lange Strecke kann man mit dem Zug (2:30 Std.), dem Bus oder der Marshrutka (1½–2 Std.) bewältigen. Das billigste Verkehrsmittel ist die *Elektrichka,* ein schnelleres der Bus oder Privatchauffeure. Beide Strecken – Bahn und Straße – haben ihre Vor- und Nachteile. Die *Elektrichka* sei denen empfohlen, die mehr Zeit haben und sich eine Fahrt im sprichwörtlichen Spaziertempo leisten können. Die schönsten Aussichten bieten die Landschaften von Verkhnosadove über Inkerman bis Sevastopol. Sechs durch die Felsen getriebene Tunnel und an manchen Stellen bis zu fünfzig und mehr Meter hohe Viadukte bringen mit Sicherheit Abwechslung in die eintönige Fahrt. In Inkerman kann man das Kloster und die Bergrücken von Nahem sehen, die vom Menschen gleich einem Schweizer Käse durchlöchert wurden. Mit dem Bus fährt man schneller, doch auch diese Strecke hat ihren Reiz: In Zaliznychne (russ. Zheleznodorózhnoye) steht rechts auf einem Hügel ein aus weißen Steinen zusammengesetzter Leninkopf, der mit der Jahreszahl 1870 und dem laufenden Jahr versehen ist. Wer unbedingt mit dem Bus nach Sevastopol fahren will und keine Fahrscheine mehr bekommt, sollte auf die Angabe „Avtostántsya Sévernaya (Северная)“ achten, auf der Nordseite der Bucht von Sevastopol. Um anschließend ins Zentrum von Sevastopol zu gelangen, genügt es, eine der Fähren zu besteigen, die alle paar Minuten verkehren.

## Routenverlauf: Simferopol – Bakhchysarai

Bei der Ausfahrt aus Simferopol fahren wir am Flughafen Zavadskoye vorbei (Passagierflugzeuge landen hier nicht mehr) und gelangen nach einigen Kilometern nach **Chystenke** (ukr. Чистеньке, russ. Чистенькое [*chisten'koye*]), wo Archäologen zahlreiche Spuren ehemaliger Bewohner der Krim gefunden haben: Ruinen der taurischen Stadt Tash-Dzhargan, die vom 9. bis 6. Jh. v.u.Z. existiert hatte und später von den Skythen besetzt worden war, welche hier in der Zeit vom 1.–4. Jh. u.Z. gelebt hatten, sowie die skythische Burg Zmiine, die vom 3. bis 4. Jh. u.Z. bewohnt war. Nebenan liegt das Dorf Levadky mit der Höhle Zmiina (russ. Zméynaya) und dem botanischen Reservat Levadky.

Die Gegend verändert sich: Das allgegenwärtige Grasland macht **Pfirsichplantagen** Platz, die sich bis zum Horizont erstrecken. Hinter Novopavlivka eine Kreuzung und ein Wegweiser nach **Skelyste** (ukr. Скелисте, russ. Скалистое [*skalístoye*]). Die Umgebung dieses Orts ist ebenfalls reich an archäologischen Andenken. In der Höhle Shaitan-Koba hat man einen 40–100 Tsd. Jahre alten Siedlungsplatz des Urmenschen gefunden, in der Nähe des Bergs Bakla wiederum befinden sich die Felsenstadt Bakla (5.–8. Jh.), ein Felsenklosterkomplex mit Gräbern aus dem 8.–9. Jh. und Überreste einer Siedlung aus dem 8.–15. Jh.

Nach etwa 10 km fahren wir in Bakhchysarai ein – einer Stadt, der man unbedingt wenigstens ein paar Stunden, wenn nicht mehrere Tage widmen sollte. Allein für den Besuch im Khanspalast braucht man mindestens einen halben Tag.

# Bakhchysarai

(Бахчисарай)

Der Name der ehemaligen **Hauptstadt der Krimkhane** ist türkisch und bedeutet „Stadt der Gärten“. Bakhchysarai liegt auf halbem Weg zwischen Simferopol und Sevastopol am Flüsschen Churiuk-Su (faules Wasser), das die Stadt in zwei ungleiche Teile teilt. Es fließt entlang der Ul. Rechnaya zum Khanspalast. Diese Straße führt durch die Altstadt *(Starosele)* und an den Stadtparks vorbei. Obwohl sie schon vor ein paar Jahren ihren Namen geändert hat, ist sie nach wie vor mit Schildern mit dem Namen des Revolutionsführers bestückt. Links (mit Blick nach Norden) sind Felshänge zu sehen, unter denen sich alte Häuser mit Balkonen hinziehen. Auf dem Weg vom Palast zur Felsenstadt Chufut-Kale (dieses Gebiet hieß früher *Salachik*) bemerkt man linker Hand einige Felsblöcke, die wie Menschenköpfe aussehen und „Sphinx“ genannt werden. Rechts stehen moderne Häuser, von denen aber kaum eines neu oder renoviert ist.

Bakhchysarai liegt in einer Schlucht zwischen dem äußeren und dem inneren Gebirgszug in einer Höhe von etwa 150–340 m, die umliegenden Gipfel erreichen 500–600 m Höhe.

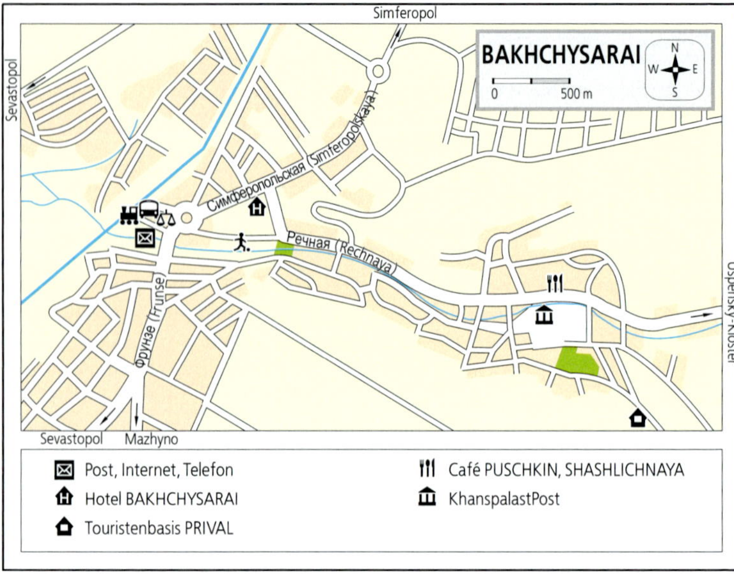


Die Meeresküste ist in gerader Linie nicht viel mehr als 20 km entfernt, weshalb sich hier feuchte Seeluftmassen mit der trockenen Steppenluft vermischen. Das macht das Klima mild und warm. Die Durchschnittstemperatur beträgt im wärmsten Monat (Juli) 21,7 °C und im kältesten (Februar) ca. 0,8 °C. Diese Bedingungen begünstigen den Anbau von Obst und Gemüse, was der Grund dafür ist, dass Bakhchysarai inmitten großer **Plantagen** liegt.

Die Geschichte von Bakhchysarai ist unauflöslich mit der Geschichte des hiesigen Khanspalastes verbunden. Ursprünglich befand sich der Sitz des Herrschers über das Khanat im Tal Ashlama-Depe, doch als das Tal für Hof, Heer und Gesinde allmählich zu eng wurde, verlegte man ihn ans Ufer des Flüsschens Churiuk-Su. Der Sohn Mengli Girays, Sahib I. Giray, baute bis 1551 den neuen Palast aus. Die Fläche, auf der das Gebäude derzeit steht, ist über 4 ha groß, aber unter der Herrschaft von Sahib I. Giray war sie noch viel größer. An die Umfriedung und das Westtor des Palastes grenzten Gärten, hinter ihnen lagen

Im Hof des Khanspalastes

Wiesen und am Fuße eines kleinen Bergs ein großer städtischer Friedhof. Der Brand, der 1736 hier ausbrach, zerstörte den größten Teil des Palastes. Den Wiederaufbau leitete Khan Selamet II. Giray (1737–43) ein. Ihre weitere Entwicklung verdankt die Stadt Khan Qirim Giray (1758–69). Infolge eines solchen mehrstufigen Ausbaus entstand eine gewisse architektonische Geschlossenheit, die aus einer Mischung dekorativer Elemente verschiedenartiger Stilrichtungen besteht. In ihrer höchsten Blütezeit beherbergte die Stadt 32 Moscheen, eine griechisch-orthodoxe und eine armenische Kirche, die orthodoxe Nikolai-Kathedrale, eine Synagoge und eine karäische Kenesa.

## Palast der Krimkhane

Der Palastkomplex der Krimkhane (ukr. **Ханський Палац** [*kháns'kyi pálats*], russ. **Ханский дворец** [*khánskiy dvoréts*], krimtatar. Khan-Saray; Ul. Rechnaya 133) ist zweifellos eins der wichtigsten Denkmäler, die auf der Krim erhalten geblieben sind. Anfahrt mit der *Marshrutka* 2 mit der Aufschrift „**Староселье**“ [*starosél'ye*], die in kurzen Abständen vom Platz vor dem Bahnhof abfährt (Sie müssen dem Fahrer sagen, dass Sie „v dvoréts“ fahren), oder mit einem vorsintflutlichen Bus namens *Eksprés*, der stündlich auf der Strecke zwischen dem Bahnhof und dem nächsten Platz nach dem Khanspalast verkehrt.



004kr Foto: to

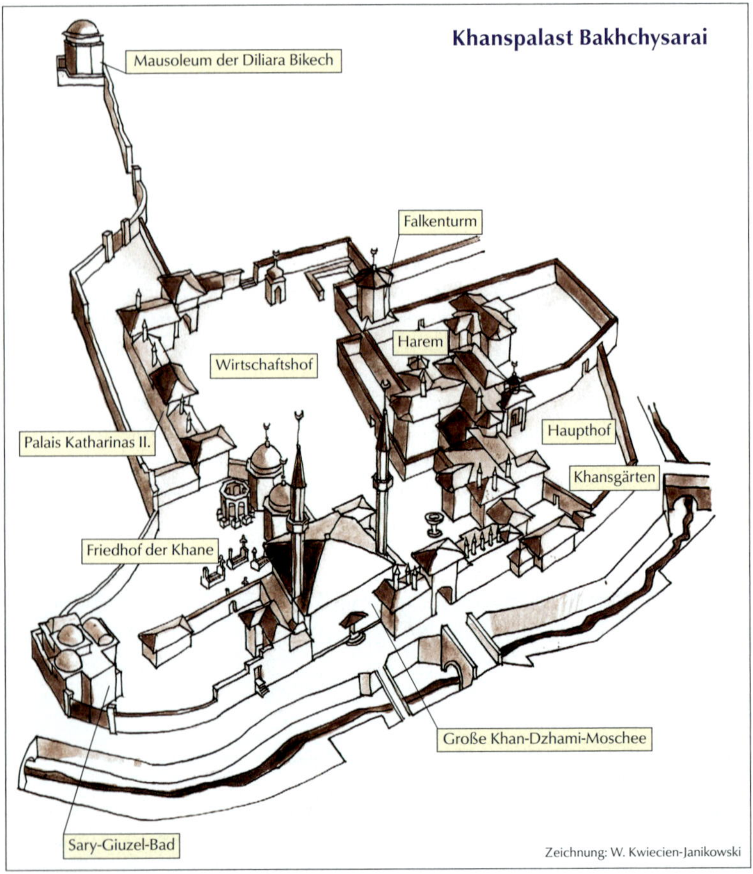


Der Khanspalast zieht die Tataren der ganzen Halbinsel an, er ist für sie das Symbol ihrer einstigen Macht und Herrlichkeit. Geöffnet ist er von 9 bis 16.30 Uhr, in der Saison gewöhnlich die ganze Woche über, außerhalb der Saison ist er dienstags und mittwochs geschlossen, Eintritt 30 UAH. Im Preis ist eine Führung enthalten, die beginnt, wenn sich eine ausreichende Anzahl Besucher versammelt hat.

### Wirtschaftshof

Nach Überqueren der Brücke über den Churiuk-Su, vorbei am Torturm, befinden wir uns auf dem ehemaligen Wirtschaftshof des Palastes. Hier waren Pferdeställe, Speicher und die Gemächer für die Gäste untergebracht. In diesem Teil des Palastes war auch die Garde des Khans stationiert. Heute ist in einem der Flügel (dem ans Tor grenzenden) eine recht interessante **Gemäldegalerie** eingerichtet. Man kann dort wunderschöne Aquarelle sehen, die Bakhchysarai vor 50–80 Jahren zeigen und von solchen Malern geschaffen wurden wie K. F. Bogajewski, W. K. Janowski oder A. P. Mogilewski.

### Große Khan-Dzhami-Moschee

Der Hof wird dominiert von der Großen Khan-Dzhami-Moschee. Für die Krimtataren ist dies das **wichtigste Gotteshaus** auf der ganzen Halbinsel. Achten Sie darauf, wie das massive Gebäude der Moschee mit den beiden schlanken Minaretten aus Steinplatten kontrastiert. Seit Anfang der 1990er Jahre ertönt hier erneut fünfmal täglich das Gebet des Muezzins (vom Band). Ihr derzeitiges Aussehen verdankt die Moschee Khan Selamet II. Giray, der sie nach dem großen Brand (1736) wiederaufbauen ließ. Die innere Struktur der Moschee ist den Basiliken nachempfunden, in denen die beiden Seitenschiffe am Hauptschiff anliegen. Gemäß den Vorschriften des Koran fehlt es hier vollständig an Bildern, Skulpturen und anderen Dekorationen, die in den christlichen Kirchen so alltäglich sind. Einzige Zierde sind geometrische Ornamente.

Im Hauptteil der Moschee befinden sich der **Mihrab** (Gebetsnische) und eine wunderschöne **Holzkanzel.** Sehenswert auch die reich verzierte **Loge,** die ausschließlich für die Khane bestimmt war. Vor dem Betreten der Moschee müssen, zum Zeichen der Ehrerbietung, die Schuhe ausgezogen werden. Wenn das Gotteshaus geschlossen ist, kann man jemanden bitten, es aufzuschließen (eine kleine Spende ist immer gern gesehen).

### Friedhof der Khane

Hinter der Moschee führt eine steinerne Pforte gleichsam in eine andere Welt. Wir befinden uns auf dem Friedhof der Khane. Unter üppigem Grün liegen hier u.a. **16 Herrscher des Krimkhanats** (16.–18. Jh.) begraben. Beeindruckend ist die wahrlich meisterhafte Kunstfertigkeit der Bildhauer, die die Grabsteine gefertigt haben. Besonders schön gestaltet sind die Sarkophage, wohingegen die Postamente mit Koranzitaten bedeckt sind. An der Spitze fast jedes Grabsteins prangt ein steinerner Turban, der an eine Kelchschale erinnert. Die Turbane unterscheiden sich je nachdem, ob das Grabmal eine Frau oder einen Mann beherbergt. Die „weiblichen" haben eine kleine Vertiefung in ihrer Mitte, in der sich das Regenwasser sammeln kann. Dort lassen sich die Vögel nieder und beten zu Allah um die Erlösung der weiblichen Seele (der Koran verbietet dem Weib nämlich, selbst zu beten). Das schönste und in seiner Form reifste Grabmal ist das des Khans Qirim Giray.

Zu den einprägsamsten Grabmälern auf dem Khansfriedhof gehört das von einer herrlichen Arkaden-Rotunde aus

005kr Foto: dz

Die Sommerlaube im Khanspalast

dem Jahr 1739 umgebene **Mausoleum des Khans Mengli II. Giray.**

### Sary-Giuzel-Bad

Wenn man den Friedhof durch die Seitenpforte verlässt, gelangt man hinter die Große Moschee. Dann befindet man sich auf dem ehemaligen Innenhof des Gotteshauses, und hinter der nächsten Mauer tauchen die einprägsamen Kuppeln des Sary-Giuzel-Bades auf. Die Architektur dieses Gebäudes knüpft unmittelbar an türkische Einflüsse an. Erbaut wurde es 1532 von Khan Sahib I. Giray als städtisches Badehaus. Es war eine Art elitärer Klub, wo sich die Mirzas und Beys des Khans trafen. Es gab auch einen gesonderten Raum für die Frauen. Das Bad war bis 1924 in Betrieb.

### Hauptgebäude

Nun ist es Zeit, dem Hauptteil des Khanspalastes einen Besuch abzustatten. Wir gehen durch ein Tor, hinter dem sich der „Vorhof" zu den Khansgärten befindet. Vor uns erscheint eins der wertvollsten Denkmäler, die die Kriegsbrände im Palast überlebt haben – das **Portal der Gesandten** (Demir-Kapy-Portal). Es wurde 1503 vom italienischen Architekten Aloisio Lamberti da Montagnana für den Khan Mengli angefertigt. Das Portal beeindruckt durch die hohe Kunstfertigkeit, mit der es gebaut wurde, wobei es stark von der europäischen Renaissance beeinflusst ist. Das auserlesene Profil des Portals und seine vollkommene Form zeugen von einer hochentwickelten materiellen Kultur zu Zeiten der ersten Girays. Bis heute sind sich die Historiker, die die Geschichte des Khanspalastes erforschen, nicht einig, wo dieses herrliche Portal ursprünglich stand. Vermutlich stammt es aus dem ersten Khanspalast in Bakhchysarai, der von den ersten Girays auf dem Gelände des heutigen Vororts Ashlam erbaut wurde.

Durch einen Seiteneingang betreten wir den **Diwansaal.** Hier wurde unter Anwesenheit des Khans Kriegsrat abgehalten, hier tagte auch das Gericht des Khans. Das jetzige Aussehen des Saals stammt vom Ende des 18. Jh.

Aus dem Diwansaal gelangen wir in den **Brunnenhof.** Von den bis heute erhaltenen stechen vor allem der Goldene Brunnen und der Tränenbrunnen hervor. Letzterer wurde in der Mitte des 18. Jh. aus einem einzigen Marmorblock gemeißelt. Ursprünglich stand er beim Mausoleum der Diliara Bikech, doch auf Potjomkins Befehl wurde er an die heutige Stelle verbracht. Der Brunnen ist ein rührendes Andenken an die große Trauer des Khans Qirim Giray über den Tod seiner Gemahlin Diliara Bikech. Der Herrscher wollte, dass das Andenken an seine Geliebte die Jahrhunderte überdauere, deshalb beauftragte er seinen persischen Hofkünstler Omer mit dem Bau eines Springbrunnens, der durch seine Schönheit bezaubern, doch gleichzeitig seinem Schmerz nach dem Verlust der Gattin Ausdruck geben möge. Meister Omer schuf ein ungewöhnliches Werk. Wenn man die ganze Marmorkomposition aufmerksam und konzentriert betrachtet, gewinnt man den Eindruck, als weine der Brunnen wirklich unhörbar. Die Bitte des Khans wurde erfüllt. Viele Poeten und Maler haben an diesem Ort Inspiration gesucht. Gefunden hat sie zumindest Adam Mickiewicz, der den Springbrunnen in seinem Sonett „Bachtschisaraj" beschrieb.

Ein Raum, der sich seine ursprüngliche Atmosphäre erhalten hat, ist die **Sommerlaube** mit einem hübschen Springbrunnen von zarten Formen in der Mitte der Veranda. Umgeben ist er von bequemen Diwanen, auf denen die Gäste und der Hof des Khans in halbliegender Position ruhten. Die Buntglasfenster, die drei Seiten der Laube umschließen, und das leise Plätschern des Wassers schaffen eine unvergessliche Atmosphäre.

Ein weiterer Raum, in den man vom Brunnenhof aus gelangt, ist die kleinere **Palastmoschee,** die einst nur für den Khan und dessen Familie bestimmt war. Dieser Tempel wurde zur Wende vom 17. zum 18. Jh. gebaut. Nicht zu vergessen seien die **Repräsentationssäle des Khans** im Obergeschoss des Palastes (u.a. das umwerfend schöne Goldene Kabinett aus dem 18. Jh.).

## Harem

Ein eigener Palastkomplex ist der ehemalige Harem. Sein heutiges Aus-

## Die Legende von der Entstehung Bakhchysarais

Einst zog der Sohn des Khans Mengli Giray zur Jagd aus. Es war ein überaus gelungener Tag, und der Jüngling kehrte mit reicher Beute heim. Zufrieden mit sich schickte er seine Diener zur Burg und begab sich ins Dickicht des Waldes. Am Ufer des Churiuk-Su stieg er vom Pferd und ließ sich auf einem Baumstamm nieder. Plötzlich vernahm er ein leises Rascheln und erblickte eine Schlange, die aus dem Gebüsch kroch. Hinter ihr erschien eine zweite, und auf der Lichtung entbrannte ein tödlicher Kampf. Der Sohn des Khans konnte sein Auge nicht von dem besiegten Tier abwenden. Er dachte an seinen Vater und seine Familie. Sein Geschlecht erinnerte ihn zu jener Zeit an dieses halbtote Tier: Nach jeder Schlacht kam es ihm härter an, sich neu zu beleben und aufzuerstehen. Den jungen Khan riss der Anblick der bezwungenen Schlange aus seinen Gedanken, die sich mit einem Mal bewegte und mühselig zum Wasser hin kroch. Das halbtote Tier belebte sich im Fluss, begann, sich rascher zu bewegen, und als es ans Ufer kroch, war von seinen Wunden nichts mehr zu sehen. Da verstand der junge Khan, dass sein Volk sich erheben werde wie diese Schlange. Er sprang aufs Pferd und jagte zurück zur Burg. Dort berichtete er seinem Vater, was er am Ufer des Flusses gesehen hatte. Ungeduldig warteten sie auf Kunde vom Schlachtfeld. Und die erwartete Kunde traf ein: Das Heer Khan Ahmeds, das Mengli Giray gezwungen hatte, sich in der Felsenburg zu verschanzen, war bezwungen. Da beschloss der siegreiche Khan, an der Stelle, an der die Schlangen gekämpft hatten, einen Palast zu bauen, und die Schlangen nahm er ins Palastwappen auf. So entstand Bakhchysarai.

sehen ist das Ergebnis eines grundlegenden Umbaus, der im 19. Jh. vorgenommen wurde. Ursprünglich nahm der Haremskomplex eine viel größere Fläche ein und bestand aus vielen Pavillons, umgeben von üppigen Gärten mit wundervollen Kaskaden, Fontänen und Lauben. Bis heute ist davon nur ein einziges Holzgebäude mit vergitterten Fenstern und einem Salon im Obergeschoss übrig geblieben.

Von den Haremsgärten aus ist der **Falkenturm** recht gut zu sehen, von dem aus der Harem vor ungebetenen Gästen bewacht wurde. Sein quadratischer Unterbau besteht aus Stein, der achteckige Turm dagegen ist aus Holz gebaut.

### Khansgärten

Zwischen dem Haremskomplex und dem Hauptteil des Palastes liegen die ehemaligen Khansgärten. Bis zum 19. Jh. existierte an dieser Stelle ein System aus Wasserbecken und Fontänen. Der gesamte Garten versinkt im Grün des Efeus und der Farbenpracht der Blüten. Die hier herrschende Stille wird einzig vom Gesang der Vögel durchbrochen.

### Palais Katharinas II.

Nach der Rückkehr auf den Wirtschaftshof können wir nach oben in den kleinen Park gehen, um zum Palais Katharinas II. zu gelangen. Er wurde extra aus Anlass des Besuchs der

Zarin in Bakhchysarai gebaut, denn der Khanspalast erschien als zu barbarisch für die Monarchin Russlands. Heute ist in den Sälen des Palais ein bescheidenes Museum für Innenarchitektur untergebracht.

### Mausoleum der Diliara Bikech

Wenn wir weitergehen, gelangen wir zum Seitentor des Palastkomplexes. Dahinter verbirgt sich das Mausoleum der Diliara Bikech. Dies ist ein Bau mit einem achteckigen Grundriss. Es liegt außerhalb der Haremsgärten, weil diese Frau des Khans keine Muslimin war. Auf dem Mausoleum ist der Name Diliara Bikech eingemeißelt, doch niemand weiß mit Sicherheit, wer sie wirklich war. Es gibt zwei Überlieferungen zur Geschichte der Gemahlin des Herrschers der Krim. Die eine behauptet, es sei Maria Potocka, eine polnische Adlige, die von den türkischen Truppen im 18. Jh. in den Harem entführt wurde. Khan Qirim Giray konnte sich seiner Liebe zu ihr jedoch nicht erfreuen, denn die Polin wies seine Annäherungsversuche zurück. Sie tat das mit einer solchen Verzweiflung, dass der Khan sich ihrer erbarmte und sie freilassen wollte. Seine übergroße Liebe bewegte Maria so tief, dass sie seine Gefühle erwiderte und bis zu ihrem Tod bei ihm blieb.

Die andere Legende berichtet von der Georgierin Zerfi. Sie lebte mit ihrer reichen Familie im Kaukasus und hatte einen Verehrer mit Namen Seid. Leider war er arm, und trotzdem auch Zerfi ihn von Herzen liebte, war ihre Familie mit der Hochzeit nicht einverstanden. Seid jedoch war sehr geduldig und brachte seiner Geliebten täglich einen Olivenzweig. Endlich erkannte man ihn als Zerfis Verlobten an. Da wurde das Mädchen plötzlich in den Harem des Khans Haci-Selim Giray entführt. Seid suchte seine Geliebte viele Jahre lang, bis er schließlich von einer Ehefrau des Khans hörte, die im Sterben lag. Als Arzt verkleidet, gelangte er in den Palast. Dort sah er sie zum letzten Mal, denn nichts konnte ihr mehr helfen. Zerfi starb, Seid aber war so verzweifelt, dass er sich vergiftete. Als diese Kunde an die Ohren des Khans drang, war er sehr bewegt und befahl, für seine Ehefrau ein herrliches Grabmal zu bauen. Von nun an verbot er, Jungfrauen gegen ihren Willen in den Harem zu verschleppen. Der Herrscher selbst suchte, nachdem er auf den Sultansthron verzichtet hatte, Einkehr in der Religion und wurde schließlich heilig gesprochen.

## Die Altstadt

Rund um die Khanspalast findet sich das alte Bakhchysarai, das sich auch über die umliegenden Hänge erstreckt. Es ist bis heute geprägt von stillen Gassen und kleinen Häusern, überwiegend aus dem späten 19. Jh. Auch einige tatarische Bauten, darunter drei Moscheen, die allerdings teilweise leer stehen und nicht genutzt werden, sind erhalten geblieben.

Obwohl die Altstadt von der Substanz her einigermaßen erhalten ist, will sich kaum ein wirklich heimeliges Flair einstellen, da die Straßenbeläge in schlechtem Zustand sind und viele der Kabel und Leitungen in recht chaotischer Weise oberirdisch verlaufen. Lohnend ist aber in jedem Fall ein Aufstieg in Richtung der **markanten Felsformationen,** links oberhalb des Palastes, da man von dort aus einen schönen Blick über die Stadt hat.

## Praktische Tipps

### Verkehrsmittel

- **Busbahnhof,** Ul. Simferópolskaya 45, neben dem Bahnhof, Tel. 42764. Alle 20–40 Min. fahren von hier Busse nach Simferopol, Sevastopol (oder der Station *Sévernaya*) und nach Pischane, wohin sich die Einheimischen begeben, wenn sie im Meer baden wollen. Außerdem Verbindungen in viele andere Städte der Krim.
- **Bahnhof,** Tel. 32937. Hier halten die Fernzüge nach Sevastopol und die Vorortzüge, d.h. die *Elektrichki*, mit denen man für wenig Geld nach Simferopol (1 Std.) oder Sevastopol (1:40 Std.) gelangt.

Nach der Ankunft auf dem Bahnhof begibt man sich am besten in die Altstadt von Bakhchysarai, in die Gegend des Khanspalastes – dort ist es weitaus hübscher, orientalischer und näher am Gebirge. Vom Bahnhof in die Altstadt von Bakhchysarai sind es 2–3 km – man kann mit der *Marshrutka* oder mit dem Bus fahren.

### Unterkunft

Am billigsten übernachtet man in Bakhchysarai in **Privatquartieren,** nach denen man in der Nähe des Bahnhofs fragen kann. Manchmal tauchen dort Leute auf, die von selbst eine Übernachtungsmöglichkeit – vorrangig in der Neustadt – für rd. 15 UAH pro Person anbieten.

- **Touristenbasis Privál,** Ul. Shmidta 43, Tel./Fax: 47846, 43963, Tel. 42205, 43763, www.prival.crimea.com. Die Touristenbasis besteht aus einem Hotel, hölzernen Sommerhäusern *(Kotédzhi)* und einem Zeltplatz. Vor-

006kr Foto: to

handen sind warmes und kaltes Wasser, es gibt einen Speisesaal, eine Diskothek, einen Sportplatz, eine Gepäckaufbewahrung, einen Billardsaal, eine Sauna und ein Schwimmbecken. Da die Preise nach Standard und Saison stark schwanken, ist es schwer, diesbezüglich verlässliche Angaben zu machen. Ab ca. 56 UAH. Man kann hier auch Ausflüge buchen. Auf dem Gelände gibt es auch einen Mountainbikeverleih. Hierzu folgt man hinter dem Rezeptionsgebäude einem Plattenweg nach rechts, bis ans äußerste Ende des Geländes. Die Räder werden auch an externe Besucher vergeben, sind von guter Qualität und kosten etwa 70 UAH pro Tag. Auch Stundentarife sind möglich. Außerdem werden geführte Ausritte angeboten. Der Komplex liegt 500 m südlich vom Khanspalast, auf der rechten Seite des Tals, immer den Berg hinauf (der Weg ist ausgeschildert, unterwegs gibt es einen Wasserhahn).

- **Privatpension** am Hausmuseum von E. Nagajewskaja und A. Romm, Ul. Vostóchnaya 11, Tel. 27740. Zehn Plätze – gemütlich und nicht teuer. Das Museum selbst ist auch einen Besuch wert – geöffnet 10 bis 20 Uhr.
- **Hotel Bakhchysara,** Ul. Simferópolskaya 3, Tel. 42598. 2- und 3-Bett-Zimmer, Preis pro Person ca. 50–60 UAH. Für ca. 20 UAH bekommt man ein Zimmer mit Waschbecken, in den teureren Zimmern gibt es auch eine Toilette, nichtsdestotrotz bleibt der Standard sowjetisch. Die kalte Dusche im Flur ist kostenlos. Am Hotel befinden sich ein Restaurant, eine Bar, eine Wechselstube und ein Frisör.
- **Hotel Avtomobilíst**, Ul. Krymskaya 12, Tel. 26872. Standard niedrig, dafür nicht teuer. Die beiden zuletzt genannten Hotels seien nur für den Notfall empfohlen.
- Sehr zu empfehlen ist die Unterkunft in einem alten **Haus auf dem Weg zur Touristenbasis Prival,** auf einer stimmungsvollen kleinen Straße im Alten Bakhchysarai (Ul. Kominterna Podpolshchikov 12/3, Tel. 44114). Es ist so etwas wie eine kleine Jugendherberge mit Schlafsaal und einigen bescheiden eingerichteten Zimmern, zwei Duschen im Hof mit warmem Wasser und zwei Toiletten. Innen ein hübsch bepflanzter Hof mit Bänken und Tischen zum Sitzen und Essen sowie einer Feldküche. Die muslimischen Eigentümer sind freundlich, wenn auch Touristen gegenüber etwas kommerziell eingestellt. Die Hausfrau kocht gut, und man kann bei ihr Frühstück, z.B. Pfannkuchen mit Marmelade, warmes Abendessen oder eine Suppe bestellen zu Preisen, die deutlich günstiger sind als in den Restaurants und Cafés. Sie bietet z.B. *Plov* mit Rindfleisch an (man kann auch um vegetarischen *Plov* bitten). Die Gerichte werden mit frischem Gemüse aus dem eigenen Garten zubereitet. Übernachtungspreis: ca. 42 UAH pro Person.

Gasse im alten Bakhchysarai

## Camping

- Übernachten lässt sich auch **unter freiem Himmel** auf einer flachen Bergkuppe, wie es viele auf dem Weg vom Palast nach Chufut-Kale gibt. Wenn man den richtigen Platz findet, kann man nachts die Lichter der fernen Städte unter dem sternenübersäten Himmel sehen.

## Essen und Trinken, Einkaufen

Am Bahnhof befindet sich das am besten ausgestattete **Lebensmittelgeschäft.** Hier kann man auch an einem Tisch Platz nehmen und ein Bier (Marke „Krym“ für nicht ganz 2 UAH) trinken. Außerdem findet man in der Nähe des Bahnhofs einen Kiosk, eine Bar, eine Bäckerei, eine Wechselstube, zwei Apotheken und ein Postamt. Nicht ganz hundert Meter weiter in Richtung Zentrum liegt der **Hauptbasar** der Stadt.

Viele verschiedene Geschäfte gibt es auch auf dem Weg zum Palast; übrigens kann man auch am Palast selbst etwas zu essen kaufen (Bar Chebureki). Die Lebensmittelläden sind durchschnittlich bis 22 Uhr geöffnet.

Um den Parkplatz vor dem Uspenskij-Kloster liegen einige **Lokale,** deren Spezialität *Plov* (Reis mit Gemüse und dem, was dem Koch gerade einfällt) und Hammelschaschlik zum Preis von ca. 10 UAH sind. Hier gibt es auch ein Restaurant mit einem Mini-Hotel.

In den Läden und Weinhandlungen von Bakhchysarai gibt es eine große Auswahl an **Krimweinen** und Weinen aus der Region Odessa; es lohnt sich, einen hiesigen Wein zu probieren.

Am Khanspalast und auch im Palast selbst findet man viele Stände und kleine Läden mit **Souvenirs.** Hier erhält man Keramik und Souvenirs vom Palast, die zum größten Teil nicht sonderlich interessant, dafür aber recht teuer sind.

Eine der größeren Attraktionen ist die Möglichkeit, sich in den Kleidern der ehemaligen Krimherrscher oder ihrer Lieblingsfrauen fotografieren zu lassen. Außer „gewöhnlichen" Souvenirs kann man auch die typischen tatarischen Kopfbedeckungen kaufen, ätherische Öle mit vielen Düften (15–20 UAH für einen Satz mit 20 verschiedenen Aromen, erhältlich in kleinen Ampullen), verschiedenartige Kräuter und Kräutermischungen (Kiefernpollen, Lavendel, Königskerze, Minze, Melisse, Kornblume, Salbei, Rosenblätter und viele andere). Viele Verkäufer bieten ihre Waren auch auf dem Weg nach Chufut-Kale feil. Dort sind sie etwas billiger als in Bakhchysarai.

**Restaurants im alten Bakhchysarai:**

- **Café-Bar Efsane** (Эфсане) mit Restaurant im muslimischen Stil, mit Diwanen und orientalischer Musik. Kellner und Kellnerinnen tragen tatarische Trachten. Grüner und schwarzer Tee aus dem *Tschainik*, große Auswahl an Krimweinen (15–40 UAH pro Flasche), Bier – z.B. „Krym" – ab 2 UAH für 0,5 l. Viele Fleischgerichte der tatarischen und ukrainischen Küche. Die Bedienung lässt sehr lange auf sich warten.
- **Café Puschkin,** gemütliches Gartenrestaurant gegenüber dem Khanspalast. Preise etwas über dem ukrainischen Durchschnittsniveau.
- **Shashlichnaya,** ebenfalls gegenüber dem Palast, sowjetisches Ambiente, freundliches Personal, unschlagbare Preise bei guter Qualität.
- **Karavan-Saray Salachik** – geschmackvolles Gartenrestaurant mit Patio inmitten von Felsen auf dem Weg zum Uspenskij-Kloster. Auch hier gibt es einige überdachte Diwane. Oft fehlt es an Plätzen, weil für Touristengruppen reserviert ist. Eigenwerbung: „Vostóchnaya Kúkhnya" (östliche Küche).
- **Café Chufut-Kale** – Restaurant neben dem Parkplatz am Uspenskij-Kloster mit hübschem Holzbalkon und Holztischen.

## Post, Telefon, Internet

Das **Postamt** befindet sich am Bahnhof. Hier kann man **Telefongespräche** anmelden oder das **Internet** nutzen (geöffnet bis 22 Uhr; der Internetzugang funktioniert häufig nicht). Internetzugang gibt es auch auf der Ul. Frunze (im Pavillon rechts vom Bahnhofsplatz, auf der anderen Straßenseite).

## In der Umgebung

Nach dem Besuch am Sitz der Krimkhane schlagen wir vor, in die *Marshrutka* einzusteigen (dieselbe Nr. 2, mit der Sie schon zum Palast gekommen sind) und bis zum Ende der Linie zu fahren, um die Felsenstadt und das Kloster zu besuchen (unterwegs nochmal ein schöner Blick oben links auf die **Sphinx** von Bakhchysarai). Wenn Sie mit dem Auto unterwegs sind, müssen Sie es jetzt stehen lassen. Achtung: Selbst wenn Sie sich entschließen, den kostenpflichtigen Parkplatz nicht zu nutzen, werden Sie wahrscheinlich für das Parken trotzdem zur Kasse gebeten werden. Aber auch zu Fuß ist das Kloster von der Altstadt aus problemlos in 20 Min. zu erreichen. Vom Parkplatz aus führt eine Asphaltstraße 5 Min. lang nach oben zum Kloster, vorbei am Tal Mariam-Dere. Gleich zu Beginn kommen Sie an Souvenirständen und einem Häuschen vorbei, in dem die Führer durch Chufut-Kale sitzen.

## Uspenskij-Kloster

Das Uspenskij-Kloster (Успенский монастырь [*uspénskiy monástyr'*], Mariä-Entschlafens-Kloster) ist eins der **ältesten Klöster der Krim.** Zwar weiß man nichts über seine Anfänge, sehr wahrscheinlich ist jedoch, dass es zwischen dem 8. und 9. Jh. entstand. Damals tauchten auf der Krim größere Gruppen christlicher Mönche aus Byzanz auf. Als die Tataren die Krim einnahmen, wurden viele Klöster geschlossen, doch dieses überdauerte interessanterweise. Im 15. Jh. wurde es zum Zentrum des orthodoxen Glaubens auf der Halbinsel (es war die Residenz des Metropoliten). Es wurde bis 1778 genutzt, als die russischen Herrscher noch vor der endgültigen und offiziellen Machtergreifung die christliche Bevölkerung der Halbinsel in die Gebiete nördlich vom Asowschen Meer umsiedelten.

Ab Mitte des 19. Jh., als das Christentum auf der Krim wieder auflebte, wurde das Kloster wieder in Betrieb genommen. Man baute drei neue Kirchen, schlug neue Zellen in den Felsen und setzte die schon vorhandenen instand. Die Wände über den Fenstern wurden mit Heiligenbildern geschmückt. Zu Beginn des 20. Jh. hatte das Kloster seine Blütezeit. Damals bestand der Komplex bereits aus fünf Kirchen und zahlreichen anderen Gebäuden. Der „Sowjetmensch" machte dem Klosterleben 1921 ein zweites Mal den Garaus. Das verlassene und geschlossene Kloster fiel dem Ruin anheim. Die Hauptkirche des Klosters wurde inzwischen teilweise restauriert, und 1993 zog hier von Neuem ein Mönchsorden ein.

Im Kloster gibt es einen kleinen Stand, an dem man u.a. Tonbandkassetten kaufen kann. Sehr empfehlenswert sind die Aufnahmen von Gesängen der hier ansässigen Mönche. Am Kloster befindet sich auch ein Hahn mit heiligem Wasser (wenn man die mit Plastikflaschen beladenen Frauen sieht, gewinnt man den Eindruck, dass dieses Wasser das Hauptziel der Wallfahrt an diesen Ort ist), wenn Sie also weiter wandern wollen, können Sie sich hier versorgen.

Der Weg zum Kloster wird jetzt zum Feldweg und führt zuerst an einem sowjetischen Soldatenfriedhof aus dem 2. Weltkrieg, dann an den Überresten eines *Teke* (Derwischklosters) und eines muslimischen Friedhofs vorbei, bis er nach ca. 15 Min. bei der links auf dem Berg befindlichen Ruine von Chufut-Kale anlangt. Vor dem Betreten kann man in einen erst unlängst entdeckten tiefen Brunnen steigen (kostet extra Eintritt).

## Chufut-Kale

Chufut-Kale (Чуфут-кале) ist die am besten erhaltene und am leichtesten zugängliche **Felsenstadt** auf der Krim (Eintritt: 20 UAH). Es ist nicht genau bekannt, wann sie entstanden ist, die Meinungen gehen hier weit auseinander: Die einen datieren die Entstehung der Stadt ins 6. Jh. (sie soll damals von den krimgotischen Alanen gegründet worden sein), andere ins 10.–12. Jh. Auch der ursprüngliche Name ist unbekannt. Zweifellos war die Stadt je-

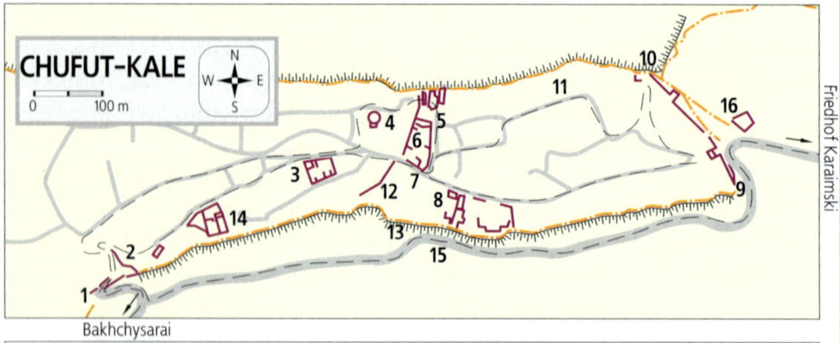


| | |
|---|---|
| 1 Südtor (Eingang und Kasse) | 9 Osttor (Biyuk-Kapu) |
| 2 Kloster, seit dem 14. Jh. Verteidigungskomplex | 10 Bad |
| | 11 Kerker |
| 3 Moschee, 14. Jh. | 12 Brunnen |
| 4 Dzhanike-Khanym-Mausoleum | 13 Höhlen Khamam-Koba und Sakyz-Koba |
| 5 Reichenresidenz (Chaush-Kobasy) | |
| 6 Münzanstalt | 14 Kenassen, Restaurant |
| 7 Mittleres Tor (Orta-Kapu) | 15 Eimerbrunnen (Kopka-Kuyu) |
| 8 A. C. Firkowitsch-Haus | 16 Wasserbehälter |

doch ein wichtiges Handwerks- und Handelszentrum. Während des Überfalls der Nogaier Heere 1299 gelang es den Angreifern, einen Teil der Mauer mit Hilfe von Belagerungsmaschinen zu zerstören, ins Innere einzudringen und fast alle Einwohner umzubringen. In den Zeiten des Khanats wurde die Stadt zur tatarischen Festung und erhielt den Namen Kyrk-Er (oder Kyrk-Or). In den unterirdischen Gewölben wurden wichtige Gefangene des Khans gehalten, und die Stadt selbst war die Hauptstadt des Krimkhanats (15. Jh.). Hier wohnten die ersten Khane Haci Giray und Mengli Giray. Als Hauptstadt zog es viele Menschen aus verschiedenen Nationen an, sodass die Bevölkerung der Stadt schon bald aus Muslimen, Christen und Karäern bestand. Da diese östlich der Mauern angesiedelt worden waren, errichteten sie im 15. Jh. eine neue östliche Wehrmauer mit drei Türmen und vergrößerten so die Festung. Als die Tataren im 16. Jh. nach Bakhchysarai umzogen, blieben die Karäer hier. Damals erhielt die Stadt den Namen Chufut-Kale, was als „Jüdische Festung" übersetzt wird. Die Karäer wohnten hier bis in die 70er Jahre des 19. Jh. Danach zogen sie in andere Städte der Krim.

Auch zerstört hinterlassen die Überreste der Stadt noch heute einen starken Eindruck. Erhalten ist das **Dzhanike-Khanym-Mausoleum** (es ist der Tochter

Chufut-Kale in der Abendsonne

des Khans Toqtamis gewidmet, der Mutter von Haci Giray) von 1437. Zu besichtigen sind auch die **Ruinen einer Moschee** aus der Mitte des 14. Jh. An Denkmälern der karäischen Kultur haben sich zwei Gebetshäuser – **Kenassen** (aus dem 14. und 18. Jh.) – erhalten und das Haus des karäischen Gelehrten A. Firkowitsch (1786–1874), eines Erforschers altertümlicher Handschriften. Geöffnet hat hier ein Restaurant, in dem man Spezialitäten der karäischen Küche probieren kann. Überdies kann man die Überreste der Wehrmauern besichtigen: die **Burunchak-Mauer** und die mittlere und östliche Wehrmauer, außerdem **Kychyk-Kapu** – das kleine Südtor. Des Weiteren gibt es den Brunnen Kopka-Kuyu, die Ruinen eines Badehauses, Überreste karäischer Häuser und den Höhlenkomplex Chaush-Kobasy.

Im oberen Teil des am Fuß der Stadt gelegenen Josafat-Tals (ca. 800 m vom Abzweig in Richtung der Felsenstadt Chufut-Kale) liegt die weltweit größte **karäische Nekropole.** Sie ist Wallfahrtsort für Karäer aus allen Teilen der Welt.

### Weitere Ausflüge

Empfehlenswert ist auch die Besichtigung von **Kachy-Kalon** (siehe Bergtour 1), ein Besuch in **Tepe-Kermen,** wo Sie die Überreste einer weiteren Felsenstadt (s. Bergtour 1) finden, und in **Mangup-Kale.** In Bakhchysarai können Sie ein Taxi nehmen, das Sie nach Tepe-Kermen bringt (über Mashyno) und unterwegs eine Stunde unterhalb

007kr Foto: dz

von Kachy-Kalon hält. Aufgrund der Inflation in der Ukraine sind die Preise für eine solche Tour schwer vorherzusagen und in jedem Fall Verhandlungssache. Da die Region auch per Bus gut erreichbar ist – vom Bahnhof aus fährt mindestens ein Bus pro Stunde Richtung Sokolyne – empfiehlt sich eher diese Variante. Die Strecke von Bakhchysarai nach Sokolyne führt durch das **romantische Tal des Belbek,** immer entlang faszinierender Felsformationen und senkrechter Kalksteinwände. Auch die zahlreichen Felder von rotem Mohn bieten einen malerischen Anblick. Dieser ist so typisch für die Region, dass einer der Orte unterwegs (Krasnyy Mak) sogar danach benannt wurde. In Sokolyne, wo der steile Passaufstieg auf den Ai-Petri und auf der anderen Seite wieder hinunter nach Yalta beginnt, enden alle Busverbindungen. Wer von hier aus weiter will, muss es also zu Fuß oder per Anhalter versuchen.

Auch als Ausgangspunkt für Wanderungen durch den **großen Canyon** der Krim ist Sokolyne ein guter Ausgangspunkt.

Auch per Mountainbike ist das Bergland um Bakhchysarai gut zu erreichen.

### Routenverlauf: Bakhchysarai – Inkerman

Von Bakhchysarai aus wenden wir uns nach Süden. Wir fahren durch Zaliznychne und biegen nach Westen in Richtung der Kalkberge ab. Bei Verkhnosadove sind die Yailas sehr verwittert und bilden interessante Formen. Hier treten auch riesige, sehr malerische Felsabrisse auf. Ihr ungewöhnlicher Anblick legt die Vermutung nahe, dass sie nicht zufällig entstanden sind, dass diese Komposition von Menschenhand entworfen wurde, doch alles ist ein Werk der Natur selbst. Noch ein paar Kilometer, und wir sind in Inkerman (Sie können es auch auf der Umgehungsstraße umfahren und direkt nach Sevastopol weiterfahren). Sehr empfehlenswert ist es, diese Strecke per Bahn zurückzulegen, da der Streckenverlauf aufgrund der zahlreichen Viadukte und Tunnels besonders reizvoll ist.

## Inkerman

(ukr. Інкерман, russ. Инкерман)

Inkerman (*in* = „Höhle", *kerman* = „Festung") ist ein kleiner Ort an der Mündung der Chorna in die Bucht von Sevastopol. Bereits im 6. Jh. errichteten die Einwohner von Byzanz die ersten Befestigungen auf dem Klosterfelsen.

Im frühen Mittelalter (8.–9. Jh.) entstand hier eine große religiöse Gemeinschaft, ähnlichen denen, die es heute noch in Griechenland gibt. In die Felshöhlen zogen Mönche – Ikonenschreiber, die zur Zeit des Bildersturms aus Byzanz geflohen waren (Bildersturm [Ikonoklasmus] = religiöse Kämpfe des Staates gegen die reichen Klöster, denen hauptsächlich die Ikonen und deren Anbeter zum Opfer fielen).

Der Name der **Burg,** Kalamita, taucht erstmals auf Seekarten der Genuesen aus dem 14.–15. Jh. auf. Damals schützte sie den Handelshafen des Fürstentums Theodoro – Avlit –, der bald nach der Burg benannt wurde. Im 15. Jh. errichtete man an der Stelle der alten Befestigungen neue. Die Untertanen des Despotats Theodoro betrieben in jenen Zeiten einen lebhaften Handel, der Hafen wurde auch vom Krimkhanat genutzt. Hierher wurden Sklaven gebracht, die die Tataren in Polen, Russland und der Ukraine gefangen genommen hatten. Kalamita wurde zum ernsthaften Konkurrenten von Kaffa.

1433 wurde die Festung von den Genuesen erobert, die die Stadt plünderten und niederbrannten. Sie wurde wiederaufgebaut und ging 1475 in die Hände der Türken über. Sie waren es, die ihr den Namen Inkerman gaben. Ein Moskauer Diplomat schrieb 1635 über Inkerman: „Hier leben Türken, Griechen und Armenier. Denn das Städtchen steuern Schiffe aus vielen Ländern an." Im 16.–17. Jh. bauten die Türken die Festung um, um sie für neue Aufgaben zu rüsten – sie wollten Feuerwaffen einsetzen. Sie herrschten bis zum 18. Jh. über Inkerman.

Heute sind nur noch **Ruinen** zu besichtigen, die einzigen Zeugen des Glanzes der alten Festung. Um vom Zug aus zur Burg zu gelangen, steigt man an der Station „Inkerman I" aus, geht über die Brücke, vorbei an der Bushaltestelle und einer Tankstelle, und dort, wo die Straße nach links abbiegt, klettert man nicht nach oben, sondern biegt rechts in Richtung der Bahnunterführung ab (Autofahrer lassen ihr Fahrzeug davor stehen).

### Kloster

Der Klosterkomplex (8.–9. Jh.) liegt am Fuß des Klosterfelsens. Zum Kloster gehörten acht sowohl über- als auch unterirdische Kirchen. Unter ihnen befand sich auch die größte Kirche der Krim, die Sophienkirche. Untereinander sowie mit der oberhalb liegenden Festung waren die Kirchen durch Tunnel und in den Felsen gehauene Treppen verbunden. Die kleinen Türmchen mit den grünen Dächern, die direkt aus dem Felsen herauswachsen, sehen wunderschön aus. Einer davon ist der Glockenturm.

Der hier vorkommende weiße Felsen wurde mindestens seit dem 1. Jh. als Baustein genutzt. Die immer noch in Betrieb befindlichen **Steinbrüche** liegen hinter den Ruinen der Genuesischen Festung.

In den Höhlen wohnten nicht nur Mönche. Hier wurden ebenfalls Lagerkeller für die, vorwiegend trockenen, Qualitätsweine von Inkerman eingerichtet. Die heutigen **Weine** von Inkerman reichen jedoch an ihre legendären Vorbilder nicht heran.

Die **Clemenskirche** hat die Form einer in den Felsen gehauenen Basilika. Von den zwei Säulenreihen, die das Innere in drei Schiffe teilten, sind nur noch wenige Säulen übrig geblieben. Sichtbar sind Gemäldefragmente, die Mitte des 19. Jh. erneuert wurden. Die Legende schreibt die Entstehung der Kirche dem Hl. Clemens (2. Jh.) zu, obwohl das Kloster erst im 11. Jh. gebaut wurde. Hier liegen die aus Kiew überführten Reliquien des Hl. Clemens. Die Kirche wird neuerdings umgebaut, doch das Ergebnis dieser Maßnahme ist nicht jedermanns Geschmack.

Der Heilige Clemens (Kliment) war der dritte Bischof von Rom. Im Jahr 98 u.Z. wurde er gemeinsam mit seinen Schülern Kornil und Fiv in einen Steinbruch unweit vom Taurischen Khersonesos verbannt. Die Legende besagt, dass seine Prophezeiungen und auch die sie begleitenden Wunder ihm viele Menschen gewogen machten und sie zum Christentum bekehrten. Den Herrschern von Khersonesos behagte Clemens' missionarische Tätigkeit jedoch nicht, und so ließen sie ihn in der Bucht nahe der Stadt ertränken.

### Festung Kalamita

Die Festung Kalamita liegt auf dem Gipfel des Klosterfelsens. Man erreicht sie vom Kloster aus über eine Treppe (seit Beginn der Renovierung der Kirche ist dieser Weg gesperrt) oder über einen Pfad, der sich vom Friedhof aus den Berg hinauf schlängelt.

Die Festung ist eine Zweigstelle des Historisch-Archäologischen Reservats Khersonesos in Sevastopol. Einst nahm sie ca. 2 ha ein und wurde von Wehrmauern mit fünf Wachtürmen geschützt. Heute sind nur noch Spuren vom alten Glanz des Gebäudes übrig. Eine Treppe führt zum Turm mit der Hauptpforte, der unweit des Abhangs steht. Östlich davon steht der zweite Wachturm und dahinter die Ruinen des fünften. Bei archäologischen Arbeiten wurden in seinem Umkreis Spuren eines riesigen, in den Felsen gehauenen Tors freigelegt. Mauern und Türme waren von Zinnen gekrönt, hinter denen die Soldaten auf Holzpodesten standen. Nachdem sie die Festung erobert hatten, erweiterten die Türken die Mauerdicke um das Doppelte und bauten zwischen dem dritten und fünften Wachturm einen Schießstand und Geschützstellungen. Sie errichteten auch den vierten Rundturm, der den Eingang zur Festung bewachte.

Zum Verteidigungssystem der Festung gehörten am Anfang ihrer Existenz auch hoch gelegene **Höhlen.** Die Anzahl der auf mehrere Ebenen verteilten Höhlen im Klosterfelsen übersteigt 200. Die am höchsten gelegenen Grotten waren nur von der Festung aus zugänglich. Heute ist sehr gut zu sehen, wie die Höhlen einst gebaut wurden: Die Erosion hat von vielen nur noch einzelne Wände übrig gelassen – den Rest trugen Wasser und Wind ab.

Allerdings verliert der Ort durch die Anhäufung von Industrieansiedlungen in den Tälern und Buchten unterhalb der historischen Bauten von Inkerman etwas an Reiz.

Fährhafen in der Innenstadt von Sevastopol

## Routenverlauf: Inkerman – Sevastopol

Wenn wir in Inkerman ausgestiegen sind, um Kloster und Festung zu besichtigen, gelangen wir nach Sevastopol mit der Marshrutka 103. Damit sind wir innerhalb einer halben Stunde im Verkehrszentrum mit dem Namen „5 km" (das bezieht sich auf die Entfernung vom Stadtzentrum). Viele postsowjetische Städte haben solche Stellen an ihrer Peripherie (in Odessa z.B. heißt dieser Ort „7 km"), an denen sich oftmals große Basare befinden. Von hier aus können wir zum Bahnhof im Zentrum von Sevastopol fahren oder auch nach Balaklava oder Fiolent.

# Sevastopol

(Севастополь)

Sevastopol liegt malerisch an der sich 7 km ins Landesinnere eingrabenden Bucht von Sevastopol und ihren zahlreichen Ausläufern. Die Stadt ist von Amphitheatern ähnlichen Erhebungen umgeben: im Norden von den Mekenziievi Hory (**Мекензієві Гори**), im Südosten vom Sapun-Hügel und den Feduniny-Hügeln.

Es hat sich eingebürgert, die ausgedehnte Stadt in drei Teile zu teilen: die Gebiete nördlich der Bucht von Sevastopol, Nordseite genannt (russ. **Северная сторона** [*sévernaya storoná*], ukr. **Північна сторона** [*pivnichna storona*]), den Zentralhügel und die Stadtviertel

106kr Foto: pk

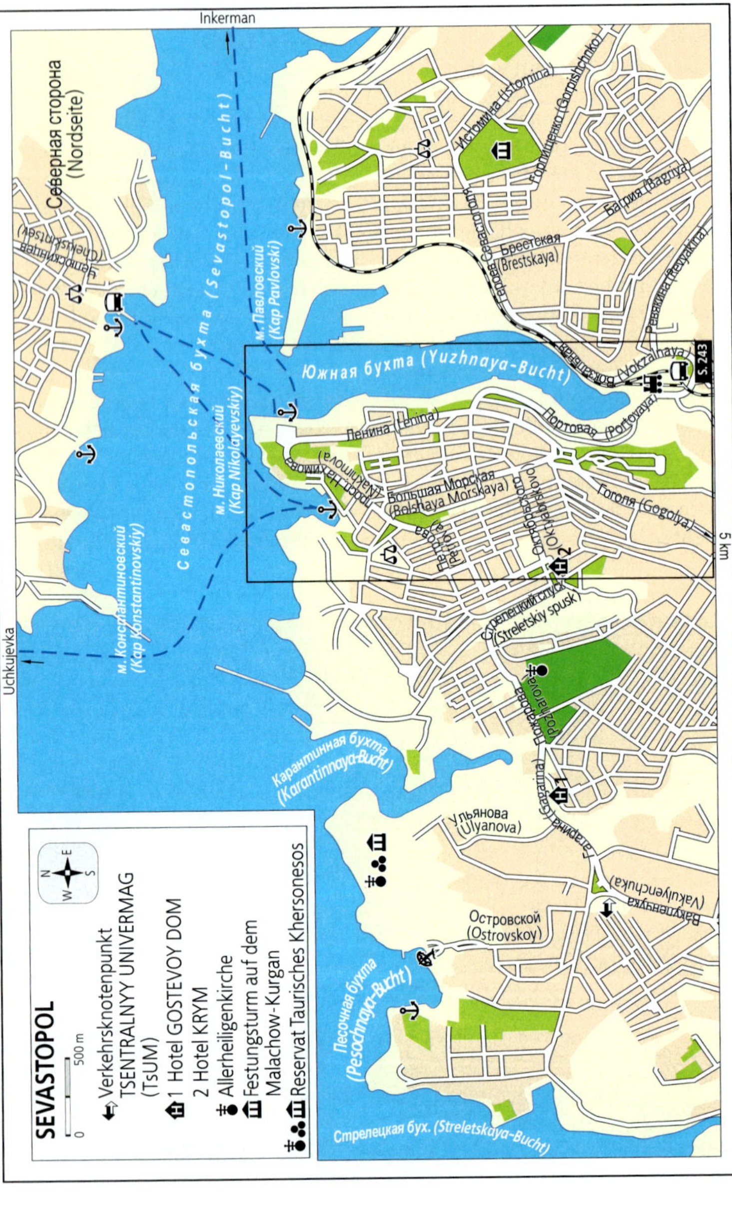
SEVASTOPOL
0
500 m
Verkehrsknotenpunkt TSENTRALNYY UNIVERMAG (TsUM)
1 Hotel GOSTEVOY DOM
2 Hotel KRYM
Allerheiligenkirche
Festungsturm auf dem Malachow-Kurgan
Reservat Taurisches Khersonesos
N
E
S
W
Северная сторона
(Nordseite)
Челюскинцев
(Chelyuskintsev)
Inkerman
Uchkujevka
Севастопольская бухта (Sevastopol-Bucht)
м. Павловский
(Kap Pavlovski)
м. Николаевский
(Kap Nikolayevskiy)
м. Константиновский
(Kap Konstantinovskiy)
Южная бухта (Yuzhnaya-Bucht)
Истомина (Istomina)
Горпищенко (Gorpishchnko)
Героев Севастополя
Брестская
(Brestskaya)
Багрия (Bagriya)
Ревякина (Revyakina)
Вокзальная (Vokzalnaya)
S. 243
Портовая (Portovaya)
Ленина (Lenina)
просп. Нахимова
(Nakhimova)
Большая Морская
(Bolshaya Morskaya)
Октябрьского
(Oktyabrskovo)
Гоголя (Gogolya)
5 km
Петрова
(Petrova)
Стрелецкий спуск
(Streletskiy spusk)
Пожарова
(Pozharova)
Гагарина
(Gagarina)
Карантинная бухта
(Karantinnaya-Bucht)
Ульянова
(Ulyanova)
Вакуленчука
(Vakulyenchuka)
Островской
(Ostrovskoy)
Песочная бухта
(Pesochnaya-Bucht)
Стрелецкая бух. (Streletskaya-Bucht)

südlich und westlich davon – die Südseite (russ. Южная сторона [*yúzhnaya storoná*], ukr. Південна сторона [*pivdenna storona*]) – und das Stadtviertel östlich der Südbucht, an dessen Rand der Bahnhof liegt – die Schiffseite (russ. Корабельная сторона [*korabél'naya storoná*], ukr. Корабельна сторона [*korabel'na storona*]).

Die ersten Gebäude an der Bucht von Achtiar entstanden im Juni 1783, einige Monate nach dem Anschluss der Halbinsel an Russland. Die Ufer der Bucht waren damals fast menschenleer, einzig eine kleine tatarische Siedlung gab es hier – Ak-Yar (weißer Felsen). Die Bauleute waren ukrainische und russische Matrosen, die den Befehl Katharinas II. ausführten, an dieser Stelle einen Stützpunkt für die **Schwarzmeerflotte** zu errichten, also einen Sitz der Admiralität, eine Werft, eine Festung und Kasernen.

In den ersten Jahren des 19. Jh. gewann die Stadt erheblich an Bedeutung, als der Flottenstützpunkt, der sich bisher in Kherson befunden hatte, hierher verlegt und gleichzeitig der Handelshafen in Betrieb genommen wurde. Mitte des 19. Jh. wurde die Stadt zu einem der größeren Zentren der Krim. Sie hatte damals 50.000 Einwohner.

Während des **Krimkriegs** verteidigte sich Sevastopol 349 Tage lang (vom 13. Oktober 1854 bis zum 28. August 1855) gegen die Angriffe der französischen, englischen und osmanischen Bündnisarmeen. Der Krieg verwandelte die Stadt jedoch in einen Trümmerhaufen, und ihr Wiederaufbau dauerte mehr als 50 Jahre lang. Hier fand am 14. Juni 1905 der Aufstand der Besatzung des **Panzerkreuzers „Potjomkin"** statt – das erste Ereignis in Russland, das die künftigen Veränderungen in diesem Teil der Welt ankündigte. Danach brach in der Stadt der Sevastopoler Novemberaufstand aus, an dem die Besatzungen mehrerer Schiffe teilnahmen. Der Aufstand wurde niedergeschlagen, die Anführer wurden erschossen.

Der **2. Weltkrieg** forderte erneut den Heldenmut der Stadt heraus. Vom 30. Oktober 1941 bis zum 30. Juni 1942 verteidigte sie sich gegen die 200.000 Mann starke deutsch-rumänische Armee. Erst nachdem See-, Luft- und Landangriffe die Stadt ein weiteres Mal völlig zerstört hatten, ergab sie sich am Ende einer 250-tägigen Belagerung. 1944, als die militärischen Verhältnisse sich wendeten, wurden die Deutschen zunächst 28 Tage lang belagert, worauf es ihnen weitere acht Tage – vom 5. bis 12. Mai – gelang, dem Ansturm der Roten Armee die Stirn zu bieten.

Sevastopol, das im Krieg bis auf die Grundmauern zerstört worden war, erhob sich dieses Mal schnell aus den Ruinen. Die zerstörten Gebäude wurden sorgfältig restauriert, und es wurde vieles neu gebaut. Die historische Anlage der Straßen auf der Südseite der Stadt, die noch aus der Zeit vor dem Krimkrieg stammte, wurde beibehalten. Nord- und Schiffseite hingegen wurden ganz neu angelegt.

Heute entwickelt sich die Stadt äußerst dynamisch. Neben ihrer Be-

## Die „Späher" im unterirdischen Sevastopol

Unter jeder strategisch wichtigen Stadt der Sowjetunion entstand gewöhnlich eine zweite, unterirdische Stadt. Mit der Erforschung dieser Orte beschäftigen sich heute Klubs, sogenannte **Digger,** die nach dem Vorbild ähnlicher, auf der ganzen Welt tätiger Vereinigungen (www.infiltration.org) organisiert sind. Das bekannteste Diggerzentrum in der ehemaligen UdSSR ist natürlich Moskau, doch auch auf der Krim gibt es einiges zu entdecken. Wer sich für **militärische Geheimobjekte** interessiert, sollte sich mit dem Projekt „Unterirdisches Sevastopol" bekannt machen (www.sevdig.h1.ru). Die Organisatoren bieten den Touristen eine „Extremtour" ('кстрим-Тур [*Ekstrim-Tur*]) an, bei der man u.a. die unterirdischen U-Boot-Stützpunkte in Balaklava („Objekt 825"), den unterirdischen Stab der Schwarzmeerflotte und die Küstenbatterien Nr. 30 und 35 besichtigen kann.

deutung als streng bewachter Militärstützpunkt ist sie zu einem der größeren **Industrie-, Wissenschafts- und Kulturzentren** der Krim geworden. Es gibt hier das Kowalewski-Institut für die Biologie Südlicher Meere (gegründet schon 1871 von dem russischen Reisenden und Gelehrten M. Miklucho-Maklaj), das Seeinstitut für Hydrophysik (1963 aus Moskau hierher verlegt), das Kriegsmarineinstitut (das Flottenoffiziere ausbildet) und das Sevastopoler Institut für Präzisionsmaschinen. Die Stadt beherbergt das Russische Dramatische Lunatscharski-Theater, das Dramatische Lawrentjew-Theater und ein Tanztheater.

Die Stadt Sevastopol hat einen **Sonderstatus,** d.h. sie untersteht nicht der Bezirksverwaltung in Simferopol, sondern direkt der **Kiewer Verwaltung.** Viele Einwohner haben russiche Pässe, auch die lokalen Behörden sind Russland traditionell wohlgesinnt.

### Sehenswertes

Die meisten Denkmäler befinden sich im Stadtzentrum in der Nähe des Pl. Nakhimova. Vom Bus- und Bahnhof gelangt man mit den Trolleybuslinien 3 und 7 dorthin (oder, über einen kleinen Umweg, mit den Linien 1 und 9).

Wenn Sie Ihre Besichtigung vom Bahnhof aus beginnen, gehen Sie über die Gleise zur Haltestelle des Nahverkehrs und fahren zwei Haltestellen mit dem Trolleybus Nr. 1 oder 9 bis zum Pl. Ushakova. Hier nehmen der Historische Boulevard [*istorícheskiy bulvár*] und die Ul. Bolshaya Morskaya ihren Ausgang. Zum **Panorama** und auf den **Hügel der 4. Bastion** mit dem Historischen Boulevard kommt man direkt vom Bahnhof aus: An der Haltestelle überqueren Sie die Straße, biegen links ab und steigen die Treppe hinauf, die sich in einem beklagenswerten Zustand befindet.

#### Mariä-Schutz-Kathedrale

Vom Pl. Ushakova aus empfiehlt es sich, die Ul. Bolshaya Morskaya bis zur Mariä-Schutz-Kathedrale [*Pokróvski sobór*] aus dem Jahr 1905 (Ul. Bolshaya Morskaya 36, auf der linken Seite) hinunterzulaufen. Sie enthält zwei Kirchen und fünf Kapellen. Während des Krieges zerstörte eine Bombe den

Südflügel. Nach dem Krieg wurde die Kathedrale wiederaufgebaut und bis 1962 als Gotteshaus genutzt, bis das Stadtarchiv das Gebäude übernahm. Seit 1992 waltet hier wieder der Klerus, und die Renovierung der Kathedrale ist mittlerweile abgeschlossen, sodass sie wieder durch ihre leuchtend goldenen Kuppeln beeindruckt.

### Moschee

Hinter der Kathedrale können Sie nach links abbiegen und zur Moschee auf der Ul. Kulakova 31 hinaufsteigen (Tel. 544061; Eintritt „was beliebt" – man muss den Pförtner bitten; freitags kommt man nicht hinein) oder am Postamt vorbeigehen und rechts abbiegen, um die Treppe zum stillen und angenehmen Offiziersviertel zu erklimmen.

### Peter-und-Paul-Kathedrale

Wenn Sie ein Stück die Ul. Lyudmily Pavlichenko entlanglaufen, gelangen Sie zu einem kleinen Platz auf der linken Seite, wo am Wochenende vormittags ein winziger **Flohmarkt** abgehalten wird (das ist der beste Ort auf der Halbinsel, um eine alte Medaille, eine Soldatenmütze u.Ä. zu erstehen). Auf dem Platz steht die Peter-und-Paul-Kathedrale, aus der immer noch das Kulturhaus auszieht, es gibt also innen nichts zu besichtigen.

### Wladimir-Kathedrale

Von der Kathedrale aus wenden Sie sich nach Norden, gehen bis zum Ende der Ul. Lunachárskogo und nach links bis zur Wladimir-Kathedrale (Leninplatz) – der Kathedrale des heiligen, den Aposteln gleichen Großfürsten Wladimir. Gebaut wurde sie 1854–88 als Andenken an die Verteidigung von Sevastopol im Krimkrieg 1854–55, und zwar, ähnlich wie die Wladimir-Kathedrale in Kiew, im byzantinischen Stil. Sie bildet eine Abteilung des Museums der Heldenhaften Verteidigung und Befreiung von Sevastopol (s.u.).

### Turm der Winde

Bevor Sie zum Denkmal des Revolutionsführers gelangen, das von der Kathedrale aus sehr gut sichtbar ist, sollten Sie auf den in einem Hinterhof rechter Hand versteckten Turm der Winde (1844) achten. Das ist der einzige erhaltene Teil der Meeresbibliothek, die 1822 aus Beiträgen von Marineoffizieren entstand. Der Turm erinnert an den gleichnamigen Turm in Athen aus dem 2. Jh. v.u.Z. Der runde, etwa 10 m hohe Turm mit den kleinen Säulen diente zur Belüftung des Bücherbestandes.

### Rund um die Artilleriebucht

Vom **Lenindenkmal** aus steigen Sie die breite Treppe zum Prospekt Nakhimova hinab. Rechts sehen Sie das **Kunstmuseum** (s.u.), auf der anderen Straßenseite befindet sich das Dramatische Theater und links das Hotel Sevastopol. Sie können nach rechts abbiegen und die Straße zum Primorskiy Bulvar überqueren, der beim **Aquarium** (s.u.) endet, oder nach links, wo Sie McDonald's hinter sich lassen und nach rechts, quer durch den Park, zum Zentralmarkt gelangen, von wo aus

Sie ins Taurische Khersonesos fahren können.

Wenn Sie am Fuße der Treppe nach links und hinter dem Hotel nach rechts zur Ul. Ayvazóvskogo gehen, gelangen Sie in die Artilleriebucht (*Artbukhtá*), über der das **Monument zum Gedenken an die Heldenstadt** thront.

## Ozeanarium

Von hier aus nach rechts, über die Ul. Náberezhnaya Kornilova, kommen Sie zum Ozeanarium „Strana Delfina", wo sich immer viele Touristen mit Kindern tummeln. **Delfine und Robben** spielen Ball, springen durch Reifen und vollbringen andere akrobatische Leistungen für das Publikum. Die Vorstellungen finden im Sommer täglich (außer Mo) 11 Uhr, 14 Uhr und 17 Uhr statt und dauern jeweils 40–45 Min. Der Eintritt kostet 20 UAH, Kinder bis 16 Jahre zahlen 10 UAH, Reservierung Tel. 559955. Das Becken des Ozeanariums befindet sich auf der Ul. Náberezhnaya Kornilova 2 hinter dem Pionierpalast am Prospekt Nakhimova.

## Denkmal für die Versenkten Schiffe

Weiter am Kai entlang kommen Sie an der Kneipe Italyanskiy Dvorik vorbei (eine der teuersten in der ganzen Stadt; hinter dem Aquarium) und gelangen zum Denkmal für die Versenkten Schiffe [*pámyatnik zatóplennym korablyám*]. Es steht auf einer kleinen Felseninsel, 10 m vom Ufer entfernt. Die alleinstehende Säule mit einem Adler an der Spitze entstand 1905 zum 50. Jahrestag der Verteidigung von Sevastopol. „Zum Andenken an die Schiffe, die in den Jahren 1854–1855 versenkt wurden, um die Einfahrt in den Hafen zu versperren" – steht auf der Gedenktafel. Schöpfer des Denkmals sind der estnische Bildhauer A. Adamson und der Architekt W. Feldman.

Den Kai verlassen Sie über eine kleine Brücke mit Reliefs, die Drachen darstellen, oder gehen unter ihr hindurch, und nach Überqueren der Strandpromenade [*primorskiy bulvár*] mit Scharen von Souvenirverkäufern gelangen Sie zum Prospekt Nakhimova.

## Gräfische Anlegestelle

Auf der anderen Seite windet sich der Matrosski Bulvar nach oben. Dort steht das älteste Denkmal der Stadt (1834), links wiederum erblicken Sie auf dem Pl. Nakhimova das Denkmal des gleichnamigen Admirals. Hinter dem Platz befindet sich das älteste Objekt der Stadt, die Gräfische Anlegestelle. Sie wurde nach dem Grafen Wojnowitsch benannt, dem Konteradmiral der Schwarzmeerflotte im Jahr 1840. Zunächst war hier eine hölzerne Bootsanlegestelle, die 1787 vor dem

Wladimir-Kloster und Kathedrale auf dem Gebiet des antiken Khersonesos

Besuch Katharinas II. mit einer Steintreppe geschmückt wurde. 1843 fügte man Marmorlöwen und antike Plastiken (in den Nischen) hinzu, die vom italienischen Bildhauer Fernando Pelicci geschaffen wurden. Ihr jetziges Aussehen erhielt die Anlegestelle 1846 nach einem Entwurf des englischen Architekten John Upton.

## Allerheiligenkirche

Das **älteste Gebäude Sevastopols** ist die Allerheiligenkirche [*tserkóv' vsekh svyatýkh*] von 1822, die im nördlichen Teil des Friedhofs auf der Ul. Pozharova 9a steht.

## Brüderfriedhof und Nikolaikirche

Eine andere interessante Nekropole ist der Brüderfriedhof [*brátskoye kládbishche*] im Nordteil der Stadt (Anfahrt: mit der Fähre zum Pl. Zakharova und weiter mit den Buslinien 16 und 22) mit der Nikolaikirche in Form einer Pyramide, die mit einem 16 t schweren Kreuz gekrönt ist (1870). Auf hal-



009kr Foto: to

# Der Konflikt um die Schwarzmeerflotte

Beim Thema Stadtgeschichte sollen auch einige Worte zum Konflikt um die Schwarzmeerflotte gesagt werden. Die Schwarzmeerflotte ist das Symbol der russischen Seemacht und -tradition. Obgleich sie zu den kleineren Flotten der ehemaligen UdSSR zählte, hatte sie eine sehr große strategische Bedeutung, weshalb nach dem Zerfall der Sowjetunion sowohl die Ukraine als auch Russland sie ihren Streitkräften eingliedern wollten.

1991 wurde der Wert der Schwarzmeerflotte auf ca. 60–80 Mrd. USD geschätzt. Ihre militärische Stärke stützte sich auf 28 U-Boote, einen Flugzeugträger, 5 Kreuzer, 10 Zerstörer, 30 Fregatten und 300 andere Küstenverteidigungs-, Patrouillen-, Landungs- und Hilfsschiffe, 125 Bomber, 85 Hubschrauber zur U-Boot-Bekämpfung und über 50 für andere Zwecke. Ihr gehörten ebenfalls die 810. Marineinfanteriebrigade und die 126. Küstenverteidigungsdivision an. Anfang 1992 verkündete die ukrainische Seite, sie unterstelle alle auf dem Territorium der Ukraine befindlichen Heere einschließlich der Schwarzmeerflotte ihrer militärischen Hoheit. Gleichzeitig verlangte sie von den Flottensoldaten, den Treueschwur gegenüber der Ukraine abzulegen. Diese Forderung traf auf erheblichen Widerstand bei den Flottensoldaten, die vielen verschiedenen Nationen angehören (mehr als 40 Nationalitäten, darunter nur 30% Ukrainer). Im April 1992 wurde die Übernahme der Schwarzmeerflotte gleichzeitig von den damaligen Präsidenten der Ukraine und Russlands – Leonid Krawtschuk und Boris Jelzin – verkündet, was zu einem Anwachsen der Spannungen in den russisch-ukrainischen Beziehungen führte. Bei einem Treffen in Dagomys im Juni desselben Jahres gelangten beide Seiten zur Überzeugung, dass die beste Lösung in einer Teilung der Flotte in drei Jahren zu finden sei; bis dahin sollte sie gemeinsames Eigentum beider Staaten bleiben. Der von den im gegegenseitigen Einverständnis handelnden Präsidenten berufene Flottenführer sollte ihnen unmittelbar unterstehen, und die Matrosen sollten dem Staat die Treue schwören, dessen Bürger sie jeweils sind.

Bei Gesprächen im Februar 1995 beschloss man dann, dass die Ukraine einen Teil der Schiffe übernehmen, Sevastopol der einzige russische Stützpunkt auf der Krim bleiben, die ukrainischen Schiffe aber dort ebenfalls das Stationierungsrecht haben sollten. Im Juni wiederum einigte man sich darauf, die Flotte in zwei gleiche Teile zu teilen. Es kam jedoch anders: Russland erhielt 81,7%, die Ukraine 18,3% der Schiffe. Für den Rest zahlte die russische Seite mit der Tilgung eines Teils der ukrainischen Schulden. Der Hauptstützpunkt des russischen Flottenteils war Sevastopol, doch nahmen sich die Russen gleichzeitig das Recht, auch andere Stützpunkte und Objekte der operativen, militärischen und technischen Sicherheit auf der Krim zu nutzen.

Während der mehrjährigen Auseinandersetzungen um die Schwarzmeerflotte wurde sie leider so gut wie nicht verwaltet, und die dafür bestimmten finanziellen Mittel deckten nur einen geringen Teil ihres Bedarfs. Anfang 1996 hatte sie daher ihre ehemalige militärische Bedeutung verloren, die meisten Schiffe mussten dringend gewartet und überholt werden. Übrig gebliebenen waren drei U-Boote, drei Kreuzer, zwei Zerstörer, 22 Fregatten und über 150 Küstenverteidigungsschiffe (Landungs- und Hilfsschiffe), 40 Bomber, 75 Hubschrauber zur U-Boot-Bekämpfung und 50 andere, die Marineinfanteriebrigade und die Küstenverteidigungsdivision.

Am 28. Mai 1997 wurde das endgültige Übereinkommen unterzeichnet. Darin verpachtete die Ukraine einen Teil des Sevastopoler Hafens für einen Zeitraum von 20 Jahren an Russland mit der Möglichkeit für Russland, den Pachtvertrag um weitere fünf Jahre zu verlängern. Außer dem Marinestützpunkt erhielten die Russen auch das Recht, den Flughafen und die Fernmeldestützpunkte zu nutzen. Gleichzeitig verpflichteten sie sich, in Sevastopol nicht mehr als 132 gepanzerte Fahrzeuge, 24 Artilleriegeschütze mit einem Kaliber über 100 mm und 22 Kampfflugzeuge zu stationieren. Der Personalbestand sollte 25.000 Personen nicht überschreiten. Bis zum August 1997 übergaben die Russen den Marinestreitkräften der Ukraine ca. 50 Kampfschiffe, darunter drei Fregatten und diverse Schiffe und Hilfsschiffe (von denen ein Teil nicht mehr funktionstüchtig war).

Zur Zeit sind in Sevastopol die Schiffe der ukrainischen Kriegsmarine (nur in der Streletskaya-Bucht) und die Schwarzmeerflotte der Russischen Föderation (in allen anderen Buchten) nebeneinander stationiert. 2004 wurden der Stationierungsvertrag für die russische Flotte verlängert und ein Teil der ukrainischen Schiffe in den Stützpunkt auf dem Donuzlav-See verlegt.

Im Jahre 2017 wird der Vertrag zwischen der Ukraine und Russland auslaufen. Da Präsident Juschtschenko klar gemacht hat, den Vertrag nicht über diesen Zeitraum hinaus verlängern zu wollen, drohen in den nächsten Jahren hier weitere Konflikte.

bem Weg von der Fähre zum Friedhof (Kreuzung Ul. Chelyuskintsev und Bogdanova, am Anfang des Parks „Uchkuyevka") steht ein Grenzpfosten von 1786, der **Jekaterinen-Meile** genannt wird.

### Museum der Schwarzmeerflotte

Das Museum entstand auf Initiative der Teilnehmer an der Verteidigung von Sevastopol und wurde am 14. September 1869 eröffnet. Das derzeitige Gebäude wurde 1895 mit der Absicht gebaut, die Sammlungen aus dem Haus des Generals Totleben hierher zu verlegen. Die in sieben Sälen versammelten Exponate illustrieren die Entstehung und Entwicklung der Schwarzmeerflotte, den Krimkrieg, die Aufstände von 1905 und die Revolution von 1917 sowie den 2. Weltkrieg. Die Ausstellung unterstreicht die Verbindung der Schwarzmeerflotte mit ihrem Mutterhafen und ihrer Heimatstadt, auf deren Entwicklung sie ohne Zweifel einen großen Einfluss ausgeübt hat. Daneben befindet sich eine Ausstellung über die Nachkriegszeit der Flotte, die extra Eintritt kostet. Die Ausstellung ist in der **Michaelskirche** [*sobór mikhailóvskiy*] von 1849 untergebracht. Während des Krimkriegs war sie eine Garnisonskirche.

- **Museum für die Geschichte der Schwarzmeerflotte der Russischen Föderation** [*muzéy chernomórskogo flóta*], Ul. Lenina 11, Tel. 520392, geöffnet täglich außer Di und am letzten Fr im Monat von 10 bis 18 Uhr.

### Museum der Schönen Künste

Das Museum entstand 1927 als Sevastopoler Bildergalerie und wurde

1965 in „Malereimuseum" umbenannt. Die Sammlungen umfassen etwa 4000 Gemälde. Die westeuropäische Malerei wird von zahlreichen Werken niederländischer, italienischer, französischer und deutscher Meister aus dem 16.–19. Jh. repräsentiert (u.a. Rubens, Giorgione, Snyders, Vermeer), die russische Malerei aus dem 18. und 19. Jh. u.a. von Werken der Maler Wereschtschagin, Repin, Makowski und Orlowski. Neben Gemälden und Grafiken zeigt das Museum auch Plastiken und ukrainische Volkskunst.

• **Museum der Schönen Künste** [*khudózhestvenniy muzéy*], Prospekt Nakhimova 9, Tel. 543125, 540367, geöffnet täglich außer Di von 11 bis 18 Uhr.

### Aquarium

In zwölf Aquarien und einem Becken sind viele exotische Vertreter der Meeresfauna zu bewundern, u.a. aus dem Schwarzen, dem Roten und dem Mittelmeer. Unter ihnen fallen besonders die vielfarbigen Buntbarsche ins Auge, aber auch Piranhas, Seepferdchen, Schildkröten, Seeigel und Haie. Zu sehen ist ebenfalls das Fragment eines herrlichen **Korallenriffs.** Den Hauptteil des Museums bildet ein rundes Becken, dessen größte Sensation riesige **Störe** und ein **Rochen** sind. Beim Aquarium gibt es auch ein Exotarium.

• **Aquarium des Instituts für die Biologie Südlicher Meere UAN,** Prospekt Nakhimova 2, Tel. 544904, geöffnet täglich außer Mo von 9 bis 19 Uhr.

### Museum der Heldenhaften Verteidigung

Das Museum der Heldenhaften Verteidigung und Befreiung von Sevastopol ([*muzéy geroícheskoy oboróny i osvobozhdéniya sevastópolya*], Tel. 499738, 499786, 520823), gegründet 1960, besitzt ca. 100.000 Exponate. Es besteht aus fünf Abteilungen:

• **Panorama „Die Verteidigung von Sevastopol 1854–55",** Istorícheski Bulvár (Historischer Boulevard), täglich 9.30–18 Uhr. Museumsführer Englisch und Deutsch, Eintritt 14 UAH.

• **Diorama „Die Erstürmung des Sapun-Hügels am 7. Mai 1944"** [*shturm sapún goorý*], Sapun-Hügel im Südosten vom Stadtzentrum, geöffnet täglich 9.30–17 Uhr.

• **Festungsturm auf dem Malachow-Kurgan** [*malakhóv kurgán*], ein architektonischer Komplex östlich vom Zentrum (Anfahrt vom Bahnhof mit den Trolleybuslinien 1, 7, 17), geöffnet täglich 9.30–17 Uhr.

• **Gedenkhaus Sevastopoler Untergrund 1942–1944** [*dom-muzéy sevastópolskikh podpólshchikov*], Ul. Revyakina 4, geöffnet täglich außer Mo 9.30–16 Uhr.

• **Die Wladimir-Kathedrale** (Pl. Lenina) ist die Ruhestätte von vier Admiralen, die Sevastopol 1854–55 verteidigten: Nachimow, Lasarew, Kornilow und Istomin. Die Besichtigung (Mo–Fr) der unterirdischen Katakomben [*nizhnyy khram*] in Gruppen mit Führer dauert 30 Min. Eintritt 2 UAH, vorherige Anmeldung notwendig.

## Praktische Tipps

### Stadtverkehr

Die Stadt ist ein riesiger Moloch mit einem großen Kriegsschiffhafen. Ein wichtiger Verkehrsknotenpunkt ist **„5 km"** [*pyatýy kilométr*] – vom Bahnhof gelangt man mit dem Trolleybus oder den *Marshrutki* Nr. 20 und 17 hierher, aus dem Zentrum mit dem Trolleybus oder der *Marshrutka* Nr. 12. Mit der

## SEVASTOPOL Stadtzentrum

N W E S

0 400 m

- ⚓ 5 Gräfische Anlegestelle
- 7 Seehafen
- 12 Busbahnhof TSENTRALNY RYNOK
- 15 Trolleybuslinie Richtung Khersonesos
- 9 Hotel SEVASTOPOL
- 22 Hotel KRYM
- 23 Hotel UKRAINA
- 13 McDonald's
- 17 Restaurant TRAKTIR 1854
- 20 Restaurant DIALOG
- 21 Restaurant LETNIY SAD
- 10 Museum der Schönen Künste
- 11 Museum der Schwarzmeerflotte
- 16 Wladimir-Kathedrale
- 25 Panorama „Verteidigung von Sevastopol 1854-55"
- 3 Aquarium
- 8 Ozeanarium
- 18 Peter-und-Paul-Kathedrale
- 19 Mariä-Schutz-Kathedrale
- Moschee
- Turm der Winde
- 1 Denkmal der Versenkten Schiffe
- 2 Obelisk zu Ehren der Heldenstadt Sevastopol
- 4 Nachimow-Denkmal
- 6 Denkmal für die Brigg „Merkur"
- 14 Lenindenkmal
- 24 Denkmal der heldenhaften Verteidigung 1854-55

*Marshrutka* Nr. 9 kann man von hier aus auch nach Balaklava fahren: Man muss sich entgegengesetzt zur Fahrtrichtung an die Endhaltestelle aus Balaklava stellen. „5 km" ist nicht nur ein Verkehrsknotenpunkt, sondern auch ein Basar, auf dem man alles bekommt, was man braucht.

Der Nahverkehr besteht aus einem **Trolleybusnetz** (Liniennetzpläne hängen vorn in jedem Trolleybus), das von *Marshrutki* und – vorwiegend im Vorortverkehr – von Autobussen ergänzt wird. Fahrzeuge, die ins Zentrum fahren, haben die Aufschrift „центр" [*tsentr*], die in Richtung Bahnhof und Busbahnhof tragen die Aufschrift „вокзалы" [*vokzály*].

Ein **Taxi,** zu bestellen unter den Telefonnummern: 060 (evtl. 540300, 505632121), 052 (evtl. 473060, 677350202), 055 (evtl. 557555), 056 (evtl. 557172), 057 (evtl. 579157), dürfte in der Stadt nicht mehr als 20 UAH kosten. Ein Taxi vom Taxistand kostet Ausländer durchschnittlich das Doppelte.

## Fähren in der Bucht

Die sich tief ins Festland einschneidende Bucht von Sevastopol teilt die Stadt in zwei Hälften, zwischen denen von früh bis spät Fähren verkehren. Von der Gräfischen Anlegestelle fahren sie alle paar Minuten zur **Nordseite** (Pl. Zakharova – Bukhtá Sévernaya) sowie stündlich nach **Inkerman** über die Anlegestelle Hollandiya, von der Artbukhta (Artillerie-Bucht) zur Nordseite (zum Pl. Zakharova oder Radiogorki) wiederum fährt jede halbe Stunde eine Fähre ab (die zum Pl. Zakharova nehmen auch Autos mit).

Außerdem verkehren kleinere Fähren nach Uchkuivka und seltener nach Liubymivka, Kacha und Balaklava.

## Bahn

**Bahnhof,** Pl. Vokzálnaya 3, Tel. 366074. Anfahrt vom Zentrum mit den Trolleybuslinien 3, 7 und 9. Von Sevastopol kommt man mit dem Zug u.a. direkt nach Moskau und Kiew.

Wer nach Yevpatoriya, Kacha oder Pischane fahren will, begibt sich besser zum **Bahnhof Sévernaya** am Nordufer der Bucht (Pl. Zakharova), wohin man mit der Fähre von der Gräfischen Anlegestelle oder der Artbukhta kommt. Busse in die oben genannten Richtungen sowie in Richtung Bakhchysarai fahren von diesem Bahnhof ungefähr jede Stunde ab.

Die Fahrkartenschalter für die **Elektrichki nach Simferopol** befinden sich nahe der Fußgängerbrücke. Sieben Fahrten täglich, durchschnittlich alle zwei Stunden, die erste um 5 Uhr und die letzte nach 20 Uhr – das ist die billigste Art, nach Simferopol zu kommen. Die Züge sind selten überfüllt. Fahrkarten gibt es nur für den jeweiligen Reisetag.

## Busse

Der **Busbahnhof** (Pl. Revyakina 2, Tel. 524546, 366140) liegt neben dem Bahnhof. Um dorthin zu gelangen, kann man über die Seitengleise gehen, sollte dort jedoch etwas stehen, überquert man die Gleise besser über die Fußgängerbrücke. Busfahrscheine sollte man am besten mindestens einen Tag vorher kaufen (in der Saison sogar mehrere Tage). Wer im letzten Moment kommt, bekommt oft keinen Fahrschein mehr, und die Busfahrer nehmen – anders als in Simferopol – nur in Ausnahmefällen jemanden „außerplanmäßig" mit.

Ein Teil der in Sevastopol aus Richtung Yalta eintreffenden Busse (z.B. aus Foros) beenden ihre Fahrt am Haltepunkt **„5 km"** [*pyatýy kilométr*], von dem auch die meisten Vorortbusse abfahren.

Die nächste Busschleife befindet sich am Tsentralnyy Univermag, genannt „TsUM" (ЦУМ) an der Ul. Vakulenchuka (hinter dem Kreisverkehr des 50. Jahrestages der UdSSR). Hierher fährt der Trolleybus Nr. 10 vom Zentralmarkt.

## Fähren im Schwarzen Meer

**Seehafen,** Pl. Nakhimova 5, Information Tel. 524082, Kassen Tel. 540522, Büro Tel. 466417. Die Kassen sind von So bis Do von 9 bis 17 Uhr geöffnet. Fr und Sa sind sie geschlossen, man kann aber im Büro anrufen.

Auf der Strecke Sevastopol – **Istanbul** – Sevastopol verkehren regelmäßig die Schiffe *Geróy Sevastópolya, Proféssor Vodnyátskiy* und *Sevastopol-1*. Nach Istanbul gelangt man in 24 Std., verbringt dort drei Tage und kehrt zurück. Im Preis des Rückfahrttickets ist eine dreitägige Übernachtung auf dem Schiff enthalten. Erhältlich sind auch offene Rückfahrttickets. Die aktuellen Preise sollten vor Ort erfragt werden.

Von Anfang Juli bis Ende September verkehrt auch der Katamaran „Krymskaya Strela". Mo: **Odessa** (11 Uhr) - Sevastopol (17.20-18 Uhr) - **Yalta** (19.50 Uhr); Di: Yalta (11 Uhr) - Sevastopol (12.50-13.30 Uhr) - Odessa (19.50 Uhr). Information Tel. 555 787, 547120.

## Flughafen

Im Norden von Sevastopol liegt der Flughafen Бельбек [*bel'bék*] - früher ausschließlich Militärflugplatz, heute empfängt er Flugzeuge vom Typ „Jak-42" aus Moskau und „AN-24" aus Kiew (mit Zwischenlandung in Simferopol). Information Tel. 735366, 736 036, 736068. Flugagentur, Ul. Kommunistícheskaya 1 (Tel. 522454) und im Gebäude des Bahnhofs.

## Unterkunft

In der Gegend des Bahnhofs (auf dem Busbahnhof oder an der Treppe auf dem Bahnhof) trifft man den ganzen Tag über Leute, die Touristen Einzelzimmer oder ganze Wohnungen anbieten. Die Preise sind recht niedrig - ab ca. 28 UAH pro Person - und die Auswahl groß (vielleicht deshalb, weil die meisten Einwohner Rentner sind).

Umittelbar am Bahnhof befindet sich auch ein sog. **Quartbüro,** wo man sich Privatzimmer vermitteln lassen kann.

Das **Bahnhofshotel** befindet sich in einem Nebengebäude des Bahnhofes, neben dem Eingang zur Polizeiwache. (Preis: ab etwa 32 UAH im Sechsbettzimmer, Doppelzimmer: ca. 45 UAH pro Person).

- Das **Hotel Sevastopol** (Prospekt Nakhimova 8, Tel. 466400, 466408, Fax 466409, info@hotel-sevastopol.com) liegt direkt im Zentrum. Preis für ein Doppelzimmer ab ca. 350 UAH. Das Haus verfügt über ein Restaurant, einen Frisör und ein Massagekabinett. Bewachter Parkplatz.
- **Hotel Krym** (Ul. 6-ya Bastionnaya 46, Tel. 557154). Anfahrt vom Bahnhof mit allen Verkehrsmitteln in Richtung Zentrum bis zum Pl. Suvorova (eine Haltestelle), von dort mit dem Trolleybus Nr. 5 bis zur Haltestelle „Pl. Vostavshykh". Dort lässt sich der 14-stöckige Koloss schon nicht mehr übersehen. Er bietet 335 Plätze. Ca. 155 UAH für ein Doppelzimmer. Im Preis ist das Frühstück enthalten. Außerdem befinden sich im Gebäude: ein Restaurant, ein Internet-Café, ein Billardsaal, ein Frisör, eine Diskothek, ein Konferenzsaal mit 400 Plätzen.
- **Das Hotel Ukraina** (Ul. Gogolya 2, Tel. 542127, Fax: 545378) befindet sich in der Nähe des Zentrums und des Panoramas (Anfahrt vom Bahnhof mit den Trolleybuslinien 1 und 9; Haltestelle „Pl. Ushakova"). 1- und 2-Bett-Zimmer, Preise ab ca. 525 UAH für ein Doppelzimmer, bewachter Parkplatz, Frisör, Massage, Fitnessraum, Arzt. Kartenzahlung.
- **Hotel Yard,** Ul. Kesayeva 9, Tel. 429857, Fax: 429852, yard@optima.com.ua. Ab ca. 180 UAH für ein 3-Bettzimmer.
- **Hotel Gostevoy Dom,** Ul. Chertsova 22, Tel. 553228, guest@ghkandt.com, www.ghkandt.com.

## Camping

Die Anhänger des **wilden Campens** schlagen ihr Zelt oft in der Nähe des Zentrums auf, auf dem Hügel westlich der Artbukhta und des monumentalen Obelisks zu Ehren der Heldenstadt (Ul. Kapitanskaya).

- **Campingplatz Uchkuivka** (ukr. Учкуївка, russ. Учкуевка [*uchkuyevka*]) Tel. 716220, 679161970, sunbeach@yandex.ru, www.1crimeatour.com/beach.htm. Er liegt am Nordufer der Bucht direkt am Strand und neben der gleichnamigen Anlegestelle. Anfahrt vom Bahnhof: Trolleybus Nr. 3 und 7 ins Zentrum (Haltestelle: „Pl. Nakhimova"), anschließend mit der Fähre von der Gräfischen Anlegestelle zur Avtostantsya Severnaya und von dort aus mit der *Marshrutka*. Man kann auch mit dem Schiff von der Artilleriebucht (*Artbukhtá*) direkt zum hiesigen Strand fahren. Wenn man mit dem Auto von Simferopol kommt, sieht man unterwegs einen Wegweiser zum Campingplatz. Preise: ca. 7 UAH für den Zeltplatz und rd. 20 UAH für den Wohnwagenplatz, ca. 20–155 UAH für einen Platz in Campinghäusern verschiedener Klassen, rd. 250 UAH für einen Platz in einem Luxushaus mit Sauna und kleinem Swimmingpool. Restaurant, Bar, Geschäft, Massagen, Sauna. Für Interessierte: Ausflüge, Tauchen, Fallschirmspringen und Flüge mit Kleinflugzeugen.

●Ein weiterer **Autocamping** (was einfach „Campinghäuser" bedeutet) liegt einige Kilometer weiter nördlich im Dorf Liubýmivka und der nächste unweit des Strandes Omega ([*bukhtá oméga*] am westlichen Rand der Südstadt).

## Essen und Trinken

Im Sommer wird die Náberezhnaya, die Seepromenade, zum Revier verschiedenartiger **Cafés und Bars.** Ähnlich verhält es sich in der Nähe der größeren **Strände** (besonders abends am Strand Omega).

●**Traktir 1854** (Ul. Bolshaya Morskaya 8) ist das beste Speisehaus in der Stadt. Große Auswahl an Bistrogerichten. Preise ab 15 UAH. Leider gibt es hier nicht viele Plätze, sodass die Schlange der Anwärter auf einen Tisch in der Saison zur Mittagszeit bis auf die Straße reicht.

●**Dialog** (Ul. Bolshaya Morskaya 23), eine Terrassenkneipe, zu der eine Treppe hochführt. Im Sommer sitzt es sich am schönsten draußen im Garten. Preise ab 20 UAH für die Mahlzeit, Bier 4 UAH, Kaffee 3 UAH. Geöffnet 10–24 Uhr. Zu beanstanden nur die ziemlich träge Bedienung.

●**Letniy Sad** (Ul. Bolshaya Morskaya 35) befindet sich in einer Gasse ein paar Häuser hinter dem Diyalog (wenn man vom Meer kommt, links). Es ist ein kleines, gemütliches Restaurant mit einem netten Sommergarten, geöffnet 12–23 Uhr. Empfehlenswert ist das armenische Kotelett.

●Weitere Lokale der eher oberen Ränge: **Gardemarin,** Ul. Odesskaya 19; **Zolotóye Yabloko,** Ul. Novikova 10; **Zolotóy Yakor,** Ul. Lenina 50; **Italyanskiy Dvorik,** Ul. Nakhimova 4; **Kiyevskaya Rus,** Strand Omega; **Rybatskiy Stan,** Pl. 300 let Rossýyskogo Flóta.

## Einkaufen

Die größte **Einkaufsmeile** der Stadt liegt an den Straßen Ul. Nakhimova und Bolshaya Morskaya – letztere wird von manchen Einheimischen auch „Broadway" oder schlicht „Be-Em" genannt (der Sevastopoler Slang ist ein Thema für eine längere Abhandlung, mehr Infos unter www.sevastopol.info/sleng), dort liegen die interessantesten Kneipen.

Billige Lebensmittel bekommt man auf den **Basaren,** z.B. im Zentrum (*Tsentrálnyy Rynók*) gegenüber dem Busbahnhof oder neben dem Umsteigezentrum „5 km". Es lohnt sich, dort einen **Kiosk** mit *Bliny* und *Ponchiki* zu suchen.

In der *Artbukhta* gibt es einen kleinen überdachten **Basar** und daneben, in einem roten Häuschen, *Russkiye Bliny,* die Sie unbedingt probieren sollten. Am Prospekt Nakhimova befinden sich **Stände** mit Muscheln, Korallen, Schwämmen, präparierten Fischen, Muschel- und Bernsteinketten u.ä. zu recht niedrigen Preisen. An der gleichen Stelle stehen auch etliche **Händler,** die Gemälde, Grafiken und sogar Karikaturen verkaufen (man trifft sie auch auf dem Weg zum *Tsentralnyy Rynok*).

## Post, Telefon, Internet

All diese Dienste sind in einem Gebäude auf der Ul. Bolshaya Morskaya 21 untergebracht. Internetzugang gibt es auch auf den Straßen Ul. Lenina 24, Ul. Bolshaya Morskaya 33, Ul. Nadezhdy Ostrovskoy 19 (auf dem Weg ins „Hinterland" von Khersonesos), auf dem Prospekt Nakhimova und neben der Haltestelle „5 km". Durchschnittliche Kosten: 5 UAH/Std. In der Stadt gibt es viele Telefonzellen. Stadtinformation Tel. 544191.

## Aktivitäten

An vielen Stellen im Zentrum begegnet man an kleinen Tischchen Anbietern, die für die Touristen **Ausflüge** an fast jeden Ort der Krim oder in eine nächtliche **Diskothek auf einem Schiff** organisieren. Man kann auch am **Fallschirm** hinter einem Motorboot herfliegen ([*polët na parashúte za káterom*], Tel. 505932661).

Ein üblicher Programmpunkt eines Besuchs in Sevastopol ist eine **Bootsfahrt** durch die Buchten mit Besichtigung der Schiffe beider Flotten. Sie kostet 10–20 UAH (für

60 UAH kann man schon ein Boot für sechs Personen mit Führer mieten). Das Ganze hinterlässt gewöhnlich einen eher deprimierenden Eindruck (besonders, wenn man die Schiffe unter ukrainischer Flagge gesehen hat), aber es lohnt sich allemal.

## Strände

Strände hat die „Heldenstadt" viele, man hat also eine reiche Auswahl. Im Süden der Bucht von Sevastopol sind die Strände grundsätzlich lehmig-steinig (je weiter südlich, desto mehr Steine), im Norden hingegen lehmig-sandig (je weiter nach Norden, desto weniger Lehm). Alle im Folgenden beschriebenen Strände kosten keinen Eintritt (es gibt aber kostenpflichtige Sektoren), fast jeder hat eine Anlegestelle, sodass man sie auch mit einer gemieteten Jacht ansteuern kann.

Im Norden von Sevastopol liegen der Reihe nach die Strände **Uchkuyevka** (russ. Учкуевка, ukr. Учкуївка [*uchkuivka*]), Lyubímovka (russ. Любимовка, ukr. Любимівка [*liubýmivka*]) und **Kacha** (Кача). Man kann mit dem Schiff [*na kátere*] *entweder* von der *Artbukhta* hinfahren (am leichtesten zum Uchkuyevka-Strand) oder mit der *Marshrutka* von der Anlegestelle Severnaya (pl. Zakharova) aus. Alle Strände sind breit und nicht überfüllt, allerdings bringt es ihr halbwilder Charakter mit sich, dass sie etwas verunreinigt sind (je weiter weg, desto besser) und gastronomisch sowie an Freizeitangeboten nicht viel zu bieten haben (je weiter weg, desto schlechter).

Im Zentrum von Sevastopol befindet sich am östlichen Rand der Artbukhta (beim Denkmal der Heldenstadt) der **Kristallstrand** (Хрустальный пляж [*khrustálnyy plyazh*]) auf dem gleichnamigen Kap. An Kristalle erinnert hier leider höchstens der Beton, denn dem Wasser fehlt noch viel zur kristallenen Klarheit.

Der nächste Strand in westlicher Richtung ist der **Strand im Reservat Taurisches Khersonesos** (s.u.). Eigentlich sind das zwei Strände: ein in einer kleinen Bucht auf der Westseite versteckter (Schlamm und schmutziges Wasser, aber mit Ausblick auf den russischen Stützpunkt in der Quarantänebucht [*karantínnaya bukhtá*]) und ein zweiter auf der Ostseite mit saubererem Wasser, aber auch großen Felsbrocken und einem Kliff anstatt einem richtigen Strand. Ringsum findet man einige gute Plätze zum Wasserspringen und Schnorcheln.

Hinter der westlichen Einfassung des Reservats liegen in der Sandbucht (Песочная бухта [*pesóchnaya bukhtá*]) zwei kleine Strände – der **Sonnenstrand** und der **Sandstrand** (Сольнечный, Песочный пляж [*sól'nechnyy, pesóchnyy plyazh*]) – beide mit Kies und aufgeschüttetem Sand und unterschiedlich sauberem Wasser (nachmittags ist es schlimmer).

Der nächste Strand erstreckt sich hinter dem **Siegespark** (парк Победы [*park pobédy*]) und heißt ebenfalls so. Anfahrt vom Zentralmarkt mit dem Trolleybus Nr. 10, vom Haltepunkt „5 km" mit dem Trolleybus Nr. 14 oder der *Marshrutka* Nr. 23. Mit dem Bus

Nr. 23 fahren Sie bis zum Ende der Strecke, aus dem Trolleybus hingegen steigen Sie an der Haltestelle „Park Pobedy" aus, in beiden Fällen müssen Sie noch ca. 20 Min. durch den Park laufen. Die Entfernung von der Haltestelle des Nahverkehrs sowie die Menschenmassen sind eigentlich die einzigen Nachteile dieses Strandes – ansonsten ist er sauber, sandig, man kann alles an Ort und Stelle ausleihen, es gibt genügend Möglichkeiten, etwas zu essen, und im Park kann man im Schatten der Bäume ruhen. Ein beliebter Platz für Familien mit Kindern.

Wenn Sie an der nächsten Haltestelle aussteigen (Пляж „Омега" [*plyazh oméga*]; hier endet die Strecke des Trolleybusses Nr. 14) und den leicht bekleideten Scharen mit Handtüchern folgen, gelangen Sie nach ein paar Minuten an den **Omega-Strand,** den beliebtesten Strand von Sevastopol an der Runden Bucht (Круглая бухта [*krúglaya bukhtá*]), die jedoch im Volksmund Omegabucht heißt [*bukhtá oméga*]. Hier wird regelmäßig Sand aufgefüllt, das Meer ist warm und flach, wenn auch nicht sonderlich sauber, und in den zahlreichen Gastronomie- und Freizeittempeln kann man sich bis zum frühen Morgen vergnügen (Achtung: z.T. Touristennepp!). Seit 2004 gibt es hier einen Aquapark. Dieser Strand ist auch im Mai und Juni gut besucht, denn das Wasser wird hier früher warm als woanders.

Viele, die Stille und Freiraum vorziehen, fahren zur **Kosakenbucht,** nach **Fiolent** und **Balaklava** (s.u.). In Fiolent gibt es auch einen **FKK-Strand.**

## In der Umgebung

### Taurisches Khersonesos

Absolut empfehlenswert ist ein Ausflug ins antike Taurische Khersonesos (**Херсонес Таврический** [*khersonés tavrícheskiy*]), das heute aufgrund der Ausdehnung von Sevastopol innerhalb von dessen Stadtgrenzen liegt (westlich vom Zentrum).

Die Ruinen selbst mögen nicht sonderlich interessant sein, hier und da sind auch Spuren von Teilrekonstruktionsversuchen zu sehen. Beeindruckend ist jedoch die großzügige Anlage der **antiken Stadt** sowie die mit beträchtlicher Hilfe aus Kiew restaurierte **Wladimir-Kirche.** Davon abgesehen ist es einfach ein angenehmer Ort, an dem man einen sonnigen Tag verbringen kann. Nehmen Sie Badesachen mit.

**Anfahrt** mit den Trolleybuslinien 2, 6 und 10 von der Haltestelle „Tsentralnyy Rynók" (oder mit den Buslinien 4, 77, 107, 109, 110 vom Bahnhof) bis zur Haltestelle „Ul. Dmítriya Ulyánova". Dort steigen Sie die breite Treppe hoch und gehen auf der Ul. Dmitriya Ulyanova wieder nach unten, vorbei am Denkmal Wladimirs des Großen. Vom Zentralmarkt fährt auch die *Marshrutka* Nr. 22 ab, die Sie bis direkt vors Tor des Reservats bringt, sie verkehrt jedoch recht selten. Sie können auch die *Marshrutka* Nr. 2 nehmen und die Leute fragen, wo Sie am besten aussteigen (Wohnblocksiedlung mit Blick aufs Meer und die Ruinen von Khersonesos) – von hier aus sind es 10 Min. zu Fuß bis zur archäologi-

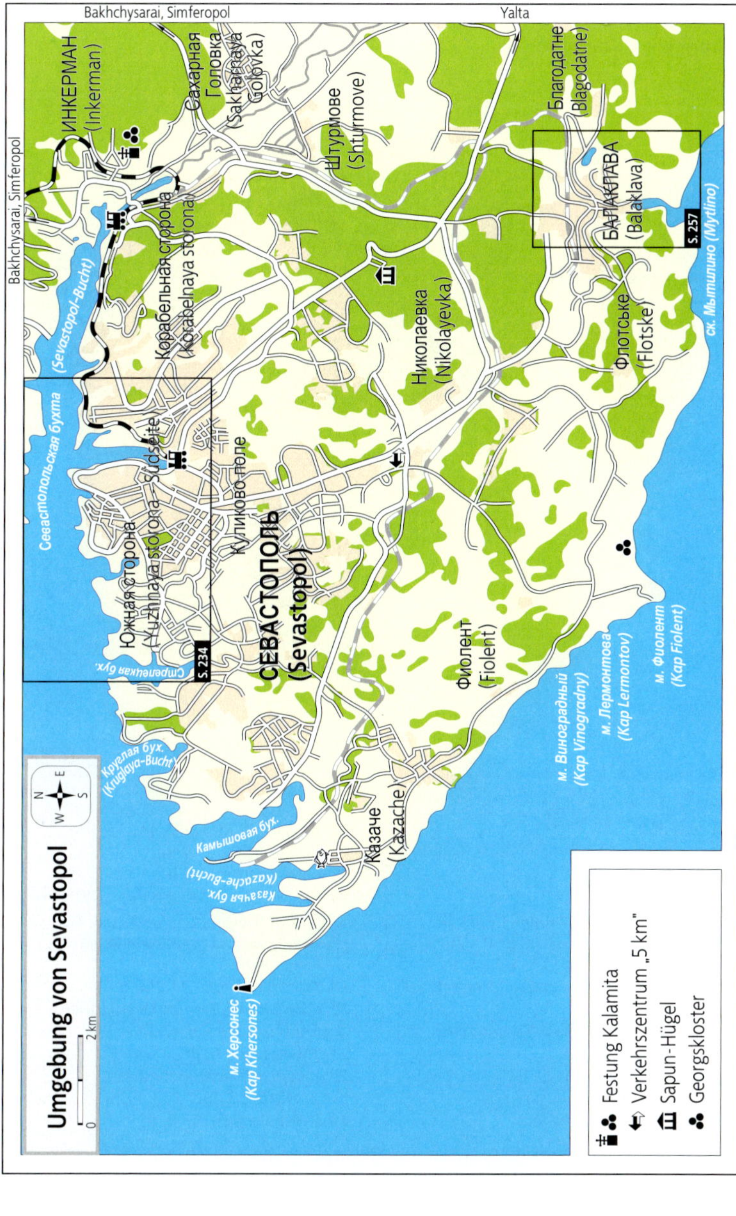
Umgebung von Sevastopol
0
2 km
N
E
S
W
Bakhchysarai, Simferopol
Yalta
ИНКЕРМАН
(Inkerman)
Сахарная
Головка
(Sakharnaya
Golovka)
Штурмове
(Shturmove)
Благодатне
(Blagodatne)
БАЛАКЛАВА
(Balaklava)
S. 257
Корабельная сторона
(Korabelnaya storona)
Николаевка
(Nikolayevka)
Флотське
(Flotske)
Севастопольская бухта
(Sevastopol-Bucht)
Южная сторона
(Yuzhnaya storona – Südseite)
Куликово поле
СЕВАСТОПОЛЬ
(Sevastopol)
S. 234
Стрелецкая бух.
Круглая бух.
(Kruglaya-Bucht)
Камышовая бух.
Казачья бух.
(Kazache-Bucht)
Казаче
(Kazache)
Фиолент
(Fiolent)
м. Херсонес
(Kap Khersones)
м. Виноградный
(Kap Vinogradny)
м. Лермонтова
(Kap Lermontov)
м. Фиолент
(Kap Fiolent)
ск. Мытилино (Mytlino)
Festung Kalamita
Verkehrszentrum „5 km"
Sapun-Hügel
Georgskloster

## Taurisches Khersonesos

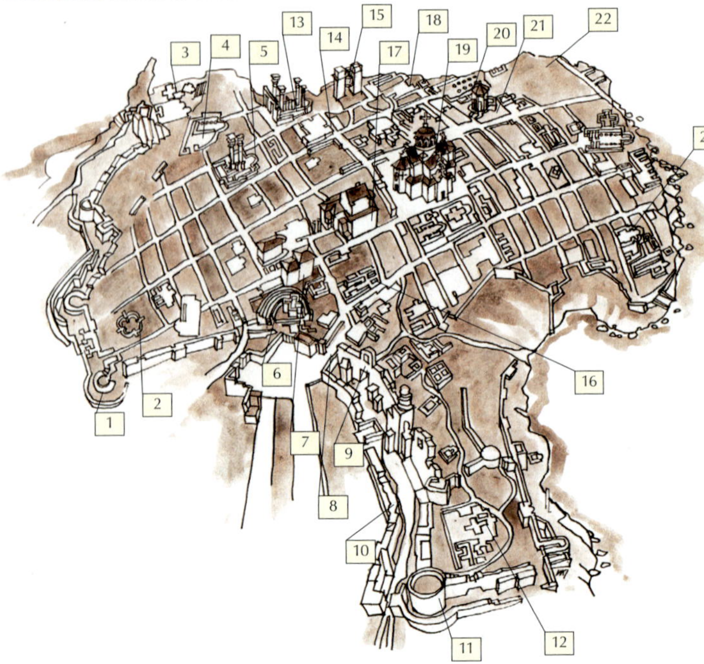


Zeichnung: W. Kwiecien-Janikowski

1 Westtor
2 Orthodoxe Kirche mit vier Apsiden, 6.–7. Jh.
3 Westbasilika
4 Basilika auf dem Hügel, 6./10. Jh.
5 Basilika in der Basilika 6./10. Jh.
6 Amphitheater, 4. Jh. v.u.Z.–3. Jh.
7 Ausstellung „Das antike Khersonesos"
8 Haupttor
9 Stadttor des antiken Khersonesos, 4. Jh. v.u.Z.–2. Jh.
10 Äußere Mauer, 1.–2. Jh.
11 Zenonsturm
12 Römische Kaserne
13 Basilika 1935, 6.–11. Jh.
14 Winzerhaus, 2.–4. Jh.
15 Glockenturm, 1778
16 Reiche Residenz, genannt „Münzerei", 3. Jh. v.u.Z.
17 Ausstellung „Das mittelalterliche Khersonesos"
18 Nordbasilika, 6./11. Jh.
19 Wladimir-Kloster und Kathedrale
20 Sophienkirche, 6.–7. Jh.
21 Taufbecken, 6. Jh.
22 Hügel der Artilleriebatterie, 2. Hälfte 19. Jh.
23 Kruse-Basilika, 5.–6. Jh.

schen Zone. In der archäologischen Zone selbst gibt es in der Nähe der Ruinen zwei angenehme Strände, wo man mit Blick auf die antiken Denkmäler schwimmen kann.

Wollen Sie lieber sparen und haben ohnehin wenig Interesse an Fundstücken aus dem antiken Khersonesos (ohne Eintrittskarte kommt man in die Museumsräume nicht hinein), können Sie den Trolleybus Nr. 2 oder 6 nehmen. Dann steigen Sie nicht an der Ul. Ulyanova aus, sondern zwei Haltestellen weiter am „Kinoteátr Rossíya". Dort biegen Sie in die Ul. Nadezhdy Ostrovskoy ein, die Sie direkt bis ans Meer führt (unterwegs ein Internetcafé in einer Schule). Am Ende der Straße finden Sie den kostenlosen Sonnenstrand, an dem nachts zwei Diskotheken um die höchste Dezibelzahl konkurrieren und von dem aus Sie auf einer kleinen blauen Treppe über die Mauer ins Reservat gelangen. Auf dem Hügel rechts gibt es ebenfalls einen „offiziellen" Eingang, an dem Sie Eintrittskarten kaufen können.

Das Reservat wurde 1978 angelegt, doch das hier befindliche Museum ist schon seit 1817 tätig. Das von einem hohen Zaun umgebene Gelände umfasst das Gebiet der antiken Stadt Khersonesos, die von den **Griechen** im 6. Jh. v.u.Z. gegründet wurde. Es war ein **Stadtstaat** mit dem politischen System einer Republik, der ein wichtiges politisches und kulturelles Zentrum der Schwarzmeerregion darstellte. Geschützt wurde er durch herrliche Befestigungsanlagen, die von den Griechen gebaut und später von den Römern wiederaufgebaut wurden. Bis heute sind Spuren vieler alter Gebäude und architektonischer Anlagen zu sehen: ein **Straßengrundriss** mit Akropolis und Agora, die **Ruinen** eines Theaters (3.–2. Jh. v.u.Z.) – des einzigen antiken Theaters, das in der Ukraine ausgegraben wurde, hier finden im Sommer auch Freilichtaufführungen und Performances in überaus reizvoller Atmosphäre statt – einer römischen Zitadelle, einer Münzanstalt (3. Jh. v.u.Z.) und Gräber. Im südöstlichen Teil der Stadt befinden sich gut erhaltene Überreste von **Wehrmauern** sowie Türme und Tore (4.–3. Jh. v.u.Z.). Es gibt zahlreiche Ruinen christlicher Tempel – ein Andenken an die zweimalige Einführung des Christentums in diesem Gebiet. Sehenswert sind insbesondere:

**Sophienkirche** – heute pflegt man sie mit der sogenannten Uwarow-Basilika zu identifizieren, einem riesigen dreischiffigen Kirchenbau, der als Kathedrale diente (Grundfläche 50 × 20 m). Freigelegt wurde sie 1853 bei Ausgrabungsarbeiten, die vom Grafen Uwarow geleitet wurden. Ihre Wände sind mit Fresken bedeckt, die Schiffe haben Mosaikfußböden. Neben der Kirche befinden sich die Überreste des Baptisteriums (Taufbeckens), mit denen viele Gelehrte die Taufe des Fürsten Wladimir in Verbindung bringen. Es war hier in Khersonesos (dem altrussischen Korsun) im Jahr 988, wo der Kiewer Großfürst Wladimir nach der Eroberung der Stadt die christliche Taufe entgegennahm und damit gleichzeitig die Kiewer Rus taufte. Er ehelichte Fürstin Anna, die Tochter des byzantinischen Kaisers. An der Stelle, an der diese Zeremonie vermutlich stattgefunden hat, steht heute ein kleiner Kapellenrundbau.

**Basilika 1935** – sogenannt nach dem Jahr ihrer Entdeckung bei Ausgrabungen. Anfangs war es ein kleiner heidnischer Tempel gewesen, an dessen Stelle schließlich im 6. Jh. eine Basilika errichtet wurde. Sie überdauerte bis zum 10. Jh., und auf ihren Ruinen wurde eine Grabkapelle gebaut.

**Basilika in der Basilika** – erbaut im 6. Jh. Daneben steht ein Taufbecken mit Mosaikboden, auf dem ein Pfau als Symbol der Wiederauferstehung und der Unsterblichkeit, ein Becher als Symbol der Lehre Christi und eine Taube als Symbol des Heiligen Geistes dargestellt sind.

**Wladimir-Kloster und Kathedrale** – erbaut 1850 innerhalb der Grenzen des antiken Khersonesos. Es entstand zum Gedenken an die Taufe des Fürsten Wladimir nach einem Entwurf von D. I. Grimm. Das zweistöckige Gebäude im Stil der alten byzantinischen Gotteshäuser sollte die historische, kulturelle und politische Sukzession von Byzanz und Russland symbolisieren. Während des 2. Weltkriegs wurde es stark zerstört und jetzt mit großem Prunk restauriert.

Zum Reservat gehört auch ein **Museum,** das seit 1817 existiert. In zwei Gebäuden mit einer Gesamtfläche von ca. 200.000 $m^2$ sind Exponate ausgestellt, die bei Ausgrabungsarbeiten gefunden wurden. Sie sind in zwei Epochen eingeteilt: *Das antike Khersonesos* und *Das mittelalterliche Khersonesos.* Darunter befinden sich viele einzigartige Fundstücke wie z.B. eine Marmortafel mit dem Text des Eides der Verteidiger von Khersonesos aus dem 3. Jh. v.u.Z., Fragmente von Fresken, Mosaiken, Reliefs, Steininschriften, zahlreiche Gegenstände des häuslichen Bedarfs sowie Schmuck und Münzen. Die riesige Sammlung griechischer und römischer Inschriften erlaubte es, die Geschichte dieses antiken Zivilisationzentrums auf der Krim ziemlich genau zu rekonstruieren.

Außerdem gehören zum Reservat: die Genuesische Festung Chembalo in Balaklava und die Ruinen der Festung Kalamita in Inkerman.

• **Staatliches Historisch-Archäologisches Museumsreservat Taurisches Khersonesos,** Ul. Drevnyaya 1, Tel. 241301 oder 231561, Fax: 550278, www.chersonesos.org. Das Reservat ist täglich außer Mo von 8 bis 21 Uhr geöffnet. Eintritt 9 UAH. Die Erlaubnis zu fotografieren muss man extra bezahlen.

## Kosakenbucht

Der Weiler **Kozache** (ukr. Козаче, russ. Казачье [*kazách'e*]) liegt am südöstlichen Rand von Sevastopol. Hierher gelangt man in 30 Min. mit den *Marshrutki* Nr. 95 (vom Zentralmarkt) und 105 (vom Pl. Nakhimova und vom Bahnhof). Man kann hier den ganzen Tag beim Sonnenbad an den Lehm-Stein-Stränden, beim Bad im kristallklaren Wasser, beim Herumklettern auf den zauberhaften Kliffen oder beim Spaziergang zum **Kap Khersones** – dem am weitesten nach Westen vorgeschobenen Punkt an der Südküs-

## Die Legende von der schönen Hikyia

Konstantin VII. Porphyrogenetos (byzantinischer Kaiser 913–959), ein Gelehrter und Mäzen der Wissenschaften, der sich auch als Chroniker betätigte, hat uns die interessante Legende von Hikyia, der Schutzherrin von Khersonesos, überliefert, die den Konflikt zwischen der Republik Khersonesos und dem Bosporanischen Reich illustriert.

Seinerzeit herrschte der erste Archon Lamah über die Republik Khersonesos. Dieser alte Weise hatte eine schöne Tochter mit Namen Hikyia, die klug und ihrer Stadt ergeben war. Über die auf der entgegengesetzten Seite der Halbinsel liegende Siedlung Pantikapaion, die Hauptstadt des griechisch-skythischen Bosporanischen Reiches, herrschte zu jener Zeit König Asandr. Beide Städte rivalisierten miteinander, jede blickte voller Neid auf die Reichtümer des Rivalen. König Asandr schlug Hikyia vor, seinen Sohn zu heiraten, denn er hoffte, dass nach Lamahs Tod die Republik seinem Sohn zufallen würde. Die Hochzeit fand statt, Hikyia gewann ihren Gemahl von Herzen lieb, und das junge Paar lebte in Glück und Frieden.

Kurz darauf starb Lamah, die Bürger von Khersonesos jedoch wählten anstatt des Königssohns Zif, einen weisen Gelehrten, zu ihrem neuen Archon. Asandr grollte und beschloss, die Macht über die Republik auf andere Weise zu gewinnen. Zwei Jahre lang sandte er Boote mit Geschenken nach Khersonesos, und in jedem davon befanden sich zehn Soldaten. Asandr's Sohn verbarg sie vor den Einwohnern in den Kellergewölben von Hikyias Haus, und die Boote kehrten leer nach Pantikapaion zurück. Der Überfall war für den nahenden Todestag Lamahs geplant, der von den Einwohnern mit einem rauschenden Fest gefeiert werden sollte.

Einige Tage vor dem Fest entdeckte Hikyias Dienerin zufällig die Soldaten im Keller und berichtete sofort ihrer Herrin davon. Hikyia ersann rasch einen Plan. Sie rief die weisesten Bürger zusammen und erzählte ihnen vom Verrat ihres Gemahls. Sie befahl jedem, zu Hause einige Bündel Reisig und Fackeln vorzubereiten, sich am Todestag ihres Vaters aber so wie immer zu benehmen – der Tag sollte mit Feiern verbracht werden, damit ihr Gemahl keinen Verdacht schöpfen konnte. So geschah es. Abends, als der Königssohn sich schlafen gelegt hatte, schlich sich Hikyia vorsichtig hinaus und schloss das Haustor ab. Sie rief die Einwohner zusammen, die ihr halfen, Reisig um das Haus zu legen und es anzuzünden. Alle Verschwörer verbrannten.

Hikyia bat darum, als Dank für die Rettung der Republik das Gesetz zu brechen, nach dem die Toten außerhalb der Stadtmauern begraben werden mussten, und ihr zu gestatten, ihre Ruhestätte in der geliebten Stadt zu finden. Die Bürger erfüllten die Bitte ihrer Heldin. Auf ihrem Grab errichteten sie eine Büste aus vergoldeter Bronze und machten Hikyia außerdem zur Schutzherrin ihrer Stadt. Sie ehrten ihr Andenken zudem mit zwei Denkmälern, die auf dem Hauptplatz von Khersonesos aufgestellt wurden.

te, den ein **Leuchtturm** ziert – verbringen. Von diesem Ort aus evakuierten zuerst die Russen, dann die Deutschen, weshalb Taucher heute hier viel zu tun haben – zur Erforschung freigegeben sind die Ruinen der „35. Batterie“ und einer mittelalterlichen Festung.

Man kann auch dem hiesigen **Ozeanarium** einen Besuch abstatten (Ul. Yepronovskaya 7, Tel. 243379, 240187, www.oceanarium.com.ua), das im

Volksmund Delfinarium heißt, da es ein bekanntes Delfintherapiezentrum ist. Hier werden auch Delfinvorführungen veranstaltet, aber das Programm ist ganz anders als im Zentrum von Sevastopol.

Die Kosakenbucht (Казачья бухта [*kazách'ya bukhtá*], zweiter Name: Двойная бухта [*dvoynáya bukhtá*]) ist nicht von Menschen überlaufen, auch wenn sie immer beliebter wird. Essen kann man in einigen Lokalen billig und gut, es gibt einen Geldautomaten, ein Postamt und ein Internet-Café.

### Kap Fiolent

Das Kap Fiolent (Фиолент) liegt im Süden von Sevastopol, 10 km westlich von Balaklava. Im Osten des Kaps sieht man den **Krest-Felsen** (Kreuz-Felsen) – eine einhundert Meter hohe vulkanische Erhebung, die aus dem Meer emporwächst und auf der, laut **Homer,** der blutrünstigen taurischen Göttin Deva („Jungfrau") Opfer dargebracht wurden. Hier soll sich auch das Drama von Iphigenie und ihrem Bruder Orest abgespielt haben, daher der frühere Name des Felsens: Iphigenienfelsen (und des Kaps: Partenium – „Jungfrauenkap").

Ein weiterer Name – Georgsfelsen – kommt von den gegenüberliegenden Ruinen des **St. Georgsklosters** [*geórgiyevskiy monastýr*], das wahrscheinlich aus dem 14.–15. Jh. stammt und in Höhlen untergebracht ist. Es wird von vielen Forschern für das älteste Objekt dieser Art auf der Krim gehalten. Daneben befindet sich heute ein russischer Militärstützpunkt.

Viele Touristen halten hier inne, um den herrlichen Anblick der hohen Felsen zu genießen und am schmalen, steinigen Strand auszuruhen. Das Wasser ist hier recht kalt, aber sauber, und die Sonnenuntergänge sind unvergesslich. Links (wenn man aufs Meer schaut) liegt der FKK-Strand. Das größte Problem, in Fiolent an den Strand zu kommen, ist der Weg von der Haltestelle zum Meer: Zwar sind es nur 200 m, doch die ersten 100 m führen durch flache Steppe, die zweiten dafür steil nach unten, man sollte also gutes Schuhwerk tragen.

Am Jaspis-Strand [*yáshmovyy plyazh*] gegenüber dem Kreuz-Felsen kann man eine Taucherausrüstung ausleihen und im 2 km entfernten Aeroklub Fallschirmsprünge oder einen Flug über die Krim buchen. Preise für Unterkünfte und die oben genannten Freizeitaktivitäten: www.fiolent.org.ua/dosug/prices.html. Auf dieser Seite finden Sie auch viele andere wertvolle und aktuelle Informationen über diesen reizvollen Ort. Übernachtungen *na dáchi* (auf der Datscha) kann man auch an Ort und Stelle suchen.

Von Sevastopol fährt man zum Kap Fiolent mit den Buslinien 19 oder 72 von der Haltestelle „TsUM" [ЦУМ] oder mit den Buslinien 2 oder 72 von der Wendeschleife „5 km", am besten jedoch mit der *Marshrutka* Nr. 2a, die durchschnittlich alle 10 Min. auf der Strecke „TsUM" – Fiolent – „5 km" verkehrt.

Promenade an der Bucht von Balaklava

# Balaklava
(Балаклава)

010kr Foto: to

Balaklava ist ein kleiner Hafen an der steilen Südküste der Herakles-Halbinsel (Linie Inkerman – Balaklava), 12 km südlich von Sevastopol. Er liegt in einer kleinen, über 1 km langen, malerischen Bucht. Deren Mündung ist kaum 40 m breit, weshalb das Meer in der Bucht auch während starker Stürme ruhig bleibt und die Bucht selbst vom Meer aus nicht zu sehen ist. Bis 1996 war dieser Ort für Nichtansässige nicht zugänglich, da hier sowjetische U-Boote stationiert waren. Gegenwärtig hat sich das Städtchen in einen Bauplatz verwandelt und wird wieder zum Ferienort, der Scharen von Touristen anzieht. Das Herz von Balaklava ist die Bucht mit dem kleinen Hafen und einer Promenade auf beiden Seiten.

Im 4. und zu Beginn des 3. Jh. v.u.Z. gehörte der hiesige Hafen den Griechen, die aus der mehrere Kilometer nordwestlich gelegenen Kolonie Taurisches Khersonesos stammten. Die von ihnen nach Griechenland verschickten Weinamphoren trugen Stempel mit der Aufschrift Taurikon oder Emporion („Hafen"). Beim Geografen Strabon trug derselbe Hafen den Namen Symbolon. Unweit des Hafens, vielleicht auf dem Kastron-Hügel, hatten die Taurer seit dem 7. Jh. v.u.Z. eine Siedlung. Auf Griechisch hieß sie Palakion und auf Latein Placia. Alles weist darauf hin, dass es die **Bucht von Balaklava** war, die **Homer** im zehnten Gesang seiner „Odyssee" beschrieb.

Nach der Überlieferung Herodots (5. Jh. v.u.Z.) und später auch Strabons (um den Beginn der Zeitrechnung) opferten die von Krieg und Raub lebenden grausamen Taurer ihrer Göttin Iphigenie die auf dem Meer gefangen genommenen Griechen. So war es bis zum Ende des 1. Jh. u.Z. Im 2. und 3. Jh. bezog auf dem Hügel, der heute Kadikovka heißt, auf dem Gebiet eines derzeitigen Vororts von Balaklava eine römische Abteilung Stellung, die die Grenzzone des ländlichen Territoriums von Khersonesos bewachte. Das nur mehrere hundert Soldaten zählende, aber gut organisierte, ausgebildete und bewaffnete Heer wehrte die Angriffe der Taurer und Skythen erfolgreich ab.

Mitte des 14. Jh. wurde Symbolon von den Genuesen besetzt, die diesen Ort Chembalo nannten. Auf dem Kastron-Hügel erbauten sie eine mächtige Festung. 1475 eroberten die Türken die Stadt und gaben ihr den Namen Balyk-Yuve („Fischnest"), aus dem später Balaklava wurde.

## Sehenswertes

### Genuesische Festung

Die Genuesische Festung Chembalo (Чембало) ist heute eine Zweigstelle des Reservats Khersonesos. Übriggebliebene sind nur die Wehrmauern und Türme. Die Ruine ist leicht zu finden, es genügt, nach oben zu schauen.

### Jupitertempel

Die Ruinen des **Tempels des Jupiter Dolichenus** aus dem 2. Jh. u.Z. wurden 1997 freigelegt. Dieser Tempel wurde von einer Gruppe Archäologen aus Warschau und Sevastopol entdeckt – ein sensationeller Fund, denn dies ist der einzige bislang bekannte Kultbau, den die Römer außerhalb der Grenzen ihres Reiches errichteten. Das Tempelgebäude mit dem rechteckigen Innenraum, dem von zwei ionischen Säulen gestützten Vorhof und dem mit kleingepflasterten Hof wurde in den 30er Jahren des 3. Jh. endgültig zerstört. Heute sind noch Wandreste, Säulen, der Altar und Statuen erhalten.

### Kirche der Zwölf Apostel

Die Kirche der Zwölf Apostel (Ul. Rubtsova 43) wurde 1357 von dem Genuesen Simon del Orto erbaut. 1794 erfolgte der Anbau eines Säulengangs an der Frontseite.

### Museum der Kriegsmarine

Museum der Kriegsmarine (Военно-Морской Музейный Комплекс [*voyénno-mórskoy muzéynyy kompléks*]), eine Zweigstelle des Meeresmuseums Kiew, ist von 10 bis 17 Uhr geöffnet. Eine Gruppenführung kostet 10 UAH, für Studenten 5 UAH. Die erste Gruppe geht gewöhnlich gegen 10.30 Uhr los, wenn fünf bis zehn Personen zusammengekommen sind. Die Führung dauert ca. 1 Std.

Die Idee, hier einen **U-Boot-Stützpunkt** zu schaffen, war 1945 nach dem Abwurf der Atombombe auf Hiroshima und Nagasaki entstanden. Stalin unterzeichnete die Genehmigung zum Bau des Stützpunktes 1952, später besuchte Chruschtschow diesen Ort. Der Bau begann Mitte der 1950er Jahre. Es wurde in vier Schichten gearbeitet. Für den Bau verwendete man Beton höchster Qualität. Das erste U-Boot legte hier 1961 an.

Zur Führung gehört eine Besichtigung des *Zavód* (wo die U-Boote untergestellt und repariert wurden) und des Arsenals (wo u.a. Torpedos und Sprengköpfe aufbewahrt wurden). Im ersten Abschnitt läuft man durch Eisentunnel mit 40 cm dicken und 3 m hohen Türen. Hier arbeiteten Arbeiter aus der Stadt und Soldaten (auch solche, die ihren Wehrdienst ableisteten). Für den Aufenthalt in Balaklava war eine Sondererlaubnis nötig (für Sevastopol brauchte man bloß einen Passierschein), und der Stützpunkt durfte nur

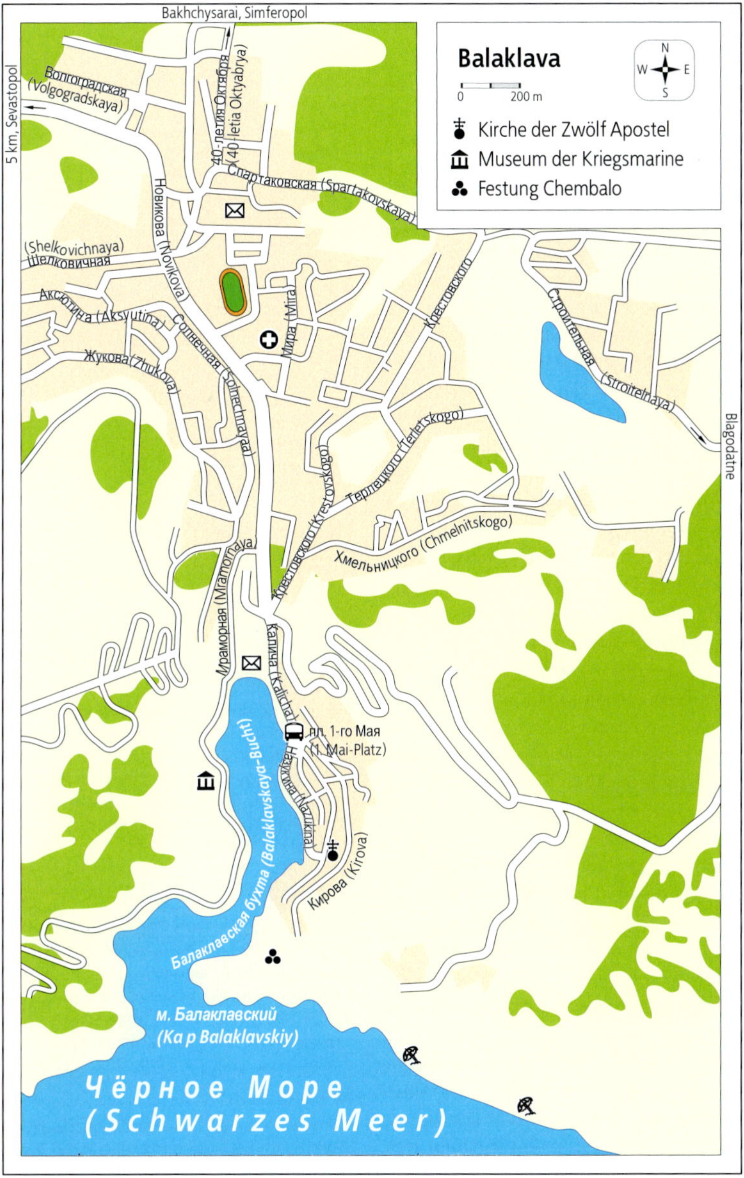
Balaklava
N
W
E
S
0
200 m
Kirche der Zwölf Apostel
Museum der Kriegsmarine
Festung Chembalo
Bakhchysarai, Simferopol
5 km, Sevastopol
Blagodatne
Волгоградская (Volgogradskaya)
40-летия Октября (40 letia Oktyabrya)
Спартаковская (Spartakovskaya)
Новикова (Novikova)
(Shelkovichnaya) Шелковичная
Аксютина (Aksyutina)
Солнечная (Solnechnaya)
Жукова (Zhukova)
Мира (Mira)
Крестовского
Строительная (Stroitelnaya)
Терлецкого (Terletskogo)
Крестовского (Krestovskogo)
Хмельницкого (Chmelnitskogo)
Мраморная (Mramornaya)
Калича (Kalicha)
пл. 1-го Мая (1. Mai-Platz)
Назукина (Nazukina)
Кирова (Kirova)
Балаклавская бухта (Balaklavskaya-Bucht)
м. Балаклавский (Kap Balaklavskiy)
Чёрное Море (Schwarzes Meer)

mit Sonderpassierscheinen betreten werden. Die ansässige Bevölkerung, die im Stützpunkt arbeitete, hatte zusätzlich gesonderte Passierscheine zu den Wohngebieten. Die Arbeiter benutzten Schutzanzüge und waren zur strengsten Geheimhaltung verpflichtet – niemand wusste, wer in anderen Teilen des Stützpunktes arbeitete.

An einer Stelle führen die Korridore unter eine 250 m dicke Felsschicht. Beton und Felsen sollten vor einem noch stärkeren Bombenangriff als in Hiroshima schützen. Im Arsenal arbeiteten nur Offiziere und der Werksdienst. Die Korridore waren durch 60 cm dicke Eisentore miteinander verbunden, die Schleusen bildeten (es wurden niemals zwei Tore gleichzeitig geöffnet).

Am Ende der Bucht von Balaklava befindet sich die Ausfahrt, durch die die U-Boote den Stützpunkt verließen. Alle Ein- und Ausfahrten waren mit Tarnnetzen abgedeckt, und die U-Boote verließen den Hafen im Tauchgang, sodass niemand je wusste, wieviele sich zum jeweiligen Zeitpunkt drinnen befanden. Im Stützpunkt waren nur kleine und mittelgroße U-Boote stationiert; als man gegen Ende der 1980er Jahre große U-Boote herzustellen begann, wurden diese in der Bucht stationiert, und das Geheimnis hörte auf, eines zu sein. Mit der Liquidation des Stützpunktes begann man 1992, und 1995 wurde das letzte U-Boot von hier weggebracht. 2002 unterzeichnete der damalige Präsident der Ukraine, Leonid Kutschma, die Genehmigung zur Eröffnung einer Zweigstelle des Meeresmuseums Kiew in Balaklava. Sie ist seit 2003 geöffnet.

### Homers Balaklava

Übers.: Johann Heinrich Voß

*Jetzo erreichten wir den trefflichen*
*Hafen, den ringsum*
*Himmelanstrebende Felsen von*
*beiden Seiten umschließen,*
*Und wo vorn in der Mündung sich*
*zwo vorragende Spitzen*
*Gegeneinander drehn;*
*ein enggeschlossener Eingang!*
*Meine Gefährten lenkten*
*die gleichgezimmerten Schiffe*
*Alle hinein in die Bucht,*
*und banden sie dicht beieinander*
*Fest; denn niemals erhob sich*
*eine Welle darinnen,*
*Weder groß und klein;*
*rings herrscht spiegelnde Stille.*

## Praktische Tipps

### Verkehrsmittel

- Vom Zentralmarkt in Sevastopol fahren Sie mit dem Bus Nr. 94, von der Busschleife „5 km“ mit den Linien 9 und 94 oder mit der *Marshrutka* Nr. 9. Die Busschleife in Balaklava befindet sich am Platz des 1. Mai, die Altstadt, der Promenadenkai und die Festung liegen südlich der Haltestelle.

### Unterkunft

Zimmer kosten in Balaklava zwischen ca. 28 und 56 UAH pro Person, je nach Lage und Personenzahl. Für eine winzige Bude für vier Personen in der Bucht selbst berappt man rd. 21–28 UAH. Wie überall ist es schwer, Zimmer für ein bis zwei Tage zu mieten.

### Essen und Trinken

An der Passage (Boulevard Наб. Назукина [*Nab. Nazukina*]) auf der Ostseite der Bucht gibt es einige Kneipen und Bars, in denen man etwas essen und trinken kann. Im Speiseplan dominieren Fisch und Meeresfrüchte (8–20 UAH). Es gibt auch die Pizzeria Nasha, wo die Standardpizza 6,50 UAH kostet, plus 2,50 UAH für jede Beilage.

## Strände

In der Stadt gibt es zwei Strände: den städtischen – klein, mit Betonplattform, am Ostufer der Bucht – und einen kleinen Sand-Kies-Strand am Ende des Westufers der Bucht (er hat auch zwei Bars unter freiem Himmel, in einer davon ist ab 22 Uhr Stranddisco).

Der städtische Betonstrand neben der Anlegestelle (Ul. Nazukina, die sogenannte Náberezhnaya), im Volksmund „Plantschbecken" (Лягушатник [*lyagushátnik*]) genannt, hinterlässt einen katastrophalen Eindruck: Im schmutzigen Wasser der Bucht baden nur unbelehrbare Enthusiasten, von denen sich – o Wunder – bei gutem Wetter immer wieder welche finden.

Im Osten der Bucht von Balaklava – auf der Seite der Genuesischen Festung (dazu muss man den Berghang über der Küste überqueren) – findet man als nächsten den **Nahen Strand** (Ближний пляж [*blízhniy plyazh*]), den **Goldstrand** (Золотой пляж [*zolotóy plyazh*]), den **Silberstrand** (Серебряный пляж [*serébryanyy plyazh*]) und weiter den **Inzhyr** sowie zauberhafte Strände in kleinen Buchten mit und ohne Namen. Das Wasser ist sauber und ziemlich kühl, besonders nach einem Sturm (und hier stürmt es sehr oft). Das kommt von der Nähe des Kaps Aiya, das die Küste bei Balaklava vor dem Schmutz aus Yalta schützt, aber die Meerestiefe vor dem Kap ist auch eine Kaltwasserquelle. Den Nahen Strand erreicht man in 20 Min. und alle anderen mit einem der zahlreichen Wasserfahrzeuge, die an der Ul. Nazukina auf Kunden warten. Der Preis ist abhängig von der Größe des Bootes und der Entfernung des Strandes.

Denjenigen, die sich unter Erholung etwas anderes vorstellen als einen straffen Fußmarsch auf den Hügel mit der Genuesischen Festung, sei ein **Bootsausflug zum Goldstrand** empfohlen. Die Festung – oder besser das, was von ihr übrig ist – kann man hervorragend auch vom Boot aus sehen. Auf dieser Fahrt sieht man auch den ehemaligen U-Boot-Stützpunkt („Objekt 825"). Das Schiff fährt an einer stillgelegten Werft auf der linken Seite vorbei, und beim Verlassen des Hafens ist rechts über der Wasserlinie längere Zeit das in den Felsen gehauene Tor zum Unterwasserstützpunkt sichtbar.

# Reiseroute 3 Überblick

**Simferopol – Alushta**

Die Strecke von Simferopol nach Alushta ist 45 km lang. Sie führt am linken Ufer des Flusses Salhyr und seines Zuflusses Anhara entlang und überquert den Hauptgebirgszug des Krimgebirges über den Anharskyi-Pass (752 m). Für diese Strecke braucht man 1:30 Std. mit Trolleybus Nr. 52, etwas schneller geht es mit dem Bus oder der Marshrutka.

Die meisten Touristen fahren geradewegs nach Alushta, ohne unterwegs anzuhalten, doch es lohnt sich, gelegentliche Abstecher einzulegen, besonders um die einmaligen Höhlen zu besichtigen: die Marmorhöhle und die Höhle Emine-Bair-Khosar, die oberhalb von Mramorne liegen (man kann auch in jedem Kurort an der Südküste einen Ausflug zu den Höhlen buchen).

## Routenverlauf: Simferopol – Alushta

Nach dem Verlassen von Simferopol fahren wir am Simferopoler Stausee vorbei, durch **Lozove** (ukr. Лозове, russ. Лозовое [*lozóvoye*]) mit dem Denkmal von Leo Tolstoi (er diente während des Krimkriegs in der hier stationierten Abteilung) und durch **Fersmanovo** (Ферсманово). Letztere Siedlung wurde nach dem Mineralogen, Geochemiker und Geografen Aleksander Fersman benannt, der hier geboren wurde und seine Kindheit verbrachte.

12 km von Simferopol entfernt liegt **Pionerske** (ukr. Піонерське, russ. Пионерское [*pionérskoye*]), wo sich die Ruinen einer Moschee und einer Münzanstalt aus dem 14.–15. Jh. und die der skythischen Stadt Dzhalman aus dem 1.–4. Jh. befinden. Das Salhyr-Tal erweitert sich nach und nach. Im Osten tauchen die Hänge der Dolgorukov-Yaila auf, im Süden wachsen die Bergrücken des Chatyrdah-Massivs empor.

In **Dobre** (ukr. Добре, russ. Доброе [*dóbroye*]) kann man die spätskythische Stadt Mamut-Sultan (3. Jh. v.u.Z. – 3. Jh. u.Z.) bewundern und im Nachbardorf **Zarichne** (ukr. Зарічне, russ. Заречное [*zaréchnoye*]) den Aianskyi-Stausee. In dessen Nähe haben Archäologen auf Flussterrassen viele Kurgane aus der Bronzezeit und menschliche Siedlungsplätze aus der Epoche der Kyzyl-Koba-Kultur entdeckt.

Von Zarichne führt eine Seitenstraße in die winzige Siedlung **Mrámorne** (ukr. Мраморне, russ. Мраморное [*mrámornoye*]), von wo aus es nicht mehr weit ist bis zur berühmten **Marmorhöhle** (ukr. Мраморна [*mramorna*], russ. Мраморная [*mrámornaya*]) und der weniger berühmten, doch ebenso faszinierenden **Höhle Emine-Bair-Khosar.** Erstgenannte heißt so wegen des schönen, an Marmor erinnernden rosa Kalksteins, der im örtlichen Steinbruch abgebaut wurde. Den Steinbruch kann man an der Oberfläche besichtigen, aber es lohnt sich, auch die unterirdische Festung zu besuchen, denn dafür wurde der Teil eines fast 6 km langen Tunnels in den unterirdischen Steinbrüchen zugänglich gemacht. Die Strecke ist ca. 450 m lang, und die Führungen finden in Gruppen statt. Zu besichtigen sind hier Verteidigungsmauern aus dem 2. Weltkrieg, der Traktor „Stalingrad", der den Strom für die Katakomben erzeugte, Verhaue, der Stab der Partisanengruppe und Gräben, in denen 3000 Soldaten begraben wurden. Nach Mramorne fährt selten ein Bus, man kann jedoch von der Kreuzung aus per Anhalter fahren (Beschreibung der Höhle und der Anfahrt nach Mramorne s. Bergtour 6).

Die nächste Ortschaft auf der Strecke nach Alushta ist **Perevalne** (ukr. Перевальне, russ. Перевальное [*pereváľnoye*]). Von hier aus fahren Sie am besten zur Roten Höhle (ukr. Красна печера [*krásna pechera*], russ. Красные пещеры [*krásnye peshchéry*], krimtat. Kyzyl-Koba), die ca. 6 km abseits der Hauptstraße liegt (siehe Bergtour 8). Nach Perevalne kommen Sie mit Trolleybus Nr. 1 oder der *Marshrutka* vom Bahnhof in Simferopol. Zwischen Perevalne und Mramorne verkehrt ungefähr alle 2 Std. ein Bus – mit ein bisschen Anstrengung kann man so die drei interessantesten und am leichtesten zugänglichen Höhlen der Krim an einem Tag besuchen.

Weiter geht es nun wieder in Richtung Alushta. Die Straße führt durch das Anhara-Tal zum **Anharskyi-Pass** (Ангарский перевал [*anhárskyi pereválʼ*]). Das Tal verengt sich, rechts ragt das Massiv des Chatyrdah auf und links die Demerdzhi-Yaila. Auf dem Pass liegt rechter Hand eine Touristenbasis. Von hier aus ersteigt man auch am leichtesten die Gipfel des Chatyrdah mit dem höchsten Punkt Eklizí-Burún (1527 m) oder dem niedrigeren Anhár-Burún (1453 m) sowie den Demerdzhi (siehe Bergtouren 5 und 6).

Nach Überqueren des Passes führt die Straße die ganze Zeit abwärts. Der Wald wird immer spärlicher, bis er ganz verschwindet. Wir fahren durch die Orte Verkhnia Kutuzovka und Nizhnia Kutuzovka, und am Horizont taucht das Meer auf. Kurz darauf erblicken wir unten im Tal Alushta.

## Alushta

(Алушта)

*„Der Berg zieht weg des Nebelzelts Gardinen; Die Flur lässt rauschend Morgenpsalme klingen; Wie des Kalifen Betkranz sich entringen; Dem wehnden Wald Granate und Rubinen."*

So schrieb Adam Mickiewicz über diese Stadt. Alushta ist eine Kleinstadt mit 40.000 Einwohnern, gelegen an der Südküste im Flusstal des Ulu-Uzen und des Demerdzhi. Das Küstental wird im Norden von den Massiven des Chatyrdah und des Demerdzhi abgeschlossen, die über der Stadt aufragen, im Westen dagegen erstreckt sich das Massiv der Babuhán-Yaila, dessen Verlängerung an der Küste der Kastel-Berg bildet (Кастель; 439 m). Die Bergketten schützen die Stadt vor den kalten, trockenen Steppenwinden, was hier für ein warmes, therapeutisch günstiges Klima sorgt. Die kühleren Luftmassen, die vom Chatyrdah herabströmen, sorgen gleichzeitig für eine gute Durchlüftung des Tals, weshalb der Sommer in Alushta nicht so heiß ist wie in Yalta oder anderen Orten an der Südküste und der Winter kühler. Die mittleren Temperaturen der kältesten Monate schwanken zwischen 3°C (Februar) und 5°C (Dezember), die der wärmsten Monate zwischen 20°C (Juni) und 24°C (Juli).

Das heutige Alushta ist (nach Yalta) das zweitwichtigste **Erholungs-, Touristen- und Kurzentrum** der Krim. Es ist auch Verwaltungszentrum des Bezirks Groß-Alushta, der sich vom Aiudah-Berg im Südwesten bis zum Dorf Pryvitne im Nordosten erstreckt. Viele Orte in diesem Verwaltungsbezirk sind ebenfalls bekannte Heilstätten oder Kurorte. Gegenwärtig werden in dieser Region Krankheiten der Atemwege, des Blutkreislaufs und des Nervensystems therapiert.

Wer hier jedoch eine Atmosphäre wie in Davos in Thomas Manns „Zauberberg" sucht, wird sehr enttäuscht sein – heute ist nicht mehr viel übrig vom Ambiente des stillen und anmutigen Provinzstädtchens, wo Kurgäste durch die Parks zwischen den Sanatorien schlendern. Der diskrete Charme von Alushta geht in der Hochsaison irgendwann ganz verloren, wenn die Stadt mit den das Stadtbild beherrschenden Großblöcken zum bis an die Schmerzgrenze vollgestopften Kurmoloch wird. Im Sommer ist es hier teurer und überlaufener als irgendwoanders auf der Krim, und die wenigen Denkmäler lohnen die Reise nicht. Alushta ist ein gutes Reiseziel für Discofans, die bis in den Morgen hinein

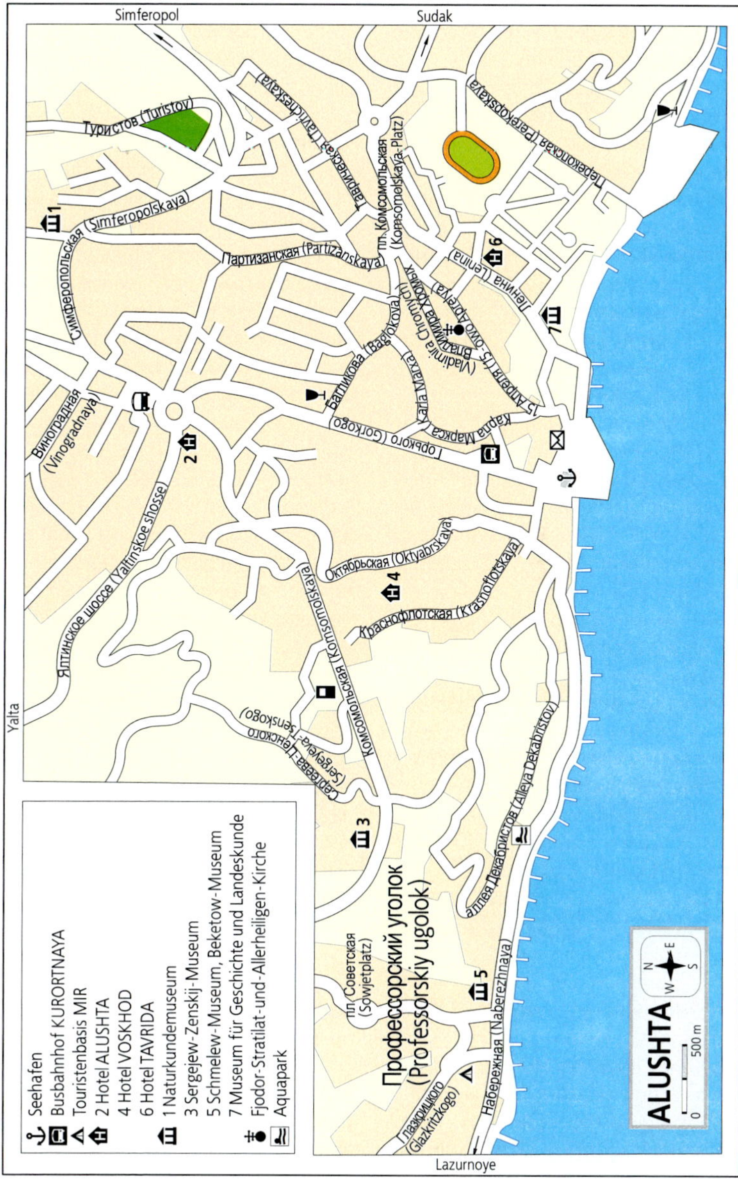


Reiserouten

feiern wollen, oder für Touristen, die tägliche Ausflüge planen.

Für Bergtouristen ist es ein guter **Ausgangspunkt für Tagesausflüge** in die nahen Bergmassive: Von hier aus gelangt man leicht und schnell mit öffentlichen Verkehrsmitteln zum Anharskyi-Pass, von wo aus man den Chatyrdah oder den Demerdzhi erklimmen kann (s. Bergtouren 4 und 5). Empfehlenswert ist auch ein Besuch im Tal der Geister (siehe Bergtour 7) und die Buchung eines Ausflugs zum Dzhurdzhur-Wasserfall.

Alushta ist einer der ältesten Orte an der Küste, entstanden im 6. Jh. u.Z., als die Krim vom Byzantinischen Reich beherrscht wurde. In den Norden der Krim wanderten mehr und mehr Nomadenstämme ein, und um sich vor ihnen zu schützen, bauten die Herrscher der damaligen Krim in dieser Region eine Festung (5.–6. Jh.), deren Überreste man heute in der Altstadt findet. In den 50er Jahren des 20. Jh. wurden hier Überreste mittelalterlicher Bauten – einer Kirche und eines Friedhofs – entdeckt.

Im Mittelalter wurde Alushta von Bauern, Hirten, Schmieden, Zimmerleuten, Maurern und Juwelieren bewohnt. Sammlungen von Schmuck und verschiedenartigen Arbeitswerkzeugen sind im Museum für Landeskunde zu sehen. Die reiche Ausstattung der Kirchen und Grabstätten stammt aus dem 10.–12. Jh. und ist ein stummer Zeuge der Blütezeit des mittelalterlichen Alushta. Der arabische Gelehrte und Reisende Al-Idrisi beschrieb in der Mitte des 12. Jh. die Städte auf der Krim und nannte Shalushta (Alushta) einen „wichtigen Seehafen". Die Stadt lag an der Kreuzung der wichtigsten Handelsstraßen aus Ost und West, die in die nördlichen Landstriche der Halbinsel führten.

1239 wurde die Stadt bei einem weiteren Überfall der Mongolen auf die Krim vollständig zerstört. Die Mongolen machten dann den Genuesen Platz, die das Gebiet wiederum den Tataren überließen. Alushta war in jener Zeit eine kleine Siedlung und blieb es bis zum Ende des 18. Jh. In der zweiten Hälfte des 19. Jh. wurde die Straße von Simferopol nach Yalta gebaut, was zu einem erneuten Aufschwung der Stadt führte. Am Ende jenes Jahrhunderts war Alushta bereits ein wichtiger Kurort, in dem sich diejenigen erholten, die sich einen Aufenthalt im teuren Yalta nicht leisten konnten. Ohne seinen dörflichen Charakter zu verlieren, wurde Alushta 1902 zur Stadt. Im 2. Weltkrieg wurde ein großer Teil der Stadt zerstört, was auf ihr heutiges Aussehen einen entscheidenden Einfluss hatte. An der Kolonnade, an der heute die bescheidene Aufschrift „Kurort Alushta" (Алушта Курорт) zu sehen ist, stand einst: „Die Bürger der UdSSR haben ein Recht auf Erholung".

## Sehenswertes

### Museum für Geschichte und Landeskunde

Die Ausstellung ist in mehrere kleinere Expositionen aufgeteilt. Hier kann man u.a. Gemälde von N. I. Smirnow sehen, archäologische Fundstücke, mineralogische Exemplare, kunsthandwerkliche Erzeugnisse oder eine Ausstellung zur Geschichte von Alushta ab dem 6. Jh. Im Sommer wird gewöhnlich auch eine Wachsfigurenausstellung gezeigt.

• **Museum für Geschichte und Landeskunde Alushta** (Алуштинский историческо-краеведческий музей [*alúshtinskiy istorícheskokrayevédcheskiy muzéy*]), Ul. Lenina 8, Tel. 35509, geöffnet täglich außer Di 10–17 Uhr. Eintritt 4 UAH.

## Naturkundemuseum des Nationalparks

Zum Naturkundemuseum des Nationalparks Krim gehört ein **dendrologisch-zoologischer Park** („Dendrozoo"), in dem Hirsche, Mufflons, Rehe, Adler und andere Tiere der Krim zu sehen sind. Es werden auch zwei ökotouristische Ausflüge mit Mikrobussen durch den Nationalpark Krim angeboten: 1. Alushta – Kosmo-Damian-Kloster (50 UAH), 2. Alushta – Uzenbash-Quelle – Kosmo-Damian-Kloster – Nikitskyi-Pass – Masandra (80 UAH).

Die gleichen Ausflüge finden sich auch im Angebot vieler privater Büros, für deren Organisation selbst sind jedoch ausschließlich die Mitarbeiter des Nationalparks zuständig. Das zweite Angebot ist die einzige legale Möglichkeit, die ökologisch saubersten Regionen der Krim zu besuchen: die Quellen des Kacha-Flusses und die Umgebung des Román-Kosh, des höchsten Berges der Krim.

• **Naturkundemuseum des Nationalparks Krim** (Музей природы [*muzéy piródy*]), Ul. Partizanskaya 42, Tel. 35033. Täglich außer Mo 9–18 Uhr, Mittagspause 13–14 Uhr.

## Fjodor-Stratilat-und-Allerheiligen-Kirche

Die Kirche wurde 1842 im für orthodoxe Kirchen untypischen **neogotischen Stil** gebaut. 1962 wurde sie geschlossen und dem Klub der Bauarbeiter überlassen – die rissen den Glockenturm ab und bauten dafür einen Tanzsaal an. 1988 wurde das Gebäude den Gläubigen zurückgegeben.

• **Fjodor-Stratilat-und-Allerheiligen-Kirche** (Церковь Всех Святых [*tserkóv' vsekh svyatýkh*], Ul. Vladimira Khromykh 14.

## Festung Aluston

Die Festung Aluston (Крепость Алустон [*krépost' alúston*]) findet sich in der Ul. 15 Aprelya, unweit der Kirche. Zu besichtigen sind ein Turm aus dem 14. Jh. und die rekonstruierten Mauern, die nach der Schönheitsoperation eher an einen stilisierten Garten erinnern.

## Altstadt

Rund um die Festung befindet sich die kleine Altstadt von Alushta mit einigen stillen Gassen und kleinen Häusern im tatarischen Stil.

## Villenviertel

Sie sollten unbedingt einmal vom Zentrum aus in westlicher Richtung zum **Professórskiy Ugólok** (Профессорский уголок) fahren, der zu Sowjetzeiten im Volksmund *Rabóchiy Ugólok* hieß. Der zweite Name entstand 1926 nach der Verstaatlichung der Professorenvillen aus der Zeit der Wende vom 19. zum 20. Jh. Die interessantesten sind die Villen „Anna",

„Marina" und „Dacha Lindena", die heute zum Sanatorium Mórskiy Ugólok gehören. Es ist ein ruhiges und grünes Stadtviertel mit schöneren Stränden als im Zentrum.

Anfahrt mit dem Trolleybus Nr. 2 oder der *Marshrutka* mit der Aufschrift Лазурное [*lazúrnoye*]. Man gelangt auch zu Fuß über die Strandpromenade (Ul. Náberezhnaya) oder mit den an der Küste verkehrenden Rikshas hin.

### Aquarium

Das Aquarium mit **tropischen Fischen** befindet sich auf der Ul. Górkogo 4, gleich beim Trolleybusbahnhof. Täglich 9–21 Uhr.

## Praktische Tipps

### Verkehrsmittel

- **Busbahnhof,** Ul. Simferópolskaya 1, Tel. 32296, 30417. 150 Fahrten täglich nach Simferopol (1:15 Std.), zehn nach Sevastopol (2:30 Std.), 30 nach Yalta (40 Min.), sechs nach Sudak (3 Std.), 50 nach Rybache (1 Std.), 20 nach Hurzuf (35 Min.). Die Gepäckaufbewahrung kostet ca. 3 UAH und ist von 8 bis 20 Uhr geöffnet. In der Hochsaison ist es schwer, eine Fahrkarte in gleich welche Richtung zu bekommen, u.a. deshalb, weil der überwiegende Teil der Fahrten Durchgangsbusse sind. In die Städte im Ostteil der Krim gibt es die meisten Verbindungen von Simferopol aus. Man kann auch von Alushta in die Hauptstadt der Krim fahren und von dort aus mit dem Bus oder der *Marshrutka* nach Sudak oder Feodosiya. Das Hauptgebäude des Busbahnhofs beherbergt eine Art Palmenhaus und ist schon deshalb sehenswert.

  Ein Teil der Busse fährt vom **Busbahnhof Kurortnaya** los oder hält extra dort. Er befindet sich auf der Ul. Gorkogo unweit vom Trolleybusbahnhof.
- Vom Bahnhof in Alushta fahren auch **Marshrutki** ab, hauptsächlich nach Simferopol. Die Fahrer versuchen bereits in der Bahnhofshalle, Reisende zum Einsteigen zu bewegen, aber man kann mit der *Marshrutka* in Richtung Simferopol auch von der Trolleybushaltestelle abfahren, die auf der anderen Seite der Ul. Simferópolskaya liegt. Das ist ebenfalls die beste Stelle, um einen Anhalter in die Hauptstadt zu bekommen.
- **Trolleybusbahnhof,** Ul. Górkogo 4, Tel. 31214. Trolleybusse nach Simferopol (Nr. 51; 1:30 Std.) fahren ungefähr alle 15 Min. von 5 bis 21 Uhr, ähnlich nach Yalta (Nr. 53; 1 Std.) und zum Professorskiy Ugolok (die Haltestelle heißt „Рабочий уголок" [*rabóchiy ugolók*]; Nr. 2). Die Vorort-Trolleybusse nach Verkhnia Kutuzovka (ukr. Берхня Кутузовка, russ. Верхняя Кутузовка [*vérkhnyaya kutuzovka*]; Nr. 1; in Richtung Simferopol) und Zaprudne (ukr. Запрудне, russ. Запрудное [*zaprúdnoye*]; Nr. 59; in Richtung Yalta) fahren ungefähr jede Stunde ab.
- **Seehafen,** Ul. Lenina 6, Tel. 30450. Vier Fahrten täglich nach Alupka mit Haltestellen entlang der Küste. Außerdem Schiffsausflüge zu den verschiedensten Winkeln der Südküste, die Auswahl ist jedoch kleiner als in Yalta oder Sevastopol. Man kann mit einer Jacht hinausfahren, um z.B. ein Bad unterm Aiudah-Berg zu nehmen, häufig fahren auch Schiffe zum Delfinarium in Partenit.
- **Bahnkassen,** Ul. 15 Aprelya 39, Tel. 30332, 30748. Mittwochs und donnerstags ist auch die Bahnkasse am Busbahnhof geöffnet.
- **Flugagentur,** Ul. Górkogo 9a, Tel. 33455, 31510. Geöffnet 8.15–16.45 Uhr mit Mittagspause 12–13 Uhr. Geschlossen Fr, Sa und So.

### Unterkunft

Die Preise in Alushta sind recht hoch. In der Saison dürfte es schwierig sein, ein Hotelzimmer unter 100 UAH zu bekommen. Hotels im vollen Wortsinn gab es hier übrigens bis vor Kurzem noch relativ wenig – es herrschten Kurheime und alle möglichen *Ozdorovítelnoye Kompléksy* (Behandlungszentren) vor. Heute schießen dafür Minihotels wie Pilze aus dem Boden, die vorrangig für den gut gefüllten Geldbeutel bestimmt sind. Die meisten Touristenobjekte haben Heilbehandlungen im Angebot und besitzen einen eigenen Strand.

Am billigsten kommt man mit einem Privatquartier weg, die von Einheimischen auf dem Busbahnhof angeboten werden – Preis ab ca. 42 UAH pro Person. Teurer wird es, wenn man die Dienste eines der Zimmervermittlungsbüros in Anspruch nimmt, die sich auf folgenden Straßen befinden: Ul. Lenina 5 (Tel. 33212), Ul. Lenina 7 (Tel. 30291), Ul. Lenina 44 (Tel. 33259), Ul. Oktyábrskaya 31 (Tel. 35278), Ul. Oktyabrskaya 50 (Tel. 50606).

- **Hotel Voskhód,** Ul. Oktyábrskaya 11, Tel. 31540. 1-, 2- und 3-Bett-Zimmer. 10 Min. zu Fuß ins Zentrum, gleiche Entfernung zum Meer. Zurück braucht man länger, weil es aufwärts geht. Preise ab 150 UAH für das Doppelzimmer.
- **Hotel Tavrida,** Ul. Lenina 22, Tel. 30453. Im Stadtzentrum, 100 m vom Meer entfernt. Preise in der Saison ab 100 UAH pro Person inkl. drei Mahlzeiten.
- **Hotel Alushta,** Ul. Oktyábrskaya 50, Tel. 55062, 55049, 55278, 55213, www.gostinica-alushta.crimea.ua. Für einheimische Bedingungen ein Luxushotel gleich am Bus-



079kr Foto: pk

bahnhof in einem hohen, weiß-braunen Großblock, der die ganze Gegend beherrscht. 1- und 2-Bett-Zimmer. Preise in der Saison ab ca. 155 UAH pro Person, außerhalb der Saison ab ca. 110 UAH.

### Camping

Camper gehen vom Bahnhof in Richtung Simferopol und biegen nach links in die erste Seitenstraße ein (an der Tankstelle). Auf der Ul. Vinogradnaya gelangt man zur nächsten Tankstelle, hinter der man links in Richtung der Müllbehälter und Garagen läuft, anschließend abwärts und durchs Tal nach oben. Schon bald erreicht man einen Bach und Lichtungen mit Stellen fürs Lagerfeuer. Es gibt hier eine Menge Mücken und im Bach große weiße Maden, ansonsten aber ist es ganz nett und nur 20 Min. zu Fuß bis zum Busbahnhof. Man muss auch nicht ins Tal hinabgehen, sondern kann auf dem Hügel nebenan übernachten (hinter der Schranke), dort gibt es weniger Mücken.

- **Touristenbasis Mir,** Ul. Glazkrítskogo 3, Tel. 30256. Campinghäuser, ganz ordentliche Bedingungen. Preise in der Saison von ca. 65 bis 105 UAH pro Platz.

### Post, Telefon, Internet

Die **Hauptpost** befindet sich auf der Ul. Lenina 15, gleich daneben ist die Ukrtelekom mit **Internetzugang.** Ins Internet kommt man auch auf der Ul. 15 Aprélya (8–23 Uhr) und auf der Ul. Partizánskaya 17.

- **Telefonauskunft:** Tel. 09
- **Anmeldung von Ferngesprächen:** Tel. 077
- **Wettervorhersage:** Tel. 31535
- **Taxi:** Tel. 30417
- **Miliz:** Tel. 02, 30438
- **Rettungsdienst:** Tel. 03, 30503.

### Essen und Trinken, Einkaufen

Die meisten **Läden** findet man in der Nähe des Basars und auf der Ul. Górkogo. Am billigsten kann man auf dem **Basar** auf der Ul. Lenina einkaufen, wo man auch für wenig Geld einen Imbiss bekommt. Basare gibt es weiterhin beim Busbahnhof und auf der Ul. Vladimira Khromykh.

Während der Mittagszeit herrscht in den **Bars** (Столовая [*stolóvaya*]) auf beiden Seiten der Kreuzung Ul. Lenina und Ul. Gorkogo und auf der Ul. Vladimira Khromykh 23 der Ausnahmezustand. Die meisten Restaurants und Bars gibt es am **Strandboulevard** (hier wird auch Wein *na rózliv* – vom Fass – verkauft) und im Umkreis der davon abzweigenden Straßen, darunter der Ul. Lenina und der Ul. 15 Aprelya (wo sich auch eine Buchhandlung und viele Wechselstuben befinden).

### Aktivitäten

- Der **Aquapark** liegt an der Ul. Náberezhnaya 4a. Eintritt 12 UAH.
- Motorsportliebhaber können das Angebot des Büros auf der Ul. Lenina 8a nutzen, das eine **Jeeprundfahrt** mit Reisebegleiter durchs Krimgebirge enthält.

## Strände

Die Strände in Alushta bestehen aus Sand, Lehm und Steinen mit der Betonung auf letzteren. Außerdem sind sie schmutzig, überfüllt und eingezäunt wie ein Gefängnishof und zu allem Übel noch kostenpflichtig. Dafür erwarten die Erholungssuchenden eine Menge Attraktionen im Stil von Karaoke-Wettbewerben, Hammelritten, Paragliding und Wasserski.

# Reiseroute 4

**Simferopol – Bila Skelia – Staryi Krym – Feodosiya**

## Überblick

Auf dieser Route werden wir Bila Skelia bei Bilohirsk, Staryi Krym – die ehemalige Hauptstadt der Tataren – und vor allem Feodosiya sehen, eine Stadt mit über 2500-jähriger Geschichte. Sie ist das Tor zur Ostkrim, doch kann man von hier aus auch eine Reise entlang der Südküste der Halbinsel unternehmen. Von Simferopol nach Feodosiya über Staryi Krym fahren Busse vom Busbahnhof Kurortnaya (am Bahnhof, Abfahrt alle 20–30 Min. von 6 bis 19 Uhr) und vom Zentralen Busbahnhof (Ul. Kíyevskaya 4, Abfahrt stündlich von 6 bis 20 Uhr) ab. Vom letztgenannten fahren auch Busse nach Kerch über Staryi Krym und Feodosiya (Abfahrt stündlich von 6 bis 19 Uhr). Eine Fahrkarte nach Feodosiya kostet ca. 30 UAH, nach Staryi Krym 20 UAH.

### Routenverlauf: Simferopol – Bilohirsk

Vom Busbahnhof in Simferopol fahren wir in nordöstliche Richtung. Die Hälfte der Strecke ist ziemlich eintönig. Die mit kleinen Hügeln übersäte weite, waldlose Landschaft lässt einen die einschläfernde Harmonie der Steppe fühlen. Gleich einem Pfeil durchschneidet die Straße die Steppe. Zuweilen fällt sie leicht ab, dann steigt sie wieder an. Obstplantagen, Felder und Weingüter werden von Bäumen und Sträuchern entlang der Landstraße verdeckt. Alle Orte an dieser Strecke scheinen gleich auszusehen. Es dominieren flache Häuser, vorwiegend aus gelblichem Kalkstein, den „natürlichen Hohlziegeln“. Um Dörfer und Städtchen herum erstrecken sich Obstplantagen und Weingüter, dahinter nur Felder und Felder ... Die einzigen Punkte, die in den vorbeifliegenden Städtchen den Blick anziehen, sind die Moscheen.

Nach etwa 20 km gelangen wir nach **Zuia** (Зуя), wo wir von einer weißen Moschee mit Minarett begrüßt werden. Wir umfahren die Stadt im Norden, entfernen uns wieder von den Schornsteinen und flachen Wirtschaftsgebäuden und wenden uns zurück nach Osten, nach Bilohirsk. Die Strecke ändert sich kaum, außer dass fern im Süden schon der erste Gebirgszug aufscheint. In **Tsvitochne** (ukr. Цвіточне, russ. Цветочное [*tsvetóchnoye*]) fahren wir erneut an einer Moschee vorbei, dieses Mal einer mit einer silbernen Kuppel.

Nach einigen weiteren Kilometern sind wir im graugelben **Bilohirsk,** wo uns die nächste Moschee erwartet. Bilohirsk (ukr. Білогірськ, russ. Белогорск [*belogórsk*]) trug in den Zeiten des Krimkhanats den Namen Karsu-Bazár und war das Zentrum des Sklavenhandels. Bis heute haben sich im Grunde nur die Überreste des Palastes (Karawanserei) aus dem 15. Jh. erhalten.

## Bila Skelia

(ukr. Біла Скеля,
russ. Белая Скала [bélaya skalá])

In Bila Skelia, 5 km nördlich von Bilohirsk, erhebt sich senkrecht aus der Ebene eine imposante, 100 m hohe, weiße Wand, für die allein sich ein Besuch in diesem Dorfs lohnt. In die Wand ist eine geräumige **Grotte** gehauen. Man kann auch von der Südseite aus auf den Gipfel klettern und das sich bis zum Krimgebirge erstreckende Panorama bewundern.

Nach Bila Skelia gelangt man von Bilohirsk mit jedem Bus in Richtung Nyzhnohirskyi (ukr. Нижньогірський, russ. Нижнегорский [*nizhnegórskiy*]) oder mit dem Taxi. „Bélaya Skalá Sovkhóz“ ist die zweite Haltestelle nach Bilohirsk (die erste heißt „Kolkhóz“, beide werden nur auf Wunsch angefahren). Nach Bilohirsk fahren alle 15 Min. Busse vom Bahnhof Vostóchnaya in Simferopol ab (dieser Bahnhof heißt auch „Simferopol 4“). Am besten fährt man jedoch von „Simferopol 4“ direkt nach Bila Skelia mit dem Bus Richtung Nyzhnohirskyi (alle 30 Min. von 7 bis 18 Uhr). Mit dem eigenen Auto müssen Sie vor Bilohirsk von der M-17 nach links in Richtung Nyzhnohirskyi abbiegen.

### Unterkunft

Auf dem Weißen Felsen kann man **zelten,** Wasser bekommt man von den Dorfbewohnern, aber Lebensmittel und eine Kneipe gibt es erst in Bilohirsk (preiswert, besonders auf dem Basar neben dem Busbahnhof).

- **Hotel Bila Skelia,** Bilohirsk, Ul. Choban Zade 24, Tel. 91038.

## Routenverlauf: Bilohirsk – Staryi Krym

Nördlich von Bilohirsk sind Felsabrisse zu sehen. Wir fahren weiter nach Osten, und die Berge kommen immer näher. Nach etlichen Kilometern befinden wir uns in **Bahate** (ukr. Багате, russ. Богатое [bogátoye]), wo die Straße am bewaldeten Kubalach-Berg vorbeiführt, der einen Bogen nach Süden bildet.

In **Topolivka** (ukr. Тополівка, russ. Тополёвка [*topolëvka*]), genauer im Weiler Uchbove (ukr. Учбове, russ. Учебное [*uchébnoye*]), kann man das **Toplowski-Kloster** (Топловский монастырь [*toplóvskiy monástyr'*]) besichtigen. Heute ist es ein orthodoxes Kloster, vorher jedoch befand sich hier ein armenisches Kloster aus dem 14. Jh. Einen Ausflug in dieses Kloster kann man in vielen Orten der Krim buchen. In Topolivka finden wir auch die armenische **Paraskeva-Kirche** (церковь св. Параскевы [*tserkóv' svyatóy paraskévy*]) aus dem Jahr 1702.

Nun wird die Strecke immer grüner und abwechslungsreicher. Wir fahren durch die nächsten einander ähnelnden Dörfer, und nach fast 25 km grüßt uns rechter Hand, an der Ausfahrt aus dem Wald, eine neuerbaute Moschee.

Bis zum Busbahnhof in Staryi Krym sind es noch rund 2 km, aber wenn wir zuerst das Kloster Surb-Khach besuchen wollen, sollten wir hinter der Moschee aussteigen und uns, dem Wegweiser folgend, in Richtung Süden wenden.

# Staryi Krym

(ukr. Старий Крим,
russ. Старый Крым)

Staryi Krym ist ein stilles, friedliches Städtchen, das zwischen malerischen Hügeln, Eichen-Hainbuchen-Wäldern und kleinen Quellen liegt. Es hat nur 12.000 Einwohner, doch man sieht deutlich, dass es im Begriff ist, sich auszudehnen. Im Norden erstrecken sich Obstplantagen und Weingüter, dahinter beginnt die Steppe. Im Süden ragt der Agarmysh-Berg empor. Die Denkmäler von Staryi Krym ziehen nicht gerade viele Touristen an, dafür spürt man hier die spezifische Atmosphäre, die an jene Zeiten erinnert, als es hier noch von vielerlei Völkern und Sprachen wimmelte, die sich auf dem örtlichen Basar gegenseitig überschrien. Diese Stimmung verbreiten die aus jenen Jahren übriggebliebenen Bauwerke sowie die vielen Tataren und Armenier.

Die Anfänge der Siedlung sind in der zweiten Hälfte des 11. Jh. zu suchen und gehen auf christliche Griechen, die Einwohner der italienischen Städte und Flüchtlinge aus Armenien zurück, die vor dem Ansturm der Seldschuken flohen. In erster Linie waren es diese Armenier, die hier eine Burg gründeten, die im 13. Jh. zu einer mächtigen Stadt wurde und Solkhát hieß (hier baute selbst der Große Batu-Khan seinen Palast). Eine der vielen Versionen zur Herkunft dieses Namens besagt, er entstamme der armenischen Sprache und bedeute Heiliges Kreuz (arm. Surb Khach). Ganz

sicher hieß ein armenisches Kloster so, das im 14. Jh. unweit der Stadt gegründet wurde (s.u.). Noch bevor die Tataren ihre Macht auf der Krim gefestigt hatten, änderte die Stadt ihren Namen in Krym (*Kyrym* = „Graben"), nach dem System von Gräben und Wehrmauern, mit denen sie im 13. Jh. umgeben wurde. Zu dieser Zeit wurde sie zum administrativen und religiösen Zentrum der Halbinsel. Als die Hauptstadt des Khanats nach Bakhchysarai verlegt wurde, verlor die Stadt an Bedeutung und wird seitdem „Altes Krym" (Staryi, Krym, Eski-Kyrym) genannt.

## Sehenswertes

### Krimtataren-Museum

Das Museum für Geschichte und Kultur der Krimtataren ist ein Privatmuseum, das auf Initiative des Tataren

Nuri Jakubov, dem Verwalter des Museums, entstanden ist und anschließend mit dem Ethnografischen Museum der Familie Seytaplayev zusammengelegt wurde.

In einem kleinen **Haus im tatarischen Stil** kann man sich mit einer umfangreichen Sammlung von Geschirr, Haushaltsgegenständen, Büchern und anderen Dingen des täglichen Bedarfs bekanntmachen. Eine gesonderte Ausstellung ist der tatarischen **Stickkunst** gewidmet. Elvira Seytaplayeva verschönert den Besuchern die Zeit mit ungewöhnlich farbigen Geschichten über das vergangene und das gegenwärtige Leben der Tataren auf der Krim. Das Museum präsentiert auch Gemälde von Jakubov, die die Krim als Motiv haben. Wenn man in der Gruppe unterwegs ist, kann man vorher unter der oben genannten Telefonnummer anrufen und eine **tatarische Mahlzeit** bestellen, mit einer Vorführung **tatarischer Tänze** durch Kinder der örtlichen Schule. Am Eingang des Museums steht ein Ofen: Dies ist ein *Lepëshka*-Backofen in Miniausgabe. In Staryi Krym kann man nämlich die wahrscheinlich besten *Lepëshki* auf der ganzen Krim essen.

Wer die tatarischen Traditionen genauer kennenlernen möchte, dem bietet das Museum einen Besuch im **Haus der Familie Seytaplayev** an (Ul. Mustafayeva 65), den Nachfahren des alten Geschlechts der Scheiche Remidov. Während eines extra organisierten Abends oder auch eines mehrtägigen Aufenthalts lernt der Gast die nationalen Zeremonien, Traditionen, Lieder und Tänze der Krimtataren kennen. Dazu gehören auch eine reiche Sammlung von Gegenständen des täglichen Bedarfs, die Trachten und die Küche (im Programm ist eine Verkostung tatarischer Speisen und orientalischer Süßigkeiten enthalten). Wer Lust hat, kann ein Bad in der tatarischen Sauna nehmen. Diese Angebote einschließlich Übernachtung kosten ab 30 UAH pro Person und Tag, wenn eine mindestens achtköpfige Gruppe zusammenkommt. Der Preis für die Übernachtung allein, ohne zusätzliche Angebote, beträgt 10–15 UAH.

- **Museum für Geschichte und Kultur der Krimtataren,** Ul. Kalinina 29, Tel. 22255, geöffnet 10–17 Uhr, Eintritt 6 UAH (für eine 40-minütige Führung; im Preis enthalten ist auch ein Imbiss: Pakhlavá und Kaffee).

## Usbek-Khan-Moschee

Die Usbek-Khan-Moschee, Ul. Halturina 5, ist eine der ältesten Moscheen der Krim. Ihr Bau wurde vom neuen Khan der Horde, Usbek, angeregt, der mit der Islamisierung des mongolischen Staates in Verbindung gebracht wird. Die Moschee entstand 1314 auf einem quadratischen Grundriss. Vom Aussehen her erinnert sie sehr an die seldschukischen Moscheen in Anatolien, was nicht verwunderlich ist, denn die Seldschuken siedelten auch im Gebiet der Goldenen Horde. Typisch ist insbesondere der monumentale Eingang hinter einer geschnitzten Holztür. In den letzten Jahren wurde das Innere der Moschee restauriert, und heute erfüllt sie wieder ihre Funktion.

Die **Ruinen einer mittelalterlichen Medrese** (Koranschule) befinden sich neben der Usbek-Khan-Moschee. Einst schloss die Medrese an die Nordseite der Moschee an. Gestiftet wurde sie 1332 von Inci Hatun, der Tochter von Kilburun Bey.

## Museum für Literatur und Kunst

Eine Zweigstelle des Museums in Koktebel. Zu sehen sind Dokumente, Fotos und persönliche Gegenstände von Künstlern, die die Gegend besuchten.

- **Museum für Literatur und Kunst** [*literatúrno-khudózhestvennyy muzéy*], Ul. Svobody 17, Tel. 21244. Geöffnet täglich 9–17 Uhr. Eintritt: 4 UAH.

011kr Foto: dz

Im Museum für Geschichte und Kultur der Krimtataren

## Alexander-Grin-Museum

Dies ist eine Zweigstelle des Museums in Feodosiya. Hier wohnte und arbeitete der **russische Schriftsteller** Alexander Grin während seiner letzten Lebenjahre. Er wurde auf dem örtlichen Friedhof begraben.

- **Alexander-Grin-Museum,** Ul. Libknekhta 52, Tel. 21244. Geöffnet täglich 9–16 Uhr.

## Ruinen

**Baibars-Moschee,** die Ruinen der ältesten Moschee, die auf der Halbinsel Krim gebaut wurde. Errichtet wurde sie 1287–88 für 2000 Denare, die der Mameluckensultan Baibars I. al-Malik al-Zahir aus Ägypten geschickt hatte. Der Herrscher wollte mit dieser Geste seine Dankbarkeit zeigen und etwas für den muslimischen Glauben in dem Land tun, in dem er geboren und aus dem er noch als Kind entführt und als Sklave verkauft worden war.

Ruinen der **Kurdzhum-Dzhami-Moschee** vom Ende des 13. Jh.

Ruinen einer **Karawanserei,** einer orientalischen Herberge (13.–14. Jh.).

## Praktische Tipps

### Verkehrsmittel

Der **Busbahnhof** in Staryi Krym befindet sich auf der Ul. Chapayeva, nördlich des Zentrums an der Fernverkehrsstraße M-17 (manche Karten lassen diese Straße fälschlicherweise durchs Stadtzentrum verlaufen). Es fahren viele Busse nach Kirovske (Hauptstadt des Verwaltungsbezirks und Bahnstation). Fast alle Busse der Linie Simferopol – Feodosiya – Kerch, die auf der M-17 verkehren, sind Durchgangsbusse, was Schwierigkeiten beim Versuch, die Stadt zu verlassen, nach sich ziehen kann (die Kassiererin ruft die anderen Haltestellen an und fragt nach der Anzahl der verkauften Fahrscheine). Es fahren auch einzelne Busse in andere Städte der Krim, natürlich ebenfalls Durchgangsbusse.

Vom Stadtzentrum fahren täglich Busse nach Koktebel und Feodosiya ab: Die in Richtung Feodosiya sind schwer zu finden, die nach Koktebel allerdings verkehren 4-mal täglich, die Fahrt dauert eine halbe Stunde (Fahrplan an der Tür des Lebensmittelladens unweit vom Museum der Krimtataren). In Koktebel fährt der Bus vom Stadtrand ab (nicht vom Busbahnhof) – 150 m hinter dem Basar an der Hauptstraße in Richtung Feodosiya.

### Allgemeines

Nach einem **Privatquartier** kann man im Museum für Geschichte und Kultur der Krimtataren fragen (s.o.). Im Umkreis der Stadt gibt es auch hervorragende **Zeltplätze,** z.B. im Süden hinter der Quelle des Hl. Pantelejmon. Gegen eine geringe Gebühr kann man auch beim Kloster Surb-Khach zelten.

Am billigsten kauft man auf dem **Basar** auf der Ul. Svobody (auf dem Weg vom Busbahnhof zum Zentrum) ein, der allerdings nur nachmittags geöffnet ist. Doch im Vergleich mit den Preisen an der Küste ist auch in den **Läden** alles sehr preiswert. Alles Nötige kann man auf der Ul. Lenina zwischen Ul. Svobody und Rotem Platz [*krásnaya ploshchad'*] kaufen. Auf der Ul. Lenina gibt es ein paar Geschäfte, eine **Bank** und **Wechselstube,** eine rund um die Uhr geöffnete **Apotheke,** ein **Postamt** und die **Ukrtelekom.** Hier findet man auch mehrere preiswerte **Cafés,** von denen einige einen recht obskuren Eindruck machen.

Niedrig sind die Preise auch im tatarischen **Café Muskus** am Museum für Geschichte und Kultur der Krimtataren (s.o.).

**Internetzugang** gibt es auf der Ul. Lenina 139 (2. OG, 6 UAH) gegenüber vom Nightclub Diesel.

012kr Foto: dz

Die Usbek-Khan-Moschee

## Die Wunderheilerin von Staryi Krym

Die Älteste des **Geschlechts der Seitaplaev** ist **Frau Beraye-Apa,** eine wahre Schatztruhe des Wissens über die Sitten und Bräuche der Tataren. Unter den Einwohnern der Stadt genießt sie großen Respekt, denn sie ist als Wunderheilerin bekannt, die die Menschen mit Gebeten aus dem Koran heilt. Sie nennt dies „eine Minute für die Gesundheit". Nach ihrer Aussage enthält der Koran mehr als tausend Heilgebete. Ihr Ruhm ist längst über die Stadtgrenzen hinausgedrungen – jedes Jahr kommen viele Leute aus den umliegenden Dörfern, ja von der ganzen Halbinsel, und sogar ausländische Touristen zu ihr. Als einzige Einwohnerin von Staryi Krym ist sie auch schon auf Pilgerfahrt in Mekka gewesen.

## In der Umgebung

### Kloster Surb-Khach

Das armenische Kloster Surb-Khach (Сурб-Хач – „Heiliges Kreuz") liegt 4 km von der Stadt entfernt (bergauf, weshalb man fast eine Stunde unterwegs ist). Es führt ein breiter, gut begehbarer Weg durch den Wald hin: Von der Landstraße bei der neuen Moschee oder vom westlichen Ende der Ul. Lenina gehen Sie nach Süden auf die Berge zu. Der Weg biegt dann nach rechts ab, überquert den Bach Churuk-Su und steigt langsam zwischen Weiden bergan, um schließlich im Wald zum mit Betonplatten ausgelegten Wanderweg zu werden.

Man kann hier zelten, Wasser aus der heiligen Quelle schöpfen und im Restaurant unter freiem Himmel etwas essen. Eine Besichtigung ist nur in Begleitung des Mönchs möglich, der neben dem Kloster wohnt, und kostet nichts (eine freiwillige Gabe ins Kästchen am Ausgang ist natürlich immer gern gesehen).

Das im 14.–18. Jh. entstandene Surb-Khach hat sich als einziges von vier armenischen Klöstern und mehreren Kirchen erhalten, die damals in der Gegend von Staryi Krym existierten. Der Klosterkomplex besteht aus mehreren Gebäuden, u.a. der **Heilig-Kreuz-Kirche** (1358), des ältesten Relikts der armenischen Architektur auf der Krim, und einem **zweistöckigen Wohnhaus,** gebaut 1719, das von der Kirche durch den Klosterinnenhof getrennt ist und 16 Zellen und einen Innenhof sowie zwei große gewölbte Räume mit Pfeilern in der Mitte enthält. Das Kloster ist außergewöhnlich gut erhalten, zudem werden in den letzten Jahren ununterbrochen Renovierungsarbeiten durchgeführt.

## Routenverlauf: Staryi Krym – Feodosiya

Wir verlassen die Tatarenstadt und wenden uns weiter nach Osten, nach Feodosiya. Nach dem Verlassen des Krimgebirges bewegen wir uns auf die Bucht von Feodosiya zu. Die Straße verläuft sanft abwärts und neigt sich immer mehr dem Meer zu. Sie führt an vielen Weinbergen und Obstplantagen vorbei.

## Feodosiya

(ukr. Феодосія, russ. Феодосия)

Feodosiya – griech. „Gottesgeschenk" – liegt 160 km von Yalta entfernt im westlichen Teil der Bucht von Feodosiya, am Fuße des Massivs Tepe-Oba. Im Süden wird die Stadt vom steilen Kap Illi begrenzt, im Westen nähert sie sich dem einsamen Gipfel des Kahlen Bergs an. Die Gegend unterscheidet sich erheblich von der der südlicher gelegenen Küstenorte. Hier am Meer stößt die Steppe mit der ersten Erhebung des Krimgebirges zusammen – dem **Massiv Tepe-Oba.** Daher fehlt es in dieser Region am für den Süden charakteristischen Pflanzenreichtum, und der Sommer ist heiß und trocken. Gleichsam als Entschädigung für diese Mängel jedoch wird die Meeresküste auf einer Länge von 15 km vom Kap Illi an zum **flachen und breiten Strand** (der im Stadtzentrum steinig ist), so anders als die schmalen, häufig steilen Strände der Südküste.

Seine Popularität verdankt der Kurort den **Mineralquellen,** aber auch den günstigen Bedingungen für **Schlammbäder,** für die der Schlamm aus dem mehrere Kilometer nördlich von Feodosiya gelegenen Bittersalzsee Adzhigol genutzt wird. Dieser Schlamm enthält viele wertvolle mineralische Bestandteile sowie Bakterien, die den Organismus anregen. Er wird in der Stadt in getrockneten Stücken zu 10 UAH verkauft, man kann ihn aber ebenso gut selbst sammeln.

Ein großes Plus der Stadt ist das gesunde, **heiße und trockene Klima,** dank dessen sie zum Behandlungszentrum für viele Beschwerden geworden ist. In mehreren **Sanatorien** werden Krankheiten des Verdauungssystems, des Nervensystems, des Blutkreislaufs, chronische Nieren- und Gallenprobleme und Diabetes behandelt. Dennoch ist Feodosiya nicht als Kurort anerkannt. Dafür ist hier ein großes Industrieviertel entstanden mit Betrieben, die auf die Produktion von Bohrausrüstungen und transportablen Laboratorien spezialisiert sind.

Die Stadt wurde im 6. Jh. v.u.Z. von Griechen aus Milet als Seefestung und Handelszentrum des Schwarzen Meeres gegründet. Sie wurde mehrmals zerstört: im 4. Jh. von den Hunnen und im 5.–6. Jh. von den Alanen. Danach ging sie an die Goldene Horde über. 1266 erhielten die Genuesen die Schutzherrschaft über die Stadt und benannten sie in **Kaffa** um. Unter ihrer Regierung erblühte die Stadt und wurde zur wichtigsten genuesischen Kolonie am Schwarzen Meer und gleichzeitig zu einer der bevölkerungsreichsten europäischen Metropolen. 1475 wohnten hier mehr als 70.000 Menschen, während die Stadt heute rund 85.000 Einwohner hat.

1454 wurde Kaffa von den Türken und Krimtataren unterworfen und 1475 der Türkei einverleibt. Es wurde zur Hauptstadt der neu entstandenen Provinz (Eyalet) Kaffa, die den südöstlichen Teil der Halbinsel einnahm, und außerdem zu einem der größten Sklavenmärkte der Türkei. Dieser Kan (großer Sklavenmarkt) befand sich an der Stelle des heutigen Hauptplatzes

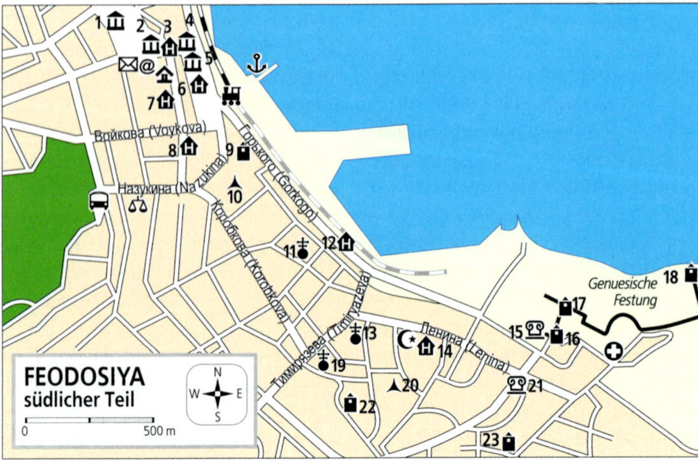


- Busbahnhof TSENTRALNYY RYNOK
- Zimmervermittlungsbüro
- Hotels: 3 Hotel U SESTRY
  - 6 Hotel ASTORIYA
  - 7 Hotel XELENA
  - 8 Hotel LIDIYA
  - 14 Hotel MORJAK
  - 12 Touristenbasis „Turbaza"
- Museen: 1 Museum für Segelsport
  - 2 Alexander-Grin-Hausmuseum
  - 4 Aiwasowski-Galerie
  - 5 Museum für Landeskunde
- 15 Tor der Zitadelle
  - 21 Genuesische Brücke
- Kirchen: 11 Mariä-Opfer-Kirche
  - 13 Sergius-Kathedrale
  - 19 Michael-und-Gabriel-Kirche
- Mufti-Dzhami-Moschee
- Türme: 9 Konstantin-Turm
  - 16 Clemens-Turm
  - 17 Krisko-Turm
  - 18 Dokov-Turm
  - 22 Foma-Turm
  - 23 Giovanni-di-Scaffa-Turm
- Brunnen: 10 Aiwasowski-Springbrunnen
  - 20 Armenischer Springbrunnen

der Stadt. Hinter einem hohen Zaun hielt man in engen, feuchten Räumen Männer, die zur Arbeit auf den Galeeren oder zum Kriegsdienst bestimmt waren, und Frauen für die Harems. Die Sklaven wurden aus Russland und Polen hierher verschleppt. Zu jeweils zehn Personen mit Ketten an den Hälsen zusammengeschmiedet mussten sie zu Fuß über die ganze Halbinsel wandern.

Kaffa verblieb 300 Jahre lang in türkischer Hand, also bis 1783, als es zusammen mit der übrigen Krim Russland angegliedert wurde. Die Russen gaben der Stadt ihren antiken Namen Feodosiya zurück. Ende des 19. Jh. wurde Feodosiya zum Modekurort und von vielen Millionären besucht, die hier ihre Somerresidenzen anlegten. Damals entstand ein repräsentativer **Strandboulevard** mit prunkvollen **Villen** in vielfältigen Stilrichtungen.

## Sehenswertes

### Genuesische Festung

Die Genuesische Festung befindet sich im Südteil der Stadt am Ende der Ul. Gorkogo. Der im 14. Jh. gebaute und jahrelang modernisierte Komplex bestand aus dem Konsulpalast, einem Gefängnis, der Residenz der katholischen Bischöfe, dem Gerichtsgebäude, aber auch Quarantäne- und Lagerräumen für wertvolle Waren (Edelsteine, Seide, Pelze). Nach der Übernahme der Stadt durch die Russen wurden die Gebäude zum Teil abgerissen. Erhalten sind die **Wehrmauern** der Zitadelle mit den Pylonen des großen Eingangstors, der Clemens-Turm (1348), der Krisko-Turm, der Dokov-Turm, die Genuesische Brücke, dazu vier kleine armenische Kirchen aus dem 14. Jh.: die Kirche St. Johannes der Täufer (1348) – eine der ältesten in Europa –, die Stefanskirche, die Georgskirche und die Kirche St. Johannes der Lehrer. Leider ist die Festung in keinem besonders guten Zustand, ein Teil wird als Krankenhaus genutzt, andere Teile sind bewohnt. Dennoch ist die Anlage äußerst malerisch, sodass sich ein Besuch auf jeden Fall lohnt.

### Stadtfestung und Altstadt

Von der Stadtfestung (14. Jh.) in der Altstadt stehen noch der Konstantin-Turm (1382–1448) mit der türkischen Bastion aus dem 17. Jh. im Seepark, einer der wichtigsten Türme im Verteidigungssystem von Kaffa, der Foma-Turm (1373) und der Giovanni-di-Scaffa-Turm (1342), beide auf der Ul. Novokartinnaya.

Innerhalb der Wehrmauern befand sich die Altstadt, die aber nur noch teilweise erhalten ist. Vor allem nahe dem Hafen wurde sie komplett beseitigt und ein Park angelegt. In Richtung der Hügel, südwestlich der Ul. Lenina, findet man jedoch noch die stillen, aber nicht immer gepflegten **Gassen des historischen Kaffa.** Da hier aber dennoch zahlreiche der alten tatarischen Häuser mit ihren traditionellen Dächern aus roten Rundziegeln, wie man sie heute auch noch in verschiedenen Balkanstaaten finden kann, erhalten geblieben sind, lohnt sich ein Rundgang durchaus. Lediglich das Gebiet rund um die Moschee wurde durch hässliche Blocks im sowjetischen Stil ersetzt.

### Mariä-Opfer-Kirche

Das älteste der bekannteren Architekturdenkmäler in Feodosiya ist die Mariä-Opfer-Kirche [*vvedenskaya tserkóv'*], Ul. Krasnoarméyskaya 11. Die Kirche entstand höchstwahrscheinlich zwischen dem 7. und 9. Jh. Nach der Revolution wurde sie geschlossen, aber inzwischen hat sie ihre sakrale Funktion zurückerhalten.

### Armenische Sarkis-Kirche

Die Armenische Sarkis-Kirche auf dem alten armenischen Friedhof, Ul.

Timiryazeva 11, stammt aus dem Jahr 1363, ihr Architekt war der italienische Bildhauer Biogiolli. Das Gebäude hat die Form einer mittelalterlichen armenischen Kirche. Durch einen Brand im Jahr 1888 wurde sie stark zerstört und aus den Mitteln des Malers Iwan Aiwasowski wiederaufgebaut. Daneben steht ein mittelalterlicher Glockenturm aus dem 15. Jh.

Auf dem Friedhof ist das Grabmal Iwan Aiwasowskis sehenswert. Eine Inschrift in armenischer Sprache auf dem Marmorsarkophag kündet: „Als Sterblicher geboren hinterließ er ein unsterbliches Andenken". Im Lapidarium nebenan findet sich eine Sammlung steinerner genuesischer, armenischer und türkischer Grabplatten.

## Villenviertel

Im Viertel der vorrevolutionären Fabrikantenvillen am Prospekt Lenina sollten Sie unbedingt einen Blick auf die **Villa Stamboli** (1909–1914), Nr. 47, werfen. Der Schöpfer dieses überwältigend schönen Gebäudes im mauretanischen Stil war O. Wegener. Sie sticht durch zahlreiche Türmchen, Kuppeln und Terrassen ins Auge. Andere interessante Gebäude sind die **Villa Millos** (1909–1911), Nr. 6, mit einer auffallenden Terrasse mit Säulen – Karyatiden – und die **Villa Otrada** (1914), Nr. 29, im mauretanischen Stil. Der Architekt war N. Krasnow, der Schöpfer des Palastes in Livadiya. Heute ist in beiden Gebäuden das Sanatorium Voskhod untergebracht.

## Gemäldegalerie Iwan Konstantinowitsch Aiwasowski

Die Galerie befindet sich in einer Villa, die von Iwan Konstantinowitsch Aiwasowski (1817–1900), einem der hervorragendsten **Marinemaler** der Welt, entworfen wurde und in der er von 1848 bis zu seinem Tod lebte. In dem italienischen Renaissancegebäude kann man über 400 Werke des Malers aus allen Schaffensperioden betrachten: von seinen Aufenthalten in St. Petersburg und Italien, aus der Periode der Schlachtenmalerei, der Romantik und des Realismus. Zu besichtigen sind auch das Atelier, in dem er arbeitete, sowie Arbeiten seiner Schüler (u.a. A. Fessler, K. F. Bogajewski, M. A. Woloschin).

● **Gemäldegalerie Iwan Konstantinowitsch Aiwasowski** [*kartínnaya galeréya iméni ayvazóvskogo*], Ul. Galereynaya 2, Tel. 30279, geöffnet 9.30–20 Uhr, Di 9.30–13 Uhr, Mi geschlossen. Eintritt 10 UAH, nach 18 Uhr 9 UAH, Fotogebühr 15 UAH, Videogebühr 35 UAH.

## Museum für Landeskunde

Das Museum entstand schon 1811 als Museum des Altertums. Es ist ein archäologisch-ethnografisches Museum und verfügt über eine sehr reiche Kollektion aus dem Bereich der Geschichte der Urgesellschaften und der Antike (Keramik, Schmuck, Amphoren und sogar Überreste einer antiken Mole), doch ebenso aus späteren Jahrhunderten (u.a. eine Ikonensammlung). Dank der in Feodosiya und Umgebung durchgeführten archäologischen Forschungen werden die Sammlungen laufend ergänzt. Eine gesonderte Ausstellung zeigt die Natur des südöstlichen Teils der Krim.

• **Museum für Landeskunde** [*krayevédcheskiy muzéy*], Prospekt Lenina 11, Tel. 34355, geöffnet 10–17 Uhr. Eintritt 6 UAH.

### Museum für Paragliding

Dieses einzigartige Museum wurde 1990 eröffnet. Drei kleine Säle machen mit der Geschichte der Entstehung und Entwicklung des Paragliding auf der Krim bekannt.

• **Museum für Paragliding** [*muzéy deltaplanerízma i paraplanerízma*], Ul. Kuybisheva 12, Tel. 32028, geöffnet täglich außer Sa und So 9–16 Uhr.

## Praktische Tipps

### Verkehrsmittel

• **Busbahnhof,** Ul. Engelsa 28, 5–21 Uhr, Tel. 71052, 73400. Viele Verbindungen nach Kerch (2:30 Std.), Kirovske und Simferopol (2:30 Std.). Je acht Fahrten täglich nach Sudak (2 Std.) und Shcholkine (1:30 Std.). Gegenüber liegt die Bahnstation Ayvazovskaya. Anfahrt ins und vom Zentrum mit den *Marshrutki* Nr. 2 und 4.

**Avtostántsya Tsentrálnyy Rynók** oder einfach *Tsentr* – Zentralhaltestelle der lokalen Buslinien an der Kreuzung der Ul. Sovétskaya und Nazúkina. Von hier aus fahren auch *Marshrutki* nach Primorskyi (Nr. 4, 4b), Koktebel und zur Biostantsya (Kurortne), von wo aus man den Karadah besteigen kann.

• **Bahnhof,** Ul. Gorkogo 1, 8–17 Uhr, Tel. 005. Vorverkaufskassen Ul. Voykova 5, Tel. 32198. In Vladyslavivka (ukr. Владиславівка, russ. Бладиславовка [*vladislavóvka*]) verzweigt sich die Bahnlinie von Dzhankoi (Джанкой): Ein Gleis verläuft nach Kerch, das andere nach Feodosiya. Nach Feodosiya fahren mehrere Fernzüge aus Kiew und Moskau sowie einzelne aus Charkow, Dnipropetrovsk, St. Petersburg und Luhansk, dazu sechs lokale Züge aus Vladyslavivka und einer von der Bahnstation Vadim, der über Dzhankoi fährt.

• **Flugagentur,** Ul. Voykova 5, Tel. 30122. Flugauskunft, Tel. 006, 30132.

• Kasse der **Schiffsanlegestelle,** direkt am Meer gegenüber vom Bahnhof und vom Hotel Astoriya. Geöffnet nur im Sommer. Tel. 37054, 393345. Angeboten werden nächtliche Schiffsdiscos sowie **Bootsausflüge** durch die Bucht (1 Std.), zum Delfinarium in Kurortne (6 Std.), zum Karadah (5 Std., 50 UAH, jedoch ohne Eintritt ins Reservat. Bedenkt man, dass derartige Ausflüge in Koktebel selbst für 100 UAH angeboten werden, ist dies durchaus eine Alternative), nach Sudak/Novyi Svit (10 Std.) und nach Yalta (14 Std.), alle inklusive Besuch der genannten Orte und Sehenswürdigkeiten.

### Unterkunft

Auf dem Bahnhof findet man problemlos ein Privatquartier, die Eigentümer sprechen einen mit Sicherheit von selbst an. Die größte Zimmerauswahl gibt es auf dem Bahnhof, wenn ein Fernzug einfährt (Vermittler steigen schon in Dzhankoi in die Züge ein).

• **Zimmervermittlungsbüro,** Ul. Libknekhta 4, Tel. 31393, 31724. Eine Übernachtung zu einem etwas höheren Preis als am Ort kann man vorher schon unter www.kafa-info.com.ua/kurort.php buchen.

• **Hotel Astoriya,** Prospekt Lenina 9, Tel. 32343. Ein nicht gerade hübsches, aber auch nicht zu teures Hotel direkt am Meer, in unmittelbarer Nähe des Bahnhofes. Im Angebot sind 1- und 2-Bett-Zimmer in vier Kategorien. Preise ab ca. 55 UAH pro Person. Leider mit starken saisonalen Schwankungen.

• **Hotel Lidiya,** Ul. Libknekhta 13, Tel. 30901, 21111, ht_lidia@post.kafa.crimea.ua. Teures Luxushotel mit Swimmingpool. Preis für ein Doppelzimmer von ca. 400 bis 1000 UAH.

• **Hotel Xelena,** nettes, renoviertes Hotel im Stadtzentrum, Ul. Libknekhta 8, Tel. 21426, 21428. Alle Zimmer mit Dusche und WC. Freundliche Atmosphäre. Ca. 210 UAH für das Doppelzimmer.

• **Hotel Morjak,** das Hafenhotel liegt in der Ul. Lenina 8 in unmittelbarer Nähe der Moschee in einem hässlichen Wohnblock. Der

110kr Foto: pk

Markt in Feodosiya

Eingang befindet sich auf der Rückseite des Gebäudes. Tel. 32414. Preise ab ca. 56 UAH.

- **Bahnhofshotel,** das Bahnhofshotel liegt in einem Nebengebäude, südlich des Hauptgebäudes. Die Preise sind mit ca. 25 UAH denkbar niedrig, die hygienischen Zustände sind es allerdings ebenfalls. Duschen sind nicht vorhanden. Diese findet man jedoch nur wenige Meter entfernt am Strand.
- **Hotel U Sestrý,** Ul. Sverdlova 2 (Ecke Ul. Galereynaya), Tel./Fax 30235. Doppelzimmer ca. 150 UAH, Kategorie *Polulyúks* ca. 200 UAH, Kategorie *Lyuks* ca. 300 UAH.
- **Touristenbasis Zolotóy Plyazh,** 7 km außerhalb der Stadt an der Kercher Landstraße, Tel. 47474.
- **Touristenbasis Turbaza,** Ul. Gorkogo 25, auf dem Weg zur Festung. Preis für ein Zimmer ab ca. 42 UAH.

## Essen und Trinken

Diverse **Kneipen und Restaurants** befinden sich vor allem auf der Ul. Galereynaya, Ul. Lenina und im Umkreis des Strandes. In der Saison schießen sie wie Pilze aus dem Boden. Ein kleines **Fast-Food-Bistro** gibt es gegenüber dem Grin-Museum auf der Ul. Galereynaya. An der Ecke Ul. Marksa und Revolutsionnaya wiederum findet man eine **Bar** vom Typ *Stolovaya* – sehr billig, aber das Ambiente und insbesondere das WC können einem den Appetit verleiden.

## Post, Telefon, Internet

Die **Hauptpost** befindet sich auf der Ul. Galereynaya 9 (8–19 Uhr, Sa bis 18 Uhr, So bis 15 Uhr). Dort findet man auch internationale **Fernsprecher** (7–21 Uhr). Ähnliche Telefone gibt es auf der Ul. Nazukina 3 (geöffnet rund um die Uhr). **Internet-Cafés** gibt es ebenfalls auf der Ul. Galereynaya.

# Reiseroute 5 Überblick

**Alushta – Hurzuf – Yalta – Alupka – Foros – Sevastopol**

Die 120 km lange Route führt an der **Südküste der Krim** entlang, dem mit Sicherheit beliebtesten und abwechslungsreichsten Abschnitt der Halbinsel. Wir fahren auf einer breiten, aber verkehrsreichen Straße, der Yuzhnoberézhnoye Shossé, zur Rechten die Berge, zur Linken, etwas unterhalb, das Meer und die Kurorte. Der größte Teil der Strecke besteht aus den Städten und Dörfern Groß-Yaltas – einem riesigen Verwaltungsbezirk, der sich von Aiudah aus ununterbrochen über mehr als 70 km an der Küste entlang erstreckt.

Die Fahrt mit dem Bus von Alushta nach Sevastopol kostet 30–50 UAH (abhängig davon, ob der Bus unterwegs kleinere Ortschaften anfährt), dauert 2:45 Std. und kann auch in zwei Abschnitte unterteilt werden: Alushta – Yalta und Yalta – Sevastopol. Zur Auswahl stehen Autobusse und Mikrobusse. Auf dem ersten Abschnitt verkehren zusätzlich die Trolleybusse Nr. 52 (Simferopol – Yalta) und 53 (Alushta – Yalta). Der Autobus von Yalta nach Sevastopol kostet 20 UAH, der Trolleybus Yalta – Alushta etwas über 8 UAH (1 Std.), die Marshrutka kostet auf diesem Streckenabschnitt 8–10 UAH (40 Min.).

### Romanow-Weg

Zwischen Yalta und Alushta führt noch eine andere, schmale und kaum befahrene Straße entlang. Sie ist **gesperrt** und wird von uniformierten Beamten streng bewacht, sie verläuft nämlich durchs Herz des **Nationalparks Krymskyi Zapovidnyk.** Hier liegen auch die **Datschas der ukrainischen Prominenz** mit den Villen der Präsidenten der Ukraine und Russlands an der Spitze. Erwähnenswert ist die Straße, weil von ihr aus der höchste Berg der Krim, der Roman-Kosh (1545 m), und das Kosmo-Damian-Kloster (19. Jh.) mit der Silberwasserquelle zu sehen sind. Den Besuch dieser Sehenswürdigkeiten bieten die Reisebüros an verschiedenen Orten der Krim unter dem Titel „Po mestám imperátorskikh okhót" oder „Romá-novskaya Tropá" an (s. auch Reiseroute 3: Naturkundemuseum des Nationalparks Krim in Alushta).

## Routenverlauf: Alushta – Aiudah-Berg

Wir verlassen Alushta und wenden uns nach Süden, wo wir durch Lazurne (ukr. Лазурне, russ. Лазурное [*lazúrnoye*]) *und* Malyi Maiak (ukr. Малий Маяк, russ. Малый Маяк) in Groß-Alushta fahren. Wer Zeit hat, kann im Dorf Kyparysne (ukr. Кипарисне, russ. Кипарисное [*kiparísnoye*]), einst Kuchuk-Lambat, wo vor Jahrhunderten die Signalfeuer für die griechischen Schiffe entzündet wurden, zum Meer hinuntergehen (oder mit dem Bus aus Alushta hinfahren), wo der Ferienort **Utos** (ukr. Утьос, russ. Утес [*útes*]) liegt. Hier gibt es die sehenswerte **Residenz der Fürstin Gagarin** (aus dem Jahr 1904, erbaut im schottischen Stil) und einen weitflächigen **Park** mit den verschiedenartigsten dendrologischen Exemplaren, die noch vor der Revolution gepflanzt wurden. Im Park befindet sich eine Verkaufsstelle der Weinkellerei „Tavrida". Dieser Betrieb produziert für „Massandra" und füllt seine Weine nicht selbst ab. So kann man u.a. den exzellenten Kagor für 1 UAH pro 100 ml nur hier probieren oder den einzigartigen Tropfen in einer Plastikflasche kaufen (1 l kostet, je nach Sorte, zwischen 7 und 20 UAH).

In Utos sollte man unbedingt den Felsen besteigen, der über dem Kap Plaka (мис/мыс Плака [*mys pláka*]) aufragt, und einen Blick auf das von hier aus imposante Massiv des Aiudah-Bergs werfen. Sollte sich der Weingenuss als etwas zu reichlich erweisen, kann man in einem der hier zu Hunderten angebotenen Zimmer übernachten – der ganze Ort ist ein einziges Hotel und lebt von den Touristen. In der Saison bewegen sich die Preise um 120 UAH für ein Doppelzimmer.

Als Nächstes fahren wir nach **Pushkine** (ukr. Пушкіне, russ. Пушкино [*pushkíno*]), benannt nach dem großen Dichter, der oft und gern auf der Krim weilte. Der letzte Ort von Groß-Yalta ist **Partenit** (ukr. Партеніт, russ. Партенит). Von hier aus führt auch eine Straße auf den Aiudah-Berg.

# Aiudah-Berg

(Аю-Даг)

Dieses faszinierende vulkanische **Bergmassiv,** von den Hängen des Hauptgebirgskamms deutlich durch einen niedrigen Gebirgspass getrennt und mit dem gleichnamigen Kap ins Meer hineinragend, zieht schon von Weitem die Aufmerksamkeit auf sich, weshalb es auch zu einem Symbol der Halbinsel geworden ist. Der **„Heilige Berg“** Aiudah (570 m) wird auf manchen Karten *Médved'* (Медведь) genannt, weil er aussieht wie ein gigantischer Bär, der aus dem Meer zu trinken versucht. Hier wurden u.a. die Ruinen eines mittelalterlichen Klosters (10.–15. Jh.) und die Kirche St. Konstantin und Helena (8.–14. Jh.) entdeckt, doch birgt der Berg gewiss noch viele Geheimnisse. Seit den Zeiten, als Adam Mickiewicz „an Judahs Fels gelehnt“ die Wogen erspähte, die „drängen, dort zu Silberschnee zerschäumen, in tausend Regenbogen zu vergehen“, ist viel Wald auf dem Massiv gewachsen. Man sollte an gutes Schuhwerk und eine Kopfbedeckung denken und einen Wasservorrat mitnehmen. Für die Besteigung bis zum Gipfel und zurück braucht man ungefähr fünf Stunden.

Um den Aiudah – den Bärenberg – ranken sich viele **Legenden,** die seine ungewöhnliche Gestalt erklären. Eine Überlieferung erzählt von einem am Meeresufer ausgesetzten Säugling, der von einem Bärenrudel aufgezogen wurde. Das kleine Mädchen wuchs unter dem fürsorglichen Schutz der Tiere mit den Jahren zu einer liebreizenden Jungfrau heran, die ihre Pflegefamilie mit Gesang und Tanz erfreute. Eines Tages schloss sich ihnen ein schöner Jüngling an. Die jungen Leute verliebten sich bald ineinander und beschlossen, übers Meer zu fliehen. Als sie davonsegelten, lief der Anführer des Rudels, ein riesiger alter Bär, ans Ufer und versuchte, das Meer leer zu trinken, doch singend bat ihn das Mädchen inständig, sie ziehen zu lassen. Auf ewig versteinert, beugt der Bär sich noch immer hinab zum Wasser und blickt sehnsüchtig zum Horizont, hinter dem das geliebte Mädchen verschwand.

### Aufstieg

Der offizielle Aufstieg zum Gipfel liegt auf der Seite von **Partenit,** das im Grunde nur ein riesiger Großblock mit einem großen Sanatorium ist. Hierher fahren viele Busse und *Marshrutki* von Simferopol (1:30 Std., 20–30 UAH) sowie von Alushta und Yalta (Nr. 46). Das Häuschen der *Avtostantsya* ist gleichzeitig das Zimmervermittlungsbüro. Um den Aiudah von dieser Seite aus zu besteigen, muss man 5 UAH für einen Passierschein ins Sanatorium „Krym“ ausgeben, dessen Tor sich gleich hinter der Bushaltestelle befindet (die Kasse ist an der Rückseite des Pförtnerhäuschens, den Schein kann man hinterher an jemanden weiterverkaufen, wenn man auf diesem Weg zurückkommt).

Auf dem Gelände des großen Sanatoriums gibt es die Ausstellung *Wunder der Antike und der Natur* (geöffnet

12–22 Uhr) und ein **Delfinarium** (Vorführungen 11.30 Uhr und 16 Uhr, an manchen Tagen auch 22 Uhr; Mo geschlossen). In Letzterem kann man mit den Delfinen baden und sich mit ihnen fotografieren lassen. Eintritt: 50 UAH.

Wer eine Eintrittskarte ins Delfinarium hat, braucht keinen Passierschein zu kaufen – er geht vor dem Haupttor rechts am Zaun und am Parkplatz entlang. Außerdem findet man hier mehrere **Cafés** und einen für die Südküste recht schönen **Strand** (der leider, u.a. wegen der beiden hier herabfließenden Gebirgsbäche, verschmutzt ist) mit einem auffallenden Felsblock, der linker Hand aus dem Meer aufragt. Das Sanatoriumgelände wurde seit 1956 gekonnt bepflanzt – eine Informationstafel über die hier wachsenden Pflanzenarten befindet sich am Weg nach oben.

Um zum Eingang in den **Park Aiudah** zu gelangen, läuft man vom Strand zum *Kinoteátr* (von den Bänken davor starten täglich um 10 Uhr geführte Ausflüge auf den Berg) und biegt davor nach links ab. Unterwegs kommt man an der **Peter-und-Paul-Basilika** mit dem Grab des Bischofs Joann Gotski (gest. um 790) vorbei, wo man auch die Baupläne für einen großen sakralen Komplex an dieser Stelle anschauen kann.

Der Eintritt in den 527 ha großen Park mit dem **Museum** „Aiudah – der Heilige Berg" (geöffnet 8–18 Uhr) kostet 3 UAH. Zu diesem Preis erhält man auch eine Pseudokarte mit einer Wegbeschreibung auf Russisch, ein viel besserer Parkführer kostet nur 2 UAH mehr.

Nach dem Betreten des Parks kann man nach links, zur Ai-Konstant-Lichtung, oder nach oben, zur Aussichtslichtung (Смотровая поляна [*smotróvaya polyána*], auch *Klisúry* genannt) gehen, bis zu der es etwa 40 Min. Fußmarsch sind. Unten links sieht man die Bucht Panaír. Wenn man rechts weiter aufwärts geht, gelangt man nach 20 Min. an eine Weggabelung – links geht es abwärts zum **Kap Aiudah** (auch *Monastýrskiy* – „Klosterkap" genannt), rechts aufwärts zum Gipfel. Kurz vor dem Gipfel verliert sich der Pfad etwas – halten Sie sich grundsätzlich auf der linken Seite des Bergs und gehen Sie auf die Steinhügel zu. Sobald die gelb-roten Markierungen auftauchen, müssen Sie nach links abbiegen. Von der erwähnten Weggabelung an dürften Sie 40–60 Min. bis zum flachen Gipfel mit dem Steinhügel brauchen. Unterhalb des Gipfels ist der Wald licht genug und mit zahlreichen Restbergen durchsetzt, dass er eine gute Aussichtsplattform bildet. Achtung! Steigen Sie keinesfalls über den Weg nach unten ab, der aussieht wie ein Pfad, der zu Bucht führt – in Wirklichkeit verläuft er über einen sehr steilen Hang und endet über einer exponierten Felsschlucht.

Hinter den orange-roten Zeichen können Sie nach Norden, durch den Wald, absteigen. Vor dem Eintritt in den bewaldeten Bereich unterhalb des Gipfels können Sie das Panorama von Partenit bewundern. Der Pfad wird schon nach kurzer Zeit sehr steil und nach dem Regen sogar gefährlich, denn er verläuft durch Felsgeröll. Er führt bis zu einem Waldbrand-Warnschild – hier biegen Sie vom markierten Pfad (der an einem Beobachtungsturm vorbei zum Ferienlager Artek führt) nach rechts ab und gehen abwärts bis zur Schranke an der Landstraße. Auf der Straße biegen Sie nach links ab und gelangen nach 10 Min. zur nächsten Schranke. Links ist der Eingang zur Touristenbasis Artek (hinter dem Pförtnerhäuschen links befindet sich ein Wasserhahn, der Pförtner gestattet es, daraus zu trinken). Die Straße führt zur Passstraße unter dem Aiudah und zur Trolleybushaltestelle „Krasnokamenka" (45 Min.). Von hier aus gelangt man mit dem Trolleybus Nr. 60 nach Yalta oder mit dem Autobus Nr. 2 nach Hurzuf.

107kr Foto: dz

In der Altstadt von Hurzuf

## Hurzuf

(Гурзуф)

Am Pass unter dem Aiudah-Berg beginnt Groß-Yalta, der erste Ort im Osten dieses Bezirks ist Hurzuf. Nahezu die Hälfte des Ortes nimmt das Kinder- und Jugendferienzentrum Artek ein, wo im Sommer 5000 Kinder ihre Ferien verbringen können.

Hurzuf ist ein kleiner Ort 15 km östlich von Yalta. Vom Meer aus ist Hurzuf sehr leicht zu erkennen: Im Nordosten wird es vom Massiv des Aiudah-Bergs bewacht, unweit der Anlegestelle Artek wiederum ragen zwei 35 und 48 m hohe Restberge, die Adalar-Felsen, aus dem Meer empor.

Hurzuf, ein teurer Modekurort mit einem steinigen, aber sauberen Strand. Das eigenartige orientalische Kolorit des Städtchens, das bis in unsere Zeit erhalten geblieben ist, zog jahrelang viele Künstler an. Die schmalen, gewundenen Gassen mit den weißen Häuschen auf Holzpfählen und den nicht wegzudenkenden Fensterläden und Schnitzereien faszinierten schon Adam Mickiewicz (es gibt hier eine

Büste von ihm), Alexander Puschkin, Maxim Gorki, Modest Musorgski und Fjodor Schaljapin. Auch Anton Tschechow hatte hier seine Villa. Neuerdings ist die Stadt wieder zum **Magneten für die „Reichen und Schönen"** geworden. Malerisch ist vor allem die Südstadt, denn der gebirgige Nordteil wird leider von Großblocksiedlungen verschandelt. Hurzuf ist ein guter Ausgangspunkt zum Berg Roman-Kosh.

Die Geschichte Hurzufs reicht bis ins 6. Jh. zurück. Der byzantinische Historiker Prokopios von Caesarea schrieb bereits damals in seinem Traktat *De Aedificiis* über eine an diesem Ort errichtete Festung. Anfangs gehörte sie Byzanz, ab dem 8. Jh. dem Khasarenreich und danach den Tataren.

Im 12. Jh. bezeichnete der arabische Geograf Ibn-Idrisi sie als blühende Seestadt. Das war sie auch noch, als sie im 14. Jh. von den Genuesen eingenommen wurde.

Heute ist nicht mehr viel von den Befestigungen übrig – auf dem Genuesischen Felsen im Stadtzentrum trifft man nur noch auf Überreste der Wehrmauern. Die Festung wurde im 15. Jh. von den Türken in Schutt und Asche gelegt, und die späteren Bewohner setzten das Zerstörungswerk fort, indem sie die Steine der Festung als Baumaterial verwendeten.

## Sehenswertes

Die engen Gassen der Altstadt von Hurzuf werden von **Kur- und Erholungskomplexen** eingezwängt: dem Sanatorium von Hurzuf, dem Kinder- und Jugendferienzentrum Artek (**Артек**, mit Kosmonautikmuseum, Eintritt 6 UAH) und dem für Außenstehende verschlossenen Erholungszentrum des ukrainischen Präsidenten. Direkt am Meer entlang verläuft die für die Kurorte der Krim klassische **Strandpromenade** mit Kramläden, Imbissbuden, Jahrmarktsattraktionen und ziemlich teuren Restaurants.

Im oberen Teil der Stadt befindet sich der **Rynók** (kleiner Marktplatz) mit der Endhaltestelle der Busse und Marshrutki. Hier kann man auch ein Taxi bekommen (die Strecke Hurzuf – Partenit beispielsweise kostet 20–30 UAH). Außerdem ist es der beste Platz, um Geld zu wechseln.

Der **Park** von Hurzuf, ein 12 ha großes Denkmal der Gartenbaukunst aus dem 19. Jh., hat 280 Pflanzenarten (Eintritt kostenpflichtig, Eingang im Stadtzentrum, es gibt einen Ausgang zum Meer – *Náberezhnaya im. Púshkina*).

### Tschechow-Haus

Das Tschechow-Haus, heute Tschechow-Museum (eine Filiale des Literaturmuseums Yalta), findet man auf der Ul. Chekhova 4, einer kleinen Landzunge am Fuße des Dzhenebes-Felsens. Geöffnet ist es täglich von 10 bis 18 Uhr, die Eintrittskarte kostet 4 UAH, Tel. 363005.

### Puschkin-Museum

Das Puschkin-Museum befindet sich im Haus des Ex-Gouverneurs der Krim, des Fürsten Richelieu. Der Dichter wohnte im Sommer und Herbst 1820 hier. In der Stadt gibt es auch einen Puschkinpark *(Pushkinskiy Park)*. Er liegt gegenüber der Mineralwassertrinkhalle auf dem Gelände des Sanatoriums Pushkino. Hier findet man die Puschkin-Platane und die Puschkin-Grotte (auf der Landzunge Suuk-Su), die der der Dichter gern mit dem Boot besuchte. Im Sommer ist im Museumsgebäude gewöhnlich auch ein Wachsfigurenmuseum geöffnet.

## Praktische Tipps

### Verkehrsmittel

- Von Simferopol zum **Busbahnhof** in Hurzuf gibt es über 20 Verbindungen (1:45 Std.). Von Hurzuf aus fahren auch Privatbusse, die die Passagiere nach Simferopol direkt vors Haus bringen (Buchungen im Zentrum und am Strand). Nach Yalta gelangt man mit dem Bus Nr. 31, der zehnmal täglich hier abfährt, oder mit der viel häufiger verkehrenden **Marshrutka** mit derselben Nummer. Von der Fernverkehrsstraße (Haltestelle „Krasnokamenka") kommt man auch mit dem örtlichen Bus Nr. 2, Krasnokamenka – Hurzuf, hierher.
- Von Hurzuf aus verkehren **Fähren** nach Westen auf der Strecke: Botanischer Garten – Inturist-Strand – Yalta – Livadiya – Goldstrand – Schwalbennest – Miskhor – Alupka, und nach Osten auf der Strecke: Partenit – Professorskiy Ugolok – Alushta – Soniachnohirske – Malorichenske – Rybache.

Sehr empfehlenswert ist eine Fahrt mit der **Fähre nach Alupka:** Bei schönem Wetter kann man vom Meer aus alle größten Anziehungspunkte an der Küste sehen, dazu einige romantische Schlösser. Interessant sieht von dieser Seite auch Yalta aus mit den in der Sonne funkelnden Kirchenkuppeln und dem hübschen Hafen mit dem unverkennbaren Uhrturm. Es erwartet Sie eine schöne Aussicht auf das Schwalbennest und Alupka selbst mit dem Woronzow-Palast, einem riesigen Park und dem Bergmassiv des Ai-Petri. Die Fähre nach Alupka verkehrt während der Saison mehrmals täglich.

### Unterkunft

In Hurzuf gibt es vor allem teure Hotels, auch die Privatquartiere gehören zu den teuersten auf der Krim – in der Saison findet man schwerlich etwas unter 56 UAH pro Person. Eine Person zahlt für die Übernachtung in Privatquartieren von unterschiedlichem Standard, manchmal im Wohnblock oder im Garten, rd. 28–170 UAH. Nicht selten werden für sehr niedrige Qualität gepfefferte Preise verlangt. Wie überall ist es schwer, eine Unterkunft für zwei bis drei Tage zu bekommen. Das Vermittlungsbüro liegt auf dem Weg von der Bushaltestelle zum Zentrum (Ul. Leningradskaya 15, Tel. 363487).

- **Hotel Marina,** Ul. Leningradskaya 70a, Tel. 524908, www.hotel-marina.crimea.ua. Ein teures Luxushotel mit Pool auf dem Weg zum Ferienlager Artek. Preise: ca. 300–600 UAH für ein Doppelzimmer, je nachdem, ob mit Blick aufs Meer oder auf die Berge.
- **Hotel Skalnyy Artek,** Ul. Leningradskaya 29, Tel. 363062. Ein neues Hotel im gleichnamigen Erholungszentrum.
- **Hotel Bohema,** Ul. Leningradskaya 9, Tel. 363802, 2- bis 6-Personen-Apartments zum Preis von ca. 100 bis 500 UAH.
- **Hotel Dolce Vita,** Hurzufskiy Shosse 16, ab ca. 122 UAH für das Doppelzimmer.

### Essen und Trinken, Einkaufen

Zur Mittagszeit bilden alle, die gut und billig essen wollen, eine lange Schlange in der **Bar Stolovaya** auf der Ul. Leningradskaya 30 (geöffnet 8–20 Uhr, der „Saal für komplette Mittagsmenüs" 11.30–15 Uhr). Ansonsten findet man im Zentrum und entlang der Küste eine Menge **Bars und Restaurants.**

Die **Lebensmittelgeschäfte** bieten eine große Auswahl an **Krimweinen.** Man kann auch das Angebot der „Straßenreisebüros" nutzen und eine Weinverkostung (z.B. in Masandra) buchen. Der Preis für den Ausflug liegt bei ca. 32 UAH pro Person.

### Post, Telefon, Internet

**Postamt und Telefone** findet man auf der Ul. Leningrádskaya 36, **Internet** auf der Ul.

Podvóyskogo 20 (geöffnet 9–21 Uhr) und im Gebäude der Hauptpost. Viele zusätzliche Informationen gibt es unter www.gurzuf.ru.

## Nikita

(ukr. Нікіта, russ. Никита)

Nikita ist ein Ort in Groß-Yalta, der einst Botanícheskoye hieß. Die größte Sehenswürdigkeit ist denn auch ein riesiger Botanischer Garten.

### Botanischer Garten

Der Botanische Garten Nikita (**Никитский ботанический сад** [*nikítskiy botanícheskiy sad*]), ein Arboretum, wurde im Jahr 1812 angelegt. Er umfasst eine Fläche von ca. 1000 ha und beherbergt eine Pflanzenkollektion von nahezu 15.000 Arten. Er besteht aus drei Teilen: dem oberen, dem unteren und dem Meerespark. Die Eintrittskarte kostet 6 UAH, die zusätzlichen Ausstellungen, z.B. die Bonsai-Ausstellung, kosten extra. Gleich hinter dem Eingang kann man ätherische Öle, Balsame und andere Aromakosmetika kaufen. Besser ist es jedoch, dies ein Stück weiter im Geschäft *Mir zdoróvya* („Welt der Gesundheit") zu tun, wo die Preise bis um die Hälfte niedriger sind.

Besonders sehenswert im botanischen Garten sind das Bambusgehölz *Phyllostachys niger* und die Japanische Faserbanane *Musa basjoo*, die im Freien gezogen werden. Interessant ist auch die dendrologische Sammlung, die u.a. Zedern enthält – Atlantik-Zeder, Libanon-Zeder, Himalaja-Zeder –, aber auch Zypressen, immergrüne Sequoien, Riesen-Mammutbäume, Pinien, Korkeichen und Flaumeichen. Achten Sie auch auf die jahrhundertealten Platanen, Pistazien und Olivenbäume.

Anreise von Yalta mit dem Trolleybus Nr. 2 oder 3 (besser mit der 2, die hier eine Wendeschleife hat: Ausstieg an einem Mauersockel mit der Aufschrift „Nikitskiy Sad", danach wartet noch ein etwa 1,5 km langer Spaziergang) oder per Bus / *Marshrutka* Nr. 34 bis zum Ende der Strecke, so wird man direkt bis vor den Eingang gefahren. Die *Marshrutka* fährt in Yalta am Seehafengebäude (dem „Gruzovoy Port") los.

## Masandra

(ukr. Масандра, russ. Массандра)

Der letzte Ort vor Yalta ist Masandra. An der Straße liegt das Obere Masandra, darunter erstreckt sich der Masandrapark, und direkt am Meer liegt das Untere Masandra.

### Masandra-Palais

Das Palais liegt im Oberen Masandra am Fuße der Berge in einem Kiefernwald (Anreise mit dem Trolleybus Nr. 2 und 3 aus Yalta – Haltestelle „Vérkhnyaya Massandra", dann den Weg entlang nach Norden).

Auf Anordnung des Eigentümers der hiesigen Ländereien, Semjon Michailowitsch Woronzow (Nachfolger des Generalgouverneurs des Landes, Fürst Michal Woronzow) begann man 1881

Foto: www.fotolia.de ©Evgeni Sontdov

Masandra-Palais

mit dem Bau des Palais. Der französische Architekt M. Bouchard schuf einen Entwurf im romantischen Stil mit Anleihen bei der Frührenaissance und zwei Rundtürmen, die dem Bau den Charakter einer mittelalterlichen Befestigung verleihen. Ein Jahr nach Baubeginn wurden die Arbeiten eingestellt, denn Semjon Woronzow starb. 1889 gingen die Ländereien der Woronzows in Masandra zusammen mit dem nicht fertiggestellten Palais ins Eigentum des Zaren Alexanders III. über. Innerhalb von drei Jahren wurde der Bau beendet und das Palais zum Jagdschloss bestimmt. Die Arbeiten leitete M. Mesmacher, der den ursprünglichen Entwurf Bouchards stark mit Dekorationen anreicherte – neben mittelalterlichen Details tauchten viele barocke Elemente auf. Am Ende wurde der Palast zu einem Exemplar der frühen **Barockarchitektur im Stil Louis XIII.** Alexander III. schaffte es nicht mehr, darin zu wohnen – er starb im Kleinen Palais in Livadiya.

Nach dem 2. Weltkrieg war das Gebäude viele Jahre lang für Besucher geschlossen, denn das Palais, damals „Stalin-Datscha" genannt, diente den Prominenten der ehemaligen UdSSR als Ferienhaus. Erst 1992 wurde hier ein Museum eröffnet. Außer prächtigen Räumen kann man auch eine einzigartige Landkartensammlung aus dem 16. und 17. Jh. besichtigen.

• **Masandra-Palais,** Tel. 321728, geöffnet täglich 9–16 Uhr, Eintritt 10 UAH.

### Masandrapark

Der Masandrapark ist ein Denkmal der Garten- und Landschaftsbaukunst. Er erstreckt sich unterhalb vom Masandra-Palais im Unteren Masandra. Angelegt wurde er im **englischen Stil** in den 40er Jahren des 19. Jh. auf den Ländereien des Grafen Michal Woronzow. Derzeit enthält er etwa 250 Gehölzarten auf 41,9 ha. In diesem sorgfältig angelegten Park wachsen neben einheimischen Gehölzen, wie z.B. der Flaumeiche, der Pistazie oder der Krimkiefer, auch zahlreiche exotische Arten: Zypressen, Riesen-Mammutbäume, Atlas- und Himalaja-Zeder, Lorbeerbaum, Großblütige Magnolie, Sicheltanne oder Bambus.

### Grusheva-Lichtung

Die Grusheva-Lichtung mit einem kleinen Museum, das die hier **geschützte Natur** zeigt, liegt an der Grenze des Nationalparks *Krimskyi Zapovidnyk* oberhalb des Sanatoriums Dolossa. Daneben befinden sich Tiergehege mit Vertretern der Fauna der hiesigen Wälder: Hirschen, Rehen, Mufflons u.a.

### Weinkellerei Massandra

Die Kellerei Massandra im Unteren Masandra ist die erste und berühmteste Weinkellerei der Krim, die 1894, noch im zaristischen Russland, von Fürst L. Golizin gegründet wurde (www.massandra.crimea.com). Die Weine kann man auch unter www.maswin.com kaufen.

In neun unterirdischen, noch von Golizin angelegten Tunneln, in denen eine Million Flaschen und 35.000 Hektoliter Wein aufbewahrt werden können, befindet sich heute ein einzigartiges **Museum:** eine Vinothek, die Weine unterschiedlicher Marken und Jahrgänge sammelt. Sie wurde 2003 eröffnet. Heute besitzt sie bereits etwa 100.000 Flaschen Wein. Zu den kostbarsten davon gehören spanischer Jérez de la Frontera von 1775, französischer Muscat von 1846 und roter Portwein „Livadia" von 1894.

Im Hauptgebäude neben dem Museum lernt man die über einhundertjährige Geschichte der Kellerei, die Technologie der Weinherstellung und ebenfalls den Geschmack der Weine kennen, denn die Verkostung, die neun Kostproben enthält, ist untrennbarer Bestandteil jeder organisierten Führung durch die Massandra-Werke. Probieren kann man hier u.a.: trockenen Cabernet Sortovoye (**Каберне Сортовое**), Jerez Massandra (**Херес Массандра**) (verstärkt), Krymskaya Madeira (**Мадера Крымская**) (verstärkt), weißen Krim-Portwein (**Портвейный белый крымский** [*portveynyy bélyy krýmskiy*]) (Dessertwein), schwarzen Muscat Massandra (**Мускат чёрный Массандра** [*muskat chërnyy massandra*]) (Dessertwein), den Siebenten Himmel des Fürsten Golizin (**Седмое** небо князя Голицина [*sedmóye nébo knyáza golítsina*]) (eine Fantasiekomposition für Golizins Geliebte), den Dessertwein Aleatko Ayu-Dakh (Алеатко Аю-Дах), weißen Muscat Yuzhnoberezhnyy (**Мускат Южнобережный белый** [*muskat yuzhnoberézhnyy bélyy*]) (Dessertwein) und den weißen Dessertwein Muscat Livadiya (**Мускат белый Ливадия** [*muskat bélyy livadiya*]).

Preise für die Führungen: Museumsführung 15 UAH, mit Weinverkostung 30 oder 40 UAH pro Person.

Verkostungen finden auch in Yalta auf der Ul. Mira 6 statt. Die Kellerei in Masandra arbeitet mit dem benachbarten Wissenschaftlichen Forschungsinstitut Magarach zusammen.

Jährlich am 20. Oktober wird auf der Krim ein großes **Weinfest** gefeiert. In der Region Masandra liegen neun Weinbezirke: Livadiya, Hurzuf, Tavrida, Alushta, Malorechenskiy, Privetnyy, Morskoy, Veselovskiy, Sudak.

## Yalta

(Ялта)

Yalta liegt an der Schwarzmeerküste, 79 km von Simferopol. Das Halbrund der Bucht ist von einer Hügelkette umgeben: im Nordosten die Nikitska Yaila, die zum Kap Martian abfällt, im Westen der Berg Mogabi, der sich in einer felsigen Hügelkette zum Kap Ai-Todor hinzieht, und dazwischen die Yaltynska Yaila. Der sich in der Stadt erhebende Darsan-Hügel und die Ausläufer des Iohraf unterteilen das Terrain in zwei Flusstäler: das des Uchan-Su („Wasserfall") und das der Dereka („die Schnelle"). Die Stadt erhielt ihren Namen vom griechischen Wort *Yalos:* „Küste".

Yalta zählt 100.000 Einwohner und ist das Verwaltungszentrum der **Kurregion Groß-Yalta.** Diese Küstenregion ist 72 km lang und umfasst von Westen nach Osten die Orte Foros, Goluboi Zaliv, Simeiz, Alupka, Miskhor, Koreiz, Haspra, Oreanda, Livadiya, Yalta, Masandra, Nikita und Hurzuf, dazu etliche kleinere Ortschaften. Hier sind 170 Sanatorien angesiedelt, in denen über 470.000 Menschen jährlich behandelt werden. Jedes Jahr wird Yalta von fast **zwei Millionen Touristen** besucht. Yalta ist einen Besuch wert, auch wenn die Großblocks und die hohen Preise anfänglich keinen guten Eindruck machen und die Strände klein, heillos überfüllt und sehr steinig sind.

Laut archäologischer Quellen waren die ersten Einwohner in diesem Gebiet Taurer. Später wurde die Siedlung im Laufe der Jahrhunderte nacheinander von den Römern, Byzantinern, Khasaren, Polowezern und Tataren beherrscht. Zum ersten Mal wird Yalta im 12. Jh. vom arabischen Geografen Ibn-Idrisi erwähnt, der von der Siedlung Dzhalita schreibt, die sich in den Händen der Polowezer befand. Im 14. und 15. Jh. gehörte sie zum Despotat Theodoro, anschließend ging sie in genuesischen Besitz über. Auf italienischen Karten aus dem 14. Jh. trägt sie den Namen Gealita oder Etalita.

1 Trolleybusbahnhof
3 Verkehrszentrum VESHCHEVOY RYNOK
12 Vekehrszentrum SPARTAK
5 Hotel KRYM
15 Hotel OREANDA
17 Hotel AVANGARD
Kirche der Jungfrau Maria
2 Armenische Ripsime-Kirche
4 Jan-Chrysostomos-Glockenturm
6 Alexander-Newski-Kathedrale
10 Literaturmuseum Lesja Ukrainka
11 Tschechow-Museum
13 Museum für Geschichte und Literatur
8 Seehafen
9 Anlegestelle der Küstenschifffahrt
Supermarkt NA SADOVOY
7 McDonald's
14 Restaurant ZOLOTOYE RUNO
16 Restaurant HISPANIOLA
Weinkellerei MASSANDRA
Южнобережное шоссе (Yuzhnonaberezhnoye shosse)
Тимирязева (Timiryazeva)
Sevastopol
Хатурина (Khalturina)
Кирова (Kirova)
Кирова (Kirowa)
Ломоносова (Lomonosova)
Бирюкова (Biryukova)
Пушкинская
Блюхера (Blukhera)
Красноармейская (Krasnoarmeyskaya)
Таврическая
Володарского (Volodarskogo)
Строителей
Сеченова (Sechenova)
Коммунаров (Kommunarov)
11
12
17

Южнобережное шоссе (Yuzhnonabe shosse)
Киевская (Kiyevskaya)
Московская (Moskovskaya)
Весенняя
Найденова
Дзержинского (Dzerzhynskogo)
Свердлова
Sverdlova
Южнобережное шоссе (Yuzhnonaberezhnoe shosse)
Alushta
пер. Киевски
Ленинградская (Leningradskaya)
Садовая (Sadovaya)
Васильева (Vasileva)
Орехова (Orechova)
Руданского (Rudanskogo)
Свердлова (Sverdlova)
Мухина (Muchina)
Поликуровская
Дражинского (Drazhinskogo)
Маркса (Marxa)
Садовая
Набережная Ленина (Naberezhnaya Lenina)
Кирова (Kirova)
Чехова (Chekhova)
Екатеринская
чёрное море
Schwarzes Meer
Yalta
0 200 m
N W E S
1 2 3 4 5 6 7 8 9 10 13 14 15 16

## Alexander-Newski-Kathedrale

Die Alexander-Newski-Kathedrale, Ul. Sadovaya 2, ist ein Bauwerk im altrussischen Stil, errichtet zum Gedenken an den Märtyrer Zar Alexander II. (1891–1902). Die Kathedrale besitzt zwei Altäre: den oberen Alexander-Newski-Altar und den unteren Artemij-Altar.

## Armenische Ripsime-Kirche

Die armenische Ripsime-Kirche (1905–1917), Ul. Zagorodnaya 3, wurde entworfen vom Architekten Gabriel Ter-Mikaelow, die Innenmalereien sind von V. Sureniants. Das monumentale Gebäude auf einem hohen Hügel ist Ripsime gewidmet, der Tochter des Kirchenstifters Ter-Gukasjan. Als Vorbild diente die mittelalterliche Ripsime-Kirche in Echmiadzin (erbaut 618). Das untere Stockwerk nehmen Gräber ein, das obere die Kirche. Auf der Südseite führt eine hohe Treppe zur Kirche empor.

## Kirche der Unbefleckten Empfängnis

Die katholische Kirche der Unbefleckten Empfängnis der Jungfrau Maria, Ul. Pushkinskaya 25, ist auf der Krim die einzige Kirche mit Chor und Glockenturm. Sie wurde 1914 noch vor der Revolution am Ufer des Uchan-Su erbaut. Zu sowjetischen Zeiten diente sie als Schießplatz, und nach dem 2. Weltkrieg eröffnete man nach ihrer Restaurierung hier das Kulturmuseum der Krim. Heute beherbergt sie wieder eine aktive Kirchgemeinde. Samstags und sonntags wird in der Kirche die Hl. Messe auf Russisch, Ukrainisch und Polnisch zelebriert.

## Tschechow-Museum

Das Museum befindet sich in einem zweistöckigen Haus, das „Weißes Häuschen" genannt wird und von Tschechow 1899 gebaut wurde. Der Schriftsteller kam nach Yalta, um sich hier dauerhaft niederzulassen und mit Hilfe des heilkräftigen Klimas seine Gesundheit aufzubessern. Mit seiner Mutter und seiner Schwester wohnte er hier bis 1904. Während Tschechows Aufenthalt in Yalta entstanden u.a. *Der Kirschgarten* und *Drei Schwestern*. Nach dem Tod des Schriftstellers unternahm seine Schwester Maria Pawlowna alles, um an dieser Stelle ein Museum einzurichten. Es entstand 1921 und wurde in den 1960er Jahren um ein in der Nähe errichtetes Gebäude erweitert, in dem Tschechows Werke, Spenden und die Bibliothek ausgestellt wurden. Im Haus selbst sind fünf Zimmer im ersten und zweiten Stock für Besucher zugänglich. Das Speisezimmer sowie das Schlafzimmer des Dichters, das gleichzeitig sein Arbeitszimmer war, sind in unverändertem Zustand erhalten. In einem der Zimmer werden Materialien aus Tschechows Leben und Arbeit gezeigt.

• **Tschechow-Museum,** Stadtteil Autka, Ul. Kirova 112, Tel. 394947. Geöffnet täglich außer Mo und Di 10–17 Uhr, Eintritt: 8 UAH. Anfahrt mit dem Bus Nr. 8 bis zur Haltestelle „Dom-Muzey Chekhova" oder dem Trolleybus Nr. 1 bis zur Haltestelle „Pionérskoye", weiter zu Fuß.

### Literaturmuseum Lesja Ukrainka

Im Haus, in dem das Museum untergebracht ist, wohnte die ukrainische Schriftstellerin Lesja Ukrainka im Jahre 1897. Zu besichtigen ist die Ausstellung *Lesja Ukrainka und die Krim an ihrem 120. Geburtstag.*

● **Literaturmuseum Lesja Ukrainka** (*Literatúrno-Memoriálnyy Muzéy Lesii Ukraínki*), Ul. Yekaterinskaya 8, geöffnet täglich außer Mo 10–17.30 Uhr. Eintritt: 4 UAH.

### Märchenwiese

Die „Märchenwiese", das **Museum für Nationale Dekorationskunst,** liegt 2 km vom Tschechow-Museum entfernt. Über die Ul. Kirova gelangt man zu einem Wäldchen auf der anderen Seite der die Stadt umgebenden Landstraße, dort läuft man am Flüsschen Vodopadnaya entlang bis zum Fuß des Bergs Stavri-Kaia (Kreuzberg).

Auf der Märchenwiese stehen unter freiem Himmel mehr als 200 Plastiken aus Holz, Dekorationsstein, Kupfer, Aluminium, Glas und sogar Moos. Dargestellt sind Märchen- und Sagenhelden, sowohl russische, ukrainische, armenische und georgische als auch Märchengestalten der Brüder Grimm, von Charles Perrault, aus Disneyfilmen (z.B. *Schneewittchen und die sieben Zwerge*) oder dem *Dschungelbuch* von Rudyard Kipling. Kinder werden von einer leibhaftigen Baba Jaga im Hüttchen auf einem Hühnerbein erschreckt. Es gibt auch ein Spiegelkabinett zu besichtigen und einen **Minizoo** in der Nachbarschaft. Tiergehege, kleine Teiche mit Schwänen und steinerne Dinosaurier begeistern vor allem die Kinder. Zum Andenken kann man sich auf einem Esel fotografieren lassen. Die meisten Tiere im Zoo hat der Besitzer als kranke Tiere gekauft und sie in seinem Garten wieder gesund gepflegt.

● **Märchenwiese, Museum für Nationale Dekorationskunst** (*Polána Skázok – Muzéy Naródno-Dekoratívnogo Iskústva*), Tel. 395 303. Geöffnet 10–17 Uhr. Eintritt: Märchenwiese und Zoo sind getrennt zu zahlen, Erwachsene 6 UAH, Kinder 3 UAH.

### Staatliches Museum für Geschichte und Literatur

Das Museum zeigt Ausstellungen über Archäologie, Ethnografie, Geschichte und Kultur.

● **Staatliches Museum für Geschichte und Literatur Yalta** (*Yaltínskiy gosudárstvennyy obediniónnyy istorícheskо-literatúrnyy muzéy*), Ul. Pushkinskaya 5a. Geöffnet täglich außer Mo und Di 11–18.30 Uhr.

## Praktische Tipps

### Verkehrsmittel

● **Busbahnhof,** Ul. Moskovskaya 8, Tel. 342065; Auskunft über Vorortverbindungen, Tel. 342075; Auskunft über Fernverbindungen, Tel. 342092.

Verbindungen mit nahezu jedem Ort auf der Krim, viele Verbindungen nach Simferopol und Sevastopol.

● **Trolleybusbahnhof,** Ul. Moskovskaya 8. Auskunft, Tel. 327994. Trolleybusse nach Simferopol (Nr. 52, 2:30 Std.), Alushta (Nr. 53, 1 Std.), Krasnokamianka (Nr. 60), Nikita (Nr. 2) und Masandra (Nr. 3). Die Nr. 1 verkehrt in Yalta – von der Wendeschleife hinter der Umsteigestelle „Spartak" bis zum Busbahnhof.

● **Bahnkasse,** Ul. Sverdlova 12; Auskunft Tel. 005.

• **Flugagentur,** Ul. Moskovskaya 37, Tel. 320092; Flugkassen, Ul. Moskovskaya 8, Tel. 323732; Auskunft Tel. 006.

• Kassen der **Küstenschifffahrt,** Ul. Naberezhnaya im. Lenina. Im Sommer fahren recht häufig Schiffe nach Alushta und zu den Städten Groß-Yaltas (von Foros bis Hurzuf) (mehr als zehn Fahrten täglich). Angeboten werden auch Ausflüge mit Schiffen und Tragflächenbooten zu den touristischen Anziehungspunkten, z.B. nach Hurzuf, Alupka, zum Schwalbennest oder zur Laspi Bucht. Die Ausflüge sind manchmal mit einer Besichtigung verbunden, z.B. des Schwalbennestes: 1:30–2 Std. (40 Min. Besichtigung).

• **Stadttaxis,** Tel. 058; Ferntaxis, Tel. 343333.

• **Seilbahn auf den Darsan-Hügel** – 50 m von der Ul. Naberezhnaya im. Lenina, unweit der Schiffskassen (ausgeschildert). Die Zweipersonengondeln fahren im Spaziertempo auf den Hügel, der ein wunderbares Panorama der Gegend bietet. Länge der Strecke – 600 m, Fahrzeit 12 Min. Die Seilbahn rast mit der halsbrecherischeren Geschwindigkeit von 3 km/h dahin – nur für Mutige!

• **Marshrutki in Groß-Yalta:** In die Städte von Groß-Yalta fahren zahlreiche *Marshrutki* (Mikrobusse). Wendeschleifen findet man sowohl am Busbahnhof als auch im Zentrum am *Veshchevóy Rynók* („Kleiderbasar"). Am besten fragt man immer, wohin genau die jeweilige *Marshrutka* fährt. Sie verkehren in Abständen von mehr als zehn Minuten bis zu einer halben Stunde, und in den meisten Fällen starten sie einfach dann, wenn sich genügend Fahrgäste versammelt haben [*po zagrúzke*]. Zielorte und Nummern: Alupka 27, 27A, 32, 41, Foros 28, 28A, 39, Hurzuf 31, 31A, Katsiveli 36, Kastropol 43, Nikita 29, 34, Partenit 46, Simeiz 26, 26A, 42, Wodopad 30, Ai-Petri 50, Masandra 14.

## Unterkunft

Unterkünfte sind in Yalta nicht ganz billig, aber in großer Auswahl vorhanden. Auf dem Busbahnhof bieten viele ihre Dienste schon beim Aussteigen an. Es gibt hier auch (auf der Seite des Trolleybusbahnhofs) ein Zimmervermittlungsbüro (Tel. 342185 – laut Flyer spricht man Englisch).

• **Hotelvermittlungsbüro,** Tel. 327873.

• **Motel und Camping Polyana Skazok,** Ul. Kirova 167, Tel. 395219, Fax: 397439, www.pskaz.crimea.com. Anfahrt vom Busbahnhof mit den Mikrobussen Nr. 26, 27, 28 bis zur Haltestelle „Polyana Skazok" (die Haltestelle hat die Form von Pilzen auf hohen Stielen). Von hier aus geht es nach rechts (in nordwestlicher Richtung) etwa einen Kilometer über die Landstraße, unterwegs kommt man an der Märchenwiese und am Minizoo vorbei. Wer sein Zimmer vorher reservieren lässt, wird mit dem Mikrobus vom Bahnhof abgeholt.

Dies ist mit Sicherheit eine gute Idee für alle diejenigen, die sich fern vom Urlaubergewimmel in schöner Umgebung entspannen wollen. Das Motel liegt nämlich mehrere Kilometer vom Zentrum entfernt, hinter der Fernstraße Alushta – Sevastopol. Die Lage ist wundervoll: Umgeben ist es von den bewaldeten Hängen des Hauptgebirgszuges, nebenan fließt der Uchan-Su, und vom Fenster aus blickt man auf den gleichnamigen Wasserfall, den höchsten der Krim. Preise: ab ca. 100 UAH aufwärts.

• **Hotel Avangard,** Ul. Pirogovskaya 2/4, Tel. 328343, 328777, ganzjährig geöffnet – erinnert etwas an Jugendherbergen. 1-, 2- und 3-Bett-Zimmer mit Waschbecken, Preise von ca. 52 bis 70 UAH pro Person.

• **Hotel über dem Busbahnhof,** 2- und 3-Bett-Zimmer. Der Preis für eine Person beträgt ca. 50 UAH. Sehr niedriger Standard, aber annehmbarer Preis im Vergleich mit anderen Hotels.

• **Hotel Krym,** Ul. Moskovskaya 1/6, Tel. 271701, 271702, director@hotelkrim.yalta.crimea.ua. Ein Hotel direkt im Zentrum des historischen Stadtteils mit überraschend günstigen Preisen. Da das Haus noch weitgehend unrenoviert ist, dürfte sich das aber in den nächsten Jahren ändern. Das Gebäude wurde vom Schöpfer des Livadiya-Palastes, dem Architekten Krasnow, für den Grafen A. Mordwinow entworfen. Im Erdgeschoss befindet sich eine Apotheke, Geschäfte und Vertretungen von Funknetzbetreibern. Zimmer mit diversem Komfort: Wanne oder Dusche (oder nur Waschbecken), TV, Telefon, Kühlschrank. Preise: ab ca. 100 UAH pro

Zimmer ohne Dusche und ca. 225 UAH mit Dusche.

- **Hotel Oreanda,** Ul. Naberezhnaya im. Lenina 35/2, Tel. 328286, oreanda@mail.yil.crimea.com. Dies ist eins der teuersten Hotels im ganzen postsowjetischen Reich, direkt am Meer im Zentrum von Yalta. In diesem Haus mit seiner weit über hundertjährigen Tradition gibt es neben einem Luxusrestaurant auch Fitnesscenter, Swimmingpool, Sauna, Billardsaal u.Ä. Die Firma hat auch das gegenüber liegende Stück Strand gekauft sowie den Schoner nebenan, der das Restaurant Hispaniola beherbergt. Preis in der Saison für ein Apartment mit Meerblick: rd. 850 USD.
- **Hotel Yalta,** das kolossale ehemalige Intouristhotel liegt unübersehbar am östlichen Rand des Ortes (kolossal sowohl was Größe, als auch Hässlichkeit anbelangt). Heute ist es ein Businesshotel mit geradezu unverschämten Preisen. (DZ in der Hochsaison für ca. 660 UAH, außerhalb der Saison weniger.)
- **Ferienwohnungen in der Altstadt,** Ul. Massnandrovskaya 1, Vermittlungsbüro: Tel. (067) 2531594, (067) 9431979, yaltabereg@rambler.ru. Günstige und attraktive Apartments. Aus Sicht der Autoren einer der Toptipps für Yalta. Preise ab ca. 100 UAH pro Zimmer, ab ca. 155 UAH pro Wohnung.

## Camping

Leider fehlt es in Yalta völlig an legalen Zeltplätzen, und am Strand gibt es keine Möglichkeit, ein Zelt aufzuschlagen. Ein ganz netter **Zeltplatz** findet sich in der Nähe der Märchenwiese (s. Zugangsbeschreibung zum Motel). Von der Hauptstraße führt ein Pfad nach unten links in die Nähe eines Pfeils aus grünen Glasstücken auf einer Mauer: *Polyana Skazok* (Märchenwiese) entlang. Dort findet man ein Stück „flache Wiese" für einige Zelte, Wasser im Bach, eine Stelle fürs Lagerfeuer. Das ist auch eine gute Ausgangsbasis für Ausflüge in die nahen Berge, nur bis zum Meer ist es etwas weiter – etwa 30 Min. Fußmarsch.

## Essen und Trinken

Am preiswertesten isst man in Bars vom Typ *Stolovaya* – einige davon findet man zwischen McDonald's und der Wendeschleife der *Marshrutki* im Zentrum (abschreckend lange Warteschlangen zur Mittagszeit). McDonald's selbst steht auf dem Leninplatz gegenüber vom Denkmal des Revolutionsführers. Außerdem gibt es am Kai sehr viele **Kneipen und Cafés.** Hier findet jeder die, deren Musik, Umgebung oder Preise ihm am meisten zusagen. Vor allem nachts ist der Kai einen Besuch wert – er ist dann voller Lichter und Menschen, und man hört das unsichtbare Meer rauschen.

- **Restaurant Zolotoye Runo,** Naberezhnaya im. Lenina. Schon von Weitem sichtbar, auf dem Schiff „Argo", das mehrere Meter über dem Kai aufragt. Sehr exotisches Lokal. Wenn man sich so hinsetzt, dass nur das Meer zu sehen ist, hat man den Eindruck, tatsächlich mit dem Schiff zu fahren. Es ist jedoch recht teuer, und nachts erschallt von hier aus Discomusik.
- **Schiffsrestaurant Hispaniola,** an der Küste am Ausgang der Ul. Gogolya. Die originellste Kneipe in Yalta in einem ans Ufer gezogenen Schoner, gegenüber vom Hotel Oreanda und zu diesem gehörend. Das Segelschiff, das schon in mehreren Filmen mitgespielt hat, u.a. in „Die Kinder des Kapitän Grant", ist heute ein exklusives Café. Auf mehreren Decks kann man Kaffee oder Bier für 8 UAH trinken oder für 80 UAH speisen.

## Einkaufen

Jedes Stadtviertel hat seinen kleinen **Markt,** und im Zentrum auf der Ul. Sadovaya findet man einen rund um die Uhr geöffneten **Supermarkt.** Die wohl größte Auswahl an Andenken auf der Krim bietet der Basar an der Küste etwas westlich vom Zentrum, wenn auch die Preise nicht zu den niedrigsten gehören.

## Post, Telefon, Internet

Die **Hauptpost** befindet sich auf der Ul. Lenina 1, Tel. 312073; **Fernsprechämter** auf der Ul. Moskovskaya 8, im Gebäude des Busbahnhofs (im Obergeschoss bei den Kassen, geöffnet täglich außer So 9–17 Uhr, Mittagspause 12–13 Uhr) und auf der Ul. Gogolya.

In der Stadt gibt es viele **Telefonzellen** mit Kartentelefonen (Karten erhältlich in den Fernsprechämtern oder auf der Post). **Internetzugang** gibt es auf der Ul. Gogolya, der Ul. Yekaterinskaya 3 und der Ul. Morshaka 9 (ganztägig geöffnet, 5 UAH pro Stunde). Viele Informationen über Groß-Yalta unter: www.jalita.com, www.yalos.net, www.yalta.com.ua, www.bigyalta.net.

## In der Umgebung

Yalta ist ein guter Ausgangspunkt für einen Ausflug in die Region der Ai-Petrynska Yaila. Wer keine Lust auf längere Bergwanderungen hat, sollte sich aber wenigstens einen der größten Wasserfälle der Krim, den Uchansu, anschauen, mit der Seilbahn auf den Ai-Petri fahren (s. Miskhor) oder einen Ausflug in die Große Schlucht („Grand Canyon der Krim") buchen (s. Kapitel „Bergtouren").

### Uchansu-Wasserfall

Der **Uchansu-Wasserfall** (водопад Учан-Су [*vodopad uchan-su*]) liegt 7 km westlich der Stadt. Man kann den Bus Nr. 8 von Yalta aus nehmen (Haltestelle „Vodopad") oder zu Fuß hinwandern. Der Weg zum Wasserfall nimmt seinen Ausgang an der Bus-Endhaltestelle, rechts vom Tschechow-Museum. Von hier aus läuft man bis zur alten Chaussee Isarskoye, auf der man bis zur Brücke über den Fluss *Vodopádnaya* gelangt. Auf der anderen Seite des Flusses führt der Pfad aufwärts zum Sanatorium *Kuybishev*. Das lässt man hinter sich und begibt sich wieder nach unten zum Flussbett. Nach Überqueren des Flusses geht es auf einem Feldweg weiter auf die bereits sichtbaren Häuser zu, die zum Sanatorium *Isary* gehören. Über ihnen ragt der *Isar-Tepe* auf, auf dessen Gipfel die Ruinen (Überreste von Wehrmauern) eines griechisch-byzantinischen Schlosses aus dem 10. Jh. zu sehen sind. Auf den Felsen gelangt man, wenn man links um ihn herumgeht und dann auf dem Pfad nach oben steigt.

Vom Gipfel hat man einen herrlichen Ausblick auf Yalta und den schon ganz nahen Uchansu-Wasserfall. Um ihn zu besichtigen, zahlt man etwa 4 UAH.

Der Uchansu ist der höchste Wasserfall auf der Krim (98 m hoch). Sein Name kommt aus dem Krimtatarischen und bedeutet „fallendes Wasser". Die beste Zeit für einen Besuch dort ist der Frühling, wenn der Schnee schmilzt, oder ein regnerischer Herbst, denn das Flüsschen, das ihn speist, trocknet in einem heißen Sommer fast ganz aus.

## Livadiya

(ukr. Лівадія, russ. Ливадия)

Livadiya liegt 3 km westlich von Yalta. Man gelangt mit dem Schiff oder dem Bus Nr. 52 vom Busbahnhof in Yalta hin. Fußweg: die kleine Straße von den Säulen am Nordeingang des Meeresparks entlang, vorbei am Sanatorium Adlernest, am Ferienheim *Zaria* und am Sanatorium *Rossiya*. Dahinter verbreitert sich die Straße und biegt nach rechts ab. Der Weg verläuft mitten durch Weinberge ins Zentrum von Livadiya.

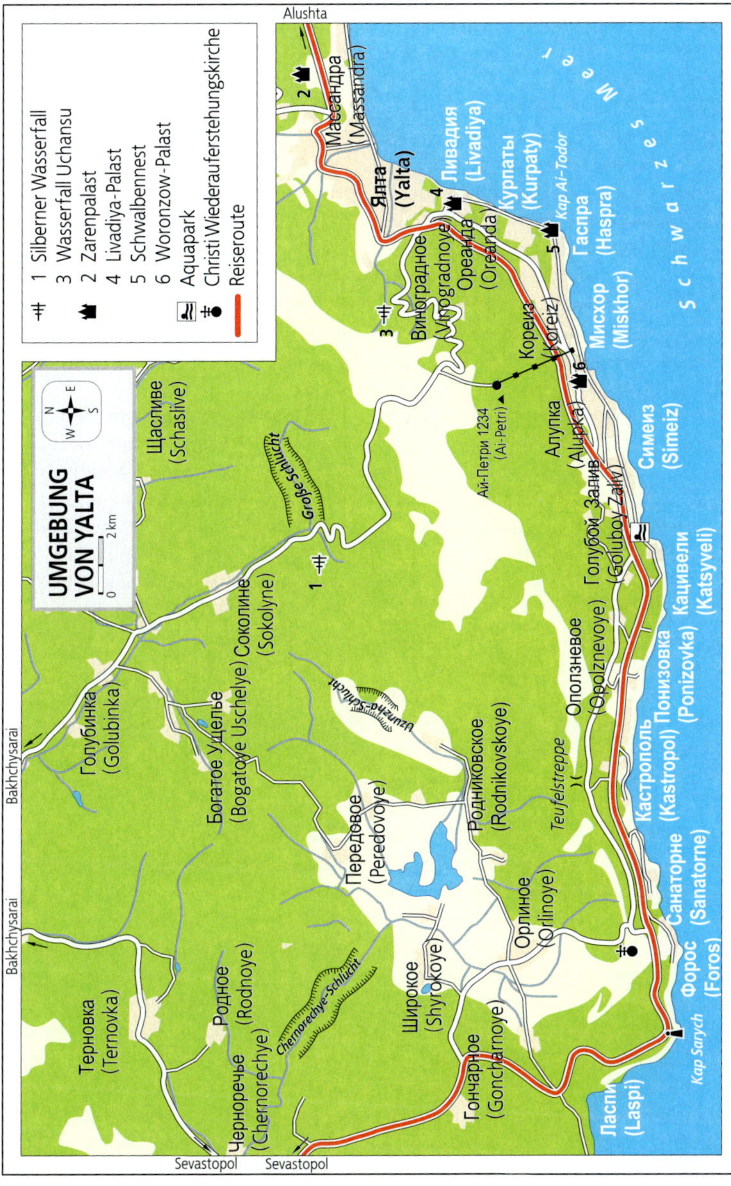

UMGEBUNG VON YALTA
0 2 km
N E S W
1 Silberner Wasserfall
3 Wasserfall Uchansu
2 Zarenpalast
4 Livadiya-Palast
5 Schwalbennest
6 Woronzow-Palast
Aquapark
Christi Wiederauferstehungskirche
Reiseroute
Alushta
Bakhchysarai
Bakhchysarai
Sevastopol
Sevastopol
Массандра (Massandra)
Ялта (Yalta)
Ливадия (Livadiya)
Курпаты (Kurpaty)
Kap Ai-Todor
Гаспра (Haspra)
Виноградное (Vinogradnoye)
Ореанда (Oreanda)
Мисхор (Miskhor)
Кореиз (Koreiz)
Ай-Петри 1234 (Ai-Petri)
Алупка (Alupka)
Симеиз (Simeiz)
Голубой Залив (Goluboy Zaliv)
Кацивели (Katsyveli)
Оползневое (Opolznevoye)
Понизовка (Ponizovka)
Кастрополь (Kastropol)
Санаторне (Sanatorne)
Форос (Foros)
Kap Sarych
Ласпи (Laspi)
Schwarzes Meer
Щасливе (Schaslive)
Große Schlucht
Соколине (Sokolyne)
Голубинка (Golubinka)
Богатое Ущелье (Bogatoye Uschelye)
Uzunzha-Schlucht
Родниковское (Rodnikovskoye)
Teufelstreppe
Передовое (Peredovoye)
Орлиное (Orlinoye)
Широкое (Shyrokoye)
Chernorechye-Schlucht
Терновка (Ternovka)
Родное (Rodnoye)
Черноречье (Chernorechye)
Гончарное (Goncharnoye)

In ferner Vergangenheit lagen dort, wo jetzt das Städtchen liegt, große Wiesen zwischen dichten Wäldern. Daher kommt auch der Name Livadiya (griech. *libadion* = „Wiese"). Am Ende des 10. Jh. war hier die griechische Siedlung Aiyan (heiliger Johannes). Später zogen die Griechen in die Gegend von Mariupol, und 1834 kaufte der polnische Magnat Graf Potocki das Land und baute hier sein Haus. Auf dem nahezu 40 ha großen Gelände wurde ein herrlicher Park angelegt. 1860 ging Livadiya ins Eigentum der Zarenfamilie über, der auch schon das nahe Oreanda gehörte.

## Livadiya-Palast und Museum

Livadiya-Palast (ukr. Лівадійский палац [*livadiiskyi palats*], russ. Ливадийский дворец [*livadiyskiy dvoréts*]). In den 60er Jahren des 19. Jh. wurde das Haus der Potockis unter der Leitung des Hofarchitekten Ipolit Monigetti in einen Palast umgestaltet. Zusätzlich wurden ein Palais, ein Wasserbecken und eine Orangerie gebaut.

1910–11 errichtete man an der Stelle des alten Palastes den neuen Weißen Palast nach einem Entwurf von M. Krasnow, der weder in seiner Größe noch in seinem Komfort dem Woronzow-Palast in Alupka nachstand. Nach der Revolution wurde der Palast 1925 zum landesweit größten Sanatorium, und im Febuar 1945 beherbergte der Livadiya-Palast die Unterzeichner der Yalta-Konferenz Stalin, Churchill und Roosevelt – die Oberhäupter der drei Siegermächte UdSSR, Großbritannien und USA.

1974 wurde der Palast einem breiten Publikum zugänglich gemacht. Der Museumskomplex besteht aus 60 Gebäuden, darunter der Weiße Palast (auch Großer Palast genannt, 1910–11, Architekt Krasow), die Kreuzerhöhungskirche (1864, Architekt Ipolit Monigetti), der Frederikspalast (1916, Architekt Bibber) und der umgebende Park, angelegt 1895 vom Botaniker Heckerle und den Gärtnern Delinger und Pater. Die Besichtigung des Palastes mit Führung kostet 30 UAH.

Der **Weiße Palast** ist im Frührenaissancestil konzipiert mit byzantinischen, arabischen und neogotischen Elementen. Der Haupteingang ist von korinthischen Säulen aus blauweißem Marmor umgeben, die mit Reliefs italienischer und russischer Künstler bedeckt sind. Den Eingang bewachen zwei riesige Jaspisvasen aus dem Ural. Der Palast hat 58 Gemächer, jedes in einem anderen Stil. Ins Auge stechen besonders die Details in Form von zarten Ornamenten aus karrarischem Marmor, schmiedeeisernen Toren oder Wandverzierungen.

Der Audienzsaal ist eine Kopie des Sitzungssaales des Rates der Fünfhundert im Dogenpalast zu Venedig. Der größte Raum im Palast ist der Weiße Saal mit riesigen Fenstern und kunstvollen Dekorationen. Eben hier berieten die Teilnehmer der Yalta-Konferenz, und in den angrenzenden Gemächern im ersten Stock wohnte Franklin Roosevelt. Im zweiten Stockwerk befindet sich die Ausstellung *Die Romanows in Livadiya*. Sie besteht aus

Fotos und Beschreibungen, die an die Zeit erinnern, als in Livadiya die letzten Zaren Russlands wohnten.

An der Treppe, die zu den inneren Räumen des Palastes führt, steht ein neogotischer Brunnen mit der Darstellung einer Chimäre. Die Skulptur, die einen Löwenkopf mit einem Bocksleib verbindet, ahmt die mittelalterlichen Kreaturen an den westeuropäischen Kirchen nach, die die bösen Geister vertreiben sollten.

Die **Kreuzerhöhungskirche** ist die von Ipolit Monigetti im byzantinischen Stil umgebaute katholische Kapelle der Potockis. In der Mitte prangt eine Ikonostase aus weißem Marmor mit einer Zarentür aus Bronze. Die Kapelle ist zwar früher entstanden, fügt sich aber ausgezeichnet ins gesamte Palastensemble ein.

Ihr gegenüber sind ein kleiner Glockenturm, ein Marmorspringbrunnen im orientalischen Stil und eine Säule mit türkischen und arabischen Inschriften zu sehen. Die Säule wurde aus der Türkei hierher gebracht, zum Gedenken an den Sieg der Russen über die Türken im Jahr 1878. Der Innenhof, der im Stil italienischer Paläste des 15.–16. Jh. gehalten ist, wird von einer Säulengalerie umgeben. Den Eingang zum Italienischen Palais verschließt ein schmiedeeisernes Gittertor, das noch im 18. Jh. aus Verona hierher gebracht wurde.

Neben dem Großen Palast stehen der modernistische Palast des Hofministers, Baron Frederiks, sowie das Haus für das Zarengefolge, das im Stil der Spätrenaissance gehalten ist.

Der **Park** in Livadiya ist annähernd 60 ha groß. Viele Pfade führen zwischen Rosen und exotischen Grünpflanzen entlang. Einer davon, der sogenannte Zarenpfad, führt zur Aussichtsrotunde in Oreanda. Der Pfad wurde angelegt, um die beiden Zarenbesitzungen Livadiya und Oreanda miteinander zu verbinden.

## Sommerhaus Kichkine

Das Sommerhaus Kichkine wurde 1908–11 nach einem Entwurf von Tarasow im mauretanischen Stil erbaut, mit dekorativen Kuppeln und einem Turm in Form eines Minaretts. Innen befinden sich wunderschöne Stuckverzierungen. Einst gehörte es der Zarenfamilie, heute ist hier eine Touristenbasis untergebracht. Umgeben ist es von einem Park mit exotischen Pflanzen.

## Orgelsaal

Im Gebäude der einstigen Energiestation des Zaren wurde 1998 die größte Orgel auf dem Gebiet der ehemaligen UdSSR gebaut. Das Instrument, das mit 4600 Pfeifen ausgestattet ist, gab den Anlass zur Einrichtung eines Orgelsaals in Livadiya. Konzerte finden im Sommer um 15.30 Uhr auf der Ul. Baturina 4 statt, Tel. 312515, 315678.

# Oreanda

(Ореанда)

Ins benachbarte Oreanda („die Felsige“) gelangt man am besten zu Fuß auf dem bereits erwähnten **Zarenpfad.** Er beginnt im westlichen Teil des Parks von Livadiya und dringt allmählich in einen Eichen-Hainbuchen-Wald ein. Der Pfad ist perfekt eben, sodass er selbst ungeübten Wanderern den Spaziergang leicht macht. Er verläuft unter dem grünen Dach vieler Bäume entlang, die Schatten spenden und den Weg selbst an heißen Sommertagen in eine angenehm kühle Frische tauchen.

Nach 1400 m gelangt man zur weißen Aussichtsrotunde. Sie wurde 1843 auf Anordnung des damaligen Generalgouverneurs Neurusslands, Michal Woronzow, gebaut. Von hier aus hat man einen herrlichen Blick auf die bewaldete Umgebung. Auf der Meerseite ist der in zwei graue Felsblöcke zerschnittene **Machtovaya-Berg** zu sehen. Im Fels befindet sich eine natürliche Grotte. Die Wissenschaftler sind der Ansicht, dass es sich dabei um den Überrest einer Höhle handelt, in der Urmenschen wohnten. Links von der Laube erhebt sich ein Restberg – die **Felswand Krestovaya.** Archäologen fanden hier Reste mittelalterlicher Befestigungen und darunter Spuren einer Taurensiedlung aus dem 4.–3. Jh. v.u.Z. Auf dem Nachbarfelsen im Westen, genannt **Weißkopf** *(Khachla Kaiasy)*, liegen die Ruinen eines feudalen Schlosses. Der Weg zur Festung wurde von einem Verteidigungsturm aus überwacht. Im Schloss wurden Überreste einer Familiengruft gefunden und ein in einer Höhle verborgener Gemeinschaftsfriedhof aus dem 7.–8. Jh. u.Z. Nebenan sieht man die Felshänge des Ai-Nikola. Weit unten, am Fuße der Felsen, sind inmitten des dichten Grüns eines alten Parks die weißen Mauern des Sanatoriums Unteres Oreanda zu sehen.

Oreanda war, ebenso wie Livadiya, ein Geschenk Katharinas II. an die Inselgriechen, die im Bataillon in Balaklava dienten. Bald gingen diese Ländereien an deren Kommandanten, General F. Revelioti, über und anschließend in den Besitz eines Vertreters der russischen Elite.

Seit 1825 gehörte Oreanda der Zarenfamilie. 1843–52 wurde hier nach dem Projekt des russischen Architekten A. Stackenschneider ein Palast für den Großfürsten Konstantin gebaut, den u.a. Mark Twain besuchte. 1882 brannte der Palast unter ungeklärten Umständen ab, und die abergläubischen Romanows verließen Oreanda. Drei Jahre nach dem Brand errichtete man aus den Steinen des Palastes eine kleine Kirche.

Die **Mariä-Schutz-Kirche** *(Tserkóv Pokróva Bózhey Máteri)* ist im georgischen Stil gebaut und wird von einem wunderschönen Mosaik des Meisters Antonio Salviatti aus Venedig geschmückt. Im 2. Weltkrieg wurden die Fresken im Inneren der Kirche zerstört, das Gebäude selbst blieb jedoch erhalten.

**Unteres Oreanda** *(Nízhnyaya Oreánda)* ist ein elitäres Kurheim, das

1948 an der Stelle des alten Fürstenpalastes nach dem Entwurf von Prof. M. Ginzburg gebaut wurde. Das Gebäude ist vom gleichnamigen Park umgeben, einem Denkmal der Garten- und Landschaftsbaukunst. Er wurde Mitte des 19. Jh. angelegt und ist 42 ha groß. Ins Auge fallen hier besonders die märchenhaften Felsformationen.

## Haspra

(Гаспра)

Südlich von Livadiya liegen drei kleine Orte, die praktisch miteinander verbunden sind und eine gemeinsame Kurregion bilden. Haspra (die größte davon), Koreiz und Miskhor erstrecken sich 7 km entlang des Strandes westlich vom Kap Ai-Todor.

Der Name Haspra (griech. *aspro* = „weiß") war nach Meinung der Gelehrten ein Beiname der hier einst befindlichen Burg oder Befestigung. Haspra entstand im Mittelalter, um das 10. Jh. herum.

Laut offizieller Aufzeichnungen zählte es 1865 nur 200 Einwohner und beherbergte 37 Häuser und eine Moschee. Heute wohnen hier mehr als 10.000 Menschen. Der hiesige Palast ist eine Besichtigung wert.

### Palast

Der Palast in Haspra wurde für den Fürsten A. N. Golizyn gebaut, einen Freund Zar Alexanders I. und Bildungsminister von 1816–24. Das „Romantische Alexandria", wie der Palast genannt wurde, entstand in der Zeit von 1831 bis 1836. Der Entwurf stammt von F. Elson, über die rechte Umsetzung der Absichten des Architekten wiederum wachte William Hunt, der auch am Bau des Woronzow-Palastes im nahegelegenen Alupka beteiligt war. So entstand ein Schloss im neogotischen Stil mit emporstrebenden Fenstern und zwei achteckigen Türmen an den Seiten – eins der ersten romantischen Bauwerke auf der Krim. Ergänzt wurde das Ganze durch die umgebende Parkanlage. Im September 1901 weilte in diesem Palast Leo Tolstoi, als er sich von einer schweren Krankheit erholte.

Heute befindet sich hier das Sanatorium für Mutter und Kind „Yasnaya Polyana", in dem nichttuberkulöse Erkrankungen der oberen Atemwege behandelt werden. In Tolstois ehemaligem Apartment wurde eine ständige Ausstellung von Dokumenten und Fotografien aus dem Leben und dem literarischen Schaffen des Dichters während seines dreimaligen Krim-Aufenthalts in den Jahren 1854–55 und 1901–02 eröffnet. Am Eingang des Palastes steht eine Tolstoi-Büste von D. Schurawlew.

### Kap Ai-Todor

Das Kap Ai-Todor (Ай-Тодор – „heiliger Theodor"), vervielfältigt auf Tausenden von Ansichtskarten und Prospekten, ist das bekannteste Motiv von Haspra, ja nahezu das **Wahrzeichen der Krim.** Die schmale, steile und kahle Landzunge ist mit dem über dem Abgrund hängenden Schwalbennest einer der malerischsten Winkel der

015kr Foto: pk

Kap Ai-Todor mit dem Schwalbennest

Südküste. Es empfiehlt sich, sie sowohl vom Meer aus – an Bord eines Ausflugsschiffs oder eines Tragflächenbootes – als auch vom Land aus beim Ersteigen des Felsens zu betrachten.

Das Kap Ai-Todor wurde als hervorragender Orientierungspunkt schon lange vor dem Bau des Leuchtturms in den Landkarten verzeichnet. Man findet es u.a. in der Portolankarte des Genuesen Visconti aus dem Jahr 1318 und in den meisten späteren Karten aus dem 15. und 16. Jh.

Ai-Todor setzt sich aus drei felsigen, vom Meer aus unzugänglichen Ausläufern zusammen. Dazwischen liegt eine kleine, vom Parus-Felsen bewachte Bucht, hervorragend geeignet als Anlegestelle für Ausflugsboote. Auf dem nach Alupka hin gelegenen Ausläufer steht gegenwärtig ein **Leucht-**

**turm,** dessen Licht 27 Seemeilen weit reicht. Erbaut wurde er 1835 auf Befehl des Kapitäns der Schwarzmeerflotte, Vizeadmiral M. Lasarew. Die Inschrift „37 Klafter" bezeichnet seine Höhe über dem Meeresspiegel. Im Leuchtturm kann eine **Glockensammlung** besichtigt werden. Neben dem Turm hat sich bis in unsere Zeit ein seltenes Naturdenkmal erhalten: ein **1000 Jahre alter Terpentinbaum,** auch Terpentinpistazie genannt.

Im Altertum befanden sich an dieser Stelle Befestigungen der Taurer: Keller, unterirdische Räume und zur Straße hin eine massive Wehrmauer aus bis zu 16 t schweren Steinblöcken. Reste dieser Mauer sind bis heute zu sehen. An der Stelle der taurischen Befestigungen errichteten die Römer in den 70er Jahren des 1. Jh. u.Z. auf Befehl des Kaisers Vespasian die **Festung Kharaks** (griech. „Fort"). Die Römer besetzten die Festung dreimal: Ende des 1. Jh. war hier eine Marinegarnison aus Ravenna stationiert, im 2. Jh. Soldaten der Italischen Legion, und ab Ende des 2. bis Mitte des 3. Jh. stellten Soldaten der 2. Legion von Claudius die römische Garnison der Festung. Von den Zeiten der kriegerischen Belagerung von Kharaks künden noch Stempel auf Mauer- und Dachziegeln.

Eine erste kurze Beschreibung der Festungsruinen erschien 1837, und die ersten archäologischen Arbeiten wurden 1849 vom Grafen Schuwalow durchgeführt. Die umfangreichsten Ausgrabungen fanden in den Jahren 1931, 1932 und 1935 unter der Leitung des russischen Archäologen W. Blawatski statt. Dabei wurden Reste von Stein- und Ziegelhäusern freigelegt sowie eine mosaikverzierte Wasserleitung aus Tonrohren. Auf dem Gelände der Festung und außerhalb ihrer Mauern, in der Nähe der Straßenstation, wurde ein **Tempel** mit Altären und Marmorplatten entdeckt, die Jupiter, Diana, Hekate und anderen römischen Göttern, einem thrakischen Reiterhelden und dem persischen Sonnengott Mitra gewidmet sind. 1961 wurde bei Erdarbeiten auf dem zum Sanatorium „Dnepr" gehörenden Gelände eine unversehrte **Marmorplatte** vom Beginn des 3. Jh. ausgegraben mit der Darstellung eines thrakischen Helden, der ein Wildpferd besteigt. Ebenso wurde eine sehr große **Münzsammlung** aus der Zeit von der Mitte des 1. bis zur Mitte des 3. Jh. gefunden.

Ein Teil der gefundenen Gegenstände, darunter ein Denkmal mit den ältesten lateinischen Inschriften auf dem Festungsgelände (den Namen zweier römischer Legionäre: Claudius Rus und Aurelius Maximus), ist im Museum für Landeskunde in Yalta ausgestellt. Die Marmorstatuen eines Redners und der Göttin Diana hingegen befinden sich im Puschkin-Museum in Moskau.

In Kharaks wohnten nicht nur Soldaten. Zu den Fundstücken gehören Sicheln, Mahlsteine und andere Werkzeuge, die belegen, dass die Anwohner Landwirtschaft, Jagd und Fischfang betrieben. Auch Handwerker lebten hier: Schmiede, Goldschmiede und Töpfer.

Als die Römer die Krimküste verließen, starb das Leben auf dem Hügel nicht aus. Die Festung Kharaks wurde lange Zeit von der einheimischen Bevölkerung bewohnt, wovon der in der ersten Hälfte des 4. Jh. angelegte Friedhof hinter der Eckmauer zeugt. Im frühen Mittelalter wurde an zentraler Stelle des Plateaus das byzantinische Theodor-Tiron-Kloster erbaut, und zu jener Zeit hieß dieser Teil der Landzunge Monastyr-Burun oder Klosterhügel. Vor nicht allzu langer Zeit noch konnte man hier die Fundamente des achteckigen Bauwerks sehen.

Heute ist das Wahrzeichen des Kaps das **Schwalbennest** (Ласточкино гнездо [*Lástochkino Gnezdó*]). Zuerst befand sich hier eine Villa, die auf Wunsch der Moskauer Millionärin Rachmanowa gebaut wurde. 1911 kaufte Baron Stengel, ein deutscher Ölindustrieller, das Grundstück. Er ließ die Villa abreißen und an ihrer Stelle 1912 ein **Schlösschen** im Stil mittelalterlicher Ritterburgen errichten. Projektautor war Architekt A. W. Sherwood, der Sohn des bekannten Architekten W. O. Sherwood, der das Gebäude des Historischen Museums auf dem Roten Platz in Moskau entworfen hat. Zwei Jahre nach der Entstehung des Palais erwarb es ein Moskauer Kaufmann, der hier ein Restaurant eröffnete. Nach der Revolution wurde das Schloss als Touristenherberge genutzt, später als Bibliothek. 1927 überstand das Miniaturschloss ein heftiges Erdbeben der Stärke 6, bei dem es einzig seine Turmspitzen verlor. Dafür riss ein Teil der Felswand unter der unteren Terrasse ab, weshalb der Ort viele Jahre lang für Besucher gesperrt blieb. Dank des wissenschaftlichen Fortschritts konnte der betroffene Felsen vor einigen Jahren stabilisiert werden, sodass das Palais heute wieder für Touristen geöffnet ist. Heute ist es ein (teures) Restaurant. Für 2 UAH kann man ums Schlösschen herumlaufen, man sollte sich aber überlegen, ob man es sich nicht auch bei einem Schiffsausflug vom Meer aus anschaut.

Am Fuß der Landzunge steht das **Sanatorium „Dnepr“.** Zum Kurkomplex gehört ein Schlösschen im Alpenstil, das einst einem Großfürsten gehörte.

Sehenswert ist jedoch vor allem der **Park von Kharaks.** Er ist ein Denkmal der Garten- und Landschaftsbaukunst. In der 2. Hälfte des 19. Jh. entstanden und 17,5 ha groß, liegt er an einem der wärmsten Orte der Krimküste. Im Park wachsen mehr als 200 Gehölzarten, darunter Buchsbaum, Zypresse, Edellorbeer und Ziersorten der Europäischen Eibe. Eine Rarität des Parks stellt eine originale antike Altane dar, die auf Wunsch der Gattin des Großfürsten aus Athen geholt wurde.

## Koreiz

(ukr. Кореіз, russ. Кореиз)

Koreiz bedeutet „Siedlungsplatz“ oder „Ansiedlung“. Der Ort ist schon über 1200 Jahre alt. Die ersten Hinweise auf Koreiz stammen vom Ende des 8. Jh., als der Ort Kurasaitov hieß. Im

15. Jh. wurde es unter dem Namen Kiuriz erwähnt. Nach dem Anschluss der Krim an Russland existierte die Siedlung praktisch nicht mehr (sie taucht in keiner der Volkszählungen auf). Erst Anfang des 19. Jh. erscheint ihr Name von Neuem in den offiziellen Dokumenten. 1865 wurden laut der *Listen der bevölkerten Orte des Russischen Imperiums* im Dorf Koreiz 25 Häuser, eine Moschee und 130 Einwohner gezählt. Ziemlich bald wurde Koreiz zu einer Art Zentrum für die benachbarten Städtchen. Heute hat es 7000 Einwohner.

Eins der ersten Gebäude in dieser Region war das Haus der Fürstin A. S. Golizynowa, einer Verwandten des Magnaten A. N. Golizyn. Es entstand in den 20er Jahren des 19. Jh. und gehörte später zum weitläufigen Sitz der Fürsten Jusupow.

**Der Jusupow-Palast** ist ein Jugendstilpalast, der 1904 nach einem Entwurf des Architekten Krasnow gebaut wurde. Er hat die Form eines Hufeisens, dessen gebogene Seite dem Meer zugewandt ist. Nach der Revolution ging er in Volkseigentum über.

In den 20er und 30er Jahren des 20. Jh. diente er der sowjetischen Elite als Erholungsheim. Hier weilten u.a. Felix Dzierzynski und Josef Stalin. Im Februar 1945, während der Yalta-Konferenz, wohnte die Delegation der Sowjetunion im Jusupow-Palast in Koreiz. Das Palastgelände beherbergte eine von Golizyn gegründete Weinkellerei, die nach dem Krieg vom Zentralkommittee als Sommerhaus genutzt wurde.

# Miskhor

(ukr. Місхор, russ. Мисхор)

Der Ortsname, der „mittlere Siedlung" bedeutet, passt gut zur tatsächlichen Lage des Ortes: Im Osten, oberhalb des Kaps Ai-Todor, liegt der Kurort Haspra, daneben Koreiz, im Westen, hinter den grünen Hügeln, liegt Alupka und noch weiter westlich Simeiz.

Der **Park** von Miskhor ist ein Denkmal der Garten- und Landschaftsbaukunst und wurde Ende des 18. Jh. angelegt. Auf 21,3 ha wachsen hier ca. 100 exotische Gehölze. Der Park ist reich an Statuen und Fontänen, die zu Beginn des 20. Jh. vom estnischen Bildhauer Amandus Adamson geschaffen wurden. Zu ihnen gehört auch die *Nixe*, die sich auf einem winzigen Felsen aus dem Meer erhebt und ein Kind im Arm hält. Der Springbrunnen *Das Mädchen Arsa und der Räuber Ali-Baba* erinnert an die Sage von der schönen Arsa, die von dem Bösewicht in den Harem verschleppt wurde.

**Klein-Alupka** (oder Sofiyevka) ist ein Palast aus dem 19. Jh., der dem Grafen L. Naryschkin als Wohnsitz diente. Heute ist er das Hauptgebäude des Sanatoriums Kommunary, das neben anderen Kurobjekten und Pensionen zum Park gehört.

## Seilbahn auf den Ai-Petri

Eine Fahrt mit dieser Seilbahn auf den Ai-Petri (Ай-Петри – „heiliger Petrus", 1234 m) kann zu einem der aufregendsten Erlebnisse auf der Krim werden und sei insbesondere jenen empfohlen, die der sowjetischen Technik trauen – das Gefühl der Ohnmacht wächst mit jedem Meter ... Dennoch sind die Schlangen vor der Kasse trotz des hohen Preises manchmal erstaunlich lang. Die Fahrt kostet 30 UAH in eine Richtung und besteht aus zwei Abschnitten. Die Dame in der Gondel erzählt interessante Geschichten, während man über dem Abgrund hängt ...

Auf dem Berg ist es kalt und sehr windig, man sollte also besser warme Sachen einpacken. Aufwärmen kann man sich in Zelten, in denen Spezialitäten der tatarischen Küche auf die Touristen warten. Sie sind nicht billig, aber die Bergluft schärft den Appetit. Man kann hier über die Yaila reiten, sich mit einem Kamel fotografieren lassen oder den Gipfel mit den berühmten „Zähnen" (*Zubtsý*) erklimmen. Die Besichtigung des lateinischen Kreuzes kostet 2 UAH. Es wurde angeblich von italienischen Filmleuten bezahlt, die damit den Ai-Petri kurzfristig in einen Schweizer Alpengipfel verwandeln wollten. Da sie „vergaßen", auch den Abriss zu bezahlen, steht es bis heute.

Im Winter ist die Yaila von **Skifahrern** bevölkert. Es ist ein erstklassiges Langlaufgebiet, doch auch Abfahrtspisten finden sich, und es sind acht Skilifte in Betrieb. Auf dem Weg nach Yalta, kurz vor der Abfahrt vom Berg, hat der Skiklub „Ai-Petri" sein Domizil. Hier kann man das ganze Jahr über für 10–15 UAH unter Hüttenbedingungen übernachten.

Vom Ai-Petri kann man mit der *Marshrutka* Nr. 50 zum Bushbahnhof in Yalta fahren. Wer jedoch an Reisekrankheit leidet, dem dürfte diese Abfahrt schlimmere Qualen bereiten als eine Zugfahrt: Die **Straße,** die von einem genialen Ingenieur in den senkrechten, 1000 m hohen Felsen gehauen wurde, ist eine einzige große Serpentine. Bis heute sind Legenden von Anfang der 1990er Jahre hier ihr Unwesen treibenden Banden in Umlauf: Weglaufen war unmöglich – ringsum nur ein Stück Straße und der Abgrund ...

Das Taxi vom Bergplateau nach Yalta kostet ca. 80 UAH. Zur unteren Bahnstation gelangt man mit den *Marshrutki* Nr. 27 und 32, die zum Palast von Alupka fahren. Zu Fuß bis vors Tor desselben braucht man 15–20 Min.

Sehr lohnenswert ist auch eine **Wanderung vom Ai-Petri** hinunter **nach Yalta,** Dauer ca. 5 Stunden. Hierzu folgt man der Abbruchkante des Plateaus ca. 4 km ostwärts bis zu einem Einschnitt, durch den ein Treppenpfad steil nach unten führt. Wir umrunden den Kessel von Yalta und schrauben uns über Serpentinenpfade immer weiter runter durch alle Klimazonen hindurch. Der Blick von hier auf Yalta ist einmalig. In der Nähe des Wasserfalles treffen wir auf die Straße.

## Alupka

(Алупка)

Alupka (aus dem Altgriechischen – „Fuchs") ist eine Kleinstadt 17 km südwestlich von Yalta, dessen Verwaltung es untersteht. Das Meer bildet an dieser Stelle mehrere kleine Buchten, die von nahezu aus dem Meer „herauswachsenden" Felsen unterteilt werden. Die Stadt selbst erinnert an eine riesige steinerne Treppe, die direkt ins Meer abfällt und auf deren Stufen es sich im Grün versinkende Häuser bequem gemacht haben. Das Panorama wird von den in der Ferne schimmernden Felsenzähnen des Ai-Petri vervollständigt. Unterhalb des Palastes findet man einen kleinen FKK-Strand.

Alupka wird urkundlich zum ersten Mal im Jahr 960 erwähnt, als der khasarische Beamte Josif in einem Brief an den Minister des spanischen Hofes bei der Aufzählung der unterworfenen Ortschaften der Krim von einem Ort namens Alubika schreibt. Im 14. Jh. wurde Alupka von den Genuesen beherrscht. Auf ihren Seekarten ist es als kleiner Kriegshafen namens Ljupiko eingezeichnet. Nachdem die genuesischen Festungen und Kolonien 1475 unter dem Ansturm der Türken gefallen waren, verblieb Alupka bis 1783 unter türkischer Herrschaft. Danach wurde es ein Teil Russlands.

1823 erschien auf der Krim Graf Michal Woronzow, der neue Generalgouverneur von Neurussland. Er wählte Alupka als Wohnsitz und beschloss, hier einen Palast zu bauen. Dieser Palast ist, zusammen mit dem ihn umgebenden Park, bis heute die größte Sehenswürdigkeit der Stadt.

Mit dem Bau der Eisenbahnlinie, die Zentralrussland mit Simferopol und Sevastopol verband, gewann Alupka erheblich an Bedeutung. Immer mehr Menschen fanden Gefallen an der herrlichen Landschaft, dem milden Klima und der sauberen Luft. Es entstanden mehr und mehr Sommerhäuser und Hotels. Anfang des 20. Jh. bekam die Stadt eine Kanalisation, eine Wasserleitung und wurde ans Stromnetz angeschlossen. 1902 eröffnete Professor Bobrow hier das erste Sanatorium für Kinder, in dem er Knochentuberkulose behandelte. Später entstanden weitere private Sanatorien.

1929 wurde Alupka zum Kurort ernannt, 1938 erhielt es die Stadtrechte und wurde nach Yalta zur zweitwichtigsten Kurstadt an der Südküste der Krim. Heute ist es ein weithin bekanntes und anerkanntes **klimatisches Kurbad** für tuberkulöse Krankheiten. Das von Bob-

016kr Foto: to

Neogotische Südfassade des Woronzow-Palastes mit orientalischen Elementen

row gegründete Sanatorium für Kinder ist, neben zehn anderen, bis heute tätig.

## Palast und Park des Grafen Woronzow

Der Palast ist das Werk des englischen Architekten Edward Blore, die Bauleitung hatte der Architekt William Hunt. Der Palast vereint verschiedene Stile. Jeder Teil des Gebäudes bezieht sich auf eine andere Epoche der **englischen Architektur,** angefangen von den spitzen Türmen eines Feudalschlosses aus dem 14. und 15. Jh. mit gezinnten Wehrmauern bis hin zum edlen Hauptgebäude im Tudor-Stil. Neogotik wird an vielen Stellen von orientalischen Elementen durchzogen, z.B. an der Südfassade, wo der Architekt die Linienführung der Georgskapelle in Windsor mit der des Portals der Großen Moschee in Delhi verband. Er übertrug sogar den Fries aus dem Inneren des Portals mit dem sechsfach wiederholten Koranvers „Es gibt keinen Gott außer Allah". Aufgrund dieser Stilvielfalt sieht der Palast nicht aus, als sei er im 19. Jh. gebaut worden, sondern über mehrere Jahrhunderte hinweg.

Die Bauarbeiten begannen 1828, und 1848 wurde der Palast fertiggestellt. Als Baustein verwendete man den örtlichen grünlichen Diabas, zur Dekoration verschiedene, teilweise von weither geholte Materialien. Alle

Steinmetzarbeiten wurden in Handarbeit von Bauern von den Gütern Woronzows ausgeführt, die auf die Krim getrieben worden waren.

Der Palast hat 150 Gemächer, von denen man nur wenige zu sehen bekommt. Die Räume sind mit Eichentäfelung mit kunstvollen Ornamenten ausgekleidet und beherbergen Stilmöbel, Kamine, Leuchter und Uhren sowie englische, französische, italienische und russische Plastiken und Gemälde. Die Besichtigung des Palastes beginnt auf dem großen Hof vor der Nordfassade des Hauptgebäudes. Paradekabinett, kleines und großes Speisezimmer, Vestibül, Billardsaal, Chinesischer Salon und Blauer Salon – dies sind nur einige der Räume, die im Stil der englischen Gotik gehalten sind. Hier befand sich auch eine der größeren Bibliotheken des einstigen Russland. Der Graf hatte über 25.000 Bände in vielen Sprachen zu den verschiedensten Themen gesammelt. Neben dem Speisezimmer befindet sich ein Wintergarten mit Fontänen und einer Galerie mit Marmorskulpturen.

Vor der Revolution wohnten in diesem Palast Woronzows Nachkommen, seit 1920 existiert hier das Museum. Während des 2. Weltkriegs ging ein Teil der Sammlung verloren, darunter Gemälde, Möbel und Vasen, der Palast jedoch wurde nicht zerstört. Adolf Hitler „schenkte" ihn Feldmarschall Manstein „in ewigen Besitz", was ihn vor Plünderungen schützte, und später, als die deutschen Truppen sich von der Krim zurückzogen, blieb keine Zeit mehr, ihn zu zerstören. Während der Yalta-Konferenz wohnte hier Winston Churchill. Er war vom Palast so beeindruckt, dass er sich, wie er selbst sagte, „im fernen Russland wie im alten England" fühlte.

Gleichzeitig mit dem Bau des Palastes begann man mit der Anlage des nahezu **40 ha großen Parks,** dessen Schöpfer der deutsche Gärtner Karl Kebach war. Der Park beherbergt ca. 200 exotische Pflanzenarten aus verschiedenen Teilen der Welt: der Mittelmeerregion, Nord- und Südamerika und Westasien.

Die Fernstraße, die Yalta mit Simeiz verbindet, zerschneidet den Park in einen oberen und unteren Teil. In den Oberen Park gelangt man sowohl von der Stadt aus über eine breite Steintreppe als auch vom Palast aus am hohen Felsen **Izyum-Tash** (Rosinenstein) vorbei. Der Pfad, der von diesem Felsen aus nach Osten verläuft, führt zum **Kleinen Chaos.** Hier empfangen den Wanderer kühle Stille, viele Bächlein, Wasserfälle und bemooste Felsgrotten. Auf dem kleinen Weg in Richtung Norden, vorbei an drei Gebirgsteichen, gelangt man zum **Großen Chaos,** einem riesigen künstlichen Kahlschlag inmitten des allgegenwärtigen Grüns. Zum Park gehören auch Lichtungen, jede davon gleich schön und einmalig:

**Platanenwiese** – zwischen alten Platanan begegnet man hier der Libanonzeder, zwei gigantischen Mammutbäumen aus Nordamerika und der sehr seltenen Chilenischen Araukarie.

**Sonnenwiese** – im saftigen Grün der Gräser wachsen hier dunkelgrüne Zypressen, darunter die älteste der Krim vom Ende des 18. Jh.

**Kontrastwiese** – unter Zypressen gedeihen Vertreter der Krimflora: zwei Arten des Erdbeerbaums mit den charakteristischen Früchten, die wie wilde Erdbeeren aussehen.

**Kastanienwiese** – hier wachsen Kastanien, Zypressen und Kiefern.

Der **Untere Park** ist als französischer Garten angelegt – symmetrisch, mit vielen Blumen, gestutzten Bäumen und Sträuchern, Lauben, Marmorspringbrunnen und Statuen. Hier kann man die Mittelmeerflora bewundern: Oleander, Olivenbäume, Magnolien, Eiben, Palmen, Lorbeerbäume, Buchsbaum. Der Park wird vom Meeresufer begrenzt. Ähnlich wie im Oberen Park findet man hier viele Steine und Felsen aus dem grünlichen Diabas, die vortreffliche Aussichtspunkte bilden. Einer davon ist der Aiwasowski-Felsen, der an den Maler erinnert, der Alupka so oft besucht hat. Unweit davon steht das klassizistische Teehaus (1834) mit einer Gemäldegalerie von Künstlern der Krim.

•**Palast und Park des Grafen Woronzow** (Алупкинский дворец [*alúpkinskiy dvoréts*]), Dvortsóvoye Shossé 10, Tel. 722951. Geöffnet 9–17 Uhr. Eintritt: 30 UAH, mit englischsprachigem Führer ist es teurer. Von Yalta gelangt man mit Bus Nr. 27 her oder etwas teurer, aber schneller mit den *Marshrutki* Nr. 27 und 32. Die Endhaltestelle liegt im Westteil des Parks, von dort führt ein asphaltierter Weg zum Tor.

# Simeiz

(ukr. Сімеїз, russ. Симеиз)

Simeiz (griech. „Zeichen") ist eine Kleinstadt mit Kurstatus im Süden von Yalta. Dank des milden Klimas, der großen Anzahl an Sonnentagen und der niedrigen Luftfeuchtigkeit wird in einigen hiesigen Sanatorien erfolgreich Tuberkulose behandelt. Simeiz ist auch der wärmste Ort an der Südküste, denn es wird von allen Seiten von Bergen eingeschlossen, die es vor den kalten Nordwinden abschirmen.

Über dem Ort thront der At-Bash (Pferdekopf), am westlichen Rand ist der Koshka (Katzenberg) zu erkennen, und ins Meer fällt der Felsen Lebedínoye Krylo (Schwanenschwinge) ab. 200 m östlich davon sieht man den 80 m hohen Felsen Panea und unterhalb davon den 40 m hohen Diva (Jungfrau). Im Osten der Jungfrau erhebt sich das Kap Ai-Panda aus dem Meer.

Heute sind nur noch Überreste des Monakh (Mönchsfelsen) zu sehen, denn 1927 wurde seine ursprüngliche Gestalt von einem Erdbeben beschädigt, und spätere Stürme vollendeten das Zerstörungswerk. Auf dem Panea befinden sich die Ruinen einer Festung und eines mittelalterlichen Wehrklosters, die Überreste auf dem Koshka stammen von den Taurern.

## Taurische Siedlung

Bei archäologischen Ausgrabungen wurde hier eine Siedlung der alten Taurer freigelegt. Erhalten sind die Reste der hohen **Festungsmauer,** die den Zutritt zum Gipfel verwehrte, und

## Die Legende von den drei Felsen in Simeiz

Vor langer Zeit, als der größte Teil der Halbinsel Krim noch von Wäldern bedeckt war und nur Pfade die kleinen Siedlungen miteinander verbanden, lebte in dieser Gegend ein Räuber, der das Land mit Feuer und Schwert verwüstete, die Dörfer niederbrannte, Alte, Frauen und Kinder erschlug, Jungfrauen raubte und sie als Sklavinnen verkaufte. Schließlich begann ihn sein Gewissen zu quälen, und er beschloss, seine Schuld zu sühnen. Auf seiner Wanderung über die Halbinsel gelangte er in die Gegend von Simeiz und ließ sich in einer einsamen Höhle in den Felsen nieder. Er ernährte sich von Waldfrüchten, zuweilen auch von Fischen, die er im Meer fing. Er fastete und kasteite sich, um der Erinnerung an seine Taten die Kraft zu nehmen.

Die Jahre vergingen, die Menschen vergaßen nach und nach, wer der Einsiedler in der Höhle gewesen war, und auch er selbst vergaß, was ihn hierher geführt hatte. Er glaubte, schon immer so gelebt zu haben. Die Jungen hielten ihn für einen Weisen, und die Hirten, die ihm begegneten, erzählten von einer Aureole, die seinen Kopf umgebe – dem Zeichen der großen Rechtschaffenheit des Eremiten.

Dieser Ruhm des Alten behagte dem Teufel und einem bösen Geist gar nicht, und sie beschlossen, die üblen Neigungen des Einsiedlers wieder hervorzulocken. Wie beschlossen, so getan. Der Teufel verwandelte sich in eine Katze und schlich nachts miauend in des Alten Höhle. Der Weise erbarmte sich und ließ die Katze ein, die von nun an bei ihm lebte. Tagsüber schlief sie, abends aber schnurrte sie dem Einsiedler ihre Lieder. Lieder vom stillen heimischen Herd inmitten von Frau und Kindern – von Augenblicken, die dem Räuber nie beschieden gewesen waren. Der Alte erzürnte und jagte die Katze aus der Höhle. Der Teufel aber war erfreut: Der Räuber hatte seine hasserfüllte Seele gezeigt.

Nun war der böse Geist an der Reihe, der die Gestalt einer schönen Jungfrau annahm. Als der Alte sein Fischernetz einholte, fand er darin ein halbnacktes Mädchen. Sie öffnete ihre Augen, und er trat zu ihr, um zu erfahren, wie sich im Netz verfangen hatte. Das Mädchen jedoch warf sich ihm an den Hals und küsste seine Wangen. Da regte sich seine alte Natur: Er packte das Mädchen und zog es an sich ... Mit lautem Echo ertönte das unheilvolle Lachen des Teufels und des bösen Geistes – wieder triumphierten sie.

Als die guten Erdgeister sahen, was vor sich ging, beschlossen sie, den Alten und die Kräfte des Bösen zu bestrafen und verwandelten sie in Steine. Seitdem steht die steinerne Jungfrau am Meer, der Mönch wendet kein Auge von ihr, und hinter beiden setzt die Katze zum Sprung an.

nördlich der Festung fand man eine **Nekropole** der Taurer mit etwa 70 steinernen Gruften, die mit flachen Platten ausgelegt sind. Die Toten wurden sitzend begraben. In der Nähe der Befestigungen befindet sich eine Burg der Taurer. In den 1950er Jahren durchgeführte archäologische Arbeiten förderten Äxte, Geräte für den Fischfang und Knochen von Haus- und Wildtieren zutage, aber auch Behausungen – halbe Erdhöhlen mit niedrigen Steinwänden und Decken aus Erde – und Höhlen, die zu Wohnzwecken genutzt wurden.

Nach Aussage der Forscher entzündeten die Taurer an einer Stelle südlich der Burg Signalfeuer. Vielleicht ist das der Grund, warum die alten Griechen diesen Ort Simeiz (Zeichen) nannten.

### Astrophysikalisches Observatorium

Ein Erkennungszeichen von Simeiz ist auch das Astrophysikalische Observatorium der Akademie der Wissenschaften der Ukraine, das sich am Westhang des Koshka befindet. Es wurde 1900 von M. Malzew gegründet, dem damaligen Eigentümer der Stadt und Astronomieliebhaber. 1906 schenkte Malzew die gesamte Einrichtung dem Observatorium in Pulkow bei St. Petersburg. Die geringe Bewölkung, die Trockenheit und die klare Luft bildeten äußerst günstige Voraussetzungen für die Beobachtungen, die hier über 70 Jahre lang durchgeführt wurden. 1925 baute man ein riesiges Teleskop mit einem Spiegeldurchmesser von 1 m, das schon zu vielen Entdeckungen verholfen hat. 1974 wurde das Zentrum für astrophysikalische Observationen in die Gegend von Bakhchysarai nach Nauchnyi (ukr. Научний, russ. Научный) verlegt.

In Simeiz arbeitet derzeit eine Zelle des Systems „Interkosmos" – eine experimentelle Station zur Observation künstlicher Erdsatelliten. Unterhalb der Kuppeln des Observatoriums steht eine gewaltige Parabolantenne, mit deren Hilfe im Oktober 1959 der erste Blick auf die Rückseite des Mondes gelang. Heute ist die Antenne nicht mehr in Betrieb, doch hängt sie über Simeiz als Andenken an eine Etappe der Eroberung des Weltalls.

## Routenverlauf: Simeiz – Foros

Hinter Simeiz ziehen sich die Kleinstädte von Groß-Yalta an der Küste dahin. 2,5 km von Simeiz entfernt liegt **Katsiveli** (ukr. Кацівелі, russ. Кацивели) mit der Forschungsstation des Meeresinstituts für Hydrophysik der ukrainischen Akademie der Wissenschaften. Hier befindet sich auch ein Sturmbecken, in dem die „Stimme des Meeres" untersucht wird: Schallwellen kündigen einen aufziehenden Sturm an. In der Nähe erhebt sich der Berg Piliaki (1055 m) – ein Ergebnis des Vulkanismus auf der Krim im Mittleren Jura. Auf einer Strecke von 4 km begegnet man Vulkantuff und Trümmergestein, die heute wunderschöne Verwitterungsformen bilden. Auf dem Gipfel kann man einen von vielen menschlichen Siedlungsplätzen aus dem Neolithikum sehen. Hier wurden zahlreiche steinerne Schabeisen, Messer und Pfeilspitzen gefunden.

Im Nordwesten von Katsiveli liegt an einem Berghang das Dorf **Opolzneve** (ukr. Оползневе, russ. Опосзневое [*ópolznevoye*]). Sein Name erinnert an den ungeheuren Bergsturz, der hier im Jahr 1786 stattfand. Auf den umgebenden Hügeln sind Spuren mittelalterlicher Seebefestigungen, sogenannte Isary, erhalten. Oberhalb des Dorfes befindet sich der Restberg Biyuk-Isar (734 m), hier lagen taurische Siedlungen, und im 8. Jh. wurden an dieser Stelle Befestigungen gebaut, die bis zum 10. Jh. existierten. Unterhalb, auf dem Kap der Dreifaltigkeit, entstand die Festung Kuchuk-Isar (8.–14. Jh.), nicht weit davon Isar-Kaya (8.–15. Jh.) und Shaytan-Merdven (13.– 15. Jh.). Heute sind nur noch Ruinen übrig.

**Parkove** (ukr. Парковe, russ. Парковое [*párkovoye*]) hieß vor der Revolution Kuchuk-Koi. Der heutige Name des Ortes hängt mit dem Landschaftspark zusammen, der zu Beginn des 20. Jh. hier angelegt wurde und ein Denkmal der Garten- und Landschaftsbaukunst darstellt.

Das Dorf Kastropol (Кастрополь) ist erst kürzlich zu seinem alten Namen zurückgekehrt (griech. „Stadtfestung"). In der UdSSR hieß es Beregovoye (Береговое). Der **Felsen Ifigenia** ist ein Wahrzeichen des Ortes und zugleich ein Naturdenkmal. Er entstand infolge vulkanischer Prozesse im Oberen Jura und erhebt sich 120 m über dem Schwarzen Meer.

Nördlich des Dorfs ist eine Bergwand zu sehen. Hier, in einer Höhe von 578 m, verläuft ein Pass, **Teufelstreppe** (Чёртова лестница [*chërtova léstnitsa*]) oder Shaytan-Merdven genannt. Seinen Anfang markiert ein Schild auf dem 35. Kilometer der alten Fernstraße Yalta – Sevastopol. Von Weitem machen die Aufschlüsse der Kalkschichten den Eindruck gigantischer Treppenstufen, die steil zum Pass ansteigen, daher auch der Name des Passes. Die Treppe schlägt 40 scharfe Kurven und ist etwa 1 km lang. Sie diente seit langer Zeit als Weg von der Küste zum Vorgebirge, erst der Bau der neuen Fernverkehrsstraße über Baidarski Vorota hat ihr ihre Bedeutung genommen. Heute kommen nur noch Touristen in diese Gegend.

Unweit von **Sanatorne** (ukr. Санаторне, russ. Санаторное [*sanatórnoye*])



081kr Foto: pk

befindet sich das Sanatorium Melas. Zu ihm gehören u.a. ein Palast mit einem flachen Dach und vier Türmen, der in den 1830er Jahren auf dem Gut Melas (griech. „dunkel") von L. Perowski gebaut wurde. Neben dem Palast wurde ein 25 ha großer Park angelegt mit zahlreichen Felsensteinen, Kahlschlägen und kleinen Meeresbuchten. Auf der Meerseite ist er von einer 1,5 km langen Strandallee umgeben.

## Foros

(Форос)

Der letzte Ort Groß-Yaltas im Westen ist Foros, es liegt 40 km von Yalta entfernt. Man erreicht es mit der *Marshrutka* Nr. 28, die sehr oft fährt, im Gegensatz zu den Bussen aus Sevastopol, von denen nur vier täglich hier eintreffen, die zudem meist nur bis zur Haltestelle „5 km" in Sevastopol fahren. Postamt, Telefone und Zimmervermittlungsbüro befinden sich in der Nähe des Eingangs zum Sanatorium Foros.

Es ist bis heute nicht ganz klar, woher der Ortsname kommt. Eine Theorie besagt, er beziehe sich auf eins der Weltwunder: den Leuchtturm auf der Insel Faros im alten Alexandria.

Oberhalb von Foros wurden ein mittelalterlicher Tempel und Reste von Wehrmauern ausgegraben. Hier befand sich einst eine griechische Kolonie und später, im Mittelalter, die genuesische Festung Foria. Heute kann man hier einen schönen Park mit Palast, das Kap Sarych und die prächtige Wiederauferstehungskirche besichtigen.

### Park

Der Park von Foros, entstanden 1834, besteht aus drei Teilen: dem Meerpark, dem mittleren Park und dem obersten Waldpark. Der schönste ist der mittlere Teil. Hier liegt der Paradieswinkel (*Ráyskiy ugolók*) mit sechs Miniaturseen auf unterschiedlichen Ebenen, miteinander verbunden durch kleine Wasserfälle, die eine einzige herrliche Kaskade bilden. Im Park steht der 1889 erbaute **Palast,** der heute zum Sanatorium Foros gehört. Der Eintritt aufs Sanatoriumsgelände ist frei, für den Zugang zum Strand jedoch muss man zahlen (lohnt sich nicht: große Steine und Wellenbrecher aus Beton).

### Kap Sarych

Das Kap Sarych westlich vom Park ist der am weitesten nach Süden vorgeschobene Teil der Halbinsel Krim (44°23′ nördlicher Breite). Auf dem Gipfel steht ein Leuchtturm in Form eines riesigen Schachturms.

### Christi Wiederauferstehungskirche

Das auffälligste Gebäude von Foros ist die Christi Wiederauferstehungskirche (*tserkóv Voskreséniya Khristova*) auf dem steilen Roten Felsen. Sie wurde 1892 vom Eigentümer der hiesigen Ländereien, dem Kaufmann Kusnezow, zum Gedenken an den Tod Zar Alexanders III. und seiner Familie im Jahr 1888 gestiftet. Entworfen wurde das Bauwerk im byzantinischen Stil vom Architekten N. Tschagin, die Mosaiken schuf der Italiener Antonio Salviatti, und die Innendekorationen stammen von K. Makowski, A. Korzuchin und anderen. 1929 wurde die Kirche geschlossen und zur Lagerhalle umfunktioniert. Das Gotteshaus überstand den Kommunismus in sehr schlechtem Zustand. Nach dem Fall der UdSSR wurde es bis 2004 mehrere Jahre lang umfassend renoviert, das Ergebnis ist sehenswert. Man erreicht sie von der Landstraße aus (Haltestelle „Foros") in 40 Min. zu Fuß, per Anhalter oder auch mit einer organisierten Reisegruppe.

### Pass Baidarski Vorota

15 Min. Spaziergang trennen uns hier vom Pass Baidarski Vorota (russ. **перевал Байдарские ворота** [*perevál baydárskiye voróta*]; 527 m). Am Kirchentor biegen wir nach links ab auf den Steinweg, der zwischen Verkaufsständen hindurchführt, und nach 3 Min. nach rechts auf den bergan führenden Pfad. Der Pass erhielt seinen Namen nach dem Baidartor, einem bogenförmigen Steintor, das an einen Portikus erinnert. Es wurde 1848 aus Anlass der fertiggestellten Straße Yalta – Sevastopol gebaut. Nach einem gewaltigen Bergrutsch war diese Straße während der letzten Jahre gesperrt. Jetzt ist sie wiederhergestellt und für eine Autofahrt sehr zu empfehlen. Auf dem Pass gibt es ein angenehmes Restaurant.

## Routenverlauf: Foros – Sevastopol

Unterhalb der Haltestelle **Laspi** (Ласпи) erstreckt sich ein Tal mit einem beliebten Campingplatz für alle Naturliebhaber und Anhänger einer Erholung ohne zivilisatorischen Überfluss. Man erreicht ihn, wenn man über die Landstraße bis zum Schild, das den Beginn des **Reservats Kap Aiya** (мис/мыс Айя [*mys aiya*]) markiert, nach unten geht/fährt und anschließend auf einem sehr steilen Pfad zum Meer hinabklettert. Entlang der ganzen Bucht kann man hier Zelte aufschlagen oder einen Bungalow mieten. Der Strand ist schmal und steinig, die nächste Einkaufsmöglichkeit im Sanatorium am Rand der Bucht, aber ein gewisser Reiz dieses Ortes zieht immer wieder Stammgäste an. Ein Zeltplatz kostet 5 UAH pro Tag, dafür bekommt man 3 l Wasser und Brennholz. Ein- bis zweimal täglich kommt ein Förster zum Hang und sammelt die Gebühren von den Campern ein (Quittung aufheben!). Die Förster fragt man auch nach der Möglichkeit, das Reservat zu betreten.

Ein interessantes Phänomen sind hier plötzliche Schwankungen der Meerwassertemperatur – wenn ein starker Westwind das kalte Wasser aus den Tiefen unter dem Kap Aiya aufrührt, kann die Wassertemperatur innerhalb weniger Stunden von 24°C auf 8°C fallen.

Hinter Laspi verlässt die Straße die Küste, führt zu einem auffälligen Gebäude, das „Galerie" genannt wird, und wendet sich nach Nordwesten, wo sie in Richtung **Sevastopol** weiterläuft.

# Reiseroute 6 Überblick

**Feodosiya – Koktebel – Sudak – Alushta**

Die Route führt an der Südostküste zwischen den direkt ins Meer abfallenden Bergen entlang. Daher ist sie landschaftlich überaus schön, besonders zwischen Morske und Alushta, es muss aber davor gewarnt werden, dass nicht nur Menschen, die zur Reisekrankheit neigen, durch die ständigen Kurven und Höhenunterschiede oder beim Anblick eines Abgrundes direkt am Weg übel werden kann. Die Busfahrer wissen das und halten deswegen oft an.

Auf dieser Strecke fahren wenige Reisebusse, deshalb lohnt es sich, die Fahrkarte früher zu kaufen. Wer von Feodosiya direkt nach Alushta (4:30 Std.,) oder Yalta (5:30 Std.) fahren will, tut das besser über Simferopol, denn es gibt nur wenige direkte Verbindungen in diese Richtung. Nach Sudak fahren von Feodosiya 8 Busse täglich (2 Std.), von Sudak nach Alushta 6–10 Busse (2:40 Std.).

## Routenverlauf: Feodosiya – Koktebel

Feodosiya verlassen wir zunächst über die Bucht von Feodosiya in Richtung Osten. Nach 6 km biegt die Straße nach Süden ab und führt nach Koktebel. Die Strecke ist von Weinstöcken gesäumt, ohne die die Landschaft in diesem Teil der Halbinsel gar nicht vorstellbar ist. Nach einer halben Stunde Fahrt erreichen wir Koktebel, und in der Ferne sind die schwarzen Gipfel des Karadah zu sehen.

# Koktebel

(Коктебель)

Koktebel ist ein Kleinstädtchen am Fuße des Karadah mit vielen märchenhaften Stränden, ein geeigneter Ort für Urlauber, die sich am liebsten am Strand aalen. Das Städtchen ist vor allem in der Saison von einem **orientalischen Flair** geprägt, da dann viele Tataren aus dem nahegelegenen Staryi Krym hier ihre Stände und Teestuben öffnen. Wirkliche Sehenswürdigkeiten gibt es im Ort jedoch kaum.

Zu sowjetischen Zeiten war der Ort unter dem Namen Planërskoye (Планёрское) bekannt, da es auf dem nahegelegenen Berg Uzun-Syrt hervorragende **Segelflugbedingungen** gibt (auch heute noch kann man hier für ca. 70 UAH zusammen mit einem Fluglehrer mit dem Gleitschirm fliegen). Koktebel kommt vom türkischen *kok-tepe-el* und heißt „Land der blauen Gipfel". Dieser Ort ist vor allem bei Gleitschirmfliegern, Poesieliebhabern und FKK-Freunden bekannt.

Archäologische Ausgrabungen im nahen Flusstal der Otuza förderten die Überreste einer Bebauung aus dem 7. Jh. zutage, die von den Byzantinern stammt. Auf dem Kap Chaika entdeckte A. Brosow 1948 menschliche Spuren aus der Bronzezeit. Ende des 13. Jh. überließ der Krimsche Statthalter des Khans der Goldenen Horde das Otuza-Tal und den nahegelegenen Landungsplatz den Venezianern. 1365 gingen sie in den Besitz der Genuesen über. Inschriften auf den Grab-



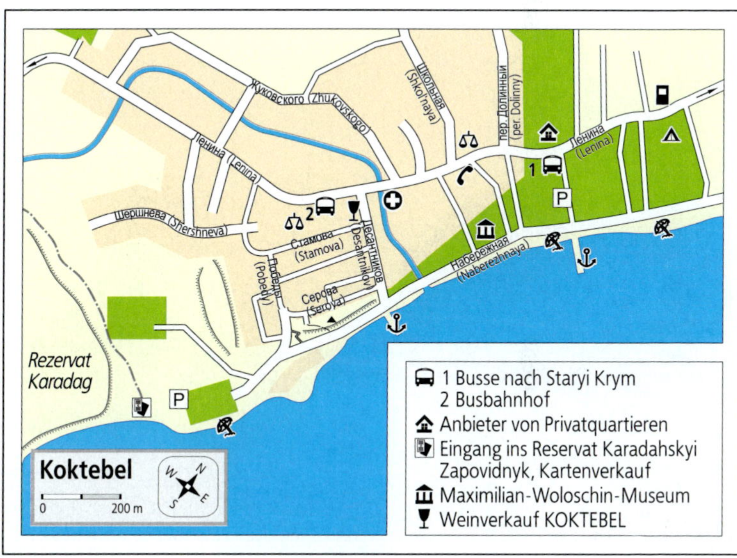

platten weisen darauf hin, dass die Ufer der Otuza im 14. Jh. besiedelt wurden, die genuesischen Aufzeichnungen hingegen sprechen vom Jahr 1461. Zu Beginn des 19. Jh. zählte die Siedlung 40 Wirtschaften und 172 Einwohner, doch 1885 wohnten hier bereits über 1200 Menschen verschiedener Nationalitäten: Tataren, Armenier, Juden, Deutsche, Karäer, Russen und Ukrainer.

An diesem Ort fanden die Künstler Gefallen, die im Haus von Maximilian Woloschin (1877–1932), eines russischen Malers und Poeten, zu Besuch waren. Hier weilten u.a. Maxim Gorki, Michail Bulgakow und Alexej Tolstoj. Inzwischen gibt es hier das **Maximilian-Woloschin-Museum** (Tel. 24437, geöffnet 10–18 Uhr).

Heute ist Koktebel ein kleiner Kurort. Entlang des steinigen Strandes verläuft die Hauptpromenade mit vielen Kneipen und tatarischen Spezialitäten, die direkt aus dem Topf verkauft werden: *Plov* und gebackene Auberginen. Unterhalb des Woloschin-Museums liegt ein bekannter FKK-Strand (der *Nudik*). Östlich des Strandes liegen auf einer Anhöhe die Weinkellerei und das Firmengeschäft *Koktebel* – besonders empfehlenswert ist der weiße Portwein *Belyy Portvayn*.

In Koktebel findet man angenehme **Steinstrände,** die jedoch gewöhnlich überfüllt sind. Recht nett ist der weniger populäre Strand an der Kneipe Sport. Letztere ist ein Strandpub mit abendlicher Diskothek und einer kleinen orientalischen Chaikhana-Bar mit Diwanen.

018kr Foto: to

Hier kann man die orientalische Küche probieren. Das Bier kostet 5–7 UAH.

### Verkehrsmittel

- Alle paar Minuten fahren **Kleinbusse** nach Feodosiya und der *Biostantsya* in Kurortne (Karadah). Verbindungen nach Simferopol gibt es fast so viel wie aus Feodosiya (2:15 Std.).

Achtung! Fahrkarten von Koktebel nach Simferopol unbedingt im Voraus kaufen, sonst kann es passieren, dass man in der Stadt hängenbleibt.

### Unterkunft

- Neben der Bushaltestelle ist das **Zimmervermittlungsbüro.** Preise ab ca. 28 UAH.
- **Touristenbasis BON,** Ul. Yunge 5, Tel. 24475, 331142, www.bon.vhod.biz. Größere und kleinere Campinghäuser, Preise von ca. 21 bis 80 UAH pro Person.
- **Hotel Beliy Grifon,** ansprechendes, aber nicht ganz billiges Hotel am westlichen Ende der Promende, nahe dem Karadag. DZ ab ca. 430 UAH in der Saison, ca. 365 UAH in der Vor- und Nachsaison. Tel. 24439, www.grifon.crimea.ua.

### Camping

Auf einer Anhöhe unweit des Zentrums gibt es einen **Campingplatz,** wo man zelten kann (was auf den Campingplätzen in diesem Land keineswegs selbstverständlich ist).

Im östlichen Teil von Koktebel befindet sich ein **wilder Zeltplatz,** wo junge Leute zelten, darunter viele Hippies und FKK-Freunde. Leider ist es hier weder sonderlich ästhetisch noch sauber.

### Essen und Trinken, Einkaufen

Viele gemütliche **Kneipen** mit Grillgerichten (Fleisch, Fisch, Gemüse) findet man direkt am Meer. Hier gibt es auch etliche **Chaikhana-Teestuben** mit bequemen Diwanen und Kissen. Koktebel ist ein Paradies für Vegetarier: Es gibt gegrillte Auberginen, Tomaten, Paprika, Kartoffeln (vom Holzgrill). Außerdem findet man **Bäckereien,** die muslimisches Brot *(Lepëshki)* und *Chebureki* backen.

- Sehr ansprechend ist die Kneipe **Bogema,** direkt an der Strandpromenade, eine Art Kleinkunst- und Musikkneipe mit täglicher Live-Musik.
- An der Hauptpromenade im Osten der Stadt befindet sich das Firmengeschäft des *Vin-Zavod Koktebel* mit Verkostungssaal. Hier kann man am günstigsten lokale **Weine** kaufen, z.B. Koktebelskaya Dolina oder Cabernet.

### Post, Telefon, Internet

**Postamt** und **Telefone** befinden sich auf der Ul. Lenina, mehrere hundert Meter von der Bushaltestelle in Richtung Feodosiya. **Internetzugang** gibt es an der Bushaltestelle (ca. 10 UAH pro Std.).

## In der Umgebung

### Bootstouren

Von Koktebel aus kann man ein paar schöne Ausflüge durch die Umgebung unternehmen. Eine Exkursion per Schiff, Jacht oder Motorboot zum **Goldenen Tor** dauert 1½–2 Std. Der Ausflug beinhaltet Küstenbeobachtung, eine Durchfahrt durchs Goldene Tor und ein Bad im offenen Meer sowie eine Führung durch das Reservat und kostet 100 UAH pro Person.

### Naturschutzgebiet Karadahskyi

Der *Karadahskyi Zapovidnyk* (Карадаг – „Schwarzer Berg") ist ein Naturschutzgebiet, das 1925 gegründet wurde. Anfangs erstreckte es sich über

Bucht im Reservat Karadah, in der man gelegentlich Delfine sieht

2000 ha, später fügte man noch einen Schutzstreifen hinzu, sodass sich das Territorium auf ca. 3000 ha vergrößert hat. Seine Grenze verläuft von Kurortne bis Koktebel entlang der Landstraße Schebetovka – Koktebel.

Innerhalb des Reservats kann man vier große Bergkämme unterscheiden: den Kok-Kaia, den Magnetischen Bergkamm (magnetische Anomalien in der Umgebung), den Khoba-Tepe (Höhlenkamm) und den Karagach. Das Gebiet ist komplett eingezäunt, und man darf sich nur auf den gekennzeichneten Pfaden bewegen. Das Betreten des Reservats ohne Genehmigung endet bestenfalls mit einem Bußgeld in Höhe von 100 UAH. Waldhüter gibt es mehrere, und sie sind bewaffnet. Legale Eingänge befinden sich an zwei Stellen. Im Südwesten vom Reservat, in der Ortschaft Kurortne, gibt es eine **biologische Forschungsstation** (*Biostantsya* – ein Delfinarium und ein kleines Naturmuseum). Von dieser Seite aus sind Gruppenbesichtigungen möglich (Eintritt: 35 UAH), und zwar immer nur 8 Uhr und 15 Uhr. Der Besuch des Karadah dauert ungefähr 3:30 Std. Muss man gerade warten, kann man sich an den Strand begeben, um Achate zu suchen (eigentlich ist das Sammeln dieser Steine verboten, aber wenn man den Wachmann nett bittet ...). An der Station findet sich eine kleine Kollektion regionaltypischer Pflanzen (Wacholder, Krimkiefer usw.).

Der Eingang von Koktebel aus ist leider seit einigen Jahren komplett geschlossen. Sehr zu empfehlen ist es, in Koktebel, Feodosiya oder Kurortne ein Boot zu mieten. Damit kann man an den zig Meter aus dem Wasser ragenden vulkanischen Felsen vorbeifahren, aus denen das Massiv Karadah zum größten Teil besteht.

Unterwegs durchquert man das **Goldene Tor** – ein kultischer Ort für die Küstenbewohner. Wenn man unter dem 17 m hohen Felsbogen durchfährt, sollte man keinesfalls vergessen, sich etwas zu wünschen – dieser Wunsch wird in Erfüllung gehen. Die Felswände weisen an manchen Stellen interessante geologische Strukturen auf, sogenannte Basaltrosen. Wenn man sich an den Felswänden, schroffen Gipfeln und aus dem Wasser ragenden Felsblöcken (Laterne, Löwe, Iwan der Räuber) satt gesehen hat, kann man seinen Blick in die Meeresfluten wenden. An manchen Stellen wird man von ganzen Schwärmen weiß-violetter Quallen begleitet, und wenn man Glück hat, schließen sich dem Boot **Delfine** an.

Aus dem Vulkangestein des Karadah wurden viele Jahre lang Halbedelsteine gewonnen: Amethyst, Zitrin, Bergkristall, farbige Achate und Chalcedon. Heute darf man nicht vergessen, dass es sich um ein Reservat handelt, in dem es verboten ist, Mineralien oder Pflanzen zu sammeln.

Die Verwitterung der 150–170 Mio. Jahre alten Felsen hat zur Entstehung vieler interessanter Formen geführt, die jeweils nach ihrer charakteristischen Gestalt benannt wurden. Der Führer wird sicherlich u.a. auf folgende Felsen aufmerksam machen: Falke,

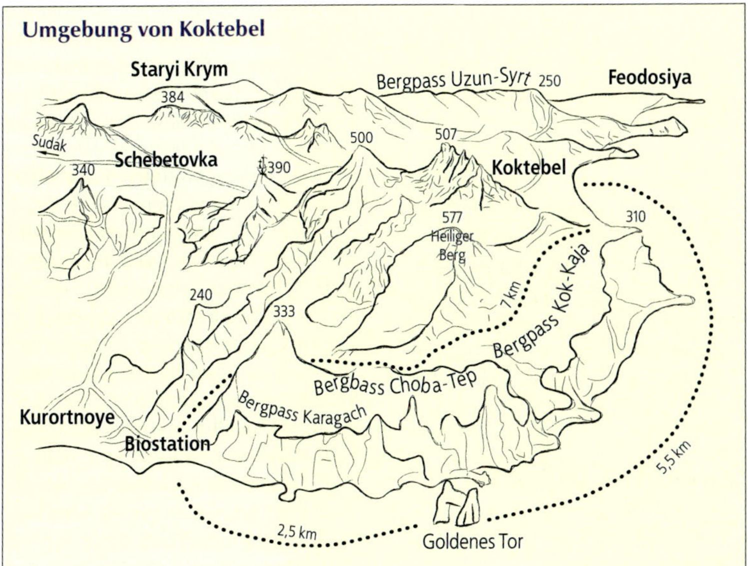

Zeichnung: A. Styrska

Sphinx, Pyramide und Lebkuchenpferd. 440 m ist der Khoba-Tepe hoch, der für seine vielen Höhlen bekannt ist. Der höchste Berg jedoch ist der **Sviata,** der heilige Berg, mit 575 m.

Vulkangesteine, zu denen auch der Basalt gehört, erstarren in Form länglicher Säulen. Diese Säulen können konzentrisch auseinanderlaufen, und diese geologischen Strukturen nennt man **Basaltrosen.** An den Felswänden des Karadah sind sie sehr gut zu erkennen.

Im Reservat leben 1172 höhere Pflanzenarten, darunter viele seltene und bedrohte Arten, sogar Endemiten wachsen hier. Es kommen auch etwa 20 Orchideenarten und viele mediterrane Pflanzen vor. Zu Ehren des natürlichen Reichtums dieses Gebietes wurde eine Weißdornart nach ihm benannt: *Crataegus karadaghensis*.

Lohnenswert ist ein **Spaziergang zur „Stillen Bucht“** *(Tikhaya Bukhta)*. Diese liegt etwa 2 km östlich und ist von Koktebel aus in 30–45 Minuten zu Fuß auf gut ausgetretenen Pfaden zu erreichen. Die Bucht verfügt über einen schönen, kilometerlangen Sandstrand und ist gerade im Sommer alles andere als still. Bei der Besteigung der Klippen links und rechts der Bucht ist höchste Vorsicht geboten, da diese nicht aus massivem Fels bestehen, sondern aus abbröckelnden, lehmigen Abbruchkanten. Der Ausblick von dort oben lohnt sich aber allemal.

### Routenverlauf: Koktebel – Soniachna Dolyna

Auf der Fahrt von Koktebel nach Sudak überraschen immer wieder herrliche Aussichten. Die Straße windet sich zwischen bis zu 600 m hohen bewaldeten Hügeln entlang. Von Zeit zu Zeit werden Steilhänge sichtbar, und im Umland der Ortschaften beherrschen Weinberge das Bild. Einer der bekanntesten Weinberge liegt im „Sonnental" Soniachna Dolyna, einem Städtchen ca. 3 km südlich von der Straße nach Sudak.

## Soniachna Dolyna

(ukr. Сонячна долина,
russ. Солнечная долина
[solnéchnaya dolína])

In Soniachna Dolyna findet sich neben Massandra die bekannteste **Weinkellerei** der Krim. Weinanbau und -herstellung gehen hier auf den Fürsten Lew Golizyn zurück, der auch die Sektkellerei in Novyi Svit bauen ließ. Die bekanntesten Erzeugnisse aus Soniachna Dolyna – Schwarzer Doktor und Schwarzer Oberst – waren in der UdSSR ein Zeichen für den Reichtum ihrer Käufer. Gorbatschow ließ die edelsten Rebsorten, aus denen dieser elitäre Tropfen vergoren wurde, zerstören, doch heute werden in Soniachna Dolyna der „Doktor" und der „Oberst" schon wieder hergestellt.

Diese Weine kann man eher als ziemlich starke **Liköre** bezeichnen denn als Weine. Sie werden nicht nur aus Wein erzeugt, sondern auch aus anderen Gaben der hiesigen Natur (Brombeeren, Johannisbeeren). Das Resultat ist überaus empfehlenswert. Beim Kauf von Weinen außerhalb Soniachna Dolyna sollte man sich jedoch vor den immer häufiger auftauchenden Fälschungen hüten. Der „Doktor" und der „Oberst" sind recht teuer (50–80 UAH). Viel billiger und auch nicht schlechter sind andere hiesige Weine (insbesondere der Portwein für 15–25 UAH). Alle hier hergestellten Weine kann man im Firmengeschäft im Stadtzentrum kaufen.

Die **Weinkellerei** liegt westlich der Stadt. Für 7 UAH kann man das ganze Werk besichtigen, und für 15 UAH die Besichtigung mit einer Weinverkostung verbinden. Zu besuchen ist es täglich von 9 bis 18 Uhr, Mittagspause von 12 bis 13 Uhr.

Die **Prophet-Ilja-Kirche** ist ein kleines, aber malerisches „steinernes Gotteshaus", gebaut in der ersten Hälfte des 12. Jh., in der Nähe des Eingangs der Kellerei gelegen. Das Bauwerk ist für die christliche Architektur der Krim recht charakteristisch: eine einschiffige Kirche mit auf der Ostseite anliegender Apsis. Zu besichtigen 9–17 Uhr.

Die Genuesische Festung in Sudak

# Sudak

(Судак)

Der Ort, dessen Name aus dem Russischen und Ukrainischen übersetzt „Zander" heißt, liegt ca. 57 km südwestlich von Feodosiya, direkt am Schwarzen Meer. Das heutige Sudak ist eine Kurstadt mit 15.000 Einwohnern, berühmt für seine schöne Lage, die dunklen Sandstrände, den Sommerbasar und vor allem für die Visitenkarte der Stadt – die rekonstruierte Genuesische Festung. Sudak ist ebenfalls bekannt für sein Rosenöl und seine hochqualitativen Weine (zu denen auch Schaumweine gehören).

Die Stadtgründer nutzten die natürliche Morphologie des Geländes. Der Berg, auf dem nun die Festung steht, gewährleistet einen Rundumblick über die Gegend, und die senkrechten, fast hundert Meter hohen Felswände, die ins Meer abfallen, schützten die Stadt vor Angriffen von der Seeseite. Die Gründung von Sudak wird den Griechen zugeschrieben, doch die ältesten Bauwerke stammen erst aus dem 6. Jh. u.Z., und ihre Erbauer waren Byzantiner. In der Zeit vom 8. bis 10. Jh. herrschten hier die Khasaren, und die Stadt wurde zum Sitz des Statthalters des khasarischen Khans. Zur Wende vom 8. zum 9. Jh. fiel die Festung unter der Belagerung des Nowgoroder Fürsten Brawlin.

Es wechselten die Besitzer von Sudak: Die Byzantiner kehrten zurück und herrschten bis 1204, also bis zur Eroberung Konstantinopels durch die

Reiserouten

019kr Foto: to

## Genuesische Festung

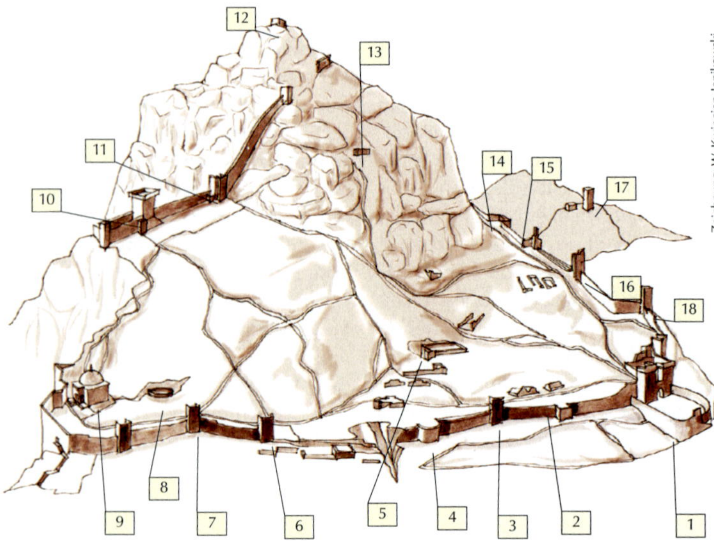


Zeichnung: W. Kwiecien-Janikowski

1. Haupttor mit Zwinger
2. Zisternen
3. Turm P. Giudice 1392
4. Halbrunder Turm und Kapelle
5. Marienkirche
6. Turm L. di F. Lavani 1409
7. Turm C. Cigala 1404
8. Runde Zisterne
9. „Tempel mit Arkaden“
10. Konsulschloss
11. Georgi-Turm
12. Jungfrauenturm
13. Tempel auf Säulen
14. Eckturm
15. Hafen
16. Turm Guarco Baldo 1394
17. Turm F. Astaguero (1386) und armenische Zwölf-Apostel-Kirche
18. Turm G. Marione 1387

Kreuzritter und die Einnahme des Schwarzen Meeres durch die Venezianer. 1475 geriet Sudak unter türkische Herrschaft. Aufzeichnungen aus dem 16. Jh. bezeugen, dass die Stadt damals kurz vor dem Ruin stand. Im 18. Jh., als Sudak ein Teil Russlands wurde, hat man in der Festung russische Kasernen eingerichtet.

Außer der genuesischen Festung gibt es keine historischen Sehenswürdigkeiten im Ort.

## Sehenswertes

### Historisches Museum

Das Städtische Historische Museum (Ul. Ushakova 1, Eingang auf der Ul. Naberezhnaya unweit der Anlegestelle) wurde 2004 eröffnet. Zu besichtigen sind Karten, Pläne und Dokumente, die von der langen Geschichte der Stadt künden, sowie archäologische Fundstücke aus der Umgebung, u.a. aus der Festung.

### Genuesische Festung

Die Besichtigung der Genuesischen Festung (**Генуэзкая крепость** [*genuézkaya krépost'*]) ist von 9 bis 21 Uhr möglich. Eintritt 20 UAH, zusätzlich 5 UAH Fotogebühr und 10 UAH Videogebühr (das zahlt kaum jemand, trotzdem fotografieren und filmen alle). „Wilde" Touristen kommen leider ganz ohne Eintrittskarte hinein.

Die Festung ist die Rekonstruktion eines Bauwerks, das 1371–1469 von den genuesischen Konsulen errichtet wurde. Das gesamte Reservat umfasst ca. 30 ha. Die Renovierungsarbeiten wurden 1968 begonnen und dauern bis heute an.

Die Festung hat einen dreieckigen Grundriss. Ins Innere gelangt man über einen Zwinger durchs Haupttor. Dieses Tor hat zwei Türme, die nach ihren Erbauern benannt sind: Jacobo di Torcello aus dem Jahr 1389 und Bernardo Franki di Pagano aus dem Jahr 1414. Links vom Tor befinden sich eine Tafel mit einem historischen Abriss und ein Plan der Festung mit der Beschreibung der einzelnen Gebäude (selbstverständlich auf Russisch). Vom Haupttor aus gehen die Mauern in zwei Richtungen auseinander. Sie sind bis zu 2 m dick, 6–8 m hoch und insgesamt ca. 2 km lang. Die Türme in der Mauer sind quadratisch, nur einer ist halbrund. Alle sind dreistöckig und erreichen bis zu 15 m Höhe. Auf der nordöstlichen Seite sind acht Türme erhalten: Bernardo Franki di Pagano, Pasquale Giudice, ein namenloser, der Runde Turm, Lukini di Flisco Lavani, Corrada Cigala (1404) und die Ruinen zweier weiterer. Die nordwestliche Mauer hat sechs erhaltene Türme: Jacobo di Torsello, den Eckturm, Giovanni Marione, Guarco Baldo (1394), einen namenlosen und einen zerstörten.

Der obere Teil des Schlosses besteht aus der Zitadelle, dem Konsulschloss, Mauern und drei Türmen: dem Georgi-Turm, dem Oberen Namenlosen und dem Dorzoni-Turm. Das Konsulschloss diente als Wohnhaus, Festung und Lager für Lebensmittel, Wasser und Munition. Der höchstgelegene Dorzoni-Turm hat noch einen zweiten

Namen: Jungfrauenturm. Dieser ist offizell nicht zugänglich, aber wirklich kontrollieren tut das niemand.

Ein Teil der oberen Befestigungen liegt gerade einmal 10 m vom Kliffrand entfernt. Vom Jungfrauenturm aus hat man einen herrlichen Ausblick über das ganze Tal, das Kap Mehanom und den Falkenberg.

Im Inneren der Festung gab es Straßen, Wohnviertel, Geschäfte u.ä. Von all diesen Gebäuden auf dem Hügel sind nur eine Moschee, die Ruinen einer Kirche, eine Zisterne und Fundamente von Wohnungen übrig geblieben. Zum Verwendungszweck der Zisterne gibt es geteilte Meinungen. Die einen sind überzeugt, dass sie als Wasserbehälter diente, andere halten sie für einen Kerker.

Die ältesten Informationen zur Moschee stammen von 1222. Aus frühesten Zeiten ist nur die nordöstliche Ecke mit einem Fenster im klassischen türkischen Stil erhalten geblieben. Der Rest des Gebäudes stammt vom Anfang des 14. Jh., das Portal aus dem 16. Jh.

Im Südwesten des Festungshügels lagen der Hafen und die Stadt. Die Wohngebäude der damaligen Stadt haben die Zeiten nicht überdauert – mit Ausnahme einer kleinen armenischen Kirche.

### Zwölf-Apostel-Kirche

Der Eingang in die armenische Zwölf-Apostel-Kirche befindet sich gegenüber der Westwand der Festung. Für ihren Bau wurden sowohl Stücke natürlicher Felsblöcke verwendet als auch glatt behauene Steine. Ihr genaues Entstehungsdatum ist nicht bekannt, man vermutet jedoch, dass sie Ende des 12. Jh. oder im 13. Jh. gebaut wurde, was mit dem Auftauchen der Genuesen in Sudak zusammenfällt. Neben der Kirche steht einer der Wachtürme, der Turm F. Astaguero.

## Praktische Tipps

### Verkehrsmittel

- Der **Busbahnhof,** Ul. Alushtinskaya 1, Tel. 22244, liegt am Stadtrand. Ein vollgestopfter Bus oder eine *Marshrutka* nehmen einen für 1 UAH mit ins Zentrum oder zur Festung (*Krepost*). Direkt zur Festung in Sudak fahren auch die *Marshrutki* nach Novyi Svit über Uiútne.

Sudak hat eine hervorragende Verbindung mit Simferopol (in der Saison fahren täglich mindestens 20 Busse – Fahrzeit 2:30 Std.). In Richtung Alushta fahren täglich sechs Busse (auf derselben Strecke: einer nach Yalta, zwei nach Sevastopol und zwei nach Rybache). Stündlich verkehrt ein Vorortbus nach Morske, alle zwei Stunden nach Soniachna Dolyna. Es ist auch kein größeres Problem, nach Novyi Svit zu kommen: Vom Busbahnhof fahren alle paar Minuten *Marshrutki* dorthin. Die Fahrt nach Novyi Svit führt durchs Stadtzentrum, an der Genuesischen Festung vorbei und durch den Weiler Uiútne, worauf der Bus den Falkenberg von der Meerseite her umfährt. Die Aussicht ist dort herrlich, und man kann jederzeit den Busfahrer bitten anzuhalten. Zu Fuß braucht man vom Bahnhof zur Festung etwa 40 Min.

Am Busbahnhof gibt es einen Stadtplan, und man kann hier sogar duschen (auf der Rückseite des Bahnhofsgebäudes).

- **Bahnkasse,** Ul. Partizanskaya 10, Tel. 31651.
- **Flugkasse,** Ul. Partizanskaya 10, Tel. 21903.
- **Schiffsanlegestelle,** von hier fahren Ausflugsboote zu fast jedem Winkel der Südküste. Besonders beliebt sind die Ausflüge *Um die Buchten von Novyi Svit* mit einem Bad im

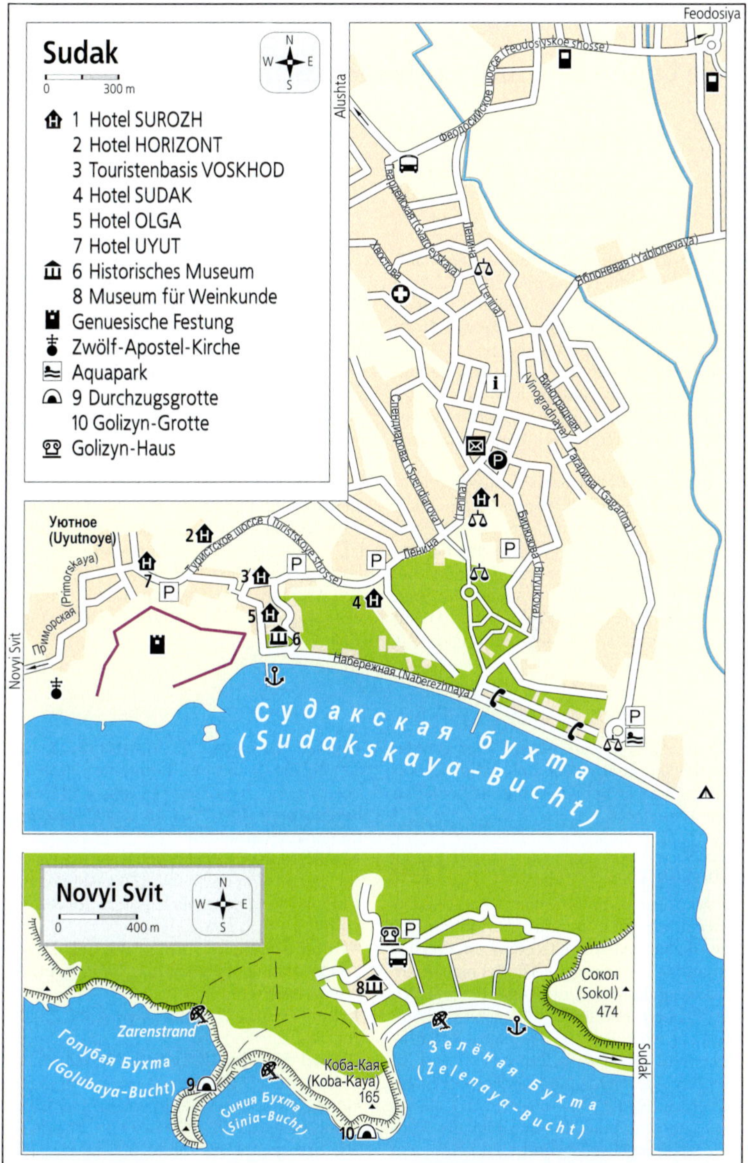
Sudak
0 300 m
N W E S
1 Hotel SUROZH
2 Hotel HORIZONT
3 Touristenbasis VOSKHOD
4 Hotel SUDAK
5 Hotel OLGA
7 Hotel UYUT
6 Historisches Museum
8 Museum für Weinkunde
Genuesische Festung
Zwölf-Apostel-Kirche
Aquapark
9 Durchzugsgrotte
10 Golizyn-Grotte
Golizyn-Haus
Feodosiya
Феодосийское шоссе (Feodosiyskoe shosse)
Alushta
Гвардейская (Gvardeyskaya)
Ленина (Lenina)
Хвостова
Яблоневая (Yablonevaya)
Виноградная (Vinogradnaya)
Спендиарова (Spendiarova)
Гагарина (Gagarina)
Бирюкова (Biryukova)
Уютное (Uyutnoye)
Приморская (Primorskaya)
Туристское шоссе (Turistskoye shosse)
Набережная (Naberezhnaya)
Novyi Svit
Судакская бухта (Sudakskaya-Bucht)
Novyi Svit
0 400 m
N W E S
Zarenstrand
Голубая Бухта (Golubaya-Bucht)
Синия Бухта (Sinia-Bucht)
Коба-Кая (Koba-Kaya) 165
Зелёная Бухта (Zelenaya-Bucht)
Сокол (Sokol) 474
Sudak

## Die Legende vom Jungfrauenturm in Sudak

Hoch oben auf dem Gipfel des Berges steht ein einsamer Turm. Ein schmaler Pfad führt hinan mit Spuren in den Felsen gemeißelter Stufen. Eine alte Überlieferung berichtet, dass in diesem Turm die Tochter des hiesigen Herrn lebte, ein Mädchen von außerordentlicher Schönheit. Diophant, der beste Feldherr des Pontischen Zaren, hielt um ihre Hand an. Niemand wusste, dass das Mädchen einem einfachen Dorfjungen ihr Herz geschenkt hatte. Beide fühlten sich leicht und froh, wenn sie beisammen waren, und keiner von ihnen dachte daran, dass sie eine Herrentochter ist und er ein Hirte. Was kümmert das auch zwei Herzen?

Als aber der Herr von ihrer Liebe erfuhr, ließ er den Burschen fangen und in einen steinernen Brunnen sperren. Es vergingen einige Tage, bis das Mädchen den Geliebten fand. Sie flehte ihren Vater an, den Knaben freizulassen, er aber wollte die Bitte seiner Tochter nicht erfüllen, denn er hatte vor, das Paar auseinanderzubringen. Als bald darauf ein Schiff nach Milet ablegen sollte, schickte er den Knaben mit einer angeblich wichtigen Aufgabe, die er in Griechenland erfüllen sollte, an Bord. Heimlich jedoch gab er den Befehl, ihn unterwegs zu töten, und so geschah es auch.

„In einem Jahr", sprach er zu seiner Tochter, „wird das Schiff zurückkehren. Wenn dann dein Auserwählter immer noch sein Leben mit dir teilen will, wirst du eine weiße Fahne am Mast sehen. Dann werde ich euerm Glück nicht im Wege stehen. Weht aber keine Fahne am Mast, wirst du dich darein schicken müssen, Diophant zu heiraten."

Für das Mädchen huben traurige und graue Tage an. Ein Jahr verging, und alle Einwohner der Burg versammelten sich auf dem Berg in Erwartung des Schiffs aus Milet. Am Mast wehte keine weiße Fahne. Das Mädchen erklomm den Turm, und mit den Worten: „Ihr Elenden, die ihr nicht wisst, was Liebe ist!" stürzte sie sich in die Tiefe.

Meer unweit vom Zarenstrand. Wer sich dazu verlocken lässt, sollte sich lieber für ein kleineres Boot entscheiden, das näher an den Strand heranfährt.

### Unterkunft

Jeder in Sudak eintreffende Bus wird sofort von Einheimischen umringt, die Zimmer anbieten. Wenn man die Ul. Lenina oder die Ul. Vinogradnaya entlangläuft, findet man ebenfalls problemlos eine Unterkunft, denn fast an jeder Haustür hängen Schilder mit der Aufschrift „Жильё" [*zhil'ë*]. Die Preise in Sudak selbst schwanken zwischen ca. 20 und 30 UAH pro Tag, in Dachne, nördlich der Stadt, ist es etwas billiger. Die Aufschrift im Café am Busbahnhof, gemäß der sich hier das Zimmervermittlungsbüro befindet, ist falsch.

- **Hotel Horizont,** Ul. Turistskaya 8, Tel. 22179, 21179. Großes, bequemes Hotel auf der Strecke zwischen Festung und Stadt. Preise ab ca. 180 UAH für das Doppelzimmer (inkl. Mahlzeiten).
- **Touristenbasis Voskhod,** Ul. Morskaya 23, Tel. 21950. Von ca. 65 bis 155 UAH pro Person mit (nicht sonderlich guter) Vollverpflegung.
- **Hotel Sudak,** Ul. Lenina 89, Tel. 21606; 21033. Preis pro Person ca. 155 UAH (inkl. drei Mahlzeiten).
- **Hotel Uyut,** Ul. Primorskaya 2, Tel. 22220, Tel./Fax: 21965.
- **Hotel Surozh,** Ul. Lenina 75, Tel. 21241, 21137, Fax: 21136. Angenehmes, 5-stöckiges Hotel 250 m vom Meeresufer. Zimmer in vier Kategorien: ca. 100–200 UAH pro Person sowie *Lyuks* zum Preis von rd. 300 UAH.

- **Hotel Olga,** Ul. Morskaya 8, Tel. 232127. Ein Hotel in der Nähe der Festung, Zimmer für ca. 155 UAH.
- **Hotel Bastion,** Ul. Morskaja 3b, ab ca. 100 UAH pro Person (www.hotel-bastion.info/en/index.html).

### Camping

Im Zelt übernachten kann man am Meer auf beiden Seiten des letzten Stücks der Ul. Naberezhnaya: unter dem Kap Alchak im Osten (in Richtung Aquapark, 4 UAH, Eintritt ins Reservat auf dem Kap Alchak im Preis inbegriffen) oder umsonst unter der Festung auf der Meeresseite.

### Essen und Trinken, Einkaufen

Sudak ist besser ausgestattet, als es einem nach der Ankunft erscheinen mag. Wie jede Stadt besitzt es einen **„grünen Markt“** (recht preisgünstig, auf dem Weg vom Bahnhof), dort muss man jedoch bis 16 Uhr eingekauft haben, da dann die Händler schon zusammenpacken. Ein zweiter Basar befindet sich beim Aquapark, ein weiterer in der Passage, die vom Zentrum zum Meer führt, unweit davon liegt auch ein interessanter **Minimarkt** mit Selbstgebackenem.

In den Abendstunden verlagert sich das gesamte Leben auf den Prospekt, der zum Strand führt *(Sudakskiy Arbát),* wo es sehr viele **Cafés, Restaurants und Klubs** gibt. Irgendwo findet man dort immer einen Platz, wo man preiswert essen kann. Auf der Strandpromenade wird bis in die Morgenstunden gefeiert.

### Post, Telefon, Internet

Auf der **Post** in der Ul. Lenina 82 (Tel. 22787) können Sie sowohl **Telefon** als auch **Internet** nutzen (nur ein Terminal, 4 UAH pro Std., an arbeitsfreien Tagen 1,50 UAH). Eine ähnliche Einrichtung befindet sich auf der Ul. Naberezhnaya. Telefone gibt es auch auf dem Busbahnhof. Stadtinformation Tel. 09, 22222.

### Geld

**Wechselstuben** gibt es viele, auch einige **Bankautomaten** sind zu finden.

### Aktivitäten

- **Aquapark,** östliches Ende der Ul. Naberezhnaya, Ende Ul. Gagarina, Tel. 33881, www.sudak-aquapark.com. 10–20 Uhr, früh kostet der Eintritt 90 UAH, nach 15 Uhr 70 UAH und nach 18 Uhr 40 UAH (Kinder 60/40/20 UAH). Nebenan gibt es einen bewachten Parkplatz.



## Novyi Svit

(ukr. Новий Світ,
russ. Новый Свет [nóvyy svet])

Novyi Svit ist die Stadt Lew Golizyns und Produktionszentrum des berühmten **Krimsekts.** Der Ort wird „Maritimes Felsen-Amphitheater“ genannt. Die malerische Lage in einer Bucht zwischen Felsen verunzieren mehrere Wohnblöcke, „Kur-Kitsch“ und Müll.

**Fürst Lew Golizyn,** der hier ca. 30 Jahre lang lebte, stammte aus Stara Wieś bei Węgrów in Polen. Sein Traum war es, einen Schaumwein zu kreieren, der es mit den berühmtesten französischen Champagnern aufnehmen könnte. Außerdem wollte er die Russen zu einer Änderung ihrer Sitten bewegen: Seine Weine sollten ihren Wodka ersetzen.

Novyi Svit liegt 7 km westlich von Sudak. Wer von dieser Seite aus hinfährt, hat Gelegenheit, die ungewöhnlich schönen Aussichten von der Bergstraße aus zu bewundern. Die Geländeausformung (eine von Felsen eingegrenzte Meeresbucht) hat Einfluss auf das ganz eigene Mikroklima des Städtchens. Dolores Łubieńska schreibt: „Wenn auf der Krim noch die Winterwinde toben, blühen in Novyi Svit schon die Mandelbäume." Der Frühling beginnt hier viel zeitiger als in Sudak.

Das Meer gräbt sich mit drei Buchten ins Land ein: der Grünen (Зелёная [*zelënaya*]), der Blauen (Синяя [*sínyaya*]) und der Himmelblauen (Голубая [*golubáya*]) Bucht. Über dem Städtchen ragt majestätisch der **Falkenberg** empor, den man von Norden aus besteigen kann. An seinen Hängen wächst die seltene Stankiewicz-Kiefer, dazu zahlreiche Endemiten, aufgrund derer der Küstenstrich von Novyi Svit den Status eines botanischen Reservats erhielt. Der Strand in der Grünen Bucht ist dem in Sudak ähnlich, dafür auf der ganzen Länge kostenlos. Was jedoch die Touristen hierher zieht, sind die Sektkellerei und der „Golizyn-Pfad" im Reservat.

In der Grünen Bucht liegt das Werk, das die **Schaumweine Novyi Svit** herstellt. Es wurde 1878 von Fürst Lew Golizyn gegründet. Das Verwaltungsgebäude (das Golizyn-Haus) ist die architektonische Visitenkarte des Ortes (gleich nebenan gibt es eine kleine Ausstellung an Handwerkserzeugnissen, Eintritt kostenlos). Das neogotische Bauwerk umgeben von allen vier Seiten Türme mit Zinnen. Im Werk gibt es ein kleines **Museum für Weinkunde,** wo man die unterirdischen Lagerräume mit bemoosten Flaschen aus dem 19. Jh. besichtigen und seinen Besuch mit einer Verkostung von fünf Marken der hier produzierten Weine enden lassen kann. Buchen kann man beim Betriebspförtner (Tel. 32891), der Eintritt kostet 25 UAH, die Führungen finden Mo–Fr 10, 13, 15 und 17 Uhr sowie Sa/So 13, 15 und 17 Uhr statt. Die Sektverkostungen beginnen um 17.30 Uhr.

Die Produkte der Sektkellerei sind im **Firmengeschäft** auf der Ul. Golitsyna 21a erhältlich (geöffnet 8–20 Uhr, Mittagspause 13–14 Uhr). Die Preise für die Flasche Sekt beginnen bei 20 UAH. Das Geschäft liegt direkt im Ortszentrum in der Nähe der *Marshrutki*-Stationen, und, ähnlich wie an letztgenannten, bilden sich auch hier nachmittags lange Schlangen von Urlaubern. Nebenan wird trockener Wein für 4 UAH pro Liter vom Fass verkauft.

## Botanisches Reservat Novyi Svit

Einen Besuch wert ist das Botanische Reservat Novyi Svit. Der Golizyn-Pfad (тропа Голицына [*tropá golítsyna*]) führt zur **Golizyn-Grotte,** in der der Fürst Wein lagerte, mit dem er seine Gäste bewirtete (hier sind **Wasser- und Bungeespringen** möglich). Danach durchquert man die **Blaue Bucht** (Räuberbucht), von der aus man das Kap Kapchik besteigen oder in die **Durchzugsgrotte** (Сквозной грот [*skvoznóy grot*]) eindringen kann, deren Eingang bereits auf der Seite der **Himmelblauen Bucht** liegt, einer Bucht, in der das Wasser von ungewöhnlicher Farbe ist. Für so eine Rundwanderung braucht man etwa 2–3 Std. Leider gibt

020kr Foto: to

es hier sehr viele Spaziergänger, sodass der Pfad immer bevölkert ist.

Um zum **Zarenstrand** zu gelangen, muss man fast bis ganz zum Ausgang des Reservats laufen, denn das Ufer ist hier ungewöhnlich abschüssig (der Durchgang unter der Grotte an der Küste entlang ist verboten). Es ist gut, einen Wasservorrat und Badekleidung auf den Ausflug mitzunehmen, auf jeden Fall aber besseres Schuhwerk als die hier allgemein üblichen Pantoffeln. Den Rucksack kann man an einem Stand am Eingang lassen.

Das Reservat umfasst ein reizvolles Stück der Krimschen Felsenküste – auf der Krim begegnet man solch schönen Landschaften nur noch in den geschützten Gebieten.

Wanderweg und Mini-Vergnügungspark im Reservat Novyi Svit

### Verkehrsmittel

Die Anreise ist nur von Sudak aus möglich. Die *Avtostantsya* befindet sich gegenüber dem Golizyn-Haus. Von Sudak fahren alle 5–10 Min. **Marshrutki** nach Novyi Svit ab. Nachmittags bilden sich lange Schlangen an den Haltestellen. Man kann auch direkt von

Simferopol aus hierher fahren (acht Fahrten täglich).

Von Novyi Svit nach Sudak fährt man mit dem Bus oder der Marshrutka in ca. 30 Min. Abends kommt man nur noch schwer von hier weg, denn dann kehrt fast der ganze Strand nach Sudak zurück.

### Unterkunft

Da die Konkurrenz geringer ist, sind Privatquartiere hier etwas teurer als in Sudak. Am besten läuft man gleich vom Bus aus weiter auf der Hauptstraße nach Westen in Richtung der Weinkellerei und der Wohnblöcke, wo unter einem vielversprechenden Schild mit der Aufschrift „Сдаём жильё" [*sdaëm zhil'ë*] Damen mittleren Alters im Kreis sitzen, die die Touristen fürsorglich unter ihre Fittiche nehmen.

### Essen und Trinken

Einen kleinen Sandstrand gibt es im Zentrum, und seitlich davon kann man sich auf den Felsen sonnen. Man findet hier diverse **Bars und Cafés,** am billigsten speist man jedoch in der *Stolovaya* (Ul. Golitsyna 20) unweit der *Avtostantsya*.

## Routenverlauf: Sudak – Alushta

Der weitere Weg windet sich sehr malerisch die ganze Zeit an der Küste dahin. Nach Alushta sind es von Sudak etwa 85 km. Unterwegs fahren wir durch einige kleine Orte mit Sanatorien und Steinstränden. Eine Eigentümlichkeit sind die Zeltstädte an den Stränden, die zuweilen sogar für ein paar Hundert Personen ausgelegt sind, wie in Rybache oder bei Morske. In **Rybache** (ukr. Рибаче, russ. Рыбачье) stehen direkt am Strand oder im Wäldchen nebenan Autos mit Campinganhängern, und am Strand erstreckt sich ein Wald von Zelten bis zum Horizont (Tel. Campingplatz: 6560-73565, ca. 20 UAH pro Pkw + Zelt). Nach **Morske** (ukr. Морське, russ. Морское [*mórskoye*]) kommt man mit dem Vorortbus aus Sudak, nach Rybache mit dem Bus direkt von Simferopol (40 Fahrten täglich) oder mit der *Marshrutka* aus Alushta (alle 15 Min.).

021kr Foto: to

Die Steilküste bei Novyi Svit

# Reiseroute 7 Überblick

**Feodosiya – Shcholkine – Kerch**

Von Feodosiya aus fahren wir in nordöstlicher Richtung zur Hafenstadt Kerch. Dies ist keine Strecke für Altertumsliebhaber – eher für die, die gern dorthin fahren, wohin kaum jemand kommt. Von Feodosiya nach Kerch fahren recht viele **Busse,** die Fahrt dauert rd. 2:30 Std. In dieser Zeit bringen wir 98 km auf der Fernverkehrsstraße M-17 hinter uns, die anfangs noch in recht gutem Zustand ist, der sich dann aber etwas verschlechtert. Ein Teil der oben erwähnten Busse fährt über Lenine – wer dort aussteigen will, fragt besser beim Fahrscheinkauf danach und versichert sich noch einmal beim Busfahrer, ob er wirklich dort hält. Nach Shcholkine fahren von Feodosiya insgesamt acht Busse täglich, doch die meisten sind Durchgangsbusse (1:30 Std.).

Eisenbahnfans können mit dem **Vorortzug** nach Vladyslavivka (ukr. Владиславівка, russ. Владиславовка [*vladislavovka*]) fahren, von wo aus nachmittags ein **Zug** nach Kerch abfährt (frühmorgens fährt auch ein Zug von Dzhankoi). Die Fahrt von Vladyslavivka nach Kerch mit dem Fernzug macht nicht viel Sinn, denn der Zug ist 2:30 Std. unterwegs, und die Platzkarte kostet viel mehr als die Fahrkarte. Achtung: Die Bahnstation in Lenine heißt „7 Brunnen" (Семь колодезей [*sem' kolódezey*]).

und theoretisch dürfte man es nur mit Genehmigung betreten. In der Praxis sind die Wächter jedoch nur dann unerbittlich, wenn jemand versucht, sein Zelt aufzuschlagen oder ein Lagerfeuer zu entzünden oder wenn man mit dem Auto ins Reservat fährt und kein Kleingeld für Zigaretten für die Ordnungshüter dabeihat. Trotz „strengen" Naturschutzes sind hier erst kürzlich einige Probebohrtürme aus dem Boden gewachsen.

### Routenverlauf: Shcholkine – Kerch

Je näher wir Kerch kommen, desto höher werden die Hügel. Das Bild der Halbinsel wird von **Salzseen** vervollständigt. Vor Hornostaivka passieren wir die Überreste des **Türkischen Walls** *(Turetskyi Wal)* – einer alten Befestigungsanlage, die sich von Norden nach Süden über die ganze Halbinsel Kerch zieht. Fast das gesamte Gelände nördlich der Straße war einst Truppenübungsplatz. Heute ist es Weideland, aber südlich der Straße ist immer noch das Militär stationiert. Schon bald kommen wir auf dem Busbahnhof in Kerch an.

## Kerch

(ukr. Керч, russ. Керчь)

Kerch ist eine **Hafenstadt** an der Ostküste der Halbinsel Kerch mit 179.000 Einwohnern. Im Altertum war es die griechische Kolonie Pantikapaion, im 5.–4. Jh. v.u.Z. die Hauptstadt des Bosporanischen Reiches und eine große Handelsfaktorei. Im 1. Jh. v.u.Z. geriet die Stadt in Römische Abhängigkeit. Als sie dem Byzantinischen Reich eingegliedert wurde, erhielt sie einen neuen Namen – Bospor. Zwei Jahrhunderte später wurde die gesamte Halbinsel von den Khasaren eingenommen. Sie änderten den Namen der Stadt in Karcha (oder Charsha – türk. „Marktplatz"). Im 10. Jh. wurde die Stadt Teil der Kiewer Rus, und fünf Jahrhunderte später gehörte sie zum Staat der osmanischen Türken. Als Kerch 1774 unter russische Herrschaft geriet, begann es sich rasch zu entwickeln, zumal in seinem Umland damals Eisenerzlager entdeckt wurden. Im 2. Weltkrieg wurde Kerch in Schutt und Asche gelegt und erhielt nach dem Krieg den Beinamen „Heldenstadt".

Heute ist es eine typische sozialistische Industriestadt, und die erhalten gebliebenen Denkmäler sind nicht sonderlich interessant. Die Stadt ist ein Zentrum der **Werft- und Hüttenindustrie** (Glashütten). Sie hat viele Parks und Grünflächen, und die Altstadt wurde vor Kurzem wiederaufgebaut und restauriert. Südlich der Stadt gibt es, angefangen am Kap Ak-Burún (Ак-Бурун), recht hübsche Strände und viele Erholungszentren (Anreise mit dem Bus Nr. 10, weiter nach Eltigen mit der Nr. 15).

Ein großes Ereignis ist das jeden Sommer in Kerch stattfindende **Festival der Antiken Theater.**

Vor einiger Zeit entstand der Plan, die Ufer der **Meerenge von Kerch** mit einer Brücke zu verbinden, was der Stadt eine weitere Entwicklung ermöglicht hätte. Solch eine Brücke existierte bereits 1944, leider hielt sie nur 150 Tage. Vorläufig erreicht man das gegenüberliegende russische Ufer der Meerenge nur mit der Fähre (s.u.) oder einem Kutter.

Kerch liegt inmitten von **Hügelgräbern,** sogenannten Kurganen, in der nächsten Umgebung gibt es davon mehr als 200. Ihre sanfte Hügelform entdeckt man in jedem Stadtviertel – eines davon liegt sogar mitten auf dem Busbahnhof. Die meisten Kurgane sind für Touristen nicht zugänglich. Unter der Erdoberfläche, unter dem Netz aus Straßen und Fußwegen, existiert eine zweite Welt: die antiken Katakomben. Auch sie sind für Besucher leider nur teilweise zugänglich.

## Sehenswertes

### Historisch-Archäologisches Museum

Gegründet 1826 als Museum für Altertum, ist es eins der ältesten Museen dieses Typs in der Ukraine. Ursprünglich hatte das Gebäude die Form eines griechischen Tempels, es wurde jedoch im Krieg zestört. Die meisten Exponate wurden damals in die Eremitage gebracht. Ein Teil davon ging in den Kriegswirren verloren, um später in Berliner und Londoner Museen wieder aufzutauchen. Das Museum in Kerch besitzt jetzt nur noch einen Teil der Exposition, derer es sich vor dem Krieg rühmen konnte.

In den Nachkriegsjahren wurde das Profil erweitert und das Museum um neue Ausstellungsstücke bereichert (über 130.000), die teilweise von unermesslichem Wert sind. Allein die Kollektion der **Stelen und Grabplatten** beinhaltet mehr als 2000 Exponate. 1988 wurde das Museum neben einer Gemäldegalerie, dem Museum für die Geschichte der Verteidigung der Steinbrüche von Adzhymushkai und dem Museum für die Geschichte der Landung in Eltigen Teil des Historisch-Kulturellen Parks Kerch.

• **Historisch-Archäologisches Museum,** Ul. Sverdlova 22, geöffnet täglich außer Mo 9–17, Eintritt 4 UAH.

### Zarenkurgan

Der Zarenkurgan liegt im Stadtteil Adzhymushkai (Аджимушкай) auf einem Hügel südlich der Steinbrüche (Anfahrt mit dem Stadtbus oder der *Marshrutka* Nr. 4, Eingang durch die Gebäude nebenan, Eintritt 3 UAH).

Unter den vielen, über die ganze Stadt verteilten Kurganen ist dies der am besten erhaltene. Er wurde von einem der bosporanischen Herrscher im 4. Jh. v.u.Z. angelegt und ist ein Meisterwerk der antiken Baukunst. Für seinen Bau nutzte man eine natürliche Geländeerhebung. Der Kurgan ist

Kerch
Hafen KRYM, Yenikale, Kap Fonar
Steinbruch von Adzhymushkai
Kurortne
Baherove
Feodosiya
Eltigen, Burg Tiritaka
3 Hotel MORYAK
5 Hotel LAZURNYY
6 Hotel KERCH
11 Hotel MERIDIAN
2 Zarenkurgan
4 Melek-Chesmen-Kurgan
7 Ruinen der Burg Mirmekia
8 Pantikapaion
1 Steinbrüche von Adzhymushkai
9 Ichthyologisches Museum
10 Historisch-Archäologisches Museum
Gemäldegalerie
Kirche St. Johannes
Demeter-Tempel
Войкова (Voykova)
Петрова (Petrova)
Гагарина (Gagarina)
Правды (Pravdy)
Горького (Gorkogo)
Кирова (Kirova)
Фурманова (Furmanova)
Buganak
Шевякова (Shevyakova)
Мирошника (Miroshnika)
Маркса (Marxa)
Ленина (Lenina)
Góra Mitrydat
Свердлова (Sverdlova)
Кокорина (Kokorina)
Вокзальное шоссе (Vokzalnoye shosse)
Комарова (Komarova)
Чкалова (Chkalova)
Годыны (Godyny)
Melek Chesmen
N E S W
0 500 m

## Der Kertscher Stil in der Vasenmalerei

Von der Stadt Kerch (Kertsch) erhielt einer der Stile der griechischen Vasenmalerei seinen Namen. In der Umgebung der Stadt entdeckten Archäologen eine enorme Anzahl an **griechischen Gefäßen** mit einer sehr charakteristischen Dekoration.

Der Kertscher Stil entwickelte sich im 4. Jh. v.u.Z. und zeichnet sich durch vielfigurige Komposition, Vielfalt und Reichtum der Gestalten aus. Die Dekoration spiegelte oft die Monumentalmalerei wider. Die Kertscher Vasen wurden in großen Mengen produziert und hauptsächlich in die griechischen Kolonien am Schwarzen Meer versandt. Beliebte Dekorationsmotive waren Szenen aus dem Leben von Frauen, der Amazonomachie, des Greifenkampfes und mythologische Szenen. Einer der berühmtesten Maler dieses Stils war der sogenannte Marsyas-Maler. Die meisten Vasen dieses Stils sind im Besitz der Eremitage in St. Petersburg.

17 m hoch. In die runde Grabkammer mit einem Bogengewölbe (ein sogenanntes Scheingewölbe), wo die sterblichen Überreste des Herrschers ruhten, führt ein 37 m langer steinerner Korridor (Dromos) – für viele ist eben dieser Durchgang durch den Kurgan die größte Attraktion.

### Melek-Chesmen-Kurgan

Melek-Chesmen-Kurgan, Ul. Gaydara, mitten auf dem Busbahnhof, Eintritt 1,50 UAH. Er ist kleiner als der Zarenkurgan. Die Grabkammer hat einen quadratischen Grundriss. In ihr wurde das Skelett eines Bosporanischen Würdenträgers aus der zweiten Hälfte des 4. Jh. v.u.Z. gefunden. Es gibt hier eine kleine Ausstellung von Keramik und Platten mit antiken Inschriften. Der **Yuz-Oba-Kurgan,** („Hundert Hügel", im südlichen Stadtteil) wird auf die 2. Hälfte des 4. Jh. v.u.Z. datiert.

### Demeter-Tempel

Der antike Demeter-Tempel (Ul. Prodolna 2) stammt aus der ersten Hälfte des 1. Jh. Interessant sind hier die Fresken der Demeter (griechische Fruchtbarkeitsgöttin), des Hermes (Schutzgott der Wege, Wanderer, Kaufleute und Diebe), des Pluto (Hüter des Totenreiches) und der Nymphe Kalypso. Man findet auch ein Ornament in Form einer Weintraube. Der heutige Tempel ist nur eine getreue Rekonstruktion des antiken Bauwerks.

### Mithridatesberg

Der Mithridatesberg liegt im Stadtzentrum und wurde nach dem Pontischen Kaiser Mithridates VI. Eupator benannt. Seit vielen Jahren ist er eine **archäologische Ausgrabungsstätte.** Hier wurden Überreste von Pantikapaion freigelegt. Auf dem Berg stand damals ein Apollotempel, der von sechs weißen Säulen gestützt wurde. Nach oben führt eine Promenade, die Mitte des 19. Jh. von einem italienischen Architekten entworfen wurde und über 400 Stufen hat. Heute steht an der Stelle des antiken Tempels das

Ruhmesdenkmal von 1944, neben dem, auf dem sogenannten Mithridatesthron, ein ewiges Feuer zu Ehren der Kriegshelden brennt.

In der Nähe des Berges findet man die Überreste der antiken Stadt **Pantikapaion,** die vom 6. Jh. v.u.Z. bis zum 4. Jh. u.Z. existierte (für Laien: zwei Säulen und ein paar Steine).

**Kaiser Mithridates** war ein Mensch von großer Weisheit und Umsicht, zeichnete sich jedoch auch durch ungewöhnliche Ausdauer und Körperkraft aus. Die ganze Zeit seiner Herrschaft über kämpfte er siegreich gegen Rom. Als er begriff, dass seine Macht sich ihrem Ende zuneigte, beschloss er, sich auf dem Berg, der heute seinen Namen trägt, selbst zu töten. Der Herrscher trank einen Becher Gift, doch da sein Körper stärker als dieses zu sein schien, befahl er seinem Diener, ihn mit dem Schwert zu töten.

Die **Ruinen der Burg Mirmekia** (Vorort von Pantikapaion, 6. Jh. v.u.Z. bis 3. Jh. u.Z.), finden sich in der Ul. Vantsetti, unweit des Kultur- und Erholungsparks.

## Kirche St. Johannes der Täufer

Die Kirche St. Johannes der Täufer (Pl. Lenina) ist eins der ältesten Denkmäler der frühchristlichen Baukunst auf der Krim (8.–10. Jh.). Ihr Bau hängt mit der Existenz des altrussischen Fürstentums Tmutarakan auf der Halbinsel Kerch zusammen. Der Anbau auf der Westseite stammt aus dem 19. Jh. 1980 wurde die Kirche rekonstruiert. Sie ist im byzantinischen Stil auf dem Grundriss eines griechischen Kreuzes gebaut und mit einer Kuppel gekrönt. Bis zu den Zeiten des Kommunismus lagerten in der Kirche Handschriften der Evangelien und der Apostelbriefe aus dem 11.–12. Jh., aber auch alte Ikonen und Kultgegenstände, unter denen sich eine Schale aus dem 4. Jh. befand. Heute kann man hier Fragmente alter Fresken sehen, es gibt auch eine Platte mit einem menschlichen Fußabdruck, der, wie die Überlieferung erzählt, Johannes dem Täufer oder dem Apostel Andreas gehört haben soll. Das Denkmal dient immer noch als Kirche. In der Nähe kann man eine Sammlung steinerner Grabplatten aus der Antike und aus dem Mittelalter sehen.

## Gemäldegalerie

Gemäldegalerie, Ul. Teatralnaya 33, geöffnet täglich außer Mi 10–18 Uhr, Eintritt 4 UAH. Hier befindet sich eine Dauerausstellung von Preisträgern des ukrainischen Schewtschenko-und-Buta-Preises mit ca. 100 Gemälden und Zeichnungen.

## Synagoge

Die Synagoge auf der Ul. Tsiolkovskogo ist die einzige erhaltene Synagoge der Stadt. In der Vergangenheit gab es hier sieben davon: fünf jüdische, eine karäische und eine krimtschakische. Vor der Oktoberrevolution lebten in Kerch ca. 11.000 Juden, 1939 nur noch 5000. Ihr gegenwärtiger Bevölkerungsanteil ist unbekannt. In der Synagoge hat die lokale jüdische Sozialorganisation ihren Sitz.

## Praktische Tipps

### Verkehrsmittel

- **Busbahnhof,** Ul. Marshala Yeremenko 30, im Stadtzentrum, Information Tel. 53572, Stadtbusse Tel. 53572. Zwölf Busse täglich nach Simferopol, sieben nach Krasnodar in Russland, je vier nach Shcholkine und Hornostaivka und einzelne in größere Orte der Krim, der Südukraine und in nahegelegene Städte in Russland.
- **Bahnhof,** Pl. Privokzalnyy, am Stadtrand, Tel. 20029. Anfahrt mit den Buslinien 6, 22 und 24. Ein Fahrkartenschalter befindet sich auch in der Nähe des Busbahnhofs, Tel. 20424. Vorverkaufskasse, Ul. Gaydara 9, Tel. 29071. Hier kommen einzelne Lokalzüge aus Dzhankoi und Vladyslavivka an sowie Fernzüge aus Kiew, Charkow/Sumy und Moskau. Viermal täglich verkehrt auch ein Lokalzug zum Hafen „Krym". Hilfreich kann der Nachtzug von/nach Simferopol sein – eine bequeme Option für Sparsame.
- **Hafen „Krym",** im Vorort Opásne, Tel. 49559, Anfahrt mit den Bussen Nr. 1 und 18 vom Bahnhof oder aus anderen Stadtteilen.
- **Fähre nach Russland,** vom Hafen legen drei Schiffe ab: die Eisbrecherfähren Kerchenskiy 1 und Kerchenskiy 2 und die Autofähre Yeysk. Im Sommer fahren sie 22-mal täglich, außerhalb der Saison 18-mal. Aktuelle Preise am Fährhafen. Außer individuellen Überfahrten kann man auch mit einem der Reisebusse fahren, dann ist der Preis für die Fähre im Fahrschein enthalten. Achtung Visapflicht – das Visum bekommt man nicht an der Grenze!
- **Seehafen,** Ul. Kirova 28.
- **Flugkassen,** Agentur Aeroflot, Ul. Gaydara 9, Tel. 23044.
- **Taxis,** Tel. 42626, 058.

### Unterkunft

Das **Zimmervermittlungsbüro** befindet sich am Busbahnhof. Die Preise für Privat- und Hotelzimmer in Kerch gehören zu den niedrigsten auf der Krim, weil Kerch eher eine Industrie- als eine Touristenstadt ist. Hier kann man das ganze Jahr über eine Unterkunft für 20–32 UAH finden. Südlich der Stadt erstreckt sich jedoch bereits die vollwertige Kurortzone – Touristenbasen für jeden Geldbeutel säumen die ganze Küste (Anfahrt mit dem Bus Nr. 10, weiter nach Heroivske mit der Nr. 15).

- **Hotel Kerch,** Ul. Kirova 11, Tel. 21155, 21204. Ab ca. 130 UAH pro Person.
- **Hotel Moryák,** Ul. Marata 9, Tel. 21493. Doppelzimmer pro Person: ca. 80 UAH ohne Waschbecken, rd. 100 UAH mit Waschbecken.
- **Hotel Lazurnyy,** am Stadion, Tel. 52004. Zimmer mit Waschbecken. Im Hotel kann man auch für rd. 7 UAH pro Person duschen (selbst, wenn man kein Hotelgast ist).
- **Hotel Zaliv,** Ul. Kurortnaya 6a, Tel. 34508. Ab ca. 130 UAH.
- **Hotel Meridian,** Ul. Sverdlova 83, Tel. 20556. Ab ca. 210 UAH für ein Doppelzimmer.

### Essen und Trinken, Einkaufen

Alle Lebensmittel besorgt man sich am besten auf dem **Markt** gegenüber dem Busbahnhof. Die Altstadt wiederum ist reich an **Pubs, Cafés und Restaurants,** die Gerichte der traditionellen und ausländischen Küche servieren. Einen Besuch wert sind u.a.: Restaurant **Kerchanka,** Ul. Voykova 12; Restaurant **Orkhidea,** Ul. Ordzhonikidze 24; Restaurant **Pantikapey,** Ul. Kirova 105; Restaurant **Premiera,** Ul. Dubinina 23; Restaurant **Tet-a-tet,** Ul. Voykova 6.

### Post, Telefon

- **Post und Telefon** befinden sich auf der Ul. Kirova 1. Stadtinformation Tel. 21132. Viele Informationen über die Stadt findet man auch unter www.kerch.com.ua.

### Geld

- **Wechselstuben** gibt es in der ganzen Stadt viele.
- **Banken:** Ukrsotsbank, Ul. Kirova 9/27; Privatbank, Ul. Marata 9; Prominvest, Ul. K. Marksa 36 (letztere mit Bankautomat).

105kr Foto: pk

# Bergtouren

Das Kacha-Tal bei Bakhchysarai

# Hinweise zu den Wanderungen

In diesem Kapitel besprechen wir einen Teil des Krimgebirges: die Region der Felsenstädte, die Große Schlucht und die Massive des Chatyrdah, des Demerdzhi und der Dolgorukovska-Yaila. Diese Auswahl ist dadurch bedingt, dass sich die genannten Gegenden für einen **Tagesausflug** eignen, auf dem man im gemäßigten Wandertempo und ohne Rucksack die Schönheit dieser Landstriche genießen kann. Jede der acht Routen führt zu einer Sehenswürdigkeit, wonach der Ausflug für jeden, der mag, so weitergeführt wird, dass man auf möglichst abwechslungsreiche Weise zur Bushaltestelle oder zur Unterkunft gelangt. Die Anfahrt wird bei jeder Route gesondert beschrieben.

Ein Teil der Sehenswürdigkeiten im Gebirge, die an einem Tag zu erreichen sind, wurde bereits im Kapitel „Reiserouten" beschrieben: Chufut-Kale, Inkerman (Reiseroute 2), Roman-Kosh (Reiseroute 3), Surb-Khach (Reiseroute 4), Aiudah, Uchansu, Ai-Petri, Baidarski-Pass (Reiseroute 5), das Reservat in Novyi Svit und Karadahskyi Zapovidnyk (Reiseroute 6).

Aufgrund der großen Höhenunterschiede, des Wassermangels und der weiten Entfernungen von den Haltestellen der öffentlichen Verkehrsmittel muss man für eine Wanderung durch die Wälder des mittleren Teils des Krimgebirges, über die Bergplateaus der Südküste oder zu den Höhlen der Karabi Yaila mehr Tage einplanen und die nötige Ausrüstung mitnehmen. Bei den Tageswanderungen kann man seinen Rucksack auf fast jedem Busbahnhof für 2 UAH pro Gepäckstück abstellen. Mehr Informationen zum Krimgebirge finden sich im Kapitel „Land und Leute".

### Ausrüstung

Unerlässlich sind **Karte und Kompass,** denn die Wanderwege sind, wenn überhaupt, sehr chaotisch ausgezeichnet (s. Kap. „Reisetipps A–Z: Ausrüstung und Reisegepäck, Landkarten"). Es handelt sich überwiegend um Kennzeichnungen aus Zeiten der UdSSR, als man durchs Gebirge nur in organisierten Gruppen und in Begleitung eines örtlichen Reiseführers wandern durfte. Man begegnet auch neuen Kennzeichnungen, allerdings meist dort, wo sie überflüssig sind (da man ohnehin der pantoffelbewehrten Menge hinterherläuft). Auf den Yailas schichten die Einheimischen zur Orientierung oft Steinhügel (*Tury*) auf.

Häufig kommt man auch ohne **Wasservorrat** nicht aus. Die auf den Karten eingezeichneten Quellen sind oft schwer zu finden oder bestehen nur aus austrocknendem Schlamm. Auf gar keinen Fall sollte man dies vergessen, wenn man an einem trockenen Sommertag zu einer Wanderung in die wasserlosen Regionen der Karstplateaus aufbricht. Entlang der ehemals gekennzeichneten Routen findet man in der Regel alle paar Stunden eine Quelle, doch auch hier treten zuweilen Probleme auf. Fast jede der ehemaligen Lagerstellen *(Stayanka)* liegt neben einer Quelle. In den Routenbeschreibungen geben wir die Lage der meisten Quellen an und vermerken gleichzeitig, in welchen Gebieten Wassermangel auftritt.

Von Nutzen ist eine **Taschenlampe,** nicht nur bei Übernachtung im Freien, sondern auch beim Besuch von Grotten, Höhlen und Felsenstädten. **Kopfbedeckung** und **Sonnenbrille** verstehen sich von selbst – im Sommer brennt die Sonne unbarmherzig auf die Wanderwege nieder.

Denken Sie auch daran, dass die **Temperatur** in höheren Lagen schnell fällt, es häufig **stürmisch** ist und das Wetter vor allem sehr schnell umschlagen kann. Überlegen Sie, ob Sie nicht wenigstens einen **Regenumhang** aus Folie einpacken, den man auch in der Ukraine am Kiosk kaufen kann.

### Sicherheit

**Rettungsdienst: Tel. 03.** Eine Bergtour anmelden, Auskünfte zu Wetter, Brandgefahr und anderen Einschränkungen einholen sowie Hilfe bei einem Unfall suchen kann man in den Punkten der **Bergwacht** „KSS" (Контрольно-Спасательная Служба [*kontról'no-spasatél'naya slúzhba*] – КСС).

Mit dem Fall der UdSSR hat die Bergwacht ihre Kontrollfunktionen verloren, aber der Name ist geblieben. Theoretisch muss jede Bergtour angemeldet werden, und bei längeren Wanderungen mit Übernachtungen in ehemaligen *Stayanki* ist das auch von Nutzen: Man bezahlt beim KSS eine Gebühr in Höhe von 2 UAH pro Person und Tag, und die Quittung, die man dafür erhält, befreit von einer ähnlichen Gebühr in den einzelnen Forstrevieren und *Stayanki* (siehe Praktische Reisetipps A–Z: Unterkunft), denn auf der Krim ist der Eintritt in fast jedes Forstrevier kostenpflichtig (2 UAH pro Tag). Die Bergwacht besitzt eine ausgezeichnet gemachte Internetseite: www.kss.crimea.ua. Sie organisiert auch preiswerte Ausflüge in praktisch jeden Winkel des Krimgebirges.

023kr Foto: dz

Lavendel im Krimgebirge

- **Simferopol,** Ul. Zoi Zyltsovoy, Tel. 253158, 677041319 (rund um die Uhr).
- **Sevastopol,** Ul. Suvorova 20, Tel. 543397 (rund um die Uhr).
- **Alushta,** Ul. Lenina 8a, Tel. 35010 (rund um die Uhr).
- **Sudak,** Ul. Primorskaya 48a, Tel. 94380 (rund um die Uhr), 677404124.
- **Anharskyi-Pass,** *Turbaza*, Tel. 35010 (Bergtouren 5–7).
- **Kyzyl-Koba,** Rote Höhle über Perevalne, Tel. 677404883 (Bergtouren 6, 8).
- **Ai-Petri,** *Turbaza* oben an der Serpentine, Tel. 344272, 676254211.
- **Karabi-Yaila,** *Meteostantsya*, 253158.

### Unterkünfte

Die im Folgenden beschriebenen Routen sind jeweils für einen Tagesausflug ausgelegt, man kann sie aber auch gut miteinander verbinden, deshalb führen wir bei jeder davon immer die möglichen Unterkünfte auf. Touristen schlagen ihre Zelte gewöhnlich an den Stellen ehemaliger **Stayanki** (evtl. *Tur-Stayanki*) auf. Das sind kleine Gebäude, Unterstände oder einfach Lagerstellen an den Wegen, auf denen zu sowjetischen Zeiten Reisegruppen wanderten. An anderen Stellen ist das Zelten im Wald meist verboten, was bei einer Begegnung mit dem Förster ca. 5 UAH pro Person kostet (ohne Quittung, denn das offizielle Bußgeld beträgt 20–50 UAH). Offizielle Lagerplätze: www.kss.crimea.ua/info/st_2004.htm. In den tiefer gelegenen, wärmeren Teilen des Gebirges schläft man im Sommer häufig unter freiem Himmel (wobei allerdings die **Mücken** zum kleinen Problem werden können). An die grundlegenden Prinzipien des Umweltschutzes, d.h. an das **Camp- und Lagerfeuerverbot in den Naturschutzgebieten,** sei noch einmal erinnert.

## Sportmöglichkeiten im Krimgebirge

### Klettern

Sehr beliebt ist auf der Krim das Felsklettern – geeignete Felsen dafür gibt es in rauen Mengen. Zwar sind nur wenige Wege leichter als Schwierigkeitsgrad 6a, doch die Zahl der **gesicherten Wege** wächst sprunghaft. Hier einige Stellen für Felskletterer: Stavri-Kaia (**Ставри-Кая**, westlich von Yalta), Falkenberg (**Сокол** [*sokol*], westlich von Sudak), Nikita-Spalte (**Никитская расселина** [*nikítskaya rasséli-na*], Nikita, östlich von Yalta), Kap Sarych (**мис/мыс Сарыч** [*mys sarých*], Foros), Schwanenflügel und Koshka (**Лебединое крыло** [*lebedínoye kryló*] und **Кошка**, Simeiz). Mehr Infos unter www.mountain.ru/world_mounts/crimea (russ.).

### Wintersport

Die Wintersaison ist kurz, doch **Skifahren** kann man auf dem Anharskyi-Pass (1 Lift) und auf dem Ai-Petri (8 Lifte – von 150 bis 1300 m).

# Die Region der Felsenstädte und -klöster

## Überblick

In diesem Gebiet herrschen 400 bis 600 m hohe Berge vor, die mit Kiefer- und Mischwald bewachsen sind. Man begegnet sowohl einzelnen Massiven als auch längeren Bergkämmen. Es gibt asymmetrisch geneigte Geländeformen mit dem Charakter von Schichtstufen *(Cuestas),* aber auch Tafelbergmassive. Die Landschaft wird an vielen Stellen von Tälern und Schluchten durchschnitten, die wiederum durch Felsenkämme voneinander getrennt sind.

Hierher kommen Touristen vor allem wegen der Felsformen. Dies sind u.a. die für dieses Gelände so charakteristischen **vertikalen Felswände,** die sich mitunter über eine beträchtliche Strecke entlang der Berghänge hinziehen. Felswände umgeben die Bergrücken, schneiden die Abhänge der Tafelbergmassive an und scheinen die Gebirgstäler hermetisch abzuriegeln. Bisweilen nehmen die bauchigen Felswände die Form „natürlicher Sphinx" an, anderswo wiederum stechen aus den monotonen Felszügen einzelne Fantasiegestalten hervor. An mehreren Stellen werden die Flusstäler zu **Felsschluchten.**

In dieser Region befinden sich viele geschützte Objekte, Reservate und Naturdenkmäler, zu denen sowohl die erwähnte nicht belebte Natur gehört als auch der Reichtum der belebten Natur.

Diese Region wird jedoch vor allem mit den berühmten Felsenstädten in Verbindung gebracht. Überreste von

Städten, Festungen und Klöstern, gebaut in schwer zugänglichen Felsgebieten unter Ausnutzung von Felswänden, Bergrücken und teils natürlichen, teils in den Felsen gehauenen Grotten, gehören zu den **wichtigsten historischen Denkmälern der Halbinsel.** Seit Jahren ziehen sie Historiker, Archäologen und diverse Liebhaber von Merkwürdigkeiten auf die Krim.

Die Ursprünge dieser Bauten liegen tief im Dunkel der Geschichte. Schriftliche Quellen erwähnen sie im 10.–13. Jh., ein Teil der Wissenschaftler hingegen datiert die Entstehung der ersten unter ihnen auf das 6.–7. Jh. Einige Felsenstädte waren in jenen Zeiten große **Handels- und Handwerkszentren.** Gleichzeitig dienten sie dank ihrer Lage als echte **Festungen.** Die Felsenstädte entwickelten sich vor allem in der Zeit, als sich auf der Halbinsel mehrere feudale Fürstentümer bildeten. Eins davon hieß Theodoro und hatte sein Zentrum im heutigen Mangup-Kale.

Die Objekte befinden sich in unterschiedlichem Zustand. Das Kloster in Inkerman und das Uspenskij-Kloster bei Bakhchysarai zum Beispiel werden nach wie vor genutzt, die Felsenstadt Chufut-Kale ist eine relativ gut erhaltene Ruine (alle oben genannten, siehe Reiseroute 2), von anderen Baudenkmälern hingegen ist fast nichts übrig geblieben. Bisweilen lassen nur Spuren in Gestalt von Felsnischen vermuten, dass dieser Ort vielleicht einst von Menschen genutzt wurde.

## Bergtour 1

- **Route:** Chufut-Kale – Tepe-Kermen (2 Std.) – Mashyno (1 Std.) – Kyz-Kermen (1 Std.) – Bakhchysarai (1 Std.)
- **Dauer:** 5 Std. (ohne Besichtigungen)

Die Route führt von der am besten erhaltenen Felsenstadt der Karäer (s. Reiseroute 2, Umgebung von Bakhchysarai) über die Festung Tepe-Kermen zum Dorf Mashyno (Машино). Der Rückweg durch den Wald ist nicht mehr so attraktiv, man kann also überlegen, ob man auf der Landstraße in Richtung Pereduschelne (ukr. Передущельне, russ. Предущельное [*predushchél'noye*]) laufen will, um das Kloster Kachy-Kalon und den Flusscanyon der Kacha zu besichtigen, oder die Wanderung in Mashyno beendet, wo stündlich (bis 17.30 Uhr) ein Bus aus Synapne (ukr. Синапне, russ. Синапное [*sinápnoye*]) über Mashyno und Pereduschelne nach Bakhchysarai fährt. Nach den Abfahrtszeiten der Busse in Mashyno kann man im Laden neben der Haltestelle fragen. In die Gegend von Chufut-Kale gelangt man vom Bahnhof in Bakhchysarai mit der *Marshrutka* mit der Aufschrift „Староселье“ [*starosél'e*] (ca. 1 UAH). Es gibt wenige Quellen unterwegs, am besten deckt man sich am Uspenskij-Kloster mit einem Wasservorrat ein.

Felsentempel in einer Grotte des Tepe-Kermen

Sehr empfehlenswert ist diese Tour auch per Mountainbike (s. Touristenbasis Privál, Bakhchysarai).

**Routenverlauf:**

Wir gehen im Süden um die Stadt **Chufut-Kale** herum und klettern dann zum Osttor hinauf. Von hier aus laufen wir auf der Straße nach Süden, um nach 20 Min. zu einem Schild an einem grün-weißen Pfosten linker Hand zu gelangen, das die Aufschrift **Тепе-Кермен** [*tepe-kermen*] trägt. Hinter dem Schild biegen wir nach links in südöstliche Richtung ab und steigen über glattes Felsgestein ins kleine Tal hinab. An der Wegkreuzung gehen wir geradeaus auf dem schwarzen Weg weiter, der bald auf einen Hang hinausführt und die Farbe wechselt. Auf dem Pfad durch den Kiefernwald gelangen wir zu einem Wall mit einem Aussichtspunkt (eine rote Tafel mit der Aufschrift „89-3" an einem Baum) – hierher werden wir noch zurückkommen, also biegen wir unverzüglich nach rechts in südliche Richtung ab, um zunächst zwischen Hartriegelsträuchern und dann über einen sehr steilen Pfad nach Tepe-Kermen zu wandern, wo wir nach 20 Min. eintreffen. Auf den Gipfel gelangen wir, indem wir rechts um die ersten Höhlen herumgehen.

## Festung Tepe-Kermen

Die Überreste von Tepe-Kermen (**Тепе-Кермен**) liegen auf einem einsam stehenden Tafelberg (türk.: *tepe* = „Berg", *kermen* = „Festung"), der

Bergtouren

024kr Foto: dz

250 m über die Umgebung emporragt (540 m). Die Siedlung entstand wahrscheinlich im 6. Jh. als Residenz des hiesigen Feudalherrn und wurde zum lokalen Wirtschaftszentrum, vor allem aber zur Festung, von der aus die Handelsstraße im Flusstal der Kacha kontrolliert wurde.

Auf dem Berg sind ca. **250 Höhlen** auf mehreren Ebenen erhalten. Die, die am niedrigsten lagen, dienten zur Viehzucht. Die höher gelegenen Höhlen, die nicht selten zwei- oder dreistöckig sind, wurden als Wohnungen, Kultstätten oder Verteidigungspunkte genutzt, aus denen die Bogenschützen auf Feinde schießen konnten.

In Tepe-Kermen gab es, wie in anderen Felsenstädten auch, mehrere **Kirchen,** sowohl über der Erde als auch im Felsen. In vergleichsweise gutem Zustand befinden sich die Grotten einer Felsenkirche, die ins 8.–9. Jh. datiert wird (links vom Pfad vor dem Zugang zum Gipfel). Die Kirche hat einen originellen Grundriss: Ihre Räume liegen auf beiden Seiten vom Altar.

Die oberirdische Bebauung von Tepe-Kermen hat nicht bis in unsere Tage überdauert. Während der mongolisch-tatarischen Überfälle im 13. Jh. wurde die Festung zerstört. Bis heute birgt sie viele Geheimnisse: Zum Beispiel weiß man nicht, woher die Einwohner ihr Wasser nahmen, denn auf dem Berg gibt es keine Spur einer Quelle oder eines Brunnens.

**Routenverlauf:**

Von Tepe-Kermen kommt man nicht direkt nach Kyz-Kermen, nicht nur wegen der senkrechten Felswände beider Städte, sondern auch wegen der Stützpunkte des ukrainischen Innenministeriums im Tal. Deshalb laufen wir zur Wegkreuzung mit der Tafel zurück (Gelände der ehemaligen *Stayanka Sarabéy*) und gehen von dort abwärts nach rechts. Nach 10 Min. wenden wir uns an einer Kreuzung wieder nach rechts (rotes Zeichen am Baum) und gehen abwärts zur Landstraße, auf der wir nach rechts zur Bushaltestelle in Mashyno laufen. Die auf den Karten eingezeichnete Quelle im Norden des Dorfs eignet sich nicht zum Wasserschöpfen.

4 km von Mashyno in Richtung Bakhchysarai beginnt das **Geologische Reservat Kachynskyi Kanion.** Rechts erhebt sich hier der Felsen Kachy-Kalon mit dem gleichnamigen Felsenkloster.

## Felsenkloster Kachy-Kalon

Im Felsenkloster Kachy-Kalon (Качи-Кальон) gibt es viele Felsenhöhlen und zwei große natürliche Grotten. Die ältesten Spuren der Besiedlung dieses Terrains stammen aus dem 6. Jh. Fast von Anfang an wurde hier Wein hergestellt, was auch heute noch mit bloßem Auge zu erkennen ist. Das Kloster entstand im 8.–9. Jh. und wurde, wie andere Objekte dieser Art auch, 1778 geschlossen, als die Christen von der Halbinsel ausgesiedelt wurden. Mitte des 19. Jh. wurde am Fuße des Felsens die **Anastasia-Kirche** gebaut (mit der Anastasia-Quelle, die bis heute ein Wallfahrtsort ist), danach wurde die Kirche „Weisheit, Glaube, Hoffnung und Liebe“ in den

025kr Foto: to

Felsen getrieben. Der kirchlichen Tätigkeit schoben die „Sowjetmenschen“ 1921 den Riegel vor.

**Routenverlauf:**

In **Mashyno** laufen wir weiter die Straße entlang, vorbei an einem Feld auf der rechten Seite und einer Häusergruppe dahinter. Hinter dem letzten Haus biegen wir an einem Pfahl mit einem blauen Kasten nach rechts ab. Wir gehen auf einem Feldweg geradeaus aufwärts, erreichen schon bald den Wald und stoßen nach zig Minuten rechts auf ein rotes Schild mit der Aufschrift „88-3“ (ein weiteres war bereits vor dem Wald an einer periodischen Quelle zu sehen). Der Stein daneben trägt ebenfalls ein rotes Zeichen. Der Pfad, der von dieser Stelle nach Osten ansteigt, bringt uns auf ein Plateau mit den Ruinen von Kyz-Kermen.

### Festung Kyz-Kermen

Die Festung Kyz-Kermen (Кыз-Кермен, türk. „Jungfrauenfestung“) entstand im 5. Jh. und war ein Handels- und Handwerkszentrum. Die auf einem

Kachy-Kalon

026kr Foto: dz

verlängerten Felsvorsprung liegende Festung war von Süden, Westen und Osten auf natürliche Weise gesichert, auf der Nordseite hingegen wurde sie durch eine Mauer geschützt. Die Khasaren legten die Stadt im 9. Jh. in Trümmer. Im Unterschied zu anderen Felsenstädten gab es hier keine Höhlen. Bis heute sind nur einzelne Ruinen erhalten, viel ist also nicht zu besichtigen. Die archäologischen Forschungen dauern jedoch an.

Karäische Kenesa in Chufut-Kale

**Routenverlauf:**

Auf dem Weg von Mashyno gehen wir nach Norden und an einer Kreuzung im freien Feld weiter nach Norden, entgegen der Richtung, die der verrostete Wegweiser anzeigt. Bald erreichen wir die ehemalige *Stayanka Beshyk-Tau* (Übernachtungsplatz, Quelle rechts am Weg). Rechts entlang führt ein Weg nach Chufut-Kale, wir gehen jedoch nach links und hinter der Schranke nach rechts, durchqueren einen Waldstreifen und biegen nach links ab auf den Hauptweg, von dem bald ein Feldweg links abzweigt. Auf diesem Feldweg gelangen wir zur Turbaza Prival in **Bakhchysarai,** von der aus wir nun problemlos zum Khanspalast und zum Bahnhof kommen.

# Bergtour 2

- **Route:** Sadove – Syuyrenska-Festung (1:15 Std.) – Kloster Chelter-Koba (45 Min.) – Zalesne (2 Std.)
- **Dauer:** 4 Std. (nach Sadove 2:45 Std.)

Dieser Wanderweg führt vom Dorf **Velyke Sadove** (ukr. Велике Садове, russ. Большое Садовое [*bolshoye sadóvoye*]) über die Syuyrenska-Festung und das Felsenkloster Chelter-Koba zum Dorf Zalesne. Die ganze Strecke zu durchwandern empfiehlt sich nur, wenn man nach Mangup-Kale (siehe Bergtour 3) oder Eski-Kermen (siehe Bergtour 4) unterwegs ist, denn man kann sie ebenso gut in Sadove beenden. Durch Male Sadove (ukr. Мале Садове, russ. Малое Садовое [*máloye sadóvoye*]) fahren von 6 bis 19 Uhr etliche Busse aus Bakhchysarai in Richtung Sokolyne und die umliegenden Dörfer sowie Reisebusse zur Großen Schlucht (die nehmen eher keine Anhalter mit).

Im Bus muss man dem Fahrer sagen, dass man nach Velyke Sadove fährt, das südlich der Landstraße liegt. Der letzte Bus nach Bakhchysarai von Male Sadove fährt gegen 20.15 Uhr ab. Anreise nach Zalesne siehe Bergtour 3. Für rd. 7 UAH kann man in der Stayanka „Chelter-Koba" oberhalb Sadove übernachten oder auch auf dem Campingplatz in Khodzha-Sala (Siedlung bei Mangup-Kale, siehe Bergtour 3). Der Wanderweg ist in der Umgebung der Festung und des Klosters mit roten Punkten ausgezeichnet, allerdings nicht sonderlich konsequent.

**Routenverlauf:**

Auf der Landstraße gehen wir von der Kurve aus nach Südwesten, überqueren einen Fluss, laufen durch ein Dorf, vorbei an einem Laden und gelangen südlich davon nach etlichen Metern an eine Weggabelung: Rechts geht es nach Zalesne, links zur Festung und zum Kloster. An einer Schranke vorbei überqueren wir das Gelände der Stayanka „Chelter-Koba". Der Weg wird zum Pfad und verläuft erst auf der rechten, später auf der linken Seite einer Schlucht. Wir steigen die „Stufen" hinauf, biegen nach links ab und hinter der Lichtung nach rechts. Wir erklimmen einen Pfad in südöstlicher Richtung und kommen nach einiger Zeit an eine Weggabelung: Links geht es zur Festung („na báshnyu"), rechts zum Kloster („v monastýr"). Wir werden noch einmal hierher zurückkehren, vorläufig wenden wir uns nach links.

Nach 15 Min. finden wir auf der linken Seite in einem Erdloch eine kleine Quelle und etwas weiter oben ein rot-blau-oranges Zeichen am Felsen. Dahinter sehen wir auf einem Stein einen Pfeil, der geradeaus weist, doch genau hier müssen wir nach links abbiegen! Hier sind auch Steine ausgelegt, die die richtige Richtung zur Festung weisen. Auf einem ziemlich steilen Pfad erklimmen wir ein Plateau und treten auf einen offenen Felsen hinaus, auf dem wir uns nach links wenden und am Rand des Steilhangs nach Nordwesten gehen, bis wir zu einem Turm zu gelangen. Von dort aus führt ein Pfad nach Nordwesten zu einer Felsenspitze, die einen herrlichen Ausblick auf die Umgebung bietet.

### Festung Syuyrenska

Hier stand einst die Festung Syuyrenska (Сюйреньская крепость [*syuyrén'skaya krépost'*]). Ihre Wehrmauer mit dem einstöckigen Turm wurde ungefähr im 8. Jh. auf dem Felskamm Kule-Burun (Куле-Бурун, *türk.*: *kulé* – „Turm", *burún* – „Vorgebirge") gebaut, der das bewaldete Tal vom Flusstal des Belbek (Бельбек) trennt. Die Festung wurde gegen Ende des 13. Jh. von den Türken zerstört. Heute sind nur noch ein Stück **Mauer** mit einem **Tor,** die Hälfte des **Turms** und Teile der Straße übrig.

Diese Region war ebenfalls Siedlungsplatz des Menschen im Paläolithikum und Mesolithikum, wovon die Ausgrabungen in den **Syuyrenska-Grotten** zeugen, die zwischen Sadove und Tankove liegen.

Vom Turm aus kehren wir zur Kreuzung mit dem Pfad zum Kloster zurück, das wir nach einer kurzen Klettertour erreichen.

### Felsenkloster Chelter-Koba

Hier befindet sich das Felsenkloster Chelter-Koba (Челтер-Коба). Die Überreste dieses kleinen Klosters liegen am südlichen Fuß des Felsens Ai-Todor. Das Kloster wurde vom 8. bis zum 15. Jh. genutzt. Man kann einige **Höhlen** besichtigen und eine **Kirche** in einer natürlichen Grotte. Seit 2003 wohnen zwei Mönche aus Russland hier, was nicht allen gefällt, doch wenigstens bringen sie wieder Leben ins Kloster und geben uns Gelegenheit, die Atmosphäre des Ortes zu spüren.

**Routenverlauf:**

Wenn wir am Fuß des Felsens weitergehen, kommen wir zu einer Grotte mit einer Quelle. Hier gehen wir nach rechts in westlicher Richtung und gelangen auf einem rot gekennzeichneten Pfad an eine Stelle, die „Vinodéle" genannt wird. Hier sind im Felsen Becken ausgehöhlt, die als Weinpresse dienten. Von dieser Stelle aus laufen wir auf einem Pfad quer über einen Berghang nach Nordwesten (entgegen der Pfeilrichtung) und gelangen nach 15 Min. auf einen Feldweg. Wenn wir nach rechts abbiegen, gelangen wir in 20 Min. zur Landstraße in Male Sadove. Nach Zalesne müssen wir nach links abbiegen.

Nach 20 Min. wenden wir uns an einem Kreuzweg mit einer Lichtung auf der linken Seite nach links in südliche Richtung und weiter nach Südwesten. Dieser Weg führt uns zum Fuße des Bergs Uzun-Tarla (Узун-Тарла) mit eigenartig geformten Felsen, den wir rechts hinter uns lassen werden. Kurz davor biegen wir nach links ab und laufen am Waldrand entlang mit einem Feld zur Rechten. Hinter einem verrosteten Silo, wo der Zaun auf der rechten Seite endet, biegen wir nach links auf einen Feldweg ab und kommen neben der Bushaltestelle und dem Laden Vstrécha (Встреча) wieder auf die Landstraße. Von hier aus können wir nach Bakhchysarai fahren (nach rechts) oder zum Weiler Khodzha-Sala

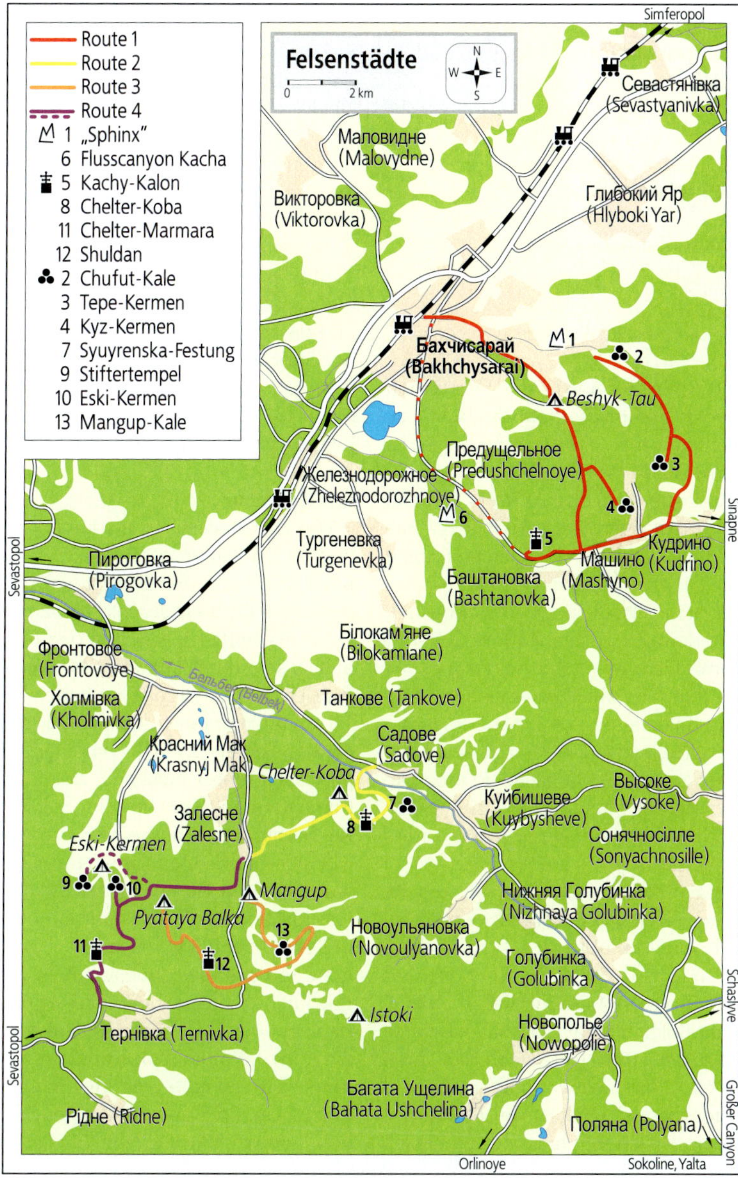

Route 1
Route 2
Route 3
Route 4
1 „Sphinx"
6 Flusscanyon Kacha
5 Kachy-Kalon
8 Chelter-Koba
11 Chelter-Marmara
12 Shuldan
2 Chufut-Kale
3 Tepe-Kermen
4 Kyz-Kermen
7 Syuyrenska-Festung
9 Stiftertempel
10 Eski-Kermen
13 Mangup-Kale
Felsenstädte
0 2 km
N
W
E
S
Simferopol
Севастянiвка (Sevastyanivka)
Маловидне (Malovydne)
Викторовка (Viktorovka)
Глибокий Яр (Hlyboki Yar)
Бахчисарай (Bakhchysarai)
Beshyk-Tau
Предущельное (Predushchelnoye)
Железнодорожное (Zheleznodorozhnoye)
Тургеневка (Turgenevka)
Пироговка (Pirogovka)
Sevastopol
Кудрино (Kudrino)
Машино (Mashyno)
Баштановка (Bashtanovka)
Sinapne
Бiлокам'яне (Bilokamiane)
Фронтовое (Frontovoye)
Бельбек (Belbek)
Холмiвка (Kholmivka)
Танкове (Tankove)
Садове (Sadove)
Красний Мак (Krasnyj Mak)
Chelter-Koba
Куйбишеве (Kuybysheve)
Високе (Vysoke)
Залесне (Zalesne)
Eski-Kermen
Сонячносiлле (Sonyachnosille)
Mangup
Нижняя Голубинка (Nizhnaya Golubinka)
Pyataya Balka
Новоульяновка (Novoulyanovka)
Голубинка (Golubinka)
Istoki
Schaslyve
Тернiвка (Ternivka)
Новополье (Nowopolie)
Sevastopol
Багата Ущелина (Bahata Ushchelina)
Рiдне (Ridne)
Поляна (Polyana)
Großer Canyon
Orlinoye
Sokoline, Yalta


Bergtouren

bei Mangup-Kale laufen (nach links, 2 km auf der Landstraße nach Süden, s. Bergtour 3).

## Bergtour 3

- **Route:** Zalesne – Mangup-Kale (1 Std.) – Kloster Shuldan (1:30 Std.) – Pyataya Balka (0:30 Std.)
- **Dauer:** 3 Std. (1–2 Std. für die Besichtigung von Mangup-Kale nicht eingerechnet)

Die Route führt von der tatarischen Siedlung **Khodzha-Sala** (Ходжа-Сала, auch Khadzhy-Sala genannt) durch die Felsenstadt Mangup-Kale und die Überreste des Felsenklosters Shuldan zur ehemaligen Stayanka Pyátaya Bálka (Пятая Балка) im gleichnamigen Tal. Die Strecke als Ganzes ist ein Angebot für alle, die noch zur Felsenstadt Eski-Kermen wollen, Pyataya Balka ist nämlich ein sehr guter Ausgangspunkt dorthin. Der Wanderweg nach Mangup-Kale eignet sich für Sonntagsspaziergänger, danach verläuft er jedoch über schmale, oft steile Pfade. Die Wanderung kann auch bis zur Felsenstadt Eski-Kermen ausgedehnt werden (s. Bergtour 4).

Nach **Zalesne** (ukr. Залесне, russ. Залесное [*zalésnoye*]) fährt zweimal täglich ein Mikrobus aus Bakhchysarai (7.30 Uhr, 14.50 Uhr) und ebenso oft aus Simferopol (Bahnhof Zapadnaya) über Bakhchysarai (von Bakhchysarai: 11.10 Uhr, 18.10 Uhr), doch alle fahren noch 2 km weiter und enden in Khodzha-Sala (Haltestelle „Mangup"). In diese Richtung fahren auch täglich je zwei Busse der Strecke Sokolyne – Sevastopol und Simferopol (Bahnhof Zapadnaya) – Ridne (über Ternivka). Der letzte Bus nach Bakhchysarai fährt 18.35 Uhr von Mangup-Kale ab. Übernachtungsmöglichkeiten bieten die *Tur-Stantsya Mangup* in Khodzha-Sala (mit dem Sinnspruch über dem Eingang: „Nur Faulpelze duschen, weil sie sich nicht kratzen wollen"; 6 UAH im eigenen Zelt, 8 UAH in einer Baracke) und die ehemalige *Stayanka* am Ende der Strecke (umsonst, es sei denn es kommt zufällig mal jemand vorbei, dann 1–2 UAH). Taxi von Mangup-Kale nach Simferopol 40 UAH.

**Routenverlauf:**

Von der Haltestelle aus laufen wir über einen Damm nach Osten, dann nach rechts um den See herum und weiter nach Osten durchs Tal Dzhan-Dere (Джан-Дере) zwischen den neuen Häusern der Krimtataren hindurch, die sich hier niedergelassen haben. Im Tal kann man Honig aus eigener Produktion kaufen (25 UAH pro Liter), es gibt auch eine Chaikhaná, also eine Bar, wo man Gerichte der lokalen Küche probieren und eine Karte von Mangup-Kale kaufen kann. Normalerweise werden wir um den Kauf einer Eintrittskarte zur Felsenstadt gebeten (4 UAH). Wer das vermeiden will, geht vom See aus etwas weiter oben am Bach neben einem Campingplatz und dann auf der linken Seite des Tals entlang. Ins Tal muss man trotzdem hinunter, um zum Beginn des Weges nach Mangup-Kale zu gelangen, der von einem Pfosten mit weiß-rotweißem Zeichen nach rechts abzweigt (etwas weiter ein Imbissstand und ein Wegweiser „Мангуп-Кале“).

## Mangup-Kale

Die Felsenstadt Mangup-Kale (Мангуп-Кале, krimtat. „eroberte Festung“) ist eins der interessantesten Objekte der Halbinsel und steht auf der Liste des **Weltkulturerbes der UNESCO.** Ihr Name bezieht sich sowohl auf die Festung selbst als auch auf den 583 m hohen Berg, auf dem sie errichtet wurde. Das von Felswänden umgebene Plateau erhebt sich etwa 250–300 m über den umliegenden Tälern. Im Süden ragt eine Felswand in weitem Halbkreis über dem Tal Adym-Chokrakska empor, im Norden des Plateaus hingegen fallen vier Felsbastionen ins Auge, zwischen denen zum Teil noch Wehrmauern erhalten sind.

Es gibt Spuren, die bezeugen, dass der Berg Mangup bereits im 6. bis



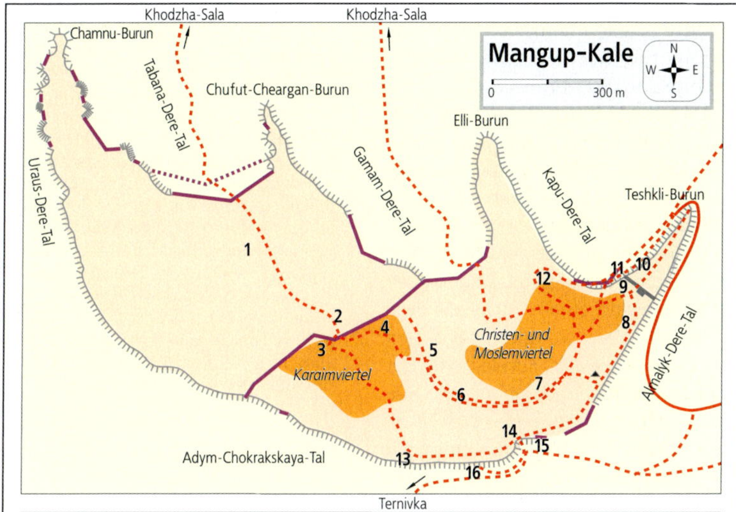


1 Karäischer Friedhof
2 Quelle und Turm, 15.–16. Jh.
3 Überreste einer Kenesa
4 Ruinen der Großen Basilika
5 Ruinen Fürstenpalast von Theodoro
6 Spuren eines christlichen Friedhofs
7 Ruinen der Muttergotteskirche
8 Überreste einer Moschee, 15. Jh.
9 Wehrmauer der Zitadelle Teshkli-Burun
10 Brunnen
11 Haupttor der Festung
12 Ruinen der Georgskirche
13 Kleine Karsthöhle mit Altar am Eingang
14 Felsspalte Demir-Kapu
15 Große Karsthöhle
16 Kloster und Fresken in natürlicher Grotte, 15. Jh.

7. Jh. für strategische und Wohnzwecke genutzt wurde (damals hieß er „Doros“), doch die Entwicklung der Felsenstadt fällt in die Zeit, als sie die Hauptstadt des mittelalterlichen Staats Theodoro war. 1475 wurde die Stadt von den Türken erobert. Sie waren es, die ihr den Namen Mangup-Kale gaben und sie zum Verwaltungszentrum machten, indem sie sie mit einer starken Garnison besetzten. Die letzten Einwohner der Felsenstadt, die Karäer, hielten sich noch vor ungefähr 200 Jahren hier auf. Gegenwärtig werden an dieser Stelle intensive archäologische und konservatorische Arbeiten durchgeführt. So wurde z.B. 2002 eine 1,15 m hohe Hermes-Statue freigelegt, die aus dem 1. Jh. u.Z. stammt.

Bei der Besichtigung von Mangup-Kale kommen wir zuerst an einem **karäischen Friedhof** (15.–18. Jh.) vorbei und – vor den Ruinen der Mauer der zweiten Verteidigungslinie – an einer Quelle und einem **Turm** aus dem 15.–16. Jh. Wenn wir nach links abbiegen, erblicken wir die Fundamente der **Großen Basilika** und dahinter die Ruinen des **Herrscherpalastes von Theodoro** (1425). Anschließend finden wir auf der linken Seite die Reste eines **christlichen Friedhofs** und der Muttergotteskirche, die mit dem Tempel des Hl. Konstantin identifiziert wird.

Dahinter biegen wir vom Weg nach rechts ab und gelangen zum **Gipfel** des Massivs, wo sich uns bei guter Sicht ein weites Panorama bietet. Gut zu sehen ist von hier aus die charakteristische Landschaft der Gegend mit den niedrigen, bewaldeten und felsigen Bergen, hinter denen in der Ferne die Gipfel des Hauptgebirgszuges emporragen. Im Westen sieht man die Bucht von Sevastopol.

Auf dem Weg vom Gipfel nach Norden kommen wir an drei Felsenkirchen und den Ruinen einer Moschee aus dem 15. Jh. vorbei und gelangen zur Wehrmauer der **Zitadelle Teshklí-**

## Indianer auf dem Mangup-Kale

Der Mangup hat schon immer Künstler, Sonderlinge und Ketzer angezogen. Heute ist der Berg das Zentrum der **„Krim-Indianer“.** Das ist kein Irrtum – genauso *(Indéytsy)* nennen sich selbst Leute, vorwiegend junge, die **vor der Zivilisation in die Berge geflohen** sind. Sie leben das ganze Jahr über auf dem Mangup-Kale, wobei sich ihnen im Sommer natürlich viele **„Saisonrebellen“,** wie sie von den ständigen Bewohnern genannt werden, anschließen. Bekannt in der ganzen Gegend ist der Junge Mowgli (formal Ilja), der hier geboren wurde und hier wohnt – er hat sogar „Mangup“ als Geburtsort in seiner Geburtsurkunde stehen. Er trägt keine Schuhe (wie die meisten hier) und weiß gar nicht, was ein Fernseher ist. Die „Indianer“ leben davon, dass sie Touristen führen (wofür sie von der Miliz verfolgt werden) und Heilkräutermischungen verkaufen sowie von dem, was ihnen Touristen an die Bäume hängen. Die Bewohner des Bergs behaupten, er strahle positive Energie aus – im Gegensatz z.B. zum Tepe-Kermen, wo sich angeblich die Satanisten versammeln.

**Burún** (Тешкли-Бурун, „durchlöchertes Vorgebirge") mit den angrenzenden Ruinen der dreistöckigen **Fürstenresidenz** (seit dem 15. Jh. der Sitz des türkischen Pascha). Das ist der interessanteste Teil der Stadt, denn genau hier befanden sich die Befestigungen, die das Haupttor schützten. Heute sind noch die recht gut erhaltenen Ruinen eines Turms übrig, ein 24 m tiefer Brunnen, die Wehrmauer über dem Tal Kapu-Dere und zahlreiche Räume in den Felsen, die den verschiedensten Zwecken dienten: militärischen, wirtschaftlichen, kulturellen und religiösen. Hier befand sich auch ein Kerker.

Wenn wir die vorgeschlagene Route nicht weiter verfolgen wollen, dann führt ein bequemer Weg auf der Westseite des Teshklí-Burún nach unten, der die Felsenbastion umkreist und in einem Bogen in einen Waldweg mündet. Hier gehen wir nach links.

Man kann auch vom Gipfel des Plateaus nach Süden gehen, um nach einem sehr unbequemen Abstieg durch eine Felsspalte mit dem Namen Demir-Kapu (Демир-Капу, „Eisentür") eine **Karsthöhle** (nach links) und ein **Felsenkloster** aus dem 15. Jh. mit Resten von Fresken in einer großen Grotte (nach rechts) zu besichtigen.

**Routenverlauf:**

Unterhalb von Demir-Kapu biegen wir nach rechts ab, gehen unter einer Grotte durch, die einst ein Felsenkloster beherbergte, und steigen auf einem schmalen und steilen Pfad langsam nach Südwesten ins Tal **Adym-Chokrakska** hinab. Unten im Tal wenden wir uns nach Westen und laufen bis zur Landstraße. Links ist ein Monument zu Ehren des Kolchos Ukraina zu sehen. Auf der anderen Straßenseite beginnt ein Pfad, der bald steil und sehr unbequem (halten Sie sich immer letztendlich in westlicher Richtung) unter einen Felsvorsprung des Bergs **Shuldán-Burún** (Шулдан-Бурун) führt. Erst wenn er diesen umkreist hat, wird er etwas erträglicher. An der Felswand entlang gehen wir nach Nordwesten und kommen nach kurzer Zeit an einer winzigen Quelle und den Grotten des einstigen Felsenklosters Shuldan auf der rechten Seite vorbei.

### Felsenkloster Shuldan

Das Felsenkloster Shuldan (Шул-Дан) entstand wahrscheinlich im 8. Jh. an der Stelle einer früheren Ortschaft und war bis zum 15. Jh. bewohnt. In mehreren Grotten und Spalten waren u.a. eine Basilika (heute steht hier ein Holzkreuz), ein Taufbecken und Wirtschaftsräume untergebracht. Das Kloster ist auf den Landkarten nicht sonderlich gut gekennzeichnet, und der größte Teil ist vom Weg aus nicht sichtbar – helfen können jedoch die hier seit ein paar Jahren wohnenden drei Mönche.

**Routenverlauf:**

Der Pfad führt vom Felsen hinunter auf einen Feldweg, auf dem wir nach rechts abbiegen (nach links kommen wir zur Landstraße, von wo aus es noch 10 Min. nach rechts bis Ternivka sind). Nach 10–15 Min. erreichen wir die ehemalige *Stayanka Pyátaya Bálka*

(Пятая Балка, „Fünftes Tal"). Hier ist viel Platz zum Zelten, es gibt eine Überdachung, drei kleine Seen und eine kräftige Quelle. Beim Bad in den Seen sollte man aufpassen: An der Oberfläche ist das Wasser warm, doch darunter fällt die Temperatur radikal ab. In nicht ganz einer Stunde kann man von hier aus nach Eski-Kermen spazieren – es genügt, durchs Tal nach Norden zu laufen und an der Weggabelung nach links abzubiegen.

## Das Despotat Theodoro

Die Geschichte von Theodoro ist eine der farbigsten Seiten im Geschichtsbuch der mittelalterlichen Krim. Im 13. Jh. wurde Mangup-Kale zur Hauptstadt eines kleinen Staates, der aufgrund seines politischen Systems, das von der byzantinischen Tradition geprägt war, Despotat Theodoro (Деспотат Феодоро [*despotát feodóro*]) genannt wird. Dieser Staat lag im westlichen Teil des Krimgebirges. Dank seiner geografischen Lage bildete Theodoro eine Brücke zwischen den Steppen der Tataren und den byzantinischen und genuesischen Häfen. Sein wichtigster Hafen, Avlit (s. Reiseroute 2, Inkerman) war im 14. Jh. der Haupthandelsplatz der Krim. Mit der zunehmenden Bedeutung der sich formierenden Krimhorde wurde das durch dynastische Kämpfe geschwächte Theodoro zum Objekt der Begierde für die Tataren. Zu dieser Zeit begann man in der Haupstadt Mangup mit dem Bau moderner Befestigungsanlagen. Immer stärker durch Überfälle des mit den Tataren verbündeten türkischen Heeres bedroht ging der damalige Herrscher des Staates, Alexander, ein Bündnis mit dem Hospodar des Fürstentums Moldau, Stefan dem Großen, ein und gab ihm seine Schwester Maria zur Frau. 1475, als der Despot vom Thron gestürzt wurde, erwies sich das Bündnis als sehr nützlich, denn der Schwager schickte ihm seine Soldaten zu Hilfe, und Alexander kehrte auf den Thron des Despotats zurück. Nachdem die Türken die größte genuesische Kolonie der Krim, Kaffa, erobert hatten (im Juni 1475), begann das osmanische Heer eine sechs Monate währende Belagerung von Mangup, das sich im Dezember desselben Jahres, vom Hunger geschwächt, ergab. Die Türken rächten sich, indem sie alle Einwohner erschlugen und die Stadt niederbrannten. Mit dem Fall seiner Hauptstadt verschwand der Staat Theodoro.

## Bergtour 4

- **Route:** Zalesne – Eski-Kermen (1:30 Std.) – Kloster Chelter-Marmara (0:45 Std.) – Ternivka (0:45 Std.)
- **Dauer:** 3 Std. (ohne Besichtigungen – im Gebiet von Eski-Kermen kann man problemlos mehrere Stunden zubringen!)

Die Route führt auf einem bequemen Waldweg von **Zalesne** (s. Bergtour 3) zur Felsenstadt Eski-Kermen (möglicher Eintrittspreis: 3 UAH). Wer noch Lust auf weitere Eindrücke hat, erklimmt auf diesem Weg anschließend einen Hang mit einer schönen Aussicht und kommt am Felsenkloster Chelter-Marmara vorbei. Von dort führt der Weg abwärts zur Landstraße im Osten von Ternivka (Haltestelle „Ternovka-Ferma"). Nach Sevastopol („5 km") fahren von hier aus die Busse Nr. 40 und 110 (vier Fahrten täglich, letzte von Ternivka 19.10 Uhr). In Richtung Bakhchysarai verkehrt dreimal täglich ein Mikrobus der Strecke Ridne – Simferopol; letzte Fahrt von Ridne

17.50 Uhr, von Ternivka 18 Uhr, dieser fährt aber nur bis Tankove, deshalb in Zalesne oder an der Haltestelle „Mangup“ aussteigen und von dort um 18.35 Uhr die *Marshrutka* nach Bakhchysarai nehmen. Übernachten kann man in Khodzha-Sala (s. Bergtour 3) oder auf dem Zeltplatz nördlich von Eski-Kermen (hier gibt es auch eine Bar und eine Reitgelegenheit). Eine kostenlose Übernachtungsmöglichkeit, wenn auch etwas abseits, findet man in der *Stayanka Pyataya Balka* (siehe Bergtour 3). Nach Eski-Kermen kommt man ebenso über die Straße von Kholmivka (ukr. **Холмівка**, russ. **Холмовка** [kholmóvka]), die von Reisebussen genutzt wird (4 Busse täglich von Bakhchysarai nach Kholmivka).

**Routenverlauf:**

An der Haltestelle in Zalesne verlassen wir die Fernstraße auf einer kleineren Straße nach Westen, um gleich darauf nach Süden abzubiegen und das Dorf hinter uns zu lassen. Auf einem Feldweg laufen wir nach Südwesten, vorbei an Wohnblöcken und Felsüberhängen rechter Hand. Nach etwa 40 Min. kommen wir an einem runden Schacht mit einem quadratischen Betondeckel auf der linken Seite vorbei (15 Min. von hier, über einen Pfad nach Süden, liegt Pyataya Balka – s. Bergtour 3). Wir indes laufen weiter nach Westen, wo wir nach 20 Min. vor uns einen mit Höhlen durchlöcherten Berg erblicken, der die Felsenstadt Eski-Kermen beherbergt. Nach rechts führt der Weg zu einer Bar, einem Parkplatz, einem Zeltplatz, dem Turm Kyz-Kule und dem Stiftertempel. Wenn wir jedoch die Felsenstadt besichtigen wollen, müssen wir uns nach links oben wenden und den Berg von Süden aus besteigen.

## Festung Eski-Kermen

Die Felsenstadt Eski-Kermen (**Эски-Кермен**, krimtat. „Alte Festung“) wurde Ende des 6. Jh. von Byzanz erbaut. Sie sollte die Straße nach Cherson bewachen (Cherson ist der byzantinischen Name für Khersonesos – nicht mit dem heutigen Kherson am Dnepr-Delta zu verwechseln). Als Standpunkt der Festung wählte man einen damals in strategischer Hinsicht sehr günstigen Ort. Er liegt auf einem langen Bergrücken, der sich in nord-südlicher Richtung erstreckt (Länge: 1040 m, Breite: 170 m) und sich mit seinen Felswänden über die umliegenden Täler erhebt. Die Festung erfüllte im Übrigen nicht nur eine militärische Funktion, sondern entwickelte sich auch zum wichtigen Wirtschaftszentrum. Im 8. Jh. wurde Eski-Kermen zerstört, was mit dem Aufstand der örtlichen Bevölkerung gegen die damals über die Halbinsel herrschenden Khasaren im Jahr 787 und der Niederwerfung dieses Aufstands durch letztere zusammenhängt. Die Stadt wurde jedoch teilweise wiederaufgebaut und bestand bis 1299, als der Überfall der Goldenen Horde unter der Führung des Emirs Nogai sie endgültig vernichtete.

1578 besuchte der polnische Diplomat und Schriftsteller Marcin Broniewski die Überreste von Eski-Kermen.

027kr Foto: dz

Aus seiner Beschreibung kann man entnehmen, dass die sehr gut erhaltenen Ruinen der Stadt auf ihn damals noch den Eindruck eines bemerkenswerten Kunstwerks machten.

Außer seiner zahlreichen Höhlen und der ungewöhnlichen Lage ist die Felsenstadt Eski-Kermen auch für die Fresken bekannt, die im **Tempel der Drei Reiter** (храм Трёх Всадников [*khram trëkh vsádnikov*]) in den Felsen gemeißelt sind. Er steht auf der südöstlichen Seite des Massivs. Die im 12.–13. Jh. entstandenen Malereien sind ein Originalbeispiel byzantinischer Kunst, das jedoch leider aufgrund fehlender Schutzmaßnahmen von neuzeitlichen Vandalen stark verwüstet wurde. Auf dem höchsten Punkt des Bergrückens finden wir die Ruinen eines Tempels, von denen es in Eski-Kermen mehrere gab. Dieser wurde im 6. Jh. zusammen mit der Festung erbaut. Etwas weiter nördlich, in der Gegend der Ostwand des Bergrückens, befindet sich ein tiefer Felsenbrunnen mit einer Wendeltreppe. Die Stufen sind weitgehend zerstört, daher ist es gefährlich hinunterzusteigen.

Der **Turm Kyz-Kule** (Кыз-Куле) hat einen viereckigen Grundriss und ist

Felseneidechse (Lacerta saxicola)

vom Nordteil des Bergrückens Eski-Kermen aus gut sichtbar. Die Legende berichtet von einem Herrscher, der hier eine schöne Prinzessin gefangen hielt, daher der Name, der „Jungfrauenturm" bedeutet. Im Hinblick auf seine Lage verweisen manche jedoch darauf, dass der ursprüngliche Name „Kez-Kule" (*kez* = „Auge") gewesen sein könnte.

### Stiftertempel

Um zum Stiftertempel (Храм Донаторов [*khram donátorov*]) zu kommen, geht man vom Berg Eski-Kermen aus nach Norden bis zur Einfriedung eines Wirtschaftsgutes auf der linken Seite (Schild) und durchquert dieses (unterwegs gibt es eine Quelle). Nach 20 Minuten biegt der Weg rechts ab, und vor uns tauchen Felsen auf – der Standort des ehemaligen Tempels. Dieser Felsentempel wurde im 12. bis 14. Jh. genutzt. Ähnlich wie Eski-Kermen enthält auch er Spuren von Fresken.

**Routenverlauf:**

Vom südlichen Fuß des Berges, auf dem die Festung liegt, gehen wir ein Stück nach Süden bis zu einer Pfirsichplantage links (vom Berg aus ist sie sehr gut zu sehen). Wir laufen am Rand der Plantage entlang (Vorsicht – Hunde) und klettern auf einer Waldschneise entlang der alten Stromleitung bergauf nach Süden. Dieser Weg führt uns schließlich zu einem Steilhang über Ternivka, von wo auf beiden Seiten schmale Pfade, aber mit schöner Aussicht am Hang entlang verlaufen: nach links, in östlicher Richtung, ins Tal Pyataya Balka – nach rechts, in westlicher Richtung, zu den Ruinen des Felsenklosters Chelter-Marmara. Wir wenden uns nach Westen und erreichen Chelter in 15 Min.

### Felsenkloster Chelter-Marmara

Das Felsenkloster Chelter-Marmara (Челтер-Мармара), meist kurz Chelter genannt, wurde – ähnlich wie das Felsenkloster Shuldan – vom 8. bis zum 15. Jh. genutzt. Es ist jedoch viel größer als dieses: Fünf Reihen von Höhlen beherbergen Zellen und Wirtschaftsräume, besondere Aufmerksamkeit zieht jedoch eine längliche Grotte mit einem Säulengang auf sich, in der die Hauptkirche untergebracht war. „Chelter" bedeutet Gitter, der Beiname „Marmara" wiederum stammt von einer mittelalterlichen Siedlung, deren Überreste am Berghang gefunden wurden.

**Routenverlauf:**

Wir steigen auf einem ziemlich steilen Pfad und dann auf einem Feldweg nach Süden vom Felsenkloster ab. Vorbei an Gewächshäusern auf der linken Seite gelangen wir zu einem Weg, auf dem wir links abbiegen und auf diese Weise zur Landstraße kommen.

# Die Region des Chatyrdah und Demerdzhi

## Chatyrdah-Berg

(Чатыр-Даг)

Interessant sind die Gipfelpartien des Chatyrdah-Berges *(vérkhneye plató)*, die vom Nordplateau aus als gesondertes höheres Stockwerk gesehen werden. Sie werden von zwei parallelen, etwas zerklüfteten Bergkämmen mit einer Vertiefung in der Mitte gebildet. Der Berggipfel selbst mit dem Namen Eklizi-Burun (1527 m) liegt am südwestlichen Rand der Gipfelpartie.

Das Karstprofil des Massivs, durchsetzt mit vielen kleinen Kesseln, Dolinen und Hügeln, ist sehr abwechslungsreich. Im Nebel kann man hier leicht die Orientierung verlieren. An verschwindenden Pfaden zum Gipfel haben Touristen Steinhügel aufgeschichtet. Die Region des Chatyrdah ist reich an Höhlen und Grotten.

Das „Wasserturm" genannte Massiv ist von unzähligen Quellen und Bächlein umgeben. Das verdankt es seinem Aufbau, der voller Felsspalten ist, und seiner Lage: Es bildet einen regelrechten Damm gegen die feuchten Luftmassen. Es regnet hier sehr oft und ist neblig, wodurch die Flora für die Verhältnisse einer Yaila sehr üppig wächst. Es wachsen hier über 500 Pflanzenarten, darunter etwa 60 Endemiten.

# Bergtour 5

- **Route:** Anharskyi-Pass (752 m) – Anhar-Burun (1453 m, 1:45 Std.) – Eklizi-Burun (1527 m, 2:45 Std.) – Anharskyi-Pass (752 m, 5:45 Std.)
- **Dauer:** 5:45 Std.

Die Route führt vom **Anharskyi-Pass** (Ангарский перевал [anhárskyi perevál]) zum oberen Plateau des Chatyrdah mit dem Gipfel Eklizi-Burun. Zum Anharskyi-Pass kommen wir mit allen Verkehrsmitteln, die zwischen Alushta und Simferopol verkehren, am preisgünstigsten mit dem Trolleybus (von 5 bis 21 Uhr, 3 UAH, Halt auf Verlangen). Übernachten kann man in der ganzjährig geöffneten Turbaza am Pass, Preis ab ca. 13 UAH pro Nacht in einem Häuschen mit niedrigem Standard (im Sommer 80 Betten, im Winter 36, normalerweise ist ein Platz schwer zu bekommen), oder für 3,50–7 UAH auf dem Zeltplatz. Die Yaila des Chatyrdah unterscheidet sich von anderen durch den üppigen Pflanzenwuchs, der Unebenheiten und Bodensenken verbirgt – man muss sehr darauf achten, wohin man die Füße setzt.

### Tschatyrdag

**Adam Mickiewicz**
**Übers.: Peter Cornelius**

*Dir küsst der Muselman die Füße bebend,*
*Du Mast des Krimschiffs! Tschatyrdag! Geweihter!!*
*Du Minarett der Welt! Du Himmelsleiter,*
*Von irdschen Felsen in die Wolken strebend.!*

*Du wachst am Himmelstor, den Schild erhebend,*
*Wie Gabriel, der hehre Gottesstreiter,*
*Hüllst in des Waldes Mantel dich, dir heiter*
*Goldblitze um den Wolkenturban webend.*

*Mag's wintern, mag die Sonne Glut entzünden,*
*Ob Giauren, ob Heuschreckenschwärme toben,*
*O Tschatyrdag, du ragst auf festen Gründen,*

*Ein Dolmetsch zwischen Erd' und Himmel oben,*
*Und lauschst, hoch über Volk und Land erhoben,*
*Nur, was der Herr dem Weltall will verkünden.*

**Routenverlauf:**

Vom Pass führt, gegenüber der Polizeiwache der DAÍ, eine asphaltierte Straße nach Westen. Nach einigen Minuten gelangen wir an einen großen Platz (zur Turbaza nach links), wo wir gleich am Anfang, noch vor dem blau-rot-silbernen UFO in Lieferwagengröße, nach rechts abbiegen (unten rechts finden wir eine Quelle). Links lassen wir eine meteorologische Station hinter uns, rechts einen Zeltplatz, und an der Weggabelung folgen wir den gelben Markierungen nach links. Wir passieren noch einen Zeltplatz (Школьная поляна [*shkól'naya polyána*]) und folgen anschließend den roten Markierungen bergauf nach Südwesten. Wir laufen an den Resten einer gelben Hütte vorbei und halten Ausschau nach einem Baum mit einem roten Pfeil.

Wenn wir ihn erreicht haben, haben wir die Wahl: Nach links führt der längere, dafür bequemere Weg (mit Wasser unterwegs), nach rechts der kürzere, der aber steil ansteigt. Wenn wir gleich zum Eklizi-Burun, dem höchsten Punkt des Massivs, wollen, gehen wir nach links. Dieser Weg führt jedoch über das ganze Bergplateau – wir erreichen den Gipfel in derselben Zeit, müssen aber länger über die Yaila laufen. Gehen wir vom Baum mit dem roten Pfeil aus nach rechts, folgt ein mühsamer Aufstieg auf den Chatyrdah. Nach 15 Min. erreichen wir den ersten Erdwall, wo wir eine Rast einlegen können. Nach weiteren 20 Min. sind wir am zweiten Wall, von wo aus wir bereits sehr steil bergauf und mit ausgiebiger Hilfe der Hände nach 15 Min. hinter die obere Waldgrenze gelangen.

Wir klettern noch eine Weile durchs Gras und befinden uns nun auf dem „Vérkhneye Plató“, dem oberen Plateau des Chatyrdah. Hier wenden wir uns nach Norden. Der Pfad ist kaum noch sichtbar, es genügt jedoch, wenn wir uns nahe am Steilhang (rechts) halten. Nach 20 Min. gelangen wir zu den Überresten einer Seilbahn, von wo aus wir einen wunderschönen Ausblick auf das Flusstal der Anhara haben. Gleich nördlich davon ragt der Gipfel **Anhar-Burun** (Ангар-Бурун, 1453 m) empor, gekrönt von einem Steinhügel und einem Kreuz.

Vom Steinhügel haben wir einen herrlichen Ausblick auf das untere Plateau des Chatyrdah. Wenn gutes Wetter ist und wir genau hinschauen, sehen wir fern im Norden weiße Gebäude – links davon liegt der Eingang zur Marmorhöhle (s. Bergtour 6). Vom Anhar-Burun braucht man etwa zwei Stunden bis dorthin.

Vom Steinhügel aus gehen wir nach Südwesten. Der Weg führt als reichlich undeutlicher Pfad über die Yaila, wir müssen uns also bemühen, die Richtung zu halten. Nach ca. 60 Min. erhebt sich vor uns schließlich ein ziemlich hoher Hügel, den wir besteigen müssen, nicht ohne vorher ein reichlich tiefes, wegloses Tal durchquert zu haben. Auf dem **Eklizi-Burun** (Еклизи-Бурун, 1527 m) finden wir einige kleine Denkmäler von religiös-martyrologischem Charakter. Der Ausblick vom Gipfel ist unvergleichlich, natürlich nur, wenn er nicht gerade in den Wolken steckt, was überaus häufig vorkommt.

Vom Gipfel steigen wir ein Stück des Wegs, auf dem wir heraufgekommen sind, wieder abwärts, wenden uns aber in der Mitte des Hangs nach rechts und gehen auf einem gut sichtbaren Pfad nach Osten. Nach etwa 50 Min. erscheinen eigentümliche Befestigungen aus Steinen. Hier wenden wir uns nach Südosten und beginnen mit dem Abstieg vom Plateau zwischen den kleinen Steinwällen hindurch. Unten, auf einer Lichtung kurz vor der Waldgrenze, biegen wir nach links ab. Im Wald wendet sich der Pfad nochmals nach links, und wir erreichen eine Weggabelung, an der wir nach links in Richtung Nordosten gehen (der Weg nach Süden führt nach Izobilne). 30 Min. nach Beginn des Abstiegs vom Plateau tauchen rote Markierungen auf (und blaue Kreise

1 Rote Höhle
3 Höhle Emine-Bair-Khosar
4 Marmorhöhle
5 Höhle Suuk-Koba
6 Partisanengrotte
7 Höhle Binbash-Koba
Festung Funa

2 Turbaza SOSNOVKA
8 Turbaza ANGARSKIY PEREVAL
Route 5
Route 6
Route 7
Route 8

auf weißem Grund). Wir überwinden einen kurzen steilen Abhang und zweigen nach links ab (nach Nordosten, rote Markierung). Wir steigen weiter abwärts bis zum verrosteten Wegweiser „Ангар-Бурун" und laufen auf die bereits sichtbare Buchenlichtung zu (**Буковая поляна** [*bukóvaya polyána*]), die wir etwa 15 Min. nach dem Passieren der Waldgrenze erreichen. Am Ende der Lichtung sprudelt rechter Hand eine starke Quelle. Von der Lichtung laufen wir auf einem breiten Weg abwärts, der für Holztransporte genutzt wird. Nach 15 Min. erscheint wieder der Baum mit dem roten Pfeil, an dem wir schon vorbeigekommen sind. Wir gehen nach unten auf die Ruinen der gelben Blechhütte zu und von dort aus auf einem beliebigen Pfad bergab, vorbei an beiden Stayanki, zur Turbaza. Auf der Landstraße biegen wir nach links ab und kommen wieder zum Pass.

# Bergtour 6

- **Route:** Anharskyi-Pass (752 m) – Tisovoye Ushchele (ca. 1050 m, 2 Std.) – Partisanengrotte (1:45 Std.) – Marmorhöhle (980 m, 0:45 Std.) – Höhle Emine-Bair-Khosar (990 m, 0:20 Std.) – Perevalne (540 m, 2:10 Std.)
- **Dauer:** 7 Std. (ohne Besichtigungen)

Die Route führt vom **Anharskyi-Pass** auf das untere Plateau des Chatyrdah, auf dem man (mit viel Mühe) zahlreiche Grotten und Höhlen finden kann, und führt uns zur größten und berühmtesten davon – der Marmorhöhle. Anreise zum Anharskyi-Pass und Übernachtung in der Nähe – s. Bergtour 5. Die Route endet im Weiler **Perevalne** (ukr. **Перевальне**, russ. **Привольное** [privól'noye]) an der Turbaza Sosnovka (rd. 7 UAH für den Schlafplatz in einem Häuschen mit drei Pritschen, aber ein Standard wie im Gulag) und an der Fernverkehrsstraße Simferopol – Alushta. Auf dem unteren Plateau des Chatyrdah finden wir viele zauberhafte Schlafplätze, allerdings ohne Wasser.

**Routenverlauf:**

Von der Haltestelle aus laufen wir auf der Landstraße nach Westen, biegen hinter dem Tor am Anfang eines großen Platzes nach rechts ab und laufen an einer meteorologischen Station und einem Zeltplatz vorbei. Hinter dem bebauten Gelände gabelt sich der Weg – wir wählen den Weg nach rechts. Nach einigen Minuten gehen wir an der nächsten Kreuzung geradeaus, dem verrosteten Wegweiser „**Тисовое Ущелье**" nach (nach links geht es zur Bergtour 5). Entlang der Stromleitung laufen wir abwärts bis zu einem Bach, den wir etwa 25 Min. nach Verlassen der Landstraße erreichen. Wir biegen nach rechts in nördliche Richtung ab.

Nach einer Weile schlägt der ausgefahrene Weg eine Kurve nach Nordwesten (an einem Baum auf der rechten Seite ein blauer Kreis und eine rotgelb-rote Markierung). Bald laufen wir unter Hochspannungsleitungen durch und erreichen ein ganz schwaches Rinnsal. 10 Min. später leitet uns ein

Pfeil am Baum nach rechts in nordwestliche Richtung.

Wir passieren ein paar schlammige Bächlein (mit einem Übernachtungsplatz auf der rechten Seite) und gelangen an eine umbaute Quelle unterhalb des Wegs. Gleich dahinter ist die nächste Quelle (die letzte vor dem Aufstieg – dann bleiben uns nur noch die Imbissstuben an den Höhlen, die kleinen Seen in den Grotten und eine Quelle ganz am Ende der Route!).

Etwa 250 m links hinter den Quellen sehen wir an einem Baum einen roten Pfeil: Er weist uns nach links nach Nordwesten. Hier müssen wir endlich nicht mehr durch Schlamm waten, dafür erwartet uns ein mühseliger, aber kurzer Aufstieg. Nach ca. 20 Min. erreichen wir einen Aussichtspunkt (schöner Ausblick auf den Pass, die Straße und Anhar-Burun). Etwas weiter oben biegen wir in nordöstliche Richtung rechts ab. Wir laufen querfeldein nach Norden. Danach biegt der Weg nach links ab und führt bergan, doch schon nach mehreren Metern wird er wieder eben, und wir laufen durch Brennnesseln nach Nordwesten. Bei den Felsen lassen wir einen Pfeil, der nach Osten weist, hinter uns und biegen am nächsten links ab. Vor uns liegt Tisovoye Ushchele.

### Tisovoye Ushchele

Tisovoye Ushchele (Тисовое Ущелье) oder **Eibenspalte** ist ein großer, langgezogener Felsabhang, der nach den hier wachsenden Eiben benannt wurde (тис ягодный [*tis yágodnyy*] – *Taxus baccata*, Europäische Eibe). Die Eiben sind nicht hoch, aber alt – sie können 4000 Jahre alt werden! Aufgrund seiner Haltbarkeit und Fäulnisresistenz wurde ihr Holz jahrhundertelang im Schiffbau verwendet. Die ganze Pflanze, mit Ausnahme des fleischigen roten Samenmantels, enthält ein giftiges Alkaloid – Taxin –, das, sobald es ins Blut gelangt, Störungen in der Atem- und Herztätigkeit verursacht.

Wenn wir aus der Schlucht kommen, gehen wir geradeaus und etwas nach links, nach Süden, bis zum Rand des Plateaus, wo wir auf eine offene Ebene treten. Wir laufen noch eine Zeitlang nach Süden in Richtung des mächtigen Anhar-Burun, kommen an eine Wegkreuzung, kehren in nördliche Richtung um und laufen auf der anderen Seite der Sträucher weiter, an denen wir soeben entlanggekommen sind. Wir behalten die ganze Zeit die Sträucher zur Rechten, ohne uns zu weit von ihnen zu entfernen. So betreten wir schließlich eine Yaila und gelangen zu einem Steinhügel und einem Schild des Nationalparks Krim mit einem Pfeil, der zurück nach Tisovoye Ushchele weist. Von nun an werden wir mitten über die Yaila laufen, wir müssen also auf die Richtung achten, denn Pfade gibt es viele, und sie sind alle recht mickrig. Ein wenig helfen uns die Steinhügel und die blauen Markierungen, die hier und da auf die Felsen geschmiert sind.

**Routenverlauf:**

Wir schlagen einen Bogen nach Nordwesten. Nach etwa 20 Min. teilt sich der Pfad bei einem Steinhügel mit einem blauen Kreis. Wir wählen den rechten Weg nach Nordwesten. Nach 40 Min. betreten wir den Wald und erreichen eine kleine Lichtung, auf der wir nach links abbiegen, nach Nordwesten, vorbei an einer Feuerstelle auf der linken Seite. In dieser Richtung setzen wir unsere Wanderung bis zum Ende des Waldes fort, wo der Pfad ein Stück nach Norden verläuft, um nach etlichen Metern nach Nordwesten zurückzukehren und uns zur Partisanengrotte zu führen.

### Partisanengrotte

Die Partisanengrotte (Партизанский грот [*partizánskiy grot*]) ist nicht sehr tief. Man kann sie gefahrlos, nur mit einer Taschenlampe bewaffnet, besichtigen. Wenn wir gut suchen, finden wir im Norden dieser Grotte den Eingang zur Höhle Suuk-Koba und im Süden den zur Höhle Binbash-Koba. Beide sind nicht ausgebaut, man sollte also besser warme Kleidung und eine Taschenlampe bei sich haben.

Die **Kühle Höhle** oder **Suuk-Koba** (Холодная пещера [*kholódnaya peshchéra*], Суук-Коба) liegt in einem Karstkessel. Bei der Suche nach dem Eingang, der im Buchenwald versteckt liegt, helfen Aufschriften, die von Touristen aus Kalkstücken am Hang ausgelegt wurden.

Vom Eingang führt ein langer Korridor abwärts. Rechts davon liegt ein Saal, an dessen Ende sich eine Nische mit einem kleinen See befindet. Das klare Wasser im See ist sehr kalt, daher kommt auch der Name der Höhle. Wenn wir weiter durch den Korridor laufen, dessen Decke die Form einer Kuppel annimmt, und die Stufen der Tropfsteinbecken hinabsteigen, durchqueren wir einen großen Saal mit Tropfsteinen. Hier und da sind sie schneeweiß, an manchen Stelle jedoch mit Ruß bedeckt. Hinter dem Saal senkt sich der Korridor, sodass man sich an manchen Stellen bücken muss. Tief im Inneren der Höhle wird das Gewölbe durch eine riesige Säule gestützt. Beim Umgehen dieser Säule merken die Besucher nicht gleich, dass sie im Kreis laufen. Von der Galerie, die in den Saal mit der Säule führt, zweigen einige Seitenkorridore ab, die in kleine Säle mit Tropfsteinen führen. Die Höhle hat sehr unter Vandalismus gelitten.

Die etwas schräge Öffnung zur **Tausendköpfigen Höhle** oder **Binbash-Koba** (Тысячеголовая пещера [*tysyachegolóvaya peshchéra*], Бинбаш-Коба) ist verhältnismäßig gut zu sehen. Die Höhle hat eine stark beschädigte Tropfsteindecke, der Boden ist mit Stücken von Stalaktiten übersät. Nur die größten Tropfsteine in Form von Kaskaden sind erhalten sowie große Säulen, die die Decke „abstützen". Die Höhle wird von einem halbrunden Saal abgeschlossen, der 10 m hoch und 20 m breit ist. Die Gesamtlänge der Höhle wird auf 110 m geschätzt.

**Routenverlauf:**

Am Eingang zur Partisanengrotte wenden wir uns wieder dem Pfad zu, auf dem wir hergekommen sind, und

## Die Legende von der Tausendköpfigen Höhle auf dem Chatyrdah

Vor vielen Jahrhunderten legten an der Südküste der Krim Scharen wohlbewaffneter Nomaden an. Die Bewohner der Südküste, die bislang keine Gewalt kannten, fanden sich plötzlich in der Gefangenschaft wieder. Die unbarmherzigen Eroberer nahmen den Menschen alles: Ehre, Freiheit und die Früchte ihrer Arbeit.

Drei Jahre lang wüteten die Eindringlinge an der Küste, dann lief der Wermutbecher der Bewohner über. Die Mutigsten unter ihnen zettelten eine Verschwörung gegen die Nomaden an und überlegten, wie sie das verhasste Joch abwerfen könnten. Sie wussten nicht, dass bereits die nächste Gefahr vom Meer drohte: Seeräuber, die die Gegend verwüsten wollten.

Die entsetzten Eroberer wollten ihr Leben nicht in einem Kampf gegen die Seeräuber aufs Spiel setzen, deshalb bewaffneten sie die Sklaven, damit diese ihre Heimat verteidigten. Die sandten Abteilungen aus, die die Bewegungen der Korsarenschiffe verfolgten und sie am Anlegen hinderten.

Als die Gefahr vom Meer gebannt war, kamen die Nomaden vom Gebirge herab und richteten zum Zeichen des Sieges ein prächtiges Festmahl aus. Sie hatten nicht erwartet, dass die Unterdrückten ihre Waffen nicht wieder hergeben würden. Auch sie kamen zum Fest, aber mit Bögen, Säbeln und Steinen. Die in Angst und Schrecken versetzten Eroberer mussten fliehen und sich in den Wäldern und Bergen verstecken. Tausend von ihnen verbargen sich in einer großen Höhle auf dem Chatyrdah, doch ihr Versteck wurde entdeckt. Die Aufständischen versperrten den Eingang mit Felsbrocken, sodass keiner mehr aus der Höhle kam. Alle Eindringlinge kamen um – übrig blieben nur tausend Totenköpfe.

biegen gleich hinter der Grotte nach links ab, in Richtung Norden, auf einen gut erkennbaren Weg, der östlich um die Höhle herumführt. Wir gehen nicht zum Steinhügel auf der linken Seite, sondern wandern auf dem Pfad abwärts nach Norden. Schon bald erblicken wir im Nordwesten eine Straße und einen Busparkplatz, auf den wir auch zulaufen. Wir kommen an eine Weggabelung: Nach links führt ein Feldweg nach Mrámorne und Zarichne (nach Südwesten), nach rechts zur Höhle Emine-Bair-Khosar (nach Osten), wir aber gehen nach Norden bis zu einem 10-minütigen leichten Abstieg zur Landstraße. Beim Parkplatz gehen wir vor der Schranke nach rechts hinunter und stehen nun vor einer der größten Sehenswürdigkeiten der Krim.

### Marmorhöhle

Die Marmorhöhle (**Мраморная пещера** [*mrámornaya peshchéra*]) wurde 1987 entdeckt und 1989 für Besucher geöffnet. Sie ist insgesamt 2050 m lang, wovon ca. 1000 m für Touristen zugänglich sind. Das Alter der **Tropfsteine** wird auf 60.000 Jahre geschätzt. Die durchschnittliche Temperatur in der Höhle beträgt 9 °C. In dieser Grotte wurden die Gebeine eines Höhlenbären gefunden. Heute wird sie jährlich von etwa 200.000 Menschen besucht.

In der Höhle kann man mehrere Teile unterscheiden: die Hauptgalerie, die Untere Galerie und den Tigergang. Die Hauptgalerie beherbergt eine Reihe Säle, deren größter den Namen Perestrojka trägt (Зал Перестройки [*zal perestróyki*], über 100 m lang und 28 m hoch). Zu den anderen Sälen gehören die Märchengalerie (Галерея сказок [*galeréya skázok*]), der Palastsaal (Дворцовый зал [*dvortsóvyy zal*]) und der Lehmsaal (Глиняный зал [*glínyanyy zal*]). Der Höhlenboden ist mit Kalksteinen übersät. Die Untere (Нижняя [*nízhnyaya*]) Galerie beginnt an einer Nische im Perestrojka-Saal. Tropfsteine unterteilen die Galerie in acht Säle mit unterschiedlichen Namen: Rosensaal, Saal der Hoffnungen, Balkonsaal, Lüstersaal, Bergrutsch-Saal, Schokoladensaal ... Der größte davon ist der Balkonsaal.

Die billigste (ca. 10 UAH) und wohl etwas zu kurze Besichtigung (ca. 35 Min.) führt durch die 200 m lange **Märchengalerie.** Der obligatorische Führer weist auf die herrlichen Stalagmiten und Stalaktiten hin, in denen die Autoren der Führung Ähnlichkeiten zum Schiefen Turm von Pisa, zum Kapitol und zu den Niagarafällen erkannt zu haben meinen. Wir sehen hier Tropfsteine, die wie ein Kamel oder ein Mammut aussehen und sogar eine geologische Komposition mit dem Namen „Marx und Engels".

Der optimale Rundgang verbindet die Märchengalerie mit den **Perlenseen** (Жемчужные озёра [*zhemchúzhnye ozëra*]) – die Strecke ist 450 m lang, die Besichtigung dauert 60 Min. und kostet ca 20 UAH. Hier kann man den riesigen Perestrojka-Saal sehen, der vom Palastsaal mit den markanten Tropfsteinsäulen „König" und „Königin" abgeschlossen wird. Ein etwas längerer Rundgang (500 m, 1:10 Std., ca. 22 UAH) führt durch die Märchengalerie zum **Tigergang** (Тигровой вход [*tigrovóy vkhod*]). Man kann auch eine Führung buchen, die alle oben genannten Strecken verbindet. Sie dauert 1:40 Std. und ist 800 m lang (ca. 30 UAH).

Im **Perestrojka-Saal** beginnt die sogenannte *Speleotur* – eine Extrem-Führung durch die Untere Galerie, die 3 Std. dauert und 1000 m lang ist. Um daran teilnehmen zu können, muss man eine Spezialausrüstung besitzen und etwa 70 UAH zahlen. Die Gruppe darf nicht größer sein als 3–6 Personen. Der Weg führt durch den **Rosensaal** (Розовый зал [*rózovyy zal*]), wo einzigartige Steinrosen und herrliche Kalkspatkristalle das Höhlengewölbe zieren, den **Saal der Hoffnungen** (Зал Надежд [*zal nadézhd*]) mit steinernen Kaskaden, die wie Altäre aussehen, und den **Balkonsaal** (Балконный зал [*balkónnyy zal*]) und endet im **Lüstersaal** (Люстровый зал [*lyústrovyy zal*]) mit steinernen „Gnomen" und herunterhängenden „Lüstern". Die weiteren vier Säle dürfen vorläufig von Besuchern nicht betreten werden.

Die Fotogebühr beträgt ca. 10 UAH (ohne Stativ), die Videogebühr ca. 18 UAH. Jacken können gegen eine kleine Gebühr ausgeliehen werden.

Kinder von 5 bis 12 Jahren zahlen die Hälfte. Nach dem Kauf der Eintrittskarte muss man sie am Eingang registrieren lassen – erst dann erfährt man, wann man hinein kann. Die verbleibende Zeit kann man in einer nicht zu teuren Bar gleich nebenan verbringen. Zur gegebenen Zeit verkündet der Führer die Art der nächsten Führung und ruft die Nummern der Eintrittskarten auf.

**Anfahrt zur Marmorhöhle:**

Zur Marmorhöhle gelangt man auf dem von uns beschriebenen Weg oder auch entlang der Stromleitung vom Dorf Mramorne (ukr. Мраморне, russ. Мраморное [*mrámornoye*]) aus. Nach Mramorne fahren Busse von den Haltestellen „Dobre-3" (ukr. Добре, russ. Доброе [*dobroye*]) oder „Zarichne" (ukr. Зарічне, russ. Заречное [*zarechnoye*]) an der Fernverkehrsstraße Simferopol – Alushta. Man kann auch mit dem eigenen Pkw in die Nähe der Höhlen fahren, das Terrain gehört jedoch dem Nationalpark, weshalb im Forstrevier unterwegs eine Einfahrtsgebühr abverlangt wird (ab 5 UAH). Wenn man nicht zu schnell fährt, dürfte der Radaufhängung nichts passieren, nur das Auto wechselt seine Farbe in ein staubiges Gelb. Im Winter kann man von der Marmorhöhle aus Skiabfahrten unternehmen. Es gibt hier auch eine *Turbaza* mit Campinghäusern.

## Höhle Emine-Bair-Khosar

Wenn wir auf den Eingang zur Marmorhöhle zulaufen, kommen wir an einem Schild auf der linken Seite vorbei, das uns zur Höhle Emine-Bair-Khosar weist (900 m). Dorthin brauchen wir etwa 20 Min. Die Höhle „Emine-Bair-Khosar" (Эмине-Баир-Хосар) liegt im Nordosten der Marmorhöhle und steht ihr an Schönheit kaum nach. Man hat in ihr ein fast vollständig erhaltenes Mammutskelett gefunden. Die Korridore der Höhle sind 1460 m lang. Die großen Säle sind reich mit Tropfsteinen bedeckt, und ihre Wände sind mit Kalkspat in den verschiedensten Farben überzogen. 1994 wurde sie durch die Installation von Beleuchtung und Fußwegen an den regen Besucherverkehr angepasst.

Die kürzeste Strecke führt von der Nordgalerie (Северная галерея [*sévernaya galeréya*]) zum Aussichtspunkt (Смотровая площадка [*smotrováya ploshchádka*]) in den 120 m langen Großen Saal, der 42 m hoch und 500 $m^2$ groß ist und an dessen Ende sich ein **Mineralogisches Museum** befindet. Die Sonnenstrahlen fallen hier durch einen natürlichen, 16 m tiefen Brunnen mit einem Durchmesser von 8 m ein, um den viele örtliche Legenden kreisen. Einst bildete er den einzigen Eingang zur Höhle.

Noch interessanter ist die zweite Variante: Von der Nordgalerie durch den Großen Saal gehen wir, vorbei an einem Wald schneeweißer Säulen, zur „Mütze des Monomach" (Шапка Мономаха [*shápka monomákha*]).

Es lohnt sich jedoch, etwas mehr zu investieren und die Führung durch die Obere Galerie zu wählen: Von der Nordgalerie durch den Hauptsaal und den Seesaal (Озёрный зал [*ozërnyy zal*]) erklimmen wir den Saal der Idole (Зал Идолов [*zal ídolov*]), der nach den hiesigen Stalagmiten unterschiedlicher Größen benannt wurde. Das Wasser im Seesaal ist so klar, dass der Grund selbst in 6 m Tiefe noch zu sehen ist. Von hier aus gelangen wir durch einen 2003 gebauten, 28 m langen Tunnel in den Dublyanskisaal (Зал Дублянского [*zal dublyánskogo*]).

Eine Tour durch alle oben genannten Säle kostet rd. 30 UAH. Für die Möglichkeit zu fotografieren zahlt man etwa 10 UAH (ohne Stativ), für Videoaufnahmen rd. 18 UAH. Die Mindestgruppenstärke beträgt 10 Personen. Kinder von 5 bis 12 Jahren zahlen nur die Hälfte. Ausleihgebühr für eine Jacke 2 UAH. Im Inneren der Höhle herrscht eine Temperatur von 4°C! Übrig gebliebene Hryvnia kann man auch in der Bar nebenan loswerden.

Die hiesigen Höhlen stehen unter der Obhut des Zentrums für Höhlentouristik „Oniks-Tur" in Simferopol (Simferopol, Ul. Morozova 13, Tel. 256348, www.onixtour.com.ua).

**Routenverlauf:**

Von der Kasse aus gehen wir nach oben, vorbei an der Öffnung des erwähnten Brunnens, aus der die Stimmen der Besucher dringen. Wir treten aufs Plateau hinaus und biegen auf dem Weg nach links ab. Gleich hinter dem ersten Hügel kommen wir an einem unscheinbaren Felskessel vorbei, in dem sich die 950 m lange und 150 m tiefe Höhle Emine-Bair-Koba *(Trëkhglazka)* verbirgt. Dahinter laufen wir nach Osten weiter. Auf dem nächsten Hügel zweigt ein Pfad nach links in Richtung Perevalne ab. Wenn der „Hauptweg" sich nach Süden wendet, zweigt in der Kurve ein grasüberwachsener Weg nach Osten ab. Auf dem laufen wir auf einen massiven Ausläufer der Yaila zu, halten uns rechts und beginnen an einem Steinhügel mit einem Fähnchen (falls er noch steht, es gibt ja die verschiedensten Touristen) den Abstieg nach rechts.

Auf dem steilen rotbraunen Pfad klettern wir 15 Min. lang abwärts bis zur Waldgrenze und laufen dann geradeaus durch den Wald. Wir kommen an Gebirgsbächen und hervorragenden Übernachtungsplätzen auf beiden Seiten vorbei (der Förster kassiert allabendlich ein paar Hryvnia). Auf der rechten Seite lassen wir die *Turbaza Sosnovka* hinter uns. An einem Flüsschen überqueren wir links eine kleine Brücke und laufen durch den Garten der **Cafébar Nadezhda** (europäische und armenische Küche, ziemlich teuer). Vor der grünen, verglasten Frontseite des Cafés befindet sich die Haltestelle „Sosnovka", von der Trolleybusse in Richtung Alushta fahren. Etwa fünfzig Meter weiter auf der linken Seite, gegenüber einem Gasthof mit dem ukrainischen Namen *Kozatskyi Shliakh,* wo sich die örtliche Mafia trifft, halten (auf Wunsch!) Trolleybusse in Richtung Simferopol.

## Demerdzhi-Berg

(ukr. Демерджі, russ. Демерджи)

Das malerische Massiv des Demerdzhi liegt östlich vom Anharskyi-Pass (Ангарский перевал [*anhárskiy perevál*], 752 m) gegenüber dem Massiv des Chatyrdah. Es ist niedriger als dieses, dafür zeichnet es sich durch seine ungewöhnlich interessanten Felsformen aus, die für die Touristen die Hauptattraktion bilden. Das Massiv hat zwei Hauptgipfel: den Nordgipfel (Северный Демерджи [*sévernyy demerdzhí*]), 1359 m) und den Südgipfel (Южный Демерджи [*yúzhnyy demerdzhí*]), 1239 m). Östlich vom Nordgipfel erstreckt sich die weite, überwiegend unbewaldete Demerdzhi Yaila, die über einen Pass mit dem Kamm des Tyrke (ukr. Тирке, russ. Тырке, 1283 m) verbunden ist, welcher wiederum über bewaldeten Niederungen vor dem Massiv der Karabi-Yaila (Караби-яйла) aufragt.

Am sehenswertesten ist das Gebiet um den **Südgipfel** herum, das reich an fantastisch gestalteten Felsen ist. Die Verwitterung hat hier Pilze, Mönche, Pfähle, Mützen und andere ebenso interessante Felsformen hervorgebracht. Die Region des südwestlichen Berghangs mit den faszinierendsten Gestalten trägt den Namen Dolina Pryvydenii – Tal der Geister (russ. Долина привидений [*dolína prividéniy*]). Hier kann man Pferde ausleihen und die Umgebung von deren Rücken aus besichtigen.

Der Name des Berges kommt vom Wort *demirdzhy*, was in der Sprache der Krimtataren „Schmied" heißt. Um den Berg ranken sich gruselige Legenden, die u.a. von einer riesigen Schmiede berichten. Der Sage nach soll ein besessener Schmied und Heeresführer hier für seine Soldaten eine herrliche Waffe geschmiedet haben, mit der sie im ganzen Umland Tod und Verderben säten. Die Hitze, die aus der Schmiede drang, trocknete die Quellen aus und verbrannte die Weinstöcke. Eine Sage berichtet von der schönen Maria, die sich zum grausamen Schmied aufmachte, um ihn zu bitten, in seinem schändlichen Treiben innezuhalten. Der Schmied aber lachte sie aus und tötete sie. Da stürzte der Berg herab und begrub den Frevler mit allen seinen Männern unter sich. Der Felsen Maria ist von der Landstraße aus sichtbar.

An den Hängen des Bergs stand im 6.–18. Jh. die **Festung Funa** (Фуна), die im 13. und 14. Jh. die östliche Warte des Despotats Theodoro war. Daneben verlief eine Handelsstraße von der Südküste auf den Hauptgebirgszug, wo sie den Pass zwischen Pakhkal-Kaya (Пахкал-Кая) und dem Nordgipfel des Demerdzhi überquerte. Um zu dieser Festung zu gelangen, begibt man sich von der Hauptstraße und der Trolleybuslinie aus in Richtung Luchyste (ukr. Лучисте, russ. Лучистое [*luchístoye*], Haltestelle „Luchístoye Povorót"). Nach 2 km biegt man hinter der Brücke über den Bach Demerdzhi nach links auf einen Pfad ab, der auf eine Anhöhe mit den Überresten der Festung führt. Gleich hinter deren Ruinen liegt das Tal der Geister.

Auf der Ostseite des Passes, der den Süd- vom Nordgipfel trennt, befinden sich etwas weiter unten eine Quelle und ein Zeltplatz – das Gelände der ehemaligen *Stayanka Dzhurla* (Джурла). Abwärts durchs Tal gelangt man zum Wasserfall Dzhurla.

In der Nachbarschaft des Demerdzhi liegt das **Massiv des Tyrke** (1283 m) – ein Gebirgswall mit einem ebenen, wenn auch leicht gefalteten Bergrücken. Der Name stammt aus dem Türkischen und bedeutet „Tisch". Hier befindet sich ein Naturschutzgebiet mit sehr seltener Flora und einem Anteil an alten Eiben.

Der interessanteste und am häufigsten besuchte **Wasserfall** in dieser Gegend heißt Dzhurdzhur (Джур-Джур). Er liegt im Tal des Gebirgsbachs Ulu-Uzen, der, eingeklemmt zwischen die Hänge des Tyrke und des Demerdzhi, durch die schmale Schlucht Khapkhal (Хапхал) fließt. Der Wasserfall befindet sich 2 km über Henerálske (ukr. Генеральське, russ. Генеральское [*generál'skoye*]), wohin selten ein Bus von Alushta fährt (10 UAH), dafür kann man nahezu überall einen Ausflug an diesen Ort buchen (am nächsten von Alushta und Rybache aus). Der breite, 15 m hohe Wasserfall ist malerisch von Felsen und Eichen-Buchen-Wäldern umgeben. Interessant ist auch der Teil der Schlucht hinter dem Wasserfall, wo ein Gebirgsbach in pittoresken Kaskaden herabstürzt. Das gesamte Gebiet des Wasserfalls hat den Status eines hydrologischen Reservats.

## Bergtour 7

- **Route:** Anharskyi-Pass (752 m) – Dolina Pryvydenii (Tal der Geister, ca. 650 m, 2 Std.) – Stayanka Dzhurla (1527 m, 2:30 Std.) – Anharskyi-Pass (752 m, 2:30 Std.)
- **Dauer:** 7 Std. (von Lavanda aus: 5 Std.)

Die Route verläuft vom **Anharskyi-Pass** ins Tal der Geister, führt anschließend von Süden und Osten um den Südgipfel des Demerdzhi herum und zwischen den beiden Gipfeln des Massivs hindurch (Möglichkeit, den Südgipfel des Demerdzhi zu besteigen – 1 Std. hin und zurück) und kehrt von dort zum Anharskyi-Pass zurück. Unterwegs gibt es viele Übernachtungsmöglichkeiten, z.B. auf der anderen Seite des Anharskyi-Passes (s. Bergtour 5), im Tal der Geister und am Gebirgsbach Dzhurla. Die Besichtigung des Tals der Geister kostet 5 UAH, wobei schwer zu sagen ist, wofür genau man bezahlt. Man kann die Route abkürzen und wesentlich vereinfachen, wenn man sie in Lavanda an der Haltestelle „Luchistoye Povorot" beginnen und/oder enden lässt. Aus dem Tal der Geister kann man auch direkt, in einem Bogen von Süden aus, den Südgipfel des Demerdzhi besteigen.

Achtung: Auch der Demerdzhi ist fast völlig ohne Wasser. Es empfiehlt sich also, **reichlich Wasservorräte** mitzunehmen.

### Routenverlauf:

Wir laufen auf der linken Seite um die Hütte, die einst eine Trolleybuskasse war, herum und treten auf die

029kr Foto: dz

Böschung über der Verkehrswacht hinaus. Hier biegen wir nach links ab und nach einer Weile auf der Landstraße noch einmal nach links. Die Landstraße endet kurz darauf. Linker Hand lassen wir einen Obelisk hinter uns, der den Erbauern der Passstraße 1824–26 gewidmet ist. 15 Min. nach Passieren des Obelisken gelangen wir an eine Kreuzung, an der wir den Weg nach links wählen. Nach weiteren 15 Min. führt der Weg zum Bogen eines Waldwegs. Hier biegen wir nach rechts unten ab. Dieser Weg führt uns nach 15 Min. auf eine offene Fläche. Etwa fünfzig Meter vor der Waldgrenze zweigt von unserem Weg ein Wanderweg nach links ab (man erkennt ihn nur, wenn man sich ihm direkt von der Lichtung aus zuwendet), auf dem wir nach Nordosten weiterlaufen.

Wir kommen an einem Gebirgsbach vorbei, an dem sich ein geeigneter Übernachtungsplatz findet, dahinter fließt der nächste Bach, und wir laufen nach Südosten. Nach einem weiteren kleinen Gebirgsbach gelangen wir auf eine freie Fläche. Wir gehen auf der linken Seite über die Lichtung und verlassen sie auf einem Pfad nach Osten.

Weinbau im Krimgebirge

028kr Foto: pk

Wir überqueren einen Bach, verlassen den dichten Wald und laufen direkt auf die mächtigen Felsen des Südgipfels des Demerdzhi zu. Am Ende einer großen Lichtung gelangen wir an einen breiten, steinigen Weg. Hier biegen wir nach rechts ab (nach links führt der Wanderweg zur Dzhurla und beiden Gipfeln des Demerdzhi), gehen abwärts und biegen nach einer Weile nach links in den Wald ein (grüne Pfosten mit einer Kette). Wieder überqueren wir einen Bach und laufen nach Südosten, um an eine Stelle zu gelangen, die „Khaos" (Хаос) genannt wird – nach den linker Hand sichtbaren riesigen Felsblöcken. Das heutige Aussehen des Ortes ist die Folge eines

Erdbebens, das 1894 stattgefunden hat.

Links finden wir eine Quelle, eine Minibar und Pferde, auf denen wir die Gegend erkunden können *(Stayanka Khaos)*. Nach rechts zweigt der Weg zu den Überresten der Festung Funa ab (5 Min.), von der aus es nur noch 2,5 km zur Fernstraße Simferopol – Alushta sind (man kann auch von hier aus die Wanderung beginnen, wenn man gern auf Asphaltstraßen läuft – das ist viel kürzer und einfacher). Wir gehen jedoch geradeaus, vorbei an Übernachtungsplätzen linker Hand (auch für Campinganhänger, aber ohne Strom). Schließlich tauchen links die bizarr geformten Felsen auf, für die das **Tal der Geister** *(Dolina Pryvydenii)* berühmt ist. Würden wir geradeaus weiterlaufen, kämen wir direkt nach Luchistoye, wo am oberen Ortsrand ein Reitclub Ausritte sowie Übernachtungsmöglichkeiten anbietet. Auch eine gemütliche **Gartenwirtschaft** ist dort zu finden. (Zolotaya Podkova, www.horse-club.crimea.ua, Tel. 62171, Preise ab 70 UAH für die Ausritte, Übernachtungspreise: ca. 42 UAH im 4-Bett-Zimmer. Im Ort selbst gibt es einige bescheidene Einkaufsmöglichkeiten.

Wir biegen jedoch links steil nach oben ab, durch das Tal der Geister. Dieser Weg kostet 5 UAH Eintritt. Die landschaftliche Schönheit und die Einzigartigkeit der Felsformationen lohnt diese Investition in jedem Fall. Zudem sind alle anderen Wege offiziell gesperrt, und die Zugänge werden auch teilweise von Parkwächtern bewacht.

Der Weg steigt steil an und führt oberhalb der Waldgrenze weiter an der Südwestseite des Massivs entlang in einem großen Bogen zum **Südgipfel des Demerdzhi** (1239 m). Von hier hat man herrliche Ausblicke auf die gesamte Südküste, also von Yalta bis Novyi Svit. Besonders reizvoll ist der Blick Richtung Alushta, mit einigen unterhalb des Gipfels gelegenen Felsformationen im Vordergrund. Wir folgen dem Bergkamm nach Norden und erreichen nach etwa 20 Min. den Nordgipfel (1359 m). Von dort aus weiter in nördlicher Richtung erreichen wir eine Wegkreuzung.

Wenn wir nach rechts abbiegen würden, kämen wir nach 10 Min. zum **Wasserfall Dzhurla** und nach 2:30 Std. zum **Dzhurdzhur-Wasserfall.** Wir biegen aber auf dieser Route nach links, nach Westen, ab, kommen wieder in den Wald und folgen dem Weg steil nach unten. Hier passieren wir eine Schranke und finden uns am Fuß des Gebirgstocks wieder. Folgen wir dem Weg nach Süden, immer am Westhang des Demerdzhi entlang, kommen wir nach etwa 45 Min. wieder nach Luchistoye.

Rechts zweigt bald ein Wanderweg zum **Anharskyi-Pass** ab (s. Anfang der Route). Geradeaus hingegen, an einem Bach entlang abwärts, führt der Weg zur Landstraße, von wo aus wir noch 2 km bis zur Fernverkehrsstraße vor uns haben.

## Bergtour 8

- **Route:** Perevalne – Rote Höhle (ca. 600 m, 1:15 Std.) – Stayanka Bukovaya (ca. 980 m, 2:30 Std.) – Perevalne (2 Std.)
- **Dauer:** 5:45 Std. (ohne Besichtigung)

Diese Route führt uns vor allem zur Roten Höhle im Massiv der Dolgorukovska Yaila (Долгоруковская яйла). Von der Höhle geht es sehr steil zur Yaila hinauf, die an sich keine besondere Attraktion darstellt, dafür eine herrliche Sicht auf den Chatyrdah bietet. Anfahrt nach **Perevalne** mit dem Trolleybus (0,80 UAH) oder der *Marshrutka* (1,50 UAH, dafür viel schneller) von der Haltestelle zwischen dem Bahnhof und dem Trolleybusbahnhof in Simferopol. Zelten kann man am Parkplatz vor der Höhle (5 UAH) oder in der Stayanka Bukovaya (1 UAH).

**Routenverlauf:**

In Perevalne steigen wir an der Haltestelle „Stadion“ vor dem Schild „Красная пещера 3 км“ aus. Dem Schild folgend gehen wir vor der Tankstelle nach links zur Landstraße. Nach 30 Min. und einer Reihe eschatologischer Aufschriften auf dem Asphalt wenden wir uns mit der Straße nach links. Hier hört der Asphalt auf, links kommen wir an einem Kolchos vorbei und rechts an einem Busparkplatz und einer Bar. Rechts lassen wir einen bewachten Parkplatz (5 UAH) und Pferde (10 UAH) hinter uns und gehen auf die Schranke zu. Der Förster, der hier steht, hat die Angewohnheit, Touristen mit Rucksäcken zu fragen, ob sie nur zu den Höhlen oder ins Gebirge wollen. Wenn er uns nicht glaubt, dass wir „tólko do peshchér“ („nur zu den Höhlen“) wollen und „súmki nam óchen nuzhný“ („wir unser Gepäck dringend brauchen“), erlegt er uns eine Gebühr für den Besuch im Forstrevier auf (2 UAH pro Tag), warnt uns vor der Waldbrandgefahr und den schrecklichen Konsequenzen des wilden Campens. Sehr häufig übrigens lässt er überhaupt niemanden einfach durch, man sollte dies also am besten unter Zusatzkosten für einen Besuch in der Roten Höhle verbuchen.

Von hier aus läuft man bis zur Höhle noch 1200 m auf einem gut gekennzeichneten Wanderweg. 15 Min. nach Passieren der Schranke kommen wir an einen Scheideweg: Nach rechts führt ein Weg zum Wasserfall Su-Uchkhán (Су-Учхан), nach links ein anderer zu den Höhlen. Wir wählen den rechten Weg und erreichen nach 5 Min. einen malerischen Wasserfall. Der Fluss, der ihn speist, wird uns auch in der Höhle begleiten. Vor dem Wasserfall biegen wir nach links auf einen Pfad mit einer sehr schönen Aussicht ab, der unter roten Felsen entlang führt. 5 Min. später wenden wir uns nach rechts, passieren eine Lichtung und die Quelle des Bachs Kizilkobinka und erklimmen über eine Treppe den Eingang zur Höhle.

## Rote Höhle

Die Rote Höhle (krimtat.: *Kyzýl-Kóba,* ukr. Красна печера [*krásna pechéra*], russ. Красная пещера [*krásnaya peshchéra*] oder Кизил-Коба [*kizíl-kóba*]) ist eine der häufiger besuchten Höhlen der Krim. Früher hielt man sie für eine Gruppe einzelner Höhlen, nach und nach wurden jedoch Verbindungen zwischen den einzelnen Ebenen entdeckt. Die Gesamtlänge der Korridore beträgt über 20 km, zur Besichtigung ist allerdings nur eine 500 m lange Strecke freigegeben. Den weiteren Weg versperren ein unterirdischer Fluss und ein See. Mit Spezialausrüstung und einem Begleiter kann man zwar 3,5 km der Korridore besichtigen, das kostet aber auch wesentlich mehr. Die Führung beginnt, sobald genug Besucher zusammengekommen sind.

Die Korridore sind auf sechs Ebenen verteilt, wovon nur die unterste für Touristen zugänglich ist. Hier gibt es viele interessant geformte Tropfsteine (z.B. den „Gnom" und den „Pterodaktylus" und natürlich den obligatorischen „Hausherrn" am Eingang [*khozyáin*]), man sieht allerdings auch, dass hier nur übrig geblieben ist, was die Vandalen nicht wegschleppen konnten. Der Name der Höhle kommt von den Eisenoxiden, die den Felsen rot färben. Archäologen haben in der Höhle Aufenthaltsspuren des Menschen der Kyzyl-Koba-Kultur gefunden (Exponate am Eingang), aber auch Knochen des Höhlenbären. Die Temperatur im Inneren beträgt 9–10°C, auf den höheren Ebenen bis 14°C. Wassertemperatur -8,5°C.

Die Höhle steht unter der Obhut des Unternehmens Kizil-Koba (Tel. 2441646). Eintrittspreis mit Führung: 12 UAH, Fotogebühr 1 UAH, Videogebühr 2 UAH, Ausleihgebühr für eine Jacke 1–2 UAH. Es gibt hier auch einen Kiosk mit Süßigkeiten und Karten. Die längere Führung (Gruppen zu 2–5 Pers.) kostet 200 UAH pro Person, die muss man jedoch 2–3 Tage vorher bestellen (Tel. 677 404 883).

**Routenverlauf:**

Neben dem kleinen Laden führt ein Pfad nach oben zur Yaila. Er biegt etwas nach rechts ab und wird sehr steil.

Nach 20 Min. Klettertour auf allen Vieren werden wir mit einem herrlichen Ausblick belohnt. Wir laufen auf einem Pfad nach links, dann ohne Pfad weiter, lassen einen Steinhügel hinter uns, gehen bis zum Bergkamm auf einen deutlich sichtbaren Feldweg zu, den wir nach weiteren 20 Min. erreichen. Wir folgen dem Weg nach rechts und laufen auf ihm über die ganze Yaila. Nach einer Stunde biegen wir an einer Kreuzung nach rechts ab. Nach 10 Min. kommen wir an kleinen Felsenkesseln vorbei und gehen an der Wegkreuzung (wo schon der Wald zu sehen ist) nach links. Nach weiteren 20 Min. erreichen wir einen großen Feldweg und biegen nach rechts ab (nach links führt ein Wanderweg zur Karabi-Yaila; nicht weit davon gibt es periodische Quellen und Teiche). Nach 10 Min. gelangen wir an eine Kreuzung am Waldrand. Nebenan stehen die Schilder des botanischen Reservats „Kultstätte Tyrke", nach links wiederum führt ein Weg zum Demerdzhi (s. Bergtour 7).

Wir gehen nach rechts und erreichen nach einiger Zeit die *Stayanka Bukovaya,* wo man zelten oder in einem bescheidenen Campinghäuschen übernachten kann. Unterhalb der Stayanka, hinter dem Tor, gibt es eine Quelle mit einem Metallrohr. Um zu ihr zu gelangen, laufen wir vor dem weißen Häuschen nach rechts unten. Von der Quelle aus gehen wir 10 Min. lang nach rechts am Waldrand entlang, um anschließend zusammen mit dem Pfad in den Wald einzutauchen. Nach 20 Min., die der Weg abwärts geführt hat, biegt er nach links ab, und geradeaus führt ein ebener Pfad zu einem schattigen Übernachtungsplatz – ebenfalls einer ehemaligen Stayanka. Ein Stück weiter unten, am Pfad, finden wir eine ummauerte Quelle. Wir gehen auf dem schlammigen Weg rechts der Quelle weiter. Nach 15 Min. teilt sich der Pfad an einem kleinen moosbewachsenen Hügel, um gleich darauf wieder zusammenzulaufen – unterhalb gibt es viele Übernachtungsplätze.

Wir steigen hinunter zum Bach, an dem ein Rohr entlangführt. Wir überqueren ihn nicht, sondern laufen 5 Min. lang nach rechts am Bachbett entlang. Der Weg beschreibt bald darauf ein kleines „s" und führt aus dem Wald heraus. Vorbei an verlassenen Gebäuden gelangen wir zur Landstraße. Rechter Hand haben wir ein Erholungsheim für Offiziere, wir aber gehen nach links und laufen 25 Min. die Ul. Partizánskaya abwärts bis zur Fernverkehrsstraße Simferopol – Alushta. Links befindet sich die Wendeschleife für Trolleybusse und *Marshrutki.*

# Die Region der Großen Schlucht

## Überblick

In die Region der Großen Schlucht gelangen wir von **Sokolyne** aus (ukr. Соколине, russ. Соколиное [*sokolínoye*], wo sich eine kleine Moschee, ein paar Läden und ein Restaurant finden. Hierher fahren täglich zahlreiche Busse von Bakhchysarai aus. Von Sokolyne aus nehmen wir die Straße nach Yalta.

Vorbei an einem Zeltplatz auf der linken Seite gelangen wir nach etwa einer Stunde zu einem Forsthaus und einem Restaurant in der Nähe der Stelle, wo die Straße eine scharfe Kurve schlägt. Von hier aus windet sich die Straße nach Yalta in Serpentinen zum Hauptgebirgszug empor. Diese Stelle ist der Ausgangsort zur Großen Schlucht und zum Silbernen Wasserfall. Man kann hier zelten (rd. 10 UAH) und das Auto abstellen (1 UAH pro Stunde).

Dies wäre ein idealer Ort für eine Wanderung durch die Stille. Leider ist die Große Schlucht in der Saison fester Programmpunkt zahlreicher Busreiseangebote, weshalb hierher immer die allermeisten Touristen kommen. So können wir am Busen der Natur Moskauerinnen und Petersburgerinnen sehen, die ihre Stöckelabsätze in den schlammigen, stellenweise schmalen Pfad nageln (zweite Variante – Pantoffeln), robuste Typen, die in der Kühle des Waldes und der Felsen die nächste Flasche köpfen, aber auch ganz Verwegene, die mit Geschrei ins eisige Wasser der Strudelbecken der Gebirgsbäche springen.

# Große Schlucht (Großer Canyon)

(Большой Каньон [*bol'shóy kan'ón*])

Der Eintritt ist kostenpflichtig: Erwachsene 5 UAH, Kinder 2 UAH. Der Weg zur „Wanne der Jugend" dauert ca. 1 Std. Der Pfad zum Canyon ist nur provisorisch mit weißen Streifen gekennzeichnet, aber Verirren ist ausgeschlossen.

Die Felsenschlucht am oberen Lauf des Flüsschens Kokkozka, genannt Großer Canyon der Krim, ist zwischen den steilen, bewaldeten Hängen des Bergs Boyko und der Yaltynska Yaila eingeklemmt. Ein reißender Gebirgsbach, der das Wasser aus diesen Bergmassiven abführt, bricht hier auf mehreren Abschnitten in Kaskaden und Strudelbecken durch schmale Spalten zwischen den aufeinander zustrebenden Felswänden.

Nur im Sommer ist die gesamte Schlucht begehbar. Zu Zeiten der Schneeschmelze sowie nach starken Regenfällen füllt das kalte, reißende Wasser des Baches den schmalen Grund zwischen den Felswänden und versperrt den Weg zu den höher gelegenen Partien. Die Region des Canyons ist an den sanfter abfallenden Berghängen über der Schlucht von hochstämmigem unterem Hochwald bewachsen. Die Baumwurzeln versuchen, überall an den steilen Felshängen Halt zu finden. Das breite Astwerk wirft Schatten auf den Grund, daher ist es hier selbst an heißen Tagen erträglich – die tiefe Schlucht ist sehr schattig, Kühle dringt aus dem Wald, vom Wasser und von den Felsen. Der Canyon steht als Reservat unter Landschaftsschutz.

Der Weg in den Großen Canyon führt von der Landstraße neben den Informationstafeln des Reservats nach links. Nach kurzer Zeit überqueren wir einen Bach und steigen über den linken Berghang nach oben. Nach dem Aufstieg folgen ein kurzes Stück querfeldein und dann der Abstieg auf den Grund der Schlucht, wo immer zahlreichere kleine Felsen auftauchen. Der Pfad überquert den Bach nochmals. Während wir uns etwas vom Bach entfernen, klettern wir mühsam bergan (zur Linken ein Wasserfall) und gelangen schließlich in den schmalen, felsigen Teil des Canyons. Die Felsen kommen einander immer näher. Wir erreichen einen kleinen Wasserfall, der in ein Strudelbecken stürzt, in dem manche Ausflügler ein Eisbad nehmen. Dieses Becken trägt den Namen „Wanne der Jugend", denn ein Bad im Gebirgsbach soll ewige Jugend schenken. Die Wassertemperatur beträgt das ganze Jahr über 9–11 °C.

Hier endet der Pfad. Der weitere Weg wird durch die starke Verengung der Felswände, zwischen denen nur noch der rauschende Bach Platz findet, erheblich erschwert. Ein Weitergehen ist nur im Sommer möglich, wenn der Bach so weit austrocknet, dass er praktisch zu fließen aufhört und nur kleinere und größere Lagunen bildet. Doch selbst dann ist einiges an Trittsicherheit nötig, um den schmalen Canyon trockenen Fußes zu durchqueren. Wer sich dazu entschließt, muss links um die „Wanne der Jugend" herumlaufen. Für den Weg durch den Canyon braucht man ca. 3 Std., worauf man eine zauberhafte Lichtung erreicht, die sich hervorragend zum Übernachten eignet. Von hier aus kann man auf einem Wanderweg nach Süden in 2 Std. zur Ai-Petrynska Yaila gelangen. Auch auf der Hochfläche des Ai-Petri findet man ohne Probleme geeignete Plätze, um sein Zelt aufzustellen. Von hier aus kann man am nächsten Tag nach Yalta hinunter wandern. Für die gesamte Strecke von Sokolyne nach Yalta sind 2 Tage unbedingt einzuplanen.

## Silberner Wasserfall

(Серебряный Водопад [*serébryanyy vodopád*])

Der Wasserfall liegt auf der anderen Seite des Restaurants und des Forsthauses, etwa 45 Min. Fußweg von der Landstraße aus nach Westen. Entlang der nachlässig an den Bäumen angebrachten Markierungen in Gestalt roter senkrechter Striche gehen wir bergan. Anfangs laufen wir auf einem Waldweg entlang, nach einiger Zeit wechseln wir auf einen Pfad, der nach rechts führt (der Weg, den wir verlassen haben, führt durch Wälder zur Ai-Petrynska Yaila). Am gelegentlich austrocknenden Bett des Flüsschens Sary-Uzen entlang verläuft unser Pfad sanft durch den Wald aufwärts. Unterwegs finden wir Bänke und eine Feuerstelle, wo wir eine kurze Rast einlegen können, um wieder zu Kräften zu kommen.

Der Wasserfall ist ca. 4 m hoch. Der Kalkfelsen ist von einem Überhang aus Kalktuff bedeckt, der mit winzigen Farnen und Moosen bewachsen ist. Unterhalb befindet sich eine kleine Grotte, die von Fledermäusen bewohnt wird. Das Wasser fällt in dünnen Streifen herunter, wodurch der Wasserfall an eine silbersaitige Harfe erinnert. Besonders schön ist er im Frühling, wenn er von der Schneeschmelze gespeist wird – im Sommer rinnt das Wasser nur spärlich. Über dem Wasserfall erblicken wir einen Betonbehälter in Herzform – eine weitere „landschaftsverschönernde" Idee der Bauleute des Sowjetlandes.

030kr Foto: to

# Lemberg, Kiew, Odessa

Unterwegs in der Ukraine – Züge legen hin und wieder einen längeren Aufenthalt ein, sodass man sich mit Proviant für die Weiterfahrt eindecken kann

031kr Foto: pk

Blick vom Schlossberg auf Lemberg

## Ein lohnender Städtekurztrip

Bei einer Reise auf die Krim lohnt es sich, auf dem Hin- oder Rückweg auch anderen Städten der Ukraine einen Besuch abzustatten. Dazu gehören auf jeden Fall das in Galizien nahe der polnischen Grenze gelegene Lemberg, die Hauptstadt Kiew und Odessa, die „Schwarzmeerperle" westlich der Krim. Die folgenden Besichtigungsrouten eignen sich für kurze Rundgänge, mit denen man eine mehrstündige Wartezeit (z.B. auf Zug oder Flugzeug) überbrücken kann. Man sollte sich jedoch nicht der Illusion hingeben, bei einem solchen Rundgang die ganze Stadt sehen zu können. Wer Lemberg, Kiew oder Odessa wirklich kennenlernen möchte, sollte dafür mehrere Tage einplanen.

## Lemberg Überblick

(ukr. Львів [l'viv], russ. Львов [l'vov])

Als „Polnisches Florenz" erschien Lemberg, die „geliebte Heimatstadt", dem polnischen Dichter und Satiriker Marian Hemar. In der Tat ist es eine außergewöhnliche Stadt voll kopfsteingepflasterter Straßen, anheimelnder Gässchen und farbenfroher Häuser. Es ist eine Stadt an der Nahtstelle zwischen westlicher und östlicher Zivilisation, der römischen Welt und der Orthodoxie. Eine Stadt, erbaut von Ruthenen, Polen, Armeniern, Juden und Vertretern anderer Völker, in der immer noch die Spuren verschiedener Kulturen sichtbar sind.

Ein Rundgang durch Lemberg ist eine Wanderung durch eine Vielfalt von Epochen und Stilen, von altrussischen Relikten bis zu Neubauten, von der Gotik bis zum sozialistischen Realismus. Ein besonderer Ort ist das Herz von Lemberg – die Altstadt. Sie umfasst die mittelalterliche Innenstadt mit dem Markt und den anliegenden Straßen sowie das Gebiet der ehemaligen Löwenburg, die einst am Fuße des Hohen Schlossbergs lag. Fachleute haben hier mehr als 1000 Baudenkmäler gezählt, darunter 200 architektonische Meisterwerke im Weltmaßstab! Es verwundert nicht, dass das alte Lemberg 1998 in die Liste des **Weltkulturerbes der UNESCO** aufgenommen wurde.

Nach Einnahme der Roten Rus durch den polnischen König geriet das altrussische Lemberg unter den Einfluss der westlichen Kunst. Damals wurden der Marktplatz abgesteckt und eine regelmäßige, schachbrettartige Bebauung festgelegt. Im 14. Jh. entstand die gotische Lateinische Kathedrale, aber auch die Armenische Kathedrale – beide sind ein Beweis für die lebendige Verbindung der Stadt mit Orient und Okzident. Mit herrlichen Bauwerken verewigten sich Renaissance, Barock und Klassizismus im Stadtbild. In Lemberg waren damals überragende Künstler tätig, wie z.B. der zum Symbol für die Stadt gewordene italienische Meister Paolo Romano, der Schöpfer der Uspenskij-Kirche und der Bernhardinerkirche.

Die Provinzstadt Lemberg verwandelte sich vom Ende des 18. und Anfang des 19. bis zum Beginn des 20. Jh. in eine riesige Metropole. Von diesem Lemberg aus beginnen wir unsere Wanderung durch Zeit und Raum.

## Stadtrundgang

Dem von uns vorgeschlagenen Rundgang könnte man den Titel „Alt-Lemberg an einem Tag“ geben. Wir beginnen ihn auf dem Halytskyi-Platz über Plätze und durch Alleen, die einst einen wahrhaften Stadtsalon bildeten – die berühmte Hetmanenbastei. Wir werden in ausgesuchter Gesellschaft unterwegs sein. Über den Köpfen der Passanten führen **König Daniel von Galizien,** der Gründer von Lemberg, der polnische Nationaldichter **Adam Mickiewicz** und **Taras Schewtschenko,** der ukrainische Barde, eine eherne Unterhaltung.

Wir halten ein wenig inne vor dem schönen Gebäude des ältesten Hotels der Stadt – **Hotel Zhorzh.** Hier hielten sich die größten Männer der vergangenen Epoche auf: Kaiser Franz Josef I., Josef Pilsudski, Franz Liszt und Honoré de Balzac. Vom Balkon sang zur Erbauung der Menge der polnische Tenor Jan Kiepura.

Die Hetmanenbastei (heute Prospekt Svobody) umschließt das **Opernhaus,** dessen herrliche Fassade mit denen der Pariser und der Wiener Oper verglichen wird. Seine Innenausstattung wird jeden in Begeisterung versetzen. Schon vom Vestibül an ist der Besucher berauscht von den dekorativen Verzierungen und der Menge der symbolischen Darstellungen, Apotheosen und verschiedenartigsten Allegorien. Das interessanteste Inventar der Lemberger Oper ist – ähnlich wie im Krakauer Slowacki-Theater – ein prächtiger Vorhang, der vom polnischen Maler Henryk Siemiradzki geschaffen wurde.

Von der Oper gelangen wir in die „Stadt der Hundert Türme“, wie die Lemberger Altstadt genannt wurde, die für ihre vielen Gotteshäuser der verschiedensten Konfessionen bekannt ist. Neben der griechisch-katholischen **Christi-Verklärungs-Kirche** steht hier die etwas vom Geheimnis des Vergessens umwobene **Armenische Kathedrale Mariä Himmelfahrt.** Einst war sie das Zentrum eines Stadtviertels, das von den Lemberger Armeniern bewohnt wurde, ungewöhnlich tüchtigen Kaufleuten, denen man den Beinamen „Juden des Ostens“

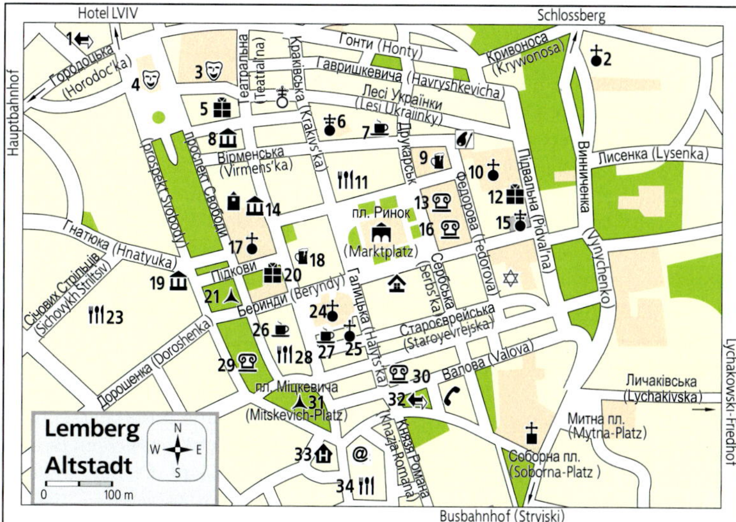


1 Verkehrsknotenpunkt UNIVERMAH
32 Verkehrsknotenpunkt TSENTR
33 Hotel ZHORZH
11 Restaurant OLMAR
23 Restaurant LISOVA PISNIA
28 Restaurant U PANI STEFY
34 McDonald's
7 Café VIRMENKA
26 WIENER Café und Restaurant
27 Café AMADEUS
9 Pub NOIV KOVCHEH
18 Pubs TITANIC und YELLOW SUBMARINE
5 Krakauer Basar
12 Bücherbasar
20 Basar mit Gemälden und Volkskunst
3 Staatliches Akademisches Opern- und Ballett-Theater
4 Drama-Theater
Galeriecafé DZYGA
8 Nationalmuseum
14 Naturkundemuseum
19 Museum für Ethnografie und Handwerk
Christi-Verklärungs-Kirche
6 Armenische Kathedrale
15 Uspenskij-Kirche
2 Mariä-Lichtmess-Kirche
10 Dominikanerkirche, Museum für Religionsgeschichte
17 Jesuitenkirche
24 Mariä-Himmelfahrt-Kirche
25 Boim-Kapelle
Bernhardinerkloster
Synagoge Goldene Rose
Krämerturm
13 Schwarzes Haus, Königshaus
16 Lubomirski-Palast
29 Adelskasino
30 Ballabanow-Haus
Rathaus
21 Schewtschenko-Denkmal
31 Mickiewicz-Denkmal

gab. Hinter der Sackgasse der Vul. Virmenska (der Armenischen Straße) erblicken wir den würdevollen Bau der **Dominikanerkirche Corpus Christi.** Das Gotteshaus, das nach dem Vorbild der Wiener Karlskirche gebaut wurde, gilt als prominentestes Werk des reifen Barock auf dem Gebiet der ehemaligen Polnischen Republik. Innen, in der Dominikuskapelle, sollten wir uns unbedingt das Grabdenkmal der Gräfin Josefa Dunin-Borkowska (geschaffen vom klassizistischen dänischen Bildhauer Bertel Thorvaldsen, dem Schöpfer des Warschauer Denkmals des Fürsten Josef Poniatowski) und das Grabmal von Arthur Grottger ansehen, eines polnischen Malers, der den Großteil seines Lebens in Lemberg verbrachte und hier auch begraben wurde.

Gleich hinter der Kirche betreten wir eine weitere baumbestandene Allee – das ist die Gouverneursbastei (heute Vul. Pidvalna), die an der Stelle der Wehrmauern errichtet wurde. An den militärischen Charakter dieses Stadtteils erinnern das **Königliche Waffenarsenal** und der einzige erhaltene Turm – der **Pulverturm.** Nicht weit davon befindet sich das zweite Arsenal, das **Städtische Waffenarsenal.**

Wenn wir in diese Richtung gehen, werden wir sogleich auf einen hohen Turm aufmerksam und die zu seinen Füßen stehende wunderschöne **Uspenskij-Kirche** (Mariä-Entschlafens-Kirche), auch Walachische Kirche genannt. Sie entstand in der zweiten Hälfte des 16. Jh. und verbindet griechische, italienische und polnische Einflüsse. Den Namen „Walachische Kirche" verdankt sie dem Stifter ihrer Vorgängerin, Hospodar Alexander Lapuşneanu, dem Fürsten von Moldau. Die neue Kirche wurde von Konstantin Korniakt gestiftet, einem reichen Bürger, der aus Kreta stammte. Nach ihm wurde der Glockenturm benannt, der ein herrliches Beispiel des in den Grenzgebieten der westlichen Zivilisation entstandenen Manierismus darstellt.

Sie sollten unbedingt einen Abstecher in die hinter der Kirche und dem Städtischen Waffenarsenal liegenden Gässchen unternehmen. Beim Bestaunen der Architektur der Bürgerhäuser treffen wir auch auf Spuren, die die einst starke und tatkräftige jüdische Gemeinde hinterlassen hat. Hier, in diesem Stadtteil, entstand das erste jüdische Viertel. Über die Vul. Staroievreiska gelangen wir zu den Überresten der **Synagoge „Goldene Rose".** Neben der Gemeindesynagoge war dies die zweite steinerne Synagoge in Lemberg. Gebaut wurde sie 1582 von Isaak Nachmanowicz, einem der wohlhabendsten und einflussreichsten jüdischen Finanziers, Ältester des jüdischen Gemeindvorstands vom Lemberg und Marschall des Sejms der Juden der Krone in Lublin. Anfangs hieß die Synagoge „Goldenes Tor", erst später begann man sie, nach Isaaks Schwiegertochter, „Goldene Rose" zu nennen.

Im 2. Weltkrieg wurde die Synagoge niedergebrannt, übrig blieben nur die Mauern mit dem Gewölbe. Einige Jahre nach dem Kriegsende wurde sie fast vollständig zerstört, nur Mauerfragmente blieben erhalten. In den letzten Jahren wurde sie als „dauerhafte Ruine" abgesichert.

Von hier aus sind es nur wenige Schritte bis zum **Bernhardinerkloster.** Die Klosterkirche St. Andreas ist eins der großartigsten Lemberger Renaissancebauwerke. Außergewöhnlich ist vor allem ihre Fassade, die durch die für Lemberg so typische, ganz eigene Stilmischung ins Auge fällt: Elemente der italienischen Renaissance verbinden sich mit niederländischer Architektur, und alles zusammen ergibt den regionalen Lemberger Stil.

Das Grabdenkmal des Mönchs Jan von Dukla (1608) im Inneren ist nicht zu übersehen. 1736 wurde vor der Kirche eine Säule mit der Figur dieses Heiligen aufgestellt, auf der er Bohdan Chmelnizki während der Belagerung der Stadt erscheint. Jan von Dukla wurde 1733 offiziell selig gesprochen. Seit 1948 läuft das Kanonisierungsverfahren, das 1997 von Johannes Paul II. abgeschlossen wurde.

Unweit davon, an der Ecke des Pl. Soborna und der Vul. Galytska steht eine architektonische Perle von Lem-



032kr Foto: pk

berg, die **Boim-Kapelle der Drei Heiligen und der Leiden Christi.** Sie ist eins der Aushängeschilder der Stadt, das direkt an die Hauptkirche anschließt und von seiner Architektur her an die Zygmunt-Kapelle auf dem Wawel in Krakau erinnert. Sie war als Familiengruft für den reichen Lemberger Tuchhändler Georg Boim (gest. 1617) und dessen Sohn Paul Georg Boim (1581–1641), einen Kaufmann, Ratsherrn und Lemberger Richter, bestimmt.

Die prächtige **Mariä-Himmelfahrt-Kathedrale** war und ist noch das religiöse Zentrum der römisch-katholischen Gemeinde in der Region. Sie ist die Metropolitankirche, der Sitz des Lemberger Erzbischofs, und eine von drei Kathedralen in der Stadt. Dies ist ein besonderer Ort für die Polen. Die Kathedrale ist eins der ältesten noch erhaltenen gotischen Baudenkmäler in Lemberg. Die noch heute bestaunten ungleichmäßigen Türme erschienen erst nach einem großen Umbau in den Jahren 1760–76.

Nach Verlassen des Pl. Soborna gelangen wir ins Herz der Stadt – auf den Lemberger Marktplatz [*plóscha rynók*] mit dem **Rathaus.** Aufgrund der Bedeutung, die die Stadt durch ihre Lage im südöstlichen Grenzland des Königreichs Polen hatte, war dieser Platz Zeuge vieler wichtiger historischer Ereignisse. Hier nahm Władysław II. Jagiełło den Lehnseid vom walachischen Woiwoden Alexander entgegen und sein Sohn und Nachfolger, ebenfalls Władysław, vom Woiwoden Elias. Auf das Pflaster des Marktes fielen die Köpfe der Gegner der Polnischen Republik, des Fürsten von Moldau, Stefan Tomsa, und des Kosakenführers Iwan Podkowa. Im 19. und 20. Jh. war der Markt Schauplatz nationaler und sozialer Demonstrationen und Militärparaden. 1848, als ganz Europa brodelte, formierte sich hier die Nationalgarde und die Arbeiter versammelten sich zur ersten Maidemonstration. Hier wurde auch im November 1918 die Freie Westukraine ausgerufen, und zwei Jahre später nahm Josef Pilsudski als Staatsoberhaupt die Parade aus Anlass der Verleihung des Ordens Virtuti Militari an die Stadt ab. Heute ist der Marktplatz etwas verödet. Die Demonstrationen haben sich auf den nahen Prospekt Svobody verlagert. Einzig die hoffnungslos überfüllte rote

033kr Foto: pk

Straßenbahn von Lemberg, die regelmäßig den Platz überquert, erinnert noch an die Gegenwart der Großstadt ringsum.

Jedes Haus auf dem Markt hat seine Geschichte, und jede davon ist außergewöhnlich. Zusammengefasst könnten sie als Thema eines gesonderten Rundgangs dienen. Dennoch sollte man wenigstens einen Moment vor dem Haus Nr. 4 innehalten, dem **Schwarzen Haus,** dem die Farbe seiner Fassade zu diesem Namen verhalf. Dieses Renaissancegebäude wurde 1588–89 von Paolo Romano und Peter Barbon errichtet (beide u.a. von den Arbeiten an der Uspenskij-Kirche bekannt). Unter der Nr. 6 finden wir das **Königshaus,** das vom selben „Autorenteam" entworfen wurde. Im 17. Jh. erwarb Jakub Sobieski, der Vater des späteren polnischen Königs, das Bürgerhaus. Nach seiner Thronbesteigung im Jahr 1674 weilte Jan III. Sobieski gern auf seinen russischen Gütern, deshalb wurde das Haus für den König zu einer kleinen Residenz umgebaut (1678). Sehenswert sind besonders die herrliche Attika und der italienische Innenhof mit den dreistöckigen Arkadenkreuzgängen, der auch „Kleiner Wawel" genannt wird. Einige weitere Minuten sollte man dem **Venezianischen Haus** (Nr. 14) widmen, das von Paolo Romano im Auftrag des hier wohnenden Kaufmanns und Konsuls der Republik Venedig, Antonio Massari, im Renaissancestil umgebaut wurde. Von der Verbindung dieses Hauses mit der „Stadt der tausend Kanäle" kündet an der Fassade ein steinerner Löwe mit einem offenen Buch – das Attribut des Hl. Markus, des Schutzherrn von Venedig.

An der armenischen Kathedrale

Seinen Bestand verdankt Lemberg dem Schutz vieler Heiliger und seine Schönheit dem Talent bekannter Künstler und unbekannter Generationen unternehmungsfreudiger Bürger. Durch die ungewöhnliche Verflechtung historischer Entwicklungen und Ereignisse erstrahlte an dieser Stelle die „Stadt der hundert Kirchen", die heute zu ihrem einstigen Glanz zurückkehrt.

## Praktische Tipps

### Stadtverkehr

- Der örtliche Nahverkehr in Lemberg wird von drei Hauptverkehrsmitteln bestritten: **Straßenbahnen, Trolleybussen** und den **Marshrutki,** die als Autobusse, Mikrobusse, Expressbusse und Vorortbusse verkehren. Jede *Marshrutka* ist mit einer Nummer versehen und einer Aufschrift, aus der hervorgeht, auf welcher Strecke sie verkehrt. Die Haltestellen sind recht gut erkennbar mit blauen Tafeln gekennzeichnet, auf denen auch Informationen zum Fahrplan gegeben werden. Der ist jedoch weitgehend bedeutungslos, denn der Verkehr funktioniert hier meist in seinem eigenen, vom Fahrplan unabhängigen Rhythmus.

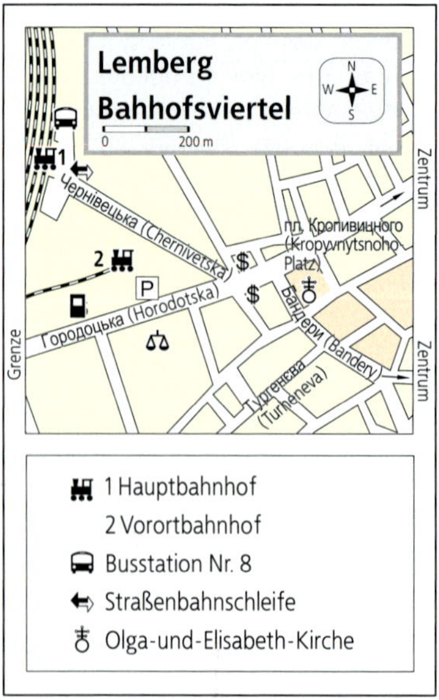


## Unterkunft

- **Hotel Kniazhyi,** Vul. Volodymyra Velykoho (neben der orthodoxen Kirche), Tel. 631214. Das ist das preiswerteste Hotel, vorherige Reservierung ist jedoch notwendig. Preis: ca. 35 UAH pro Person in 3- und 4-Bett-Zimmern (eine Mahlzeit rd. 18 UAH).
- **Hotel Lviv,** Prospekt Chornovola 7, Tel. 792272, 792270. Standard niedrig, Preise annehmbar - von ca. 65 UAH für den Platz in einem Doppelzimmer ohne Wasser bis ca. 200 UAH für das Einzelzimmer mit Höchststandard. Gute Lage, gleich hinter der Oper.
- **Hotel Turyst,** Vul. Konovaltsa 103, Tel. 2370624, ca. 115–225 UAH für ein Doppelzimmer. Das Hotel liegt etwas abseits vom direkten Zentrum, Anfahrt mit Straßenbahnlinie 2.
- **Hostel Shevchenko,** am Prospekt Shevchenko 16 gelegen, ab 50 UAH im Schlafsaal. Tel. 2403761.

## Essen und Trinken

- **U Pani Stefy,** Prospekt Svobody 10, an der Rückseite des Mariendenkmals. Ein berühmtes Lemberger Restaurant mit volkstümlicher, vorrangig huzulischer Küche. Wer es rustikal liebt, sollte unbedingt hier essen. Mittagessen schon ab 10 UAH.
- **Leonardo,** Vul. Slovatskoho 5. Empfehlung des Hauses: Venezianischer Lendenbraten (mit Beilagen 15 UAH). Empfehlenswert sind viele Menüs und Desserts zu einem ähnlichen Preis. Hier gibt es auch traditionellen ukrainischen Borschtsch und russische Soljanka.
- **Lisova Pisnia,** Vul. Sichovykh Striltsiv 5. Die Uhrenkneipe. Wirklich gutes Essen und nicht überhöhte Preise, dazu eine große Auswahl an Krimweinen. Auch Kartenzahlung ist möglich.

# Kiew Überblick

(ukr. Київ [*kyiv*], russ. Киев [*Kiew*])

Kiew ist wohl eine der schönsten Städte Europas, die ihren Zauber aus ihrer herrlichen Lage am **Ufer des Dnepr** (Дніпро [*dnipró*]) auf grünen Hügeln und zwischen wunderschönen Parks bezieht. Die **Hauptstadt der Ukraine** mit ihren 2,6 Mio. Einwohnern liegt an beiden Ufern des Flusses, an dessen Mittellauf, unterhalb der Desna-Mündung.

Die von Parks und Grünanlagen überzogenen Hügel der **Altstadt** am rechten Flussufer eignen sich wunderbar für Spaziergänge und romantische Verabredungen. Der Stadtteil am linken Ufer hingegen ist flach und uninteressant: ein dichtbebautes Betonschlafzimmer mit abscheulichen Einkaufszentren – Ausgeburten der Sowjetmacht. Beide Ufer des Dnepr sind durch mehrere **Brücken** miteinander verbunden, von Norden sind das: die Moskauer Brücke, die Podolski-Brücke (Bahnbrücke), ein Fußgängersteg, der Parkbrücke genannt wird, die Metro-Brücke, die Paton-Brücke, die Darnizki-Brücke (Bahnbrücke) und die zweite Metro-Brücke, die Südbrücke (Yuzhnyi) genannt wird.

Im an dieser Stelle riesigen Fluss liegen einige **Inseln.** Die größte davon ist die Truchaniw-Insel (Труханів острів [*trukhaniv ostriv*]), die mit dem rechten Flussufer durch die Parkbrücke verbunden ist. Im 16. Jh. gehörte sie zum Michaelskloster mit den Goldenen Kuppeln und Ende des 18. Jh. zum Gouvernement Tschernihiw, doch bis Mitte des 19. Jh. wurde sie nur als

Weide und Heuwiese genutzt. Später existierte hier eine Ansiedlung mit ca. 4000 Einwohnern. Truchanow war jedoch vor allem ein großes Kiewer Erholungsgebiet. Nach 1870 wurde an dieser Stelle ein Park mit dem Namen Eremitage angelegt, und bis heute gibt es hier auch herrliche Sandstrände, denn der Dnepr fungiert als das Kiewer Freibad. Südlich von Truchaniw liegt eine andere Insel mit einem Hydropark und der Venezianischen Brücke, die diese Insel mit der Dolobezki-Insel (**Долобецький острів** [*dolobetskyi ostriv*]) verbindet. Zum Hydropark gelangt man am besten mit der Metro (Station **Гидропарк** [*hydropark*]).

## Stadtgeschichte

Kiew ist eine der ältesten und größten Burgstädte der ostslawischen Länder an der Kreuzung wichtiger Land- und Wasserhandelsstraßen. Bei archäologischen Ausgrabungen wurden hier Siedlungsspuren entdeckt, die noch aus dem Paläolithikum stammen.

Im mittelalterlichen Kiew konzentrierte sich der Handel zwischen dem Orient und Westeuropa, Kaufleute aus Konstantinopel und Bagdad waren ständige Gäste, und die Stadt war weit über ihre Grenzen hinaus bekannt.

Nach dem Tod Wladimirs des Großen (1015), der die Kiewer Rus christianisiert hatte, begannen jahrelange Kämpfe um den Fürstenthron. In dieser Zeit wurde Kiew vorübergehend von Boleslaw dem Tapferen, dem damaligen König von Polen, besetzt. Schließlich übernahm Jaroslaw der Weise die Herrschaft über Kiew und machte es zur Hauptstadt des flächenmäßig größten Staats Europas. Zeugen sind zahlreiche Denkmäler der materiellen Kultur, u.a. die Metropolitankirche – die Kiewer Sophienkathedrale. Im 11. und 12. Jh. schufen die Mönche der Pecherska Lavra monumentale handschriftliche Chroniken mit der „Chronik der vergangenen Jahre" Nestors (auch „Nestorchronik" genannt) an der Spitze.

Die Stadt brach 1240 zusammen, als Batu Khan Kiew eroberte und die Verteidiger brutal ermordete. Ihre Wiedergeburt erfolgte erst, als die Stadt 1363 von den Litauer Fürsten übernommen wurde. Trotz der unaufhörlichen Tatarenüberfälle kehrte in Kiew wieder normales Leben ein.

In den 90er Jahren des 15. Jh. erhielt Kiew die Stadtrechte und wurde nach der Lubliner Union von 1569 an Polen angegliedert, dem es bis 1667 angehörte. Die Stadt war damals die größte Bastion des orthodoxen Christentums in der Republik Polen und ebenfalls ein wichtiges Zentrum des geistigen Lebens in Osteuropa, schon wegen der hier existierenden Kiewer Akademie.

In der zweiten Hälfte des 17. Jh. wurde Kiew zur Hauptstadt des ersten ukrainischen Staates, des Hetmanats, doch nach und nach wurde es von Moskau vereinnahmt. Im 18. Jh. war die Stadt Sitz eines neu geschaffenen Gouvernements und Ende des Jahr-

034kr Foto: pk

hunderts Hauptstadt des gesamten Gouvernements Kiew.

Im 19. Jh. wurde die Russifizierung intensiviert: die Akademie Kiew-Mogilew wurde endgültig geschlossen und an ihrer Stelle eine russische Universität eröffnet. Doch diese Aktion konnte die heimische Kultur nicht auslöschen. Im selben Jahrhundert wurde die Obere Stadt wiederaufgebaut, die Stadt erhielt Gasbeleuchtung, Kanalisation, Telefon, eine Pferdestraßenbahn und ein Lichtspieltheater. Anfang des 20. Jh. wohnten 320.000 Menschen in Kiew, am Vorabend des 1. Weltkriegs waren es ca. 500.000.

Im 20. Jh. tobten die Kämpfe der Oktoberrevolution und des sowjetrussischen Bürgerkriegs auch in Kiew und hinterließen dort ihre zerstörerische Spur. 1934 wurde die Stadt zur Hauptstadt der Ukrainischen SSR. 1941 und 1943 lag sie im Kampfgebiet der Sowjetarmee gegen die Deutschen und wurde von Neuem stark zerstört. Während der deutschen Besatzungszeit befand sich in der Nähe das Vernichtungslager Babi Jar. Die Nachkriegsjahre waren die Zeit der Enttrümmerung und des Wiederaufbaus

Die Hauptstadt der Ukraine am Dnepr

des historischen Stadtkerns. Seit 1991 ist Kiew Hauptstadt der unabhängigen Ukraine.

Das letzte wichtige Ereignis war 2004 die hauptsächlich in Kiew stattfindende Orange Revolution, deren Ziel es war, die Ukraine von den Einflüssen Russlands zu befreien.

## Stadtrundgang

Unseren Rundgang durch den ältesten Teil der Stadt beginnen wir von der Grünanlage an der Vul. Volodymyrska (вул. Володимирска). Von hier aus gelangen wir schnell und problemlos mit der Metro zur Station „Goldenes Tor" (Золоті ворота [*zoloti vorota*]). Gleich nach dem Verlassen der Station zieht ein großes Bauwerk unseren Blick auf sich, das den ganzen Platz einnimmt: eine der bekanntesten Sehenswürdigkeiten von Kiew, das **Goldene Tor.** Heute steht es in einer zauberhaften Grünanlage, auf der wir im Schatten der Bäume ein Sommercafé und einen Springbrunnen finden. Einst jedoch war das Goldene Tor eins von drei Haupteinfahrttoren der Stadt. An dieses Tor soll Boleslaw der Tapfere sein Schwert geschlagen haben, wie uns der berühmte Chronist Gallus Anonymus berichtet. Das Tor wurde, wie die ganze Stadt Jaroslaws des Weisen, noch von Wladimir I. errichtet.

Von der Grünanlage hinter dem Tor zweigt der Jaroslaw-Wall ab (Ярославів Вал [*yaroslaviv val*]). Er heißt nicht ohne Grund so, denn genau hier entlang verliefen die Wälle der sogenannten Jaroslaw-Stadt, in die das Goldene Tor gebaut wurde. Die Mauern sind im 19. Jh. endgültig aus dem Stadtbild verschwunden.

In den Häusern vom Ende des 19. und Anfang des 20. Jh. sind heute ausländische Botschaften untergebracht. Die Nr. 7 beherbergt das architektonisch interessante (ein eigenwilliger orientalischer Eklektizismus) Gebäude der ehemaligen **Kenesa** (кенаса [*kenasa*]), des karäischen Gotteshauses (derzeit Haus des Schauspielers), das Ende des 19. Jh. gebaut wurde.

Wir setzen unseren Rundgang durch die Jaroslaw-Stadt fort, indem wir zweimal rechts abbiegen – zuerst in die Vul. Striletska (вул. Стрілецка), dann in die Vul. Georgiivskyi Prov (вул. Георгіївський Пров) – und von Süden um die Sophienkathedrale herumlaufen. Auf diese Weise finden wir uns erneut auf der Vul. Volodymyrska (вул. Володимирська) wieder, die in den ausgedehnten Sophienplatz mündet (площа Софіївська [*ploshcha Sofiivs'ka*]). Auf das Gelände der **Sophienkathedrale** (Софіївський собор [*sofiivs'kyi sobor*]) gelangen wir von diesem Platz durch die Toröffnung unter dem großen Glockenturm.

Der Komplex der Kiewer Hagia Sophia ist eins der hervorragendsten architektonischen Werke im gesamteuropäischen Maßstab. Der Ziegelbau wurde mit Hilfe einheimischer Handwerker von einem byzantinischen Architekten errichtet. Aufgrund des hohen Rangs, den sie von Anfang an in der Hierarchie der orthodoxen Kirchen innehatte, wurde die Sophienkathe-

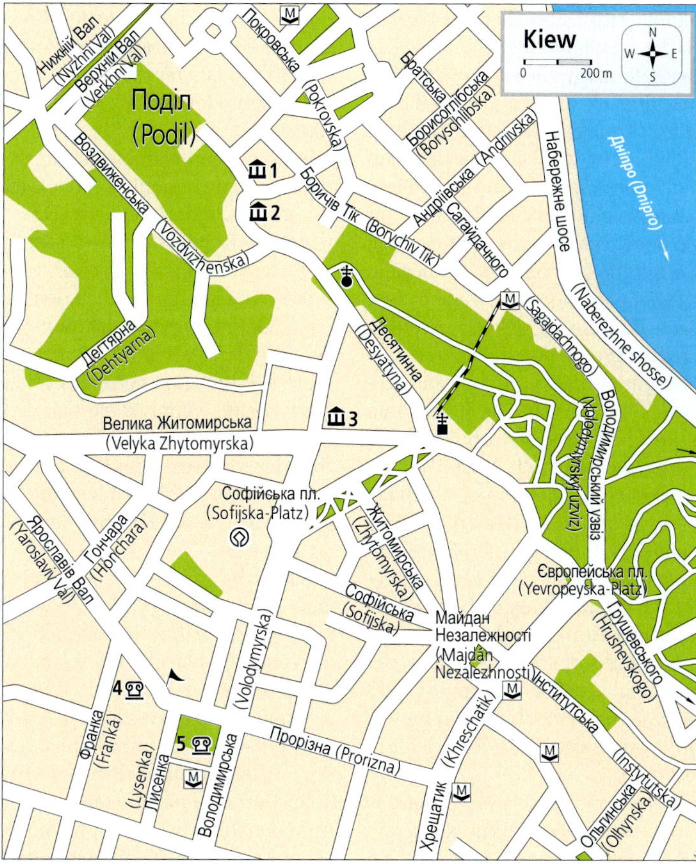


- Andreaskirche
- Klosterkirche St. Michael
- 4 Ehemalige Kenesa
- 5 Goldenes Tor
- 1 Museum Einer Straße
- 2 Bulgakow-Museum
- 3 Feuerwehrmuseum
- Sophienkathedrale

drale „Mutter der russischen Kirchen“ genannt. Trotz barocker Umbauten blieb der architektonische Entwurf der Kathedrale recht gut erhalten. Sie hat fünf Schiffe, die in der Form eines griechischen Kreuzes angeordnet wurden. Das Gebäude war von einer nach außen offenen Arkadengalerie umgeben, was damals eine Neuheit darstellte. Im Laufe der Zeit fügte man zweistöckige Außenschiffe an, versah 13 Kuppeln mit Zwiebeldächern und verlieh dem ganzen Bau ein barockes Aussehen, doch der Kern der Kirche blieb so, wie er bei ihrer Grundsteinlegung zum Anfang des 11. Jh. war. Die Kathedrale war Residenz des Metropoliten und beherbergte ein Archiv, eine Bibliothek, ein Scriptorium und eine Schule. Die Mosaike und Malereien im Inneren werden zu den größten Errungenschaften der byzantinischen Kunst gezählt. Die Kathedrale gehört heute zum **Weltkulturerbe der UNESCO.** Das Gelände des Klosters samt der Besteigung des Glockenturms ist nicht teuer, will man jedoch die Kirche von innen besichtigen, muss man einiges investieren.

Von der Sophienkathedrale wenden wir uns nach Norden zur Kreuzung der Vul. Volodymyrska und der Vul. Velyka Zhytomyrska (вул. Велика Житомирська), wo wir die sogenannte Wladimir-Stadt betreten – den ältesten Teil der Oberstadt des alten Kiew. Unter der Nr. 13 entdecken wir ein blassrotes Eckhaus mit einem hohen Beobachtungsturm. Das ist die alte Feuerwache (Mitte des 19. Jh.), heute **Feuerwehrmuseum.**

Am Ende der Vul. Volodymyrska beginnt eine der bekanntesten Kiewer Straßen – der **Andreashang** (Андріївський Узвіз [*andriivs'kyi uzviz*]). Dieser Hang verbindet das alte Kiew (Obere Stadt) mit dem Stadtbezirk Podil. Seinen jetzigen Namen bekam er im 18. Jh., und er verdankt ihn der Kirche, die seinen Beginn markiert. Der Abschnitt zwischen dem Andreashügel und dem Schlossberg aber wurde Seufzerweg genannt – nach den Seufzern aller, die hier hochklettern mussten. Die Straße wurde 1980 rekonstruiert. Ihren Beinamen eines „Kiewer Montmartre“ verdankt sie den vielen Verkaufsständen und Cafés, vor allem aber den Vertretern der Kiewer Avantgarde und Jugendlichen aus der alternativen Szene, die sich hier gern und oft aufhalten.

Wirkliche Anvantgardekunst sollte man dort allerdings nicht erwarten. Das Sortiment beschränkt sich eher auf röhrende Hirsche bei Sonnenaufgang, orthodoxe Kirchen bei Sonnenuntergang und dazwischen jede Menge fabrikneue Handwerkskunst. Dennoch ist ein Bummel über den Andriivs'kyi-Uzviz dank der angenehmen Atmosphäre sehr zu empfehlen. Vor allem im oberen Teil findet man eine akzeptable Auswahl an Bildbänden und Reiseführern.

Andreaskirche

Den Besuch des Andreashangs beginnen wir von der **Andreaskirche** (Андріївська [*andriivs'ka*]), in Anlehnung an den Montmartre gleichsam die Kiewer Basilika Sacré Coeur. Sie entstand in den Jahren 1747–53, und es war von Anfang an klar, dass es eine herrliche Kirche wird, wie sie der heiligen Stadt der Rus gebührt. Der Bau hat den Grundriss eines lateinischen Kreuzes und trägt eine hohe spätbarocke Kuppel, die in 46 m Höhe von einem Kreuz gekrönt und von vier Zwiebeltürmen eingerahmt wird. Das Kircheninnere wartet mit einer wahren Farborgie und einer ungewöhnlich reichen Ausstattung auf, einer Quintessenz des russischen Barock. Den größten Wert haben die Malereien: An ihrem Beispiel kann man die Entwicklung der orthodoxen Kirchenmalerei im 18. und 19. Jh. verfolgen.

Nach den vielen Eindrücken aus dem Bereich des Sacrum sollten wir dem Profanum wieder ein wenig Aufmerksamkeit widmen. Unter der Nr. 13 steht das heute bekannteste Haus der Straße – das im Roman „Die weiße Garde" verewigte Haus der Turbins (Дом Турбиних [*dom turbinikh*]), heute **Bulgakow-Museum** (Музей Михаила Булгакова [*muzei mykhayla bulhakova*]). Hier, in einer Wohnung im zweiten Stock, verbrachte Michail Bulgakow mit seiner Familie seine ersten Lebensjahre. Daran erinnert eine Gedenktafel mit dem Konterfei des Schriftstellers. Das Museum ist mittwochs geschlossen; wenn die Tür zu ist, muss man klingeln! Es ist einen Besuch wert –



035kr Foto: pk

weniger wegen der Ausstattung, die ohnehin sehr dürftig ist, sondern wegen der Atmosphäre, die die Museumsführerinnen beim Rundgang schaffen: Mit einem Mal geht das Licht aus, und der Spiegel der Bulgakows erscheint. Was man darin sieht? Das müssen Sie schon selbst herausfinden.

Bevor wir uns vom Andreashang verabschieden, müssen wir unbedingt noch einen Blick ins Haus Nr. 2b werfen, das eine außergewöhnliche Ausstellung zu dieser Straße beherbergt – das **Museum Einer Straße** (Музей однієї вулиці [*muzei odniiei vulytsi*], Mo geschlossen). Eingerichtet ist es in zwei modernistischen Häusern aus der Zeit vor dem 1. Weltkrieg. Im Inneren finden wir eine Menge Gegenstände, die mit dem Alltagsleben der Kiewer vom Ende des 19. und aus dem 20. Jh. zu tun haben.

Nach dem Besuch dieser Ausstellung gehen wir zur Vul. Borychiv Tik (вул. Боричів Тік), die sich am Fuße des Andreashügels hinzieht. Auf dieser Straße gelangen wir zum Beginn des Stadtbezirks Podil. Hier befinden sich auch die Metrostation „Postplatz" (Поштова площа [*poshtova ploshcha*]) und die untere Station der **Standseilbahn,** die hier Funikuler heißt (franz. funiculaire, ukr. фунікулер). Als „mechanischer Michaels-Aufzug" wurde sie 1905 in Betrieb genommen. Die Seilbahn fährt in regelmäßigen Abständen auf den **Michaelsberg** (Михайлівська гора [*mykhailivs'ka hora*]), die Fahrt kostet 50 Kopeken, und die Fahrscheine werden in der Station verkauft. Diese Seilbahn bringt uns in die Nähe unseres nächsten Ziels: der Michaelskirche auf dem Michaelsberg.

Von hinten durch einen Seiteneingang gelangen wir auf das Gelände der **Klosterkirche St. Michael mit den Goldenen Kuppeln** (Михайлівський Золотоверхий монастир [*mykhailivs'kyi zolotoverkhyi monastyr*]). Die erste Kirche, die im 11. Jh. hier errichtet wurde, war die Dimitrikirche. Der Beiname „mit den Goldenen Kuppeln" entstand, als die Kuppeln der Kirche mit reinem Gold gedeckt wurden, das mit seinem herrlichen Glanz die zum Gebet herbeiströmenden Gläubigen schon von Weitem blendete. Im 12. Jh. existierte am Kloster eine Ikonenschreibschule, in der ein Kanon der einheimischen Ikonenschreibkunst erarbeitet wurde, der sich vom byzantinischen unterschied. Nach mehreren Umbauten im 18. Jh. (einmal wäre die Kathedrale dabei fast abgerissen worden) war eine neue Barockkirche mit sieben Kuppeln entstanden. Die jahrhundertealte Geschichte des Klosters wurde in den 1930er Jahren brutal unterbrochen, als die Idee aufkam, an der Stelle der Michaelskirche ein Verwaltungszentrum zu bauen. Die Arbeiten wurden 1935 aufgenommen, und zwar von „Spezis" aus Moskau, Leningrad, Charkow und Kiew. Die Ausschreibung gewann (obgleich er in Wirklichkeit gar nicht daran teilgenommen hatte) Josif Langbard. Sein Entwurf sah den Bau eines Gebäudes für das Zentralkommittee der Kommunistischen Partei der Ukraine vor, das aus zwei symmetrisch angeordneten, halbrunden Gebäuden mit einem großen Lenin-

www.fotolia.de Foto: © Portos

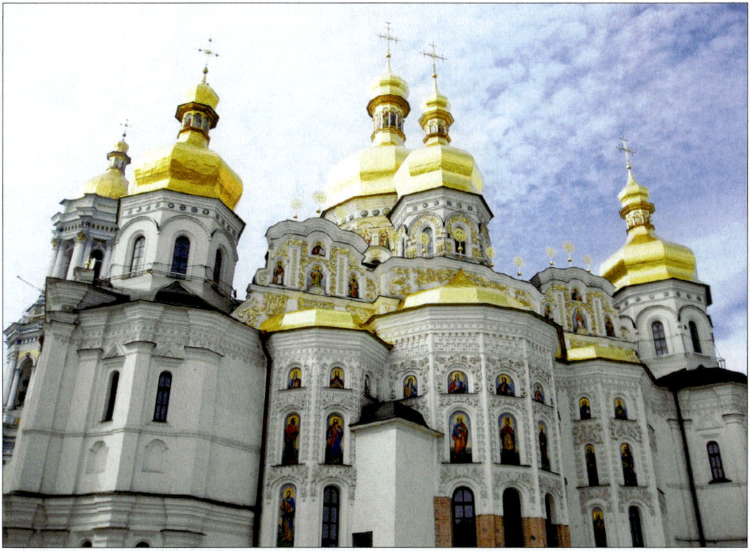

denkmal in der Mitte und einer monumentalen Treppe bestehen sollte. Für dieses Bauvorhaben wurden die Kirche der Drei Heiligen und die Michaelskirche abgerissen. Trotz heftiger Proteste geschah dies endgültig am 14. August 1937.

Der geplante Komplex wurde nie fertiggestellt, dafür hatten wohl Höhere Mächte gesorgt. Zunächst (nach 1937) zögerte sich das Unternehmen durch die Stalinschen Repressalien und Säuberungen hinaus, die die Ukraine ihrer alten Elite beraubten, und als man es 1941 wieder aufnehmen wollte, kam der Krieg dazwischen. Die russischen Machthaber kamen in anderen Gebäuden unter, und die Klosterkirche wurde in den Jahren 1997–2000 wiederaufgebaut. Auf Drängen seiner Ehefrau engagierte sich Präsident Leonid Kutschma persönlich für das Projekt, doch bis heute prangt neben der Kirche ein überdimensionales Scheusal: das Gebäude des Außenministeriums – das einzige Andenken an Langbards Projekt.

Der heutige Komplex besteht aus der wiederaufgebauten Kathedrale, dem erhaltenen Refektorium (Speisesaal) mit einer Kirche von 1713 und dem ebenfalls rekonstruierten monumentalen Glockenturm aus den Jah-

Die goldenen Dächer der Pecherska Lavra

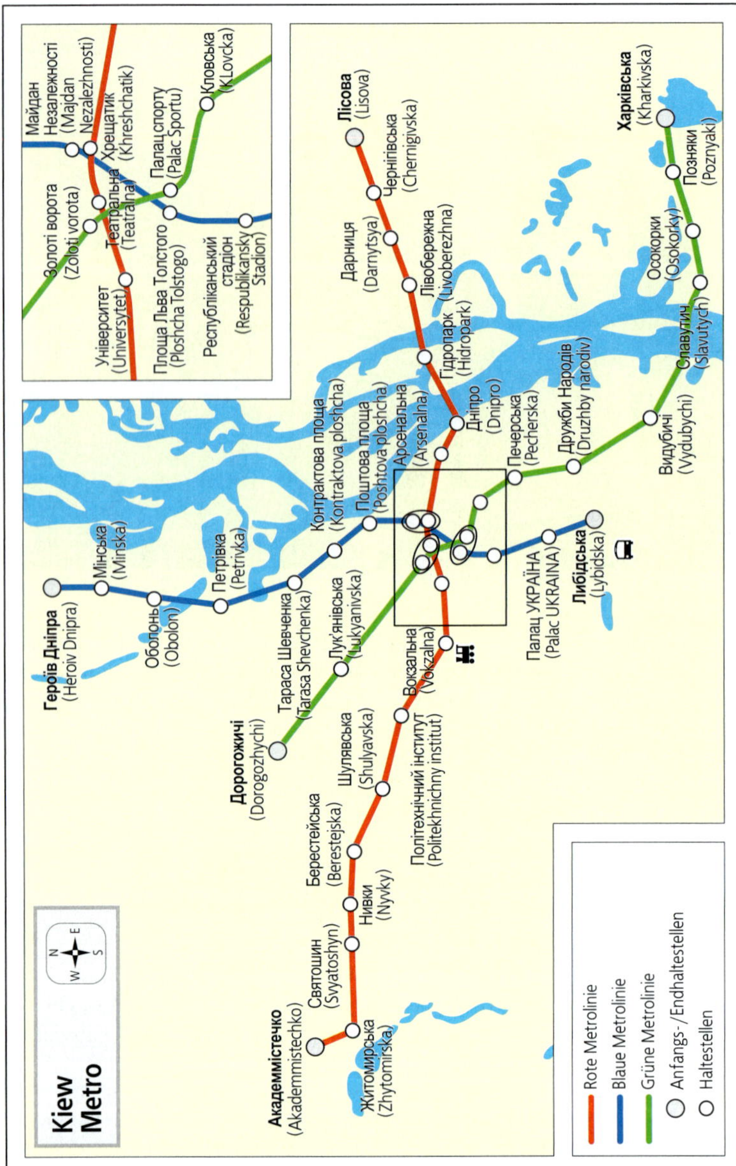
Kiew Metro
N
E
S
W
Академмістечко
(Akademmistechko)
Житомирська
(Zhytomirska)
Святошин
(Svyatoshyn)
Нивки
(Nyvky)
Берестейська
(Berestejska)
Шулявська
(Shulyavska)
Політехнічний інститут
(Politekhnichny institut)
Вокзальна
(Vokzalna)
Дорогожичі
(Dorogozhychi)
Лук'янівська
(Lukyanivska)
Тараса Шевченка
(Tarasa Shevchenka)
Героїв Дніпра
(Heroiv Dnipra)
Мінська
(Minska)
Оболонь
(Obolon)
Петрівка
(Petrivka)
Контрактова площа
(Kontraktova ploshcha)
Поштова площа
(Poshtova ploshcha)
Арсенальна
(Arsenalna)
Дніпро
(Dnipro)
Гідропарк
(Hidropark)
Лівобережна
(Livoberezhna)
Дарниця
(Darnytsya)
Чернігівська
(Chernigivska)
Лісова
(Lisova)
Печерська
(Pecherska)
Дружби Народів
(Druzhby narodiv)
Видубичі
(Vydubychi)
Славутич
(Slavutych)
Осокорки
(Osokorky)
Позняки
(Poznyaki)
Харківська
(Kharkivska)
Палац УКРАЇНА
(Palac UKRAINA)
Либідська
(Lybidska)
Університет
(Universytet)
Золоті ворота
(Zoloti vorota)
Театральна
(Teatralna)
Хрещатик
(Khreshchatik)
Майдан Незалежності
(Majdan Nezalezhnosti)
Площа Льва Толстого
(Ploshcha Tolstogo)
Палац спорту
(Palac Sportu)
Республіканський стадіон
(Respublikansky Stadion)
Кловська
(KLovcka)
Rote Metrolinie
Blaue Metrolinie
Grüne Metrolinie
Anfangs-/Endhaltestellen
Haltestellen

ren 1716–20, der die Kirche der Drei Heiligen (der kappadokischen Kirchenväter aus dem 4. Jh.: Basilius der Große, Gregor der Theologe und Johannes Chrysostomos) beherbergt. Im Glockenturm, in dem elektronische Glockenspiele installiert wurden, kann man heute eine historische Ausstellung besichtigen, die der Geschichte der Kathedrale gewidmet ist. Das Innere der Hauptkirche erhielt seine alte Barockpracht durch drei Ikonostasen wieder sowie dekorative Malereien, die zum Teil aus jener Zeit stammen.

Damit beenden wir unseren kurzen Rundgang durch Kiew. Wer müde ist, kann sich auf einer Bank im **Park Volodymyrska Hirka** ausruhen oder sich mit einer Kiewer Delikatesse stärken.

Mindestens genauso empfehlenswert wie die Besichtigung der Innenstadt ist der Besuch des **Höhlenklosters Pecherska Lavra,** immerhin das zweitgrößte orthodoxe Kloster nach Sergiev Posad nahe Moskau. Insbesondere von der Dnepr-Insel, auf der sich der Hydropark befindet, hat man einen fantastischen Blick auf die unzähligen goldenen Kuppeln und Türme des Klosters.

Das Gotteshaus entstand bereits zu mittelalterlichen Zeiten, die heutigen architektonischen Zeugnisse stammen aber überwiegend aus der Barockzeit.

Um dorthin zu gelangen, fährt man mit der Metro bis zur Station Arsenalna, um von dort aus nach etwa 1 km Fußweg oder per Trolleybus den Haupteingang zu erreichen. Das Kloster besteht im Wesentlichen aus zwei Teilen. Zu dem zentralen oberen Teil gehören die beiden Hauptkirchen, von denen eine erst vor wenigen Jahren rekonstruiert wurde, und der Glockenturm, von dem man einen wunderbaren Blick auf das Kloster selbst, die Stadt und den Fluss hat. Der südliche, tiefer gelegene Teil beherbergt die Höhlen, die man bei Kerzenschein betreten kann. Allerdings sollte man hierzu lange Hosen tragen, da man sonst Gefahr läuft, am Eingang ab-gewiesen zu werden. Die Höhlen sind ausnahmslos künstlich und wurden seit dem Mittelalter in den weichen Lössboden getrieben. Hier befinden sich verzierte Reliquien, die speziell von den älteren Gläubigen mit Inbrunst verehrt werden. Ein Besuch der Höhlen ist sehr zu empfehlen, da in diesen Räumlichkeiten eine eigenartige, mystische Stimmung vorherrscht, die kaum jemanden unberührt lässt.

# Praktische Tipps

## Touristeninformation

- **Nationale Touristenagentur,** Vul. Yaroslaviv Wal 36 (Ярославів Вал), Tel. 2122912; touristische Informationen unter www.nto.org.ua und bei den einschlägigen Tourismusunternehmen.

## Unterkunft

Ein Quartier für eine oder zwei Nächte findet man problemlos schon am Bahnhof. Hier bieten geschäftstüchtige Kiewer, insbesondere Frauen, auf handgeschriebenen Schildern „Quartiere" (квартиры) an. Preis und Zeit der Einquartierung handelt man am besten im Voraus aus. Leider sind die Hotelpreise in Kiew relativ hoch.

- Das **Zimmervermittlungsbüro** befindet sich im Südflügel des Bahnhofs (*Pivdennyi*

*Vokzál*) im zweiten Stock, Büro Nr. 35 (über der Kasse Nr. 39), Tel. 2232808. Privatzimmer ab ca. 65 UAH.

Außerdem gibt es auch im Kiewer Hauptbahnhof die berühmten **Bahnhofszimmer.** Gelegen im Pivdennyi Vokzal, also dem Neubau auf der südlichen Seite der Gleise.

Seit Kurzem gibt es auch in Kiew mehrere **Hostels** mit recht günstigen Preisen. www.hostelworld.com/countries/ukrainehostels.html.

**Hotels:**

- **Akademichnyi** (Академічний), Vul. Perovskoi 6/11 (Перовськой), Tel. 4566453, 4569031, Doppelzimmer ab ca. 88 UAH, *Polulyuks* ca. 115 UAH, *Lyuks* ca. 180–220 UAH.
- **Alenka** (Аленка), Bulv. Lepse 40a (Бульв. Лепсе), Tel. 4837085, 4838145, Einzelzimmer ca. 135 UAH, Doppelzimmer ca. 180 UAH.
- **Holosiyivskiy,** ab ca. 130 UAH pro Person im DZ, Prospekt 40-richia zhovneva 93, www.hotelgolos.kiev.ua.

## Essen und Trinken

Der billigste Imbiss auf der Straße kostet 50 Kopeken. Das billigste Bier auf dem Khreshchatyk an einem Feiertag auf der Ladenmauer kostet 3 UAH, das teuerste im Biergarten 30 UAH. Leitungswasser muss abgekocht werden, doch in der Stadt gibt es viele Brunnen mit Trinkwasser.

Wo kann man ein Kiewer Kotlett essen? In der Stadt fehlt es nicht an gastronomischen Einrichtungen, manche sind sogar ziemlich originell.

- Was wäre ein Aufenthalt in Kiew ohne einen Besuch im weltberühmten Theatercafé **Koleso** (Колесо) am Andreashang 8 (Андріївський Узвіз)?
- Wer einen gut gefüllten Geldbeutel bei sich trägt und ägyptische Atmosphäre mag, wird von den Restaurants **Memfis** (Мемфіс), Vul. Volodymyrska 68 (Володимирська), und **Kleopatra** (Клеопатра), Vul. Dniprovska Naberezhna 7 (Дніпровська Набережна) erwartet.
- Spezialitäten der europäischen Küche kann man im **Kureni** (Курені) essen – Parkallee 4 (Паркова алея [*parkova aleia*]).

**Preiswerte Fastfood-Restaurants:**

- **Mister Snek** (Містер Снек), Ploshcha Kontraktova, Ecke Vul. Sahaidachnoho (Сагайдачного), geöffnet 8–23 Uhr, Kaffee, Gebäck oder Sandwich 5–10 UAH.
- **Pizzeria Chelentano** (Челентано) Vul. Sahaidachnoho 41 (Сагайдачного), geöffnet 10–23 Uhr, eine von mehreren guten Pizzerien in Kiew und von vielen in der Ukraine (ca. 15 UAH).
- Empfehlenswert ist auch die Fastfood-Kette **Shvydko** (Швидко), die u.a. im neuen Teil des Bahnhofs, im 3. Stock, und in der Metrostation „Maidan Niezalezhnost" ihre Filialen hat.
- Ebenfalls lohnenswert ist ein Besuch in den Filialen der Bar-Kette **Domashna Kukhnia** (Домашня Кухня): in Podil, Vul. Konstiantynivska 2a (Констянтинівська), Tel. 4676048, und auf der Vul. Khmelnytskoho (Хмельницького), Tel. 2358922.

# In der Umgebung

(von Peter Koller)

Wer die gold glänzenden Kuppeln, die glitzernden Einkaufszentren, die zahlreichen, in aufwendiger Weise neugestalteten Straßen und Plätze und nicht zuletzt die große Zahl von Luxusautos in der ukrainischen Metropole sieht, vermag kaum zu glauben, dass er sich in einem der ärmsten Länder Europas befindet. Um die „wahre" Ukraine abseits der touristischen Zentren kennenzulernen, ist ein Ausflug in die Umgebung wärmstens zu empfehlen. Reizvolle Landschaften sowie **authentische Städte und Dörfer** gibt es in großer Zahl, sodass es an lohnenden Ausflugszielen nicht mangelt. Vor allem erhält der Reisende hier in der **zentralukrainischen Provinz** einen Einblick in die teilweise noch sehr einfachen

Am Ros bei Bila Tserkva

Lebensbedingungen in diesem postsowjetischen Umbruchstaat, in dem Pferdefuhrwerke und Häuser ohne Kanalisation und fließend Wasser noch an der Tagesordnung sind und die meisten Menschen die Grundnahrungsmittel in ihrem eigenen Garten anbauen.

Die hier beschriebenen Orte sind alle mit öffentlichen Verkehrsmitteln problemlos im Form eines **Tagesausflugs** zu erreichen.

## Bila Tserkva

Die knapp 200.000 Einwohner zählende Stadt Bila Tserkva (**Біла Церква**) liegt nahe der Durchgangsstraße nach Odessa, etwa 100 km südlich von Kiew, und ist per Bus vom zentralen Busbahnhof der Hauptstadt (am Moskovska Ploshcha) aus hervorragend erreichbar. Auch per Bahn ist der Ort angebunden. Da aber in jedem Fall ein Umstieg in Fastiv oder Myronivka nötig ist, ist die Variante per Bus eher zu empfehlen.

Die Stadt geht zurück auf die Kiewer Rus unter Jaroslav dem Weisen und wurde im 14. Jh. erstmalig erwähnt. Der Name bedeutet soviel wie „weiße Kirche“.

Neben den alten Markthallen aus dem 19. Jh. gibt es hier drei Kirchen aus dem 18. und 19. Jh. Romantisch sind die reizvollen, felsigen **Flussufer des Ros,** die im Zusammenspiel mit den Kirchen und den zahlreichen kleinen Häuschen ein authentisches Bild der historischen Ukraine vermitteln.

Der **Oleksandrivskyj Park,** ein Landschaftspark aus dem 18. Jh. mit Pavillons und Kolonnadengebäuden, künstlichen Kanälen und Brücken ist eine ausgesprochene Sehenswürdigkeit. Auch an anderen Stellen des Ros-Tales, insbesondere im 50 km östlich gelegenen Bohuslav, gibt es spektakuläre **Granitfelsen,** sodass es hier noch einiges zu entdecken gibt.

038kr Foto: pk

## Entlang dem Dnepr

Bis vor Kurzem verkehrten vom Flussbahnhof, Metrostation „Postplatz" (Поштова площа [*poshtova ploshcha*]), Schnellboote auf dem Dnepr abwärts. Leider wurde deren Betrieb eingestellt. Man kann nur darauf hoffen, dass die Boote eines Tages wieder fahren und sollte sich vor Ort erkundigen. Die hier beschriebenen Orte können jedoch auch mit dem Bus angesteuert werden, was von dem kleinen Busbahnhof Podil (gegenüber des gleichnamigen Marktes (Metro: Kontraktova Ploshcha) oder von der Metrostatiton Vydobychy problemlos möglich ist.

Südlich von Kiew fließt der breite Strom zunächst durch flaches Land, vorbei an unzähligen **Inseln,** zu denen man per Ruderboot gelangen kann: Einen Bootsverleih gibt es am Nordende des Strandes des – ansonsten gesichtslosen – Industriestädtchens Ukrainka (Українка). Nicht wenige Ukrainer verbingen jedes Jahr auf einer dieser Inseln ihre Sommerurlaube.

Etwa 40 km südlich von Kiew ändert sich das Landschaftsbild. Steil überragen spektakuläre, bis zu 60 m hohe **Lössklippen** den Fluss. Empfehlenswert ist eine **Wanderung** von Staiky (Стайки, nördlicher Ortseingang) entlang des Steilufers nordwärts zu einer malerischen Windmühle und einer neu errichteten Holzkirche nahe des Dörfchens Vytachiv (Витачів). Hier hat man einen herrlichen Blick über den Fluss, die Inseln und die gegenüberliegende Ebene.

Auf der linken, flachen Flussseite liegt die Kleinstadt **Pereiaslav Khmel-**

**nytskyi** (Переяслав Хмельницкий, erreichbar vom Kiewer Busbahnhof Darnytsya, nahe der gleichnamigen Metrostation). Hier gibt es eine Hand voll Kirchen und Klöster, und ein Freilichtmuseum vermittelt einen Eindruck dörflichen Lebens in früherer Zeit. Dass hier vor gut drei Jahrhunderten europäische Geschichte geschrieben wurde, ist jedoch kaum noch zu erahnen: Um sich gegen die polnische Besatzungsmacht effektiver wehren zu können, wurde hier vom Kosakenhetman Bogdan Khmelnytskyi im Jahre 1654 ein Militärbündnis mit dem russischen Zaren eingegangen und vertraglich besiegelt. Der Kampf gegen die Polen war zwar in der östlichen Ukraine erfolgreich, brachte das Land jedoch von einer Abhängigkeit in die nächste, die bekanntermaßen erst im Jahre 1991 zu Ende ging.

Auf dem rechten Ufer flussabwärts wird **Kaniv** (Канів) erreicht. Während von der alten Stadt nur eine, zwischen der ansonsten überwiegend sozialistischen Bebauung etwas verloren wirkende Kirche aus romanischer Zeit erhalten ist, ist der etwa 4 km südlich der Stadt gelegene **Shevchenko-Hügel** ein wahrer Wallfahrtsort für nationalbewusste Ukrainer, liegt hier doch der ukrainische Nationaldichter Taras Shevchenko begraben. Dieser gab als einer der ersten seiner Zeit auf dem Höhepunkt der russischen Unterdrückung von Sprache und Kultur – aus der russischen Verbannung heraus – seiner heimatlichen Sprache mit Hilfe reichlich pathetischer und romantischer Gedichte eine neue Bedeutung und sorgte mit dafür, dass das Ukrainische von der „Bauernsprache" zur Schrift- und Literatursprache wurde. Doch nicht nur für Literaturfans ist der Besuch von Kaniv zu empfehlen: Der Blick vom Shevchenko-Hügel auf den Fluss und die endlos wirkende Ebene auf der anderen Seite ist ein Erlebnis.

### Nizhyn und Kozelets

Nizhyn (Ніжин), eine etwa 100.000 Einwohner zählende, **traditionsreiche Handelsstadt,** liegt an der Hauptbahnstrecke Kiew – Moskau und ist somit per Zug hervorragend zu erreichen. Die historische Innenstadt ist ausgezeichnet erhalten und wird dominiert von zahlreichen Kirchen aus dem 17. bis 19. Jh., während die kleinen Häuschen, z.T. noch in der traditionellen Holzbauweise, ein harmonisches Bild vermitteln.

Wählt man für die Anreise den Bus, (hier ist vor allem der östlich des Flusses gelegene Busbahnhof Darnytsya zu empfehlen), so lohnt sich ein Zwischenstopp in dem auf der Strecke liegenden Städtchen Kozelets (Козелець). Neben weiteren historischen Bauten gibt es hier die von Weitem sichtbare, monumentale barocke Mariä Geburtskathedrale zu sehen.

# Odessa

(ukr. Одеса, russ. Одесса)

## Überblick

Die Bezirksstadt Odessa hat über eine Million Einwohner. Sie ist nicht viel älter als 200 Jahre, aber eine der **interessantesten, „kosmopolitischen" Städte** der Ukraine. Seit Langem wohnen hier die verschiedensten Völker und bilden nicht nur ein kulturelles Mosaik, sondern machen Odessa auch zu einem wahrhaft gastfreundlichen Zufluchtsort. Man begegnet vielen Nationalitäten: Ukrainern, Russen, Moldauern, Griechen, Rumänen, Bulgaren, Juden, Türken und sogar Vietnamesen.

Es lohnt sich, wenigstens einige Stunden bis zu einem Tag hier zu verbringen, um im Schatten von Kastanien und Platanen über die Boulevards zu schlendern und die Atmosphäre der Vergangenheit auf sich wirken zu lassen. Wen das Flair von Odessa dennoch kalt lässt, der kann nach Bilhorod-Dnistrovskyi fahren, um die dortige Akkerman-Festung zu besichtigen (s.u.: „In der Umgebung").

Odessa ist heute eine **riesige Stadt** mit einer gut entwickelten Chemie-, Lebensmittel- und metallverarbeitenden Industrie. Es ist auch Stützpunkt der ukrainischen Kriegs- und Handelsmarine und Fischereizentrum. Die Stadt liegt auf Hügeln um eine Bucht herum, in der sich der **Hafen** befindet. Das Stadtzentrum erhebt sich 50 m über den Meeresspiegel. Das Klima in Odessa ist gemäßigt und trocken mit Durchschnittstemperaturen im Januar von -2°C und im Juli von 22°C. Es gibt hier viele **Kurbäder** und Sanatorien.

Das moderne Odessa ist eine sich dynamisch entwickelnde Stadt; die Restaurierungsarbeiten in der in kommunistischen Zeiten vernachlässigten Innenstadt schreiten relativ schnell voran. Man sieht hier einen **hohen Lebensstandard** der Bevölkerung, der in anderen ukrainischen Städten selten ist (z.B. viele neue und teure Autos, exklusive Restaurants). Dies ist der Grund, weshalb Odessa für eine Stadt gehalten wird, in der die Mafia regiert. Wie dem auch sei, die Stadt verdient ihren Beinamen **„Schwarzmeerperle"** in jedem Fall.

### Odessas Sprachen

Die Sprachsituation in Odessa kann dem Besucher einige Schwierigkeiten bereiten. Obwohl in der Ukraine liegend, hört man an jeder Ecke Russisch. Tatsächlich sprechen die Einwohner im Alltag **Russisch,** die Hälfte der Läden hat russische Namen, und so sind auch die Waren in den Regalen beschriftet. Die meisten Speisekarten in den Kneipen sind in russischer Sprache verfasst, von den Aufschriften auf den Denkmälern aus der Zeit vor 1991 ganz zu schweigen. Fast alle Stadtpläne und Landkarten der Gegend werden auf Russisch herausgegeben. Im Übrigen haben die Odessiten ihren eigenen Slang.

Gleichzeitig ist **Ukrainisch** jedoch die einzige Amtssprache im Gebiet von Odessa. Ukrainisch sind die andere Hälfte der Aufschriften, die Straßennamen auf den gusseisernen Straßenschildern und die Ansagen auf den Bahnhöfen. Das babylonische Kolorit wird von den Bauersfrauen auf dem Basar vervollständigt, die aus den umliegenden Dörfern anreisen und sich einer spezifischen lokalen Sprachmischung aus Ukrainisch, Russisch und Bessarabisch bedienen.

Um dem Leser die Orientierung zu erleichtern, verwenden wir hier an erster Stelle russische Namen und fügen die ukrainischen je nach Möglichkeit und Bedarf hinzu. Auf dem Stadtplan sind die ukrainischen Straßennamen in eckigen Klammern angegeben.

## Stadtgeschichte

Odessa verdankt seinen Namen der in der Nähe gelegenen griechischen Kolonie Odessos (nicht zu verwechseln mit der gleichnamigen Kolonie, die Varna in Bulgarien zur Entstehung verholfen hat!). Im damaligen Russland war die Antike in Mode, weshalb man Städten, die im Gebiet ehemaliger griechischer Kolonien lagen, antike Namen verlieh.

Vermutlich Mitte des 4. Jh. v.u.Z. gründeten die Griechen irgendwo in der Gegend des heutigen Odessa (vielleicht in der Nähe des Hafens) eine Handelskolonie, die sie **Istrion** nannten. Sie blieben bis zum 2.–3. Jh. u.Z. in diesem Gebiet.

Archäologische Ausgrabungen haben bestätigt, dass sich hier zur Wende vom 13. zum 14. Jh. der betriebsame Hafen Ginestra befand, der den **italienischen Stadtrepubliken** gehörte. Anschließend entstand an dieser Stelle die tatarische Siedlung Kachibei, die im 15. Jh. von den **Türken** erobert und zerstört wurde. Als diese die Stadt wieder aufbauten, nannten sie sie Hadzhibei.

Die **tatarischen Siedler** besetzten die Gebiete der Petschenegen und Ruthenen schon ab dem 14. Jh. So entstand die Budzhak-Horde (auch Bilhorod-Horde genannt), eine der Nogaier Horden. In eben dieser Region schnitt das Osmanische Reich nach der Besetzung von Kiliya und Bilhorod-Dnistrovskyi dem polnisch-litauischen Staat den Zugang zum Schwarzen Meer ab (s. Kapitel „Land und Leute: Die Geschichte der Krim").

1764 errichteten die Türken unweit des heutigen Odessa die Festung Yeni Dunia (Neue Welt). Im russisch-türkischen Krieg 1787–92 unterwarfen die ukrainischen Kosaken die tatarischen Siedler aus Hadzhibei und eroberten Yeni Dunia. Hadzhibei war damals eine wichtige Festung, die die Südküste des Schwarzen Meeres beherrschte. Hier befand sich ein großer Hafen, in dem am Vorabend des Kriegs 200 türkische Schiffe lagen. Die russische Fahne wurde zum ersten Mal am 14. September 1789 auf der Festung gehisst. Erster inoffizieller Gouverneur der Stadt wurde ihr Eroberer, der spanische Adelsabkömmling Generalmajor Josif Deribas (José de Ribas).

Als **russische Stadt** wurde Odessa 1794 auf den Ländereien gegründet, die die Türken aufgrund des Friedens von Jassy 1792 an Russland abtreten mussten. Es sollte eine Seefestung werden, doch anfangs entstand nur ein Hafen mit einer Anzahl von Gebäuden. Stadtarchitekt war der Generalingenieur und russische Heeresführer General François Devolan. Am 2. September (nach dem Julianischen Kalender am 22. August) 1794 fand die feierliche Eröffnung des ersten Hauses im zukünftigen Odessa statt. Es stand an der Kreuzung der heutigen Straßen Ul. Rishelievskaya, Deribásovskaya und Lanzherónovskaya. Man hat Hinterlassenschaften der Eröffnungsfeier in Gestalt von Bechern, Kelchen, Weinflaschen, Gedenkmünzen usw. ausgegraben; sie sind heute im Museum für Geschichte und Landeskunde, Ul. Gavannaya 4, zu besichtigen. Im September 1794 begann man unter der Leitung des russischen Generals Suworow mit den Arbeiten am künftigen **Hafen.** Die ersten Bewohner der Stadt waren Soldaten, Matrosen und Kosaken.

Die Stadtrechte erhielt Odessa 1803, als der französische Herzog Armand-Emanuel du Plessis de Richelieu (1766–1822), der hier bis 1814 residierte, Gouverneur von Neurussland und gleichzeitig Bürgermeister von Odessa wurde. Richelieu hatte vorher in der russischen Armee gegen die Türken gekämpft, und als er Bürgermeister von Odessa wurde, schwor er sich, eine Stadt zu bauen, die schöner ist als Paris. Sein Großvater – auch Armand – hatte den Titel des berühmten Kardinals aus den Zeiten Louis XIII. und der „drei Musketiere" gekauft und damit die Macht seines Geschlechts begründet. Im Laufe von elf Jahren machte Gouverneur Richelieu (der von vielen für den Stadtgründer gehalten wird) Odessa zu einem modernen und mächtigen Handelszentrum auf der Ost-West-Achse mit einem dynamischen Hafen und monumentalen öffentlichen Gebäuden. Er holte auch Siedler und Unternehmer aus Frankreich und Deutschland hierher.

1823–24 wohnte und arbeitete hier in der Verbannung Alexander Puschkin und ein Jahr später auch Adam Mickiewicz. Im Krimkrieg (1853–56) wurde Odessa von der englischen und französischen Kriegsflotte bombardiert. Die schnelle Entwicklung des Handels machte Odessa zum größten Getreideexporteur Russlands, und infolge der günstigen Konjunktur gedieh auch die Stadt selbst. 1826–31 wurde die Innenstadt im klassizistischen Stil umgebaut, und 1866 wurde Odessa durch eine Bahnlinie mit Kiew, Charkow und Jassy verbunden.

Von Beginn der sozialistischen Bewegung in Russland an war die Stadt im Imperium eins der Zentren verschiedenartiger illegaler Verschwörungen und Verbindungen. Hier brach 1905 der Matrosenaufstand auf dem **Panzerkreuzer Potjomkin** aus. Dieses Ereignis inspirierte den sowjetischen Regisseur Sergej Eisenstein zum weltberühmten Film *Panzerkreuzer Potjomkin*. Im 1. Weltkrieg fiel Odessa der Reihe nach in die Hände der Zentralstaaten, Frankreichs, der „Roten" und dann der „Weißen", also der Anhänger des Zarentums. Schließlich wurde die Stadt 1920 von den Bolschewiken erobert und der Ukrainischen SSR angeschlossen. Die Hungersnot in Odessa in den Jahren 1921–22 war eine unmittelbare Folge des Bürgerkriegs.

Im 2. Weltkrieg waren hier **deutsche und rumänische Truppen** stationiert. Mehr als 280.000 Einwohner (in der Mehrzahl Juden) wurden ermordert oder in Konzentrationslager verschleppt. Im April 1944 wurde die Stadt von der Roten Armee erobert.

Im heutigen Odessa findet man viele Denkmäler und Andenken an die heldenhafte Verteidigung der Stadt und ihre blutigen Aufstände. Am heroischsten wurde die Stadt wohl im Jahr 1941 verteidigt. Odessa erhielt für seine Errungenschaften die höchsten Ehren vom Staatschef der UdSSR, Josef Stalin, darunter den Beinamen **Heldenstadt.** Die ruhmreichen Verdienste, die es für den Sowjetstaat erbracht hatte, hatten jedoch auch ihre weniger ehrenvolle Seite. In Odessa befanden sich das Untersuchungsgefängnis und das sogenannte Verschickungsgefängnis des NKWD, es war auch Gebiet der Gulags – der sowjetischen Zwangsarbeitslager.

Nach dem 2. Weltkrieg dehnte sich Odessa stark aus: Vor dem Krieg hatte es 412.000 Einwohner, im Jahr 1964 schon 721.000.

## Stadtrundgang

### Uferpromenade

Die 500 m lange Uferpromenade **Primorskiy Bulvar** (Приморський бульвар), die Odessa mit dem Meer verbindet, ist das kulturelle Zentrum der Stadt. Man begann mit ihrem Bau in den 20er Jahren des 19. Jh. und stellte sie etwa 1844 fertig. Von Osten beginnt er an der **Alten Börse** (Старая биржа [*stáraya bírzha*]), die 1829–37 als Warenbörse entstand (Architekt war Franz K. Boffo). Ihren Eingang schmücken Säulen und in Nischen untergebrachte Statuen der römischen Götter Merkur und Ceres. Über den Säulen ist eine Uhr zu sehen, über der wiederum die Figuren zweier Frauen angebracht wurden, die den Tag und die Nacht symbolisieren.

An der Alten Börse steht ein **Denkmal Puschkins** als Dichter der russischen Dekabristen. Es wurde 1888 aufgestellt und ist eins der ersten Puschkindenkmäler in der Ukraine. In seiner Nachbarschaft steht auf einem Sockel eine **Kanone aus Bronze,** die an die Verteidigung der Stadt im Krimkrieg erinnern soll. Sie wurde aus der 1854 in der Nähe von Odessa versenkten englischen Fregatte „Tiger" geborgen, die die Stadt unter Beschuss genommen hatte.

In der Mitte des Primorskiy Bulvar liegt die Odessaer Treppe, die später in **Potjomkin-Treppe** (Потёмкинская Лестница [*potëmkinskaya léstnitsa*]) umbenannt wurde. Nach unten führt sie zum Hafen, nach oben ins Stadtzentrum. Von 1837 an wurde sie innerhalb von zehn Jahren als integraler Teil des Boulervards gebaut. An ihrem Bau wirkten viele hervorragende Architekten, Hydrotechniker und Ingenieure mit (vor Beginn der Arbeiten musste der destruktive Einfluss des Grundwassers eliminiert werden). Der Entwurf stammt von Franz K. Boffo. Auch wenn auf der Gedenktafel das Jahr 1842 steht, wurde sie erst 1847 endgültig fertiggestellt. Sie war Schauplatz der berühmten Treppenszene im Film *Panzerkreuzer Potjomkin* von Sergej Eisenstein, der die revolutionären Ereignisse im Jahr 1905 thematisierte: die Meuterei der Besatzung eines Schiffs der Schwarzmeerflotte. Die sechs Minuten lange Filmsequenz zeigt Kosaken der Zarenarmee, die die Treppe hinabsteigen und in die Menge schießen. Hier spielt sich auch die berühmteste Szene ab, in der eine sterbende Mutter den Kinderwagen loslässt, der dann viele Sekunden lang über die Treppe nach unten holpert. In Wirklichkeit gab es hier jedoch weder eine Schießerei noch die herzzerreißende Tragödie eines anonymen Kinderwagenpassagiers! All das war einzig ein propagandistischer Kniff der sowjetischen Filmequipe.

Ein Massaker und Brände gab es auf der Ul. Primorskaya auf der Seite von Peresyp (nördlich vom Zentrum). Diese Treppe wurde auch von Jules Verne, Mark Twain und anderen beschrieben, obwohl viele, so wie der Autor von *20.000 Meilen unter dem Meer*, sie nie gesehen hatten.

Vor der Treppe liegt ein halbrunder Platz, in dessen Mitte das bronzene **Richelieu-Denkmal** (Памятник Ришелье [*pámyatnik rishel'é*]) steht, das 1828 feierlich enthüllt wurde. Geschaffen wurde es von dem hervorragenden russischen Bildhauer Iwan P. Martos. Richelieu ist als römischer Patrizier und Triumphator dargestellt, dessen Stirn ein Lorbeerkranz krönt. Die Sockelfüllungen des Denkmals

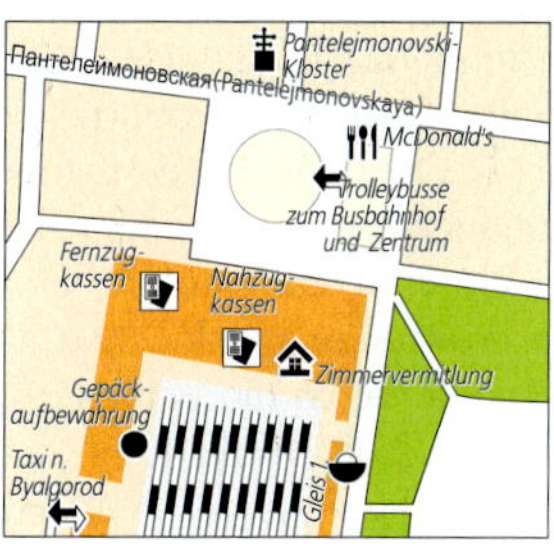


- Odessaer Oper
- Richelieu-Denkmal
- Restaurant DEZHAVYU
- Festungsruinen
- 5 Museum für Geschichte und Landeskunde
  7 Museen: Archäologie, Literatur,
  11 westeuropäische und orientalische Kunst
  12 Puschkin-Museum
- Dreifaltigkeitskirche
- Pauluskirche
- 1 Nationale Gorki-Bibliothek
  3 Woronzow-Palast
  4 Potjomkin-Treppe
  6 Alte Börse
  13 Neue Börse
- Woronzow-Leuchtturm
- Arabisches Kulturzentrum

- 8 Hotel PASAZH
  9 Hotel SPARTAK
  10 Hotel TSENTRALNAYA
  14 Hotel OKTYABRSKAYA
  15 Hotel CHËRNOYE MORE

enthalten Flachreliefs mit Allegorien der Gerichtsbarkeit, des Handels und des Ackerbaus - der drei wichtigsten Werte, über die der berühmte Gouverneur wachte und von denen die Stadt lebte. In der Nähe des Denkmals stand zu Zeiten des Zaren ein Geschütz, aus dem täglich um 12 Uhr mittags ein Schuss abgefeuert wurde.

### Woronzow-Palast

Am Ende des Boulevards gelangen wir zum Woronzow-Palast (**Воронцовский Дворец** [*vorontsovskiy dvoréts*]), in dem zu Sowjetzeiten der Pionierpalast untergebracht war. Woronzow, Gouverneur von Neurussland 1823–1844, beschloss, hier seine Residenz zu bauen. Der Palast entstand 1824–1829, Architekt war wiederum F. Boffo. Die Residenz ähnelt vom Aussehen her der Alten Börse. Börse und Palast kehren ihre Fassaden einander zu, begrenzen den Boulevard von beiden Seiten und bilden mit der Treppe und dem Richelieu-Denkmal ein geschlossenes Ensemble. Leider befindet sich der Palast in einem fatalen Zustand, und wenn sich daran nicht bald etwas ändert, kann er jeden Tag einstürzen.

### Hafen

Der Seehafen, der auf der Verlängerung der Potjomkin-Treppe gebaut wurde, ist ein durch und durch moderner Hafen. Der Tourist findet hier so gut wie alles: ein Lebensmittelgeschäft, Bar und Restaurant, Toiletten, ein Hotel, ein Reisebüro, eine Bank und Bankautomaten, ein Postamt und weiterhin die orthodoxe Nikolaikirche.

### Oper

Das Opern- und Ballett-Theater steht auf der Ul. Chaikovskogo 3. Die Odessaer Oper (**Оперный Театр** [*ópernyy teátr*]) ist eins der schönsten Gebäude dieser Art in Europa und wird gleich nach der Wiener Oper an zweiter Stelle platziert. Beide Opernhäuser wurden vom selben Architekten entworfen, dem Wiener F. Fellner, der auch die Theater in Budapest, Dresden und Zagreb konzipiert hat. Das Bauwerk wurde 1884–87 in einem von barocken Elementen durchwirkten Renaissancestil gebaut. Die Hauptfassade wird von einem zweistöckigen Portikus geschmückt, den eine malerische Skulpturengruppe krönt. Zu sehen sind die griechischen Musen Tragödie, Komödie, Poesie, Musik und Tanz. Die runden Nischen, die im zweiten Geschoss rund um das Gebäude angeordnet sind, beinhalten Büsten, u.a. von Puschkin und Gogol. Besonders interessant sind die im Spätrokoko stilisierten Innenräume, die 1560 Gäste aufnehmen können. Sie überraschen mit reicher Ornamentik aus kostbaren Dekorationen, Vergoldungen, zahlreichen Skulpturen, Lampen und einem großen bronzenen Kronleuchter. Das Theatergebäude ist ein echtes architektonisches Kunstwerk. Kenner bezeichnen es als eins der weltbesten Theater im Hinblick auf Proportion und Akustik, aber auch Ästhetik. Zweifellos kann das Opernhaus als wichtigstes Baudenkmal der Stadt angesehen werden.

## Odessas Denkmäler

Die Stadt hat viele Denkmäler, besonders sehenswert sind jedoch die ältesten: das **Puschkin-Denkmal** und das **Richelieu-Denkmal** (s.o.). Die zweite Gruppe bilden martyrologische Darstellungen der Verteidigung Odessas im Krimkrieg und im 2. Weltkrieg. In der Nähe der Potjomkin-Treppe, auf dem Pl. Yekaterinskaya, steht ein beeindruckendes Denkmal, das an den wahnwitzigen Aufstand der Matrosen vom **Panzerkreuzer Potjomkin** erinnert.

Auch die Gouverneure von Odessa haben in der Stadt ihre Monumente: **Michail Woronzow** auf dem Pl. Sobornaya und **Josif Deribas** an der Kreuzung der Ul. Deribasovskaya und Polskaya. Beliebt bei Touristen ist das Denkmal von **Leonid Utesow.** Die Besucher von Odessa lassen sich gern vor dieser Bronzefigur sitzend fotografieren. An das Ukrainertum der Stadt erinnert eine etwas bemüht auf dem Platz des Alten Basars aufgestellte Figur eines Kosaken, der sein Pferd tränkt – es ist das Denkmal des **Ataman Holowaty.**

Im Shevchenko-Park, einer großen Grünanlage, die rechts vom Hafen (Ul. Suvorovskaya) ans Meer anschließt, steht ein Denkmal für die auf dem Meer verschollenen **Schiffe und ihre Besatzungen** und etwas weiter das Denkmal des **Unbekannten Matrosen.** Am Eingang zum Park (Ul. Marazliyevskaya) wurde der ukrainische Dichter **Taras Shevchenko** verewigt, östlich davon wiederum steht die **Säule Alexanders II.** Auf dem Gelände des Parks findet man auch die Ruinen der Odessaer Festung, die hier in der Frühzeit der Stadt von den Russen gebaut wurde.

## Neue Börse

Der Architekt der Neuen Börse (Новая Биржа [*nóvaya bírzha*]), Ul. Pushkina 17, war der Italiener A. Bernadazzi. Sie wurde 1894–99 gebaut. Die Fassade ist im Stil der Florentiner Renaissance ausgeführt. Als Dekoration verwendete man Marmor, Beton, der verschiedene Arten von Granit imitiert, und Terrakottaplatten. Die Innenräume wiederum sind mit hochqualitativem Holz und Malereien ausgeschmückt. Die Haupthalle macht durch ihre riesigen Buntglasfenster einen sehr feierlichen Eindruck. Große Platten und Bilder zeigen Motive aus dem kaufmännischen Leben. Die farbigen Fassaden sind im Stil der Toscanischen Gotik gehalten. 1900, zu Bernadazzis 50. Geburtstag, wurde in einer Nische im Inneren des Gebäudes (Seitenwand der Halle) eine Marmorbüste des Architekten aufgestellt, die der Bildhauer B. Edwards angefertigt hatte. Heute beherbergt das Haus die Odessaer Philharmonie, die mehr als tausend Besuchern Platz bietet.

## Wissenschaftliche Staatsbibliothek

Die Wissenschaftliche Staatsbibliothek Maxim Gorki, Ul. Pastera 13, ist nicht nur ein architektonisches Denkmal, sondern mit fast drei Millionen Büchern auch eine der größeren Bibliotheken des Landes. Gebaut wurde sie 1904–06. Der Entwurf von Michail F. Nesturch zeichnet sich durch einen Außenrahmen von strenger Eleganz aus, der einen weiträumigen, aber gemütlichen Lesesaal umschließt. Die im pseudoklassizistischen Stil errichtete Bibliothek besteht aus drei Teilen. Im mittleren befinden sich Vestibül und Lesesaal, die beiden anderen beherbergen die Bücherei und die Verwaltung.

### Paulskirche

Die protestantische Paulskirche (Кирха святого Павла [*kírkha svyátogo pávla*]) auf der Ul. Novosëlskogo 68 entstand 1897 nach einem Projekt von H. Scheurembrandt. Sie ist ein beeindruckendes Beispiel für den Eklektizismus vom Ende des 19. Jh. Der Rumpf des Gebäudes ist in einem Stil gehalten, der etwas an die Gotik erinnert, Fassadenplan und -dekoration hingegen ahmen die Romanik nach. Das einschiffige Gebäude enthält eine nach Südwesten gewandte Apsis und im nordöstlichen Teil einen fünfstöckigen schlanken Glockenturm.

### Dreifaltigkeitskirche

Die griechisch-orthodoxe Dreifaltigkeitskirche (Свято-Троицкая Греческая церковь [*svyáto-troítskaya grécheskaya tserkóv*]), Ul. Yekaterinskaya 55, ist eine der ältesten orthodoxen Kirchen in Odessa und wurde 1808 im klassizistischen Stil gebaut. Sie hat einen kleinen Glockenturm, und der Haupteingang führt durch einen Portikus mit zwei korinthischen Säulen. 1839 wurde auf der Südseite eine Kapelle angebaut und eine zweite 1875 im Norden, wodurch das ursprünglich rechteckige Gebäude aus der Vogelperspektive die Form eines Kreuzes erhielt.

### Woronzow-Leuchtturm

Wer einmal in Odessa ist, muss auch den Woronzow-Leuchtturm (Воронцовский маяк [*vorontsóvskiy mayák*]) gesehen haben. Die erste Lichtsignalanlage existierte an dieser Stelle schon zu türkischen Zeiten, ein richtiger Leuchtturm jedoch wurde erst 1827 unweit des Hafens auf dem **Kap der Großen Fontäne** errichtet. Mit diesem Ort ist eine tragische Legende verbunden. Zu Richelieus Zeiten veranstaltete ein gewisser Aristokrat hier ein Picknick mit Lagerfeuer. Der Schein des Feuers täuschte einen Kapitän, der sein Schiff auf das Licht zuhalten ließ, weil er es für einen Leuchtturm hielt. Das Schiff zerschellte, und viele Matrosen ertranken in den Meeresfluten. Als Sühne stiftete der leichtsinnige Aristokrat ein Mönchskloster an dieser Stelle. 1888 ließ die Stadt hier den 17 m hohen, gemauerten Leuchtturm in seiner jetzigen Form aufstellen. Es war das erste elektrische Signalfeuer am Schwarzen Meer. Während der Verteidigung Odessas im Jahr 1941 wurde der Leuchtturm zerstört, denn er diente als Leitpunkt für das Artilleriefeuer. Der heutige Turm ist eine originalgetreue Rekonstruktion des alten.

### Passage

Unbedingt sehenswert ist auch das herrliche **Gebäude des Handelskomplexes** in der Passage (Пассаж [*passázh*]), das 1898–99 errichtet wurde und ein hervorragendes Beispiel für den russischen imperialen Stil der Jahrhundertwende ist (Ecke Ul. Deribasovskaya und Preobrazhenskaya).

# Museen

## Archäologisches Museum

Das Museum gibt es seit 1825, es ist das älteste Museum in Odessa und besitzt über 150.000 Exponate der materiellen Kultur der Völker der Schwarzmeerküste von der Antike bis zum 13. Jh. Imposant ist die **Münzenkollektion** mit ungefähr 50.000 Münzen. Diese riesige Sammlung ermöglichte es, die Entwicklung der Zahlungsformen in der Schwarzmeerregion von der Antike bis zur Kiewer Rus zu erforschen.

Der Entwurf des klassizistischen Museumsgebäudes aus dem Jahr 1883 stammt von F. Gonsjorowski. Den Eingang schmücken vier Säulen mit einer doppelseitigen Treppe, im Inneren entdeckt man einen korinthischen Portikus, durch den man in den Hauptsaal gelangt. Ringsherum sind kleinere Ausstellungssäle angeordnet.

- **Archäologisches Museum** (Археологический музей [*arkheologícheskiy muzéy*]), Ul. Lazheronovskaya 4, geöffnet täglich außer Mo 10–18 Uhr. Eintritt: 4 UAH.

## Museum für Geschichte und Landeskunde

Das Museum ist der Geschichte Odessas gewidmet und beherbergt mehrere Ausstellungen, die die Entwicklung der Stadt im Laufe der Jahrhunderte zeigen.

- **Museum für Geschichte und Landeskunde** (Историко-краеведческий музей [*istóriko-krayevédcheskiy muzéy*]), Ul. Gavannaya 4, Tel. 269898, 255202, 10–16.30 Uhr.

## Wachsfigurenkabinett

Die Ausstellung **Puschkin – Goldener Herbst** zeigt Wachsfiguren von Alexander Puschkin, seiner Frau, seinen Verwandten und Bekannten – der damaligen gesellschaftlichen Elite: Michail Woronzow, Lew Golizyn, Nikolai Gogol – in Gesellschaft literarischer Gestalten aus Puschkins Werken. Geplant ist eine Erweiterung der Ausstellung mit Figuren von Marilyn Monroe, Madonna und Sylvester Stallone.

- Ul. Rishelevskaya 4, täglich 8.30–22 Uhr. Eintritt: 8 UAH, Studenten 4 UAH.

## Weitere Museen

- **Museum der Schönen Künste** (Художественный музей [*khudózhestvennyy muzéy*]), Ul. Sofiyevskaya 5a, Tel. 238272, geöffnet täglich außer Di 11–17 Uhr.
- **Museum für westeuropäische und orientalische Kunst** (Музей западного и восточного искусства [*muzéy západnogo i vostóchznogo iskússtva*]), Ul. Pushkinskaya 9, Tel. 246746, geöffnet täglich außer Mi 10–17.30 Uhr.
- **Literaturmuseum** (Литературный музей [*literatúrnyy muzéy*]), Ul. Lanzheronovskaya 2, Tel. 223370, geöffnet täglich außer Mo 10–17 Uhr. Filiale mit einer Puschkin-Ausstellung: Ul. Pushkinskaya 13, Tel. 251134.

# Praktische Tipps

## Touristeninformation

- Wer Odessas Sehenswürdigkeiten kennenlernen will, dem sei das Tourismusbüro **FGT Travel** empfohlen, das seinen Sitz 150 m vom Opernhaus entfernt hat – Ul. Rishelevskaya 4, Tel. 375201, 223436. Stadtführer begleiten den Besucher zu den Denkmälern von Odessa, seinen Kirchen, Katakomben, der Grotte unter dem Kunstmuseum oder durchs sogenannte literarische Odessa. Sie organisieren einen Ausflug ins Delfinarium, zur Festung Akkerman und ins Biosphärenreservat in Vylkove. Im Angebot sind Schiffsreisen, Droschkenfahrten, Ballonfahrten, Hubschrauberflüge und Reitausflüge.

## Verkehrsmittel

- **Taxi:** Tel. 077, 080.
- **Bahnhof,** Privokzálnaya Pl. 2, Tel. 005, 224242. Fahrkarten-Vorverkauf Tel. 244200. Von hier fahren Fernzüge in verschiedene Gegenden Russlands und der Ukraine, Vorortzüge u.a. nach Bilhorod-Dnistrovskyi (5 Züge täglich, 2:20 Std.) sowie Züge auf die Krim und nach Lemberg (s. Kap. „Reisetipps A–Z: Anreise").

Die Gepäckaufbewahrung befindet sich am letzten Bahnsteig in einer weißen Baracke (wenn man zum Bahnsteig schaut, rechts). Da hier Trekkingrucksäcke als Großgepäck behandelt werden (8,50 UAH, kleinere Taschen 3,50–5,50 UAH), sollte man sich überlegen, ob man nicht lieber zum Busbahnhof fährt, wo die Gepäckaufbewahrung unabhängig von der Größe des Gepäckstücks nur 2 UAH kostet.

- **Busbahnhof,** Ul. Kolontayevskaya 58, Tel. 004, 7325693. Fahrschein-Vorverkauf Tel. 7325785. Anfahrt vom Bahnhof u.a. mit dem Trolleybus Nr. 8. Von hier aus fahren viele Busse bis in entfernte Orte der Ukraine. Es gibt auch etliche Verbindungen täglich nach Izmail und Kiliya sowie nach Kischinau (Moldawien) und Belgrad (Serbien), vier nach Yalta (darunter zwei Durchgangsbusse aus Kischinau) und je einen nach Sevastopol, Simferopol und Yevpatoriya. Die übrigen vier Busbahnhöfe bedienen eher die örtlichen Verbindungen.
- **Zentralflughafen – Aeroport Tsentralnyy,** Tel. 006, 213549. Anfahrt mit dem Bus Nr. 129 und den *Marshrutki* Nr. 101 und 129. Flüge u.a. nach Kiew, Moskau und Wien.
- **Flugagenturen:** Ul. Preobrazhenskaya 15 (Tel. 220959), Ul. Yekaterinskaya 17 (Tel. 222300). Im Gebäude auf der Ul. Rishelevskaya 13, dessen Fassade eine Gedenktafel an einen heldenhaften Generalleutnant aus der Schlacht von Stalingrad ziert, befinden sich zwei weitere Agenturen. Eine ohne sichtbaren Namen (Tel. 377057), die andere mit dem Namen „Transaero" – beide vermitteln den Verkauf von Flugtickets nach Moskau, Kiew, Wien und Warschau (Tel. 375017).
- **Seehafen,** Ul. Bulvar Primorskiy 6, Tel. 218581, 224047, 293500, www.ukrferry.com. Reservierung: www.tour.ukrferry.com, tour@ukrferry.com, Tel. 347995, 346708. Anfahrt vom Bahnhof mit dem Trolleybus Nr. 5 und den Buslinien 144, 155 und 120 oder mit einem beliebigen Verkehrsmittel ins Zentrum, danach zu Fuß in Richtung der Potjomkin-Treppe.

Von Odessa fahren regelmäßig Schiffe nach Istanbul in der Türkei, unregelmäßig nach Varna in Bulgarien, Derince in der Türkei und nach Poti/Batumi in Georgien, in der Saison auch nach Haifa in Israel. Einmal wöchentlich verkehrt der Katamaran „Krymskaya Strela" nach Yalta über Sevastopol (siehe dort). Schiffe nach Varna, Derince und Poti/Batumi legen nicht von Odessa ab, sondern von Illichevsk (ukr. Іллічевськ, russ. Ильичёвск [*il'ichëvsk*]), einer kleinen Stadt mit einem großen Hafen (www.port-ilyichevsk.com.ua) südlich von Odessa.

- In der Saison werden ab Mitte Mai auch **Schiffsausflüge auf dem Dnepr** angeboten. Die 14-tägigen Schiffsreisen mit der Weißen Flotte verlaufen über: Odessa – Sevastopol – Yalta – Kherson – Saporoshje – Kaniv – Kiew. Für jede Stadt, in der das Schiff vor Anker geht, ist eine Stadtbesichtigung eingeplant, u.a. der Pecherska Lavra in Kiew, des Kosaken-Museums in Saporoshje, des Panoramas der Verteidigung von Sevastopol oder des Livadia-Palastes. 1-, 2- und 4-Bett-Kajüten mit Klimaanlage, Kühlschrank und Bad mit Dusche, an Bord ein Restaurant, drei Bars und eine Sauna. Detaillierte Informationen, Preise und Reservierungen im Reisebüro im Seehafengebäude.

## Unterkunft

Odessa bietet eine große Auswahl an Hotels, von den billigsten, in denen sich seit Jahrzehnten kaum etwas verändert hat, bis hin zu exklusiven. Die meisten befinden sich im Zentrum und im Stadtbezirk Arkadia

(Südstadt). In der Nordstadt, am Meeresufer, gibt es Erholungszentren und preiswerte Motels (Ul. Nikolayevskaya doroga). Mehr Informationen in russischer Sprache: www.odessa-hotel.com.ua.

Auf dem Bahnhof trifft man von Früh bis Spät Leute, die Unterkünfte anbieten. Manchmal tragen sie Pappschilder bei sich. Bei ihnen kann man ein Zimmer für rd. 20 UAH pro Tag mieten.

- **Hotel Sparták,** Ul. Deribasovskaya 25, Tel. 268924, 268900. Sauber, preiswert und in hervorragender Lage, wenn auch bescheiden ausgestattet. Zimmer in vielen Kategorien. Preise ab ca. 18 UAH pro Person im 5-Bett-Zimmer bis ca. 53 UAH pro Person im Doppelzimmer.
- **Hotel Pasázh,** Ul. Preobrazhenskaya 34, Tel. 224849, 269736. Ein altes Hotel über der herrlichen Einkaufspassage vom Ende des 19. Jh. Viele Zimmer, etwas unbeholfenes Personal. Preis pro Person und Tag im Doppelzimmer ab ca. 110 UAH.
- **Hotel Tsentrálnaya,** Ul. Preobrazhenskaya 40, Tel. 220206. Zimmer in mehreren Kategorien (Wasser im Zimmer oder auf dem Flur). Preise ab etwa 80 UAH pro Person.
- **Hotel Junost,** Ul. Pionierskaya 32, Tel. 636708. Ein Wohnblock im Kurviertel Arkadia, renoviert. Preise ab ca. 125 UAH pro Person.
- **Hotel Oktyábrskaya,** Ul. Kanatnaya 31, Tel. 223874. 1- und 2-Bett-Zimmer, in jedem Zimmer warmes Wasser, TV, Telefon, Kühlschrank. Im Haus gibt es auch eine Aufbewahrung für Wertgegenstände und eine Bar. Das Hotel ist auf die Bedienung wohlhabender ausländischer Gäste eingestellt, mit der Dame an der Rezeption kann man sich auf Englisch verständigen. Ab ca. 150 UAH.
- **Hotel Chërnoye Móre,** Ul. Rishelevskaya 59, Tel. 242025, 242028. Gut ausgestattetes Hotel mit maximalem Service zum entsprechenden Preis. Zur Verfügung der Gäste: bewachter Parkplatz, Internet, Fax, Kopierer, Wechselstube, Telefon, Restaurant und Bar, Nightclub, Billard, Pool, Fitnesscenter, Sauna, Solarium usw. Preise ab ca. 270 UAH pro Person, inkl. Frühstück ans Bett im Doppelzimmer.
- Auch im **Hauptbahnhof** von Odessa gibt es günstige Übernachtungsmöglichkeiten.

## Essen und Trinken

Entgegen dem eventuellen ersten Eindruck ist es recht leicht, in Odessa etwas zu essen und zu trinken. Die Auswahl ist riesig, doch mehr etwas für gut gefüllte Geldbeutel - ein wirklich preiswertes Lokal in der Nähe des Zentrums zu finden, ist nicht einfach. Nach Verlassen des Bahnhofs findet man gleich einige Imbissstuben, die in mehr oder weniger angenehmem Umfeld Grillhähnchen oder Pizza anbieten. Rechter Hand auf dem Bahnhofsplatz regiert unangefochten McDonald's. Wenn man geradeaus weitergeht, gelangt man auf die Ul. Pushkinskaya, wo man ebenfalls ein paar Kneipen findet, die auch Snacks anbieten, z.B. die **Babilon Café-Bar** gegenüber der Ilja-Kathedrale.

In der Nähe des Hafens findet man in der Gegend der Ul. Deribasovskaya und Preobrazhenskaya problemlos etwas zu essen - z.B. gibt es im Sommergarten **Top-Sandwich** für 15 UAH Grillhähnchen, Pommes, Salate und Bier.

Im folgenden einige ausgewählte Lokale, in denen man nicht nur Hunger und Durst stillen, sondern auch entspannen kann:

- **Restaurant Ukrainska Lasunka** (russ. Ukraínskaya Lákomka), Ecke Ul. Deribasovskaya und Yekaterinskaya, geöffnet täglich 10–24 Uhr. Restaurant im Stil eines ukrainischen Dorfs. Kellner in Volkstrachten, Brettertische mit Spinnrädern, in der Mitte sogar eine Windmühle und ein Teich mit einem kleinen Wasserfall und künstlichen Enten am Ufer. Wer die ukrainische Küche kennenlernen will, wird hier mit Sicherheit fündig. Viele Fleisch- und Fischgerichte. Es gibt Kaviar, Krebse, Muscheln und originelle Nachspeisen (z.B. überbackene Äpfel mit Quark und Rosinen). Sehr große Auswahl an Weinen, sowohl aus Odessa als auch aus anderen Teilen der Ukraine. Gerichte zu 18–30 UAH.
- **Pizzeria Pan Pizza,** Ul. Yekaterinskaya 43, www.pan-pizza.com.ua. Gemütlich, für Anhänger der eher europäischen Küche. Sauber, recht billig, und man weiß, was man auf dem Teller zu erwarten hat.
- **Klub Havana Fidel,** Ul. Preobrazhenskaya. Eine wirklich sympathische und preiswerte Kneipe. Neben billigen Getränken (auch al-

koholischen) kann man Fleisch- und Fischgerichte zum Preis von 12 UAH bestellen und ein ganzes Menü für 25 UAH.

- **Klub Kapitan Morgan,** Ul. Rishelevskaya 17. Originelle Kneipe für Harley- und Seeräuberfans.
- **Grill-Taverne Lovchiy,** Ul. Yekaterinskaya 30. Ein Restaurant im Jägerstil, vielleicht etwas zu protzig, aber dafür wird hervorragendes Essen serviert. Der Gastraum hat eine Klimaanlage. Hier gibt es köstlichen gebackenen Wels mit Gemüse *(Usátyy óvoshch)* für 35 UAH. Außerdem Jäger- und Hausmannskost.
- **Pub Pilot,** Ecke Ul. Lanzheronovskaya und Yekaterinskaya. Großer Pub, in dem man mehrere Biersorten probieren kann, u.a. das vorzügliche Odessaer Chornomor. Viele junge Leute, die laute Musik (russische und westliche) hören und tanzen.
- **Pub Gambrinus,** Ecke Ul. Deribasovskaya und Zhukova. Firmenkneipe der zweiten und weniger bekannten Brauerei in Odessa gleichen Namens. 10–24 Uhr. Man sollte unbedingt das hiesige dunkle Bier probieren!
- **Restaurant Dezhavyu,** Yekaterinskaya Pl. 1. Einer der originellsten Gastronomie- und Freizeitkomplexe der Stadt im sozialistischen Retro-Stil. In mehreren Sälen hat man Fanartikel und szenografische Elemente angehäuft, die beim Dreh einer bekannten polnischen Komödie mit Jerzy Stuhr in der Hauptrolle zum Einsatz kamen. Hier kann man eine alte Limousine sehen, ein Fragment des Schiffs Abchasien oder eine Bar mit der großen Aufschrift „Bulochnaya". Die Bedienung trägt verschiedenartige Kostüme aus der vergangenen Epoche – Matrosenuniformen oder Leninmützen und Kniestrümpfe. Vor der Fassade, die mit einer riesigen Neonreklame in Form von Hammer und Sichel geschmückt ist, stehen alte Autos, die man für eine Retro-Eskapade durch Odessa mieten kann. Nachts öffnet das Casino, und um 22 Uhr beginnt die Vorstellung „Das Supererotische Theater Junge Garde". Neben dem Restaurant befindet sich ein Geldautomat.

## Post, Telefon, Internet

- Das **Postamt** befindet sich auf der Ul. Sadova 10 und ist von 8 bis 19 Uhr geöffnet, Mittagspause 13–14 Uhr. Eine **internationale Fernsprecheinrichtung** findet man auf der Ul. Kanatnaya, gegenüber vom Hotel Oktyabrskaya (10–22 Uhr). Stadtinformation Tel. 09.
- E-Mails kann man u.a. auf der Ul. Preobrazhenskaya 37 und der Ul. Katerininskaya 7.5 versenden. Ein großer **Internetclub,** geöffnet rund um die Uhr, befindet sich auf der Ul. Rishelevskaya 58 (von der Straße aus sind zwei Namen zu sehen: Planeta Internet und Neo@club).

## Geld

- **Wechselstuben** gibt es sehr viele – je weiter vom Bahnhof weg, desto besser ist der Umtauschkurs, trotzdem ist er hier überall ungünstiger als im Zentrum von Lemberg oder Simferopol.
- **Bankautomaten** gibt es ebenfalls recht viele, z.B. auf der Ul. Rishelevskaya 2 (Geschäft Delfin), Ul. Rishelevskaya 7 (Café Baffalo), Ul. Deribasovskaya 14, Grecheskaya Pl. 1.

## Einkaufen

Nötige Lebensmittel oder Haushaltartikel findet man überall problemlos. Gut ausgestattete **Geschäfte** befinden sich auf den Straßen Ul. Yekaterinskaya und Preobrazhenskaya und in deren Umgebung. Die Läden sind meistens bis 18 Uhr geöffnet, Lebensmittelläden bis 19 Uhr, es gibt auch viele rund um die Uhr geöffnete Geschäfte. Einige davon findet man auf der Ul. Rishelevskaya – das nächstgelegene unter der Nr. 57 –, wenn man vom Bahnhof kommt, rechts. Am billigsten kauft man natürlich, wie überall, auf den **Basaren** ein: Am nächsten zum Zentrum liegt der Privoz – wenn man mit dem Rücken zum Bahnhof steht, links. In einem Vorort hingegen gibt es „7 km" – den größten Marktplatz der Ukraine.

Die meisten **Souvenirläden** gibt es auf der Grünanlage am Ende der Ul. Deribasovskaya, beim Stadtpark (Gorsad), in der Nähe der Figuren eines Löwen und einer Löwin und des originellen Denkmals von Leonid Utesow. Hier bekommt man die unterschiedlichsten Kleinigkeiten – z.B. lackierte Muscheln, Kompositionen aus getrockneten Meerespflanzen, diverse Flaschenschiffe, Matrjoschkas in traditioneller oder moderner Ausführung, z.B. mit Konterfeis von Politikern oder Kosaken (letztere kosten 100 UAH), oder Zaren-Eier, die an die berühmten Ostereier von Fabergé aus dem 19. Jh. erinnern (Preise: 100–300 UAH).

Um das Haus im Norden des Grecheskaya Pl. haben sich **Buchhandlungen** und Bouquinisten mit ihren Ständen angesiedelt – die Preise sind überall ähnlich und höher als in Lemberg.

Gleich nebenan, an der Ecke der Ul. Deribasovskaya und Preobrazhenskaya, erhebt sich eine monumentale **Einkaufspassage** aus dem 19. Jh., geöffnet täglich 10–19 Uhr. Eingang von beiden erwähnten Straßen aus.

## Strände

Die Küste nördlich vom Zentrum nimmt der Seehafen von Odessa ein, der Strand hingegen erstreckt sich östlich vom Zentrum und südlich des Kaps Lanzheron bis hin zum Hafen von Illichivsk. Es sind schöne Sandstrände, nur ist das Meer im Umkreis der Stadt nicht besonders sauber. Die kostenlosen Strandabschnitte sind überlaufen, die kostenpflichtigen wiederum teuer (5–20 UAH, dafür mit Kellnern, die Getränke austragen). Zum Strand, der dem Bahnhof am nächsten liegt, **Otrada** (Отрада), fährt eine Seilbahn. Nördlich davon liegt der kostenlose Strand **Lanzheron** (Ланжерон). Der beliebteste und teuerste ist der Strand **Arkadia** (Аркадия) im gleichnamigen Erholungsviertel südlich vom Bahnhof. Hier befinden sich auch die teuersten Hotels. Dieses Stadtviertel wird „Odessaer Las Vegas" genannt – hier steht das Leben auch in der Nacht nicht still.

## In der Umgebung

### Festung Akkerman

Die Festung Akkerman (Белгород-днестровская крепость [*belgoród-dnestróvskaya krépost'*]) liegt über 80 km auf dem Straßenweg südlich von Odessa in Bilhorod-Dnistrovskyi am See **Dnistrovskyi Lyman.** *Marshrutki* dorthin fahren alle 10–20 Min. vor dem Westflügel des Bahnhofs ab (gegenüber den Bahnsteigen geht man rechts entlang, vorbei an der Gepäckaufbewahrung und dahinter wieder rechts, um das Bahnhofsgelände zu verlassen – auf der linken Seite stehen die Busse). Die Fahrt kostet 7 UAH, dauert etwa 1:30–2 Std. und endet vor dem Bahnhof in Bilhorod-Dnistrovskyi (mit der Bahn etwa 2:30 Std.; 3,50 UAH; 5 Züge täglich). Von dort nimmt man am besten ein Taxi direkt zur Festung (5–7 UAH). Zu Fuß braucht man für die Strecke 30–40 Min. Dazu läuft man nach Norden, durchquert einen Park, geht bis ganz zum Ende der Ul. Derzhynskogo und biegt dann nach rechts ab, um von Osten aus zur Festung zu gelangen. Auf der Hälfte des Weges kommt man an einem Basar vorbei, wo alles um die Hälfte billiger ist als in Odessa.

Auf der Fahrt nach Bilhorod-Dnistrovskyi sollten Sie auf die Stelle achten, wo der Dnister ins Meer mündet. Hier verlief vor dem 2. Weltkrieg die rumänisch-sowjetische Grenze. Hinter der Zugbrücke biegt die Straße nach Westen ab und führt am Rand der alten **Akkermanschen Steppen** entlang,

040kr Foto: pk

Festung Akkerman

die sich zwischen Dnister und Donau erstrecken.

**Bilhorod-Dnistrovskyi** (ukr. Білгород-Дністровський, russ. Белгород-Днестровский [*bélgorod-dnestróvskiy*]) kann sich einer über 2500-jährigen Geschichte rühmen. Zuerst befand sich hier die griechische Kolonie Tyras, dann eine römische und eine byzantinische Kolonie. Im 11. Jh. entstand an dieser Stelle die „Weiße Burg" – Bilhorod. Ihr Name verweist auf starke Einflüsse der slawischen Bevölkerung in diesen Gebieten. Die Burg gehörte nacheinander den Tataren, den moldauischen Fürsten, den Türken, Russland, Rumänien und schließlich der Ukraine. Unter moldauischer Herrschaft war Bilhorod einer der wichtigsten Schwarzmeerhäfen. Hierher führten die Haupthandelsstraßen aus Lemberg, Kamianets Podolskyi und Suceava. Heute sieht die Altstadt ärmlich und vernachlässigt aus. Sie ist recht einfach gegliedert: Alle Straßen führen zur Festung am nordöstlichen Stadtrand.

Die Festung Akkerman („Weiße Festung") wurde im 13.–15. Jh. an der Stelle der antiken **griechischen Kolonie Tyras** errichtet. Aufgrund ihrer günstigen Lage in der Nähe der **Dnister-Mündung** ins Schwarze Meer wurde sie zum strategisch wichtigsten Punkt für den ganzen polnischen und moldauischen Schwarzmeerhandel. Die Hauptzitadelle der Bilhoroder Festung (rum. Cetatea Alba) ließ der moldauische Hospodar Stefan der Große bauen. 1484 wurde Bilhorod von den Türken erobert. Die Festung wechselte ihren Namen in einen türkischen (Akkerman) und wurde, stark ausgebaut, zu einer **türkischen Bastion,** mit Hilfe derer die Türken die in den Akkermanschen Steppen siedelnden Tataren (Budzhak-Horde) und die Treue der moldauischen Fürsten als türkische Vasallen kontrollierten.

In der Nähe des Eingangs zur Festung sieht man **Ausgrabungsarbeiten,** die auf dem Gelände der griechischen Stadt Tyras durchgeführt werden. Nach dem Eintritt befinden wir uns im **Unteren Schloss,** das einst zu Wirtschaftszwecken und als Stützpunkt der türkischen Garnison genutzt wurde. Die ungeheure Größe der mit Befestigungen umgebenen Fläche zeugt von der großen Bedeutung des Bauwerks, die es zu türkischen Zeiten hatte. Wenn wir weitergehen, begegnen wir Überresten des **Minaretts** der ehemaligen **Garnisonsmoschee.** Hinter dem nächsten Tor befinden wir uns im **Mittleren Schloss,** dem Verwaltungs- und Gerichtszentrum. Hier hatte auch der Festungskommandant seine Residenz. Dominiert wird das Mittlere Schloss von einer mächtigen, quadratischen Zitadelle mit runden Ecktürmen. Dieses Bauwerk stammt noch aus den Zeiten Stefans des Großen. Auf dem Gipfel eines Felsens über dem Dnistrovskyi Lyman gelegen, diente sie sowohl als Kerker als auch als möglicher letzter Verteidigungspunkt. Die Festung Akkerman gehört zu den größten Festungsgruppen Mittelosteuropas.

108kr Foto: to

# Anhang

Ruinen der antiken Stadt
Taurisches Khersonesos

# Reise-Gesundheits-Informationen Ukraine

**Stand: 16.03.2009**


Die nachstehenden Angaben dienen der Orientierung, was für eine geplante Reise in das Land an Gesundheitsvorsorgemaßnahmen zu berücksichtigen ist. Die Informationen wurden uns freundlicherweise vom *Centrum für Reisemedizin* zur Verfügung gestellt. Auf der Homepage: **www.travelmed.de** werden diese Informationen stetig aktualisiert. Es lohnt sich, dort noch einmal nachzuschauen.

## EINREISE-IMPFVORSCHRIFTEN

Es sind keine Impfungen vorgeschrieben.

## EMPFOHLENER IMPFSCHUTZ

**Generell:** Tetanus, Diphtherie, Hepatitis A

Je nach Reisestil und Aufenthaltsbedingungen im Lande außerdem zu erwägen:

| Impfschutz | Reisebedingung 1 | Reisebedingung 2 | Reisebedingung 3 |
|---|---|---|---|
| Typhus | x | | |
| Hepatitis B [a] | x | | |
| FSME[b] | x | | |
| Tollwut | x | | |

(a) bei Langzeitaufenthalten u. engerem Kontakt mit der einheimischen Bevölkerung
(b) April – Oktober, nur bei beruflicher Tätigkeit oder Freizeitaktivitäten mit möglicher Zeckenexposition in endemischen Gebieten

**Reisebedingung 1:**
Reise durch das Landesinnere unter einfachen Bedingungen (Rucksack-/Trekking-/Individualreise) mit einfachen Quartieren/Hotels; Camping-Reisen, Langzeitaufenthalte, praktische Tätigkeit im Gesundheits- oder Sozialwesen, enger Kontakt zur einheimischen Bevölkerung wahrscheinlich.

**Reisebedingung 2:**
Aufenthalt in Städten oder touristischen Zentren mit (organisierten) Ausflügen ins Landesinnere (Pauschalreise, Unterkunft und Verpflegung in Hotels bzw. Restaurants mittleren bis gehobenen Standards).

**Reisebedingung 3:**
Aufenthalt ausschließlich in Großstädten oder Touristikzentren (Unterkunft und Verpflegung in Hotels bzw. Restaurants gehobenen bzw. europäischen Standards).

### Wichtiger Hinweis

Welche Impfungen vorzunehmen sind, ist abhängig vom Infektionsrisiko vor Ort, von der Art und Dauer der geplanten Reise, vom Gesundheitszustand sowie dem eventuell noch vorhandenen Impfschutz des Reisenden.

Da im Einzelfall unterschiedlichste Aspekte zu berücksichtigen sind, empfiehlt es sich immer, rechtzeitig (etwa 4 bis 6 Wochen) vor der Reise eine persönliche Reise-Gesundheits-Beratung bei einem reisemedizinisch erfahrenen Arzt oder Apotheker in Anspruch zu nehmen.

**Unter www.travelmed.de finden Sie Adressen von**

- Apotheken mit qualifizierter Reise-Gesundheits-Beratung (nach Postleitzahlgebieten)
- Impfstellen und Ärzten mit Spezialsprechstunde Reisemedizin (nach Postleitzahlgebieten).
- Abruf eines persönlichen Gesundheitsvorsorge-Briefes für die geplante Reise.

## AKTUELLE MELDUNGEN

**Darminfektionen:** Risiko für Durchfallerkrankungen landesweit, verbreitet auch für Hepatitis A und Typhus, vorwiegend durch kontaminiertes Trinkwasser aus unsicheren Leitungssystemen. Betroffen sind auch die Städte. Hygiene beachten, Impfschutz empfohlen.

**Tollwut:** Wildtiertollwut ist im ganzen Land verbreitet und gefährdet über Haustiere und streunende Hunde den Menschen. Das Risiko reicht bis in die Städte. Nach verdächtigen Tierkontakten ist sofort ein Arzt aufzusuchen. Bei vorhersehbarem Risiko, speziell bei längeren Aufenthalten ist eine vorbeugende Impfung empfohlen.

**HIV-Test:** Für Arbeits- und Langzeitaufenthalte wird ein HIV-Test in englischer Sprache verlangt.

## KURZBESCHREIBUNG DER ERWÄHNTEN ERKRANKUNGEN

### Typhus abdominalis

englische Bezeichnung: typhoid fever

Typhusbakterien werden mit verunreinigter Nahrung und Trinkwasser aufgenommen. Nach einer Inkubationszeit von 1 bis 2 (3) Wochen entwickelt sich hohes Fieber mit schwerem Krankheitsgefühl, Kopfschmerzen und Verstopfung, im zweiten Stadium treten Hautveränderungen (Roseolen) auf, Leber und Milz vergrößern sich stark, es kann zu erbsbreiartigen Durchfällen kommen. Komplikationen wie Darmdurchbruch und Bauchfellentzündung können tödlich verlaufen. Weitere Komplikationen sind Hirnhaut-, Lungen-, Herz- und Knochen-Entzündungen. Beim „Paratyphus" handelt es sich um verwandte Erreger, die ein ähnliches, etwas milderes Krankheitsbild hervorrufen.

- Die **Diagnose** ist aus dem Blut, später aus dem Stuhl zu sichern.
- **Schutz:** Aktive Impfung (mit ca. 60%igem Schutz), Nahrungsmittelhygiene.

## Hepatitis B

Diese Viruserkrankung der Leber ist weltweit verbreitet, besonders in tropischen Ländern. Infektiös sind Blut und andere Körperflüssigkeiten von Erkrankten und Virusträgern (in Mitteleuropa 0,1 - 0,5 %, in einzelnen tropischen Ländern über 20 % der Bevölkerung). Die Übertragung erfolgt über entsprechende Kontakte; Bluttransfusionen, unsterile Spritzen, Nadeln und Instrumente (z.B. bei unqualifizierten medizinischen Eingriffen, Tätowierungen, Spritzentausch von Drogenabhängigen) sowie beim Geschlechtsverkehr. Die Inkubationszeit liegt zwischen 2 Wochen und 6 Monaten. Oft beginnt die Krankheit mit einem allgemeinen Krankheitsgefühl, Fieber, Appetitlosigkeit, Übelkeit und Erbrechen. Nach einigen Tagen wird der Urin dunkel, der Stuhl hell, es kommt zur Gelbfärbung der Haut. Das akute Stadium kann aber auch fehlen.

In ca. 10 % der Fälle geht die Krankheit in einen chronischen Verlauf über, es entwickelt sich eine Leberzirrhose und in vielen Fällen ein Leberkrebs.

- Die **Diagnose** wird über den Antikörpernachweis im Blut gestellt, das Virus kann auch direkt nachgewiesen werden.
- **Schutz:** Aktive Impfung.

## FSME (Frühsommer-Meningoenzephalitis)

Synonym: europäisches Zeckenbissfieber

Zecken übertragen dieses Virus im Frühjahr und Sommer („Frühsommer-Meningoenzephalitis", FSME) durch den Biss auf den Menschen. 1-2 Wochen nach dem Biss kann es zu einem grippalen Krankheitsbild kommen. In einem Teil der Fälle folgt nach kurzem beschwerdefreien Intervall eine Hirnhaut- oder Gehirn-Entzündung (Meningitis, Enzephalitis), die mit starken Kopfschmerzen, Nackensteifigkeit, Verwirrtheit und möglicherweise Koma einhergeht. Die Hauptverbreitungsgebiete liegen in Süddeutschland (Baden-Württemberg, Bayern) sowie Teilen von Österreich, der Schweiz, Skandinavien und Osteuropa. Verwandte Viren finden sich auch im östlichen Sibirien und dem angrenzenden China (RSSE). In Hauptverbreitungsgebieten ist jede 50. bis 100. Zecke Virusträger. Nicht alle Menschen, die von infizierten Zecken gestochen werden, werden auch krank. In Einzelfällen wurden Virusübertragungen durch infizierte Milch, besonders von Schafen und Ziegen, beobachtet.

- Die **Diagnose** kann durch Antikörpernachweis im Blut gesichert werden.
- **Schutz:** Impfung, geschlossene Kleidung, Repellentien in Endemiegebieten.

## Tollwut

Synonyme: Rabies, Lyssa

Der Mensch infiziert sich mit diesen Viren durch Bissverletzungen von infizierten Tieren, meist von Hunden, Katzen oder Fledermäusen, aber auch andere Säugetiere können diese Viren übertragen. Infektiös ist der Speichel eines tollwütigen Tieres, und zwar bereits schon 3-5 Tage vor Ausbruch der Symptome bis zu seinem Verenden nach 7-10 Tagen. Fledermäuse erkranken nicht. Auch durch Kontakt mit infiziertem Speichel auf verletzte Hautstellen oder unverletzte Schleimhäute (Augen) wird die Krankheit gelegentlich übertragen. Sie ist immer tödlich. Die Inkubationszeit liegt in der Regel zwischen 1-3 Monaten, variiert jedoch stark. Kommt es zur Infektion, beginnt diese beim Menschen mit Schmerzen und Kribbeln im Bereich der meist bereits verheilten Bissstelle und führt über Krämpfe, Erregungszustände und Lähmungen innerhalb von wenigen Tagen zum Tod.

- **Schutz:** Aktive Impfung zur Vorbeugung bzw. sofortige Impfung nach einem tollwutverdächtigen Biss.

# Kleine Sprachhilfe Russisch

## Schrift und Aussprache

Mit Ausnahme von Eigennamen haben wir uns in diesem Reiseführer bei der Wiedergabe russischer und ukrainischer Namen und Begriffe möglichst konsequent an die offizielle Transliteration gehalten (s. vorn im Buch: „Zu Sprache und Schrift"). Wenn nicht der Begriff im Text selbst entsprechend transliteriert ist, wurde die Transliteration in eckigen Klammern angefügt. Da diese Transliteration auf einer internationalen, **buchstabengetreuen Umsetzung der kyrillischen in die lateinische Schrift** beruht, konnte die richtige Aussprache der Wörter im Text nicht berücksichtigt werden. Dem sollen die hier folgenden Ausspracheregeln für die russische Sprache abhelfen. Im Unterschied zur buchstabengetreuen Transliteration im Text geben wir hier in eckigen Klammern und in kursiver Schrift die **aussprachenahe Transkription** an. Dennoch können damit nicht alle Ausspracheregeln erfasst werden, deshalb empfiehlt es sich, vorher die folgenden allgemeinen Ausspracheregeln zu lesen.

### Sonderzeichen

Das sogenannte **weiche Zeichen** (мягкий знак [mjáchki snak]) ь ist ein tonloser Buchstabe, der den vorangehenden Konsonanten „weich macht" (palatalisiert). In der Transliteration wird das „ь" durch einen Apostroph [ʹ] wiedergegeben, z.B. шесть [*schestʹ*] (sechs). Das [t] wird dabei weich wie in „tja" ausgesprochen. Achtung: Die harte Aussprache von solchen palatalisierten Konsonanten führt manchmal zur Änderung der Bedeutung, wie z.B. in шест [*schest*] (Stange).

Das sogenannte **harte Zeichen** (твёрдый знак [*twjórdyi snak*]) ъ, im Deutschen auch bekannt als „Härtezeichen", hat im Russischen keinen eigenständigen Laut. Es kennzeichnet lediglich in der Schrift, dass der vorangehende Konsonant hart ausgesprochen wird.

### Konsonanten

Alle Konsonanten des Russischen können weich und hart ausgesprochen werden, mit Ausnahme von ж, ш, ц – diese sind immer hart – und ч und щ, die immer weich sind. Das Härtezeichen macht den Konsonanten hart, z.B. in въезд [*wjesd*] (Einfahrt), das weiche Zeichen weich.

Das л [*l*], wenn es nicht durch einen jotierten Vokal (siehe unten) oder das weiche Zeichen weich gemacht wird, ist immer hart. Man kennt das harte „l" auch in manchen Dialekten des Deutschen, so z.B. im Rheinländischen.

Der Buchstabe „с" [*s*] wird immer stimmlos wie in „Eis" ausgespochen. Seine stimmhafte Entsprechung wie in „Sahne" wird durch den Buchstaben з (in der Transliteration immer [z]) wiedergegeben. Die Konsonantenfolgen ст [*st*] und сп [*sp*] sind immer mit [*s*] auszusprechen, niemals mit [*sch*].

Der Buchstabe х [*ch*] hat wie im Deutschen die sogenannten Ich- und Ach-Lautvarianten. Der Ich-Laut ist ein Konsonant, der nach den oben genannten Regeln weich gemacht wird. In allen anderen Fällen ist seine harte Variante auszusprechen. Das Wort их [*i-ch*] (ihre) ist also mit dem harten Ach-Laut (wie im Schweizerischen) auszusprechen. Die Buchstabenkombination гк [*gk*] wie in мягкий [*mjáchki*] wird zu einem weichen Ich-Laut reduziert.

### Vokale

In der russischen Sprache werden einige Vokale jotiert. Einem **jotierten Vokal** wird ein „j"-Laut vorangestellt, z.B. „ja". Zur Wiedergabe der jotierten Vokale gibt es vier eigene Buchstaben: я [*ja*], е [*je*], ё [*jo*] und ю [*ju*]. Die jotierten Vokale dienen dazu, die vorangehenden Konsonanten weich zu machen. In der internationalen Transliteration werden sie immer mit „y" [*ya, ye, yo, yu*] wiedergegeben.

Das Russische kennt keine langen und kurzen Vokale. Allgemein werden alle Vokale relativ kurz ausgesprochen.

Der Buchstabe ы wird als ein kurzes [*i*] (wie in „Tim") ausgesprochen. Dieser Buchstabe steht nie am Wortanfang. Der Buchstabe й kommt häufig in Namensendungen vor und wird je nach Transliteration und -sprache durch „y“, „j“ oder „i“ gekennzeichnet.

## Betonung

Das Russische kennt keine feste Akzentregel. Die Betonung kann auf jede beliebige Wortsilbe fallen. In diesem Buch wird der Akzent durch das Zeichen ´ über dem betonten Vokal bezeichnet. Die Akzentverschiebung führt oft zur Ändereung der Bedeutung, wie z.B. in стоит [*stóit*] (kostet), стоит [*staít*] (steht).

Das unbetonte „o“ wird zu „a“, wie in moloko [*malakó*] (Milch) reduziert, das unbetonte е zu и wie in перевал [*piriváĺ*] (Bergpass). Es ist jedoch kein Fehler, von der Reduktion der Vokale abzusehen.

## Das russische Alphabet

Русский алфавит [*rússki alfawít*]

| Kyrillischer Buchstabe | | Aussprache |
|---|---|---|
| А а | [*a*] | a |
| Б б | [*be*] | b |
| В в | [*we*] | w |
| Г г | [*ge*] | g[1] |
| Д д | [*de*] | d |
| Е е | [*je*] | je |
| Ё ё | [*jo*] | jo |
| Ж ж | [*sche*] | j (wie in Jongleur) |
| З з | [*se*] | s (stimmhaft wie in Sahne) |
| И и | [*i*] | i |
| Й й | [*i krátkaje*] | j |
| К к | [*ka*] | k |
| Л л | [*el*] | l |
| М м | [*em*] | m |
| Н н | [*en*] | n |
| О о | [*o*] | o |
| П п | [*pe*] | p |
| Р р | [*er*] | r |
| С с | [*es*] | s (stimmlos wie in Eis) |
| Т т | [*te*] | t |
| У у | [*u*] | u |
| Ф ф | [*ef*] | f |
| Х х | [*cha*] | ch („ich“/„ach“-Laut) |
| Ц ц | [*ze*] | z |
| Ч ч | [*tsche*] | tsch |
| Ш ш | [*scha*] | sch |
| Щ щ | [*schtscha*] | schtsch |
| Ъ ъ | [*twjórdyi snak*] | (hartes Zeichen) |
| Ы ы | [*y*] | y |
| Ь ь | [*mjáchki snak*] | (weiches Zeichen) |
| Э э | [*e abarótnaje*] | e |
| Ю ю | [*ju*] | ju |
| Я я | [*ja*] | ja |

[1] w in Endungen -ого, -его

## Zahlen

Числа и часы [*tschislá i tschasý*]

| | |
|---|---|
| 0 | нуль [*nuĺ*] |
| 1 | один (Mask.), одна (Fem.), одно (Neutr.) [*adín, adná, adnó*] |
| 2 | два (Mask. + Neutr.), две (Fem.) [*dwa, dwje*] |
| 3 | три [*tri*] |
| 4 | четыре [*tschetýrje*] |
| 5 | пять [*pjat'*] |
| 6 | шесть [*schest'*] |
| 7 | семь [*sjem'*] |
| 8 | восемь [*wósem'*] |
| 9 | девять [*déwjat'*] |
| 10 | десять [*désjat'*] |
| 11 | одиннадцать [*adínnadzat'*] |
| 12 | двенадцать [*dvjenádzat'*] |
| 20 | двадцать [*dvádzat'*] |
| 30 | тридцать [*trídzat'*] |
| 40 | сорок [*sórak*] |
| 50 | пятьдесят [*pjat'desját*] |
| 60 | шестьдесят [*schest'desját*] |
| 60 | семьдесят [*sjém'desjat*] |
| 60 | восемьдесят [*wósem'desjat*] |
| 90 | девяносто [*dewjanósta*] |
| 100 | сто [*sto*] |
| 200 | двести [*dwjésti*] |
| 300 | триста [*trísta*] |
| 500 | пятьсот [*pjat'sót*] |
| 1000 | тысяча [*týsjatscha*] |
| 2000 | две тысячи [*dwje týsjatschi*] |

## Ordnungszahlen (mask.)

| | |
|---|---|
| 1. | первый [*pjérwyi*] |
| 2. | второй [*wtarói*] |
| 3. | третий [*treti*] |

| | |
|---|---|
| 4. | четвёрый [*tschetwjórtyi*] |
| 5. | пятый [*pjátyi*] |
| 6. | шестой [*schestói*] |
| 7. | седьмой [*sjedmói*] |
| 8. | восьмой [*wasmói*] |
| 9. | девятый [*dewjátyi*] |

## Zeitbegriffe

| | |
|---|---|
| Wie spät ist es? | Который час? [*katóryi tschas?*] |
| 1 Uhr | один час [*adín tschas*] |
| 2/3/4 Uhr | два/три/четыре часа [*dwa/tri/tschetýrje tschasá*] |
| 5 Uhr | пять часов [*pjat' tschasów*] |
| 1.20 Uhr | один двадцать [*adín dwádzat'*] |
| 8.30 Uhr | восемь тридцать / пол деватого [*wósem' trídzat' / pol dewjátawa*] |
| Tag | день [*djen'*] |
| Tag (mit Nacht) | сутки [*sútki*] |
| Woche | неделя [*nedjélja*] |
| Monat | месяц [*mésaz*] |
| Jahr | год [*god*] |
| Morgen | утро [*útra*] |
| Mittag | полдень [*póldjen'*] |
| Abend | вечер [*wétscher*] |
| Nacht | ночь [*notsch'*] |
| Mitternacht | полночь [*pólnatsch'*] |
| morgens | утрам [*útram*] |
| abends | вечером [*wétscheram*] |
| (all)täglich | ежедневно [*jeschednjéwna*] |
| alle zwei Tage | через день [*tschéres djen'*] |
| früh | рано [*rána*] |
| spät | поздно [*pósna*] |

## Wochentage

Дни недели [*dni nedjéli*]

| | |
|---|---|
| Montag | понедельник [*panedjél'nik*] |
| Dienstag | вторник [*wtórnik*] |
| Mittwoch | среда [*sredá*] |
| Donnerstag | четверг [*tschetwérg*] |
| Freitag | пятница [*pjátniza*] |
| Samstag | суббота [*subbóta*] |
| Sonntag | воскресенье [*waskresén'je*] |

## Monate

Месяцы [*mésjazy*]

| | |
|---|---|
| Januar | Январь [*janwár'*] |
| Februar | Февраль [*fewrál'*] |
| März | Март [*mart*] |
| April | Апрель [*aprél'*] |
| Mai | Май [*mai*] |
| Juni | Июнь [*ijún'*] |
| Juli | Июль [*ijúl'*] |
| August | Август [*áwgust*] |
| September | Сентябрь [*sentjábr'*] |
| Oktober | Октябрь [*aktjábr'*] |
| November | Ноябрь [*najábr'*] |
| Dezember | Декабрь [*dekábr'*] |

## Gruß- und Höflichkeitsformeln

| | |
|---|---|
| Guten Tag! | Добрый день! Здравствуйте! [*dóbryi djen', sdrástwuitje*] |
| Hallo! | Привет! [*priwjét*] |
| Auf Wiedersehen! | До свидания! [*daswidánija*] |
| Tschüss | Пока [*paká*] |
| Bis bald! | До встречи! [*dawstrétschi*] |
| Viel Glück! Viel Erfolg! | Счастливо! Удачи! [*stschasliwa, udatschi*] |
| Verzeihung (bitte), Entschuldigung... | Извините/простите, пожалуйста... [*iswinítje/prastítje, paschálsta*] |
| Um vorbeigelassen zu werden: | Разрешите пройти! [*rasreschítje praití*] |
| Bitte | Пожалуйста [*paschálsta*] |
| Danke | Спасибо. [*spasíba*] |
| Ja | Да [*da*] |
| Nein | Нет [*njet*] |
| Keine Ursache, das macht nichts | Не за что. Ничего. [*njésaschta, nitschewó*] |

## Häufig gebrauchte Fragen

| | |
|---|---|
| Verstehen Sie mich/uns? | Вы меня/нас понимаете? [*wy menjá/ nas panimájetje*] |
| Wo ist der/ die nächste...? | Где (есть) ближайший/ ближайшая...? [*gdje (jest') blischáischj/ blischáischaja*] |
| Wie geht's? | Как жизнь? [*kak schisn'*] |
| Wieviel kostet das? | Сколько это стоит? [*paskól'ka*] |
| Was brauchen Sie? | Что Вам нужно? [*schto wam núschna*] |

## Nützliche Redewendungen

| | |
|---|---|
| Sprechen Sie Deutsch/Englisch? | Вы говорите по-немецки/ по-английски? [*wy gawarítje pa njemjézki/pa anglíski*] |
| Bitte (geben Sie mir) | Дайте мне, пожалуйста... [*dáitje mnje, paschálsta*] |
| Ich möchte Geld umtauschen. | Я хочу обменять валюту. [*ja chatschú abmenját' waljútu*] |
| Woher kommen Sie? | Вы откуда? [*wy atkúda*] |
| Ich komme aus Deutschland/ Österreich/ der Schweiz | Я из Германии/ Австрии/ Швейцарии. [*ja is germánii/ áwstrii/schwejzárii*] |
| Wie heißen Sie? | Как Вас зовут? Как Ваша фамилия? [*kak was sawút, kak wáscha família*] |
| Ich heiße... | Меня зовут... [*menjá sawút*] |

## Ortsangaben

| | |
|---|---|
| Norden | Север [*séwer*] |
| Süden | юг [*jug*] |
| Osten | восток [*wastók*] |
| Westen | запад [*sápad*] |
| nach rechts, links abbiegen | повернуть на право, на лево [*pawernút' na práwa, na léwa*] |
| Wo geht es/wie kommt man nach/zu...? | Как дойти/доехать до...? [*kak dajtí/ dajéchat' da*] |
| Weg, Straße | дорога [*daróga*] |
| Straße (in der Stadt) | улица [*úliza*] |
| Kreuzung | перекрёсток [*perekrjóstak*] |
| Pfad, kleiner Weg | тропа [*trapá*] |
| Quelle | родник, источник [*radník, istótschnik*] |

## Transport

| | |
|---|---|
| Zug | поезд [*pójesd*] |
| Bus | автобус [*awtóbus*] |
| Auto, Pkw | машина [*maschína*] |
| Speisewagen | вагон-ресторан [*wagón-restarán*] |
| Abteil | купе [*kupjé*] |
| Fahrkarte | билет [*biljét*] |
| Bahnhof | вокзал (ЖД-вокзал) [*waksál (schedewakzál)*] |
| Busbahnhof | Автовокзал [*awtawakzál*] |
| Haltestelle | остановка [*astanówka*] |
| Information, Stadtinformation | справочная, горсправка [*spráwatschnaja, gorspráwka*] |
| Bahnsteig | платформа [*platfórma*] |
| Gleis | путь [*put'*] |
| Fahrplan | расписание [*raspisánije*] |
| Gepäckaufbewahrung | камера хранения [*kámera chranénija*] |
| Wann fährt der nächste Zug nach...? | Когда идёт следующий поезд в...? [*kagdá idjót slédujuschtschi pójesd w*] |
| Hält dieser Bus in...? | Останавливается ли этот автобус в...? [*astanáwliwajetsa li état awtóbus w*] |

## Einkauf und Café

| | |
|---|---|
| Geöffnet von... bis... | Открыто с... до... [*atkrýta s... do...*] |
| Lebensmittel(laden) | продукты, продтовары [*pradúkty, prodtawáry*] |
| Geschäft, Laden | Магазин [*magasín*] |
| Einen Kaffee mit Milch, bitte. | Дайте мне, пожалуйста, кофе с молоком. [*dájtje mnje, paschálsta, kófe s malakóm*] |
| Einen Tee mit Zitrone, bitte. | Дайте мне, пожалуйста, чай с лимоном [*dájtje mnje, paschálsta, tschai s limónam*] |
| Danke, das ist alles. | Спасибо, это всё. [*spasíba, éta wsjo*] |
| Die Rechnung, bitte! | Чек, пожалуйста! [*tschek, paschálsta*] |
| 100 Gramm | сто граммов [*sto grámmaw*] |
| Das reicht. | Хватит. [*chwátit*] |
| zu wenig/viel | слишком мало/много [*slíschkam mála/mnóga*] |
| klein, groß | маленький, большой [*málen'ki, bal'schói*] |
| Brot | хлеб [*chleb*] |
| Fleisch | мясо [*mjása*] |
| Käse (Schnittkäse) | твёрдый сыр [*twjórdyi syr*] |
| Wurst (Schnittwurst) | колбаса [*kalbasá*] |
| Mineralwasser mit Kohlensäure/kohlensäurefrei | минеральная вода с газом/без газа [*minerál'naja wadá s gásam/bez gása*] |
| Bier | пиво [*píwo*] |
| Wein | вино [*winó*] |
| Schnaps | водка [*wódka*] |

## Apotheke, Arzt

Аптека, врач [*aptéka, wratsch*]

| | |
|---|---|
| Krankenhaus, Ambulanz | больница, медпункт [*bal'níza, mjedpúnkt*] |
| Medizin, Arznei | лекарства [*ljekárstwa*] |
| Bauch | живот [*schiwót*] |
| Magen | желудок [*schelúdak*] |
| Hals | горло [*górlo*] |
| Mund | рот [*rot*] |
| Kopfschmerz | головная боль [*galawnája bol'*] |
| Fieber | температура [*temperatúra*] |
| Aspirin | Аспирин [*aspirín*] |
| Binde | бинт [*bint*] |
| Pflaster | пластырь [*plástyr'*] |
| Tablette | таблетка [*tabljétka*] |
| Vitamin C | витамин С (Ц) [*witamín ze*] |
| Was fehlt Ihnen? | На что жалуетесь? [*na schto schálujetjes'*] |
| Ich bin Diabetiker/Allergiker. | У меня (сахарный) диабет/аллергия. [*u menjá (sácharnyi) diabét/allergíja*] |
| Es geht mir schlecht. | Я плохо себя чуствую. [*ja plócha sebjá tschústwuju*] |
| Erkältung | простуда [*prastúda*] |
| Durchfall | понос [*panós*] |
| Verstopfung | запор [*sapór*] |
| Wie muss ich das einnehmen? | Как это принимать? [*kak éta prinimát'*] |

## Auf der Post

На почте [*na pótschtje*]

| | |
|---|---|
| Briefmarke | марка [*márka*] |
| Brief | письмо [*pis'mó*] |
| Postkarte | открытка [*atkrýtka*] |
| Briefumschlag | конверт [*kanwjért*] |
| Telefonkarte | телефонная карта/карточка [*telefónnaja karta/kártatschka*] |
| Ferngespräch/Auslandsgespräch | междугородный/международный разговор [*mjeschdugaródnyi/mjeschdunaródnyi rasgawór*] |

sound))) trip®
Musik bei
Reise Know-How
Reise Know-How
ISBN 978-3-8317-5101-3
Australia
ISBN 978-3-8317-5106-8
Argentina
ISBN 978-3-8317-5109-9
China
ISBN 978-3-8317-5102-0
Finland
ISBN 978-3-8317-5108-2
Japan
ISBN 978-3-8317-5105-1
Cuba
ISBN 978-3-8317-5104-4
Switzerland
ISBN 978-3-8317-5103-7
The Balkans
ISBN 978-3-8317-5107-5
Northeast Brazil
ISBN 978-3-8317-5110-5
Northern Africa
ISBN 978-3-8317-5111-2
The Andes
ISBN 978-3-8317-5114-3
Iceland
ISBN 978-3-8317-5117-4
Ireland
ISBN 978-3-8317-5118-1
Scotland
ISBN 978-3-8317-5119-8
South Africa
ISBN 978-3-8317-5120-4
Turkey
Die Compilations der CD-Reihe sound))) trip stellen die aktuelle, typische Musik eines Landes oder einer Region vor. Im Buchhandel erhältlich, jede CD 50–60 Min., 22-seitiges Booklet.
Unverbindl. Preisempf.: 15,90 € [D]
Kostenlose Hörprobe im Internet unter:
in cooperation with
((( piranha )))
www.reise-know-how.de

# HILFE!

***Dieses Reisehandbuch*** ist gespickt mit unzähligen Adressen, Preisen, Tipps und Infos. Nur vor Ort kann überprüft werden, was noch stimmt, was sich verändert hat, ob Preise gestiegen oder gefallen sind, ob ein Hotel, ein Restaurant immer noch empfehlenswert ist oder nicht mehr, ob ein Ziel noch oder jetzt erreichbar ist, ob es eine lohnende Alternative gibt usw.

Unsere Autoren sind zwar stetig unterwegs und versuchen, alle zwei Jahre eine komplette Aktualisierung zu erstellen, aber auf die Mithilfe von Reisenden können sie nicht verzichten.

***Darum: Schreiben Sie uns,*** was sich geändert hat, was besser sein könnte, was gestrichen bzw. ergänzt werden soll. Nur so bleibt dieses Buch immer aktuell und zuverlässig. Wenn sich die Infos direkt auf das Buch beziehen, würde die Seitenangabe uns die Arbeit sehr erleichtern. Gut verwertbare Informationen belohnt der Verlag mit einem Sprechführer Ihrer Wahl aus der über 220 Bände umfassenden Reihe „Kauderwelsch“. Bitte schreiben Sie an:

REISE KNOW-HOW Verlag Peter Rump GmbH, Postfach 140666, D-33626 Bielefeld, oder per e-mail an: info@reise-know-how.de

***Danke!***

# Know-How auf einen Blick

Tschechien
Türkei, Hotelführer
Türkei, Mittelmeerküste

Ukraine, der Westen
Umbrien
Usedom

Venedig

Wales
Wangerooge
Warschau
Wien

Zypern, der Norden
Zypern, der Süden

## Wohnmobil-Tourguides

Dänemark
Kroatien
Provence
Sardinien
Sizilien
Südnorwegen
Südschweden

## Edition RKH

Durchgedreht – Sieben Jahre im Sattel
Eine Finca auf Mallorca
Geschichten aus dem anderen Mallorca
Mallorca für Leib und Seele
Rad ab!

## Praxis

All inclusive?
Bordbuch Südeuropa
Canyoning
Clever buchen, besser fliegen
Clever kuren
Drogen in Reiseländern
Expeditionsmobil
Feste Europas
Fiestas Spanien
Fliegen ohne Angst
Frau allein unterwegs
Geolog. Erscheinungen
Gesundheitsurlaub in Dtl. Heilthermen
GPS f. Auto, Motorrad
GPS Outdoor-Navigation
Handy global
Höhlen erkunden
Inline Skating
Islam erleben
Kanu-Handbuch
Kartenlesen
Kreuzfahrt-Handbuch
Küstensegeln
Langzeitreisen
Marathon-Guide Deutschland
Mountainbiking
Orientierung mit Kompass und GPS
Paragliding-Handbuch
Pferdetrekking
Radreisen
Reisefotografie
Reisefotografie digital
Reisekochbuch
Reiserecht
Schutz vor Gewalt und Kriminalität
Schwanger reisen
Selbstdiagnose unterwegs
Sicherheit in Bärengebieten
Sicherheit Meer
Sonne, Wind, Reisewetter
Spaniens Fiestas
Sprachen lernen
Survival-Handbuch Naturkatastrophen
Tauchen Kaltwasser
Tauchen Warmwasser
Transsib
Trekking-Handbuch
Volunteering
Vulkane besteigen
Wann wohin reisen?
Wildnis-Ausrüstung
Wildnis-Backpacking
Wildnis-Küche
Winterwandern
Wohnmobil-Ausrüstung
Wohnmobil-Reisen
Wohnwagen Handbuch
Wracktauchen
Zahnersatz, Reiseziel

REISE KNOW-HOW

## KulturSchock

Familienmanagement im Ausland
Finnland
Frankreich
Irland/Nordirland
Italien
Leben in fremden Kulturen
Polen
Rumänien
Russland
Schweiz
Spanien
Türkei
Ukraine
Ungarn

Europa

# Register

## L



## M



## N



## O



## P



## R

# Der Autor

Artur Grossman ist in Oberschlesien geboren und aufgewachsen und wohnt derzeit in Lemberg. Er studierte Management und Ostslawische Sprachen an der Schlesischen Universität. Seine Diplomarbeiten schrieb er über das elektronische Bankwesen in Polen, über die Wirtschaftssonderzonen in der Ukraine, über huzulische Mundart und Hochzeitsbräuche sowie über die Ethymologie der Namen touristischer Objekte in den ukrainischen Karpaten. Zurzeit arbeitet er an einer Dissertation über die Personalpolitik ukrainischer nichtstaatlicher Organisationen. Er arbeitet als Übersetzer, Analytiker der Ostmärkte sowie als NGO-Berater und -Trainer. Private und dienstliche Reisen führten ihn kreuz und quer durch die Ukraine. Er war dort als Übersetzer und Journalist tätig, beteiligte sich an der Organisation von Vorträgen über die EU und war Mitglied der OSZE-Mission bei den Präsidentschaftswahlen 2004.

Der besondere Dank des Autors gilt Agnieszka Apanasewicz, der verlässlichen und geduldigen Begleiterin auf vielen Wanderungen durch die unwegsamsten Gegenden der Krim, sowie Agnieszka Kurda, mit der er eine 30-köpfige Gruppe Saporoscher Kinder durch den Chernorechenski Canyon geführt hat.

# Zeichenerklärung

- Bahnhof
- Busbahnhof
- Kfz-Werkstatt
- Hafen, Anlegestelle
- Parkplatz
- Tankstelle
- Metro
- Kasse
- Verkehrsknotenpunkt
- Gepäckaufbewahrung
- Hotel
- Zimmervermittlung
- Camping
- Touristenbasis
- Markt
- Lebensmittelladen
- Supermarkt
- Souvenirladen
- Restaurant, Bar
- Café
- Weinkellerei/-geschäft
- Kneipe
- Bank, Wechselstube
- Post
- Telefon
- Internet
- Post, Telefon, Internet
- Apotheke
- Krankenhaus
- Botschaft
- Theater
- Kino
- Diskothek, Club
- Kunstgalerie
- Buchhandlung, Bibliothek
- Brunnen
- Strand
- Aquapark
- Stadion
- Leuchtturm
- Aquarium, Delphinarium
- katholische Kirche
- katholisches Kloster
- evangelische Kirche
- orthodoxe Kirche
- Kloster
- Kirche
- Synagoge
- Moschee
- Verwaltungsgebäude
- Kenesa
- Sehenswürdigkeit
- Ruinen, archäologische Ausgrabungen
- Museum
- Burg, Festung
- Palast
- Turm
- Denkmal, Springbrunnen
- Naturreservat
- Felsen
- Gipfel
- Bergpass
- Höhle, Grotte
- Quelle
- UNESCO-Welterbe
- Aussichtspunkt
- Straße, Weg
- Treppe
- Eisenbahn
- Wasserfall
- Böschung
- Seilbahn
- Fluss
- See
- Damm
- Route